平等的暴政

THE GREAT LEVELER

戰爭、革命、崩潰與瘟疫，暴力與不平等的人類大歷史

VIOLENCE AND THE HISTORY OF INEQUALITY FROM THE STONE AGE TO THE TWENTY-FIRST CENTURY

沃特・席代爾——著
堯嘉寧——譯

WALTER SCHEIDEL

圖1 阿爾布雷希特．杜勒（Albrecht Dürer），《啟示錄中的四騎士》（*The Four Horsemen of the Apocalypse*），出自《啟示錄》（*The Apocalypse*），1497-1498。木版畫，15¼×11英寸（38.7×27.9cm）。

獻給我的母親

從享用過度的人手裡奪下一點來分給窮人，讓每一個人都得到他所應得的一份吧。

——莎士比亞（William Shakespeare），《李爾王》（*King Lear*）

根除富人，從此便再無窮人了。

——《論財富》（*De Divitiis*）

上帝為我們安排的除弊之法常比我們面臨到的危機更加凶險！

——塞內卡（Seneca），《美狄亞》（*Medea*）

謝辭

在人類的整個文明史中，有產和無產者的分配不均在擴大和縮小之間不斷輪替。分配不均可能是最近才又在公共論述中受到注目，不過它的歷史其實由來已久。本書就是要試著追尋和說明這段非常長久的歷史。

布蘭科・米拉諾維奇（Branko Milanovic）是首先吸引我注意到這段長期歷史的研究者之一，米拉諾維奇是全球研究分配不均的專家，他自己的研究一路追溯到古代。如果還有更多的經濟學家像他一樣，也一定會有更多的歷史學家留神這方面。大約在十年前，史特夫・弗里森（Steve Friesen）讓我對古代的所得分配有更進一步的思考，與伊曼紐爾・賽斯（Emmanuel Saez）在史丹佛（Stanford）的「行為科學進修中心」（Center for Advanced Study in the Behavioral Sciences）共事的一年中，他也進一步激發了我對於研究分配不均的興趣。

我的觀點和立論在很大的程度上受到湯瑪斯・皮凱提（Thomas Piketty）的啟發。皮凱提關於二十一世紀資本的大作將他的想法介紹給更多讀者，但是在該書出版的幾年前，我就已經拜讀他的作品，並且開始思考它與過去幾世紀之外的其他時間的關聯（像是我自己也將過去的幾世紀稱為〔相對於古代歷史的」「短期」）。他的巨著出現給了我深切需要的推動力，讓我從只在思考的階段推進到寫下自己的研究成果。我對他的開創性深表謝意。

我應保羅・夏布萊特（Paul Seabright）的邀請，於二〇一三年十二月在土魯斯（Toulouse）的高等研究院（Institute for Advanced Studies）進行了一場精心的演講，這促使我將對於這個主題的混亂想法形成了一個比較一致的論點，也鼓勵我開始構想這本書的企畫。在聖塔菲研究所（Santa Fe Institute）進行第二輪的初步討論時，薩繆爾・鮑爾斯（Sam Bowles）對我做出了一番激烈但是善意的批評，蘇雷什・奈杜（Suresh Naidu）也提供了很有助益的內容。

當我的同事肯尼斯・沙夫（Ken Scheve）要我代表史丹佛的歐洲中心（Europe Center）組織一場研討會時，我把握這個機會聚集了一群不同訓練的專家，一起討論物質不均等在歷史長河中的演進。我們於二〇一五年九月在維也納召開的會議既愉快也深富教育意義：我要對在當地與我一起籌辦的伯恩哈德・帕爾姆（Bernhard Palme）和皮爾・弗里斯（Peer Vries）致上謝意，也要感謝肯尼斯・沙夫和奧古斯特・賴尼施（August Reinisch）在財政上的支援。

我也因為在青州立學院（Evergreen State College）、哥本哈根大學（University of Copenhagen）、隆德大學（Lund University）、北京的中國社會科學院進行報告時得到的回饋而受益良多。我要感謝這些活動的籌辦者：烏爾里克・克拉歇克（Ulrike Krotscheck）、彼得・龐（Peter Bang）、卡爾・漢普斯・呂特肯斯（Carl Hampus Lyttkens）、劉津宇（音譯）與胡玉娟（音譯）。

大衛・克里斯蒂安（David Christian）、喬伊・康諾利（Joy Connolly）、彼得・蓋西（Peter Garnsey）、羅伯特・戈登（Robert Gordon）、菲利浦・霍夫曼（Philip Hoffman）、布蘭科・米拉

諾維奇、喬伊・莫吉爾（Joel Mokyr）、瑞畢爾・內茲（Reviel Netz）、謝夫凱特・帕穆克（Şevket Pamuk）、大衛・史塔薩瓦基（David Stasavage）和彼得・圖爾金（Peter Turchin）都慨然的在閱讀之後，為我的原稿全文提供評論。凱爾・哈珀（Kyle Harper）、威廉・哈里斯（William Harris）、杰弗里・克朗（Geoffrey Kron）、彼得・林德特（Peter Lindert）、約西亞・奧伯（Josh Ober）和湯瑪斯・皮凱提也閱讀了本書的部分章節。哥本哈根的薩克索研究所（Saxo Institute）的一群歷史學家聚在一起討論了我的原稿，其中我要特別感謝伽納・林德（Gunner Lind）和簡・佩德森（Jan Pedersen）的全面性意見。安妮・奧斯汀（Anne Austin）、卡拉・寇尼（Kara Cooney）、斯蒂夫・哈伯（Steve Haber）、瑪麗蓮・馬森（Marilyn Masson）、邁克・史密斯（Mike Smith）和加文・萊特（Gavin Wright）針對特定的章節和問題為我提供了珍貴的專業建議。如果我對於他們意見的接受度達不到該有的水準，那完全是我的責任。

我十分感謝許多同事願意無私的和我分享他們尚未出版的研究成果，他們分別是：圭多・阿爾梵尼（Guido Alfani）、凱爾・哈珀、邁克爾・尤爾薩（Michael Jursa）、杰弗里・克朗、布蘭科・米拉諾維奇、伊恩・莫利斯（Ian Morris）、亨里克・穆里森（Henrik Mouritsen）、約西亞・奧伯、彼得・林德特、伯恩哈德・帕爾姆、謝夫凱特・帕穆克、馬克・匹茲克（Mark Pyzyk）、肯尼斯・沙夫、大衛・史塔薩瓦基、彼得・圖爾金和傑佛瑞・威廉森（Jeffrey Williamson）。布蘭登・杜邦（Brandon Dupont）和約書亞・羅聖朋（Joshua Rosenbloom）大力幫忙完成、並分享了美國在南北戰爭期間關於財富分配的統計。感謝萊昂納多・加斯帕里尼（Leonardo Gasparini）、布蘭科・米拉諾維奇、謝夫凱特・帕穆克、萊昂德羅・普拉杜斯・德拉埃斯科蘇拉（Leandro Prados de la Escosura）、肯尼斯・

沙夫、米卡埃爾·斯坦庫拉（Mikael Stenkula）、羅伯·斯蒂芬（Rob Stephan）和克勞斯·瓦爾德（Klaus Wälde）惠賜資料檔案。史丹佛的經濟學專修者安德魯·格拉納多（Andrew Granato）也提供了珍貴的研究協助。

我是在史丹佛人文學院提供研究人員輪休（Stanford Humanities and Arts Enhanced Sabbatical Fellowship）的二〇一五／二〇一六學年度完成這個計畫的：我要感謝我的院長黛博拉·薩茨（Debra Satz）和理查德·薩勒（Richard Saller）對於這件事的支持（當然還有許多其他協助）。在這次輪休期間，我得以於二〇一六年春天以訪問者的身分前往哥本哈根大學的薩克索研究所，在那裡完成了草稿的最後一部分。我要感謝我的丹麥同事的溫暖招待——最重要的還有我的好友、和一直以來的共同研究者彼得·龐。也容我在這裡對古根漢獎學金（John Simon Guggenheim Memorial Foundation）資助我對這個計畫進行的研究聊表謝意。由於我在拿到獎金之前就計畫要完成這本書了，因此我勢必會在未來投入時更善盡這項資源。

在我的計畫接近完成時，喬伊·莫吉爾慷慨同意在他的叢書中提及本書，還幫忙加以檢閱。我十分感謝他的支持和見解卓越的評論意見。羅伯·滕皮奧（Rob Tempio）是一位傑出的鼓動者和編輯，也是真正的愛書人和作者的後援。也多虧他幫忙建議本書的主要標題。滕皮奧的同事埃里克·克拉漢（Eric Crahan）及時為我提供了兩本普林斯頓的相關書籍的打樣書。還有其他的感謝，我要獻給珍妮·沃爾科維奇（Jenny Wolkowicki）、卡羅·麥吉利夫雷（Carol McGillivray）和喬納森·哈里森（Jonathan Harrison），他們提供了一個異常順利而且快速的出版過程，還有克里斯·費蘭特（Chris Ferrante）優異的封面設計。

目次

Part III 革命

Part IV 崩壞

Part V 鼠疫

導讀

歷史學的馬爾薩斯

林明仁　台灣大學經濟系特聘教授
鄭紹鈺　哈佛大學經濟系研究助理

西元一七七八年英國經濟學家馬爾薩斯（Thomas Malthus）出版了人口論（On Population）一書，主張由於糧食的線性增加趕不上人口的非線性成長，以飢荒跟戰爭減低人口壓力將無法避免。此一馬爾薩斯陷阱（Malthus Trap），也將經濟學冠上憂鬱的科學（dismal science）的名號。兩百年後，相同的憂鬱，也發生在歷史學者身上，只是這次對象從人口成長變成了貧富不均。

的確，總體經濟學的熱門研究題目，從一九八〇年代的景氣循環到一九九〇年代的經濟成長，在二〇〇〇年之後開始逐漸轉向貧富差距。究其原因，除了金融海嘯讓大家發現華爾街的貪婪一面，也導致一%vs九九%的戰爭外，皮凱提（Thomas Piketty）的大作《二十一世紀資本論》也產生推波助瀾的效果。許多研究試著結合了理論、統計方法與歷史研究，來探討人類長時段的貧富不均。而本書受到皮凱提的啟發，便以「暴力與分配不均」為題，進一步去追問：以人類文明的歷史為鑑，人類有什麼辦法節制貧富不均？

本書的作者，是任教於史丹佛大學歷史系的歷史學家沃特・席代爾（Walter Scheidel）。他近年來的研究，聚焦在以大歷史的角度，研究比較各個不同的文明的社會變遷何以不同。而本書則是廣泛引用了各個文明的盛衰，舉凡阿卡德帝國、亞述、印加、秦漢帝國、希臘羅馬、中世紀的歐洲城市等等，都成為了本書裡分析的個案。我們也曾替該作者的另一鉅作《大逃離：羅馬帝國滅亡如何開啟現代經濟大分流》寫過評介，讀者有興趣可作參照。

根據這些歷史經驗，本書認為貧富不均的節制，多出於大規模的暴力，光暴力還不夠，舉凡戰爭等等的暴力事件，必須大規模的影響到社會當中的每一階層當中，才有可能節制貧富不均的擴張。一方面，總動員戰爭、革命、疫病、國家的崩潰可能對在經濟上帶來的重分配，讓階級得以洗牌，另一方面，往往是為了應對這些大規模暴力而形成的政策與改革（比方受到外敵侵入的威脅而推動的政治改革），才能持久地促進經濟平等。這也是為何本書會用上聖經啟示錄的的比喻，將戰爭、革命、瘟疫跟國家失能所導致的體制崩潰稱作節制人類不平等的「四騎士」。

此外，本書也相當特別地將戰後日本的經濟民主化，列為首要的分析案例，這在不平等的研究當中較為罕見。日本戰後改革的案例，在書中是被分類在「戰爭」一項目的重要個案，因為日本戰後減少貧富不均的脈絡，是出自戰後的「駐日盟軍總司令」推動的經濟民主化政策，尤其是「駐日盟軍總司令部」推動的「過度經濟集中排除法」，或俗稱的「財閥解體」。由於在戰後日本實施的許多政策，跟公司治理、反財團壟斷有關，其實也值得承平時期的國家來借鏡。

本文作者之一的鄭紹鈺，正巧在哈佛經濟系擔任戴爾教授（Melissa Dell）研究助理，對日本戰後經濟，有使用一手資料的經驗。根據目前最新的資料所示，一方面，在駐日盟軍總司令推動財閥解體之下，日本的少數大財團（如三井）在戰後一度四分五裂，許多原先在這些財團任職的經理人，只好跑到許多新興的日本中小企業去謀生，當時的日本企業之間，有如「大風吹」一般地經歷了了人才的大規模流動，加速了日本小企業的發展。另一方面，戰後日本限制了財團以單一金控母公司的形式來控制多家子公司，日本大財團為了規避這個限制，只好透過了子公司與經理人之間的複雜的交叉持股，來維持財團的規模，無意間促成了戰後的高度複雜但規模巨大的企業「系列（Keiretsu）」網絡，經濟權力下放到了各個管理階層，而非只限於少數幾個日本家族。這一時期的日本，不只經歷了高度經濟成長，也是謝德寧筆下較為經濟均等的時期。換句話說，反壟斷也好，公司治理的制度也好，其實都可能成為治理貧富不均的政策工具。

對不平等議題有興趣的讀者，也可點閱皮凱提所建立的世界不平等資料庫（world inequality database），其中收集了全世界超過一百個國家的所得不均資料供大家參考。其中台灣的資料現在是由朱敬一、林明仁、蘇軒立幾位教授負責計算提供。我們利用財稅資料，的確發現台灣的貧富差距有擴大的狀況。舉例來說，前一％家戶的所得占全國所得百分比，從一九九〇年的一一．四％到二〇〇〇年的一四．六％，再上升到二〇一〇年的一九．二％，不過在二〇一〇至二〇二〇間年則未再見上升。所得不平等的計算、成因與政策應對，也是近幾年台灣社會科學界研究的重要議題。

行文至此，讀者可能會認為：如果人類只能依靠戰爭與瘟疫來自我節制，那歷史也未免太過黑暗。但就如王爾德所言：「我們都生活在陰溝裡，但仍可以仰望星空。」本書也探討了非暴力的漸近式改革，包含教育、醫療保險等不同的政策工具的利與弊。席代爾認為，改革若要成功，政策必須能夠深入普及到社會的各個角落。如果只是小規模侷限在少數人身上，很難大幅度的減少不平等。席代爾在第十六章〈未來有什麼呢〉進而提到：「……在支出方面，公共政策應該以提供保險的形式，保護較低所得族群的資產價值能夠抵抗外因的衝擊，不論是住房的價值、勞工所擁有的合作社，或是人民的健康。普遍適用的醫療保健為這類衝擊帶來了緩衝。」換句話說，全民健保這一類的政策，被本書視作得以用來節制貧富不均的公共政策。

台灣經驗實際上驗證了這一論點。舉例來說林明仁等四位經濟學者的最新研究（Income Inequality, Growth Inequality, and Redistribution in Taiwan, 2001-2015: Evidence from Distributional National Accounts）就發現，台灣目前的社會福利政策，重分配的強度勝過美國跟法國，大幅度的減少了「稅後所得」的分配不均，意外的是，重分配的主要管道，竟然是旨在普及醫療服務的「全民健康保險制度」。我想，理解人性可能發生的惡，預先以制度加以防範，以降低行善的成本，或許是這本書可以帶給我們的啟示吧！

緒論

不平等的挑戰

「危險而且日趨嚴重的不平等」

大概要幾名億萬富翁的身家，才會等於這個世界上一半人口的淨資產（net worth）呢？在二〇一五年，地球上最富有的六十二個人所擁有的私人淨資產，就相當於世界上比較貧窮的那一半人（超過三十五億人）的淨資產了。如果這六十二個人決定一起去郊遊，他們完全可以裝進一輛大巴士裡。在二〇一五年的前一年，則需要八十五名億萬富翁才可以達到這個門檻，如果八十五個人要一起出去的話，可能得租一輛大一點的雙層巴士。而在（也沒有很久之前的）二〇一〇年，至少需要三百八十八名富翁，他們的資產才會和世界上處於另一端的半數人口的財產總值相當，要塞進這些人，至少需要一個小型車隊、或是舊型的波音777、或是空中巴士A340。[1]

不過，並不是因為有人特別有錢，所以才存在著不平等。這個世界上最富有的前百分之一的家族就擁有全世界一半再多一點的私人淨資產。如果把他們某些人藏在海外帳戶的資產也算進來，甚至會更凸顯分配的不均。造成這些不平等的原因，並不只是因為先進的經濟體系和發展中的經濟體系的平均所得存在巨大差異。類似的不平均狀態在每個社會中都存在。最富有的二十個美國人所擁有的資產，就相當於美國比較貧窮的那一半人口的全部家庭加起來的財產，而最富有的前百分之一群體的所得，就占了國家總收入的大約五分之一。在世界上的大部分地區，不平等的情形都越來越嚴重了。在過去的幾十年中，不論是歐洲、北美洲、前蘇聯、中國、印度和其他地方，所得和財富的分配都越來越不平均。而且已經擁有的人甚至還會得到更多：在美國，最富有的前百分之一群體當中賺最多的前百分之一（也就是所得分布中前百分之〇・〇一的人），在總收入中的比例提高至一九七〇年代的六倍，但是這個族群中前百分之十的人（也就是排得上前百分之〇・一的人）卻只有增加為四倍。其他大約四分之三的人的平均所得的確和比較高階的人差了一大截——無從否認。[2]

「前百分之一」這個詞好像很容易就會從舌尖滑出來，而且我在這本書裡也用了好幾次，但是它讓我們忽略了財富甚至集中在更少數人的手裡。在一八五〇年代，納撒尼爾・派克・威利斯（Nathaniel Parker Willis）首次用「萬名首富」（Upper Ten Thousand）這個詞來形容紐約的上流社會。我們現在可能需要把它做點變化，用「前萬名首富」（Upper Ten-Thousandth）來一併指稱那些對於拉開不平等影響最大的人。然而即使是在這個已經限縮的群組中，那些最前面的人還是和其他人有著一大段距離。美國現在最巨大的財富大概是平均家庭年所得的一百萬倍，是一九八二年的二十倍之高。但是即使如此，美國甚至還輸給中國——據說中國現在的億萬富翁人數更超過美國了，雖然它名義上的國內生產毛額（GDP）比美國少得多。[3]

這些數字都使得人們益發焦慮。在二〇一三年，美國總統巴拉克・歐巴馬（Barack Obama）將越來越嚴重的不平等定調為一項「明確的挑戰」：

> 不平等的狀況危險而且日趨嚴重，同時還缺乏向上流動的可能性，這危及到中產階級美國人的基本希望——也就是「如果你認真工作，就有機會出頭天」的想法。我相信這絕對是我們這個時代所面臨的挑戰：我們要確保我們的經濟結構會為每個願意工作的美國人服務。

在兩年前，超級鉅富——投資者華倫・巴菲特（Warren Buffett）——提出控訴，說他和他那些「極為富有的朋友」並沒有繳納足夠的稅金。這種觀點傳播得很快。一本厚達七百頁、關於資本主義分配不均的學術巨著在二〇一三年出版，在十八個月內就賣了一百五十萬本，並且榮登《紐約時報》（*New York Times*）「非小說類精裝書」的暢銷書榜首。在民主黨於二〇一六年的總統選舉初選中，參議員伯尼・桑德斯（Bernie Sanders）毫不留情的對「富豪階級」提出批評，這不僅喚醒了許多社會大眾，也為他賺得許多來自草根支持者的小額捐款（總計達數百萬美元）。就連中國的領導人也公開承認這個議題的重要性，他們還簽發了一份討論如何「改革所得分配制度」的報告。任何經久不消的疑慮都可以透過谷歌（Google）消滅——雖然谷歌自己就是（我所居住的）舊金山灣區（Bay Area）裡一大吸金的不平等製造者——我們可以經由谷歌追蹤在大眾意識裡越來越明顯、經常出現的所得分配不均概念（圖2）。[4]

富人就是會越富嗎？也不見得。雖然「富人階級」——或者更概括的說是「前百分之一的人」——常被詆毀的形容為劫掠之徒，不過美國富人的所得在全部所得中所占的比率，一直到非常近期才又重新回到一九二九年的水準，而且現在的資產集中程度也比不上當時。在第一次世界大戰前夕，英格蘭的私有財產中竟然有高達百分之九十二是屬於最富有的前百分之十家族所有，可見其他人都遭到了相當的排擠；但是今天這些家族所擁有的，只比一半多一點。貧富的極端分配不均由來已久。在兩千年前，羅馬帝國裡私人的最大財富相當於帝國中每人每年平均所得的一百五十萬倍，也差不多等於今天的比爾・蓋茲（Bill Gates）和美國人的平均所得的差距。因此我們可以看出來，羅馬帝國的整體所得分配不均的情況和今天的美國其實並沒有太大不同。不過到了大教宗聖額我略一世

（Pope Gregory the Great）的時候（大約為西元六〇〇年），大型的資產消失了，羅馬的貴族只能夠靠著教皇的施捨勉強維持。有時候貧富的差距被拉近，是因為雖然許多人一起變窮了，不過富人失去的東西勢必更多些——就像是當時的情況一樣。還有些其他情況，像是資本報酬率（return on capital）的下降會讓工人的狀況獲得改善，在黑死病過後的西歐就是一個著名的例子：當時的實際工資漲到了兩、三倍，工人有肉吃、有啤酒喝，而地主反而是要竭盡全力才能維持體面。[5]

所得和財富的分配是怎麼隨著時間的遷移而改變的，為什麼它有時候又會發生如此劇幅的改

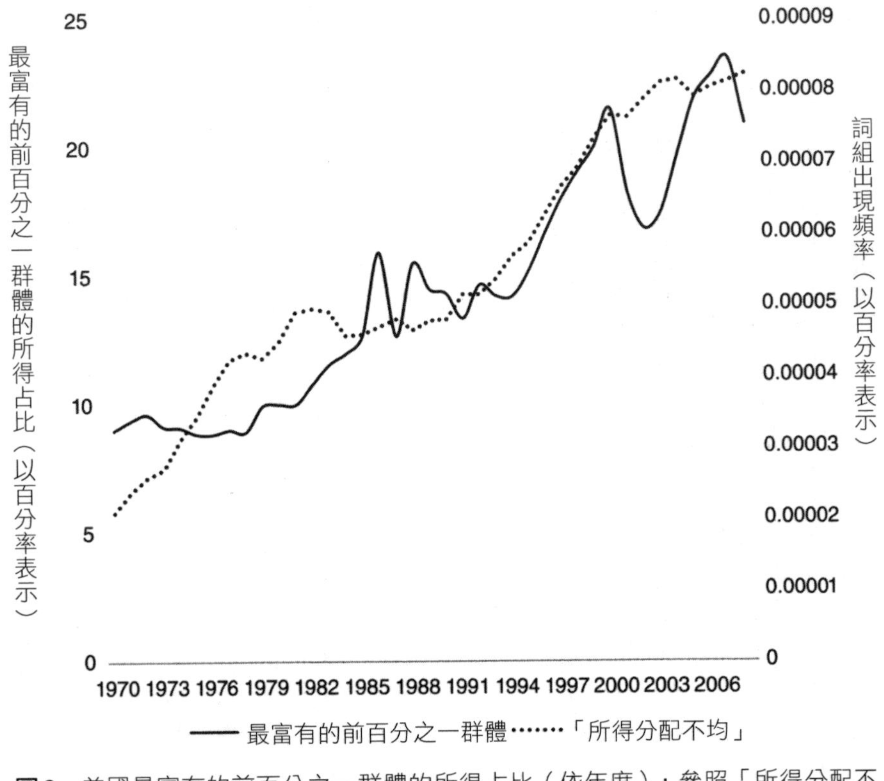

圖2　美國最富有的前百分之一群體的所得占比（依年度），參照「所得分配不均」（三年移動平均〔moving average〕），1970-2008

變呢？雖然不平等的議題在近幾年來獲得無比的關注，但是我們真正知道的，還是比我們以為的少太多了。有許多（而且有越來越多）通常高度專業的學者提出了這個十分迫切的問題：為什麼所得在我們的上一代變得益發集中。到底是什麼力量讓不平等在二十世紀的早期傳播到世界各地，其實沒有太多人在研究——而研究在更遙遠的過去物質資源是如何分布的，這樣的人當然就更少了。如果我們關注今天世界上的所得分配不均為什麼越來越明顯，當然要研究比較長期以來的不平等，就像是研究當代的氣候變遷，勢必也免不了要分析相關的歷史資料。但是這還不夠讓我們看到事件的全貌，除了必須對全球做調查之外，還必須把我們看到的歷史也包括進去。如果要理解是什麼機制形塑了所得和財富的分配，跨文化、全面性和長期的觀察於我們是不可或缺的。

四騎士

物質上的分配不均是因為可以取得的資源超過了人類生存所需的最低限度。早在數萬年前就已經有剩餘的物資了，而當時人們分配它們的方式，也已經存在著不均等。回到冰河時期（Ice Age）的末期，我們就可以看到狩獵採集者已經會在某些時候、用某些方法阻止某些人比其他人有更多的浪費。但是在用生產的方式——農業和放牧——產生食品之後，財富的創造才邁向一個全新的規模。越來越嚴重、而且持續存在的財富分配不均成了全新世（Holocene）[1]的明確特徵。栽種植物和馴養動物讓人們從此可以累積和保存大量的資源。社會也發展出規範，來決定這些資產的權利，還包括可以將它們傳給後代。在這樣的情況下，所得和財富的分配會根據很多不同的經歷決定：健康狀況、婚姻策略和是否成功繁衍、消費和投資的選擇、豐收、蟲害和牛疫都決定了一代接著一代的命運。再加上隨著時間的經過，從長期來說運氣和努力的結果都助長了財富的分配不均。

原則上，制度應該可以消弭日漸浮現的財富分配不均——如果它設計了一些干預制度，重新平衡物質資源和勞動成果的分配（就像是某些前現代的社會所做的）。但是在事實上，社會進化通常都只有反效果。栽培食物資源通常也意味著人類的繁衍。當國家形成一個高度競爭的組織時，同時也會出現明顯的權力和強制力的階級區分，這會阻礙或是助長每一個人對於所得和財富的取得。政治上的不均等加深、擴大了經濟上的不均等。在農業時代的大部分時間，國家都花了許多人的錢幫助少數人變得富有：支出和捐贈給公共服務所得到的獲益，遠不及貪污、勒索和掠奪所得的獲益。因此，許多前現代的社會在擴大的過程中都走向極端的不平等，在最大的限度內將盈餘調撥給小型菁英（因為人均產量不高、成長也有限）。而且每當有比較良性的制度想要加強經濟的發展（尤其是在新興的西方國家），通常最後都還是繼續支撐這個高度分配不均的狀態。都市化、商業化、金融體制創新、越來越邁向全球規模的貿易以及最後的工業化，都為握有資本的人帶來豐厚的回報。向赤裸裸的權力借力已經漸漸行不通了，而菁英階級致富的傳統來源遭到阻斷、財產權更加確定、再加上國家的承諾，則強化了對於世襲私人財產的保護。就算是經濟結構、社會規範和政治體制都改變了，所得及財富的不均依然嚴重，或是找到了新的成長路徑。

---

❶譯注：最年輕的地質年代，從一萬一千七百年前開始，傳統的地質學觀點認為全新世一直持續至今，但也有人認為在工業革命後就應該另分為人類世。

幾千年來，文明從來不曾和平的走向均等之路。在許多不同的社會和不同的發展階段中，穩定性都助長了經濟上的不均等。在古代的埃及是如此，在維多利亞時代的英國是如此，在羅馬帝國是如此，即使在美國也是如此。不論是要打破既有的秩序、將所得和財富的分配差異縮小、或是縮小貧富之間的分配不均，暴力帶來的衝擊都具有極端的重要性。在歷史的紀錄中，向來是最有力道的衝擊，才會讓天平兩邊的平衡重新做出有效的調整。有四種不同的暴力帶來的斷裂可以平復不均等的狀況，它們分別是：全面動員的戰爭、帶來劇變的革命、國家失能和致命的大傳染病。我把這叫作「帶來均等的四騎士」。就像是聖經裡的四騎士一樣，它們出現，「帶走了世界的平靜」，「用世界上的刀劍、饑荒、死亡和野獸展開殺戮」。它們有時候是單獨出現的，有時候會成對出現，但是對當代人來說，它們帶來的結果幾乎和滅絕性的災難無異。一旦它們出現了，就將造成上億人死去。而當塵埃落定之後，富人與窮人之間的分配差距會縮小，有時候甚至是大幅縮小。[6]

只有特定類型的暴力才會削弱不平等。大部分戰爭對於資源的重新分配並沒有經常性的效果：雖然充斥著占領和掠奪的古代衝突很可能會讓勝者的菁英階級變得富有，讓敗者的菁英階級陷入貧窮，但是，如果不是那麼明確的結局，就很難預測結果了。如果要用戰爭來平衡所得和財富的不均等，那勢必是一場（影響力）貫穿社會整體的戰爭，它對於人員和資源的動員規模，大概只有在現代的民族國家才有可能。這說明了為什麼兩次世界大戰堪稱歷史上最重要的平衡機制之一。大規模的戰爭、沒收性的課稅、政府對於經濟結構的干預、通貨膨脹、全球的貨物和資本流動的中斷、以及其他因素交織而成的物理性破壞結合在一起，就減少了菁英階級的財產，並且造成了資源的重新分配。同時，它們還是非常強而有力的催化劑，可以讓政策的改變取得平衡，並且促進公民權的延伸、工會化和福利國家的擴張。世界大戰的衝擊帶來了所謂的「大壓縮」（Great Compression）❷的結果，大幅減少了已開發國家的所得和財富分配不均的狀態。這個情況最集中的出現在一九一四至一九四五年之間，而且是漸進式的花了數十年才完全呈現出來。比較早期的全面動員戰爭並沒有類似的全面性影響。在拿破崙時代的戰爭、或是美國的南北戰爭造成的分配結果就不是那麼一致了，如果我們越往回追溯，也越難找到類似的證據。最早的例子大概是古代希臘的城邦文化——其代表就是雅典（Athens）和斯巴達（Sparta）——古代希臘的文化為我們說明了群眾的密集軍事動員和均等主義的制度，是如何的幫助縮小了物質上的分配不均（雖然並不總是成功）。

世界大戰還產生了第二個帶來均等的重要力量——造成劇變的革命。國內的紛爭通常無法消弭不平等：在前現代的歷史中，常可見到農民起義和都市興起，但通常都是失敗的，開發中國家的內戰反而常常讓所得的分配變得差距更大。如果要以暴力的方式重新分配物質資源的取得方式，社會的結構重組勢必要非常劇烈。這個現象——就和可以達到重新分配的全面動員戰爭一樣——主要也是發生在二十世紀。共產主義者在沒收、重新分配之後，通常還會讓財產變得集體化，這就大大提供了縮小分配差距的機制。帶來最大劇變的革命也會伴隨著極端的暴力，最後的死亡人數和對人類帶來的苦難可以說和世界大戰不相上下。如果沒有那麼血腥的爭端——像是法國大革命——相對來說帶來的均等效果也就比較小了。

❷譯注：指美國的工資呈現極端壓縮的狀態，企業的新進員工或較差的員工，和資歷較長或能力較好的員工之間的薪資差額被縮到最小。

暴力也可能一起毀滅一個國家。國家滅亡或是體制崩壞通常是取得均等最確實的方法。在歷史的大部分時間中，富人要不然就是位於政治權力階級的頂端（或是至少十分接近），要不然就是和權力頂層的人保有連結。除此之外，國家還會為他們為了達到糊口以上需求的經濟活動提供保護——雖然以現代的標準來看，都可能算是很有節制的保護了。一旦國家失能，這些地位、連結和保護也都會面臨壓力，或是就一起喪失了。雖然說覆巢之下無完卵，但是富人可以失去的東西畢竟更多：菁英階級的所得和財富如果減少或是暴跌了，就會縮小資源分配的整體差距。只要有國家存在，這件事就是會發生。我們最早知道的例子可以追溯回四千年前末代埃及的古王國時期（Old Kingdom Egypt），以及美索不達米亞（Mesopotamia）的阿卡德（Akkadian）帝國。[3]即使是今天，索馬利亞的經驗也依然能夠告訴我們：這個曾經很有效的達到均等的力量還未完全消失在歷史中。

國家的失能將「用暴力手段取得平衡」這個原則推到了邏輯的極致：不是用改革或是重組現有政體的方式達到重新分配，並且重新取得平衡，而是用一個更全面的方式一舉掃除障礙。前三個騎士分別代表不同的階段，但是未必表示它們一定是依序出現的，而是依照強度——雖然最大型的革命需要由最激烈的戰爭啟動，但國家的失能卻通常不需要同樣強大的壓力。它們的共通點是都用暴力來重新分配所得和財富、以及政治和社會的秩序。

由人類引起的暴力一直都有競爭者。鼠疫、天花和痲疹在過去對各洲造成的破壞，就連最大型的軍隊或是最激烈的革命都望塵莫及。農業社會中會因為細菌引發疾病而損失相當比例的人口——有時候多達三分之一以上——這會使得勞動力變稀少，因此相對於（維持不動的）固定資產和其他的非人力資本，勞動力的價碼就提高了。所以會讓實際的工資提高，而租金下降，這表示勞工受益，而地主和雇主則受到損害。制度可能會在中間影響這些轉變的規模：菁英階級常常會試著透過法令和強制力維持現有的秩序，但是一般無法控制兩方的市場力量維持相等。

在以暴力達到均等的四騎士中，大傳染病是最後一個。但是難道沒有另外一個比較和平的機制，也同樣可以減少分配不均嗎？如果我們所討論的是達到大規模的均等，答案就是「沒有」。在整部歷史紀錄中，每一次縮小物質分配不均的重要事件都是出自這四個均等因素的其中之一。除此之外，全面戰爭和革命並不是只有影響到直接發生這些事件的社會：世界大戰和共產主義帶來的挑戰也會對第三國的經濟條件、社會期待和政策制定發生效應。這使得暴力衝突帶來的均等會像是漣漪般擴散開來，擴大了影響的效果。所以一九四五年之後，全球許多國家都還是陷在先前的衝擊和它們的後續反響之中，無法輕易擺脫。雖然拉丁美洲的所得分配不均在二〇〇〇年代早期曾有下降，這或許是最能夠說明用非暴力也可以達到均等的例子，但是相對而言，當時的趨勢範圍並不大，也不確定會繼續維持下去。

其他因素的紀錄則有好有壞。從古代到現代，如果土地改革與暴力（或是暴力的威脅）有關，通常最能夠減少分配不均——無關時則最不能夠。總體經濟的危機對於所得和財富的分配只有短暫的效果。而民主本身則無法紓解貧富的分配不均。雖然教育和科技變化的互相配合無疑會影響到所得的分配，但是在歷史上，教育和技術的報酬率卻對暴力的衝擊十分敏感。總的來說，在經驗上並沒有什麼令人信服的證據，可以證明（譬如說）現代的經濟發展會減少分配不均。任何溫和的手段能夠縮小分

❸譯注：人類歷史上的第一個帝國，其統治區域位於美索不達米亞（今伊拉克）。

配不均的效果，都無法和四騎士相提並論。

不過衝擊是會緩和下來的。如果國家失能了，其他機制就會很快、或是在稍後遞補上來。鼠疫的疫情緩解之後，統計上減少的人口就恢復了，恢復的人口成長也會讓勞動力和資本漸漸回到先前的水準。世界大戰相對而言並不會持續很長時間，它們後續的餘波也會漸漸褪色：高稅率會降下來，工會則會漸漸減少，全球化在進行中，共產主義退場，冷戰也結束了，第三次世界大戰的風險日益消褪。這些都讓我們比較可以理解為什麼不平等又再度擴大了。過去由暴力帶來均等的機制現在處於休眠狀態，在可以預見的未來大概也不會重返舞台。也沒有同樣有效、可以達到均等的替代機制浮現。

即使是在最進步而且先進的經濟體系中，都已經無法靠著重新分配和教育，完全緩解所得分配不均的擴大壓力了（指在課稅和補助之前的所得）。開發中國家好像比較容易達成目標，但是財政上的限制依然難以克服。好像沒有什麼簡單的方法可以靠著投票、管制或是教育就大幅的朝均等邁進。從全球的歷史觀點來看，這倒也沒有什麼好令人驚訝的。到目前為止，我們的確看到如果一個環境中不會受到重大暴力（和它們的後續廣泛影響）的衝擊，也極少見到分配不均的兩端有明顯拉近的趨勢。這在未來會有任何不同嗎？

本書沒有討論的事

和社會或是歷史相關的不均等並非只有所得和財富的分配不均：根植於性別和性傾向的不平等也是；還有像是人種和種族的不平等；年齡、能力和信仰，以及教育、健康、政治上的音量和人生機會的不平等。因此，本書的標題其實並不是如此精確。就算為它下一個副標題——像是「從石器時代到現代以及未來的所得與財富分配不均的暴力衝擊和全球歷史」，又好像太考驗出版者的耐性了，而且也會不必要的排除掉許多狀況。畢竟，權力的分配不均在物質資源的取得上總是會占有一個核心的角色：一個詳細描述的標題雖然可以比較精確，但是又太狹隘了。

我並沒有要把所有面向的（就算只是經濟上的）不平等包括進來。我會集中在社會**內部**的物質資源分配，而不會提及國家**之間**的經濟分配不均的問題——雖然這也是一個重要的、而且被廣泛討論的主題。我會考量特定社會中的狀況，但是不會詳細討論前文所提到的許多造成分配不均的其他因素，因為某些因素對於所得和財富的分配到底有什麼影響，其實很難（即使並非完全不可能）長期的追蹤、或是進行比較。我主要想知道的是為什麼分配不均會減少，因此我需要釐清帶來均等的機制是什麼。很概括的來說，從我們人類懂得用栽培或是畜牧的方式來生產食物（這必然會造成的結果就是人類的定居〔sedentism〕和國家的形成），也承認了某種形式的世襲財產權之後，就勢必會因為物質上的不均而形成日益高漲的壓力——這是人類社會生存的基本特徵。這些壓力究竟是如何在幾世紀和上千年來日益發展，如果我們想要討論其中的比較細微之處——尤其是被我們直接歸類為強制力和市場力量的複雜協力——勢必需要用另一個更長的篇幅來做仔細的研究。[7]

總結來說，我決定討論暴力衝擊（與替代機制）和它們對於物質分配不均的效果，但是不涉及反向的關係，也就是不平等是不是也會帶來暴力衝擊（如果會的話，是如何產生的）。有些理由讓我決定只討論這些。由於歷史中的社會普遍存在著很大的分配不均，所以我們很難針對特定衝擊的脈絡進行解釋。同時存在的社會之間即使內部的穩定性差異很大，卻還是可能存在著類似程度的物質分配不均。有些經歷了大型暴力的社會，也未必會有特別明顯的分配不均：革命前的中國就是一個例子。有些衝擊主要（或完全就是）來自於外部的原因，最明顯的例子就是傳染病——因為它改變了資本和勞動力的平衡，所以也讓分配不均縮小了。就算是人為引起的事件（例如世界大戰），也會對沒有直接涉入這個衝突的社會產生深遠的影響。對於所得的分配不均是如何加速內戰發生的，相關的研究凸顯了這類關係的複雜性。這些例子並不代表國內的資源不均一定不會引爆戰爭和革命，或是造成國家失能。這只是表示現在並沒有令人信服的理由，可以想當然耳的認為所得和財富的整體分配不均一定和暴力衝擊的發生之間有系統性的因果連結。最近的研究顯示如果對於比較特定的狀況（必須具有分配的特徵）進行分析——例如菁英集團內部的競爭——會比較能夠說明暴力的紛爭和衰落。

至於本研究的目的，我認為暴力衝擊是會對物質的不均帶來影響的另外一個現象。從長期來看，這類衝擊會是一個帶來均等的力量，本研究的方式是在評估這類衝擊究竟有什麼重要性——但是我不會討論是否有足夠的證據，支持（或是推翻）這類事件和之前的不平等有任何有意義的連結。我只聚焦於單向的因果關係（從衝擊到不平等），但是如果可以鼓勵以後更多的人投入於研究反向的因果關係，當然沒有比這更好的事了。或許我們永遠不可能找到一個合理的說法，能夠只用內部的原因就足以解釋為什麼所得和財富的分配會隨著時間發生可見的變化。但是即使如此，不平等和暴力衝擊之間可能存在的回饋循環，還是值得我們更深入探討。我的研究只是這個更大的藍圖之下的一塊敲門磚罷了。[8]

怎麼做？

衡量分配不均的方式有許多種。在下面的章節中，我大概都只會用到兩種最基本的制度——吉尼係數（Gini coefficient）[4]和總所得或是財富的占比（以百分率表示）。吉尼係數可以告訴我們觀察對象的所得或是物質資產的分配與完全均等時差多少。以某一群特定的人口為例，如果其中的每個人得到或是擁有的資產完全相等，那麼吉尼係數就是零；如果只由一個人掌握了全部資產，其他人則沒有任何東西，吉尼係數就會接近一。因此，吉尼係數越高，表示分配越不平均。吉尼係數可以用分數（分子為一）或是百分比表示；我比較偏好用分數表示，因為所得或是財富占比通常是用百分比來表示，這樣才能夠比較清楚的將兩者區分開來。用百分比來表示的占有比例會告訴我們在某組人口的總所得或是財富中，有多少比例是由特定的一群人得到、或是擁有（而這特定的一群人是根據他們在整體分配中的位置加以定義）。舉例來說：常被提到的「前百分之一」是代表在特定人口中有這樣比例的單位——通常是以家為單位——比其他百分之九十九的單位擁有更高的所得或是更多資產。吉尼係數和所得占比強調的是某種分配的不同特性，它們可以互相補充：前者要表現的是整體分配不均的程度，而後者則對分配不均的形成提供了必要的觀察。

[4] 譯注：為介於零和一之間的比例數值，是判斷年所得的分配是否公平的指標，吉尼係數越小，年所得的分配越平均，吉尼係數越大，年所得分配越不平均。

這兩種指數都可以用來估算不同面向的所得分配。在課稅和政府補助（public transfers）之前的所得稱作「市場」收入，補助之後的所得稱為「總」收入，而扣除全部的課稅和補助之後的所得，就定義為「可支配」的所得。在下文中，我只會討論市場收入和可支配所得。如果我使用「**所得分配不均**」的時候沒有特別說明，就是在指市場收入。在大部分的歷史紀錄中，都只知道或有評估市場收入的分配不均。除此之外，在近代西方建立起大規模的重新分配金融體制之前，市場收入、總收入和可支配所得的分配其實差異非常小，就像今天的許多開發中國家一樣。本書中提到的所得占比一定是根據市場收入的分配情況。關於所得占比的資料——不論是現在或是歷史上，尤其是分配時居於頂層的人——通常都是根據在財政干預之前的所得課稅紀錄。有時候，我也會參考占比之間的比例或是所得分配中某些特定的百分位數，這是不同等級的相對加權的另一種估算方式。對於分配不均也還有更複雜的指數，不過如果是對差異極大的多組資料進行長期的研究，就未必適用了。[9]

對於衡量物質的分配不均存在著兩個問題：概念的和證據的。這裡有兩個主要的概念問題應該受到重視。首先，絕大部分指數在測量和表達**相對的**分配不均時，都是根據特定人口所獲得的總資源的**比例**。相較之下，**絕對的**分配不均就會專注在這些族群所獲得的資源**總數**。這兩種方式會產生非常不同的結果。想像一下，如果在某一群人口中，前十分之一的家庭所分配到的平均所得是後十分之一家庭的平均所得的十倍——也就是十萬美金與一萬美金的差異。如果所得的分配維持不變，而國民所得（national income）隨後成長為雙倍。吉尼係數和所得占比還是會維持不變。從這個觀點來看，所得的增加並不會讓分配不均跟著增加。但是前十分之一和後十分之一家庭的所得差距卻增加了一倍，從九萬元變成十八萬元，這顯得富裕家庭比低所得家庭的收益更多出了許多。同樣的原則也適用於財產分配。事實上，不太可能有什麼情況是經濟成長了，但是卻沒有讓分配不均跟著增加。因此，我們可以說相對分配不均的各種衡量方式是比較保守的，因為它們轉移了焦點，沒有凸顯出越來越大的所得和財富的差距，而是偏向於認為物質資源的分配只有比較小幅和多方向的改變。在本書中，我也還是遵循慣例，優先使用相對分配不均的標準評量方式（例如吉尼係數和高所得的占比），但是也會在適當的時候提醒讀者注意它們的限制。[10]

所得分配的吉尼係數對於生存需求和經濟發展的程度都具有一定的敏感性，這也帶來了另一個問題。如果說一群特定人口的財富全部集中在一個人手上，這至少在理論上是完全可能的。但是，如果某個人完全沒有所得的話，他是不可能生存的。也就是說，雖然理論上所得吉尼係數的最大值為一，但是事實上都會比一小。更具體的來說，是要看扣除了維持生存所需的最低限度要求之後，還有多少超過的資源。這種限制在低所得的經濟體系中特別明顯——這種經濟體系存在於大部分的人類歷史中，以及現今世界中的部分地方。舉例來說，如果一個社會的GDP相當於最低限度的生存所需的兩倍，那麼吉尼係數就不可能超過〇・五——即使當真有個人獨占了其他所有人（除了生存所需之外）的全部所得。如果生產達到更高的水準，分配不均的最大程度又會因為最低生存需求的定義而更動，或是因為大部分窮困的人口無法支撐起高級的經濟結構而受到限制。名義上的吉尼係數需要根據所謂的「（不平等）提取率」（extraction rate）的計算來調整——也就是在某個真實存在的環境中，分配不均在理論上可以達到的最大程度。這是個複雜的問題，尤其需要將分配不均做非常長時期的比較，但是它卻在最近才受到大家的注意。我會在本書最後的附錄中做更詳細的討論。[11]

這又把我帶向了第二種問題：與證據品質相關的問題。在衡量分配不均時，吉尼係數和高所得占比大體上來說是一致的方式：雖然會隨著時間而變動，但是它們原則上（當然並非絕對）還是朝向同一個方向。如果基本資料的來源不足，兩者都會十分敏銳。現代的吉尼係數通常來自於家庭調查，推定的國家分配狀況也是從家庭調查推斷而得的。這種形式並不適用於掌握最大筆的所得。即使是在西方國家，也必須將名義上的吉尼係數向上調整，才能夠了解高所得的比例實際上具有的意義。除此之外，許多開發中國家的調查通常都沒有足夠的品質，可以用來做可靠的全國性評估。在這種情況下，大範圍的信賴區間（confidence interval）❺不僅有礙於國家之間的比較，同時也很難追蹤時間上的變化。如果想要評量財富的整體分配，又會面臨更大挑戰——而且這不只發生在開發中國家（開發中國家的菁英階級資產被認為有相當大的比例藏在海外），就連數據豐富的地方（例如美國）也是如此。所得占比通常是根據繳稅紀錄計算出來，它們的品質和特徵存在著非常大的國家和時間的差異，而且很容易因為逃稅而扭曲。較低所得國家的參與率低，再加上政治上對於應納稅所得的定義，又讓問題變得更複雜了。雖然有這些困難，但還是有越來越多的高所得占比的資訊被編輯、並線上發表在「世界財富及所得資料庫」（World Wealth and Income Database），讓我們對所得分配不均的理解可以建立在一個更堅實的立足點上，也轉移了我們的注意力，從會推導出單一數值、但是無法解釋清楚的衡量方式（像是吉尼係數），轉向更為明確有力、可以說明資源集中狀況的指數。[12]

然而如果我們想要將關於所得和財富分配不均的研究延伸到過去的時間，這些問題全都將相形失色。在二十世紀之前，並沒有固定徵收的所得稅，也沒有家庭調查，所以我們必須仰賴代用資料，才能夠計算吉尼係數。在大約一八〇〇年之前，整個社會的所得分配不均只能夠靠社會的相關表格來估計（在現代的觀察家眼中，那只能算是一個各族群人口的粗略所得近似值），或是由後世的學者進行推斷（雖然沒有什麼根據）。有越來越多（部分屬於歐洲）的資料可以追溯回中世紀中期，幫助釐清個別城市或是地區的狀況。現有的檔案紀錄——法國和義大利城市的財富稅、荷蘭的房屋租金稅、以及葡萄牙的所得稅——讓我們得以重建資產和（有時候甚至是）所得的基本分配。其他在近代早期的紀錄——法國的農地分布和英格蘭的遺囑檢驗財產（probate estate）❻的價值——也都有同樣的作用。事實上，即使把吉尼係數套用到時間上已經很久遠的證據上，都還是有效的。羅馬時代的埃及（Roman Egypt）晚期的地主模式；古代和中世紀早期的希臘、英國、義大利和北非、以及阿茲特克墨西哥（Aztec Mexico）的房屋大小變化；巴比倫（Babylonia）❼社會的繼承比例和寡婦所得亡夫遺產的分配；甚至還有加泰土丘（Catal Höyük）的石器分布——加泰土丘建於大約一萬年前，是世界上最早被知道的定居城市之一——都用這個方式進行了分析。考古學讓我們對於物質分配不均的研究範圍往回推到冰河時期晚期的舊石器時代。[13]

我們也可以取得各方面的代用資料，這些資料無法直接證明分配的狀況，但是可以敏銳的反應出所得分配不均的程度改變。地租與工資的相對比例是個好例子。在以農業為主的社會中，勞動力價格的改變（這與最重要的資本類型的價格有關）可以反應出不同階級的相對所得的變化：（地租與工資的）指數值越高，表示地主以勞工為代價取得了成功，擴大了分配不均。相關的衡量方式——平均的

---

❺譯注：指由樣本資料定義一段數值區間後，宣稱有多少信心可以估計母體的參數包含於此區間內。

❻譯注：由遺囑執行人或遺產管理人管理的死者遺產。

❼譯注：美索不達米亞中南部的一個古代文化地區。

人均GDP與工資的比值——也是如此。GDP中非勞動所得的比例越大，指數就越高，所得的分配不均也就越嚴重。當然兩種方式都有嚴重的缺點。租金和工資對於顯示特定地點的狀況是適用的，但是不必然可以代表更多的人口或是整個國家，而且對於任何前現代的社會而言，GDP的估計值都必然會有相當的誤差範圍。不過，這類代用資料還是可以告訴我們在時間的歷程中，分配不均大概是呈現出什麼樣的趨勢。實際收入是比較容易全面取得的，但是它較無法反映出實際的狀況。在歐亞大陸的西部，用相當於多少穀物來表示的實際收入現在可以追溯回早自四千年前。這麼長時間以來的觀察讓我們可以確定勞工的實際收入通常有提高，這看起來應該會讓分配不均的情況降低。但是即使如此，關於實際收入的資訊——它無法放進資本的價值或是GDP的脈絡中——卻還是非常粗糙，在衡量整體的所得分配不均時，也不是一個特別可靠的指標。[14]

近年來，對於前現代的課稅紀錄、以及重建實際收入、租金／工資的比例或甚至是GDP水準的研究，都已經有相當的進展。如果說本書的大部分內容無法在二十年前——或甚至就是十年前——完成，這並不是誇大其詞。對於歷史中的所得和財富分配不均的研究規模、範圍和進展速度，讓我們對這個領域的未來充滿希望。在人類長遠的歷史中，的確對於物質資源的分配連最基本的量化分析都沒做過。然而即使是在這樣的情況中，我們還是可以發現隨著時間的演進，出現了一些改變的信號。菁英階級展示的財富是最有可能——其實通常也是唯一——的分配不均指標。如果考古證據顯示菁英階級花在住宅、飲食或是葬禮上的鋪張消費比較有節制，或是階級區分看起來沒有那麼明顯，那麼，我們就可以合理的推斷當時的社會有一定程度的均等化。在傳統社會中，通常是富有和掌權的菁英階級才握有足夠的所得或是資產，可以承受在紀錄中見到的較大損失。人的身材和其他生理特徵的差異也可能與資源的分配有關，還有其他因素（例如病原體的耐受）也扮演了重要角色。如果我們離直接紀錄下的分配不均數據越遙遠，我們的理解越只能夠依靠推測。除非我們已經準備好再進一步的往前走，否則不可能完成全球的歷史。本書就是這個目標的嘗試之一。

在嘗試的過程中，我們遭遇到史料之間存在著巨大落差的問題，美國的所得分配不均問題最近益發嚴重，其背後的因素也可以找到詳細的統計資料，但是在文明的初始階段，資源的不均卻只有不明確的暗示，中間還有許多分歧的資料組合。要把這些資料組合成一個前後一致的分析性敘述，對於我們是個巨大挑戰：在不小的程度上，這是本篇的緒論標題中所謂的分配不均面臨到的真正挑戰。我在架構本書的每個部分時，所選的都是我認為最能夠解決這個問題的方式。一開始的部分是依照分配不均的發展順序——從我們靈長類的起源到二十世紀的早期，因此是遵照傳統的照時間排序的方式（第一章至第三章）。

但是到了「四騎士」的部分——主要用暴力的驅動力達到均等——就不同了。在講述這四個因素的前兩個——戰爭和革命——時，我的調查是從二十世紀開始，然後接著在時間上往回溯。這樣安排的理由很簡單。用全面動員的戰爭和帶來劇變的革命作為帶來均等的手法，主要是現代性的特徵。從一九一〇年代到一九四〇年代的「大壓縮」不僅為這個過程提供了最好的證據，也足以代表、或者說的確形成了它典型的形式（第四章至第五章）。接下來，我的第二個步驟是要尋找發生在這些暴力衝突之前的事，一路從美國的南北戰爭往回追溯到古代的中國、羅馬和希臘的經驗，以及從法國大革命到前現代數不清的反叛事件（第六章和第八章）。在第六章的最後一部分，我會依循相同的模式討論內戰，先看看這類衝突在當代開發中國家的結果，最後再拉到羅馬共和國（Roman Republic）的結束。這個方式讓我可以根據現代的數據，先建立起用暴力達到均等的模式，再去驗證它們是否可以適用於更遙遠的過去。

關於第五部分的瘟疫，我也是用相同的策略，不過有稍做修正，先從紀錄最完整的案例——中世紀後期的黑死病（第十章），再到漸漸沒有什麼人知道的例子，其中有一件（發生在一四九二年之後的美洲）算是比較近期的，其他則都算是古代了（第十一章）。基本原理是一樣的：我先用可以取得的最佳證據，建立起由暴力帶來均等的主要機制（這裡的暴力是指傳染病造成的大量死亡），然後再尋找其他地區的類似事件。第四部分的國家失能和體制崩壞是用這個組織好的原則推導出邏輯上的結論。當主要分析發生在前現代的歷史現象時，年代其實並沒有太大影響，就算按照特定的時間排序，也不會告訴我們什麼。特定事件的日期具有的意義其實比不上證據的本質或是現代的學術研究處理的範圍——而這兩者都會隨著空間和時間而出現巨大差異。因此我在一開始會先討論幾個已經證實的例子，較為後面提出的例子才沒有那麼多細節（第九章）。第六部分並非關於暴力帶來的均等，大部分的主題是我對於不同因素的評估（第十二章至第十三章），然後再轉向「反事實」（counterfactual）的結果（第十四章）。最後一個部分——它與第一部分一起構成我的主要調查主題——會再回到依時間先後排列的形式。先說明分配不均在最近有復活的傾向（第十五章），再來則是均等在近期和較為遙遠的未來的展望（第十六章），這將構成我對於演變的整體看法。

如果一個研究把東條英機的日本、[8]伯里克里斯的雅典（Athens of Pericles）[9]或是把古典低地馬雅（Classic Lowland Maya）和現今的索馬利亞放在一起，與我同輩的某些歷史學家可能會感到很困惑，不過如果是社會科學出身的讀者，大概就會好一點（我希望是如此）。如同我在前文所說的，探索不平等的全球歷史是個嚴肅的挑戰。如果我們想要證實在歷史中存在著帶來均等的力量，我們就必須要找到方法，不論是在學術領域的內或外，都要讓不同的專業顯得不再完全區隔，也要克服資料在數量和品質上的懸殊差異。要建立一個長期的觀點，勢必需要一個非正統的解答方式。

這很重要嗎？

這些都指出了一個簡單的問題。如果要研究跨越不同文化和非常長期的不平等是這麼困難，那麼，我們何必試呢？如果要回答這個問題，勢必要涉及兩個不同、但是彼此相關的議題——經濟的分配不均在今天會造成什麼影響嗎，它的歷史又有什麼值得探究之處呢？以較早期的專題著作《放屁！名利雙收的詭話》（*On Bullshit*）為人所知的普林斯頓大學的哲學家哈里·法蘭克福（Harry Frankfurt）在他的小書《論分配不均》（*On Inequality*）裡，一開頭就表示他不同意歐巴馬的評論（本書的緒論一開始也有引用）：「我們最大的挑戰並不是美國人的所得有相當大的**分配不均**。而是我們有太多**貧窮**的人民了。」貧窮當然是一個變動的指標：美國的窮人在中非可能就不算窮人了。有時候，貧窮的定義甚至會跟著分配不均而變動——英國的官方貧困線是根據平均所得設定的——雖然通常還是會使用

---

❽譯注：在第二次世界大戰期間日本軍部的最高領袖，日本投降後被同盟國東京軍事法庭認定為甲級戰犯。

❾譯注：在雅典黃金時期具有重要影響的領導人，他在希波戰爭後的廢墟中重建雅典，幫助雅典在伯羅奔尼撒戰爭的第一階段擊敗斯巴達人，他在位時是雅典最輝煌的時代，產生了蘇格拉底（Socrates）、柏拉圖等一批知名思想家。

絕對標準，例如世界銀行在二〇〇五年是用美金一．二五元為界線，或是參考美國的一籃消費品的花費。大概沒有人會否認貧窮（不管它怎麼定義）是不受歡迎的：我們的挑戰是要證明像是所得和財富的分配不均——而不是貧窮、或相較之下的巨大財富——會對我們的生活造成負面影響。[15]

最實際的做法會關注分配不均對於經濟成長的效果。經濟學家一再提出這層關係其實很難衡量，而且現行研究傾向於以經驗為根據，未必能夠解釋這個問題在理論上的複雜度。但即使如此，仍然有許多研究認為分配不均的程度越高，成長率就會越低。舉例來說：有研究發現可支配所得的分配不均越小，不僅會加快經濟的成長，也會讓成長期更持久。分配不均對於已開發的經濟體系的成長似乎傷害更大。甚至還有些人支持一個備受爭議的論點：美國家庭之間巨大的分配不均造成了信用泡沫，才觸發二〇〇八年的經濟大衰退，因為較低所得的家庭會依靠當下立即可用的信用（其中有部分是上層累積的財富所產生的）進行借貸，好維持他們與比較富裕的群體之間相同的消費模式。他們的借貸條件在相較之下受到比較多限制，財富的分配不均就使得低所得的群體處於不利的地位（因為他們無法享有信用）。[16]

在已開發國家，如果世代之間的經濟流動性不高，分配不均的程度就會比較高。因為父母的所得和財富是教育成就和所得的重要指標，分配不均不會隨著時間而褪色，甚至會更加深化。所得造成的居住隔離會帶來分配不均的後果，這也是一個相關的議題。一九七〇年代之後，美國大都會地區的中產階級的居住地區萎縮了，但是周圍的高所得和低所得地區的人口則成長了，這造成兩極化的情況益發嚴重。尤其是富裕的地區變得更加孤立，這樣的發展趨勢會造成資源的密集累積，包括由當地資金提供的公共服務，而這又會回去影響到兒童的生活機會，並且妨礙跨世代的流動可能性。[17]

在開發中國家，至少有幾種所得分配不均會增加內部的衝突和內戰的可能性。高所得的社會比較不會招致極端的結果。在美國，一般認為分配不均會讓富人比較容易發揮影響力，因此會對政治過程產生影響——雖然以這個例子來說，其實我們無法判斷是因為大筆的財富造成了這個現象，而非分配不均本身。有些研究認為高度的分配不均與自我評價為低度快樂有關。只有健康看起來不會受到資源分配的影響（但會受到所得等級的影響）：雖然健康差異會造成所得的分配不均，但是倒過來說是否也會成立，還沒有得到證實。[18]

這些研究的共通點是都關注物質分配不均的實際結果，這是出於工具主義的理由，因為要知道分配不均為何是個問題。對於傾斜的資源分配還有另外一種反對的聲音，是來自於規範的倫理和社會正義的概念，這已經超出了我的研究範圍，但是的確值得更多討論，因為這個議題目前過分集中在經濟的焦點。但是即使只根據工具性的推論，高度的分配不均以及越來越擴大的所得和財富的差距——至少在某些脈絡下——無疑的對於社會和經濟發展是有害的。但是何謂「高」度呢，而我們又如何知道「日益擴大」的不均等狀態到底是當代社會的新特徵，還是歷史上一般情況的遺毒呢？如果用（法國經濟學家）弗朗索瓦·布吉尼翁（François Bourguignon）的話來說，有沒有一種「正常」程度的分配不均，是正在經歷分配不均日益擴大的國家會想要回去的？而如果現在的分配不均程度比幾十年前嚴重，但是又比一世紀之前更緩和——的確有許多已開發國家是這樣的——那我們到底要怎麼解釋是什麼因素在決定所得和財富的分配呢？[19]

在大部分的歷史中，分配不均或是日益擴大、或是保持穩定，很少會見到大幅下降。然而，雖然有些政策在提出時想要逆轉或是翻轉分配不均這個日益擴大的趨勢，但是它們對於這個歷史背景卻顯得十分無知、或是缺乏正確的評價。這是該有的狀況嗎？或許我們的年代已經完全迥異於、而且脫離了以農業起家、不講求民主的原型，已經見不到什麼歷史的痕跡可以教導我們了。改變是大幅度的，這點也毋庸置疑：一般來說，在富有的經濟體系中的低所得群體已經比過去的絕大多數人都過得好了，而且即使是在發展狀況最不好的國家中最弱勢的國民，也都比他們的祖宗活得久了。在不平等的狀況下居於弱勢的人，在許多方面的生活經驗都已經和過去大大不同了。

但是我們在這裡關心的並不是經濟、或更廣泛的來說是人類的發展——而是文明的果實將如何分配、是什麼造成了現在這樣的分配結果，以及如何才能夠改變現在的這些結果。我寫作本書的目的，是要顯示過去造成分配不均的力量其實並沒有一百八十度的改變。如果我們想要讓目前的所得和財富分配重新取得平衡，以達到更確實的均等，我們絕對不能忽視過去是用什麼方法達成這個目標。我們要問問看如果不曾發生過重大的暴力，是不是還有可能讓嚴重的分配不均獲得緩和，如果相較於這個「大規模邁向均等」的威力，比較溫和的影響會是如何呢，未來有沒有可能走向一個非常不同的方向——即使這個問題的答案將是我們所不喜歡的。

Part I

分配不均的簡史

第一章

分配不均的出現

最初的邁向均等

不平等一直存在我們身邊嗎？在今天的世界上，與我們最親近的非人類親戚——非洲大型類人猿（大猩猩、黑猩猩和倭黑猩猩）——就是高度階級化的生物。成年的雄性大猩猩會劃分優勢的支配階級，只有少數雄性會有幾隻母的大猩猩相伴，其他的大多數大猩猩則根本沒有配偶。銀背大猩猩[1]則是不只支配著群體中的母猩猩，群體中尚未成年的所有雄性大猩猩也都由其控制。黑猩猩（尤其是雄性，但是不限於雄性）在競逐地位時會耗盡全力。一方會極力展現出霸道的氣勢和以優勢地位做出極盡挑釁的行為，而在競爭中居於弱勢的另一方，則會做出許多示弱、屈服的舉動。在一個有五十或是上百成員的群體中，排序是生活中一件重要而且充滿壓力的大事，群體中的每個成員在階級中都有自己專屬的位置，但又總是想要奪取更好的位置。而且沒有成員可以置身事外：如果有雄性不想要受到蠻橫的統治而選擇離開群體，牠可能就得冒著被其他群體的雄性殺死的危險，所以牠們都會留在群體裡，或是戰鬥、或是投降。一般認為這個在社會中劃定界線的現象，也可以對應到人類社會中階級的出現，就是這種激烈的強制力讓不平等出現。

牠們最近的親戚——倭黑猩猩——呈現在世人眼前的可能是一幅比較溫和的景象，但還是一樣有「大哥大」或是「大姐頭」。比起黑猩猩，倭黑猩猩的暴力或是故意欺凌其他成員的事少得多了，但是相對而言，牠們的階級之分就非常清楚。雖然倭黑猩猩屬於祕密排卵（concealed ovulation），[2]而且公猩猩對於母猩猩並沒有絕對的掌控，所以減少了為爭奪交配機會而發生的暴力衝突，但是公猩猩之間還是會因為爭奪食物而出現明顯的階級。對於這些生物來說，分配不均是表現在獲得食物資源的機會不均等——如果類比到人類的行為，最接近的應該是所得分配的不均——還有最重要的是爭取繁衍的成功機會。支配等級的頂端是體型最大、最強壯、最具有攻擊性的雄性，牠可以擁有最多食物，並且與最多雌性保持性關係，這就是標準的模式。[1]

看起來並不是在這三個物種從一脈相傳的物種體系分支出來之後，才出現這些共同的特徵——這個分支的過程大約是從一千一百萬年前開始的，先是大猩猩出現了，接著在三百萬年之後，黑猩猩和倭黑猩猩共同的祖先也分了出來，與牠們分開的另一支後來演化成南方古猿最早的祖先（最後則進化為人類）。雖說如此，但其實這類常見的分配不均並非靈長類動物之間的共通社會表現方式。階級是因為群體生活而產生，在更遠古之前就分支出去的我們的靈長類親戚，現在已經比較缺乏社會性了，牠們或是獨居、或是只集結成非常小型的、或是暫時生活在一起的族群。例如長臂猿便是如此——牠們的祖先在大約兩千兩百萬年前就從其他大型類人猿中分出來了，還有猩猩也是如此——在大約一千七百萬年前，牠們是第一個形成物種的大型類人猿，而且現在只分布於亞洲。相反的，在這種分類家族中，群居並且形成階級是非洲種的典型特性，也包括我們（人類）自己。這表示在大猩猩、黑猩猩、倭黑猩猩和人類最近的共同祖先身上就已經看得到這種特徵，但是再更遠的祖先就不一定了。[2]

---

❶ 譯注：指背頸部下方有銀白色毛的雄性成年大猩猩。

❷ 譯注：指在適合受孕的期間身體沒有明顯的外在變化，除了該雌性本身之外，其他個體不容易察覺。

要理解早期的人族（hominin）❸和人類之間存在的不均等，和其他靈長類動物做類比可能不是個好方法。我們擁有的最好代用證據就是能夠說明兩性體型差異的骨骼資料，其中一性——在這個例子中是指雄性——的成熟成員要比另外一性來得更高、更重、更強壯。以大猩猩和海獅來說，有妻妾和沒有妻妾的雄性之間、以及雄性和雌性之間存在著極大的不均等，這與雄性的身體構造較有利有極大的關係。從古早的紀錄看來，存在於人類之前的人族——可以往回追溯到超過四百萬年前的南方古猿和傍人——就比人類有更明顯的性別體型差異。如果傳統的看法（但是它正在面臨越來越多的挑戰）成立的話，有些最早的物種——在三百萬年前到四百萬年前出現的阿法南方古猿（*Australopithecus afarensis*）和湖畔南方古猿（*anamensis*）——的雄性軀體會大百分之五十以上，不過比較後期的物種就介於這些早期的物種和人類之間了。等到兩百多萬年前，腦容量比較大的直立人（*Homo erectus*）出現之後，兩性的體型差異已經縮小到相差不太大的程度了，就像我們今天看到的這樣。既然體型的差異程度和雄性之間是否會進行爭奪雌性的鬥爭有關，或是因為雌性的性選擇（sexual selection）❹而出現了體型的差異，那麼性別的差異減少，或許就是代表雄性之間的繁殖差異也減少了。照這樣解讀的話，就會發現演化其實也同時縮小了雄性之間和兩性之間的不均等。雖然如此，但是因為比起雌性，雄性在繁衍上還是比較常見不均等的存在，因此生殖中的一夫多妻制還是始終不曾消失。[3]

其他早在兩百萬年前就啟動的發展也被認為有利於均等。大腦和生理機能的改變促進了合作生殖（cooperative breeding）❺和攝食，這會削弱優勢者的攻擊性，也會弱化比較大的族群中的階級。新的暴力使用方式或許也有助於這個過程。任何可以幫助弱勢者對抗優勢者的東西，都將削減優勢者的力量，並因此減少整體的不均等。弱勢者彼此聯合是達到這個目標的方法之一，使用彈射武器則是另一個方法。近身的戰鬥——不論是用手和牙齒、或是利用棍棒和石頭——都是對比較強壯和有攻擊性的人有利。當武器發展到可以在一個比較遠的距離外使用後，就能發揮平衡兩方的作用了。

大約在兩百萬年前，肩膀部位發生了解剖學上的變化，因此生物首次可以用力道投擲石頭等物體，這是較早期的物種和今天的（非人類）靈長類都做不到的事。這個適應上的變化不僅提升了狩獵能力，也讓想要以小搏大變得比較容易。矛的製造是下一步，不論是把尖端用火燒硬、或是稍後又懂得用石頭來做矛尖，都加強了它的硬度。懂得控制用火大概可以追溯回八十萬年前，而加熱處理的技術則至少有十六萬年歷史了。石製標槍或是箭頭的出現，經證實最早是在大約七萬年前的南非就有人使用，但是彈射武器在那之前已經發展了很長一段時間，到這個時候已經是最後階段。不論它們在現代人的眼中看起來有多麼原始，但是這類工具可以超越體型、力量和攻擊性的限制，讓比較弱的人也能夠進攻或是伏擊，或是彼此合作。認知技巧的進化也更進一步加強了投擲的正確度，改善了武器的設計，並且建立起比較可靠的結盟。完整的語言能力——或許可以往回追溯十萬至三十萬年的歷史——也有助於更密切的結盟，並且強化了道德感。這些社會變化的年代大都還不太清楚：它們或許是分布在過去兩百萬年間的大部分時間中，也或許是集中到了現代人類身上才發生——也就是我們自己所屬的物種「智人」（*Homo sapiens*）（智人起源於非洲，至晚是在二十萬年前出現的）。[4]

---

❸譯注：靈長目人科的一族，屬於人亞科，其中只有人屬（Homo）和黑猩猩屬（Pan）存活至今，包含了現代人類。

❹譯注：用來解釋同一性別的個體（通常是雄性）對交配機會的競爭會如何促進牠們的性特徵演化。

❺譯注：指異親教養的社會系統，除了雙親會照顧自己的後代（幼獸）之外，其他族群中的成員也會一起照顧。

在當前的脈絡中，最重要的就是一直以來累積的成果，較低地位的人已經比較有能力挑戰領頭的雄性了，而這是在非人類的靈長類動物群體中看不到的。當支配者所屬的群體的其他成員也可以用彈射武器來武裝自己，或是靠著聯盟平衡彼此的影響力，那麼，就不太可能只靠殘暴的武力和恫嚇取得絕對的優勢了。如果這個推測——這也只是個推測——正確的話，也就是說在人類的歷史初次大幅度的邁向均等時，暴力和（更明確的說是）經過組織、具有脅迫性的暴力行動這個新策略扮演了一個重要、或甚至是關鍵性的角色。在這段過程中，人類在生物學和社會上的演化有助於讓符合均等的均衡出現。族群的成長還不夠大，生產能力的分化還不夠細，群體之間的衝突和地盤也還沒有足夠的發展，還不到會對少數者屈服的規模，這看起來是對大多數成員而言最無害的狀況。雖然動物界的統治和階級形式已經弱化了，但是還沒有被新形式的不均等——由農牧、地產和戰爭帶來的不平等——所取代。那個世界已經大不相同了，但是還未完全消失。今天的這個世界還留存著一些野外採集的人口，從他們之間的低度資源分配不均和強化的均等主義中，我們得以稍窺（雖然仍是有限的）在舊石器時代的中期和晚期，均等的動態看起來是什麼樣子。[5]

邏輯和基礎結構的強大限制有助於抑制狩獵採集社會中的分配不均。游牧的生活形態（游牧人口不會帶著一大群牲口）嚴重限制了物質財富的累積，野外覓食的族群通常規模不大，也具有流動性和彈性，除了因為年紀和性別而造成的基本權力分配不均之外，不太容易形成其他穩定的不對稱關係。除此之外，野外覓食族群的均等主義應該也是有意的排除少數成員的統治。雖然人性應該會自然的傾向於形成階級，但是也會受到這種想法的阻擋：要積極的促進均等，維持公平的競爭環境。人類學家記錄下許多貫徹均等價值的方法，嚴厲的程度各自不同。乞討、騙取和偷竊都有助於確保資源更公平的分配。對獨厚的行為和自我擴張的制裁從閒言碎語、批評、嘲笑和不服從到排擠，甚至還有身體上的暴力（包括殺害）。所以由結果來看，領導權並不明顯，也不會長久，而且會分散給複數個團體成員；不要過於獨斷獨行才有機會影響他人。這種特殊的道義經濟（moral economy）❻被稱作「反向的支配階層」：它運行在成年男性之間（男性通常會支配女性和兒童），代表權威一直在主動走向消滅。[6]

「哈札」（Hadza）族是坦尚尼亞的一個狩獵採集群體，規模有幾百人，哈札族人會共同紮營，覓食時都是以個人為單位，而且很喜歡在自己的家族內分配這些得來的食物。而在同時，族人又很期待大家要和其他家族的人共享食物，這也是普遍的做法，尤其是這些資源如果馬上就被其他人發現的話。哈札人可能會嘗試把比較容易藏的蜂蜜藏起來，但是如果被發現了，他們就會被迫要和其他人分享。平白無故向別人討東西是可以容許的，也很常見。所以，就算一個人很想要為自己和近親多保留一點東西，規範也是不會容許的：共享很常見，因為不存在一個優勢的統治力量，所以如果有人提出分享的要求，被要求的人也很難拒絕。如果是容易壞的大型食物（例如獵到的大型動物），甚至會和其他營地的人一起共享。儲蓄不是一種美德，手邊的資源會立刻被用掉，甚至不會分給在分割時剛好不在場的人。因此，哈札族人只有最小限度的私人財產：女人只有珠寶、衣物、掘土的長棒、有時候還有烹飪鍋具，而男人則只有弓和箭、衣物和珠寶以及一些工具。這些物品通常不會十分耐用，物主

---

❻ 譯注：是傳統社會中農村的經濟模式，指其中的農民不單是追求個人利益的最大化，也會受到道德準則和價值觀的驅使，而遵從「互惠性」慣例。

對它們也不特別愛惜。除了這些基本的用具之外，並不存在所謂的財產，更不會主張什麼領土。因為缺乏權威或是權威很分散，因此不太可能出現團體的決定，更不必說執行了。從這些方面來說，哈札人整體而言可以說是現存的、甚具有代表性的野外覓食族群。[7]

野外覓食的生存模式和均等主義的道義經濟合在一起，就對發展構成了一道絕對無法跨越的障礙，理由很簡單，因為經濟成長需要某種程度的所得和消費的分配不均，這樣才能夠鼓勵創新和有盈餘的生產。如果沒有成長的話，也就不會有多餘的物資可以分配或是傳遞下去了。道義經濟阻斷了成長之路，而沒有成長，就不會有剩餘的生產或是累積。這並不代表野外覓食的做法就是某種形式的共產主義：消費並非均等的，人與人之間的差異也不只是身體上的能力，還有各自對於支援網絡和物質資源的取得機會。我將在下一段討論：野外覓食的社會並不是不存在分配不均，只是——相較於依賴其他生存模式的社會——分配不均的程度很低。[8]

我們也不能夠否認或許在某些很重要的方面，當代的狩獵採集和我們在農業社會之前的祖先是不太一樣。現在的野外覓食族群已經完全邊緣化了，只存在於農人和畜牧者到不了或是沒有什麼興趣的地方，他們生活的環境也很適合不需要累積物質資源、不會堅持自己的領土主張的生活模式。在以栽種植物和畜牧動物的方式生產食物之前，野外覓食族群比較廣泛的分布在世界各地，也能夠取得比較豐富的自然資源。除此之外，在某些例子中，會看到當代的野外覓食族群需要回應一個由階級比較分明的農人或是畜牧人口主宰的世界，他們的定位也需要對比於外在世界的規範。留下來的這些野外覓食族群無法擺脫歲月的洪流，也不是什麼「活化石」，他們會這麼做的原因，也必須放在特定的歷史脈絡中理解。[9]

因此，史前的人口其實未必跟當代的狩獵採集者經歷到的一樣均等。早在（大約一萬一千七百年前展開的）全新世開始之前，就可以從葬禮的脈絡中偶爾觀察到物質的分配不均，這雖然十分罕見，但是並非不存在。不靠勞動就得到地位、分配不均的最著名例子應該是索吉爾（Sungir）——那是在莫斯科北方一百二十英里處出土的一個更新世（Pleistocene）遺址，其中發現的遺骨屬於距今三萬至三萬四千年之前，已經是冰河時期後期相對溫暖的時代了。其中包括了一群獵人和野外覓食者的遺骨，他們會殺害、食用大型的哺乳動物（像是野牛、馬、馴鹿、羚羊，甚至還有長毛象，再加上狼、狐狸、棕熊和穴獅）。其中有三場人類葬禮特別突出。一場是一位成人男性，他下葬時戴了大約三千顆由長毛象牙做成的串珠（縫在他的毛皮大衣上），還有二十件掛飾、二十五個長毛象牙的環。另一個墓穴中躺了一個大約十歲的女孩和一個大約十二歲的男孩。兩個孩子的服飾甚至都用了更大量的象牙串珠裝飾，總共有大約一萬顆，而且他們的陪葬品還包含許多可以彰顯地位的貴重物品，包括用削直的長毛象牙做的矛和各類藝術品。

做這些勢必需要大量勞力：現代的學者估計光是雕好其中的一個串珠，就需要十五到四十五分鐘，也就是如果一個人一週工作四十小時的話，全部完成需要花上一．六至四．七年。最少需要抓七十五隻北極狐，才能夠得到兩個孩子墓穴中的腰帶和頭飾上的三百顆犬齒，而且因為很難把牙齒完整的拔下來，所以實際數量應該還更多。雖然這個族群已經屬於相對定居了，有比較多的閒暇時間完成這些事，但是我們依然要思考到底為什麼在一開始時，他們想要做這些事。這三個人的陪葬品並不包括日常的衣物和物品。孩子的串珠比成人的小一些，表示這些串珠是特別為孩子做的，不論是在他們生前，或是——比較可能的——就是為了他們的葬禮而做的。這幾個人應該很特別——出於我們不知道的理由。不過，兩個孩子還太小，好像不可能是做了什麼豐功偉業，才贏得這種特殊待遇：或許是因為他們與某個比別人更重要的人有家族關係。男人和男孩身上可能的致命傷、以及女孩截短的大腿骨（這可能會使她不良於行）只是增加了這個謎團。[10]

雖然索吉爾墓葬的壯觀程度在舊石器時代還沒有其他紀錄可以望其項背，不過在更西的地方，也發現了其他奢華的墓穴。在摩拉維亞（Moravia）❼的下維斯特懷斯（Dolní Vèstovice），在大約相同的時代，也有三個人戴著複雜精細的頭飾下葬，他們長眠的土地被染成赭紅色。時期稍後的例子就更多了。利古里亞（Ligurian）海岸❽的阿雷納．憨第德（Arene Candide）洞穴便是一個挖得很深的墓穴，其中安葬了一名青少年男性，他打扮得極其奢華，躺在紅赭石的棺木中，年代為距今大約兩萬八千年或是兩萬九千年前。在他的頭部周圍發現了數百個穿孔的貝殼和鹿的牙齒，這些大概原本是某個頭飾上的裝飾品。他的右手還握著用長毛象牙做成的掛飾、四根由駝鹿角做的權杖，還有用外地的燧石做成特別長的刀。大約在一萬六千年前葬於聖日爾曼—拉—里維埃（Saint-Germaine-la-Rivière）❾的一名年輕女性，也是戴著貝殼和牙齒的裝飾品：後者是大約七十個穿了孔的馬鹿牙齒，而且一定是從大約兩百英里外的地方引進的。在大約一萬年前（全新世早期），有一名長眠在多爾多涅（Dordogne）❿的馬德萊娜（La Madeleine）石窟的三歲兒童——不過那是一個野外覓食的族群——也是帶著一千五百個貝殼串珠一起下葬的。[11]

這會讓我們很想把這些說成是最早出現的不平等。進步而且標準化的手工藝品生產、把時間花在高度重複性的工作、還有使用遠地來的原物料，這些證據都讓我們看到這些族群的經濟活動已經比同時代的狩獵採集者更為進步了。這也告訴我們社會的分配不均未必和掠奪連結在一起：奢華的兒童和青少年的墓穴代表他們的地位應該是與生俱來、或甚至是繼承而來的。從這些物件中，無法直接推論出階級關係的存在，不過至少也是言之成理的解釋選項之一。但是沒有跡象顯示不平等一直存在。複雜性的增加和地位的分化看起來都只是暫時的。均等主義未必講求穩定：社會行為有可能會隨著環境的變化、或甚至是一再重複的季節壓力而發生改變。雖然對於近海生活的適應最早或許可以追溯到早於十萬年前——這也帶來了社會的演化，因為在適應近海生活的過程中，為了取得海洋的食物資源（例如甲殼類動物），便助長了地盤性和更有力的領導權——但是並沒有（至少還沒有發現）相關證據顯示這會促使階級和消費分配不均的出現。我們只知道舊石器時代的社會或是經濟的分配不均只是偶爾出現，而且也不連續。[12]

大規模的分配不均

在冰河時期走向尾聲、氣候條件進入一段異常的穩定時期之後，分配不均才一飛沖天。在兩個冰期之間，第一次出現了一段超過十萬年的溫暖時期——全新世，這個時期創造了一個比較有利於經濟

---

❼ 譯注：位於捷克東部的一個地區。
❽ 譯注：位於義大利西北部沿岸，西臨法國。
❾ 譯注：法國西南方的吉倫特省的一個市鎮。
❿ 譯注：位於法國的西南部內陸。

和社會發展的環境。雖然這些改善有助於人們獲得更多的能源和增加人口，但是它們也可能帶來更多權力和物質資源分配的不均等。這導向了我所謂的「大規模的分配不均」（Great Disequalization），那是一段通往新的生存模式和社會組織形態的變遷時期，新的模式銷磨了野外覓食時期的均等主義，代之而起的，是長久不滅的階級和所得與財富的分配不均。要有這些發展的出現，必須擁有不會遭到侵害的、有足夠生產力的資產，而且擁有該資產便足以預期自己可以獲得一些盈餘。由農業和畜牧生產出來的食物可以滿足這兩個條件，這也是經濟、社會和政治變遷最主要的驅動力。

不過，植物和動物的養殖其實並非不可或缺的必要條件。在某些條件下，野外覓食者也可以用類似的方式、使用非經養殖的自然資源。即使是在適合從事漁業、或是只有幾個地點漁獲特別多的地方，還是會有領土權、階級和分配不均的出現。民族誌中記載了許多這樣的現象，這被稱作沿海（或河）的適應作用。從大約西元五〇〇年開始，北美洲西海岸（從阿拉斯加到加利福尼亞）的人口成長帶來了對漁獲庫存的壓力，這使得野外覓食的人口覺得有必要對局部地區的鮭魚流動建立控制。有時候，這會同時帶來另一項轉變：從原本大家都差不多的住房，變成出現階級的社會，其特徵就是大房子的出現，尤其是家人、共同生活者和奴隸同住的大房子。[13]

詳細的個案研究讓我們注意到資源的稀少性和分配不均的出現之間，有著緊密的連結。在大約西元四百至九百年之間，（加拿大的）英屬哥倫比亞省的基特利灣（Keatley Creek）遺跡居住了一個幾百人的聚落（他們分布在弗雷澤河〔Fraser River〕的附近），該族群會利用當地的鮭魚洄游。從考古學的遺跡判斷，鮭魚的消耗量大概在西元八百年時下降，改由哺乳動物的肉取代。就在這個時候，紀錄中也出現了分配不均的信號。考古學家從最大的房子的地窖中復原了一些魚骨，發現其中有很大一部分來自於成熟的帝王鮭（chinook salmon）和紅鮭（sockeye salmon），那是最富於脂肪和卡路里的魚種。可以代表威望的東西（例如種類罕見的寶石）也一樣是在那裡發現的。相反的，兩棟最小的房子裡卻只有比較小隻和沒有營養的魚骨。在其他許多有著類似複雜程度的社會中，都有儀式性的重新分配，一方面是為了慶祝，另一方面也是要緩和分配不均：有夠大的燒窯可以為一大群人準備食物，這代表富人和有權勢的人在安排該族群的筵席。在一千年之後，領袖人物也會在「誇富宴」（potlatch）的儀式上盡量展現慷慨、彼此競爭，這是太平洋西北地區[11]的普遍特徵。同一個地區的布利吉河（Bridge River）遺跡也發生了類似的改變：從大約西元八百年起，大型建築物的擁有者開始累積可以象徵名望的物品，並且不再公開的在戶外準備食物，比較貧窮的居民則將他們自己附屬於這些家族，於是讓分配不均確立了下來。[14]

還有其他狀況，像是日積月累的技術進步讓社會和經濟的變化出現了分配不均。幾千年來，加利福尼亞州沿岸的丘馬什（Chumash）——現在的聖塔芭芭拉（Santa Barbara）和范朵拉（Ventura）市——住著均等主義的野外覓食者，他們會使用簡單的船隻採集橡子。在大約西元五百至七百年，丘馬什人引進了可以遠洋航行的大型木板舟，木板舟可以搭載十幾個人、航行到離岸六十英里之遠，這讓丘馬什人可以抓到更大的魚，還可以在沿岸地區經營貝殼生意，當起中間人。他們把從海峽群島（Channel Islands）得到的燧石賣給內陸的族群，換取橡子、堅果和可以吃的草。這便形成了階級，其中的首領會擁有多名妻子、可以控制獨木舟和對領土的使用，也會在戰爭中帶領族人，以及主持宗教

---

[11] 譯注：指美國西北部地區和加拿大的西南部地區。

儀式。首領的追隨者會付出食物和貝殼作為對首領的回報。在這樣的環境中，野外覓食社會相對而言具有比較高的複雜度。族人對於當地的集中資源的依賴度越來越高，流動性跟著下降，於是職業的專門化、嚴格定義的資產所有權、邊陲地帶的防衛、相鄰族群之間的激烈競爭（通常也會涉及對俘虜的奴役），都促進了階級和不平等的出現。[15]

野外覓食者的這類適應做法只有在特定的生態條件下才有可能達成，而且通常也不會超出這樣的條件。除非以養殖的方式栽培食物資源，否則不可能讓經濟活動和社會關係發生全球規模的轉變：如果沒有這樣的發展，就還是只有沿海和沿河的小塊地區會出現明顯的分配不均，周圍的大片世界還是分布著比較均等主義的野外覓食者。但是這件事並未發生。各洲都分別開始栽培可食用的植物，首先是大約一萬一千五百年前在西南亞，然後是一萬年前在中國和南非，九千年前在墨西哥，七千多年前在新幾內亞，接著是大約五千年前在南亞、非洲和北美。有些地方還有畜牧動物，有時候是發生在栽種植物之前，有時候則是在這些革新之後。從野外採集轉變到農業的過程可能會持續很久，並不總是會遵循一個線性的軌道。[16]

這特別適用於黎凡特（Levant）⓬的納圖夫（Natufian）文化，和繼之於其後的前陶新石器（prepottery Neolithic）文化，它們首先見證了這個變遷。從大約一萬四千五百年前開始，氣候變得比較溫暖而且潮濕，這讓地區性的野外覓食族群在人數上有所增加，而且可以在比較永久定居的土地上生活，狩獵時可以獲得許多獵物，還能採集到足夠數量的野生穀類作物，因此至少需要小型的儲存設備。相關的素材證據還很有限，不過已經有些跡象，讓相關研究的主要學者把這稱作「最初的社會階級」。考古學家發現了一個比較大型的建築物，那可能是大家公用的，還有幾個很特別的玄武岩研鉢，應該會對生產很有幫助。有一項統計顯示從納圖夫時期的早期——大約在一萬四千五百至一萬兩千八百年前——復原的人骨中，有大約百分之八穿戴著貝殼（有時候還是從幾百英里遠的地方引進的貝殼），還有用骨頭或是牙齒做成的飾品。有個遺址發現有三名男性在下葬時戴著貝殼的頭飾，其中一名頭飾邊緣的貝殼有四排之多。只有幾個墓穴放置著石器的工具和小雕像。還發現了大型的燒窯和烤爐，這或許意味著他們也有可以重新分配的宴席——像是較晚期（得多）出現在美國西北部的那種。[17]

不過，無論社會階級和不平等在這樣有利的環境條件下發展到什麼程度，最後在大約一萬兩千八百至一萬一千七百年前的一段寒冷時期，都漸漸消褪了——那段時期被稱作「新仙女木期」（Younger Dryas），是一段氣溫驟降的冰期——因為當地的資源漸漸減少、或是變得比較無法預期，因此當時還存活的野外覓食者又回復到一種比較流動的生活模式。在大約一萬一千七百年前，氣候回復了穩定，這也和證明有栽種野生穀類作物（例如單粒小麥、二粒小麥、小麥和大麥）的最早證據相吻合。在所謂早期「前陶新石器」的時期（大約是一萬一千五百至一萬零五百年前），定居地日益擴大，食物也終於被貯存在個人家中，這種做法代表所有權的概念發生了改變。第一次有某些從外地來的原料（像是黑曜石）出現，這或許代表人們想要彰顯和維持他們已經提升的地位。從「前陶新石器」時期的較晚期（大約是從一萬零五百至八千三百年前）開始有更具體的資訊。在大約九千年前出現在土耳其東

⓬譯注：歷史上一個模糊的地理名稱，廣義的是指中東托魯斯山脈以南、地中海東岸、阿拉伯沙漠以北和上美索不達米亞以西的一大片地區。

南方的卡悠努（Cayönü）村落是由幾個不同的區域組成，各區的建築物以及發現物的大小和品質都不一樣。如果是比較大型、也蓋得比較精緻的建築物，特色就是會有不常見的外地工藝品，而且通常坐落在廣場和廟宇的鄰近地區。但是卻只有一小部分的墓穴會有黑曜石、珠子項鍊或是工具，在卡悠努最奢華的四場城內葬禮中，有三場是在廣場旁邊的房子舉行。上述這些現象可能都顯示出菁英階級崛起的跡象。[18]

毫無疑問的，我們在其後的幾千年中觀察到的不平等大都是農業造成的。不過也有其他途徑。我已經提過了水邊的適應做法，在沒有栽種／養殖食物的情況下，依然確實形成了政治和經濟的不均等。還有其他的情況是引進馴養馬當作運輸工具，因此在沒有生產食物的情況下，也造成了不平等的出現。美國西南部邊境的科曼奇（Comanche）人[13]在十八世紀和十九世紀形成了一種戰士文化，必須要依靠來自歐洲的馬匹進行戰爭和長距離的襲擊。水牛和其他野生的哺乳動物是他們的主要食物來源，再加上採集野生植物和透過貿易或是劫掠得來的玉蜀黍。這些都足以支持高度的分配不均：被俘的男孩會替富人照顧馬匹，而各人擁有的馬匹數量的差距，將科曼奇人家族更明確的區分成「富有」（*tsaanaakatu*）、「貧窮」（*tahkapu*）和「赤貧」（*tubitsi tahkapu*）。更總體的來說，野外採集、植物栽植和農業社會未必會系統性的分別連結到不同程度的分配不均：有些野外覓食的族群甚至可能比某些農業族群有更大的分配不均。對北美洲的兩百五十八個美洲原住民社會進行的調查顯示：剩餘物的數量——而不是（例如）栽種／養殖——才是決定物質分配不均的程度的主要因素：如果是沒有或是僅有一點點剩餘物的社會，三分之二都沒有明顯的資源不均，而如果是可以產生適度或是大量剩餘物的社會，就會有五分之四有明顯的資源不均。這樣的關聯性更大幅勝過不同生存模式和分配不均之間的關係。[19]

一項對於二十一個小型社會進行的合作研究——這二十一個社會的發展程度各自不同（有狩獵採集、植物栽植、畜牧和農業社會）、也各自位於世界上的不同地點——確認了分配不均有兩個重要的決定因素：土地和家畜的擁有，以及將財富移轉給下一代的能力。研究者看的是三種不同類型的財富：身體表現上的（大部分的體能和生育的成功屬於此類）、關係上的（例如勞動的夥伴）和物質上的（生活用品、土地和家畜）。在他們的例子中，身體表現上的才能是野外覓食和植物栽植社會中最重要的財富類型，而物質上的財產則是最不重要的，不過在畜牧和農業社會就要顛倒過來了。不同財富類型的相對重要性對於組成分配不均的整體程度是個重要因素。以表現上的財富來說，身體的限制是相對關鍵的，尤其是體型的大小，比較沒有那麼明顯的則是力氣、狩獵的收益和生育的成功。關係上的財富雖然比較有彈性，但也是在農人和牧人之間的分配比較不平均，而且這兩種族群的土地和畜產的分配不均程度，也都超過了野外覓食和植物栽植人口在器皿或是船隻比例上的分配不均。不同類型的財富會適用不同的分配不均限制，還有特定類型財富的相對重要性，都可以說明我們在不同的生存模式中觀察到的差異。狩獵採集和植物栽植人口的混合式財富平均吉尼係數低至〇·二五至〇·二七，不過畜牧人口（〇·四二）和農業人口（〇·四八）就高得多了。單單從物質上的財產來看，主要的區分存在於野外覓食者（〇·三六）和其他（〇·五一至〇·五七）之間。[20]

財富的可傳遞性是另一個重要變數。農人和牧人在世代之間的財富傳遞程度幾乎是其他族群的兩

❸譯注：印地安人的一個部族。

倍高，比起野外覓食者和植物栽植人口的資產，農人和牧人可以獲得的物質財產也更適合傳遞（而且適合得多）。這些系統性的差異對於生活機會的分配不均有著重大影響，而衡量的方式則是看混合財產居於前百分之十的父母，其孩子仍然留在前百分之十的可能性，和後百分之十的父母的孩子仍然留在後百分之十的可能性，兩者相比的結果如何。如果採用這種方式的定義，世代之間的流動性一般來說並不高：就算是野外覓食者和植物栽植人口，前百分之十的後代依然複製了這個地位的機率，至少是後百分之十的人口要爬上來的三倍。不過對於農人來說機會又高得多了（大約為十一倍），牧人則又更高了（大約為二十倍）。這些差異可以歸因於兩個因素。這個結果大約有一半必須由技術加以解釋，技術會決定不同財富類型的相對重要性和特徵。決定財富如何傳遞的制度則解釋了另外一半，因為農業和畜牧的規範偏好於在家族內垂直傳遞。[21]

這項分析顯示分配不均的出現和隨著時間經過而繼續存在，是下列三項因素綜合的結果：不同類型的資產的相對重要性，它們有多適合傳遞給其他人，以及實際上的傳遞比例。因此，如果在某個族群中，物質財富扮演的角色比較不重要、財富也比較不會傳遞，或是這個族群不允許繼承，那麼，它整體分配不均的程度就會比較低——相較於如果有另外一個族群視物質財富為最主要的資產類型、具有高度的可傳遞性、也容許將資產留給下一代，分配不均的程度就會比較高。就長期來說，可傳遞性是十分重要的：如果財富會在世代之間傳遞，那麼，隨機發生的衝擊（指會對健康、均等性、資本和勞力帶來的回報有所影響、造成分配不均的衝擊）都會被保留下來，隨著時間日漸累積，而不會讓分配的結果又回歸到平均值。[22]

讓我們回到前文對於美洲原住民社會的調查所提出的觀察，這個以二十一個小型社會為範例所提出的實證發現，同樣認為栽種／養殖並不是出現重大分配不均的必要先決條件。要依賴可以守住的天然資源似乎是更重要的因素，因為一般來說，這些東西都可以傳給下一代。對於耕地、開闢梯田、灌溉的投資也是如此。這類具有生產力的資產具有轉讓可能性，也可以改良，於是便以兩種方式造成了分配不均：一是隨著時間日漸增加，以及減少了世代之間的變異和流動。另一項廣泛得多的調查是針對一千個以上發展程度各自不同的社會，確認了傳遞在其中的核心角色。這些涵蓋全球的資料顯示，在簡單的野外覓食社會中，大約三分之一有動產的繼承規則，不過只有十二分之一承認不動產的移轉。農業社會則相反，幾乎所有採行集約農業的社會都同時有針對兩者的規範。社會形式比較複雜的野外覓食者和植物栽植人口則居於中間的位置。有繼承，就代表有財產權存在。我們只能夠推測在什麼樣的環境中會出現財產權：（經濟學家）薩繆爾．鮑爾斯（Samuel Bowles）主張農業生活會支持對野外覓食者而言不切實際（或是不可行）的財產權，因為農業的資源（例如作物、建築物和動物）可以輕易的劃定界限和進行防禦，但是野外覓食者習慣於依賴分散的自然資源，但是農業資源並不具有這個前提。例如水邊的適應做法和養馬文化等例外就完全符合這種解釋。[23]

從歷史上來說，分配不均有時候不會立刻發展出來。加泰土丘就是個明顯例子——讓我們追溯回西元前八〇〇〇年，加泰土丘是小亞細亞[14]西南部的一個新石器時代最古老的城市。其中的幾千名居民賴以為生的方法混合著植物栽植的鋤地耕種和畜牧。他們有大量的土地，也沒有明顯的政府組織或是社會階級的跡象。居民會把穀物、水果和堅果類儲存在家中。該遺址中發現了大量的石器工藝品。

[14] 譯注：是亞洲西南部的一個半島，位於黑海和地中海之間，今天的小亞細亞全境屬於土耳其領土。

對二十棟建築物和九個庭院中出土的兩千四百二十九件物品（其分布年代從西元前七四〇〇至西元前六〇〇〇年）所做的全面調查，顯示有某些特定類型的工藝品在分配上是有差異的。各住家分配到的完整石磨和手推磨的差距很大，不過所有家庭大概都有煮飯的東西和石器。完整的手推磨主要是在比較講究的房子裡發現的，不過我們無法分辨這些房子是不是屬於地位比較高的人，或者他們只是在這裡進行一些和處理食物有關的合作任務。我們觀察到大部分的石磨和手推磨都是在自然磨損之前很久就遭到故意破壞了，這或許可以作為反對第一種解釋的證據。這種習俗甚至反映出該社會的普遍想法是不要將這些貴重的資產傳遞給下一代：比較後期的美索不達米亞社會就有可以繼承的財產了，而手推磨是其中的代表。上述行為也有可能是主動適用一些帶來均等的做法，好讓各家之間不至於出現財富上的不均等。[24]

不過隨著時間經過，不平等也漸漸成為常規了。美索不達米亞的考古學證據強烈顯示，在該地區建立第一個國家之前，就已經有階級存在了。例如流經今天的（伊拉克首都）巴格達的底格里斯（Tigris）河，北岸便坐落著艾斯—撒宛丘（Tell es-Sawwan）遺址，艾斯—撒宛丘的村莊建有泥牆，還挖了一條壕溝，壕溝裡散布著許多用泥土做成的投擲物，這代表在大約七千年前發生的暴力衝突，因此當時的情勢有利於中央集權的領導和階級。這個遺址中某些最奢華的葬禮是為小孩子舉辦的，這表示地位的區分是根據家庭的財富而來，而不是個人的成就。（今天伊拉克的）摩蘇爾（Mosul）附近的阿爾帕契亞丘（Tell Arpachiyah）也是年代差不多的遺址，其中發現了一間菁英家庭的住宅，該住宅有許多房間，房間裡擺著精緻的陶器、雪花石膏容器、黑曜石以及各種不同的裝飾品和工藝工具。這塊土地的領導者會用一點黏土將運輸的貨物密封起來，並且在黏土乾掉之前，在裡面刻上一些簡單的象徵標誌，用這個方法來控管貿易——這是封緘方式的前身，日後在美索不達米亞的晚期又發展出更複雜的封緘方式。而在（今伊拉克的）亞凜・得貝（Yarim Tepe）遺址中，也發現了一名火葬的年輕人，他在埋葬時不僅戴著黑曜石的串珠，還有封印用的東西，這標示出他應該是官員的後代、或甚至是預期中的繼承人。[25]

到了那個時候——西元前六〇〇〇至前四〇〇〇年之間，所有造成分配不均的結構性基本要素都已經就位了：眾多防禦性的組織涉入對於稀少資源的競爭，也有對於有效的領導權的需求；或許與政府職責有關的非宗教用公共建築；彰顯出儀式重要性的家族神社和廟宇；階級身分的象徵（例如極盡奢華的兒童葬禮）；以及各地的代表菁英家庭之間有交換手工藝的證據。政治、軍事和經濟發展都讓人口之間出現差異，突出的地位、對經濟交換的控制和個人的財富也都發揮了影響力。

從其他脈絡來看，政治領導也與高度的物質分配不均有關。在黑海⓯邊的瓦爾納（Varna）（位於今保加利亞境內）的一塊墓地中，從西元前五〇〇〇年便開始陸續累積了超過兩百個墓穴。其中有一座墓穴特別突出，在裡面安眠著一位中年男子，他的陪葬品有超過九百九十件黃金物品，總重超過三磅：他身上覆蓋著黃金的飾品（可能本來是蓋在他的衣服外面），手臂上戴著很重的黃金鐲子，還拿著一根斧狀的權杖；就連他的陰莖也戴著黃金的護套。在這位男性的墓穴裡發現的黃金，就已經超過了這整個遺址中發現的所有黃金物品的三分之一，也占了黃金總重的四分之一。整體來說，所有墓穴

⓯譯注：歐亞大陸的一個陸間海，被歐洲、高加索和小亞細亞半島包圍，通過土耳其海峽，與地中海的愛琴海區域相聯。

裡的物品分配得非常不平均：在有人安葬的墓穴裡，有超過一半放了一些物品，但是只有不到十分之一放了很多物品，陪葬品種類很多的墓穴（包括有許多黃金）就更是少之又少了。每個墓穴裡的物件數量的吉尼係數從〇・六一至〇・七七不等（依時期而定），不過如果我們根據價值來做調整，吉尼係數一定還更高。雖然我們只能夠猜測這個社會裡會有什麼組織，不過它的階級特徵應該是不容置疑的。全身穿戴金飾的那位男性和其他擁有的金飾比較少一點的高貴人士，應該就是這個族群中最重要的統治者。[26]

這些發現指出了分配不均的其他來源。如果從可以守住的資源裡得到了剩餘物，而有個人（或是家庭）聲稱這些資源是自己／自家的財產（且其聲稱擁有將這些財產移轉給後代或是其他親屬的權利），這就帶來了日益深化的社會經濟階級。新形態的政治和軍事權力不僅帶來、也擴大了所得和財富最後的分配不均。政治階級的進展也很像是食物一步一步的轉變成栽種／養殖的過程，是一個緩慢而且漸進的過程，而且高度取決於生態條件、技術進步和人口的成長。從長期來看，整體的變遷方向是從家庭等級的小型團體（大約幾十個人，其典型是簡單的野外覓食式的經濟結構），轉變成當地的族群和集團（成員人數一般來說有數百人），再到更大型的、統領數千人或是數萬人的首領邦國、或是原始國家。這未必是個線性的過程，也不是所有環境都可以支持形式更為複雜的社會組織。因此，這個地球最後會由農業建立的複雜社會（例如國家）和由牧人、植物栽植人口以及狩獵採集者的祖先一脈相傳下來的區域、種族和首領邦國共享。如果我們要理解背後是什麼力量在促使分配不均出現，注意到這種多樣性是非常重要的，這讓我們可以比較一下不同生存模式的特徵，以及它們對於（我們已知的）財富的累積、傳遞和集中各自帶來了什麼結果。[27]

世界各地記錄到的社會政治體制大概都存在著一樣大範圍的差異性，這讓我們知道權力和地位的不均等和財富的分配不均是有關聯的。從全球的觀點來看，農業與社會（和政治）的階級密切相關。從擁有超過一千個族群的樣本中，我們發現簡單的野外覓食社會中有四分之三以上並沒有出現社會階級的跡象，與之對照的是從事集約農業的社會，其中只有少於三分之一沒有出現。政治階級甚至會更明顯的從屬於附著在土地上的農業：簡單的野外覓食者大概都不知道菁英集團和階級結構，但是這被證實存在於絕大多數的農業社會。不過，其實經濟剩餘的規模才是重要的變數（而不是生存模式之類的）。在對兩百五十八個美洲原住民社會所做的調查中，已經指出在沒有明顯多餘產出的族群中，有百分之八十六同時也缺少政治不均等的跡象，然而如果是有部分或是大量剩餘物的族群，卻有相同比例至少發展出某種程度的政治階級。在全世界各地有比較詳細紀錄的一百八十六個社會中——這被稱作「標準跨文化樣本」（Standard Cross-Cultural Sample）——有五分之四的狩獵採集族群沒有領導者，不過卻有四分之三的農業社會組織為首領邦國或是國家。[28]

但也不是每個農業國家都遵循相同的軌道。一項新的全球調查顯示，穀類的耕種對於發展比較複雜的社會階級扮演了重要角色。穀類和終年生長的根菜類植物不同——根菜類植物不論任何時候都可以採收，但是很快就會腐爛，穀類作物只能夠在特定的收穫時節一起採收，不過很適合長期貯藏。這兩個特點都比較適合讓菁英家庭保有這些穀物，並且因而擁有多餘的食物資源。世界上首先發展出農業的地方也首度出現了國家：只要植物——其中最重要的就是穀類——和動物變成人為栽種／飼養的，人類的命運早晚會變成共享，不平等也會逐步上升到先前無法想像的高度。[29]

原本的「前百分之一」

獲取所得和財富的機會存在著不均等，這個現象發生在國家形成之前，也促成了國家的發展。不過政府制度建立之後，也會反過來讓現有的分配不均發生惡化，甚至還促使新的分配不均出現。前現代的國家帶來了前所未見的機會——為商業活動提供保護，也為和政治權力密切相關的人開啟了個人獲得穀物的新來源——讓物質資源累積和集中在少數人手裡。從長期來看，政治和物質的分配不均一前一後的逐步發展，形成所謂「相互作用的向上螺旋，其中任何一項變數增加，就會使得另一項也相應增加」。現代學者提出了各種定義，想要掌握國家地位的典型特徵。如果我們借用其中某些特徵的要素，就可以說國家代表一個政治組織，並宣稱對於領土和其上的人口及資源享有主權，這個政治組織也有一組機構和人員可以執行政府的功能，可以發布有約束力的命令和規範，並且以威脅的方式、或是施行合法的強制手段（也包括身體暴力）確保命令和規範的實行。關於最早出現的國家不乏許多解釋的理論。各理論認為的背後推動力或多或少都和經濟發展、以及經濟發展造成的社會和人口的結果有關：高階者經由控制貿易流動而收穫的成果，強化了對於領導者權力的需求（領導者的權力才能夠解決日益增長的人口密度、和更加複雜的生產及交換關係），對於誰可以掌握生產工具而引發的階級衝突、以及因為稀少的資源引起軍事衝突而帶來的壓力，都會支持擴大化、階級化和中央集權的指令結構。[30]

從分配不均的研究觀點來看，嚴格的來說上述哪些因素的關聯性最大，或許並不是特別重要：只要國家的形成為有大量剩餘物的社會帶來了明確而且穩定的階級，權利、地位和物質財富的分配不均就會日漸增加。不過，雖然是如此，但是大家還是越來越同意有組織的暴力是這個過程中不可或缺的因素。（人類學家）羅伯特・卡內羅（Robert Carneiro）針對「界線」（circumscription）提出了一個很有影響力的理論，他認為人口一方面繼續成長，另一方面，領土的侷限性也造成了戰爭，這兩者的交互影響說明了為什麼在過去比較獨立自主、主張均等主義的家族，現在則因為必須依賴稀少的栽種／養殖的食物資源，再加上無法脫離有壓力的環境，因此都很願意聽從威權主義的領導者，忍受不平等，好讓自己在與其他族群競爭時更有戰鬥力。最近期的關於國家形成的理論和模擬模型，也同樣在強調族群之間的衝突具有絕對的重要性。暴力扮演的重要角色也很有助於解釋大部分前現代國家的特徵，尤其是暴虐的領導，還通常極度專注於發動戰爭。[31]

並不是所有早期的國家都一樣，中央集權的政體也還是會和比較屬於「齊頭式均等」（heterarchical）或是集體形式的政治組織共存。但是雖然如此，中央集權的威權國家通常還是會贏過其他組織形式的對手。中央集權的國家分別出現在世界各地（只要是生態條件可以容許的地方）——它們既出現在舊大陸，也出現在美洲，以及各式的生態環境中，不論是埃及和美索不達米亞的沖積土氾濫平原，或是安地斯（Andes）山脈的高地。雖然各自的背景如此不同，不過其中幾個最知名的國家卻有驚人的類似性。它們都見證了在不同領域的階級擴張，不論是政治範圍、或是家庭和信仰的體系——靠著這個「自動催化」[16]的過程，「階級結構本身會對所有社會因素做出回應，讓它們與支持威權結構的體系整

[16] 譯注：「autocatalytic」，指其產生的結果又會進一步的催化反應。

體更加密切的結合在一起」。有助於強化階級的壓力會對道德價值產生莫大的影響，祖先的均等主義遺緒都被新的信念取代了，新的信念相信分配不均的價值，也接受階級是自然和宇宙秩序必不可少的元素。[32]

從量化資料看起來，農業國家顯示出極大的成功。雖然這些數字只能夠算是經過驗證的推測，不過我們還是可以猜想在三千五百年前，國家等級的政體或許只占有地球上不超過百分之一的陸地表面（南極洲不包括在內），但是它們的範圍已經及於多達半數的人類了。如果是指西元剛開始的時候，這樣的說法應該會有更確實的根據，國家──大部分是指像羅馬和中國漢朝這樣大型的帝國──包含了地球上大約十分之一的土地面積，但是統治所及的人數卻達到當時總人口的三分之二到四分之三之間。這些數字雖然並非固定不變，但是它們的確傳達出某種特定的國家類型──由握有實權的頂層菁英一起掌控的廣大帝國結構──會特別具有競爭優勢。同樣的，這也不是唯一的一種結果：在這些帝國之間的空隙也可能存在著實力堅強的獨立城邦，但是大概都無法像西元前五世紀的古代希臘那樣，成功的抵禦他們隔壁那特別強大的鄰國。它們泰半還是會被併入另一個比較強大的政體中；有時候也會建立起自己的帝國，例如羅馬、威尼斯以及墨西加三國同盟（Mexica Triple Alliance）⓱──特諾奇蒂特蘭（Tenochtitlan）、特斯科科（Texcoco）和特拉科潘（Tlacopan）。除此之外，帝國有時候也會失敗，由更為分崩離析的政治生態代之而起。中世紀的歐洲就是這種轉變的明顯例子。[33]

不過，更常見的是帝國又帶來帝國，而新的征服政權會再重新加強之前的權力網絡。從長期來看，這會建立起一個週期性的破壞再重建的模式，像是中國越來越常態的「朝代興迭」，或是東南亞、印度、中東和黎凡特、墨西哥中部和安地斯（Andean）地區比較長期的帝國興衰。歐亞大陸的大草原也孕育了許多帝國政權，他們會發動以掠奪為目的的襲擊和征服，因為南方的定居社會產生的財富似乎在向他們招手。國家會隨著時間而成長。在西元六世紀之前，地球上最大的帝國只不過占地幾十萬平方英里。而在接下來的一千七百年間，他們最強大的後繼者卻一再以數倍的速度打破這個限制，到了十三世紀，蒙古族的勢力範圍甚至遠從中歐到太平洋。而且版圖只是其中的一個指標，如果我們認為人口密度可以代表一般社會的成長，就會發現帝國的統治其實有更為戲劇性的擴張。當時的人口大抵集中在歐洲的溫帶地方和中美洲以及南美洲西北部的某些地方，集中的程度也更甚今日。這就是帝國的興旺發展：幾千年來，大部分的人類都棲身於這些龐然巨獸的陰影庇護之下，也有些人遠遠的超出一般凡人。這樣的環境造就了我所謂的「原本的前百分之一」，他們是由互相競爭、但是通常也緊密糾纏在一起的菁英族群所構成，菁英族群會盡其可能的透過國家的建立和帝國的整合獲取政治上的回報和商業收益。[34]

前現代的國家形成時，會有一小群統治階級和眾多的主要生產者區分開來。菁英的內部雖然常有階級分化，不過菁英族群還是優於、而且可以共同掌控當地的個別族群（當地的族群便構成了國家基礎的建立基石）。厄內斯特．蓋爾納（Ernest Gellner）的著名圖示便以無比清晰的方式表現出這些結構（圖3）。[35]

統治階級的某些成員——例如被拔擢為國家官員或是擁有相關頭銜的地方顯要人士——是出身

⓱ 譯注：十五世紀時由特諾奇蒂特蘭、特斯科科和特拉科潘三個城邦組成的一個印地安人國家，位於墨西哥谷一帶，之後被西班牙人征服。

於、或依然根留在這些族群中，相較之下，其他的統治階級成員——例如外國的征服者——就可能具有相當的隔絕性，因此形成了實際上有所區隔的社會。以今天的標準來看，中央集權的統治是非常有限的：對於一般人民來說，國家通常就只差不多相當於（作家）派翠西亞·克隆（Patricia Crone）所謂的「防護罩」（protective shell），只是要讓已經建立的政體免於受到國內和國外的挑戰。不過統治者和他們的代理人也會用像是今天的犯罪集團在社會中使用的做法提供保護，他們會借助於組織暴力，並且善用自己在其中的優勢，好獲取利益。他們常會動用大量暴虐的權力，因為民間社會的組織通常過於無力，無法限制菁英的行動（包括菁英將權力擴及到生死和財產分配的相關事項）。同時，許多這類國家又缺乏基礎

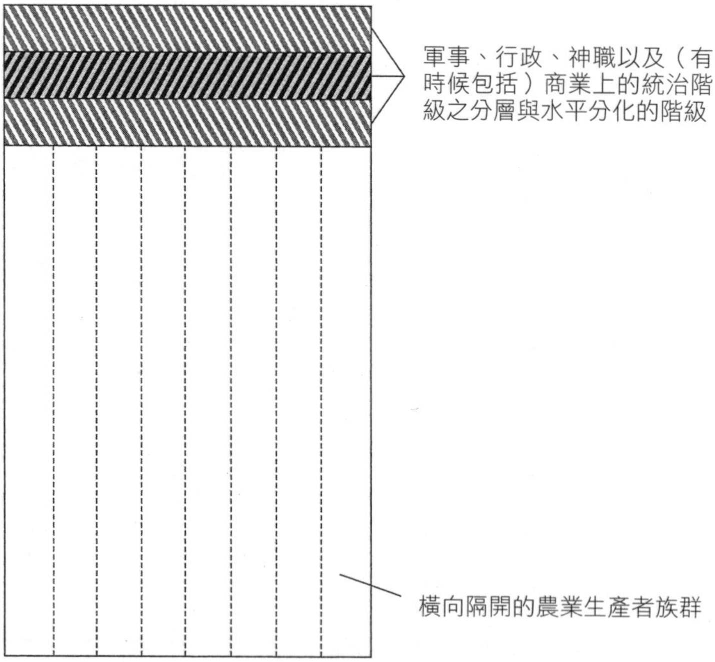

圖3 農業社會中的社會結構的一般形態

結構的權力，也就是能夠完整的滲透社會、確保政策廣泛執行的能力。族群在大部分的時候都是自治的，只由一個相對小型、而且通常很遙遠的中央集權統治者進行鬆散的掌控。

政府在本質上其實是半私人的，而且要依靠選舉，還有政治、軍事、經濟和意識形態等各方面的掌權者共同合作，才能夠控制隸屬者，並且動員統治者的資源。統治者一般會同時利用暴力的獎賞和威脅，以確保互相競爭的菁英之間保持平衡，政府通常也會把重點放在控制富人和掌權者之間的衝突。統治者、（他們的）代理人和大地主（這些類型通常也有重疊）陷於彼此的衝突之中，互相爭奪對於剩餘物的掌控（剩餘物可能會因為國家的稅收和私人租金而化為烏有）。由獲得承認的菁英階級擔任國家官員會削弱統治者的自主權，不過有賴於較低階級的下級代理人，也會創造出想要成為菁英的新野心家，為了加入現存的菁英圈，他們急切的想要轉移國家的收入，並且將職務上獲得的收益私有化。統治者努力的要獲得權力，並且將國家的行政部門現在非常態、可以廢除的職務都加以特權化，不過他們的代理人則是在為自己和後代尋求私人的利益；從長期來看，通常會證明後者是比較成功的。腐敗和其他形式的掠奪極為常見。統治階級的成員會競爭職位和利益，個人之間的興衰更迭可能很普遍，不過只要國家結構能夠成功維持，例如菁英的統治還是很穩定的。上層階級認為他們的生活模式和世界觀與一般平民不一樣，他們的觀點常常具有戰爭的本質，而且認為領導者就是要剝削次等的農業生產者。炫耀性的消費是一種顯示和強化權力關係的重要手段。[36]

這些基本的情況的確形成了所得和財富的分配。退到最基本的本質，歷史其實只知道兩種取得財富的理想模式：創造和拿取。有剩餘物的生產、栽種／養殖和世襲財產權的出現，為個人財富的創立和保存鋪好了路。從長期來看，在制度上發生了有助於這個過程的改變、技術的進步和經濟活動的規模和範圍日益擴大，都使得個人或是家庭的財富累積上限跟著提高，因此，也至少增加了所得和生產性資產（productive assets）分散的可能範圍。原則上，偶發的衝擊的累積效應已經足以讓某些家庭比其他家庭更富有了：資本（像是土地、家畜、建築物和貸款及貿易投資的資源）報酬率的差異就足以確認這件事。當財富發生改變的時候，其他事情也就跟著發生了。

古代美索不達米亞在幾千年前的經濟發展，使得次級菁英（subelite）之間的財富分配不均日益擴大，這可能是足以代表這個情況的最早期量化證據。如果把舊巴比倫時期（大約在西元前二〇〇〇至前一五〇〇年之間）兒子繼承的比例，拿來和（大約在一千年後的）新巴比倫時期（西元前七世紀後期和前六世紀的大部分時期）記錄在案的女兒嫁妝做比較，就會發現兩個明顯的差異。換算成小麥的價值之後，會發現後者大約是前者的兩倍。由於兩組數據都是出自同一個社會階級——擁有財產的城市居民，在城市人口中大約是前十分之一左右的群體——這表示新巴比倫的社會整體應該富裕得多了，尤其是因為我們都覺得兒子受到的支持應該比女兒更多。除此之外，嫁妝的實際價值的分配差距也大得多了。因為新巴比倫時期是個經濟發展異常蓬勃的時期，成長和商業化帶來的分配不均或許是最能夠說明這個比較結果的原因。[37]

不過這或許只是事實的一部分——不只是以這個例子來說，更一般性的來說也是如此。我們很容易體會到剛才描述的前現代國家形成時的重要特徵，是如何以特有的方式影響經濟活動。政治上的整合不只有助於市場擴張，也至少降低了一些處理和資訊的成本：前現代的政體普遍具有權力不對稱的特徵，這幾乎保證了經濟行為者的競爭環境不會是公平的。脆弱的財產權、法規的不當執行、司法的恣意行使、國家人員的腐敗、個人關係和接近強制權力的來源具有的極端重要性，都很可能扭曲了結果，變得有利於在地位金字塔上層的人、以及與他們有利益連結的人。就連統治階級的成員和其合作夥伴的各種「拿取」形式，大概也大都如此。成為統治階級的一分子之後，有機會獲取所得的來源包括正式的報酬、統治者和其他更高階者的施惠，以及收取賄款、侵吞公款、敲詐，還常可以避開納稅和其他義務。高階的軍事職務還可能獲得戰爭的戰利品作為報酬。尤有甚者，直接為國家服務甚至不一定是需要的必要條件。親屬關係的連結、通婚和其他與擁有官銜者的結盟關係，都可以帶來同樣的好處。除此之外，由於國家對基礎結構的權力通常比較有限，因此，依靠個人擁有的財富和當地的影響力，不僅比較容易保護一個人自己的資產免於受到國家或是社區的需索，也可以保護朋友和共同生活者的資產——以換取其他好處。如果有必要，還可以把多餘的負擔轉嫁給無權勢的人，好達到稅收的配額。

在這些條件下，政治權力大概不太可能對物質資源的分配沒有任何重大影響。在比較小型和比較不存在階級的政體中——像是部落或是「大人物」（Big Man）[18]形態的社會，領導者的地位在不小的程度上是看他們有多少能力和意願，和整個族群分享他們的慷慨。農業國家和帝國中的統治階級一般來說都有比較大的自治權。雖然偶爾也會有慷慨贈予的例子廣為受到宣傳，不過重新分配的流向通常是相反的，會是犧牲許多人讓少數人變得更富有。菁英階級集體從主要的生產者那兒想辦法得到剩餘物的能力，決定了他們能夠占用整體資源中的多少比例，國家統治者和各種菁英族群之間的權力平衡，決定了這些收益在國庫、國家代理人的私人利益、和擁有土地及商業財富的菁英資產之間會如何

[18] 譯注：指社會上有聲望、有影響力的領導人。

分配。[38]

前現代國家的資源會流向掌權者，但是共同特徵也是會有效的阻止所得和財富的集中。無視於私有財產權的掠奪和當權者恣意的行使權力，不只有助於創造財富，也可以在一瞬間就將財富輕易的毀滅。國家職務、靠近權力和統治者的支持可以讓一個人離鉅額的財富更近，不過競爭對手的陰謀和統治者的心思（不希望同盟者的影響力超過自己，但是又想要併吞同盟者的不義之財），也還是可能讓累積的財富輕易的毀於一旦（即使沒有同時危及性命）。除了家族人口的變化無常有助於說明私人資產的存在或是分散之外，暴力的重新分配也會使得資源沒有那麼集中在菁英圈。

其實歷史上的不同社會之間的結果存在著非常大的差異。中世紀的馬木路克蘇丹國（Mamluk Egypt）[19]就位於光譜的其中一端。非世襲的外國菁英征服者共同宣稱對於這塊土地的控制，而土地是根據國家階級成員在權力結構內部的地位分配的，還常會做調整。這使得資源的取得是流動而且無法預測的，暴力的黨派之爭就可能帶來高度的翻轉。光譜的另一端是封建社會（在封建社會中只有虛弱的統治者，像是中國的春秋時期或是中世紀的歐洲），貴族對於資產的控制相對而言是比較確實的。羅馬共和國在面臨晚期的危機之前也是如此，貴族會為了自己的利益共同統治國家，大概也很想要保有私人的財產權。大部分的前現代社會、還有不算少的現代開發中國家都不屬於這些極端的類型，而是介於兩者之間，也就是有時候會在政治上暴力的介入私人的財產關係，但是仍對私人財產保持尊重。我會在下文仔細探索這個關係。[39]

接近政治權力可以獲得好處，並不是只限於在發展程度低的地方。最近一項針對西方國家的數十位超級富豪企業家所做的研究，顯示了他們如何藉由政治的連結、利用法規的漏洞和市場的不完美獲利。在這方面，不論是先進的民主市場經濟結構或是其他類型的國家，兩者的差異只不過是程度的問題。的確有些例子足以讓我們估計有多少菁英財產來自於經濟活動之外的來源：如果我們看出西元前二世紀和前一世紀的羅馬貴族如此富有，絕對不可能是只靠農業和商業累積他們的財富，那麼我們應該也可以想像在比較近代的社會中，的確會有更具體的腐化事件。我將在本節中簡單的討論「法國的舊制度」（*Ancien régime*）[20]，但這只是其中一個例子。最概括的來說，我們大概不太能懷疑個人擁有的政治連結和支持的確會對菁英的財富有很大的貢獻，遠超出它們在今天的已開發國家的影響程度。在拉丁美洲或是非洲，要尋求利益的菁英或許比較接近於使用（在全球的歷史脈絡下）被認為是傳統、而且的確也很「正常」的取得和集中財富的策略。現代俄國的「寡頭統治集團成員」也是如此，他們在創造和保存財富時，都要依靠個人的政治權力關係，在這點上，他們與某些前現代的菁英族群是很類似的。即使認為兩者的脈絡有差異，不過像是俄國的信用卡大亨奧列格・丁科夫（Oleg Tinkov）對與他同類的人的描述——「他們是資產的現任管理者——不是真正的擁有者」——和他們的許多祖先（不論是古代的羅馬和中國，或是早期近代的歐洲的君主政體）在地位上的不穩固是很類似的。[40]

（經濟學家）皮凱提（T. Piketty）想要用經濟成長率和資本報酬率之間的大幅差距（"*r*＞*g*"）來解釋，何以在十八世紀和十九世紀都有高度的分配不均。動態模型的特點便是會有數倍的、一直出現

---

[19] 譯注：西元一二五〇至一五一七年，是一個統治埃及和敘利亞的國家，分為前後二期。

[20] 譯注：指十五至十八世紀這段時期的法國歷史，也就是從文藝復興末期開始，直到法國大革命為止。

的衝擊——針對資本報酬率（與投資策略或是運氣有關）；針對人口統計參數（由死亡數和生產次數形成）；針對消費和儲蓄的喜好；或是針對生產力（也包括外部所得）——這個情況容易擴大一開始的分配不均，並且導致高度的財富集中。相較於二十世紀的前半葉——當時對於股本和股本報酬率的負面衝擊（形式包括戰時的破壞、通貨膨脹、課稅和徵收）使得財富大大減少，甚至還有財富淨利的減少，在這段大幅邁向均等的時期之前有一段比較穩定的情況，當時對於財產的持有者是有利的。因此，得自資本的所得在總所得中占了前所未有的大比例。

這個情況是否可以代表前現代社會的一般狀態呢？由於在經濟成長率和名義上的資本報酬率之間（資本報酬率的代表便是由資產或是捐贈能夠得到的利率或是固定收益〔fixed income〕）總是存在著極巨大的差距，因此，看起來我們的確應該假設就整體來看，資產的擁有者一直都享有利益。同時，我們也預期對於資本的衝擊強度差異極大（端視是否會有暴力的資產分配）。在穩定的時代，恣意行使獨裁規範可能會帶來強大的衝擊（尤其是對於菁英的財產），既會使得那些財產像吹氣球般激增，但也常讓它們毀於一旦。如果這些干預只會讓社會的頂層聲稱擁有的資產重新分配，那麼，它們對於財產分配的整體效果可能還是中性的。相較之下，如果是戰爭、征服或是國家失能所帶來的衝擊，結果就比較難以預測了：軍事的成功反而會為勝利的一方帶來分配不均，因為它的統治階級變富有了，整體走向均等一般會發生在政府組織瓦解之後。我會在本章和後面的章節中為這個發展趨勢提出歷史的證據。

從長期來看，分配不均的程度是取決於這些比較會造成動盪的暴力敵對發生的頻率。較早期的所得分配和財富累積的結構與十八世紀以及（特別是）十九世紀歐洲觀察到的狀況不同，或許這與菁英得自於勞力之外的所得的相對重要性有關。如果個人的財富越要倚靠政治上的收益，由勞力獲得的所得就越是重要（和在有秩序且平靜的社會中的企業家或是收租者〔rentier〕等投資人比起來）——至少如果我們把貪污、盜用公款、勒索、軍事掠奪、對捐贈的競爭和接收敵手的資產也看作一種勞力形式的話。如同我將在本節的後文所討論的，這類性質的所得可能是支持菁英地位主要、有時候或許還是最重要的決定因素。早期的古代國家尤其如此——他們的上層階級要倚靠（國家也支持）來自於商品和勞力服務的利潤，多過於私人資產的收益。這些權利確認了資本利得和勞力所得一向存在的差距，也再度強調政治權力關係在創造那原本的「前百分之一」時的絕對重要性。[41]

＊

在許多日後建立起大帝國的地區，都曾經盛行著相當均等的土地所有權模式。以位於美索不達米亞南部的蘇美（Sumerian）文明體系為例，其文獻上最早出現的文明可以追溯回五千年前，其中的許多農田在過去都是由平民的父系大家庭所共有。這種類型的所有權在早期中國（西元前二十世紀）的商朝和西周也很普遍，當時的私下土地買賣都是不被許可的。在阿茲特克時期的墨西哥谷（Valley of Mexico），大部分土地都是由「*calpotin*」持有和耕種——那是一個集團組合，他們既擁有家族的土地，也有公共用地。前者有時候會週期性的因應家族大小變化而重新配置。印加時期的祕魯高地的「*ayllukuna*」也是如此——「*ayllukuna*」是同族結婚的族群，他們會把不同海拔的土地分配給家族中的個人成員，還會定期調整，以確保分配的公平。這類安排會對土地的集中和商業性開發有一定的限制效果。

不過，隨著時間經過，因為資本擁有者取得了土地，政治上的領導者除了原本有的東西之外，也再加上了其他的附屬物，因此分配不均便擴大了。蘇美文明的史料在西元前三十世紀大量增加，當時，我們已經可以看到擁有大量土地的廟宇由他們自己機構的勞動力運作，也可以看到貴族用某種方式累積了比較多的財產。只要獲得了其他團體成員的同意，家族土地的私有化是有可能實現的。借貸是一種把剩餘物的所得轉化成額外土地的手段：高達三分之一的高額年利率通常會迫使借貸的（習慣上認為的）擁有者把持有的財產讓給債主，甚至還要自己負擔勞役（如果他們是以自己提供擔保的話）。這個過程既創造了大量資產，還讓本身沒有土地的勞動力投入耕種。債主如果好好管理自己的經濟資產，或許可以獲得一些足夠借給別人的可支配資源，政治上的收益也扮演了重要角色，為他們提供了實現這個策略的方式。反過來說，私有化則減少了共同生活者和支持者的傳統社會責任：私有財產的社會責任代價越低，對於投資者就越有吸引力。許多社會地位的發展都是為了滿足資本擁有者對於勞動力的需求——例如具有奴隸身分的佃農和債務保證人——這是將比較原始形態的從屬地位新增到原有的各種地位中。類似的過程在四千年後也看得到——當時也有差不多的社會經濟發展程度——那是發生在阿茲特克，因為農村的債務和要依賴沒有土地的農奴和奴隸，因此使得分配不均日益擴大。[42]

國家統治者的做法顯示出一種侵占的模式，通常也是一種手段。蘇美文明的國王會設法讓他們自己和同盟者得到土地，還會巧妙的逐步涉入廟宇財產的操作，好獲得對於廟宇資財的掌控權。廟宇的管理人也會在管理機構的資產時，管理他們自己的財產。移花接木、貪污和強迫已經是根深柢固的占用手段。西元前二十四世紀的拉格什（Lagash，蘇美文明的城邦）的楔形文字紀錄就顯示當地的國王和皇后接管了廟宇的土地和附屬於廟宇的勞工；貴族靠著取消高利貸的贖回權而獲得土地；官員會占用譬如船隻和漁場等國家資產，對於像是葬禮和剪羊毛這類基本服務的索價極高，剋扣工人的薪資，並透過貪污一步步的中飽私囊；富人還會從窮人的池塘裡偷魚。不論這些主張具有怎樣的功能，它們給人的整體印象就是該種形式的統治的確鼓勵為了個人利益，用權力進行侵占和幫助致富。菁英集團從一開始便持續不斷的獲取和集中私人財富，這引起了統治者的關注，統治者必須要從掠奪成性的放款人和作威作福的地主手中保護主要的生產者，因為主要的生產者才是為國家納稅和執行勞務的人。從西元前三世紀中期至前二世紀中期，美索不達米亞國王就會定期頒布命令免除債務，好降低私人資本的累積速度。就我們所知，這是一場失敗的戰役。[43]

在〈解放之歌〉（Song of Release）中可以找到對於這些緊張關係的生動說明——那是在西元前十五世紀被翻譯成西台（Hittite）[21]語的胡里特（Hurrian）[22]神話。其中的主要角色是掌管天氣的胡里特神明德蘇博（Tessub），祂假扮成一個舉債的人，出現在（敘利亞西北方的）埃勃拉（Ebla）市議會，一眼就看得出他的情況窘迫，而且已經「乾枯」了。對於是否要解放債務纏身的債奴，梅基王

---

[21] 譯注：一個位於小亞細亞的亞洲古國，建於西元前二十世紀，於西元前一三五〇年摧毀了由胡里特人建立的王國，扶持其傀儡國王。

[22] 譯注：據信是由（今土耳其東北的）亞美尼亞山地遷徙而來的一個民族，胡里特人可能在西元前十六到十四世紀建立了米坦尼帝國。

（King Megi）和城市裡最有勢力的貴族之間意見不合，解放債奴可以說是神的旨意，但還是被天才雄辯家薩薩拉（Zazalla）打了回票，薩薩拉左右了菁英議會的意見。在他的影響下，市議員為身陷債務的德蘇博提供了金飾和銀飾、為乾枯的德蘇博提供了油，也為寒冷的德蘇博提供了燃料，但是卻不願意如梅基王所願的，讓他擺脫債奴的身分、回復自由身：

> 我們決定不要解放（奴隸）。這（不）會為您的靈魂帶來喜悅的，梅基王。

他們還表示讓債務人保持奴隸的身分是有必要的，因為：

> 如果我們解放了他們，誰來餵飽我們？在一方面，他們是為我們斟酒的人；而另一方面，他們又為我們帶來了（食物）。他們是我們的廚師，還為我們洗淨杯盤。

梅基因為他們的任性妄為而黯然神傷，並且拋棄了他自己能夠對奴隸主張的權利。而就在留傳下來的文字突然中斷之前，最後是寫到德蘇博承諾如果其他債務獲得免除，就要賜下神的獎賞，而如果未獲免除，就威脅要加諸嚴厲的懲罰。[44]

這類描述顯示出皇家權力在面對菁英的特權和侵占時，其實是有限制的。古代近東的城邦君主在與當地的廟宇和其他有權勢的人互相競爭、擴張自己的產業時，也必須小心以待。這些政體中有許多還能夠保持平衡和相對而言比較中等的規模，這在某個程度上，有助於減少會造成不均等的干預。不過，大規模的征服戲劇性的改變了這個均衡。暴力的接管敵方的政府和領土，為更公然的掠奪和財富的累積開啟了大門，將當地從習慣上的束縛中解放了出來。現有的政體被附加到更大型的結構中，於是帶來新的階級，並且讓頂層的人有機會從更廣泛的資源基礎中獲得盈餘，其發展趨勢是提高了高位者的所得和財富的比例，這勢必也將加強整體的分配不均。

大規模的征服在國家形成時造成了分配不均的後果，這從阿卡德帝國（西元前二十四至前二十二世紀）的例子中便可以清楚的看出來。如果我們對於帝國的定義不是只根據大小，還包括多種族的異質性、「核心—邊緣」的不對稱關係、以及持續保有差別和階級的當地傳統，那麼阿卡德帝國就可以看作是歷史上第一個「真正的」帝國，其權力所及的範圍從敘利亞的北方到伊朗的西方，包括各種不同的社會。這次史無前例的擴張不僅鼓舞了阿卡德的統治者，讓他們認為自己可以躋身諸神之列——留下來的文字顯示瑞穆什（Rimush，帝國的創建者薩爾貢〔Sargon〕的兒子和繼承人）「認為自己名列諸神之一」，他的侄兒納拉姆辛（Naram-Sin）則宣稱「城邦人民要求他成為他們的城市——阿加德（Agade）——之神……還在阿加德蓋了他的廟宇」——而且還讓統治者在奪取財產之後，又將資產大規模的重新分配。當地的城邦君主都換成了阿卡德的官員，大量土地最後都落入新統治者和他們的資深代理人之手。因為大部分最肥沃的良田都在廟宇的控制之下，因此統治者要不然就是將之沒收，要不然就是指派自己的親戚和官員擔任神職，以取得對於這些資源的掌控。新帝國的統治階級凌駕在這塊廣袤的王國內部分歧之上，並且累積了大量資產。土地被占用之後交給了官員，被用來支持這些官員、並獎賞他們自己的共同生活者和部屬，他們之中的某些人被認為是「受到揀選的人」。後來的傳說表達出大家對於「將大草原上的農田分配出去之人」感到嫌惡。獲得國家承認的受益人後來又買了私人的土地，讓他們擁有的財產進一步增加。

有些阿卡德的紀錄為我們提供了對於菁英財富擴充的詳細觀察。耶提布—梅爾（Yetib-Mer）——是自封為神的統治者納拉姆辛的大總管——在帝國的各地擁有多達兩千五百英畝的土地。西元前二十三世紀晚期的貴族梅薩格（Mesag）掌控的土地面積也超過三千英畝：其中的三分之一是原本就授予給他、供他維持生計之用的，接著他又買下了其他土地的使用權。梅薩格的領地再被分給下級的官員、工匠和其他共同生活者，但是他們大部分分到的面積都不超過九十英畝；大部分人的確都只能夠靠著小得多的土地湊合著過。因此，能夠取得多少物質資源，是明確的取決於國家階級。再加上在重新分配資產時，很少考慮到已經建立的所有權模式，帝國吞併了具有生產力的資源，創造了一種「贏者全拿」的環境，這樣的做法只會不成比例的嘉惠一小群掌權的菁英。有一位極重要的學者便認為「阿卡德統治菁英所享有的資源，遠遠超過在他們之前的蘇美人貴族所享有的」。[45]

帝國的建立有可能會影響到所得和財富的分配（其方式和經濟活動獲得的回報無關），也讓物質的分配不均成為權力關係根本改組的副產品。大規模的政治統一會降低交易成本、提高對高級貨物和服務的需求、讓商人可以利用交換網絡達到榨取的目的，因此可以改善商業活動的整體條件，進而擴大了資本的擁有者和其他人之間的差距。這刺激了城市的成長（尤其是大都市的中心），並且加劇了物質分配的不均。也保護到與中央當權者結盟的富有菁英階級（不論大眾的需求和期待為何），讓他們有更多的掌控權、追求個人的收益。所有的這些因素（也還有其他的）都助長了所得和財富的集中。

不過，其實帝國也用更直接的方式創造了不平等。由國家主導、將物質資源分配給政治菁英和行政官員的做法，讓政治上的不均等轉變成所得和財富的分配不均。也將權力的不對稱直接、立即的複製到經濟的領域中。前現代國家的法規具有授權的本質，這等於是要求統治者與他們的代理人、支持者還有先前就存在的菁英共享收益。在這個脈絡下，如果分配到對於剩餘物的主張，可能比對有生產力的資產擁有正式的財產權更為重要。如果在某些社會中，勞動力的服務構成了國家和菁英的主要所得來源，就會特別適用上述情況。印加帝國的徭役在歷史上留下了數量龐大的紀錄，不過再隨便舉出幾個例子的話，埃及、近東、中國和中部美洲[23]的強制性勞動也都很普遍。用土地來獎賞主要的同盟者，幾乎是全世界共通的方式，夏威夷的酋長是這麼做的，被奉為神的阿卡德和（祕魯的）庫斯科（Cuzco）的統治者也是這麼做的，還有埃及的法老和周朝的國君、中世紀歐洲的國王和征服了新大陸的（神聖羅馬帝國的）查理五世（Charles V）[24]也都是這麼做的。因為最初的受益者想要讓這些受封的資產在家族內傳承，並且最後納為私人的財產，這大概是不可避免的結果。不過就算在最後成功完成了，這些變化也只不過是讓源自於政治領域的物質分配不均變成永久定型。

對於擁有權力的菁英來說，除了被授予土地和勞力之外，參與收取國家的收益也是另一個致富的重要途徑。這個過程已經獲得充分證實，因此可以——其實也應該——寫成一本鉅著了。我們在這裡只需舉出一個不是那麼廣為人知的例子：由約魯巴（Yoruba）人在現代早期建立的大國——西非的奧約（Oyo）帝國——約魯巴的國王權力並沒有很大，在首都舉行每年一度的慶典之前，國王和屬下的

[23] 譯注：指墨西哥南部延伸至哥斯大黎加西北邊界的整個區域。
[24] 譯注：同時也是西班牙國王卡洛斯一世，開啟了西班牙日不落帝國的時代。

族長會聚集在當地收集貢品的集中站。以瑪瑙貝、家畜、肉類、麵粉和建材等形式呈獻的貢品會先經過官員的中介，之後再呈現給國王，受到指派的官員會保護某群特定的貢品挑夫，而幫忙解決問題的代價就是官員也有權力分享收益。想當然耳，在這些國庫代理人藉由服務換取的個人所得中，靠著正式權力管道得來的通常只占了其中一部分。[46]

直至中巴比倫時期（超過三千年之前），幾世紀以來始終受到帝國統治的經驗教會了美索不達米亞居民重要的一課——「財富一定是流向靠近國王的那一邊」。雖然他們不會知道——不過如果知道了大概也一點都不會驚訝——這個道理在其後的幾千年間，在全世界都還是一直通用。暴力的掠奪和政治上的偏袒大大補充、而且擴大了所得和財富的分配不均（這些分配不均最初是源自於剩餘物的生產和能夠世襲傳代的資產）。這些經濟和政治的發展互相影響，造成了原本的「前百分之一」。布魯斯・特里格（Bruce Trigger）對於阿茲特克的貴族「*pipiltin*」的描述是無人出其右的，特里格簡潔有力的描述「*pipiltin*」：

> 穿著棉衣、涼鞋，戴著羽飾和玉飾，住在兩層樓高的石屋裡，啖著人類牲禮的肉，當眾喝著巧克力色的發酵飲料（適度的），蓄妾，隨意的進入皇家宮殿，可以在宮殿的餐廳中用膳，並且在公開儀式中獻上特殊的舞蹈。他們也不繳稅。[47]

概括來說，這就是前現代不平等的共同樣貌。我們會說菁英階級的典型特徵是會消耗人的汗水和辛勞，這或許只是個比喻，而這個特定的菁英集團靠著同類相殘的做法，把這個比喻的消耗提高到一個的確如字面所示的程度。在大部分的人類歷史中，真正富有的人的確「和你我都不一樣」——或者說和我們最尋常的祖先不一樣。物質的分配不均甚至可能影響到人的身體。在西元十八和十九世紀，醫藥知識的進步終於讓富人可以買到長壽和四肢了，於是英國的上層階級便大大的超越了發育慢的大眾。如果我們相信一些（遠遠）稱不上完美的數據資料，可能當時的這類分配不均還要更大得多。埃及的法老和希臘青銅器時代的邁錫尼（Mycenaean）菁英階級看起來，就比一般平民明顯高得多。在一些階級分化明顯的社會中，骨骼的紀錄顯示——比起階級分化沒有那麼明顯的社會——他們的人民身高分布的範圍更廣（也就是差距比較大）。最後——而由達爾文的觀點來看這是最重要的——物質的分配不均還會以十分誇張的程度轉化成生殖上的差距，因為菁英可以養得起數以群計的妻妾和子女。[48]

毫無疑問的，前現代社會中的所得和財富的分配不均程度，並不只是因為關係良好的菁英的貪婪所造成。關於古代巴比倫的次級菁英圈的繼承和嫁妝的分散情況，前文已經舉出了相關證據，這讓我們可以稍微得知在經濟成長和商業化的同時，究竟是什麼加劇了社會的分配不均。在下一章和第九章中，我會以羅馬統治時期（和之後）為例，用考古學的資料舉出歐洲和北美的許多地方在以前的房屋大小，以證明城市的平民之間存在著相當程度的消費分配不均。雖說如此，而且我們不難舉出其他資料（尤其是葬禮的資料），但是以大部分的前現代時期來說，還是很難（即使並非完全不可能）收集到有關於普羅大眾的所得和財富分配的有意義資訊。[49]

不過我把焦點放在富人身上，並不主要是為了實際的考量。如同我們將在第三章和附錄中所見的，其實有許多情況會有社會狀況的表格或是人口調查紀錄，可以幫我們追蹤某個社會從古代到現代的殖民地時期的物質資源分布（至少是大概的方向）。我們根據這些估計所繪製的勞倫茨曲線（Lorenz curve）[25]大部分都比較像是曲棍球棒，而不是弦月形，這表示被揀選的少數人和只求（或是幾乎只求）基本生存的大多數人之間，其實存在著極大差距。除了少數例外（像是古代希臘和殖民地北美的移民）、以及我將在第三章及第六章討論的族群之外，一般來說，如果是國家等級的政體中的農業人口，大概都缺少資源可以與菁英階級的財富相匹敵的健全中產階級。就因為如此，所以分配不均會在很大程度上受到富人所掌控的資源比例的影響。[50]

最後是因為帶進了許多非常窮困的個人，於是也提升了整體的不平等。在許多前現代社會，對外來者的奴役或是放逐會大力的趨向這個結果。在肥沃月彎（Fertile Crescent）[26]的新亞述（Neo-Assyrian）帝國就因為大規模的強制移民政策而惡名昭彰，其遷移路線主要是從被征服的外圍地區到美索不達米亞東北方的帝國心臟地區。大規模的迫遷是在提格拉特—帕拉沙爾三世（Tiglath-Pileser III，西元前七四五至前七二七年）在位期間開始的，當時的帝國擴張和合併正勢不可擋。一項對古代紀錄的調查結果顯示共有四十三次事件，其中涉及一百二十一萬零九百二十八名被驅逐者，還有超過一百次其他的驅逐事件，但是沒有留下任何、或是僅留下部分紀錄。雖然公布的人數可信度並不高，而且聲稱所有人口都已經遷離的這個主張我們也必須謹慎看待，不過——「這塊土地上的人民——不論男女、尊卑，毫無例外——我會帶領他們向前，我會視他們為戰利品」——這個做法的累積效應還是不容小覷的。

大約在接下來的一個世紀中，被驅逐者持續流入，讓亞述國王建立起幾個大城市，並且往裡面移民和提供糧食、必需品。讚頌皇家輝煌事蹟的石刻浮雕傳達出的訊息是當被驅逐的人來到城裡時，都只有帶著最簡單的個人物品，像是背囊或是麻袋。他們以前的資產遭到了剝奪，因此生活大概都只能夠維持在基本的生存邊緣。隨著帝國達到權力的巔峰，他們的地位甚至更岌岌可危。有一段很長的時間，紀錄中並沒有跡象顯示遷居而來的臣民與原本居住的人在形式上有任何差別：他們「被一視同仁的視為亞述人」。這個階段在亞述對外征服的最後階段（從大約西元前七〇五至前六二七年）時，也走向了終點，當時亞述取得了極大的勝利，並且持續進行擴張，因此提高了自己的優越感。被驅逐者的地位也被貶低成受到強迫的勞工，還得在大型的公共工程計畫中工作。

強迫遷徙不只擴大了窮人的隊伍，甚至還增加了較高階級的財富和所得。各處的文字都指出戰俘會被分配到王宮和廟宇。當最後一位偉大的征服者——亞述巴尼拔（Ashurbanipal）王（西元前六六八至前六二七年）——從埃蘭（Elam，現在的伊朗西南部的胡齊斯坦省〔Khuzestan〕）拉來了許多被驅逐者時，他宣布：「我將最好的呈現給我的上帝……士兵……我會加入我的皇家軍隊……並且將其他人像羊群般分散到各個大城市中，偉大上帝的居所、我的官員、我的貴族、我的整個軍營。」遭到指派的俘虜會被分配給官員，在賜給官員的田地和果園工作，其他人則到帝國的領土內定居。大規模的做了這些安排之後，低酬勞、沒有財富累積的工人在人口中所占的比例也就同時增加了，並且提高了較高階級者的所得，兩相結合之下，就會加重整體的分配不均了。[51]

㉕ 譯注：表示所得分配的曲線，吉尼係數也是在這個基礎上定義的。

㉖ 譯注：指西亞、北非地區、兩河流域及附近的一連串肥沃土地，包括黎凡特、美索不達米亞和古埃及，其位於今天的以色列、約旦河西岸、黎巴嫩、約旦部分地區、敘利亞以及伊拉克和土耳其的東南部、埃及東北部。

奴隸制度會帶來類似的結果。在小型或是低度及中度複雜的野外覓食社會中，會有一些機制帶來嚴重的分配不均，對外來者的奴役就是其中之一，這不僅適用於西北太平洋的水中覓食者，對於許多部落的族群也都是如此。不過也是同樣的，需要有栽種／養殖的行為和國家的形成，才會將奴隸的勞動力使用帶到新高點。在羅馬共和國的統治之下，有好幾百萬奴隸進入了義大利半島，有許多人被帶去富人的宅第、作坊和農地做苦工。兩千年後（十九世紀時），伊斯蘭教的國家索科托哈里發國（Sokoto Caliphate，今天的奈及利亞）也將數量龐大的戰俘分配給政治和軍事上的菁英階級，當時在美國的南方（Old South，指美國內戰之前的「老南部」），也正是因「黑奴制度」而讓物質的分配不均不斷提高的時候。[52]

第二章

分配不均的帝國

不平等有許多源頭。有生產力的資產類型和它們傳給未來世代的方式、除了僅夠生活的生產之外還有多少剩餘、商業活動的相對重要性、以及對於勞動力的需求，都互相以複雜而且不斷變動的方式交互影響著，最後決定了物質資源的分配。處於這些交互影響之間的機制對於政治和軍事權力的行使、或是對於壓力和衝擊都非常敏感（而壓力和衝擊歸結到最後，就是來自於能夠動員和使用暴力的能力）。農業帝國的特徵在於穩定而明顯的階級，而且——至少以工業化之前的標準來說——在幾個社會發展的主要指標（例如能源獲取、都市化、訊息的處理和軍事能力）中，都取得了高分的評比，農業帝國的國家規模比較大，也已經持續了好幾代，如果我們要觀察的是相對而言比較不存在重大暴力干擾的環境，要觀察分配不均在其中是如何存在的，農業帝國為我們提供了一個最好的視角。從上述最後一個面向來說，農業帝國可以說是最接近十九世紀的西方世界，十九世紀算是相當和平的時代，也是史無前例的經濟和文化的轉換時期。如同我們將在後文討論的，以所得和財富的分配不均來說，古代的帝國和工業化社會有非常類似的結果。兩個文明中間隔了一千五百年以上，除了都享有秩序、安定性和受到保障的發展之外，也沒有什麼共通點，而且在物質資源的分配上也有著極大的差異。可見在任何時間、或是不同的經濟發展階段，發展出高度分配不均必不可少的先決條件，就是不可以存在重大的暴力決裂。[1]

我會舉出以下兩個案例來說明這些假設：漢朝和羅馬帝國，這兩個帝國在勢力頂端時，管轄都及於地球上大約四分之一的人口。在分類中，古羅馬人被認為是主要由獲取土地而創造財富，而中國人的財富則是藉由擔任公職而得（而不是私人投資）。這個比較看起來過分誇大了：兩者的政治權力都是所得和財富的重要來源，政治權力無可避免的會和經濟活動有糾結的關係，也是物質分配不均的關鍵性決定因素。[2]

早期的中國

短暫存在的秦帝國首次統一了在它之前的「戰國時代」，其後又由漢朝接續秦帝國的腳步，延續了超過四百年的統治（從西元前二〇六至二二〇年），漢帝國的統治算是一個相當穩定的世界，還累積了大量所得和財富集中的證據：統治者和菁英階級之間不斷爭執由誰掌控土地、剩餘物和農村的勞動力，以及創造和毀滅了大量財富的經濟及政治力量。農業的商業化是其中一項因素：有一項觀察認為在漢朝的第五代皇帝——漢文帝（西元前一八〇至前一五七年）——的統治期間，有被迫借了高利貸的小農為了還債，不得已把他們的土地賠給商人和放高利貸的債主（有時候甚至還得把自己的孩子賣為奴隸），而這些商人和放高利貸者就靠著佃農、雇用的勞力或是奴隸的幫助，累積了大量財富。[3]

國家統治者如果想要以小規模的農地擁有者作為財務和徵兵制度的基礎，就必須面對這些壓力。在西元前一四〇至西元二年，共有十一次將政府的土地分配給農民的措施。地方上的菁英被迫遷徙到首都地區，這不僅是為了確保他們的政治忠誠，也是為了限制他們在地方上的權勢。當這個做法暫時中止之後，富人甚至比以前更容易、或說處於一個更有利的位置，他們可以靠著購買或是占有土地、也靠著支配窮人累積財富。在西元前七世紀——經歷過菁英對土地侵占的世代之後——朝廷的高階官員終於建議要用法律的限制來對抗土地的擁有者。不過，雖然有人提出要對菁英擁有的土地和奴隸全面設定上限、並且將超額的資產加以沒收，但是很快的就因為重大的利益問題，而未如預期般的施行。不久之後，篡位自立為帝的王莽（西元九至二三年）設想了更積極的干預方式。後世（對王莽）不友善的消息來源認為他推動的各項計畫（包括土地的國有化和終結奴隸買賣）都華而不實。如果一個家族擁有的土地超過了上限，就必須讓給親戚和鄰居。王莽效法大家認為的古代傳統（也就是所謂的「井田」制），對土地進行週期性的重新分配，定期的調整土地所有權是為了確保公平，且禁止土地、房屋和奴隸的買賣，違者將處以死刑。也不出所料，這些規定其實無法執行——雖然它們的確有試圖要達到目標，而不是日後的漢朝為了政治目的（宣傳所需）而虛構或是美化出來的——而且很快的就遭到廢棄。新政權也和由地主扶持的漢朝一樣，沒過多久就失敗了，地主又成功的再度重整旗鼓。[4]

漢朝的資料來源傾向於認為，透過我們今天所謂的市場活動獲取的財富，都被商人賺走了，而有著良好政治關係的文人學士會看不起這個階級，然而我們今天讀到的文字都是這些文人學士留下來的。史家司馬遷形容有錢的商人階級會「指揮窮人從事勞務」，而商人所懷有的鉅款並不輸給帝國中最高階的官員。帝國的當權者勢必會想要取得私人透過商業所得的財富。商人要繳的稅比其他職業的人都多。在漢武帝的統治下（西元前一三〇年代），財務上的干預益發嚴厲——因為漢武帝開始進行昂貴的軍事動員計畫，準備與北方大草原上的匈奴帝國正面交戰。武帝將鹽和鐵收為官營的獨占事業。這種做法不僅奪取了先前由私人企業掌握的利益，同時還保護了小農不被商業資本的擁有者取代（因為這些資本的擁有者想要掌握不動產，但是國家需要小農作為徵兵和徵稅的來源）。武帝的政府提高了商業財產的年度稅收，並可能因此而消滅了許多大型財產。根據本書的核心論點來看，這些使財富均等的方式與全面動員的戰爭有密切相關，不過也隨著戰爭平靜下來而逐漸消失了。[5]

雖然有些措施想要防止商業資本集中並帶來分配不均的社會後果，但是最後都沒能成功，這不僅僅是因為決策出現了斷裂、不連續，更重要的是商人確實有把他們的獲利投資到土地上，好保護自己免於受到國家的要求。司馬遷在《史記》中形容他們的策略是：

以末致財，用本守之（經營次級的產業〔例如：貿易〕致富，再用初級的產業〔例如：農業〕守財）。

禁止無法達到防止的目的：就像是不可能有什麼有效的方法阻礙商人購買土地，而且他們也踏入官場，好讓自己規避禁令，有些富有的商人或是他們的親戚甚至還躋身為皇親國戚。[6]

除了經濟活動之外，國家的事務和——更一般性的來說——接近政治權力的核心也是獲得大量財富的重要來源。高階的官員可以由帝國的賞賜和封地獲得利益。封地的領主會受封幾個家庭，也可以保留部分由那些家庭繳納的人頭稅。徇私和貪污可以帶來大量財富：有些朝廷重臣和其他非常資深的官員據說累積了有史以來最高紀錄的財富。在後來的東漢時期，高級官員的官職甚至可以花錢買來，價格也反映出當官後可以牟利的事實。日益擴張的法律特權成為貪官污吏的保護傘。如果要逮捕一定級俸以上的官員，必須要先經過皇帝的准許，如果要讓他們下獄或是接受處罰，也有類似的保護機制。[7]

除了以合法方式取得新的財富之外，有良好關係的人發現威嚇以及剝削平民也是個容易的做法。官員會濫用他們的權力，占用公家土地或是從其他人手裡奪取土地。資料顯示，擁有政治權力的人原本就預期可以取得土地上持久的物質財富——不論是經由國家許可，或是動用影響力和脅迫而取得。

隨著時間經過，這些過程創造了貴族、官員和皇帝的親信等菁英階級，他們之間也會結成聯盟或是通婚。富有的人可能會自己擔任官職，或是和有官銜的人保持連結，擔任國家職務或是與那些執行國家事務的人保持連結，反過來也會帶來更多的個人財富。[8]

這些動態既幫助、也限制了家族持續擁有財產。從一方面來說，高階官員的兒子比較可能接續他們的腳步。他們和其他年紀較輕的親戚會自動取得進入官場的資格，還會大大的（堪稱是不成比例的）受惠於用來填補政府職缺的推薦制度。我們聽到的是官員的兄弟和兒子中會有六到七名——還有一個例子是多於十三個兒子——也擔任了帝國的行政官員。而在另一方面，政治權力這樣掠奪成性和反覆無常的做法雖然會讓官員成為富豪，但是也會威脅到他們的成功。灌夫位居高官，還在他的故鄉積攢了大筆財富，也擁有大量土地，這使得他樹大招風，招來了許多嫌惡，當地還出現一首兒童傳唱的民謠：

> 潁水清，灌氏寧；潁水濁，灌氏滅！（潁水清澈，灌氏安寧；潁水渾濁，灌氏滅族！）

這首歌謠點出了因在政治上掌權而致富的財富其實並不穩定：爬到高位的家族可能也會跌到谷底，這件事並非不可能。即使是位極人臣也可能會遭遇風險，皇親國戚也未必能幸免於難。[9]

各個菁英階級還遭遇到更多體制上的整肅。漢朝的開國皇帝為了賞賜一百六十五名立國功臣，封給他們官爵和由封地獲得的財富，於是這些人的家族便壟斷了國家的高階官位，還積聚了許多土地。武帝在位期間，這些家族大都被完全拔除了官銜，並收回領地，因此到了（武帝的曾孫）宣帝統治期間，已經可以說是：

> 就算是最著名、功勳彪炳的將軍的後代子孫，也只是居於聽命行事或是其他屈從的地位。（「其子孫咸出庸保之中。」）

因此，漢朝早期的高階菁英並沒有延續超過一個世紀，他們與殘存的戰國時代的統治階級家族一起被剷除了。新寵兒取代了他們的位置。又過了一個世紀之後，篡位的王莽亟欲打擊這些人的後代，將他們的財產充公，然而他自己的追隨者後來也被東漢的開國功臣取而代之。由於經歷了數次的興衰更迭，當進入西元一世紀時，在西漢時期堪稱顯赫的家族已經只剩下幾個還留在檯面上了。[10]

在國家這個層級充斥著暴力的死亡和沒收。有許多居高位者最後都被處決或是被逼著自殺了。《史記》和《漢書》都有特別編寫「酷吏」的傳記，這些酷吏都是聽命於皇帝而迫害統治的菁英成員。許多被攻擊的統治菁英因而失去了性命，有時候甚至是整個家族都被滅門。不同國家階級之間的對抗，同樣造成了大規模的權力更迭和資產移轉。菁英圈內不斷的翻騰使得權力和財富的追求成了一場零和遊戲：如果一方有所得，他方必有所失。以暴力方式建立財富和重新分配限制了菁英階級的財富集中：如果有某個家族（或是群體）和其他團體產生了天壤之別，他們就會受到打壓，讓對手代之而起。[11]

雖然這樣就不會只出現幾個極少數特別富有的家族（只有他們才能夠長期的維持和擴張地位以及財富），不過看起來，掌握財富和權力的菁英階級整體而言，還是一直在以犧牲一般人為代價，鞏固他們的根基。侵略性的國家干預隨著時間的經過變弱了，東漢的興起為前所未見的分配不均奠定了發展的根基。漢朝將封地賜予二十個諸侯國（都是統治者的近親），在西元二年時，這些封地上的家庭數量為一百三十五萬（在所有帝國登記的家庭數量中，占百分之十一），漸漸成長到西元一四〇年的一百九十萬（相當於帝國登記的家庭數量的百分之二十）。雖然暴力的黨派之爭不斷奪去生命和家族的財產，甚至還有整個家族被屠殺或是被迫流亡，不過整體而言，富豪階級還是得益於新秩序。擁有大量土地的家族幫助漢朝重新取得政權，也為自己取得了越來越多土地，並且透過放債，使得農民只得服從他們。當時的資料來源指出菁英會偽造戶口資料，好隱匿應要課稅的資產。在西元二年，登記的家庭數量超過一千兩百萬戶，到了西元一四〇年，已經減少為不到一千萬戶——但是在一四〇年時，帝國的領土其實正在向南擴張——這反映出地主將擁有土地的自由農變成了沒有土地的佃農，還不讓國家的代理人接觸到他們，也就是不服從的情況至少有部分惡化的趨勢。[12]

在東漢的統治下，形成了一個比較穩定的帝國菁英階級，如果有個人想要提升社會階級直到躋身高階，幾乎是不太可能的事了。這種統治階級定型表現出來的另外一個面向，就是有越來越多的家族一直以來都能夠培育出高階官員，甚至多及六代或是七代，使得從長期來看，有些家族獲得太多關注。雖然階級暗鬥和重新循環從來不曾中斷，不過我們還是可以觀察到一個潛在的趨勢，持續使得權力和財富都越來越集中。這個過程也同步伴隨著越來越有凝聚力的菁英階級的形成，而且這種菁英階級未必要仰賴官銜。財產私有化的程度最後終於可以提供更多保障，抗拒國家的掠奪性干預——即使那時候的國家權力已經日益式微，所以取得政府職位也不是那麼重要了。而在此同時，地主和佃農之間的兩極分化似乎也日益嚴重，除了契約上的義務之外，佃農還得屈服於其他從屬關係。隨著帝制國家的瓦解，佃農也漸漸變成有權力的當地（地）主的侍從。依靠這個關係的租佃走向了「侍從主義」（clientelism），並且支持私人軍隊的出現。在西元三世紀，產業界的巨擘變成絕對不可能挑戰的。[13]

漢帝國一直維持著一個由政府官員、地主和商業投資者組成的菁英階級，這些團體的成員有著相當程度的重疊，不僅會競爭彼此的資源，也會與外部的其他人競爭資源。從長期來看，首要的議題就是土地所有權越來越集中的問題，因為國家失去了對能夠自給自足的生產者的掌控，租金也對稅金發生了排擠效應。隨著時間經過，顯赫的家族變得越來越有權勢。統治者和菁英的關係從秦朝的中央集權、軍國主義式的領導，變成漢朝時期講究調和的方針（但偶爾還是會因為統治者的侵略性干預而遭到破壞）。漢朝復國之後，權力的平衡更偏向了富裕的菁英這一邊。有兩個因素造成了分配不均的發展：和平的期間變長了（這使得財富更加集中——但是以犧牲小農、甚至最後是犧牲了國家的統治者為代價）；還有菁英階級的獲利一直處於掠奪的循環。前者加深了分配不均，但是後者卻讓分配不均的發展腳步變慢了。不過到了東漢時期的後半葉和東漢末年的君主（西元三世紀）時，財富的集中還是取得了勝利。

漢朝的經驗只是個開端，這樣的情況後來一再重複，直到成了中國的不平等歷史中的決定性特徵。主要朝代之間因暴力而生的混亂會在某個程度上減輕當時的經濟分配不均。新政權的建立會讓土地重新分配，也有助於均等的發展，但是通常最後還是會發生土地所有權集中的情形，就像是隋朝（始自西元五八一年）、唐朝（始自西元六一八年）、宋朝（始自西元九六〇年）、明朝（始自西元一三六八年）的狀況。每個新朝代都會有新的擁護者形成新的菁英階級，他們也都會擁有政治影響力和個人的財富。在唐朝末期遭到嚴重打擊的特權階級——我將在第九章中詳細討論——具有很深的根基。只要少數的顯貴家族就可以掌握權力達二、三世紀之久，享有獲得高位的特權，並且累積大量財富。貴族、官員和擁有官銜的人一般都可以免除繳稅和服勞役的義務，這更是大量加速了他們手中資源的集中。私人土地又再次的以國家資源作為代價取得了擴張；地主又再次的讓他們掌控的佃農家族從納稅登記簿中消失了蹤影。

在這個階級遭到劇烈打擊之後，宋朝又興起了一個全新的菁英階級。統治者的賞賜帶來了大量資產，後來雖然有努力的想為農民提供小額的政府貸款，但是卻很快的遭到阻礙。南宋時期又發生大量的土地集中和侍從主義；後來雖然又亡羊補牢的試圖限制資產的數量，但是卻得面對菁英階級的敵意。蒙古的侵略者為了獎賞領軍者，便給了他們大筆土地，還提供津貼給他們的士兵。在明朝把蒙古的地主和官員驅逐出境之後，新朝代的建國者——洪武帝——分配了大量財產給他的追隨者，於是這些追隨者便形成了新的貴族階級；雖然後來武帝自己和他的繼位者都試圖減少這些貴族階級的財產，不過都失敗了。而在另一方面，也因為帝國慷慨的贈予、年租、強制的侵占和獎賞（因此佃農會把土地讓給富人，以逃避帝國的徵稅），讓菁英的財富有增無減。一份十六世紀的資料就有以下的精簡摘要：

> 在長江以南，窮人和富人相依而生，弱者須將其土地委託給對方。

調查結果遭到竄改，因此無法反映出菁英財富的真實情況。而且擁有官職同樣也是獲取財富的途徑：《大明律集解附例》中就直率表示：

恐怕有許多功勳卓著的官員會利用權勢，大規模的獲取田宅，並強占居民的財產。

在某些方面，我們可以看到早在一千五百年前的東漢時期就曾經發生的過程，現在又重新上演了：

在明朝末期，仕紳階級掌控了許多農奴，他們世世代代都是居於屈從的地位。這個國家幾乎沒有自由的平民。不過，一旦地主的權勢遭到削弱，這些農奴就會擺脫束縛、並且離開。有時候他們甚至會以造反之姿，占領地主的土地、奪取地主的財產，並且改為投靠某些新取得地位的人。原本掌權的家族大概會因此事而興訟，不過當權者在處理這件事時，只會看誰是最強者。[14]

末代王朝——清朝——將大量的明朝資產充公之後，重新分配給滿清的皇族等人，不過清朝還受制於各種手段不一的稅收舞弊陰謀。官員會偽造拖欠的款項，隱藏他們侵吞公款的事實；他們還會誇大天然災害的規模（因為發生了天災就可以減／免稅）；他們會謊稱自己的土地十分貧瘠；向富人預支稅金、盜用款項，然後藉著拖欠款項把不利轉嫁給平民；將土地重新分類，但是又依照一般的稅率收稅，好把差額中飽私囊；還有扣留或是偽造收條。仕紳階級和退隱官員通常根本不必繳稅，現役官員和差役則可能會犧牲某些利益，把這個負擔轉嫁給一般平民。最後是土地可能登記在多達幾百個假名字之下，如果只是要追蹤一些小額的拖欠，就會顯得太麻煩了。高級官員累積財富的標準做法就是貪污舞弊，官階越高越是如此。有一項估計數值顯示，官員的平均所得可以達到他們的官方合法所得的十二倍（合法所得包括薪資、獎賞和津貼），不過如果是總督等級的話，可能超過一百倍，而曾經在十八世紀後半葉擔任清朝大學士的和珅更是多達四十萬倍。死刑和充公一直被用來當作對抗的手段。[15]

今天的中國又顯示出會恢復這些做法的跡象。擔任中央政治局委員的周永康擁有三百二十六筆房產（總價值為十七億六千萬美元，分散在全國各地），還在數百個銀行戶頭裡，以他和家人的名義存了總額為六十億美元的存款，這還不算他另外擁有的價值八十二億四千萬美元的證券。他於二〇一四年十二月遭到逮捕，當時在他位於各地的住所裡，總共搜出價值三億美元的人民幣和外幣紙鈔，甚至還有藏起來的金條。他靠著自己的高階官位剝削比較沒有勢力的政敵——他的總財產足以讓他位列《富比士》全球富豪榜（Forbes World's Billionaires）第五十五位——雖然其他政治人物在累積財產方面也不遑多讓：在一名將領的宅邸中發現了一整噸整整齊齊的裝在箱子裡的現金，甚至一名中階的供水官員（他在一個受到黨高層喜愛的度假城鎮工作），也在策畫著累積價值超過一億八千萬美元的不動產和現金。[16]

羅馬帝國

不過，讓我們再次回顧一下古代世界那原本的「前百分之一」。羅馬不平等的發展在許多方面都和中國很像，不過羅馬留下了比較深入而且豐富的證據（從文字到考古遺址都有），讓我們可以從比較詳細的細節中追蹤所得和財富的集中情況，並且與帝國權力的興盛以及強化做出更緊密的連結。數據的資料從西元前二世紀開始出現——自從羅馬的勢力範圍跨出義大利半島之外、開始涉足（位於東地中海的）希臘王國的資源之後，隨著帝國日益擴張，貴族的財富也隨之大幅成長（表1）。[17]

這些數值顯示在大約五代之後，私人財富的最大值已經增加到四十倍之多。從最保守的假設來看，統治羅馬的元老院議員所掌控的總財產在西元前二世紀和一世紀之間，是以數十倍的級距在成長。通貨膨脹並不嚴重，也沒有跡象顯示一般市民的平均人均產出或是個人財產能夠和上層階級的財富擴大相提並論——即使只是一小部分。因此，羅馬的權貴階級變得比原本富有許多，不只在絕對數值上是如此，從相對上來說也是如此：元老院議員擁有的財富成長率大大超出了同時期的人口增加（也就是羅馬統治下的地中海沿岸地區的海灣和內陸地方的人口數）。菁英

表1 羅馬社會中所知的財產最大值和羅馬控制下的人口發展，從西元前二至西元五世紀。

(a)

時期	財富*	倍數
西元前二世紀中期／晚期	4百萬—5百萬	1
西元前一世紀早期	2千5百萬	5
西元前六〇年代	1億	20
西元前六〇／五〇年代	2億	40
西元一世紀	3億—4億	80
西元五世紀早期	3億5千萬	70

(b)

時期	人口	倍數
西元前二世紀早期	7百萬—8百萬	1
西元前一世紀中期	2千5百萬	3
西元一世紀／五世紀早期	6千萬—7千萬	9

＊以帝國時代的幣值（「塞斯退斯」〔sesterce〕）表示。

的致富也進一步擴大到羅馬社會中。到了西元前一世紀，已經有至少一萬名公民擁有四十萬「塞斯退斯」（sesterce）（甚至還有可能多達兩倍，其中的大部分人都居住在義大利），這是取得騎士階級（equestrian order）資格的門檻——騎士階級是位於元老階級之下的次高階級。就在幾代之前，由個人擁有幾百萬的財富還堪稱是特例，兩相比較之下，就可以看出羅馬的低階統治階級現在也享有大量收益了。一般公民的發展趨勢還不夠明朗，不過應該會有兩股造成分配不均的力量：激烈的都市化（都市化通常都會使得分配不均加劇），以及奴隸人口的出現（光只是在義大利，就有大約超過一百萬名奴隸人口，他們在法律上完全沒有任何私人財產，而且他們的所得通常——雖然並不一定——只夠維持基本生活所需），這兩個因素極有可能擴大整個社會在經濟上的分配不均。[18]

所有這些多出來的資源都是從哪裡來的呢？在共和國時期的較後期，的確出現了由市場關係而來的經濟發展。奴隸被用於生產經濟作物和製造業，大量的考古學證據也顯示有酒和橄欖油的產出，這都指出了羅馬的資本擁有者所取得的成功。但這還只是一部分故事。在簡單估計了供需的可能規模之後，我們就會知道只是擁有土地、再加上相關商業活動所產生的所得，其實並不足以達到我們所知的羅馬人菁英的富裕程度。我們的資料來源也的確顯示出強制的重要意義，那是高層獲得所得和財富的來源。國家在義大利之外的經營帶來了大量財富，羅馬作風的統治也有助於開發及剝削。地方各省的經營可以帶來許多利益，「尋租」（rent-seeking）❶行為只有受到法律和法院的少數限制（而且目的是為了在告發之後進行勒索）；有權勢的人會彼此結盟和分享利益，這是為了預防受到告發。除此之外，當羅馬本地普遍收取百分之六的年利率時，富有的羅馬人卻會在外地省分收取高達百分之四十八的利率，因為他們在這些外地的行省亟需金錢，好滿足省長的需索。向農田課稅的做法日益普遍，騎士階級也能夠從中獲益，因為他們把在特定省分收取某些稅金的權利，以競價方式賣給了營利團體，這些團體後來發展出一些賺取利益的方式。戰爭也是一個差不多——如果不是更——重要的菁英階級的所得來源。羅馬的指揮官對戰爭的戰利品享有完全的權力，而且可以決定如何將戰利品分給他們的士兵、軍官和侍從武官（這些人都來自於菁英階級），又有多少要分給國庫以及他們自己。從戰場和戰爭的次數來看，我們可以估計從西元前二〇〇至前三〇年的這段期間，在三千多名元老院議員中，至少有三分之一的確可以用這種方式致富。[19]

在西元前八〇年代，共和國的體制進入了為期半世紀的晚期不穩定狀態，國內的暴力衝突迫使當時的菁英財富必須重新分配，因而創造了新的財富。在當時有超過一千六百名羅馬統治階級的成員（元老院議員和騎士階級）遭到放逐——這是出於政治動機，而被剝奪了法律上的權益，他們被迫失去資產、甚至常常還有生命。他們的財產遭到沒收之後大為貶值，在拍賣時，獲勝一方的支持者會便宜的搶購這些資產，用這個方式獲益。在比較持久的內戰持續期間（西元前四〇年代和三〇年代），暴力的重新分配又加快了腳步。在西元前四二年，另一波流放除去了超過兩千個菁英家庭。由於這些混亂、再加上新人趁著軍閥興起時也順勢爬了上來，羅馬的上流社會經歷了自從共和國開國以來的第一次大型翻轉。幾個世紀以來主宰情勢的家族終於失勢了，被其他人取而代之。在羅馬共和國解體的過程中，也顯示出君主政體的典型特徵（就像是我們在前文相當詳盡的討論過的中國漢朝），包括國

---

❶ 譯注：指在沒有從事生產的情況下，為壟斷社會資源或是維持壟斷地位，從而得到壟斷利潤（亦即經濟租）所從事的一種非生產性的尋利活動。

內的血腥權力鬥爭會造成菁英階級的收穫或是損失，以及因為政治而導致菁英無法持續保有財富。[20]

共和國滅亡之後，建立了一個持久的軍事獨裁政府，但還是延續了共和國體制在外表上顯露出來的困境。大筆財富現在從外部流向新的統治者——皇帝——和他們的朝廷。在西元一世紀有六個人的財富介於三億和四億塞斯退斯之間，這超過了共和國時期的所有紀錄：這是高階朝臣的累積所得，最後大部分都由國庫吸收了。菁英財富的重複循環有許多形式。貴族的結盟和黨羽通常會把統治者也包括在內（而這也符合統治者的期望）。第一位皇帝奧古斯都（Augustus）聲稱他在二十年內，從朋友那兒接受了十四億塞斯退斯的遺贈。在他的繼位者統治之下，羅馬的紀錄中一直不乏有人因為謀反的行為和策畫（不論是真實的、或是僅憑臆測）而遭到處死、或是菁英的財產被沒收。羅馬上層社會遭到沒收的規模（或是有真實紀錄、或是推測）——相當於某些皇帝在位期間的全部菁英財富的幾個百分點——這訴說著極為富裕的階級所經歷到的暴力的重新分配有多麼殘暴。歸根究柢，賞賜和取回其實是同一個過程的兩面，統治者會根據政治上的盤算，用這個過程來累積或是又拿走菁英的財富。[21]

獨裁統治的國家還有更多以政治致富的傳統做法。只要盡忠職守，現在省長每年可以支領多達一百萬塞斯退斯，但是他們還是繼續在私底下榨取大筆錢財：一名省長在前往敘利亞省赴任時可能還身無分文（「*pauper*」），但是在兩年後離開時，卻已經變成「富翁」（*dives*）了。在一個世紀之後，有一名南西班牙的省長很不聰明的在信裡吹噓他向省裡的子民敲詐了四百萬塞斯退斯，甚至還把一些人賣作奴隸。在這個食物鏈的更下層得多的地方，我們看到了一名在高盧（Gaul）看管帝國金庫的帝國奴隸，他負責指揮十六名地位更低的奴隸，但是他顯然擁有十分大量的銀器，還要動用其中兩名奴隸負責看守。[22]

帝國的統一和聯繫促進了個人財富的擴張和集中。在尼祿（Nero）❷統治的時代，據說（以今天的突尼西亞為中心的）非洲行省的「半數」是由六個人擁有的，不過最後是尼祿奪取了他們的財產。雖然這的確讓人覺得很誇張，不過該地區的大型莊園面積就和敵對城市的領土不相上下了，這樣的說法或許和事實並沒有差距太遠。外省最富有的人會加入中央的帝國領導階級，他們亟欲主張身分和隨之而來的特權，還會利用機會，進一步致富。調查了羅馬的文獻之後，發現富人的稱號幾乎專門用於執政官階級的元老院議員，因為他們最容易、也最能夠直接獲得額外財富。正式的身分排序是根據財力決定的，而成為三個國家階級——元老院議員、騎士和十人長（decurion）——成員的資格，則與搖擺不定的人口門檻有關。[23]

個人財富和政治權力的密切連結也照樣搬到地方層級了。發展成熟的羅馬帝國是由大約兩千個大致上為自治的城市、或是組織各異的社區所組成，都只受到巡迴的地方行政長官、少數的核心菁英官員、主要與財務事項有關的帝國的自由民和奴隸的有限監督——以及趁機的掠奪。通常每一座城市都是由地方議會營運（而地方議會代表的正是地方上的富有菁英）。這些組織的成員會正式被指派為十人長，他們的任務包括地方上的稅務和經費、估算社區的財富以供羅馬帝國徵稅之用，還要負責收款，交給收取稅款和承包收稅的人。關於這段期間的城市大量支出，有豐富的考古學和金石學（epigraphical）❸的證據，如果這些證據都值得信任，就足以顯示出這些菁英知道如何保護自己的資

---

❷譯注：羅馬帝國的第五任皇帝，於西元五四至六八年在位。
❸譯注：是主要研究青銅器及石器上的文字銘刻及拓片的文字學。

產，不要受到遙遠的帝國中心的侵奪，並且將大部分的盈餘保留在自己的家鄉，不論是放進自己的口袋，或是拿來維持公共設施。[24]

西元七九年被維蘇威火山（Mount Vesuvius）爆發的火山灰覆蓋的龐貝（Pompeii）城——最著名的羅馬城市之一——的遺跡，就充分反映出地方財富逐漸集中的情況。龐貝城裡有大量碑文提到了擁有官職的人、以及擁有可再生產之資產的人，當時大部分的房子裡儲存的貨物也都還留著（雖然已經毀壞），有時候，我們還能夠分辨出特定建築物裡的居民。龐貝城的菁英包括富有的市民的核心成員，他們握有特權，可以獲得當地的官職。由城市的結構也可以看到階級的區分。龐貝城裡有大約五十座豪宅，坐擁寬敞的中庭、有廊柱的庭院、好幾間餐廳，還有至少一百間沒有那麼高級的住宅（它們大概等於某位市議會成員的宅邸中最小的一棟）。我們從稅收紀錄中得知大約有一百個菁英家庭，這剛好也符合這個事實，或許他們之中只有一部分始終位列議會的統治階級。大體上來說，在一個三萬至四萬人的社區中（包括城市地區），一百至一百五十個菁英家庭和華麗的城市住宅代表當地社會的前百分之一或二。這些家庭既有位於城市的農業資產，也有城市的製造業和貿易；菁英的豪宅通常都有商店和其他商業建築。

城市的不動產集中在更加少數人手裡的趨勢尤其明顯。考古學的調查顯示，所有豪宅和許多兩層的建築都是併吞了之前一些比較小的住宅之後才建起來的。隨著時間演進，原本相當符合均等主義的住宅分配（因此或許財富的分配也同樣符合）漸漸被日益擴大的分配不均所取代了——原本的分配大概是由羅馬退役軍人在西元前八〇年的強制安頓所造成的——主要犧牲的是中間階層的家庭，他們受到壓榨，只得離開城市。軍事的大量動員和全面重新分配的文化被穩定的獨裁統治取代了，這使得兩極的分化代之而起。高死亡率和多子繼承的做法無法將資產分散，也無法摧毀社會階級，只能夠讓菁英圈內的財富繼續循環。[25]

從羅馬房屋的考古學證據中，可以比較一般性的看出羅馬的統治讓階級益發受到強化。我將在第九章中比較詳細的討論，以不列顛和北非的居住房屋大小來說，羅馬時期的分配比起之前更不均等，而且在義大利本身也可以看到相同的情況（依照我們對於資料的選擇而定）。這並不至於令人感到驚訝：雖然帝國替位於或是接近權力頂端的人帶來了不成比例的利益，但是也有助於更大範圍的菁英圈累積和集中財富。在君主政體的前兩百五十年間，破壞性的戰爭和其他衝突——以歷史的標準來說——極為罕見。帝國的和平為資本投資提供了保護傘。除了最上層的人之外，富人要擁有和傳遞資產是相對安全的。[26]

最終的結果造成了一個階級十分明顯的社會，假如在維持基本的生活之外還有其他可得的盈餘，大部分都被最富有的前百分之一或二的人口吸收走了。我們至少可以大概的用量化表示出羅馬帝國的分配不均。當它在西元二世紀中期達到發展的高峰時，這個人口大約為七千萬的帝國每年創造出的GDP大概等於五千萬噸小麥、或是接近兩百億塞斯退斯。如果換算成一九九〇年的國際元（International Dollar），平均的人均GDP就是八百美元，與其他前現代的經濟體系相比，這應該是可信的。根據我自己所做的復原，元老院議員（大約六百個家庭）、騎士（兩萬個以上）、十人長（十三萬個）、再加上沒有階級的富裕家庭（六萬五千個至十三萬個），上述合起來共有二十五萬個家庭，總計會有三十億到五十億塞斯退斯的所得。以這個情況來說，大約是由百分之一．五的家庭，占有總產出的六分之一到接近三分之一。這些數字可能還大大低估了他們實際上的比例，因為他們的所得是根據估計的財富所推定的利潤；如果再加上政治上的收益，菁英的所得應該更高。

雖然比菁英圈更低階級的所得分配更難估計，不過一個保守的假想範圍認為，帝國整體所得的總吉尼係數落在〇．四出頭。這個數值比它的可能值還高出許多。因為平均的人均GDP只相當於扣除賦稅和投資之後的最低生存所需的兩倍，所以由此推斷出：羅馬的所得分配不均的程度應該和該經濟發展程度的可能值相差不多，這也是許多其他前現代社會共有的特徵。羅馬的分配不均程度是根據得自初級生產者的GDP占比來推斷的，因此會顯得極為嚴重。除了富有的菁英之外，至多有十分之一人口的所得會比僅夠生存的程度超出許多。[27]

富人的所得金額龐大，因此有部分必須要重新投資，這就進一步強化了財富的集中。權力的不對稱可能會迫使外地居民必須要賣掉某些土地才能夠繳稅，我們無法得知這種做法的數量，但這確實有助於解釋為什麼在稍後的幾個世紀中，貴族擁有的土地出現了跨地區的網絡。這也帶來了另外一個問題：羅馬的分配不均是否、（如果是的話）又是在何時達到了巔峰。這有很大一部分取決於我們有多倚重西元四二〇年代之後顯然過於誇張的估計。歷史學家小奧林匹奧多羅斯（Olympiodorus）來自於埃及，他認為這麼難以置信的大量財富來自於羅馬的幾個主要上層階級的家族，據稱這些家族中，有「許多」家族每年都會從地產中獲得四千磅黃金，如果以實物來算，就要再多出三分之一，反之，下一階級的人算起來是每年一千或是一千五百磅黃金。如果換算成早期君主政體下的幣值，最高階的所得（五千三百三十三磅黃金）約等於西元一世紀的三億五千萬塞斯退斯，相當於當時所知的最高額財富。以最高的階級來說，他們的財富是在君主政體創建時（大約是在西元初年）首次達到一個高點，並且就此維持穩定（雖然偶有波動），直到西羅馬帝國終於在西元五世紀時滅亡為止。[28]

同時也有跡象顯示隨著傳統的城市菁英面臨到越來越大的壓力，地方和地區的分配不均可能也進一步強化了。地方上富有的菁英因此趨向兩極化，少數人因為地位躍居群體之上而獲益，但是絕大多數人則沒有。在羅馬統治時代晚期的埃及為我們提供了一些足以證明這個過程的最好證據。一些留存至今的古代文獻告訴我們城市的統治階級是怎麼消失的（他們在站穩腳步之後就一直持續到西元四世紀）——因為其中有些人轉而擔任國家的官職（這樣便可以免除在當地要負擔的財政義務，還有更好的機會讓個人致富）。到了西元六世紀，這種向上流動已經在埃及形成新的省級特權階級，他們掌控了大部分的可耕地和主要的地區性管理職位。阿皮翁（Apion）家族就是一個典型的例子，阿皮翁家族出身自十人長階級，不過某些家族成員已經位居最高階的國家職位，因此最後得以掌握一萬五千英畝以上的肥沃良田——大部分都集中在埃及的某個地區。而且這並不是單一個案：在西元三二三年的義大利，可能有人在一個城市就掌控了兩萬三千英畝以上的土地。非比尋常的富人會將擁有土地的觸手伸向帝國的許多地方，地方和地區層級的土地越來越集中在少數人手裡就說明了這個現象。[29]

另一個過程也讓分配不均越演越烈（這個過程在中國歷史中也可以見到）。在羅馬帝國的較後期，我們聽聞各地的農人都會向有權勢的地主（以及官員）尋求保護，地主（或是官員）會負責這些農民與外面世界的往來，最明顯的就是帝國的收稅員。這實際上和國家要累積稅收的想法是互相牴觸的，還加強了地主對農業盈餘的掌握。其結果不只削弱了中央的權威，也將財務負擔轉嫁給比較沒有權勢的人，受損最多的就是擁有財產的中間階層。在這裡，貧富之間進一步的兩極化又是幾乎無可避免的結局，也和中國的漢朝晚期一樣，私人軍隊和初期的軍閥主義總是相伴而生。隨著時間經過，階級區分和物質的分配不均更是變得極端全面了。所得和財富都集中到政治上握有權勢的菁英手裡，較早期的中等階級因而受到擠壓。當羅馬和帝國的西半部被日耳曼族領導人接管之後，分配不均仍然在帝國的東半部（地中海沿岸）還留存的領土上繼續發展，而且越演越烈，在大約西元一千年的拜占庭（Byzantine）帝國，甚至達到十分驚人的程度。帝國存續的時間越久，就與政治和經濟上的勢力、（這些勢力造成的）兩極化結果益加糾纏不清，因此也會無止境的一直加劇分配不均的情況。[30]

帝國的模式

雖然中國和羅馬帝國有不同的制度和文化，但是兩者對於剩餘物會遭到占用和集中的邏輯是相通的，因此造成了高度的分配不均。帝國的統治帶來了資源的流動，因此讓掌握權勢的人致富，且其規模是較少的資源絕對無法比擬的。因此，分配不均至少有一部分是如此大規模的帝國形成所帶來的後果。這兩個帝國的建立都有賴於幾千年前發展出來的資本投資和剝削的機制，但是投入的賭注又比以前都高。國家官職會帶來比較大的利益；長距離貿易和投資的交易成本降低之後，受益的是那些有多餘所得的人。到了最後，除非有征服、國家失能或是大規模的體制崩壞（它們在本質上都是暴力的動亂）造成帝國解體，否則不可能終結和反轉帝國的所得分配不均和財富的兩極化。在前現代的歷史紀錄中，找不到什麼和平的方式可與帝國的分配不均確實互相對抗，在上述特定的政治生態中，也很難看到這類策略的出現。就連帝國的瓦解也常常不是只代表一切重來，反而是另一波分配不均的加劇和兩極化。

只要完好的帝國政體中存在著不平等，就需要暴力來讓菁英階級內部的資產重新流通。我在前文已經提過了馬木路克蘇丹國（西元一二五〇至一五七一年）的例子，它可能就是歷史中對於這個原則扮演的角色最完全的紀錄。蘇丹、「埃米爾」（回教國的王公、貴族等）和他們的奴隸兵共同享有征服的好處：他們形成了在種族上有別、在空間上也分開的統治階級，並且決心要向臣屬的本地人口榨取租金，而當入手的收入無法符合預期時，當地人就可能會受到殘酷對待。這個階級一直在不擇手段的謀取權勢，這決定了個人的所得，暴力的衝突也常會改變分配的狀況。各地擁有財產的人都希望能夠躲過敲詐和勒索，因此會將他們對資產的權責轉讓給「馬木路克」（Mamluk）❹階級中的強者，用付費來換取「馬木路克」保護他們免納稅，這個做法也受到菁英的支持（因為他們也分了一杯羹）。統治者的回應便是增加了大舉沒收菁英財產的頻率。[31]

成熟的鄂圖曼（Ottoman）帝國又讓強制的重新分配策略顯得更複雜了。在長達四個世紀的時間中，蘇丹根本不經司法程序，就可以處死和沒收上千名國家官員以及承擔任務者的財產。在西元十四和十五世紀的早年征戰中，有貴族身分的戰士家族組成了同盟——其中也包括奧斯曼（Osman）❺家族，奧斯曼家族後來又吸收了其他地方的戰士菁英。在十五世紀之後，專制統治益發強化，隨著蘇丹加強了對主權的主張，貴族的權勢也遭到削弱。奴隸出身、世襲身分卑微的人取代了貴族家庭的後

❹譯注：為蘇丹服務的奴隸兵。

❺譯注：鄂圖曼帝國的開國蘇丹。

裔，成為官員。雖然這些家族之間還是會互相競爭官位和權勢，但是總結來說，所有國家官員（不論社會背景為何）都不再被認為（相對於統治者）有任何個人權利。官位不再世襲，官員的資產來自於俸祿，那實際上是提供服務獲得的附帶權利，而不是私人財產。官員死亡時，任官期間的所得都會從資產中扣除，並且由國庫吸收。事實上，他們的所有財產都可能因為細故而遭到奪取，因為官職和財富被認為是一體的兩面，無法做出區隔。如果是受到蘇丹注意的現任官員，死亡時的財產充公還會搭配清算和沒收。菁英的成員會盡其所能的抵抗這種侵占，到了十七世紀，也有些家族已經能夠將他們的財產保留給下一代了。地方上的菁英在十八世紀時變得益發有權有勢，因為官位和職務越來越可以用錢取得，這使得國家的管理部門益發私有化，官員也有辦法鞏固他們的財富和地位。權力的核心無法再像以前那樣侵占資產，財產權也取得了某種程度的穩定。充公的做法曾經有一度死灰復燃——在西元十八世紀末期和十九世紀早期的戰爭壓力之下——並且引發了抵抗和逃避的策略。在西元一八三九年，鄂圖曼的菁英終於決定為一己的利益展開抗爭，要求蘇丹對其生命和財產提供保證。就和在其他帝國一樣（例如羅馬和中國的漢朝），即使中央政府能夠將統治階級的財富重新洗牌，這種能力也總是隨著時間而日漸鏽蝕。[32]

還有其他例子是統治者的勢力太過於薄弱或是距離太遙遠，因此無法干涉菁英圈的財富集中。西班牙占領了中部美洲和安地斯山脈建立的帝國政體，尤其是一個具有啟發性的例子。在西班牙的「收復失地運動」（Reconquista）期間❻，貴族和騎士受封土地，並且對領土上的居民有管轄權。西班牙的征服者接著又把這套體制擴張到他們在「新大陸」的領土上，而那裡本來就已經採用了類似的做法：如同我們在前文討論過的，阿茲特克人已經建立起有強制性、專責榨取資源的制度，並且會將土地授予菁英、農奴和奴隸。墨西哥的征服者和後來的貴族很快掌握了大筆土地，被占領的土地通常會被認定為皇家的封地。埃爾南・科爾特斯（Hernán Cortés）❼在（墨西哥的）瓦哈卡（Oaxaca）擁有的土地於一五三五年成為限定繼承的財產，且在其後的三百年間都屬於科爾特斯家族的財產，最後還擴張到十五棟別墅、一百五十七個村莊、八十九座大莊園、一百一十九個牧場、五筆地產和十五萬居民。雖然皇家的法令一直想要限制這類（所謂的「監護徵賦制」〔encomienda〕❽）授予物的存續期間，但是它們在實際上卻變成永久、而且其實是可以世襲的財產，支撐起一小部分異常富有的地主階級存在。「監護者」（encomendero）迴避了強制勞動力的禁令，將當地人置於債務的束縛之下，好掌控當地人的勞力。隨著時間經過，他們便得以利用原本分布在各地、各式各樣的「賜封制度」，開拓起能夠延續比較久的農場、和同樣由土著工作的莊園（土著既要耕作家族的小塊土地，也要在領地的土地上工作），莊園其實就是在地主的專制統治下的國家縮影。後來的變化都只有影響到高層的階級，尤其是墨西哥在一八二一年獨立，使得大莊園的西班牙農場主人遭到驅逐，由當地的菁英取而代之（而

❻譯注：於西元七一八至一四九二年間，伊比利半島北部的基督教各國逐漸戰勝南部穆斯林摩爾人政權的運動。
❼譯注：殖民時代活躍在中南美洲的西班牙殖民者，以摧毀阿茲特克古文明、並在墨西哥建立西班牙殖民地而聞名。
❽譯注：西班牙語的意思是「予以委託」，即西班牙君主讓在殖民事業中有功之人（「監護者」）被授予某個數量的印地安人，監護者必須對這些印地安人負責，要保護自己管轄的印地安人免遭其他部落的侵害，並要向他們傳授西班牙語和天主教信仰；作為回報，監護者可以要求印地安人為他們勞動，收集金銀或其他物品；不過實際上，監護徵賦制和奴隸制別無兩樣。許多印地安人都被迫去做高強度的勞動。

當地菁英的主要做法是保持當時的現制）。土地的擁有在十九世紀期間又更加集中，直到最後引發了革命（這將在第八章討論）。[33]

在祕魯也發生了類似情況，祕魯的印加帝國也一樣把土地和收益授予菁英的家族和高階官員。法蘭西斯克・皮薩羅（Francisco Pizarro）[9]和他的軍官成為第一批根據監護徵賦制受到賜封的人，皮薩羅本人也聲稱有權力分配土地，以及掌控該土地的耕種者。大筆土地都用這種專橫的方式賜封出去了，當地的居民只好搬到礦區，這兩者其實都違反皇家的指令。皮薩羅不滿王室要對他受封的土地加以限制，因此發動了一場不成功的反叛，只有在這個時候，才發生了某些重新分配。不過即使如此，祕魯的土地和財富集中還是比墨西哥更為嚴重，大約五百筆監護徵賦制的賜封分掉了大部分土地。在（今玻利維亞的）波托西（Potosí）有些產量豐富的銀礦，也被封給王室喜愛的人，並由臣屬的印地安人加以開採。當地的部落領導者也會選擇合作，將他們自己的村民送來工作，其回報就是獲得任命為管理者，有時候甚至還可以獲得屬於自己的資產。這類帝國的典型做法——外國和當地菁英的共謀——的確造成了經濟的兩極化、以及對於一般人民的剝削。隨著時間經過，不合法的投入也變成合法了（就像在墨西哥一樣）。在脫離西班牙獨立之後，玻利瓦（Bolivar）[10]進行了土地的重新分配，但是最後以失敗告終，到了十九世紀，就連原住民族群的自治土地也被併入較大型的莊園了。[34]

但是，並不是只有在殖民的脈絡中，有權勢的菁英才能緊緊握住他們透過政治職位或是關係得到的財富。我們在這裡可以舉出其中一個例子，在現代法國的早期，那些與王權關係最近的人想要發揮他們的影響力取得大筆的個人財富，而且要在死後、或甚至是罷官之後都還能保有這些財富。敘利公爵（Duke of Sully）馬克西米連・德・貝蒂訥（Maximilien de Béthune）是亨利四世（Henri

IV）的頭號親信，他在亨利四世於一六一一年身亡之前，共擔任了十一年財政事務主管，在罷官之後又活了三十年，並且留下超過五百萬「里弗爾」（livre，當時的法國貨幣單位），這相當於當時巴黎兩萬七千名沒有特殊技術的勞工的一年所得。黎希留樞機主教（Cardinal Richelieu）⓫在一六二四至一六四二年間也擔任了差不多高階的職位，而且累積了四倍的財富。不過和黎希留親自挑選的繼任者朱爾·馬薩林樞機主教（Cardinal Mazarin）比起來，兩個人都還相形見絀，馬薩林樞機主教的任職期間為一六四二至一六六一年，他在一六四八至一六五三年的「投石黨亂」（Fronde）⓬期間被迫流亡了兩年，但是之後又重新復職，並在身後留下三千七百萬里弗爾，也就是沒有特殊技術的勞工十六萬四千年的總工資。中國共產黨中央政治局的常委周永康大概也會心儀這種做法。掌權略遜一籌的大臣也可能表現得像是土匪一樣：黎希留的得力助手克勞德·德布里恩（Claude de Bullion）在擔任財政首長的八年期間，積攢了七百八十萬里弗爾，尼古拉斯·富凱（Nicolas Fouquet）——他

---

❾譯注：西班牙的早期殖民者，他開啟了西班牙征服南美洲（特別是祕魯）的時代，也是現在的祕魯首都利馬的建立者。

❿譯注：西蒙·玻利瓦，領導玻利維亞、哥倫比亞、厄瓜多、巴拿馬、祕魯和委內瑞拉脫離西班牙的統治取得獨立，曾任獨立後的哥倫比亞總統。

⓫譯注：法王路易十三的宰相、天主教的樞機。

⓬譯注：一場法國內戰，源於馬薩林樞機主教的支持者遭巴黎暴民以投石器發射石塊破壞窗戶，因而得名，此處指的是第二次投石黨亂，事情的起因是貴族「大孔代」親王與王室和馬薩林決裂。

也在同一個職位坐了八年——在一六六一年遭到逮捕時，被認為坐擁一千五百四十萬里弗爾的財產（雖然他的欠債也差不多是這個數字）。這些數字即使和最富有的貴族財產比起來也毫不遜色：孔蒂親王（Princes de Conti）——帝王之家波旁（Bourbon）家族的旁支——在這段期間擁有八百萬至一千兩百萬里弗爾的資產。就連四處侵略的太陽王路易十四（Sun King Louis XIV）對於後來幾任首長的控制都算不上非常成功：尚—巴普蒂斯特．柯爾貝爾（Jean-Baptiste Colbert）[13]花了十八年的時間整頓法國國庫，但是也只得到相比之下微不足道的五百萬里弗爾，盧福瓦侯爵（Marquis de Louvois）弗朗索瓦．米歇爾．勒泰利埃（François Michel Le Tellier）要擔任二十五年的陸軍大臣，才會存到八百萬里弗爾。看起來最好的做法似乎是不要讓首長能夠得到那麼多，應該要從每年一、兩百萬里弗爾減少到大約幾十萬。[35]

我們可以輕易的從世界各地找到更多例子，不過基本特點是很清楚的。在前現代的社會中，如果想要擁有很大量的財富，通常必須在政治上掌握權勢，而不是擁有經濟頭腦。財富最主要的差別在於能夠保持多久，而這主要是看國家的統治者有沒有能力、以及願不願意專橫的加以干預。資源極度集中在高所得群體，也有高度的分配不均，這都是已知的事實，雖然財富的流動性會有差異，不過和財閥圈之外的人還是不會有什麼關係。如同我們已經在第一章大略描述過的，幾乎所有前現代國家的結構性質都十分有助於某種一定會讓所得和財富集中的模式，這種模式也會讓不平等隨著時間的發展而日益惡化。因此，這些群體的分配不均程度通常會發展到可能的上限。我將在本書最後的附錄中更進一步的說明，對於二十八個工業化之前的社會所做的粗略估計（其年代從羅馬時代至一九四〇年代），得到的平均（不平等）提取率是百分之七十七，這個提取率代表了最大可能的所得不均等的實現比例，當人均GDP在某個水準時，要達到最大程度的分配不均在理論上是可能的。例外極為少見：唯一有良好紀錄的例子是西元前五世紀和前四世紀的古典雅典，該地的直接民主和全面軍事動員的文化（將在第六章討論）有助於控制經濟上的分配不均。如果現代所做的估計是可信的（但是根據的是古代不足的證據），雅典在西元前三三〇年代的人均GDP（以前現代的經濟情況而言）算是相對高的——或許是最低限度的基本生活所需的四到五倍，與十五世紀的荷蘭和十六世紀的英格蘭的水準相近——市場所得的吉尼係數則達到大約〇・三八。這大約代表百分之四十九的提取率，以前現代的標準來說，已經算是很低的數值了。[36]

不過雅典這個特例並沒有延續下去。在羅馬帝國的全盛時期，全雅典最富有的人是有著相稱的長頭銜的盧修斯・希布里厄斯・喜帕恰斯・提貝里烏斯・克勞狄烏斯・阿提庫斯・赫羅狄斯（Lucius Vibullius Hipparchus Tiberius Claudius Atticus Herodes），據稱他擁有西元前五世紀的著名政治家的血脈，而且當真就是由天神宙斯本身一脈相傳而來。他較親近的家族是雅典的貴族之一，並且具有羅馬公民的身分，還被擢升至高階公職、擁有大筆財富，可能比起羅馬本身最富有的人也沒有遜色太多。他的名字顯示出他與羅馬的貴族世家克勞狄烏斯（Claudian）家有關，克勞狄烏斯家族最後出了好幾個皇帝。赫羅狄斯的家族也和羅馬的上層階級有著典型的共通經驗，他的祖父喜帕恰斯的財產曾有一度輕鬆的達到一億塞斯退斯，後來被羅馬皇帝圖密善（Domitian）沒收，但是最後又拿了回來（詳情

⓭譯注：受到馬薩林的推薦成為路易十四的親信，尼古拉斯・富凱的貪污行為便是柯爾貝爾揭發的，因此讓路易十四下令逮捕富凱，後來擔任路易十四的財務大臣和海軍國務大臣，財經方面的手腕十分優秀。

並不是很清楚）。赫羅狄斯在希臘城邦做了許多慈善行為，還贊助興建公共建築，其中最有名的便是雅典的古劇場（Odeon）。如果他當真擁有一億塞斯退斯——這相當於我們所知的古典時期之後最高額的私人財產的二十四倍——那麼回到西元前三三〇年代，他每年光是從自己的口袋裡拿出資本利得（capital income），就足以涵蓋雅典的國家總支出的三分之一了——軍艦、政府、祭典、公共建設、以及其他——而且他的財富甚至可能還不只這些。赫羅狄斯是皇帝安敦寧・畢尤（Antoninus Pius）領養的兒子們和繼承者的老師，他也是因為這樣而和羅馬皇帝變得親近，在西元一四三年，他成了有史以來第一位擔任常任執政官的希臘人——就目前所知，在他之前還沒有希臘人擔任如此高階的傳統羅馬國家官職。帝國的恩賜和不平等還是占了上風。

第三章

❖

上下起伏

兩次高峰

經濟的分配不均以長期而言到底發生了什麼樣的變化呢？到目前為止，本書已經討論了這個過程的早期階段。早在好幾百萬年前，非洲猿之間就出現了權力的分配不均和階級，而在近兩百萬年左右，隨著「人屬」的進化，這些分配不均和階級便漸漸減弱了。全新世的栽種／養殖使得權力和財富又再出現分配不均，並且在前文提到的大型掠奪式國家形成時達到高峰。我們現在可以把焦點集中在全球的某些特定部分，看看所得和財富的分配不均演化是不是經常依照某種模式（這種模式可以由造成分配不均和帶來均等的特定力量加以解釋）。我的目標是要證明本書的主要論點：科技、經濟發展和國家的形成之間存在相互的影響，會使得貧富的分配不均加劇，有效帶來均等的做法需要暴力的衝擊——從事掠奪的菁英和其黨羽至少可以暫時削弱、並且翻轉由資本投資、商業化和利用政治／軍事／意識形態的權力所帶來的不均等後果。

我所做的調查（我會一直討論至二十世紀初期）會專注在歐洲，我有一個很實際的理由，因為在完整和長期的歷史中，歐洲社會一直對物質分配不均的演化留有最豐富——或至少是經過最徹底研究——的證據（直到現代）。這些證據讓我們可以（至少大概的）重建幾千年來不平等和均等之間一再重複的上升和持平之間的動盪（圖4）。

農業在西元前七〇〇〇年開始在歐洲出現，並且在其後的三千年間廣泛傳播。十分概括的來說，在這個重要的經濟變遷發生的同時，分配不均也會隨之漸漸增加（雖然我們不太可能仔細追蹤這個過程）。想像有個直線前進的軌道並不是一個聰明的做法：例如在瓦爾納的考古學發現就指出短期的變化可能很大。但是如果我們不是只有追溯一點，而是看得更多一些，把我們的考察範圍從幾百年擴張到幾千年，那就大概可以大聲的推斷出整體而言是有一個向上的趨勢——不僅是人口密度增加，統治強度也加強了，而且剩餘物也有成長。

從這個綜觀的制高點來看，我們可以把物質分配不均的第一次長期高峰定位在西元頭幾世紀的羅馬帝國成熟時期。羅馬帝國之前的歐洲大部分地區的人口數量、都市集中程度、私人財產和強制能力都無法與之匹敵。希臘是唯一的例外：由於希臘在地理位置上十分接近他們的祖先在近東的文明核心，因此國家層級的發展就比歐洲的其他地方都走得更遠。在青銅器時代晚期的邁錫尼文明中，希臘就出現了高度的分配不均，而且可能在西元前十三世紀就達到高峰。國家瓦解使得這些分配不均在其後的幾個世紀大幅減少，豪宅都成了小村莊——我將在第九章中討論，這是一場暴力的解套。雖然在古代和古典時期（大約為西元前八〇〇至前三〇〇年）的希臘城邦文化的經濟發展程度高出許多（在某些

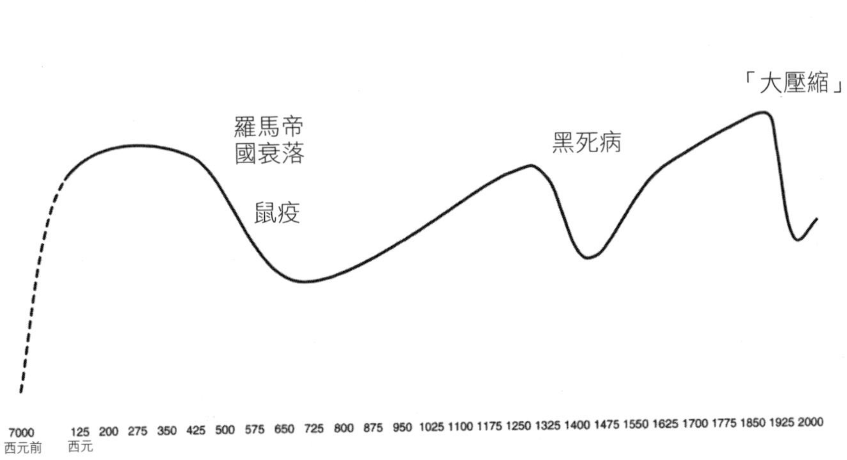

圖4 歐洲長期的分配不均趨勢

地方甚至比大部分的羅馬世界都高），不過軍事全面動員的制度限制了不平等的發展。就和歐洲的其他地方一樣，這個地區的分配不均也是在羅馬時代才大幅增加的。[1]

讓我們先撇開南巴爾幹半島不談——南巴爾幹半島還繼續處於延續了羅馬帝國的拜占庭帝國的控制之下（有時候會不太穩定）——當羅馬政權在五世紀後半葉開始瓦解時，曾經受過羅馬統治的所有歐洲其他地方的所得和財富的分配不均都開始大幅縮小。如同我將在第九章討論的，這種經濟的分配不均大部分是因為國家失能而直接造成的，再由大型的暴力衝擊進一步強化——這指的是西歐在六至八世紀第一次全面流行淋巴腺鼠疫，並因而使得勞動力（相對於土地）的價值提高。我們必須考慮到時間和空間會造成很大的差異：後羅馬時期的不列顛可能是最能夠達到均等的地方，因為那裡的早期制度和結構大概都已經不存在了，然而如果是被保護得比較好的地方——像是在西哥德人（Visigothic）統治下的伊比利半島——分配不均就有發展的餘地了。即使如此，存在於各處的菁英交換網絡、都市主義（urbanism）、財政結構和跨區域的財富等遭到破壞，還是各處普遍可見的過程。[2]

就連想要為分配不均這樣大幅的縮小找到一些數字，看起來都是很不聰明的嘗試：其困難度不遜於評估羅馬帝國的吉尼係數，如果想算出六、七、八世紀的後羅馬（Sub-Roman）社會的吉尼係數，甚至又更難了。我們必須注意到有兩股往下的壓力同時發生：每人平均剩餘物的減少（這會使得分配不均的機會降低），以及國家和菁英榨取財富的能力降低。就連拜占庭的希臘都深深受到暴力帶來的混亂影響（暴力帶來的混亂很可能會緩和現有的不平等）。曾經有段時間，君士坦丁堡（Constantinople）——歐洲的都市主義最東隅的前哨站——應該算是帝國形式的分配不均留下的最後一塊根據地，然而即使是這個防衛得很好的中心，也有一段時間呈現明顯的下降趨勢。[3]

歐洲的經濟和政治體系各自在不同的時期開始恢復。加洛林（Carolingian）王朝[1]在西元八世紀的擴張大概可以看作一段分配不均復活的時期，在西班牙則可能是穆斯林的擴張。在後羅馬時期的國力最低點時，不列顛以艾塞克斯（Essex）[2]為首形成了國家，並且出現有錢有勢的貴族。拜占庭帝國是個由權貴支配的社會，它在九世紀和十世紀時再次確認了對於巴爾幹半島的掌控。在羅馬衰亡之後普遍被削弱的貴族勢力，這時又再次獲得了力量。在九世紀之後興起的封建制度存在著極大的地理差異，但是都讓菁英對農業的勞動力和剩餘物握有更大的掌控，在這個過程發生的同時，土地也持續集中到世俗和教會領導人的手中。歐洲隨後（在大約西元一〇〇〇至一三〇〇年）經歷了一段經濟和人口的持續成長期。有更多的人、更多和更大的城市、更多的貿易和更有權勢的菁英，這些都提高了經濟的分配不均。

英格蘭的分配不均也在這段期間日益升溫。雖然一〇八六年的《末日審判書》（*Domesday Book*）的調查[3]顯示，大部分農人家族都擁有足夠的土地，只靠土地就足以維持生活，甚至還有剩餘，但是

[1] 譯注：是西元七五一年後統治法蘭克王國的王朝。
[2] 譯注：羅馬帝國在不列顛的勢力衰亡之後，盎格魯—撒克遜人入侵，在不列顛建立了許多王國，後來漸漸吞併成七大國，艾塞克斯為其中一國，其意為「東撒克遜」，位於今天的倫敦附近。
[3] 譯注：是於諾曼人征服英格蘭的期間，在征服者威廉的命令之下，於一〇八六年完成的一次大規模調查紀錄，這次調查類似於後來的人口普查，主要目的是清查英格蘭各地的人口和財產情況，以便徵稅。

一二七九至一二八〇年的《百戶區卷檔》（*Hundred Rolls*）[4]則顯示，他們的後代大都希望能夠突破現狀，就算只是幫其他人收割，也能為自己的農場生產加上一些工資所得。模擬的模型也指出人口成長本身並不足以產生這個後果：益發嚴重的不平等是出自下列幾個因素的相互影響——人口數字的成長；土地移轉的簡化（這會鼓勵小農在有危機時把土地移轉給境況比較好的人，好支付他們因食物、種子、家畜或是服務所生的債務）；以及可分割的繼承帶來的後果（這會讓持有物被分成數份，也使得更多扣押品遭到拍賣）。有些農人失去了所有土地，更加劇了資產的分配不均。尤有甚者，英格蘭平民要繳的地租在西元一〇〇〇至十四世紀的早期之間大幅上漲（雖然他們擁有的財產縮水了）。而在同一時期（九至十四世紀早期之間），法國大部分人的土地面積從大約十公頃降到通常連三公頃都不到。[4]

所得和財富集中在高階層，也使得分配不均日益擴大。在一二〇〇年的英格蘭有一百六十名達官要人（男爵），他們的平均所得為兩百鎊，不過到了一三〇〇年，這個集團已經擴充為兩百名貴族，平均所得是六百七十鎊，在實際上還可能是這個數字的兩倍。在分配不均日益擴大的過程中，典型的特徵就是最大的財富成長得也最多：在一二〇〇年時最富有的男爵——切斯特（Chester）男爵羅傑·德萊西（Roger de Lacy）——能夠處置的財產有八百鎊（或是所有貴族的平均年所得的四倍），不過到了一三〇〇年，康沃爾公爵（Earl of Cornwall）埃德蒙（Edmund）則可收取三千八百鎊（或說實際上擁有的為幾乎三倍）——這相當於當時所有貴族的平均資產的五倍半。英格蘭的中階菁英階級增加的就更明顯了，在一二〇〇年，佩綬帶的騎士大約為一千人，到了一三〇〇年（在所得門檻大致相同的前提下）已經成長為大約三千人了。軍隊薪水的分配不均可以用騎士和步兵的相對薪資比例來看，這在一一六五年是八比一，在一二一五年是十二比一，到了一三〇〇年，則已經是十二至二十四比一。法國的酒類進口也在四世紀的早期達到高峰，這並非巧合。菁英的所得實際上上升了，而在同時，一般平民的所得則下降了。人口成長和商業化的交互作用也在歐洲的其他地方帶來了類似結果。[5]

在一三四七年爆發黑死病的前夕，歐洲整體（比起從羅馬帝國時期以來）都更加發展了，分配不均也更加明顯。關於這兩個高峰期的比較結果，我們只能夠猜測。我猜想就算是在十四世紀早期，分配不均的整體程度也比將近一千年前少一點。羅馬晚期的貴族在整個西部地中海沿岸和內陸都擁有資產，而且會從帝國的國庫巨獸中榨取資源，這在中世紀歐洲是不會發生的狀況，到了中世紀中期，也沒有什麼可與羅馬貴族相提並論的階級。大概只有拜占庭帝國還得承擔比羅馬帝國的成熟時期更高的提取率，不過它的主要領土並不位於歐洲本土。我們還知道另外在大約一二九〇年時英格蘭和威爾斯的所得吉尼係數的估計值，如果是以人均產出的對比來衡量分配不均，一二九〇年的分配不均程度會比二世紀時的羅馬帝國稍低。把羅馬時代和中世紀中期的分配不均拿來做比較，或許到頭來還是得不出什麼有意義的結論。在這裡，重要的是整體而言，中世紀中期的所得和財富的確存在著分配不均的情況——我們沒有理由懷疑這個趨勢。納稅紀錄指出巴黎和倫敦在一三一〇年代有高度的財富集中（吉尼係數高達〇．七九，或甚至更高），但這只是該時期的一段長期商業革命中最後期的狀況。[6]

當鼠疫於一三四七年重創歐洲和中東時，這一切都改變了。一波接著一波的鼠疫流行了好幾代，

---

❹譯注：英王愛德華一世（Edward I）於一二七四至一二七五年派王室專員調查大型封建主是否有篡行王室特權（jura regalia），並根據調查結果做成的錄卷檔。

奪去數千萬人的生命。據稱到了一四〇〇年，已經有超過四分之一的歐洲人口死亡——或許在義大利是三分之一，而在英格蘭則接近一半。勞動力變得很稀有：到了十五世紀中期，在整個地區的城市中，不具備特殊技術的工人的實際工資幾乎達到兩倍，不過專業工匠的工資漲幅則少了一些。英格蘭的農場實際工資也達到兩倍之多，然而地租下降了，而且菁英的財富也縮水了。從英格蘭到埃及的平民都吃得比較好了，個子也長得比較高。義大利城市的納稅紀錄顯示財富的分配不均有劇幅下降（我將在第十章提出來），某地或是區域的吉尼係數減少了超過十個百分點，高所得群體的財富占比也下降了三分之一以上。數百年來的不平等就因為人類史上最嚴重的一場浩劫而退回原點了。[7]

達到新高點

鼠疫的疫情在十五世紀晚期趨向和緩之後，歐洲的人口也開始恢復了。經濟發展達到了新高峰，不平等也是。在歐洲形成了靠軍事擴張來獲得財政資源（fiscal-military）的國家，並且建立起海外殖民帝國，再加上全球貿易有前所未見的擴張，因而帶動了制度的變更和新的交換網絡。雖然商業交易和進貢式的交換總是相伴而生，不過前者漸漸取得了優勢，商業化也使得附庸國發生改變，增加了他們對於商業收益的依賴。在新大陸發現金礦有助於世界體系變得更加整合，跨洲的貿易也推動了財富的流通，並且加深了全球的不平等。全球的交換網絡都是以歐州為中心，發展為商業菁英帶來了更多權力，並且吸引了大部分農村人口投入市場活動，減少了他們與土地的連結。以收取饋贈為主的菁英逐漸轉變成經商和企業家地主，商人也與政府建立起比較密切的連結。因為圈地、稅金、債務和土地商品化等因素的影響，農人與土地的關係漸行漸遠。以政治權力進行掠奪的傳統致富方式還是與這些現代化、市場取向的做法並存：國力較強的國家就可以為富人提供比較有吸引力的方式。上述都使得財富的分配不均一路攀升。[8]

在物質分配不均的歷史研究中，中世紀晚期和（尤其是）現代早期的歐洲占有一個特殊地位。當時的資料是我們首次可以取得的財富（雖然還不是所得）分配的量化證據，這讓我們可以確實追蹤不同時間的變化，並且將各個地區的發展做一比較。這些資料主要得自當地登記的應納稅財產，再加上土地租金和勞工的所得作為補充。在下文中，我會以財富和所得的分配資料搭配使用。要把這兩個指數有系統的區分開來，以這段時期而言通常未必做得到：如果要研究前現代的分配不均，在選擇時大概沒辦法太挑剔資料（這可能不是現代的經濟學者會採用的做法）。這並不是一個大問題：在工業化之前的社會，財富和所得的分配不均趨勢大概也不會朝其他方向發展了。[9]

就算這些資料並沒有被加進分配不均的真正國家統計數值中，它們還是給了我們一個比稍早的時代更堅實的基礎，讓我們可以了解財富集中的結構和演化。由於這些中世紀晚期和現代早期的數據可以互相配合，在時間上也有一致性，因此有些數據的確可以帶我們一窺變遷的整體輪廓，可靠度還更甚於我們在現代用各類不同的資料重新建構起來的全國趨勢（就算是近如十九世紀的資料）。綜合了幾個西歐和南歐社會的證據之後，我們發現大城市的資源分配不均比小型的市鎮或是鄉下更為嚴重，在黑死病結束之後，分配不均又漸漸呈現上揚的趨勢，而且是在好幾個不同的經濟環境中都如此。

勞動力的進一步分化、技術和所得出現差距、菁英家族和商業資本在空間上的集中，以及比較貧窮的移民流入，都強化了城市的不平等。（義大利的）佛羅倫斯（Florentine）於一四二七年的人口調查（地籍）中顯示，財富的分配不均與都市主義的規模有明確相關。重要都市佛羅倫斯的財富分配吉尼係數高達〇・七九——如果把沒有稅籍、貧窮的無產者也包括在內，可能還接近〇・八五。比較小型的城市的吉尼係數也較低（〇・七一至〇・七五），農業地區則又更低了（〇・六三），丘陵和山區等這些最貧困的地區則是最低的（〇・五二至〇・五三）。高所得的占比也一樣有分配不均，佛羅倫斯最富有的前百分之五群體的所得占比是百分之六十七，而他們住在山區的同胞則是百分之三十六。義大利的其他納稅者也呈現出同樣的一幅圖畫。據我們所知，阿雷佐（Arezzo）、普拉托（Prato）和聖吉米尼亞諾（San Gimignano）等托斯卡尼（Tuscan）的城市在十五至十八世紀的財富集中一直都比周圍的鄉村地區來得高。在皮埃蒙特（Piedmont）也可以看到同樣的模式——雖然程度比較輕微。[10]

高達至少〇・七五的高度財富分配不均是中世紀晚期和近代早期西歐主要城市的標準特徵。當時德國的重要經濟中心之一奧格斯堡（Augsburg）則是一個更極端的例子：在因鼠疫達到的均等又被打破之後，該城市的財富吉尼係數一路從一四九八年的〇・六六，大幅攀升至一六〇四年的〇・八九。我們很難想像還有比這更兩極化的族群了：只占了少數百分比的居民卻幾乎擁有全部的資產，但是有介於三分之一到三分之二的人沒有任何值得登記的資產。我會在第十一章的最後再回來討論這個案例的細節。荷蘭的大型城市也經歷了類似的高度財富集中（吉尼係數為〇・八至〇・九），然而較小型的城市就相差很遠了（〇・五至〇・六五）。阿姆斯特丹也有高度的城市所得不均的狀況，相關的吉尼係數於一七四二年達至〇・六九。一五二四至一五二五年的英格蘭納稅紀錄顯示，城市的財富吉尼係數通常都在〇・六以上，甚至可以高達〇・八二至〇・八五，遠超出農村的數值（〇・五四至〇・六二）。遺囑的個人資產目錄中列的財產分配也一樣和財產的多寡有關。在這些地區，某些地方的都市化比例在一五〇〇年和一八〇〇年之間十分穩定，尤其是義大利和伊比利半島，不過在英格蘭和荷蘭就有大幅增加，也因而提升了分配不均的整體水準。[11]

黑死病在十五世紀將差距縮小到最低點，在那之後，幾乎是我們擁有資料的歐洲每個地方的分配不均又都開始擴大了。荷蘭給了我們一些最詳細的資訊。荷蘭在經濟方面取得了超前的發展，幾乎確定是當時全世界人均GDP最高的國家，它也顯示出商業和城市發展會帶來不平等的後果。到了十七世紀晚期，荷蘭的城市人口比例達至百分之四十，而且只有三分之一的人口是以務農為業。大城市的製造業和加工會提供出口市場之用。肆意掠奪的商業菁英取代了勢力衰頹的貴族。資本都集中到城市，許多擁有土地的人也都住在城市裡，造成了城市裡的高度分配不均。在一七四二年的阿姆斯特丹，有幾乎三分之二的所得都來自資本的投資和企業的開創。生產技術從勞動力密集轉為資本密集，還有外國勞動力的持續流入，也讓實際工資降低了，這些都使得荷蘭的資本利得的占比提高，在一五〇〇年時還是百分之四十四，到了一六五〇年時，已經升高為百分之五十九。[12]

隨著時間推進，經濟和城市的發展也使得分配不均日益強化，例如荷蘭的一小部分市民就不成比例的掌握了大量新創造出來的財產（而在同時，城市的窮人階層則一直在擴張）。在我們所知的最長一段時間序列的財富資料中——以萊登（Leiden）市為例——最富有的前百分之一群體的財富占比在一四九八年是百分之二十一，在一六二三年是百分之三十三，在一六七五年是百分之四十二，而到了一七二二年，則是百分之五十九。在同一段時間中，資產還達不到繳稅門檻的家庭比例則從百分之七十六增加至百分之九十二。大部分的相關資料都是來自納稅紀錄——其中有荷蘭各地的房子每年的租賃價值，其實用這來代表資產的整體分配不均，是一個比較間接而且有缺點的方式，很可能會低估整體的分配不均，因為如果富人花在住屋這項的所得比例越來越少，其實代表他們越來越有錢。荷蘭大部分地區的加權值顯示（吉尼係數）一直在持續增加，從一五一四年的〇．五至一五六一年的〇．五六，到了一七四〇年代是〇．六一或是〇．六三，而在一八〇一年則是〇．六三。在一五六一至一七三二年之間，各地租賃價值的吉尼係數都有上漲，在城市是從〇．五二漲到〇．五九，而在鄉下則是從〇．三五漲至〇．三八。最近對荷蘭的十五個城市的原料所做的標準調查，發現從十六世紀開始，整體上就是呈現向上的趨勢，一直上升至十九世紀晚期。[13]

經濟的發展只能夠為這個現象提供部分說明。有時候就算是經濟成長呈現停滯，財富的集中還是沒有停下腳步。只有北部低地諸國❺的分配不均擴大趨勢與經濟成長是一致的，而在南部的低地諸國，這兩個變數之間則完全沒有系統性的關係。各地的經濟發展路徑雖然不同，但是無礙於各地的分配不均幾乎同時呈現擴大。稅務制度也沒有什麼影響：雖然南部的消費稅十分強調遞減（這帶來了不均等的後果），荷蘭共和國以北的稅制則是其實很獨特的累進制，對準了奢侈品和不動產。不過不平等還是遍布在整個區域。

其實這倒也不會令人感到驚訝：在比較有活力的北方，全球貿易和都市化都是促進分配不均的力量，再加上工資的差距越來越大（這至少有部分是因為社會政治的權力關係）。在阿姆斯特丹，資深的行政官員、文員、校長和理髮師的工資在一五八〇至一七八九年間增加得比較快——是木匠的五倍或是十倍（木匠只有增加兩倍）。對於某些專業——像理髮師——這可能是反應出對於他們的技術的重視，雖然在那段期間，勞工的技術溢酬（skill premium）❻未必有增加。不過，政府官員和同樣的知識工作者（例如校長）的薪資也大幅提高，可能是因為一開始就想要和同是資產階級的人保持相同的水準（資產階級都因為資本利得的成長而受惠了）。因此，商業上的資本利得似乎對於社會中某些特權族群的工資有很明顯的連鎖效應。菁英階級的尋租使得所得分配發生了兩極化的效果。[14]

根據財產登記冊的紀錄，佛羅倫斯「疆域」（義大利文「*contado*」）的財富分配不均在十五世紀中期還只不過是〇・五，然而到了大約一七〇〇年，已經成長為〇・七四。在阿雷佐市，是從一三九〇年的〇・四八提高至一七九二年的〇・八三，而在普拉托，則是在一五四六年和一七六三年間從〇・五八升高至〇・八三。這個集中的趨勢有很大一部分的原因是高所得群體的財富占比增加了：在佛羅倫斯的「*contado*」，從十五世紀晚期（或是十六世紀早期）到十八世紀早期之間，最富有的前百分之一家庭（據報）擁有的資產占比從百分之六・八升高至百分之十七・五，而在阿雷佐市，是從百分之八・九至百分之二十六・四，以及在普拉托，則是從百分之八・一至百分之二十三・三。在皮埃蒙特的登記冊中也可以看到差不多的趨勢，那個地區有許多城市的財富吉尼係數增加了高達二十七個百分點，甚至在某些農村社群也有類似規模。在那不勒斯王國（Kingdom of Naples）的阿普利亞（Apulia），最富有的前百分之五群體的財富占比從（大約於一六〇〇年的）百分之四十八升高至（大約一七五〇年的）百分之六十一。在皮埃蒙特和佛羅倫斯地區，財產高達當地平均至少十倍的家族在十五世紀晚期占了百分之三至五，在三個世紀之後，則成長為百分之十到十四：因為有越來越多的家

---

❺譯注：低地國是對歐洲西北沿海地區的稱呼，廣義的包括荷蘭、比利時、盧森堡、法國北部與德國西部；狹義的則僅指荷蘭、比利時、盧森堡三國。

❻譯注：指高技術能力的超額報酬。

庭不再屬於居中的（中產）家庭，因此兩極化的情形變得越來越明顯。[15]

和荷蘭不同的是，這種變遷大部分發生在十七世紀經濟發展停滯的脈絡中，甚至是一段長期沒有都市化進展的時期。有三個主要力量造成分配不均：人口數量在黑死病的損耗之後又重新恢復，農村生產者逐漸遭到徵收和無產階級化，以及形成了靠著軍事擴張來獲得財務資源的國家。和歐洲的其他地方一樣，勞動力的供給日漸增加，這使得勞動力（相對於土地和其他資本）的價值被壓低。菁英獲得的土地越來越多，同樣的這個過程也可以在荷蘭和法國看到。除此之外，有些城邦國家擁有自治的傳統，他們的公民權和共和主義的想法也夠強大，就會被納入較為大型、比較用強制力徵收較多稅金的國家。在皮埃蒙特以及南部的低地諸國，公家的債務會讓資源從工人流向富裕的債主。[16]

這些個案研究凸顯出分配不均的結構具有長期的連續性。至少回溯到古代的巴比倫，我們也會看到強化的經濟發展、商業化和都市化促進了分配不均。羅馬時代和中世紀的中期也是如此。如同我們在前文中討論過的——富有的資本擁有者對於土地的占用、菁英靠著榨取財物和其他國家活動維持富裕，其實都還可以追溯到更早之前的蘇美文明。現代早期的所得和財富的集中只是在形式和規模上存有差異：除了比較常見的尋租策略之外，菁英現在也可以藉著購買債券獲利，不必再完全靠竊取或是侵占資源了，全球貿易的網絡開啟了前所未有的投資機會，都市化的程度也是前所未有。其實分配不均的主要方式基本上並沒有什麼改變，雖然一度因為暴力衝擊而短暫中斷過，不過還是再次有力的回到大眾面前了。

這些公認造成不平等的因素長期以來提供了有效的補充效果，有助於解釋為什麼在各種不同的經濟和制度條件下，都出現了類似結果（圖5）。全球貿易、經濟成長和都市化造成了荷蘭共和國的分配不均，而皮埃蒙特最重要的因素則是財務壓力，托斯卡尼又是因為農村的無產階級，上述兩種機制都在南部的低地諸國發揮了作用。在這段時期，英格蘭是僅次於北部低地諸國、而能夠發揮活力的經濟體，英格蘭的商業化和城市擴張拉大了物質的差異：諾丁漢（Nottingham）的財富吉尼係數從一四七三年的〇・六四升高至一五二四年的〇・七八，在一項對遺囑裡的個人資產財產目錄所做的調查中，顯示吉尼係數從十六世紀前半葉的〇・四八至〇・五二，在其後的八十年間升高至〇・五三至〇・六六。如果觀察這類紀錄中的九個範例，我們會發現在這段期間的初期，最富有的前百分之五群體是擁有百分之十三至二十五的資產，後來則是百

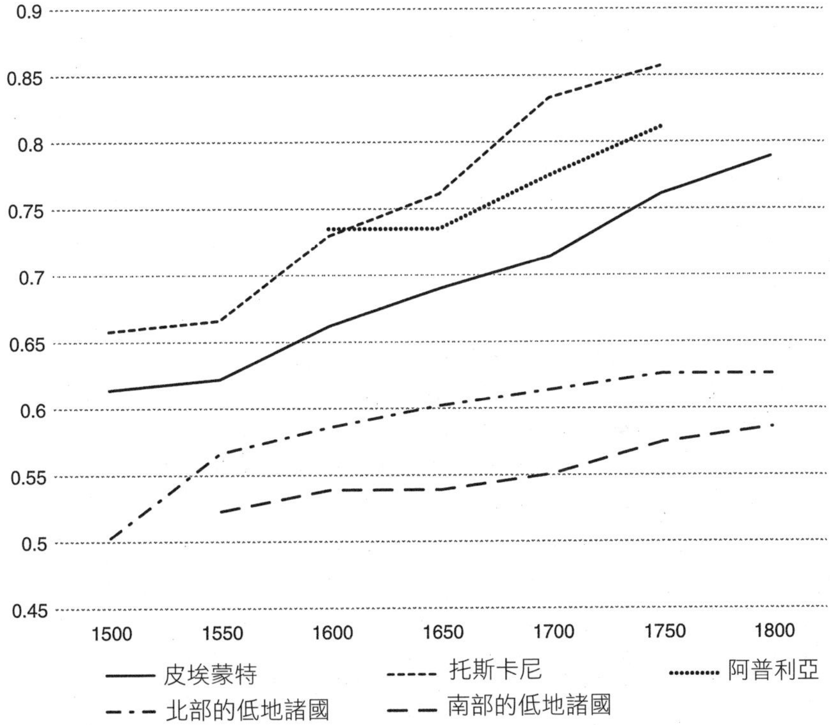

圖5 義大利和低地諸國的財富分配吉尼係數，1500-1800年

分之二十四至三十五。[17]

西班牙的經濟條件則非常不同，它所經歷的是農村化、從畜牧轉為農業，以及低薪。在這個停滯或甚至是緊縮的脈絡下，名義上的人均GDP❼對名義工資的比例在一四二〇年代至十八世紀末期以十分穩定的速度向上攀升，這反映出勞動力一直呈現出不均等的貶值傾向（因為實際工資❽下降了），我們也可以在其他許多歐洲國家中看到這個現象。土地租金和工資的比例（這是另外一個分配不均的指標）在這段期間的波動也比較大，不過整體來說，到了一八〇〇年，它還是比四百年前高出許多（圖6）。我們在（西班牙的）馬德里省觀察到的狀況也完全符合這些發現，根據納稅紀錄重新建構馬德里省的財富分配不均，會發現它在一五〇〇年和一八四〇年間是有增加的（雖然並不連續）。[18]

法國鄉間從十六世紀開始便有兩種壓力相

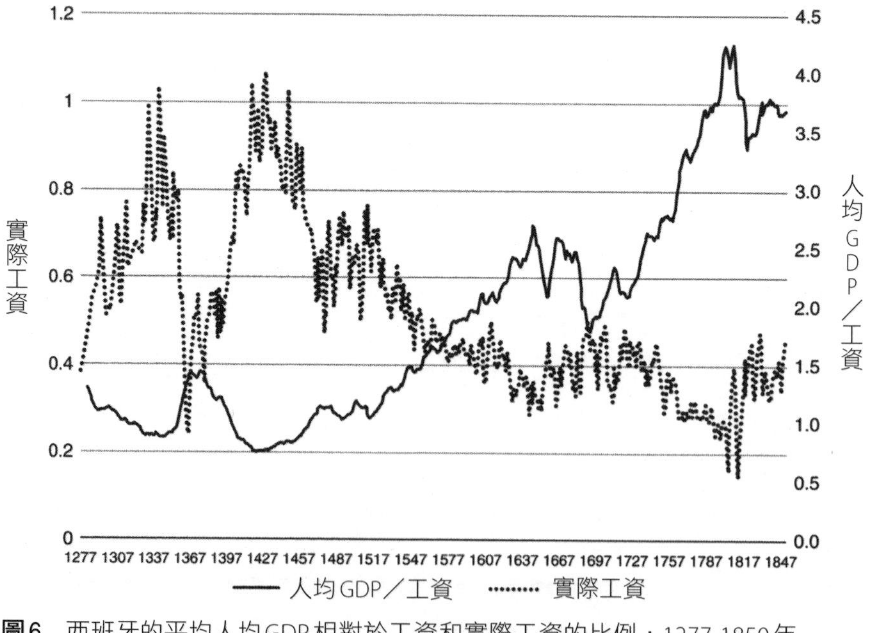

圖6 西班牙的平均人均GDP相對於工資和實際工資的比例，1277-1850年

伴而生，在人口復興的同時，資產也日益增長，掏空了在較大的地主和小農中間的兩極化的當地族群，他們的農地面積太小，不足以養活自己，因此只好租地、或是成為受人雇用的勞工。在某段時間中，葡萄牙是邊緣地區中唯一一個留下紀錄的。課稅清冊顯示總體的所得分配不均在一五六五和一七〇〇年之間略有下降，當時的環境是經濟發展和都市化都處於停滯狀態，海外的帝國也式微了。這段期間的技術溢酬大致上保持穩定，不過在整個十七世紀，地租相對於工資的比例一直在下降，直至一七七〇年代才略微恢復。然而如果仔細觀察的話，就會發現所得分配不均雖然稍有緩解，但是大都發生在小型的城鎮和農村族群，就長期來看，城市的分配不均則沒有什麼改變（如果還是有一些的話）。[19]

如果沒有發生暴力讓分配不均縮小，分配不均就可能會因為各種不同的理由而加劇——包括當地的經濟和制度條件，但是總之（幾乎）都是上升的。就我們所知，現代的研究曾經試著算出這個時期的國民收入吉尼係數，而計算結果和更地區性的實證資料得出的趨勢大致上是一致的。荷蘭的整體所得分配不均從一五六一年的〇・五六上升至一七三二年的〇・六一，等到一八〇八年——拿破崙戰爭期間——才跌回至〇・五七。由於基本計算結果根據的來源稱不上可靠，因此最好把這些數字看作只是表示有相當高度而且穩定的分配不均。與此相對，英格蘭和威爾斯的吉尼係數從一六八八年的〇・四五——高出中世紀的推定高點（〇・三七）甚多——逐漸增加，在一七三九年是〇・四六，到了一

---

❼譯注：指按當年的市場價格計算出一年生產的全部產品和勞務的總價值。

❽譯注：實際工資等於名目工資除以消費者物價指數，是反映工人實際生活水準的一個重要指標。

八〇一年則是〇・五二。在大約是〇・五六的時候，同時間（一七八八年）法國的數值也很高。這些數值都比羅馬帝國和拜占庭帝國高，人均產出也比較高：大約是荷蘭的基本生活所需的四到六倍，在英格蘭和威爾斯是五到七倍，法國則是四倍，相較之下，在羅馬、拜占庭和中世紀的英格蘭，大概就只有基本最低所需的兩倍。不過就像是我們已經提過的，經濟發展並不是分配不均升高的唯一途徑：一七五二年的（伊比利半島上的）舊卡斯提爾（Old Castile）的人均剩餘是最低生活所需的兩倍半，不比古代的羅馬高出許多，但是所得的分配不均卻很高（〇・五三），這反映出社會和政治的力量對於造成分配不均也有強大的效果。[20]

所有可以得到大概估計值的例子都顯示實際的（不平等）提取率——在某個人均GDP水準可以達到的最大可能分配不均的實現比例——從十六至十九世紀初期都是持平或是升高的。在黑死病平息之後的三個世紀，留下了比較多紀錄的西歐和南歐在名義上的所得分配不均——以總吉尼係數來表示——首次超過了羅馬時代。如果根據（會受到人均GDP影響的）實際上的基本生活所需來進行調整，它們會大概接近古代和中世紀中期的數值。到了一八〇〇年，城市勞工的實際工資比十五世紀晚期還低（沒有任何例外），雖然高／低所得族群的「真實」分配不均（已經根據各自不同的生活費用指數調整過）會比名義上的計算結果難以掌握，但是整體的趨勢一樣是往上的。[21]

歐洲之外

這世界上的其他地方又是如何呢？在小亞細亞的四個城市出土了鄂圖曼的遺囑，其上的財產目錄記載了完整的資產，包括所有不動產和個人財產，以及現金、存款和債務，這為我們說明了一五〇〇至一八四〇年間的財富分配不均的發展。和在歐洲一樣，平均的財富和分配不均的程度都和城市的規模很有關係。如果我們挑選三個有一系列大量數據的城市來說明，和這一系列數據出現的年代比起來，在一八二〇和一八四〇年的資產集中吉尼係數是比較高的，和前一段時間（從十六世紀早期至十八世紀早期）明顯有別。這也大致適用於前幾個百分點的群體的財富占比。農村遺囑合計的吉尼係數在一五〇〇和一五一〇年代是〇・五四，到了一八二〇和一八三〇年代則成長為〇・六六，這個增加可能與農業的商業化和變遷中的財產關係（其特徵便是國家對於土地和日益擴大的私有化的控制變小了）有關。其中還可以觀察到財富的分配不均增加了，這也符合鄂圖曼帝國其他地方的實際工資減少的證據。因此，愛琴海東岸的分配不均走向和西歐及南歐其實是非常相似。[22]

在進一步討論「漫長的十九世紀」（long nineteenth century，指到第一次世界大戰）之前，我們應該先問一下這幾千年來再重新建構出來的分配不均（外觀像是圖2那樣），是不是在地球上的其他地方也有可能。我們現在大概會覺得答案是否定的。根據我們的推測（但是無法獲得證明），中國的所得和財富集中的上下振盪正好可以對應到中國的各「王朝的循環」。如同我在之前的章節中試著展現的，我們有理由相信在漢朝的長期統治之下，分配不均日益增加了，或許在比較後期（西元二世紀和三世紀早期）的東漢時達到最高點，就像是羅馬的分配不均也是在四世紀和五世紀的早期（完整帝國的最終階段）達到高峰。從西元四世紀早期直至六世紀晚期的長期「分裂時期」（Period of Disunion，指魏晉南北朝時期）或許見證了分配不均有某個程度的縮小——尤其是在北半部，那裡是第一次有好幾個外夷在凶殘的彼此競爭（雖然都持續不久），而且後來還又再度經歷了全面動員的戰爭，以及野心勃勃的土地分配計畫。[23]

所得和財富在唐朝時（西元七至九世紀）也都呈現成長，而且變得更加集中，直到大部分的菁英隨著唐朝的崩解而消失（這將在第九章中討論）。宋朝時發生了前所未見的經濟發展、商業化和都市化，這些也都一樣帶來了分配不均的結果（和在現代早期的歐洲某些地方觀察到的一樣），南宋末期的許多地主都變得很有權勢。由蒙古人統治的元朝時期趨勢為何，比較難以明確的定義，因為經濟衰退、鼠疫、侵略和掠奪式的統治都以複雜的方式互相影響。到了明朝，分配不均又再次強化，不過我們也應該注意到從國際的標準來說，當時和清朝的最後階段、或甚至是毛澤東發動革命之前比起來，其實整體水準並沒有特別高。關於南亞，我們在這裡能夠討論的又更少了，大概就只有蒙兀兒帝國（分別在十八世紀和經過了英國的兩百年統治之後）出現的高度分配不均，有助於我們進一步的確認帝國或是殖民的大規模掠奪性統治，的確會造成分配不均的後果。[24]

新大陸的分配不均在過去六百年的大部分時間是如何發展的，我們的認識大概都只是憑印象。阿茲特克和印加帝國在十五世紀形成時，很有可能將經濟差異提高到新的局面，因為隨著附庸國擴張到更長的距離之外，有權勢的菁英也累積了越來越多可以世襲的資產。在接下來的兩個世紀中，有幾股互相對抗的力量在操作著：一邊是西班牙的擴張和小型的征服菁英所進行的掠奪性殖民統治，兩者維持——甚至還可以說是增加——了當時財富集中的程度，另一邊則是新興的舊大陸（Old World）傳染病的到來（我將在第十一章詳述），造成了災難般的人口耗損，讓勞工變得稀少，至少在一段時間中，甚至還提高了實際工資。雖然如此，但是等到這些傳染病平息之後，人口就恢復了，土地／勞工的比率下降，都市化的程度提高，殖民統治也完全獲得了鞏固；到了十八世紀，拉丁美洲的分配不均程度大概就和之前一樣高了。十九世紀早期的革命和獨立帶來了均等的效果——直至該世紀的後半葉商品突然激增，才讓分配不均被提高到一個前所未見的高潮，所得集中的過程就這樣一直持續到二十世紀晚期，中間只有間歇性的暫停（圖7）。[25]

「漫長的十九世紀」

讓我們回到十九世紀現代經濟發展的開端。關於所得和財富的分配，兩者同時從地方性的數據轉到全國性的估計，這帶來了很大的不確定性。只因為這個原因，我們就極難回答工業化到底會不會讓英國的分配不均惡化這個問題。我們唯一能夠確定的事，只有在一七〇〇至一九一〇年代的早期之間，私人財富一直穩定的越來越集中，在這段期間，實際的人均GDP成長到三倍以上：因此，最富有的前百分之一群體的財富占比從一七〇〇年的百分之三十九，到一九一〇年代的早期，已經增加至百分之六十九了。直至一八七三年，土地擁有的集中係數已經成長到〇・九四，實際上使得這類型的分配不均不可能再繼續增長了。所得的分配則無法拼湊出這麼清晰的畫面。納稅申報和社會表格的證據、再加上土地租金／工資比例都相當確定的指出，

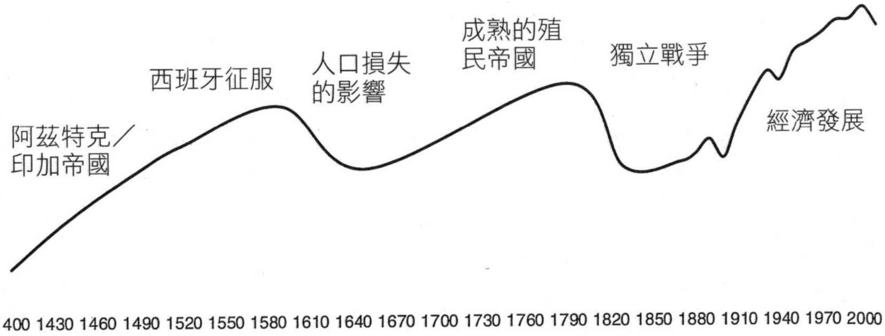

圖7 拉丁美洲分配不均的長期趨勢

在十八世紀中期至十九世紀的開端，所得的分配不均有增加的趨勢。不過，雖然由房屋稅的數據和據報的工資可以拼湊出居住存在著不均等，而且該資訊傾向於顯示在十九世紀的前半葉，所得分配不均有益發擴大的趨勢，但是這個特定的資料到底可以得出多少結論，則還存有爭議。[26]

稍早的看法還更符合事實，也就是認為許多分配不均的指標在十九世紀的前半葉或是前三分之二是上升的，接下來則開始下降（直至一九一〇年代），這樣會畫出一個斜度和緩的倒U字型曲線，這符合（俄裔美籍）經濟學家顧志耐（Simon Kuznets）的想法，也就是在一個變遷的社會中，經濟現代化可能會先讓分配不均提高，然後才減少。也有的觀察結果認為薪資不均在一八一五和一八五一年之間呈現增加，直至一八五〇和一八六〇年代達於高峰，接著又開始下降（直至一九一一年），這可能是對於不同專業的基本資料的研究結果，兩者顯示出對立的趨勢。同樣的，如果要用房屋稅來建構居住不均等的程度，也不能夠依照表面的數值理解——房屋稅顯示所有住宅的吉尼係數在一八三〇年是〇．六一，到了一八七一年則為〇．六七，如果是私人住宅，則是從一八七四年的〇．六三跌至一九一一年的〇．五五。所得占比的列表也一樣沒有什麼用。經過校正的社會表格顯示長期以來有相當的穩定性，英格蘭和威爾斯的國民收入吉尼係數在一八〇一／一八〇三年是〇．五二，在一八六七年是〇．四八，而一九一三年的英國則是〇．四八。精確的表達是很重要的：其實我們無法確定英格蘭或是英國的所得分配不均是不是在整個十九世紀都大致維持不變，但是，我們的確無法證實它沒有。[27]

在義大利的結果也一樣無法確定。最近期關於義大利的所得分配不均的研究得到了許多不同的指數，但是都指出於一八七一年和第一次世界大戰（過後）之間，基本上是維持穩定的——相較於一個稍早對於整體房屋預算的調查，該調查結果認為在一八八一年和戰爭之間，分配不均呈現逐漸下降的趨勢，當時的人口大量移民到西半球，這抵銷了我們假設工業化會帶來的分配不均後果。我們無法得到法國國民收入的數據。巴黎的財富集中——這是藉由最富有的前百分之一群體的資產在所有私人財富中的占比計算出來的——從百分之五十至百分之五十五（這是一八〇七至一八六七年之間的數據），上升至百分之七十二（於一九一三年），不過如果是前百分之〇．一的群體的占比，則又上升得更多了，從百分之十五至二十三，至百分之三十三。以整個國家來看，菁英的財富占比有比較穩定的成長，從一八〇七年的百分之四十三（最富有的前百分之一群體）和百分之十六（最富有的前百分之〇．一群體），到了一九一三年則分別是百分之五十五和百分之二十六。西班牙的所得分配不均從一八六〇年代到第一次世界大戰期間也是呈現上揚。[28]

這段期間並沒有德國全國的數據。在普魯士（Prussia），最富有的前百分之一群體的所得占比從大約百分之十三或百分之十五（一八七四年），成長至百分之十七或是百分之十八（一八九一年）。在一八九一至一九一三年之間的走勢持平，高所得的占比在這兩年（一八九一和一九一三年）實際上是完全一樣的，在這之間也只有小幅波動。當高收入家庭的所得改變時，移動方式是「順週期性」（procyclicality）❾，與經濟成長同步向上。對普魯士的所得有一份最詳細的調查，其追蹤結果顯示自從一八二二年之後，吉尼係數就持續上升，直至一九〇六年達於頂峰，後來又稍微下降（直至一九一二年），並且於一九一四年之前有部分回升。因為第一次世界大戰爆發，使得當時分配不均的「和平」發展只得喊停，因此我們無從得知這次短暫的下降到底是靈光乍現，或是有可能長期發展成「拐點」

❾譯注：指在循環過程中，整體經濟變數的變動與實質所得呈現正相關性。

（inflection point）。❿荷蘭的分配不均經過幾個世紀的持續升高之後，在十九世紀走向一段鞏固、強化的期間（這已經討論過了）。分配不均還未完全停止發展：一八〇八年和一八七五年之間，可出租房屋的價值分配吉尼係數（在十省之中有八省都）升高了，高所得者之間的分配不均於一七四二至一八八〇年、再到一九一〇年代早期也是增加的。不過就在同時，實際工資恢復了，技術溢酬則減少了。國民收入分配的吉尼係數看起來和一八〇〇年和一九一四年是相似的，這表示分配不均大致上是保持穩定（在高點上）的。[29]

這段時期的斯堪地那維亞國家⓫擁有相對而言豐富的資料，但是這些資料有時候又會讓人感到困惑。一八七〇年的丹麥有一份一次性的估計，認為最富有的前百分之一已婚夫妻和單身成年人的所得占比是百分之十九·四。而當一九〇三年又重新展開這份調查時，同樣族群的所得占比則退回至百分之十六·二，並且於一九〇八年達至十六·五，之後又出現了一次短暫的高峰——那次是因為在第一次世界大戰期間，投機商趁著物資匱乏而牟取暴利，這在其他中立國也可以觀察到。雖然這顯示出分配不均在一八七〇至一九〇三年之間並沒有減少太多，然而我們還是不免會懷疑比較早期的評量結果是否值得信賴。[30]

類似的質疑也適用於根據一七八九年的一次性稅金所做的紀錄，根據那些紀錄得出的所得吉尼係數介於〇·六至〇·七之間，這樣的數值讓分配不均顯得接近、或甚至就是該經濟體系在理論上可能的最大值。這些考量讓我們很難認為所得分配不均在十八世紀晚期和二十世紀早期之間的確一直在減少。相反的，如果我們用的是十八世紀晚期的大地主支配地位的報告，最後計算出於一七八九和一九〇八年之間，丹麥社會的財富明顯的非集中在最富有的前百分之十之間，這反而是比較可信的。[31]

挪威和瑞典的發展也一樣讓人對紀錄的品質抱持疑問。在挪威，最富有的前百分之一的財富占比於一八六八至一九三〇年之間始終維持在百分之三十六至百分之三十八之間，不過在那之前（一七八九年）則居於一個比較高的水準。一八七五至一九〇六年之間，前百分之一的所得占比也沒有太大變動（只在百分之十八和百分之二十一之間游移），但是大約於一九一〇／一九一三年時，卻突然驟降到大約百分之十一。這很難解釋，我們也完全沒辦法確定一九〇八年和一九〇九年的經濟衰退足以解釋這個差異。如果這次下降是當真發生的情況（而不只是證據的問題），那麼，它其實指出了有某個衝擊事件帶來了均等。瑞典的趨勢和挪威十分相似，兩國的前百分之一群體的所得占比都下降了——從一九〇三年的百分之二十七，下降至一九〇七至一九一二年之間的百分之二十至二十一。不過，瑞典的工資分配不均在一八七〇年和一九一四年之間卻是上升的，也和丹麥或挪威不一樣的是，在一八〇〇至一九一〇年之間，瑞典的財富集中有略微增加。32

日後成為美國的這個地方在長達兩百五十年的期間中，可能除了短暫的中斷之外，分配不均都一直在擴大（圖8）。殖民地時期的走向並沒有留下什麼紀錄：不過在十七世紀末期和十八世紀的大部分時間中，很可能因為蓄奴風氣的提升而讓所得和財富的分配不均擴大了。美國獨立戰爭和隨之而來的餘波使得差異暫時縮小，因為戰爭摧毀了資本，兵役和戰爭的傷亡以及逃跑的奴隸也減少了勞工的供應，海外貿易面臨中斷，城市的菁英因為這些混亂而受到極大打擊。反對獨立的富人離開了，其他

---

❿ 譯注：若是曲線圖形在某一點由凸轉凹，或者由凹轉凸，這個點就稱為拐點。

⓫ 譯注：在地理上是指北歐的斯堪地那維亞半島，包括挪威和瑞典，文化與政治上則包含丹麥。

人則變窮了，城市和農村的工資差異縮小，在城市裡，白領和不具有特殊技術的勞工的薪資差異也減少了。在一八〇〇和一八六〇年之間，勞動力快速成長、（有利於工業和城市的）技術發展以及財務制度的改善，讓分配不均提高到前所未見的程度。到了一八六〇年，整個國家的所得吉尼係數達到〇．五一，這是從一七七四年的〇．四四和一八五〇年的〇．四九一路攀升上來的，而「前百分之一」得到了十分之一的所得，也比一七七四年的百分之八．五和一八五〇年的百分之九．二都高。實行奴隸制度的州通常都有更大的分配不均。財富益發集中在最富有的美國人手裡，工人之間的所得差異也益發擴大，這兩者都促成了下列發展：最富有的前百分之一家庭的財富於一七七四年占了所有財富的百分之十四，而到了一八六〇年，已經成長到兩倍以上（百分之三十二），所得的吉尼係數則從〇．三九高漲到〇．四七。[33]

我會在第六章更詳細的討論——美國南北戰爭讓南方的財富變得比較均等，但是卻進一步擴大了北方的分配不均，這兩個地區各自朝著相反的方向發展，讓國家的整體情況大致上沒有什麼改變。分配不均接著又延續至二十世紀早期：前百分之一群體的所得占比幾乎成長為兩倍——從一八七〇年的大約百分之十，到一九一三年

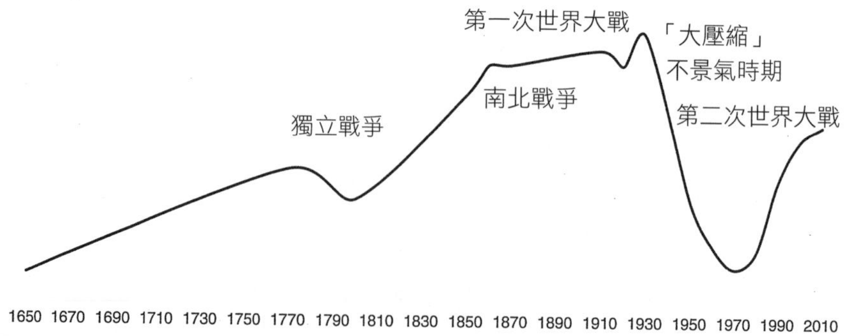

圖8 美國分配不均的長期趨勢

則是大約百分之十八，技術溢酬也增加了。都市化、工業化和大量的低技術勞工移民造成了這個趨勢。有一系列完整的指數顯示高所得群體的財富占比於一六四〇至一八九〇年（或甚至是一九三〇年）之間一直在成長。有一種計算方式顯示出於一八一〇至一九一〇年之間，美國最富有的前百分之一家族的總資產在所有資產中的占比幾乎成長了一倍，從原本的百分之二十五至百分之四十六。最高所得群體的財富集中是最明顯的：一七九〇年，據報全國最大筆的財富相當於一年平均勞動工資的兩萬五千倍，到了一九一二年，約翰．戴維森．洛克斐勒（John D. Rockefeller）⓬的財產為同額工資的兩百六十萬倍，相比之下增加了一百倍。[34]

我已經在前文中提過長期以來（直至世界大戰期間），拉丁美洲經濟結構中的分配不均一直呈現增加的趨勢。因為商品的輸出使得地方上的菁英變得富有，也讓所得的集中一路攀升：一項對於南美洲的南端——阿根廷、巴西、智利和烏拉圭——的估計值認為整體的所得吉尼係數是成長的，從一八七〇年的〇．五七五至一九二〇年的〇．六五三，而另一項替代的分析則算出一個更戲劇性的漲幅——從一八七〇年的〇．二九六至一九二九年的〇．四七五（但是這有人口加權）。雖然數字的不確定性很高，不過整體的趨勢走向看起來很明確。日本則是一個更特殊的例子。技術溢酬在德川時期看起來是下降的，當這個國家在一八五〇年代結束鎖國時，分配不均的程度也還相當低。商業菁英之前並沒有能力在國際貿易中確保獲利，可能也是造成的原因之一。除此之外，因為鎖國期間的農業生

⓬譯注：美國實業家，在一八七〇年創立標準石油（Standard Oil），全盛時期壟斷了全美百分之九十的石油市場，成為歷史上第一位億萬富豪與全球首富。

產力改善了，農業之外的行業也都有擴張，然而稅金是根據對產出的固定假設決定的，這讓握有大量領地的「三百藩」無法取得日益增加的農業盈餘，因此，他們在國家總所得中的占比便下降了。其代價便是日本對全球經濟開放，並隨之進行工業化，將分配不均推向了一個更高的等級。[35]

總體來說，這個世紀（一直延續至世界大戰期間）的全國趨勢算是很清楚的，我們可以預期它會延續一段期間，而且產生一些（以現在的標準來說）相對算少、品質和一致性也都有限的數據。在一直延續至一九一四年的這段期間——根據個別國家可以獲得的證據來看，可能從數十年到超過一世紀不等——分配不均大致都是呈現擴大或是持平。像是在英格蘭，所得的分配不均在十九世紀早期已經達到一個高點，不太可能再繼續攀升了——雖然財富的集中也同樣達到高點，但是卻又繼續高漲到一個前所未見的高度。當荷蘭這個早已經歷過分配不均的國家——或許還要再加上義大利——已經處於穩定時，其他國家的財富或是所得分配不均卻在增加，這些國家包括法國、西班牙、德國的大部分、美國，以及有足夠多紀錄的拉丁美洲國家和日本。如果對紀錄謹慎的解讀的話，我們會發現在這段期間的大部分時間內，斯堪地那維亞國家也一樣在經歷貧富的分配不均（而且大致持平），唯一的例外是在十九世紀期間，富人的財富有某種程度的分散、而未集中，而且就在第一次世界大戰爆發的前幾年，高所得的占比還有幾次原因不明的突然下降。在我們擁有資料的八國中，在十八世紀晚期（或是十九世紀早期）和第一次世界大戰之間，有六國的最富有的前百分之一群體的財富占比都提高了，它們分別是：英國、法國、荷蘭、瑞典、芬蘭和美國。

而在同時，其實紀錄中極少看到分配不均的縮小：在美國、法國和拉丁美洲，因為十八世紀末和十九世紀初期的革命衝擊而向均等邁進了一些，在那之後，就只有美國南北戰爭曾經削弱過一個地區的財富集中。除了這類總是以暴力帶來均等的偶發事件之外，大部分時間的分配不均大概都維持在很高的水準，或是還在發展。不論是較早或是較晚（或是根本不曾）達成工業化的國家，也不論是土地很稀有或是很多、或是採用什麼政治制度的國家，整體來說都符合這樣的情況。技術的進步、經濟的發展、因貨物和資本流動而日益加速的全球化、國家的持續變強，再加上一世紀以來不尋常的和平狀態，都有助於創造一個可以保護私人財產和讓資本投資者獲益的環境。這使得分配不均從中世紀末期（黑死病平息後）在歐洲開始出現之後，長期以來一直呈現擴大的趨勢，還延續了超過四個世紀。地球上的其他部分或許不見得經歷了這麼長期的分配不均，但是也都漸漸趕上了。[36]

我會在第十四章的最後試著對以下問題提出一個可能的答案——這個世紀會不會更加走向一個所得和財富的分配極為不均的時代。但是當然在過去不是這樣的。就在一九一四年六月二十八日早上十一點的幾分鐘之前，一名十九歲的波士尼亞塞爾維亞族人槍殺了奧匈帝國的皇儲弗朗茨・斐迪南大公（Austrian Archduke Franz Ferdinand）和他的夫人蘇菲（Sophie）——當時皇儲夫婦正乘坐一輛敞篷禮車、穿過塞拉耶佛（Sarajevo）的街道。當被問到傷得怎麼樣的時候，這位命懸一線的皇儲曾經很虛弱的回了一句「*es ist nichts*」——「沒事」。但是他錯了。

在經過三十六年、超過一億人死於暴力之後，歐洲和東亞的大部分地區都一再遭到破壞，大肆殺戮的共產黨統治了全世界三分之一的人口。一九一四年和一九四五年之間（或是紀錄上最接近的年分），「前百分之一」的所得占比在日本減少了三分之二；在法國、丹麥、瑞典和（可能還有）英國則是減少了一半；芬蘭也是一半；在德國、荷蘭和美國則是超過三分之一。俄羅斯和其帝國殖民地的分配不均也日益消弭，中國、韓國和台灣也是如此。雖然除了革命事件之外，財富集中在菁英之手的狀況比較容易恢復，因此沒有那麼容易消滅，但是整體而言還是遵照同一個模式。在西歐，資本存量與年度GDP的比例於一九一〇年和一九五〇年之間大幅減少了三分之二，在全世界大概也減少了將近一半，這代表一種新的平衡，富有投資者的優越性被大大降低了。以暴力帶來均等的四騎士中的兩個——全面動員的戰爭和帶來劇變的革命——席捲而來，並且帶來了毀滅性的後果。在黑死病之後，這是第一次——可能也是西羅馬帝國解體以來最大型的一次——對於物質資源的取得能夠以比較均等（得多）的方式分配，而且這個現象（很獨特的）遍及全球的大部分地區。當這次「大壓縮」結束的時候（通常是指一九七〇年代或是一九八〇年代），不論是在已開發世界、或是人口稠密的大部分亞洲開發中國家，實際上的分配不均都達到了幾千年前來（人類從游牧到定居、開始栽種糧食以來）不曾經歷過的程度。我們將在下面的幾章討論其中的原因。[37]

Part II

戰爭

第四章

全面戰爭

「戰爭局面的發展未必有利於日本」：全面戰爭等於全面邁向均等

日本曾經是世界上分配不均最嚴重的國家之一。一九三八年，日本的「前百分之一」在所有據報的所得收入（在課稅和補助之前）中，便占了百分之十九・九。在其後的七年，他們的占比下降了三分之二，一直減少至百分之六・四。有一半以上的減少發生在高所得群體中前十分之一最富有的人之間：他們的所得占比在同一段時間從百分之九・二驟降至百分之一・九，幾乎減少了五分之四（圖9）。

即使這些所得分配的轉變如此急遽而重大，但是和菁英財富的消失比起來，仍然只是小巫見大巫，菁英的財富以更驚人的速度在流失。以公布的實質價值來看，一九三六和一九四五年之間，日本最高額的前百分之一資產的價值下跌了百分之九十，而於一九三六和一九四五年之間，更是下跌了幾乎百分之九十七。所有資產的前百分之〇・一又損失得更多了——分別是百分之九十三和超過百分之九十八。以實際價值來看，在一九四九年最富有的前百分之〇・〇一（或謂萬分之一）的家庭財產總值如果回到一九三六年，只能夠排進前百分之五。財產縮減得如此嚴重，以前稱得上富裕的人現在大概只有一小部分還能夠無愧於這個稱號。由於數據並不連續，所以要精確地追蹤日本的整體分配不均的下降趨勢，便顯得益發困難：不過，既然全國的所得吉尼係數於一九三〇年代晚期介於〇・四五至〇・六五之間，到了一九五〇年代中期則降到大約〇・三，下降的趨勢應該是很清楚的，也讓我們看到高所得群體的所得和財富的占比的確在下降，於是也強化了正在大幅趨向均等的印象。[1]

從菁英的所得來說，日本從原本的社會（「前百分之一」居於高水位線——社會的所得分配不均就和美國於一九二九年股市崩盤前夕一樣大）轉變成一個類似今天丹麥的社會（以高所得的占比來說，那是今天世界上發展得最均等的國家）。菁英的財富大部分都被摧毀了：只有列寧、毛澤東或是（赤柬的最高領導人）波布（Pol Pot）還能夠進行一些更徹底的工作（可參見第七章）。不過日本並沒有真正達到「像丹麥一樣」的理想狀態，也沒有被亂搞一通的共產黨接管。日本所做的事是參加——或者（根據某些人的定義，是）發動——了第二次世界大戰，先是試著確立對中

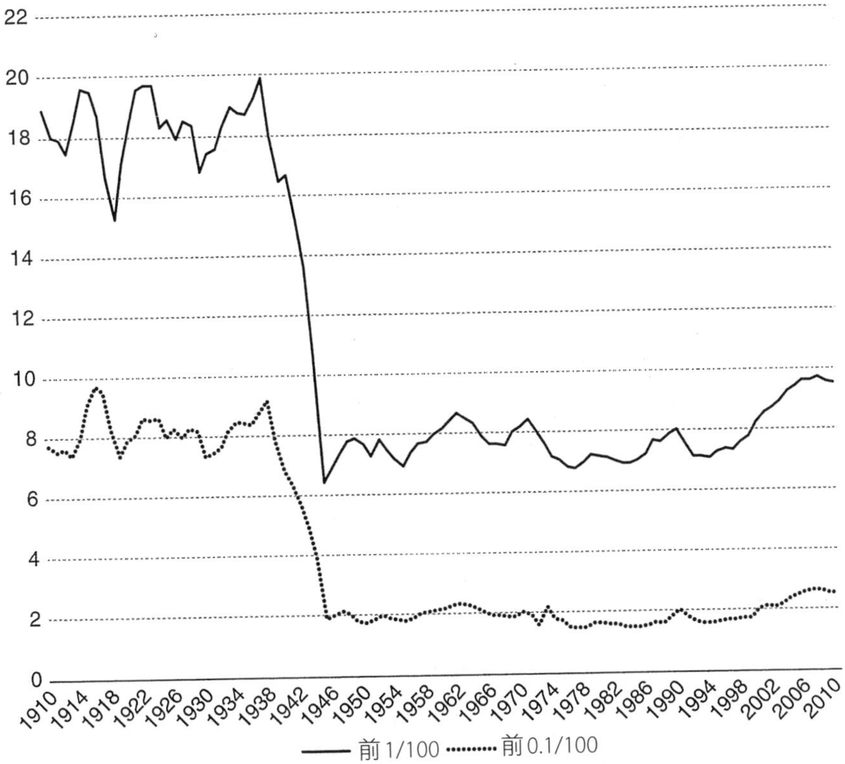

圖9 日本的高所得占比，1910-2010年（以百分率表示）

國的控制，然後再建立日本的殖民帝國，西起緬甸，東到密克羅尼西亞（Micronesia）群島的環礁，再從北極圈以北的阿留申群島（Aleutians）到赤道以南的索羅門群島（Solomon Islands）。在權力的高峰期，日本能夠掌控的人口大約就和當時的大英帝國一樣多——接近五億人口，或是全球人口的五分之一。[2]

為了支撐這場豪奢的大冒險，日本軍隊的規模擴大到二十倍以上，於一九三〇年代中期還只是二十五萬人的軍隊，到了一九四五年夏天時，已經超過了五百萬人，不分年齡，每七個日本男性中就有一名軍人。軍備的生產也以同樣的規模不斷擴張。到了戰爭末期，已經有大約兩百五十萬日本軍人死亡。在戰事的最後九個月，美國的轟炸機對日本造成了大量的死亡和破壞，殺害了幾乎七十萬名平民百姓。最讓人覺得戰慄的是兩枚原子彈，但那也只不過是為經年的辛勞、苦難和破壞畫下了句點。由於全面動員的戰爭最後以全面戰敗告終，因此日本受到數十萬美國軍隊的占領，並且必須接受有侵略性的制度改革，以斬斷其在未來又興起帝國野心的可能性。

這些戲劇性的發展不只提供了環境，醞釀出異常的均等：它們本身就是造成這個過程的唯一原因。全面戰爭將分配不均縮小到一個前所未見的程度。學者最近也確實證明了這個結果絕對不只限於日本。第二次世界大戰和之前的第一次世界大戰的其他主要參戰國都經歷了類似的轉變（雖然可能沒有那麼極端）。還有幾個鄰近的旁觀國也是如此。在二十世紀出現了兩個能夠帶來均等的主要方式，全面動員的戰爭是其中之一。「帶來劇變的——共產黨——革命」則是另一個：不過因為這些革命還是由世界大戰驅動的，所以全面戰爭依然是唯一的根本起因。如果回到我用「四騎士」所做的比喻，戰爭和革命就像是雙胞胎，總是相伴而生。

日本為我們提供了一個由戰爭帶來均等的標準範例。在下文中，我會詳細描述這個國家在戰時和占領期間的經驗，我也會試著找出有哪幾個不同的因素使得財富遭到摧毀，還大大縮小了所得分布的差異。接著，我會針對與兩次世界大戰有關的均等過程，提供一個比較系統性的全球性評估（包括短程和中程），其中會簡短考量個別國家的經驗、戰爭對後續政策制定的影響，以及主要的副效應（例如工會化和民主化）。在接下來的章節中，我會探討全面動員的戰爭帶來的均等後果可以往回追溯多久，以及在歷史上更常見到的其他類型的戰爭有什麼影響，最後則是內戰的影響。我們可以看到在人類的歷史中，戰爭的暴力會用各種方式對不平等造成影響：只有形式最廣泛的軍事活動才能夠縮小貧富之間的分配不均。

＊

一八五〇年代晚期日本向世界開放門戶之後，貧富的分配不均也日益擴大。這和之前的情況有天壤之別。幕府末年的各地數據顯示，個人的所得分配不均和貧窮程度（以現代的國際標準來看）相對而言是比較低的。工資的分配不均在德川時代並沒有擴大的跡象：相反的，還有證據顯示從城市的工資來看，技術溢酬從十六世紀中期至十九世紀中期逐漸減少。如果這是真的，代表工人之間的所得分配不均在下降。菁英和平民之間的分配不均可能也在縮小。雖然在這段時期的較後期階段，剩餘物日漸增加，但是在競爭掌控權的過程中，地方上的藩主卻發現他們處在不利的地位：他們受制於固定的農業稅率，註定會輸給商人和農民。在十八世紀和十九世紀初期，因為國際貿易的數量大大減少，於是菁英更無法從商業活動中獲得收益，這也一樣有助於遏制不平等。[3]

當日本也加入世界經濟體系、並且快速工業化之後，這些就發生了改變。雖然還是很難得到可靠的數字，不過在十九世紀中期之後，國民收入的吉尼係數和高所得占比應該就都一直呈現上升的趨勢。工業化在一九〇四至一九〇五年的日俄戰爭期間加速進展。與歐洲的貿易日益擴大，帶來了出口導向的成長（雖然同時期的米價高漲，使得實際工資減少了）。大企業的獲利在第一次世界大戰爆發之後向上攀升，所得的成長開始超過工資的成長速度。分配不均也隨之在兩次世界大戰之間增加。到了一九三〇年代，富有的菁英持續攀在高點：地主、股東和公司的管理階層從經濟發展中獲得巨額利潤。由於股息豐厚，因此股票的擁有也呈現高度集中，而且獲利可觀。公司的管理階層也常常是大股東，可以獲得優渥的薪水和分紅。低稅率讓他們可以確保所得，同時也促進財富的累積。[4]

一九三七年七月日本對中國發動攻擊，使得這些帶來好事的安排突然畫下句點。初期的戰事日漸擴大，最後演變成對這個世界上人口最多的國家發動無限期的侵略，因此，日本也不得不把越來越多資源都交給軍隊。日本先是從一九四〇年九月開始漸漸占領了法屬印度支那，❶接著又於一九四一年十二月對美國、英國、荷屬東印度、❷澳大利亞和紐西蘭全面開戰，使得戰爭的風險益發升高。在太平洋戰爭的頭六個月，日本軍隊挺進了一片廣大的區域，從夏威夷群島和阿拉斯加、一直到斯里蘭卡和澳大利亞。到了一九四五年，已經有超過八百萬日本男性——幾乎是所有日本男性人口的四分之一——都參了軍。一九三六和一九四四年之間，軍備生產實際上增加了二十一倍，而於一九三七至一九四一年之間，政府支出也達到兩倍以上，在接下來的四年，還繼續發展到三倍。[5]

這次異常的動員對於經濟有著重大影響。在戰爭的那幾年，政府的管制、通貨膨脹和物質破壞縮小了所得和財富的分配不均。上述的三項機制中，尤以第一項最為重要。國家的干預漸漸形成計畫經濟（但是保留了自由市場的資本主義外觀）。剛開始的應急措施後來都日益擴充，變成長期的制度。滿洲的計畫經濟就是個典型的例子（滿洲是從一九三二年開始在日本的軍事占領之下）。一九三八年春天的《國家全面動員法》授權政府有大範圍的權力可以迫使日本經濟為戰爭服務（戰爭也很快的升級成全面戰爭，即日文的「國家總力戰」）：國家也能夠從事雇用和解雇、決定工作環境、生產、分配、脫售和為貨物定價，並且解決勞資糾紛。一九三九年的《管理公司紅利與流通資本法令》（日文為《會社利益配當及融資令》）限制了股息的增加。農地租金和某些價格都遭到凍結，工資和土地價格也開始受到管制。行政津貼從一九四〇年開始有上限規定，政府還在次年公布租金所得只能為固定金額。個人和公司的所得稅幾乎每年都在漲——包括一九三七、一九三八、一九四〇、一九四二、一九四四和一九四五年。最高邊際收益❸的稅率於一九三五和一九四三年之間翻了一倍。政府會介入股市和債券市場，用公司的股票和債券哄抬戰爭債券的價格，因此公司股票和債券的利潤就減少了。通貨膨脹很嚴重，同時城市的土地租金和土地價格都是固定的、不能變動，這使得債券、存款和不動產的價值都下降了。

太平洋戰爭展開之後，國家也開始徵用排水量在一百噸以上的私人船隻，但是最後沒有幾艘船得

❶譯注：指於一八〇〇至一九四九年由荷蘭人統治的印度尼西亞。
❷譯注：指法國在東南亞的領土，位於今天的越南、柬埔寨、寮國、中國雷州半島的廣州灣。
❸譯注：指增加一單位產品銷售所增加的收益，即最後一個單位產品售出後取得的收益。

以回航：每五艘商船就有一艘葬身戰場。根據一九四三年的《軍需會社法》規定，被指定為軍需企業的公司必須要指派人監督生產，監督人直接聽命於政府，軍備的投資、工作管理和資本分配也是由政府決定；利潤和分紅都是依照國家分配。從一九四三年開始，政府以強制手段進行全面的軍備生產：唯一提供的誘因只有（毫無根據的）承諾未來會給予補償。國家於一九四四年又進一步擴權，還將一些企業收編為國有公司。一項調查顯示於一九三七至一九四五年之間，共出現大約七十項不同的經濟管制——各項措施的形態各異，包括定量配給、資本控制、工資控管、價格控制和土地租金的控制。[6]

過去由幾個富有的家族嚴密掌控的企業集團「財閥」體系也開始削弱了。公司儲蓄和富人的投資已經不足以得到足夠的資金，以供應其在戰時的工業擴張，因此這些以往自成一體的圈子必須向外借貸資金，「日本興業銀行」❹也使得私人金融機構在市場的占有比例減少了。主要股東在過去都是擔任比較高階的管理職，因此資本化和外部貸款的增加，便切斷了所有權和管理之間的緊密連結，也對財富累積帶來了不利的後果。更整體的是戰爭的壓力帶來了一個新的想法：公司不應該只是由股東擁有，應該屬於每個成員、以及所有成員共有的組織。這個信條助長了所有權和管理的分離，並且讓員工享有更多權利（包括利潤分享）。[7]

戰時的一連串干預預示了日後在美國占領下的全面土地改革。在戰爭爆發前，大部分屬於中產階級的地主擁有所有農田中的半數，所有農民中的三分之一是他們的佃農。農村財產在兩次世界大戰之間引發了紛爭和動亂，但是改革的嘗試還是怎麼樣也稱不上有力。一九三八年的《農地調整法》才讓這發生了改變，《農地調整法》要求擁有者出售出租的土地，還強制購買未耕種的土地。一九三九年的《地租統治令》（日文為《地代家賃統制令》）將地租凍結在當時的水準，並且賦予政府可以命令租金減少的權利。一九四一年的《農地價格統制令》將土地價格固定在一九三九年的地價，同一年的《農地等管理令》賦予政府決定要種什麼農作物的權力。一九四二年的《食糧管理法》頒布之後，主要產物的價格也開始由當局決定。超出個人消耗量以上的米都必須賣給國家，多於個人所需之外的地租也要轉讓給國庫。因為已經沒有價格的誘因了，所以為了鼓勵稻米生產，就規定種稻的農人可以獲得比較多補貼。這使得初級生產者的所得能夠跟上通貨膨脹的速度，同時地主的所得卻減少了，兩者的分歧讓農村地區向均等邁進了一大步。一九四一和一九四五年之間，實際的田租下跌了五分之四，田租於一九三〇年代中期原本占國民收入的百分之四・四，到了一九四六年只剩下百分之〇・三。地主的結局還更糟，一直有各種徵收的提案出現，但是都沒有付諸實行。[8]

讓工人受惠的不只有對租金的控制、國家的補貼和政府對企業管理越來越多的干涉，還有越來越多的福利，福利的增加是因為關心新兵和工人的身體狀況，而且要確實減少全國人民的焦慮。（福利部門「厚生省」成立於一九三八年，甫成立就馬上成為社會政策背後的主要推手。厚生省官員開始推動健康保險計畫（由國家提供部分資金），並於一九四一年之後大幅擴充保險計畫，也為窮人提供救濟。各種政府補助計畫的目的都是要控制消耗，國家也於一九四一年破天荒的第一次開辦了公共住宅計畫。[9]

第二種促進均等的力量——通貨膨脹——也在戰爭期間加速發生。消費者物價於一九三七和一

❹譯注：於一九〇二年時根據《日本興業銀行法》設立，屬於半官半民的特殊銀行，成立的目的是要藉由發行債券，長期供應工業資金和導入外資；而於一九三一年之後，因為戰時的軍需擴大，日本經濟亟欲進行工業化，因此在產業界的比例益發重要。

九四四年之間上升了百分之兩百三十五，而且光是在一九四四和一九四五年之間，就又暴增了百分之三百六十。雖然對租金的控制拉低了地主的實際收入，不過通貨膨脹還是大大降低了債券和存款的價值。[10]

第三個因素是日本原有的資本受到劇烈破壞，和歐洲戰區不一樣的是，這個因素一直到戰爭的最後階段才起作用（雖然商業的船運早就遭到衝擊）。到了一九四五年九月，這個國家已經少掉四分之一的資本存量。日本失去了百分之八十的商船、百分之二十五的建築物、百分之二十一的家庭裝備和私人物品、百分之三十四的工廠設備和百分之二十四的產品成品。在戰爭的最後一年，還在運轉的工廠數量和他們的員工人數幾乎都已經減半。各產業受到的損害有非常大的差異：鋼鐵工廠所受的損失是最小的，但是有百分之十的紡織工業、百分之二十五的機械生產、百分之三十至五十的化學工業都停業了。這些損失絕大部分是由空襲直接造成的。一九四六年的「美國戰略轟炸調查團」（U.S. Strategic Bombing Survey）指出同盟國總共在日本投下十六萬零八百噸炸彈，還不到投在德國的炸彈總數的八分之一，但是卻取得了較大的成功，因為日本的目標物受到的防衛比較少。東京於一九四五年三月九日和十日的夜間遭到燃燒彈的攻擊，就連保守的估計都認為有將近十萬名居民死於這次大轟炸，十六平方英里內有超過二十五萬棟建築物和民宅被摧毀，但這還只是比較重要的事件之一而已；五個月後發生在廣島和長崎的毀滅性事件也不遑多讓。彙整後的調查結果估計在遭到轟炸的六十六座城市中，有大約百分之四十的建築物密集地區遭到摧毀，全國也有大約百分之三十的市區人口失去家園。不過，雖然這造成了不動產擁有者和投資者的損失，但是整體影響還是不能過分誇大。因為重工業和化學工業在戰時都大肆擴張，因此到了一九四五年，還能夠使用的生產設備的數量依舊超過一九三七年。而且除了船舶之外，物資的破壞大都密集發生在戰爭的最後九個月，在那之前，高所得群體的所得和財富占比本來就已經像自由落體般大幅下降了（參見前文圖9）。同盟國的轟炸只是加速了一個本來就在進行的趨勢而已。[11]

在戰爭的幾年間，由資本獲得的收益也幾乎消失了：租金和利息所得在總國民所得中的占比從一九三〇年代中期的六分之一，到了一九四六年跌至只剩下百分之三。一九三八年，紅利、利息和租金所得合起來大概占了最富有的「前百分之一」所得的三分之一，其餘部分則分別屬於營業和就業所得。到了一九四五年，資本利得的占比跌至只剩不到八分之一，而工資的占比則只有十分之一；（原本的）富人只剩下營業所得是唯一重要的所得來源。不論是從絕對金額或是相對金額來看，紅利和工資都受到最嚴重的打擊（這兩者也日漸受到政府的嚴厲管控）。收租者和領有高薪的管理階級都幾乎破產了。也只有最富有的「前百分之一」階層才（很不成比例的）發生這種嚴重的衰退現象。

然而在同時，次富有的所得族群並沒有同步縮小與其他人的差距。介於第九十五和第九十九個百分點的家庭（也就是緊跟在最富有的前百分之一之後、所得次高的那百分之四）的所得占比，在戰時幾乎沒有下降，在戰後也維持在大約和二十世紀初期相同的水準（或者說是國民收入的百分之十二至百分之十四），並且穩定維持了一段很長的時間。雖然大部分人的所得都有受到損失，但是從相對價值來看的話，就只有最富有的日本人受到損失：在第二次世界大戰之前，最富有的「前百分之一」的所得價值大概一直是次富有的百分之四加起來的一倍半之多，但是一九四五年之後，前百分之一的所得就不再超過後百分之四的一半了。而最富有的「前百分之一」所得減少的比例全都轉化（增加）到人口中非菁英的百分之九十五的所得占比，使得後者在國民收入中的比例從一九三八年的百分之六十八・二上升了五分之一，到了一九四七年時，已經是百分之八十一・五了。這其實是一個很驚人的轉變，它代表百分之九十五的人口的所得占比從原本類似於美國的情況，轉變成像今天的瑞典——就在不到十年的時間裡。[12]

「未來不會再由少數人決定」：經過加強及鞏固的均等

不過，戰爭期間其實只有發生部分邁向均等的過程。日本在主要的交戰國中獨樹一幟，一九三〇年代晚期之後，在日本觀察到的每一次淨所得的差距縮小都發生在第二次世界大戰期間，但是在其他地方，則是大部分發生在第二次世界大戰期間，但是也有較少的幾次發生在第二次世界大戰之後（可參見本書的表2）。不過就和其他那些國家一樣，日本的所得和財富在經過長期之後沒有重新集中，是因為戰後政策的均等特性造成的。日本的這些政策全都是戰爭直接造成的結果。一九四五年八月十五日昭和天皇承認❺「戰局必不好轉，世界大勢亦不利於日本」，值此時只好「忍所難忍」——無條件投降和接受同盟國部隊的占領——這時，日本的經濟絕對稱不上穩固。原料和燃料的缺乏使得生產衰退。一九四六年的實質國民總生產（Real GNP）比一九三七年減少了百分之四十五，進口的實際價值總量也只有一九三五年的八分之一。經濟復甦之後，在戰時發生的所得差距縮小又因為一大堆政策和戰爭的影響而維持下來，甚至還進一步的讓財富的分配更加平均。[13]

戰爭結束後，極度的通貨膨脹緊接而來。消費者物價指數於一九三七和一九四五年之間已經上升了十四倍，後來於一九四五和一九四八年之間還以更快得多的速度猛漲。雖然各報告中的指數各異，不過確有一項衡量方式顯示一九四八年的物價比日本侵略中國時高出了百分之一萬八千。已經所剩不多的固定資本利得更是完全消失了。[14]

公司和地主都成了改革的目標（而戰後的改革是帶有侵略性的）。美國占領政府的三個主要目標是要讓財閥解體、勞動民主化和土地改革，而執行的方式則是要配合極嚴厲的累進稅制。最終的目標不僅是要消滅日本發動戰爭的物質能力，還要能夠釐清帝國主義侵略的來源。經濟改革是個更大範圍的重要民主化變遷中的一部分，而民主化變遷的目的是要重新改造日本制度——試舉幾例，例如一部新的憲法、女性投票權，以及法院和警察制度的徹底修正。因為戰爭促成了外國的占領，也直接帶來了要實行上述這些措施的結果。[15]

經濟的介入明確的想要以追求均等的做法來達到希冀的結果。既然美國占領當局的「基本指令」是要促進「日本經濟機構的民主化」，因此也鼓勵促進「所得和生產及貿易方式的所有權的廣泛分配」。占領政策的目標是要建立社會福利國家，這個目標也與羅斯福新政（New Deal）的目標有緊密相關。美國研究人員於一九四三和一九四五年指出，日本的工人和農民分配到的財富比例過低，不僅有礙於國內消費，而且會引發海外的經濟擴張政策。現在的解決方式是提高工資、進行勞動力重組，較高的工資會促進國內消費，並且加速軍備的廢除。經濟的民主化和均等本身並不是目的：政策的基本目標其實是要對有助於海外侵略的經濟特徵進行重組，好對抗軍國主義。最後的分析還是指出是戰

❺ 譯注：指《終戰詔書》，即昭和天皇公開表示接受美、英、中、蘇在波茨坦會議上發表的《波茨坦宣言》，同意無條件投降。

爭和戰爭的結果，才帶來了這些改變。[16]

占領者過分的使用賦稅當作武器了。一九四六和一九五一年之間，資產的淨值會被徵收巨額的累進財富稅，課稅寬減的額度很低，而高所得群體的邊際稅率❻為百分之九十。而且課稅的對象是資產，而不是所得或是只限於房地產，這顯然應該算是實質的沒收了。從美國的觀點來看，課稅是要將私有財產重新分配，並且將收益轉讓給比較低的階級，好支撐他們的購買力。在一開始先是適用到八分之一的家庭，到了最後，最富有的五千個家庭已經有百分之七十的財產移轉給國家了，或者說是所有應納稅者的三分之一資產。當時的納稅負擔整體而言算是相當低的，這次徵稅尤其瞄準了富人。統治的原則是要重新分配，而不是稅收的極大化。同時在一九四六年，也有許多銀行存款遭到凍結，隨之又因為通貨膨脹而使得價值減損，而且超過一定額度以上的存款則在兩年之後就作廢了。[17]

占領當局對於由家族擁有的企業集團——「財閥」——抱持著懷疑態度，認為他們在戰時是軍國主義領導者的親密夥伴，更常見的，則是認為他們形成了一股力量，使得管理階級和勞工之間一直維持著半封建的關係，這樣會壓低工人的工資，還有助於資本家積攢巨額的利潤。最大的財閥面臨崩解，無法再掌握國家的經濟命脈（另外還有野心更大的計畫想要重組數百個企業，但是因為冷戰造成政策的改變，而最終未能實現）。財閥家族被迫出售了全數持有股票中的百分之四十二，這使得企業在市場中的占有比例大幅下降。一九四七年對高階管理階層進行了一次全國性的清理行動，當時在六百三十二個公司中，共有大約兩千兩百名主管階級遭到遣散或是（因為覺得自己會被解雇而）選擇退休。因此，先前由資本家密切掌控的公司體制面臨了解體。麥克阿瑟（D. MacArthur）將軍於一九四八年的元旦咨文中宣布：

同盟國的政策務求讓此體制解體，過去就是這個體制讓你們國家的商業、工業和自然資源的絕大部分都由少數的封建家庭掌有和操控，就連使用也只是為了他們的利益。[18]

最初的干預計畫非常嚴厲。一九四五和一九四六年，占領政府原本計畫要拆除生產設備和產生能量的裝備，讓生活水準維持在與一九二〇年代末期或是一九三〇年代早期差不多的水準，只要超過那個門檻，就會被認為是在為戰爭做準備。雖然為了因應冷戰這個新的現實狀況，政策很快就改變了，不過還是有許多侵略性的措施已經付諸實行。軍備工廠和相關企業已經被當作戰敗國的賠款而遭到沒收。美國人於一九四六年七月表示「戰爭不是盈利的事業」，因此指示應該停止收取被承諾用來補償戰時損失的付款；還未償還的部分就取消了。這讓公司和銀行的資產負債表倍感壓力。許多公司在其後的幾年間面臨破產。其他公司也用完了儲備金、資本和股本，甚至還為了生存，而把負擔轉嫁給債主。[19]

戰敗也帶來了其他損失。一九三〇年代，有大量的投資資本流入日本殖民地——台灣、韓國和滿洲國。在戰時，日本公司在殖民地和占領地（包括中國）的經營也比較有侵略性。根據一九五一年的《舊金山和約》（San Francisco Peace Treaty），日本喪失了在全世界各地的海外資產——其中大部分都已經被各國沒收了。[20]

❻譯注：指徵稅對象的數額增量中稅額所占的比率，例如每增加一元的利潤，稅收所占的比例。

財政部分也遭遇了空前危機。到了一九四八年，銀行業的損失已經擴大到十分龐大的程度，只好清光所有資本利得❼和保留盈餘（retained earnings），❽並且將銀行的資本削減了百分之九十之多，還把超過某個門檻的每一筆存款都註銷。股東不僅蒙受巨大損失，甚至還在接下來的三年內被禁止買進股票。因此，資本利得實際上就等於消失了。一九四八年，紅利、利息和租金收入合起來占不到最富有的前百分之一群體的所得中的百分之〇・三——相較於一九三七年是百分之四十五・九，而在一九四五年是百分之十一・八。[21]

工會的組成也成為一個重要議題。參加工會的人數不到戰前的百分之十，原有的工會也於一九四〇年解散，由工人的愛國工業協會取而代之。這種形式的工人組織是為了刺激勞動力以供戰時之用，而且在占領時，還可以在這個基礎上建立以公司為基礎的工會。在美軍於一九四五年的秋天抵達之後，就立刻根據戰前已經失敗的計畫起草了《工會法》（日文為《勞働組合法》）。《工會法》在該年年底通過，賦予工人組織工會、罷工和進行勞資談判的權利。參加工會的人數也飛漲：一九四六年有百分之四十的工人參加工會，到了一九四九年，已經有幾乎百分之六十。除了工資之外的津貼增加了，在戰時建立的健康保險和退休金制度也都擴大施行。工會為建立勞資之間的合作關係提供了方法，重點就是根據資歷發給薪資、就業保障——還有（從均等的角度來看最重要的是）促進對於新的薪資結構的共識，新的薪資結構是要以年齡、需求、生活水準、價格和通貨膨脹來決定薪俸。新進員工的工資被設定為生活所需的最低費用，之後再隨著年齡、年資和家庭規模調高。為了趕上通貨膨脹的速度，薪資常常會因應生活費用而調整，因此縮小了白領和藍領工人的所得差距（兩者的差距在一開始是很大的）。[22]

最後，占領當局還有一項主要的目標，就是土地改革：在這一點上，他們與當時接管了中國的毛（澤東）主義者有著罕見的一致性，也認為地主所有制是重大的罪惡，務必要連根拔除。一份政府的備忘錄認為如果要讓日本邁向和平，土地的重新分配勢不可少，其中還注意到日本軍隊曾經促使貧窮的農民相信，海外侵略是讓他們脫離窮困的方式：因此，如果沒有土地改革，農村可能依然會是軍國主義的溫床。我們又再次看到干預的基本理由和戰爭有著密切相關。一項由日本「農林省」草擬、於一九四五年底通過的土地改革法案因為太過溫和而遭到美國否決，並且於一九四六年十月通過了修正後的法案。根據該法案，只要是外地的地主擁有的土地（「外地地主」的定義是與自己擁有的土地不住在同一個村莊的地主），都會遭到強制購買，而本地的地主所擁有、但是出租面積超過一公頃的土地，也會被強制購買。如果是由地主自行耕種的土地，只要面積超過三公頃，而且被認為耕種的效率很低，也可能被包含在強制購買的範圍內。設定好補償的程度之後，可能又會很快的因為嚴重的通貨膨脹，而在實際上出現萎縮。租金也是如此，以現金支付的金額被凍結在一九四五年晚期的水準，因此也漸漸的因為通貨膨脹而縮水了。土地的實際價值也在同時發生巨幅減少：一九三九和一九四九年之間，稻田的實際價格（相對於稻米的實際價格）下跌了五百倍，而相對於香菸的實際價格則下跌了一半之多。全日本有三分之一的農田都在進行改革，並且因為改革而移轉到日本一半的農村家庭手

❼譯注：是指資本商品（如股票、債券、房產、土地或土地使用權等）在出售或交易時發生所得大於支出而取得的收益，即資產增值。

❽譯注：指公司歷年累積的純益，而未以現金或是其他資產方式分配給股東、轉為資本或資本公積者。

上。在戰前，租佃的土地幾乎占了所有土地的半數之多，到了一九四九年，已經下降至百分之十三，一九五五年則是百分之九，反之，由地主自行耕種的情況在農村人口中占的比例成長了一倍以上，從百分之三十一增加至百分之七十，而自己沒有土地的佃農則幾乎消失了。農業鄉鎮的所得吉尼係數從戰前的〇・五降至戰後的〇・三五。雖然這次改革是源自日本在戰時的措施和構想，不過以這麼龐大的規模執行卻是遭到占領的直接結果。麥克阿瑟將軍用他一向的謙遜，謙稱這次計畫「可能是史上最成功的一次土地改革計畫」。[23]

在戰爭的全部年分再加上其後的占領期間——也就是從一九三七年侵略中國開始，到一九五一年的《和約》——日本的所得和財富的來源以及分配遭到完全的重組。在本章一開頭提到的高所得占比大幅下降，以及高額財產的規模巨幅減少，主要都是因為資本的收益下跌影響到最為富有的一群人。最高額的前百分之九資產的組成內容發生了非常大的改變。一九三五年，股票、債券和存款占了這個類型中幾乎一半的資產，到了一九五〇年，這些項目的占比大幅跌至六分之一，農地也從將近四分之一減少至不足八分之一。這些變化大都發生在戰爭期間：高所得的占比於一九三六和一九四九年之間的下降幅度其實在一九四五年之前都已經完成了，還有最高額的前百分之一資產的實際價值（依其絕對價值計算）的下降，也是在一九四五年之前就幾乎達到了全部（大約百分之九十三）的降幅。[24]

不過，在戰後就立刻銜接的占領期間，還是對戰時的措施永久定型並且取得更穩固的基礎，具有極大的重要性。如同麥克阿瑟將軍在首次對日本人民發布的元旦咨文中所說的，未來將不會再由「少數人決定了」。美國對於日本的經濟干預集中在徵稅、公司治理和勞工組織，而在這些領域中，戰時的領導階層就已經對原本的富有菁英造成了重大的財務打擊。因此，戰爭和戰後緊接而來的幾年帶來了長期的改變，原本是像股東這樣富有而且握有權勢的階級來掌控管理部門、要求高額紅利，後來則轉變成比較均等主義的公司制度，包括終身雇傭、依年資決定薪資，還有公司的工會。除了企業和勞資關係的重組以及土地改革之外，累進的稅制也是支持戰時邁向均等的重要機制。日本的稅制於一九五〇年代之後正式確定下來，會對高收入家庭的所得加諸百分之六十至百分之七十五的邊際稅率，並且對最高額的財產徵收超過百分之七十的遺產稅。直到一九九〇年代之前，這都有助於壓制所得的分配不均和財富累積，就像是加強對佃農的保護也降低了房屋的租金所得，勞資談判則能夠確保工資差距縮小❾的現象繼續維持。[25]

戰爭和其後的結果突然帶來了大規模的均等，而且還能維持下去。在日本歷史中最血腥的幾年，因為戰爭奪去了數百萬條人命，也讓祖國遭到巨大破壞，但是卻帶來了異常均等的結果。一種新形態的戰爭——需要全部的人口和經濟動員的戰爭——才讓這個結果成為可能。極端的暴力敉平了日本社會中所得和財富的極端分配不均。隨著大眾動員無情的演進到毀滅和占領，全面戰爭也帶來了全面的均等。

---

❾譯注：指公司裡的新進員工或是資格較差的員工、和資歷較長或是資格較好的員工之間，維持小幅的工資差額的現象。

第五章

「大壓縮」

「三十年戰爭期間的一齣戲」：從一九一四至一九四五年的大幅邁向均等

日本的經驗算得上具有代表性嗎？第二次世界大戰、或是兩次世界大戰有沒有更全面的在其他國家帶來類似的結果呢？簡單的回答是「有」。雖然每個案例都有各自的特殊環境結構，不過（前法國總統）夏爾・戴高樂（Charles de Gaulle）口中的這場「三十年戰爭的戲劇」（從一九一四至一九四五年），還是很明顯（通常還很戲劇性）的讓各個已開發國家的所得和財富不再集中。雖然還有其他或是補充的因素（我將在第十二章和第十三章重新討論），不過現代的全面動員戰爭和其中的經濟、政治、社會、財政因素和戰爭的結果，無疑的是一種足以帶來均等的特別有力的方式。[1]

如同我們在前一章看到的，在第二次世界大戰期間，日本的分配不均大幅減少，而且在戰爭過後也依然維持在低點。其他幾個同樣參與戰爭（而且也有差不多大量的資料可以取得）的國家也出現了十分類似的模式，例如美國、法國和加拿大（圖10）。[2]

如果依時間來解析某些其他主要交戰國的高所得占比的相關證據，會發現這些國家顯示出比較低的均等程度，這個問題讓分配不均在戰時突然減少的狀況顯得不是那麼明確。但即使如此，基本的趨勢還是一樣，就像是德國和英國最富有的前百分之〇・一的所得占比的例子（圖11）。

有兩個相關的議題值得關注：一是在交戰當時（以及戰爭剛結束的那段時間——對於這段時間沒有明確的定義，只要當時並沒有確實可得的資料，例如我們在圖11中看到的德國的情形）戰爭對於分配不均的直接影響，二是它在其後的幾十年間的長期影響。我的分析會分成幾個階段。首先，我會針對已經將相關證據出版的國家，分析這些國家的高所得占比在戰時的發展，看看是否會因為這些國家捲入戰爭中的程度不同而有所差異。再者，我會將戰時達到的均等程度和其後的發展互相比較，證明戰爭對於不平等的確有異常大的直接影響。第三，我會重新探討——但不會像對日本的探討那麼仔細——是什麼因素使得戰時的所得和財富分配的差距大幅縮小。最後，我會解釋世界大戰（尤其是第二次世界大戰）為什麼在一九四五年之後，還經常能夠繼續強化對於物質資源的均等分配。

表2將現在已經出版的高所得占比如何發展的相關資料做了摘要——（除了少數例外之外）

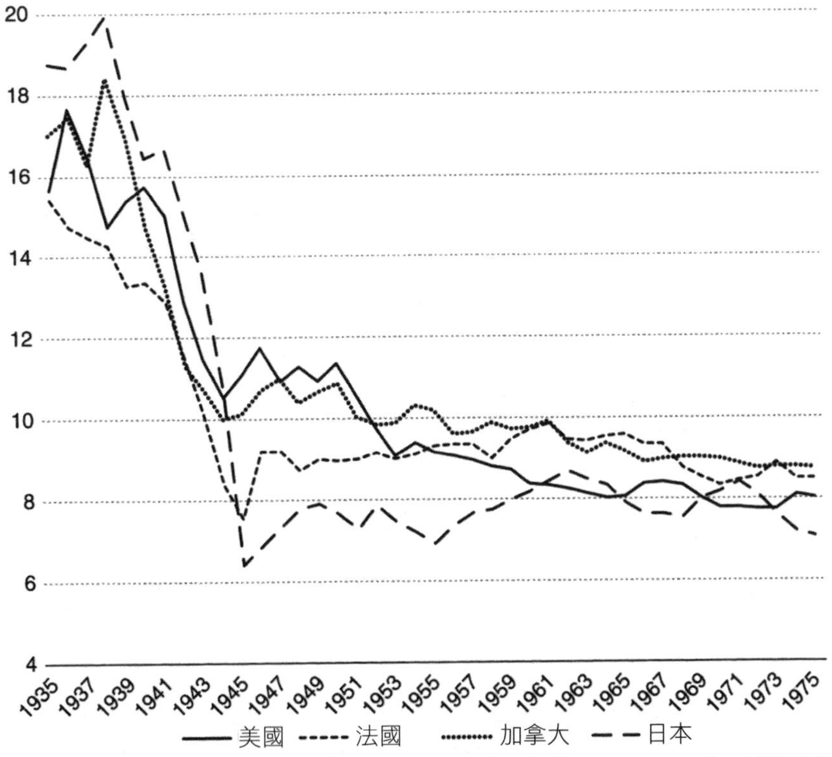

圖10 四個國家最富有的前百分之一群體的所得占比，1935-1975年（以百分率表示）

通常時間長度夠長、也能夠依時間做出分析的最富有的前百分之一，其資料都只集中在該階層內比較特定的一群人，例如所得為前百分之〇・一、或甚至是前百分之〇・〇一的人。第一次世界大戰的日期基準點是一九一三和一九一八年，而第二次世界大戰則是一九三八和一九四五年，不過也有些國家使用稍微不同的日期，或說是這些範圍其實不一定完全符合某些個別國家的參戰日期。要小心的是：對這些數字都還是要抱持保留的態度，謹慎以對。不過總而言之，從我們要處理的問題來說，這些高所得占比的統計畢竟還是最適切的資料。在時間上，它們比標準的吉尼係數更能夠往回追溯，而且讓我

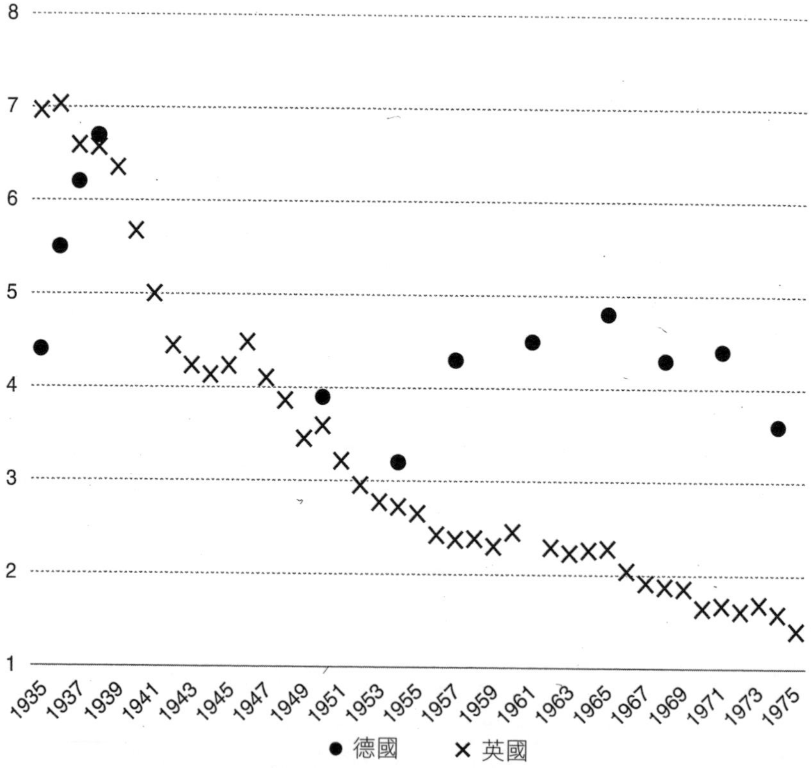

圖11 德國和英國最富有的前百分之〇・一群體的所得占比（以百分率表示）

表2　世界大戰期間的高所得占比的發展

	改變（以百分率表示）			
	第一次世界大戰		第二次世界大戰	
國家	**絕對**	**相對**	**絕對**	**相對**
阿根廷	–		+2.92	+14[d]
澳洲	–		–1.95	–19[a]
加拿大	–		–8.28	–45[a]
丹麥	+9.63	+59[c]	–1.96	–15[a]
芬蘭	–		–5.47	–42[a]
法國	–1.05	–6[a]	–6.73	–47[a]
德國	+4.43 (–6.47)	+25 (–36)[a]	–4.7	–29[a]
印度	–		–6.41	–36[b]
愛爾蘭（0.1%）	–		–1.39	–23[c]
日本	–0.83	–5[b]	–13.49	–68[a]
模里西斯（0.1%）	–		–5.46	–55[b]
荷蘭	+0.99	+5[c]	–2.82	–18[a]
紐西蘭	–		–0.44	–6[a]
挪威	–		–3.62	–28[a]
葡萄牙（0.1%）	–		–1.36	–28[c]
南非	–0.93	–4[b]	+3.35	+20[b]
西班牙（0.01%）	–		–0.19/–0.41	–15/–27[c]
瑞典	–4.59	–22[c]	–2.55	–21[c]
瑞士	–		–1.29	–11[c]
英國	–		–5.51	–32[a]
（0.1%）	–2.56	–23[a]	–2.34	–36[a]
美國	–2.08	–12[a]	–3.66	–25[a]

重要：除非另有注明，否則均為最富有的前百分之一群體的占比。a主要交戰國；b次要／殖民地交戰國；c旁觀國家；d遠距中立國

們更能夠了解變化有多麼集中的發生在所得分配中最高的等級。還有——雖然我使用這些資料的方式可能讓人以為它是精確的量化資料——也是在說我們不能夠依照這種形式的表面值採用特定的資訊。這項證據只能夠傳達出改變的方向和規模，這就是我們能夠期望的最大值了。[3]

這個列表反映出第二次世界大戰有充足的資料，這個事件也的確形成了明確的趨勢。在積極參與戰事的前線國家（因此有時也會遭到占領），高所得的占比平均比戰前下降了百分之三十一，這個樣本包含許多國家，因此結果夠可靠（如果排除紐西蘭這個有點邊緣的例子，還會讓平均值提高至百分之三十三）。降幅的中位數是百分之二十八至百分之二十九，而且每個例子都有淨值的下降。還有一些發展程度低很多或是地理上更遙遠的參戰殖民地（印度、模里西斯和南非），在這些地區就無法觀察到一致的趨勢；其平均降幅是百分之二十四。有些中立的鄰國（愛爾蘭、葡萄牙、瑞典和瑞士）也一樣只有小幅變化，不過至少都是呈現減少的趨勢，平均降幅也是百分之二十四。幾乎自始至終維持中立的阿根廷（而且在地理上離主要戰區也極為遙遠）就很明顯不一樣了：該國的「前百分之一」的所得占比還比戰前成長了百分之十四。

第一次世界大戰的證據比較少，也更加複雜，其複雜性反映出第一次世界大戰和第二次世界大戰對分配不均發生影響的時間的確是不同。如同我們將在後文討論的，出於政治和財政上的理由，對德國的影響甚至被推遲至一九一八年之後，而法國在某種程度上也是如此。因此，如果要評估對於主要參戰國的整體結果，必須要看我們用的是一九一八年還是一九二五年的德國資料：只有後者才會顯示出高所得占比平均下降了百分之十九。有兩個邊緣的參戰國的平均降幅是百分之五，而另外三個中立的鄰國則增加了百分之十四（但是彼此之間的趨勢並不一致）。所以，我們現在可以說第二次世界大戰對於菁英的所得有極為明顯和直接的影響，甚至可以擴及未參戰的鄰國。在同時期還繼續面臨分配不均擴大的少數兩個國家，都是距離戰區最遙遠的國家。

我們現在必須將這些戰時的變化與同時代的發展、或甚至是第二次世界大戰結束之後的發展連結在一起。幾乎是所有積極參與那場戰事的國家的高所得占比在這段期間都一直在下降，有些持續到戰後，也有些在戰後曾經暫時恢復。這個趨勢整體而言持續了幾十年，不過最後又開始反轉——一九七八至一九九九年間，最高的市場所得占比又分別在不同的時間點開始回升。表3分別比較了戰時和戰後（還有幾個變動快速的案例也包括「大蕭條」期間）的高所得占比在一年內的平均縮小比率（如果沒有特別指明，都是指前百分之一的所得占比），並且以百分率表示。如果有戰後下降比率的資料，是用下列兩種方式計算出來的：（一）從第二次世界大戰結束之後，到後來記錄到的高所得占比最低的年分，兩者之間的下降比率淨值，以及（二）從戰後的最高值到最低值的持續下降比率，這個過程會將時間的變化考量在內。表3的「戰後的下降比率倍數」就是使用上述兩種方式，大概計算了戰時每年減少的幅度是戰後的幾倍。

這些數據展現出一個一致的模式。高所得的占比在戰時的每年下降比率都比戰後高，而且（不論戰後採用哪一種計算方式）通常都高出好幾倍。許多主要參戰國的差異幅度都很巨大。在法國，高所得占比在戰時的下降速度是其後的三十八年間的六十八倍：一九三八年之後高所得占比的全部下降比率中，有百分之九十二是於一九四五年之前發生的。這個比例幾乎和加拿大一樣高，加拿大於一九三八年之後發生的所有分配不均縮小，有百分之七十七都是在戰時發生的。日本更是拔得頭籌：日本在戰時大幅度的邁向均等，因此一九四五年是日本紀錄中高所得占比最低的年分，也是日本與其他國家

表3 最富有的前百分之一群體的所得占比的下降比率變化，依時期區分

			第二次世界大戰	
國家	**時期**	**年分**	**以百分點表示**	**戰後的下降比率倍數（數值經簡化）**
日本	第二次世界大戰	1938–1945	1.927	n/a
	戰後	1945–1994	–0.013	
加拿大	第二次世界大戰	1938–1945	1.183	15 ½
	戰後	1945–1978	0.076	
法國	第二次世界大戰	1938–1945	0.961	68 ⅔ (淨值), 7 (持續)
	戰後（淨值）	1945–1983	0.014	
	戰後（持續）	1961–1983	0.136	
荷蘭	第二次世界大戰	1941–1946	0.956	6
	戰後	1946–1993	0.162	
印度	第二次世界大戰	1938–1945	0.916	4 ⅔ (淨值), 2 ½ (持續)
	戰後（淨值）	1945–1981	0.195	
	戰後（持續）	1955–1981	0.385	
德國	第一次世界大戰	1914–1918	–0.312	n/a
	惡性通貨膨脹	1918–1925	1.557	25 ½
	「第一次世界大戰＋」	1914–1925	0.589	9 ⅔
	第二次世界大戰	1938–1950*	0.392	6 ½
	戰後	1950–1995	0.061	
美國	第一次世界大戰	1916–1918	1.345	11
	經濟不景氣	1928–1931	1.443	12
	第二次世界大戰	1940–1945	0.932	8
	戰後	1945–1973	0.119	
英國	第二次世界大戰	1937–1949	0.459	3
	戰後	1949–1978	0.147	
針對0.1%	第一次世界大戰	1913–1918	0.512	5 ½
	第二次世界大戰	1939–1945	0.353	4
	戰後	1945–1978	0.091	

（接下頁）

表3　（接上頁）

國家	時期	年分	第二次世界大戰 以百分點表示	第二次世界大戰 戰後的下降比率倍數（數值經簡化）
芬蘭	第二次世界大戰	1938–1947	0.781	11（淨值），2 ⅓（持續）
	戰後（淨值）	1947–1983	0.07	
	戰後（持續）	1963–1983	0.334	
澳洲	經濟不景氣	1928–1932	0.645	6（淨值），4 ⅓（持續）
	第二次世界大戰	1941–1945	0.585	5 ½（淨值），4（持續）
	戰後（淨值）	1945–1981	0.106	
	戰後（持續）	1951–1981	0.149	
丹麥	第二次世界大戰	1940–1945	0.49	4
	戰後	1945–1994	0.13	
挪威	第二次世界大戰	1938–1948	0.362	3
	戰後	1948–1989	0.121	

展開接觸之後的低點。英國在第一次世界大戰之前到一九七〇年代晚期之間，前百分之〇．一的所得占比的減少有幾乎一半是在兩次世界大戰期間發生的。在美國，兩次世界大戰期間一年的下降比率都比戰後高出不只數倍之多，芬蘭在第二次世界大戰期間的情況也是如此。也就是說，在比較沒有受到戰爭的重大影響的國家——例如丹麥、挪威、澳洲和印度——在戰時的平均減少率就只是戰後的三到五倍（不過英國在第二次世界大戰期間的下降率相對來說也算低，大部分縮小的差異都已經在第一次世界大戰期間就發生了）。

只有德國的證據比較複雜。如果我們考慮到均等的效果會延遲出現，因此第一次世界大戰期間的數據應該算到一九二五年（也就是於一九一九年之後有明確資料的第一年），那麼德國在「戰時」的分配不均縮小比率，就會比第二次世界大戰之後更高上不只數倍了。一九三八和一九五〇年之間也缺乏數據，這又是另一個問題，讓我們無從得知在這段區間內整體下降了多少。尤其是對工業化的國家而言，第二次世界大戰帶來了非常顯著的均等結果，大大超過了以往發生過的任何事。大概沒有比這更能夠彰顯出戰時和平時的所得分配不均有多麼不一致了。相較之下，第一次世界大戰的資料不僅比較不足，而且難以詮釋。我會在後文中討論為什麼在由戰爭帶來均等的過程中，各個國家會在時間上出現我們看到的這些差異。

和高所得的占比比起來，國民所得分配的吉尼係數的資料比較不完整，但是也一樣在戰時出現明顯的不連續性。因此，美國的市場所得的分配不均在二十世紀的減少，其實完全發生在一九三〇和一九四〇年代：一項計算結果顯示吉尼係數先是於一九三一和一九三九年之間微幅下降了三個百分點，接著在接下來的六年間，又驟降了多達十個百分點，接著直至一九八〇年之前，都大致維持在一個很小的區間中；而另一項計算結果顯示在一九二九和一九四一年之間，吉尼係數下降了大約五個百分點，在戰爭期間又下降了七個百分點。英國的納稅後所得的分配不均於一九三八和一九四九年之間減少了七個百分點——或許多達一九一三和一九四九年之間的兩倍——其後（到一九七〇年代之前）則保持平穩。日本的證據並不多，但是卻顯示出一個甚至更急遽的下降趨勢——一九三〇年代晚期和一九五〇年代中期之間至少下降了十五個百分點——然後又維持穩定，直到大約一九八〇年之後。[4]

財富集中這樣的變化進一步強調了兩次世界大戰的絕對重要性。在可以得到相關證據的國家中，十個有八個，都是在第一次世界大戰爆發的前夕記錄到最高的財富集中程度。一九一四和一九四五年之間可以見到一次高所得財富占比的分配不均大幅減少（圖12）。[5]

在有可用數據、而且至少涉入一次世界大戰的七個國家中，最富有的前百分之一的財富占比平均下降了十七・一個百分點（相當於有紀錄的全國全部私人財富的六分之一），下降的幅度大約是第一次世界大戰前的平均高點（百分之四十八・五）的三分之一。相較之下，戰後最早有報告的數值和全部紀錄中的最低數值（日期從一九六〇至二〇〇〇年代各自不同）的平均差額是十三・五個百分點。雖然這個數值讓戰後的差距縮小看起來和戰爭時期的規模差不多，不過我們也不能夠忘記後者還包括兩次戰爭之間、以及通常還有一九四五年之後的幾年，因此無法算是在相同基準之下有意義的比較。除此之外，再

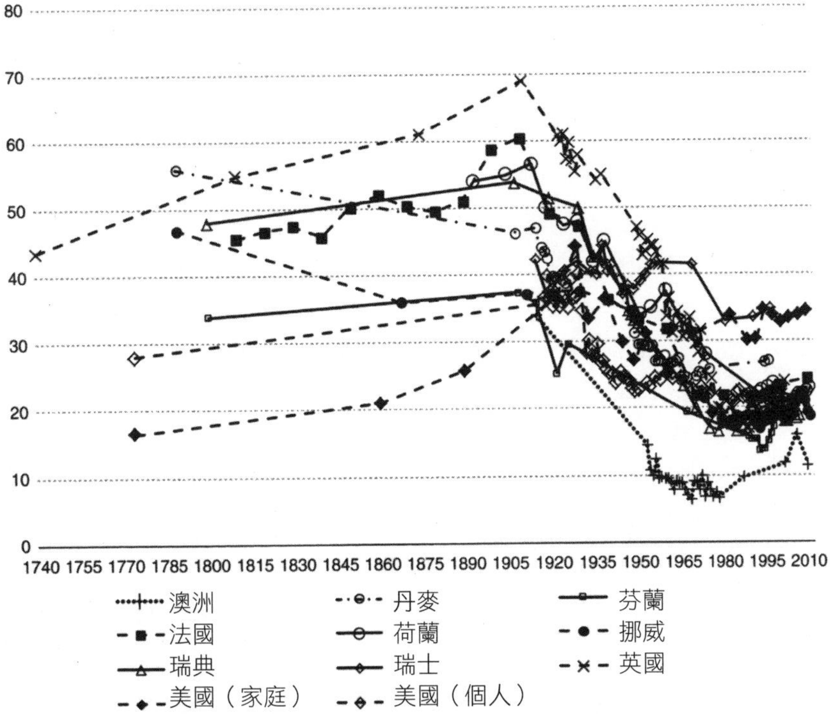

圖12 最富有的前百分之一群體的財富在十個國家中的占比，1740-2011年（以百分率表示）

考量到財富不那麼集中是因為有累進的遺產稅，在戰爭本身結束許久之後，遺產稅依然在發揮效用，因此這個過程當然就會拖得比較長。這裡的重點是這種形式的課稅本身就是戰爭的直接結果（我也將在後文討論）。而且在這些國家中，有五個國家在戰時和兩次世界大戰之間，高所得群體的財富占比降幅就已經占了紀錄中全部降幅的百分之六十一至百分之七十。第六個例子是英國，英國在這段期間的降幅其實也非常大（超過全國私人財富的五分之一）。英國於一九一四年之前的財富集中程度極為明顯，因此戰後的降幅必須更大，才能夠讓高所得群體的財富占比符合新的共通標準（大約百分之二十）。

我們必須注意到最高所得群體與其他人的財富差距縮小，其實遠比最富有的「前百分之一」明顯許多。我們可以舉出一個特別顯著的例子，在法國，最高額的前百分之〇．〇一的資產值在第一次世界大戰開戰之後至一九二〇年代中期，下降了超過四分之三，而在第二次世界大戰期間，又再下降三分之二。這表示它在戰爭期間整體減少了將近百分之九十，而高所得群體的財富占比比戰前減少了不到一半。其中的關鍵當然是「拐點」的時間（也就是世界大戰期間的開端），拐點之前的財富分配不均一直呈現前所未見的擴大，在當時則受到壓制，並且遭到有力的反轉。我們也不能忘記如果缺乏激進的沒收和重新分配，就沒有機制將財富占比重新調整，而且速度和所得占比的重新調整一樣快。[6]

在三個主要參戰國中，私人財富與國民收入的比例（圖13）清楚的告訴我們，菁英的大部分財富在戰爭期間並不只是重新分配，實際上根本就是被摧毀了。最巨幅的下降發生在第一次世界大戰期間，接著在第二次世界大戰期間和前後，又發生了另一次的分配不均縮小。就像是要反映這些變化一樣，最高所得家庭的收入中的資本利得占比呈現巨幅下降（圖14）。這些觀察都強調菁英的損失會首先表現在資本和資本利得。為什麼這兩次戰爭對於資本的擁有者帶來這麼多的不利呢？[7]

世界大戰和世界上發生過的其他戰爭都不同。人力和工業生產的動員暴增到一個先前無從想像的高度。第一次世界大戰幾乎動員了七千萬名士兵，這是戰爭紀錄上前所未見的數字。其中有大約九百萬或是一千萬名都遭到殺害，另外有大約七百萬名平民也因為戰爭、或是與戰爭相關的苦難而遭到傷亡。法國和德國動員了全部男性人口中的大約百分之四十，奧匈帝國和鄂圖曼帝國為百分之三十，英國是百分之二十五，俄羅斯是百分之十五，美國則是百分之十。作戰資金也需要巨額的財政資源。在我們有資料的主要參戰國中，不論是哪一國，由國家強行徵收的金額在

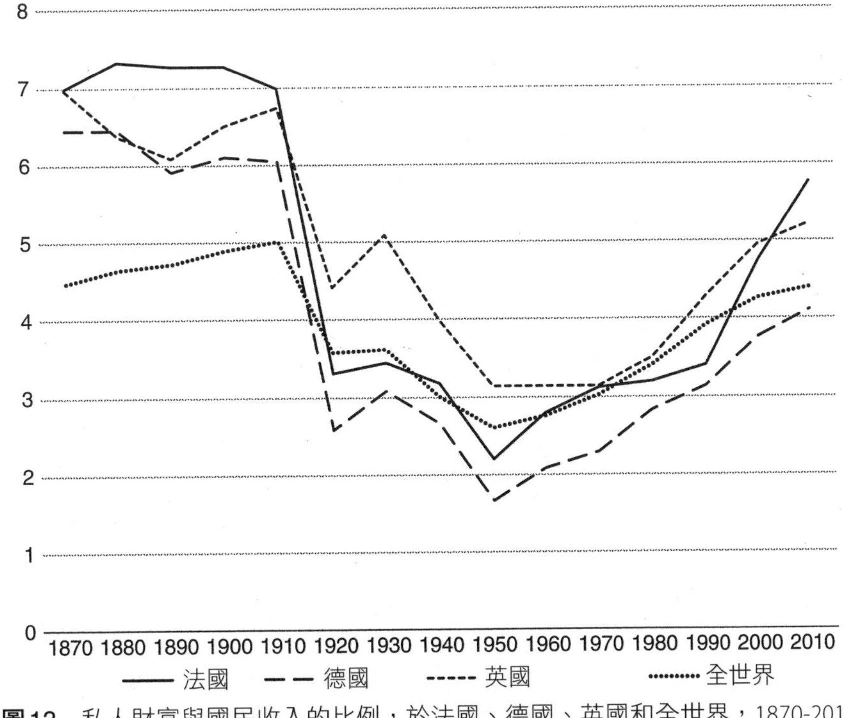

圖13　私人財富與國民收入的比例，於法國、德國、英國和全世界，1870-2010年

GDP中的占比都增加了四到八倍（圖15）。[8]

法國和德國都損失了大約百分之五十五的國家財富，英國則是百分之十五。第二次世界大戰的狀況又更糟了。第二次世界大戰動員了超過一億名士兵，其中有兩千萬名以上死亡，也有五千萬名以上的平民死亡。主要參戰國生產了二十八萬六千輛坦克、五十五萬七千架戰鬥機、一萬一千艘大型軍艦，以及超過四千萬把步槍，再加上許多其他的武器裝備。戰爭的總花費和損失（包括生命的損失）據估計為四兆美元（依照一九三八年的幣值計算），是戰爭爆發當時全球一年的GDP的不只數倍之多。征

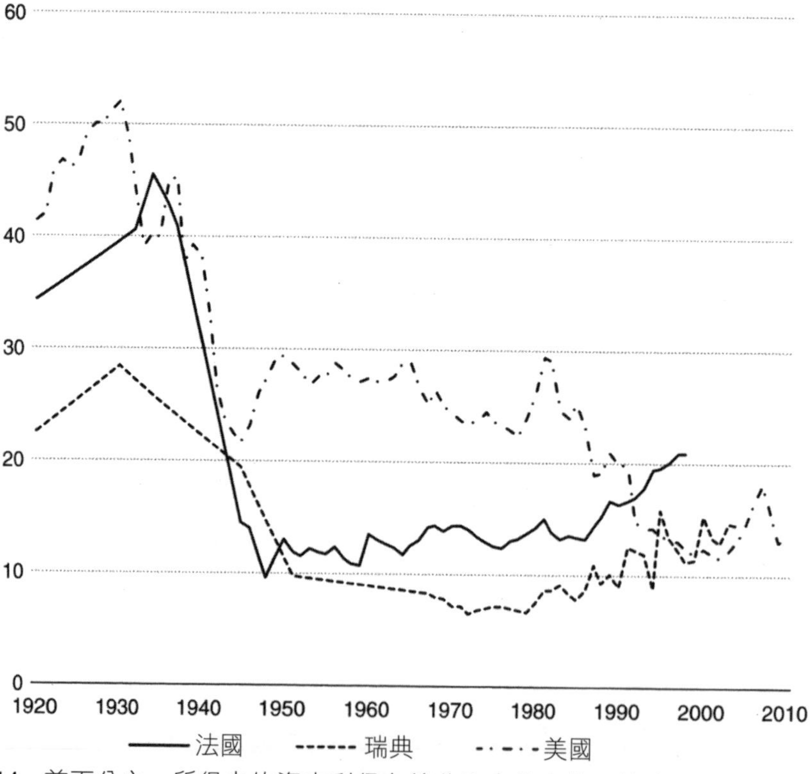

圖14 前百分之一所得中的資本利得在總收入中的占比，於法國、瑞典和美國，1920-2010年（以百分率表示）

服又將國家用的比例推向了令人震驚的程度。一九四三年，德國確定將相當於國民生產毛額（ＧＮＰ）的百分之七十三用於國家，其中幾乎全數被用於戰爭，有部分還是從被征服的人民身上壓榨出來的。也有一項說法認為日本在次年的花費高達ＧＤＰ的百分之八十七，也一樣是大量動用了這個正邁向毀滅的帝國的資源。[9]

　　這些龐大的鬥爭大概都是靠著舉債、印鈔票和徵稅來支持。舉債可能會轉化成未來的稅收（為了支付債券的利息）、通貨膨脹（因此減損其價值），或是乾脆拖欠不還。只有為首的西方強權能夠成功的撐過通貨膨脹。一九一三和一九五〇年之間，美國和英國的物價

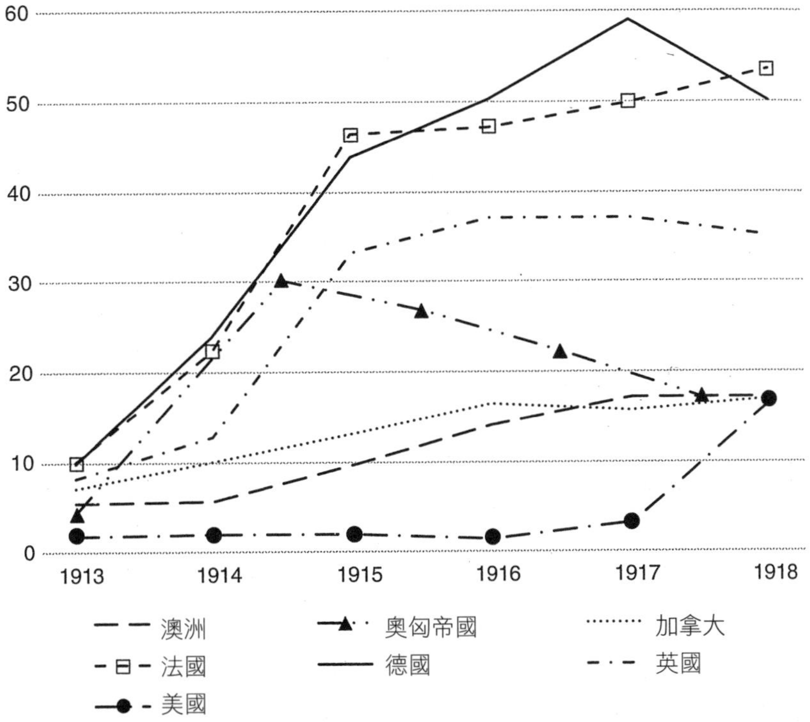

圖15　七個國家的政府花費在國民收入中的占比，1913-1918年（以GDP的百分率表示）

只上升了三倍。其他參戰國就沒那麼幸運了：在同一段時間內，法國的物價上升了一百倍，德國則上升了三百倍，日本光是於一九二九和一九五〇年之間，物價就增加了兩百倍。債券持有人和靠著利息等生活的人變得無以為繼。[10]

在有徵收所得稅的國家中（即使是發展程度最高的國家），一九一四年之前的邊際稅率都還很低。高稅率和大幅的累進稅率都是隨著戰爭而發生。人民在第一次世界大戰期間和戰爭剛結束的那段時期，可以明顯感到稅率提高了，稍後於一九二〇年代又往下降，不過再也沒回到戰前的低點。稅率於一九三〇年代又往上升——通常是為了解決「大蕭條」帶來的結果——並接著在第二次世界大戰時達到新高點，再從那個高點慢慢往下降（圖16）。[11]

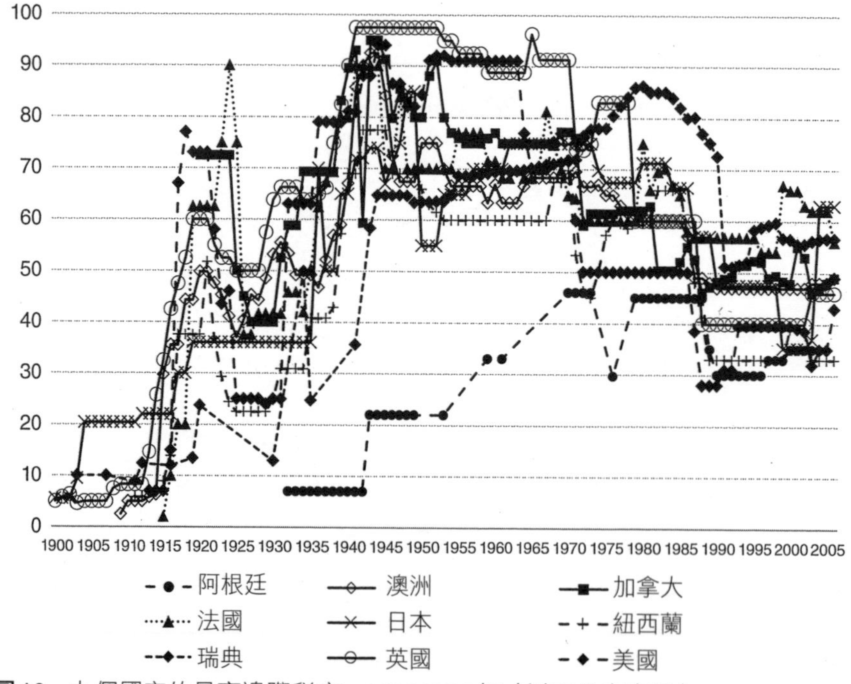

圖16 九個國家的最高邊際稅率，1900-2006年（以百分率表示）

算出不同國家各自發展的平均數，有助於我們了解基本的趨勢，並且強調兩次世界大戰是如何成為金融發展的重要轉折點（圖17）。[12]

圖17確實表現出戰爭的極度重要性。我們可以看到日本在這些國家中一枝獨秀，採用了比較高的最高所得稅率（這是為了應付日俄戰爭〔一九〇四至一九〇五年〕的需要），在某些方面，這可以說是為了第一次世界大戰所做的彩排。非參戰國瑞典在第一次世界大戰期間並沒有出現最高稅率，一直到下一次世界大戰才出現。最明顯的是阿根廷，阿根廷在兩次世界大戰中都沒有受到波及，因此呈現出一個完全不同的模式。肯尼斯．沙夫（Kenneth Scheve）和大衛．史塔薩瓦基（David Stasavage）在他們的採樣中，發現戰爭對於參戰國的

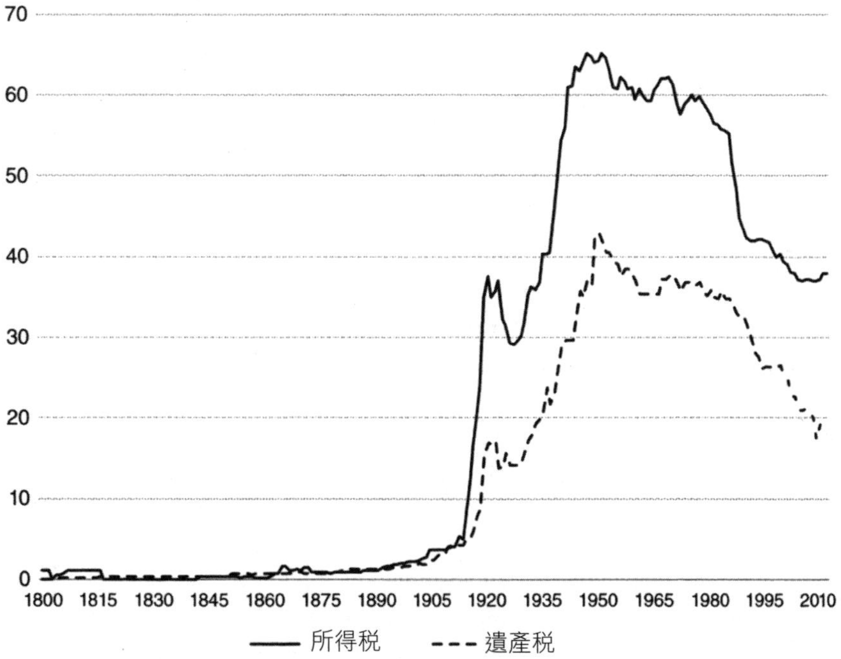

圖17 二十個國家的所得稅和遺產稅的平均最高稅率，1800-2013年（以百分率表示）

財政會有顯著影響，而其他國家的反應就弱得多了。[13]

軍事的全面動員、稅率的累進分級和瞄準高收入的菁英財產，構成了在財政上邁向均等的三個主要要素。沙夫和史塔薩瓦基認為全面動員的戰爭之所以會有不同的徵稅策略，並不只是因為它們的花費昂貴，更具體的來說，同時也是因為它們需要更多的社會共識，這形成了要從富人身上不合比例的榨取大量資源的政治壓力。全面徵兵本身並不是造成均等的力量，因為年紀或是特權等因素，富有的菁英可能比較不必服兵役，而且可能因為參與軍事工業而獲得商業上的利潤。如果要達到公平，軍事徵兵必須要附加「兵役稅」（即不服兵役者必須繳納稅款），就像是英國工黨於一九一八年的宣言中所稱的以勞務納稅。對於戰爭期間的獲益所課的稅也特別受到重視：在第一次世界大戰期間，被認為是「超額」收益所面臨的最高稅率在英國為百分之六十三，在法國、加拿大和美國更是高達百分之八十。羅斯福總統於一九四〇年要求採取類似措施，「這樣才不至於讓少數人犧牲多數人而獲利」。戰時對於公平的關注，也讓人同意要對不勞而獲的收入加上比較重的負擔：雖然累進的所得稅是縮小分配不均的有力方式，不過對於富人有絕對強烈影響的，其實是遺產稅。[14]

追求均等的做法會根據政體的種類帶來不同的後果。在第一次世界大戰時，英國、美國和加拿大等民主政體都已準備要「敲富人的竹槓」，但是比較獨裁的體制（像是德國、奧匈帝國和俄國）則寧可舉債或是印鈔票，以支持他們的戰爭開銷。不過後者日後也付出了高昂的代價——像是惡性通貨膨脹和革命等衝擊——一樣使得貧富的分配不均縮小了。尤其是在第一次世界大戰期間，因為還未確定要如何為這樣全面動員的戰爭提供資金，所以國家之間邁向均等的機制存在著極大差異。[15]

法國是受兩次世界大戰影響最大的國家之一，法國本土在第一次世界大戰時是戰場之一，在第二次世界大戰期間也有兩次遭到入侵和占領。在第一次大戰期間和戰爭結束後的那段時間，法國有三分之一的資本存量遭到摧毀，資本利得在全國家庭收入中的占比下跌了三分之一，GDP也縮小了同樣比例。徵稅的上升速度很慢：戰爭初期的最高遺產稅率只有微不足道的百分之五，雖然在一九一五年首次引進所得稅，不過實際上在戰爭結束之前，最高稅率都還是很低，直至一九一九年才大幅上升。一九一六年開徵的戰爭利得稅也一樣是在戰爭結束後才帶來大量稅收，就和提高遺產稅的效果一樣。這個滯後效應（再加上戰爭後嚴重的通貨膨脹）說明了為什麼高所得占比的分配不均縮小，主要是出現於一九二〇年代（而不是戰時的那幾年），戰時的收益反而是暫時呈現相反的效果。到了一九二〇年代中期，最高額的前百分之〇・〇一的資產平均值（和戰前相比）已經下降了四分之三以上。[16]

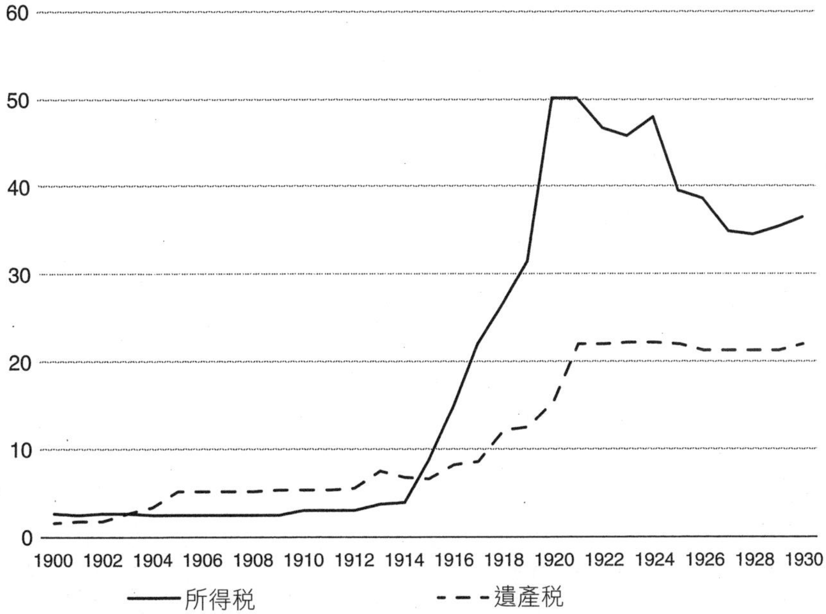

圖18 十七個國家的所得稅的平均最高稅率（以百分率表示）

到了第二次世界大戰期間，對菁英財富的破壞還在繼續——法國被德國占領的四年期間飽受壓榨，還因為盟軍的轟炸和解放運動而受到大規模損害。這一次損失了三分之二的資本存量，是第一次大戰的損耗率的兩倍。在法國擁有最多財富時，國外資產占了四分之一，但是在第二次世界大戰期間國外資產全都沒了。高所得的占比在這段期間驟然下降，戰後的通貨膨脹也在短短數年內損耗了債券和戰爭債務的價值。如同皮凱提所說的，一九一四和一九四五年之間，最富有的前百分之一群體的所得占比總體減少，是因為非工資的所得減少，戰爭、破產、租金管制、國有化和通貨膨脹都讓資本受到衝擊。貫穿了兩次大戰所累積的均等效果是很巨大的：百分之一萬的通貨膨脹讓債券持有人像是持有廢紙，實際租金於一九一三和一九五〇年之間下降了大約百分之九十，還有一九四五年的國有化、對資本持有的一次性稅收（對象為高達百分之二十的高額財富，而若是在戰時有大量成長的財富，則達到百分之百），都讓資本的累積被重設至將近為零。因此於一九一四和一九四五年之間，最高額的前百分之〇・〇一的資產值下跌了甚至超過百分之九十。[17]

在第一次世界大戰期間，英國的最高所得稅率從百分之六上升至百分之三十，戰時對公司新開徵的利得稅——直至一九一七年已經上升至百分之八十——則成為一枝獨秀、國家最重要的稅收來源。國家在這一次世界大戰中損失了全國財富的百分之十四・九，在第二次世界大戰中又損失了百分之十八・六。最富有的前百分之〇・一的所得門檻在第一次世界大戰期間從平均所得的四十倍降至三十倍，在第二次世界大戰期間，又從三十倍降至二十倍。扣除納稅後的高所得占比於一九三七年之後才有紀錄，不過其下降幅度更為明顯——一九三七至一九四九年之間，最富有的前百分之一所得的降幅幾乎達到一半，前百分之〇・一的所得則是三分之二。在所有私人財富中，最高額的前百分之一的財富占比從百分之七十縮小到百分之五十——雖然不像是同時期的法國從百分之六十跌至百分之三十那樣戲劇化，但是無疑的也夠具有指標性了。[18]

在大西洋的對岸，美國的經驗顯示即使沒有物質的破壞和嚴重的通貨膨脹，戰爭還是會讓社會向均等跨進一大步。美國最富有的前百分之一的所得占比共發生了三次下降，分別是在第一次世界大戰時（下降了將近四分之一）、經濟大蕭條（Great Depression）時（也是下降了差不多比例），和在第二次世界大戰時（再下降了剩餘的百分之三十）。總的來說，一九一六至一九四五年之間，這個頂層的階級在全部所得中的占比減少了大約百分之四十。就像在其他國家一樣，這個趨勢在最上層階級也比較明顯：因此在同一段時期內，前百分之〇・〇一的所得占比下降了百分之八十。所得占比的急降顯示這類減損大概都是因為資本利得減少而發生。高所得群體的財富占比在經濟大蕭條時期減少得比第二次世界大戰時更多，從大蕭條的巔峰時期漸漸下跌了三分之一。與其他主要交戰國相比，在美國，主要是經濟大蕭條（相較於戰爭本身）對所得和財富的分配不均的縮小發揮了重大功效：我會在第十二章重新討論這個論點。[19]

雖然如此，不過戰時帶來的均等還是很重要，為了金援戰爭而急增的累進課稅也對這個過程很有幫助。一九一七年的《戰時稅收法》（War Revenue Act）將附加稅的最高稅率從百分之十三提高至百分之五十，並對投資的資本超過百分之九以上的獲利課徵百分之六十的稅（原本只有百分之二十）。由於戰爭的花費還一直在升高，所以戰爭結束後，就於一九一八年立刻通過了《稅收法》（Revenue Act），決定對最高額的所得和超額利潤徵收更高的稅率。所得五萬美元的法定稅率從一九一三和一九一五年的百分之一・五提高至一九一八年的百分之二十二，所得為十萬美元的稅率則從百分之二・五增加為百分之三十五。在一九一六年，為遺產稅設立了新的最高稅率，但是在翌年便從百分之十增加至百分之二十五。只有戰爭才能夠說明為什麼出現了這麼具侵略性的干預：「完全是為了因應第一次世界大戰動員所需要的政治，才創建了民主集權的稅務體制。」雖然一九二一和一九二四年的《稅收法》廢除了對超額利潤的課稅，也大幅降低附加稅的稅率，不過留下來的最高稅率依然大大超出了戰前的水準，最重要的是遺產稅也還留著。因此，我們可以觀察到戰後的財政有某種程度的放寬（而高所得也在同時間開始重新激增），但是在同時，政府也聲稱即使有越來越多的漏洞挖空了累進稅制，所得和財富的占比還是有「棘輪效應」（ratchet effect）。[1]

其後的均等有部分是因為對所得和繼承的財富課徵了很高的邊際稅率而帶來的。這個過程與羅斯福的新政同步展開，並且在戰時達到最高點。如同羅斯福所說的——在「這個國家危急存亡之秋，所有的超額收入都應該用來打贏這場戰爭」，因此所得稅和遺產稅的最高稅率於一九四四年達到最高點（百分之九十四），一九四一年也高達百分之七十七，適用最高稅率的門檻也漸漸降低了，因此可以畫出一個比較大範圍的高所得圈。對超額利潤的課稅也捲土重來。而在同時，行政機構和工會都抗拒聯邦的營業稅，因為營業稅的本質勢必是遞減的——這對當時的稅收形成了一大限制（即使是在瑞典）。「國家戰爭勞工委員會」（National War Labor Board）會管控工資，這讓經濟體系中的工資所得的分配不均有比較全面性的減少。委員會批准了所有根據一九四二年十月的《工資穩定法》（Wage Stabilization Act）制定的工資，它的計畫是要提高低端（較低收入者）的工資，而非較高所得者，這使得高所得群體在全部工資所得中的占比下降了。相較於較低工資者，最高工資者失去的最多：一九四〇和一九四五年之間，工資分配中的高階有薪階級（位於第百分之九十至百分之九十五）失去了六分之一的占比，前百分之一失去了四分之一，前百分之〇・〇一則減少了百分之四十。企業的反應是提供津貼取代較高的工資——津貼也等於增加了勞工的實際收入。國家干預和干預之後的連鎖反應縮小了工資所得結構的整體差異，這代表其與之前的趨勢有明顯的斷裂（之前的趨勢肇因於「第二次世界大戰期間獨有的因素」）。還有其他因素擴大了這個趨勢。從實際上來說，高級管理人員的報酬在大蕭條期間是持平的，而於一九四〇年之後，則（相對於較低水準的工資）下降了，這個過程不太能夠說是政府干預的結果，而是因為工會力量的提升，而且報酬率也下降至與公司的規模相符。這些發展都一致朝向同一個方向，讓戰時的所得吉尼係數急速下降了七到十個百分點，在同樣的這幾年間，幾項針對非菁英的所得和工資分配的指數也突然下降了，而且大概在其後的幾十年間都沒有再進一步的變化。[20]

加拿大的軌跡則顯得不太一樣，經濟大蕭條在加拿大並沒有對高所得占比造成明顯可見的影響，不過集中的情況卻在第二次世界大戰期間發生了巨幅減少。這個改變是最高所得稅率的大幅增加造成

❶譯注：指行為在經過某個階段之後，就很難回到從前，就像在機械上的棘輪可以將彈簧鎖著而回不了之前的狀況一樣。

關於第一次世界大戰期間的徵稅，特別參見Brownlee 2004: 59-72；Bank, Stark and Thorndike 2008: 49-81。稅率：Bank, Stark and Thorndike 2008: 65, 69-70, 78；Rockoff 2005: 321 table 10.5。引用：Brownlee 2004: 58。Mehrotra 2013也認為第一次世界大戰的衝擊對於激進法律的制定扮演了重要角色，並且成為進一步構思第二次世界大戰的財務措施的基礎。放寬：Brownlee 2004: 59；Bank, Stark and Thorndike 2008: 81。

的——最高稅率於一九四三年高達百分之九十五，而前百分之一高收入群體的實際稅率於一九三八年是百分之三，五年後則上升為百分之四十八。[21]

高所得占比在德國的發展則有點異常，在第一次世界大戰期間——這個有著極為高度的軍事動員率和巨額國家花費的期間——趨勢卻呈現增加（圖19）。[22]

如果說是因為沒有戰爭的破壞，其實不足以說明這個現象。分配不均暫時呈現高漲，是因為獨裁主義的政府要保護戰時的利益——尤其是經營工業的有錢菁英的利益，因為他們和政治以及軍事的領導階層有密切的結盟關係。勞工被組織起來，也被迫要服從紀律，雖然對資本課徵了新稅，不過規模並不算大。德國在這方面的情況和法國很類

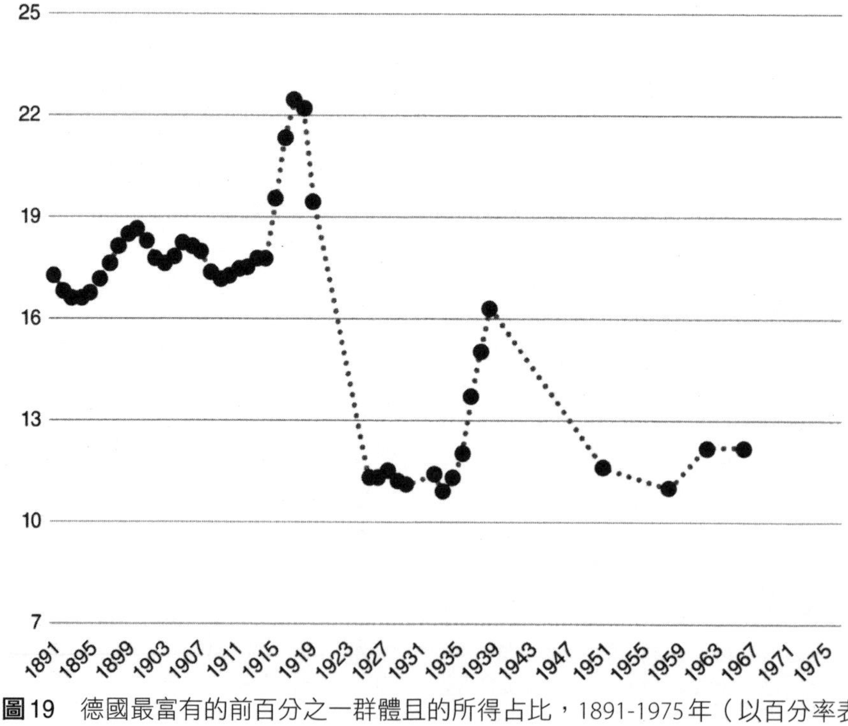

圖19 德國最富有的前百分之一群體且的所得占比，1891-1975年（以百分率表示）

似，在法國有人趁戰爭謀利，再加上低稅率，因此高所得於一九一六和一九一七年就跟著水漲船高。德國政府在第一時間湊集戰爭花費的方法並不是高額和累進的課稅，而是發行債券。通貨膨脹占了花費中的大約百分之十五，不過通貨膨脹被嚴厲的價格控制壓了下去：雖然貨幣基數（money base）❷在戰時增加了五倍，不過躉售膨脹和食物價格的膨脹則分別只有百分之四十三和百分之一百二十九，尚可控制。這和德國的盟國形成了顯著對比——奧匈帝國的消費物價膨脹為百分之一千五百，而（土耳其的）伊斯坦堡的消費物價在同一段時期也上升了百分之兩千一百。[23]

不過，由戰爭帶來的均等只有可能推遲，而無法避免。在戰後幾年間的政治動亂，再加上極度的通貨膨脹，大大壓低了頂層階級的收入，前百分之一群體的所得下降了百分之四十，而前百分之〇．〇一的群體更是暴跌了四分之三。這是發生在菁英階級的情況，位於第九十和第九十九個百分點之間的人就沒有經歷這個狀況，中產階級家庭的所得占比還上升了。貨幣存量的擴張一開始是為了提供戰爭資金，接著就要支付賠款和社會及就業計畫了，戰爭促使革命發生於一九一八年，就業計畫便是這次革命直接造成的結果。對價格的控制於一九一九和一九二〇年畫下句點，這使得先前遭到壓制的通貨膨脹變得一發不可收拾。從一九一四年的夏天至一九二〇年的一月之間，柏林一個四口之家的消費者物價指數從一增加到七．七，但是到了一九二三年的十月，已經變成五兆了。收租者的損失最大：他們在國民收入中的占比從百分之十五驟降至百分之三——而企業家的占比還是大致維持不變。在整體財富縮水的同時（一九二三年的實際國民收入比一九一三年少了四分之一至三分之一之多），貨幣

❷譯注：指中央銀行發行在外的通貨總額。

財也因為通貨膨脹而遭到破壞，這擴大了均等的效果（因為貨幣資產原本的分配比較不均）。政策的改變也有助於促進這個邁向均等的過程。在戰後的幾年，對低薪勞工的薪資調整使得工資的差距縮小，一九一三至一九二五年之間，轉移支付（補助）❸在國民收入中的占比已成為三倍。最高遺產稅率於一九一九年從零變成百分之三十五，也絕非巧合。[24]

國家的社會主義規定隨後又恢復了高所得的占比，因為消費和工資成長被加上了限制，急速發展的軍備工業獲得了利潤，猶太人的財產則遭到沒收。在第二次世界大戰期間，德國從法國、荷蘭和挪威榨取了國民生產中的百分之三十至四十，因而降低了對國內徵稅的需求。戰爭期間並沒有針對分配不均的措施，但是在此同時，情況也大致底定了，高所得占比降回惡性通貨膨脹之後的水準。這比較不是資本損失所造成的，而是因為輸出減少、財務改革和通貨膨脹的結果。工業資產的物質毀壞其實很有限，因為同盟國的轟炸目標大概都是交通建設和平民住宅，甚至於一九三六和一九四五年之間，工業資本的總值還成長了五分之一。但是工業淨產值於一九四四和一九五〇年之間卻下跌了幾乎四分之三。戰爭結束之後，國家也有三年期間面臨到嚴重的通貨膨脹，最高遺產稅率在一九四六年成長為四倍——從百分之十五增加至百分之六十。戰時的強制勞動力造成的損失使得勞工不足，工會又重新設立，占領當局也施行了工資的控管。就像在第一次世界大戰時一樣，我們看到的大部分均等結果其實都發生在戰爭剛結束的時候。[25]

在荷蘭，戰爭利潤讓高所得的占比在第一次世界大戰早期便向上攀升，經過短暫的上升之後，在戰後的不景氣期間（一九二〇至一九二三年）又持續呈現巨幅的下降，國民收入中的資本占比也從百分之七十五減少為百分之四十五，淨收入的分配不均也大幅縮小。高所得的占比在經濟大蕭條期間又再次下降，在德國占領期間也有差不多的降幅。最高所得的群體在第二次世界大戰期間受到的打擊尤其大，前百分之〇・〇一的所得占比減少了百分之四十。德國當局採行的工資控管在解放之後仍然繼續維持，對於最低收入的階層是有利的；租金凍結於一九三九年的水準。戰後為了修復損害，之前維持偏低的稅率便開始飛漲。[26]

在第二次世界大戰期間，涉入戰爭甚多的芬蘭也經歷了前百分之一的所得占比的巨幅下跌，一九三八和一九四七年之間減少了一半以上，應納稅所得的吉尼係數也在同一段時間從〇・四六下降至〇・三。在丹麥，前百分之一群體的所得占比減少了六分之一，前百分之〇・一則是四分之一（在這裡都是指一九三九至一九四五年之間），前百分之一的財富占比則於一九三〇年代晚期和一九四〇年代晚期之間下降了四分之一。在德國占領期間，丹麥政府大大的提高了稅金，並調整工資。這與其他戰爭一樣，帶來了和第一次世界大戰完全相反的後果，在第一次世界大戰時，因為缺乏重新分配的政策而讓分配不均的狀況惡化（雖然高所得群體的財富占比在當時其實是有減少的）。最後是挪威——另一個曾經受過德國占領的斯堪地那維亞國家，挪威的高所得占比也一樣大幅下降，而且比戰後快得多。一九三八和一九四八年之間，前百分之〇・五的群體在全部所得中的占比幾乎減少了三分之一，高所得群體的財富占比也在那時候開始下降。[27]

這個快速的概論顯示出雖然帶來均等的確切方法在每個國家都不太一樣，不過整體的結果是類似

---

❸譯注：指政府或企業無償支付給個人或是下級政府，增加其收入和購買力的費用；它是一種收入再分配的形式，包括養老金、失業救濟金、退伍軍人補助金、農產品價格補貼、債券利息等。

的。低儲蓄率和壓低的資產價格、物質破壞和國外資產的損失、通貨膨脹和累進稅制、租金和價格的控管以及國有化，都各自帶來了不同程度的影響。這些因素都使得所得和財富的分配不均縮小，但是因為各自的結構不同，也造成了各異的規模和時間。它們都來自於同樣的源頭——全面戰爭的壓力。皮凱提大膽的歸納他的祖國（法國）的經驗，認為：

> 從很大的程度上來說，是戰爭的混亂——再加上隨之而生的經濟和政治的衝擊——縮小了二十世紀的分配不均。在通往均等的路上，並不存在逐步發展、一致同意、沒有衝突的過程。在二十世紀，是因為戰爭——而不是和諧的民主或是經濟的理性——磨滅了過去，讓社會得以重新開始，不必背負之前的紀錄。[28]

*

這個全面的聲稱帶來了一個問題：到底這能不能夠一體適用？我們可以用兩個方式來檢測這個結論：一是看看是不是所有參戰國都有不同的結果，或是把參戰國的經驗和沒有直接參與這些戰事的國家拿來做個比較。第一種檢測方法可能比我們預期的更難。如同我們在前文（表3和4）所看到的，世界大戰期間的暴力混亂具有相當的重要性，所有參戰國的高所得占比（只要有相關證據出版）都可以完全支持這個論點。但不幸的是，這項調查卻不包含主要的幾個對象：第一次世界大戰時的奧匈帝國和俄羅斯，以及兩次世界大戰期間的義大利。比利時在兩次大戰期間也都受到嚴重攻擊，但是也不包括在內，更不用說是這段期間被稱之為「血腥大地」（bloodlands）❹的中歐和東歐國家了，或是第二次世界大戰期間的中國。我們現在只能夠說並沒有什麼矛盾的證據足以質疑這段期間的均等趨向。對收入吉尼係數的唯一重建資料並沒有指出任何與戰爭有關的重大改變，目前只知道義大利是唯一可能的例外，也無法確定這具有多大價值。[29]

第二種檢測方法則顯示出在第一次世界大戰期間，有幾個中立國的分配不均呈現擴大的趨勢。荷蘭最富有的前百分之一群體的所得占比激增了三分之一，一九一四至一九一六年之間，從百分之二十一漲至百分之二十八，直至一九一八年又跌回百分之二十二。在戰爭早期高度壟斷的利益和紅利是其原因，但是這也很快的就被原料的缺乏壓過去了。隨著戰事的拖延，荷蘭也無法迴避動員的需求，公共支出也日益增加：國家支出增加到不變價格（constant price）❺的兩倍以上，軍隊從二十萬人的部隊擴充至四十五萬人，還推出要控管食物生產和分配的計畫。新稅制的目的最後也都是為這些變化提供資金，包括高額累進的國防稅，以及對推估的戰爭利潤徵收百分之三十的特別稅（課徵對象為個人和企業）。這些措施很快的壓制住分配不均在一開始的擴大趨勢。瑞典也一樣在第一次世界大戰期間出現了高所得占比一度突然上升的狀況，接著又急速下降（直至一九二〇年），丹麥也是如此。這兩

---

❹譯注：這是提摩希・D・史奈德（Timothy D. Snyder）於二〇一〇年出版的書籍名稱，將遭到史達林和希特勒大量屠殺的歐洲稱之為「血腥大地」。

❺譯注：指用同類產品的年平均價格作為固定價格，來計算各年的產品價值，也就是將歷史上某一時期或時點的價格，作為計算一段較長時期產品價值量的尺度。

個國家的前百分之一群體的所得占比都曾經短暫的（一九一六或是一九一七年）突然上升至異常的高點（百分之二十八）。丹麥很慢才施行對價格和租金的管制，而且直至一九一六年都沒有終止集體談判勞動合同，❻這也在經濟快速成長的同時，壓低了工人的實際工資。徵稅只有略微上升（挪威在這幾年間沒有所得占比的資料[30]）。

相較之下，幾個未受戰爭波及的歐洲國家在第二次世界大戰期間都呈現相反的趨勢。愛爾蘭的高所得占比於一九三八和一九四五年之間大幅下降，不過對這個數據能做的解析很少。一般認為是戰時對價格和工資的控管、以及原料的缺乏導致了這個過程。葡萄牙的最高所得占比在這段期間甚至下降得更多：前百分之〇・一的所得占比於一九四一和一九四六年間下降了百分之四十，但是理由還不明。西班牙也於一九三〇和一九四〇年代大幅邁向均等。我會在下一章討論這件事（這是內戰影響的範例之一）。[31]

在此，我們先不討論瑞士和瑞典——這兩國在後文還會進行更詳細的討論——其實很少有其他關於第二次世界大戰期間的非參戰國的證據。當時的非西方世界中，絕大部分仍然在殖民強權的統治之下，獨立國家大概都位於拉丁美洲，而關於該地的證據通常極少。雖然如此，拉丁美洲的數據還是帶給我們兩個很重要的觀察。其一是阿根廷的所得分配不均的發展，阿根廷顯得十分與眾不同，它在二十世紀早期是世界上最富有的國家之一。在第二次世界大戰期間，阿根廷最富有的前百分之一群體的所得占比呈現空前絕後的高。這個結果堪與第一次世界大戰期間在某些歐洲中立國家觀察到的現象相比，那些中立國的菁英的所得因為戰爭利潤而提高了。外國需求於一九四〇年代早期帶動了阿根廷的經濟成長：英國所需的穀物和肉類有百分之四十是由該國提供。高所得的占比和物資的輸出數量有密切的正相關，因為阿根廷菁英有不成比例的大量獲利都是來自貿易。遙遠的戰事不僅沒有帶動動員和相關的財務支援措施出現、或是壓低資本的報酬，甚至還讓分配不均有短暫的飆升——在歐洲或是地球上任何其他被捲入戰事的地區，都不可能看到相同的方式。第二個觀點來自更一般性的觀察——在所有可以取得相關資料的拉丁美洲，所得的分配不均於一九六〇年代都非常高（這也是最早可以進行系統性比較的時期）。我們選擇了十五個國家，比較它們於一九六〇年代的標準化市場所得吉尼係數的計算值，數值的分布從〇・四〇至〇・七六，平均值是偏高的〇・五一，中位數則是〇・四九。質性實證資料（qualitative evidence）也一樣不支持分配不均在戰爭的早期有下降。在第二次世界大戰期間，智利的分配不均大幅縮小，這要由特定的國內經濟和政府因素來解釋。在第二次世界大戰之後，有幾個拉丁美洲國家的工資分配不均開始上升，與歐洲、北美和日本形成明顯對比。[32]

一項對於前英國殖民地在獨立時的高所得占比所做的調查，顯示其與西方國家的水準比起來相對較高（西方國家已經在不久之前——第二次世界大戰期間——降低了）。有幾個例外，也只是更加凸顯出戰爭影響的重要性。印度的前百分之一群體的所得占比在戰爭期間減少了三分之一以上。隨著進口的減少，得自遞減的間接稅❼的稅收也跟著減少，於是印度政府便對個人和公司的所得優先徵收累進的直接稅。最高所得者的附加稅和公司的超額利潤的附加稅都達到百分之六十六。因此，所得稅

---

❻譯注：指由雇主與工會之間通過集體談判而達成的規定雇傭條款與條件的合同。

❼譯注：指納稅義務人不是稅收的實際負擔人，納稅義務人能夠用提高價格或是提高收費標準等方法，把稅收的負擔轉嫁給別人。

在全部稅收中占的比例增加為三倍——從一九三八和一九三九年的百分之二十三，成為一九四四和一九四五年的百分之六十八：因為課稅基礎只是幾十萬的少數人，因此這個轉變其實是以上層階級為代價。而在此同時，工會成員則幾乎成長了一倍，也更常因為薪資的糾紛而發動罷工。[33]

一九三二年（東非的）模里西斯開始採用所得稅法，該國最富有的前百分之〇．一群體的所得占比於一九三八和一九四六年之間下降了幾乎三分之二。稅金在戰爭期間增加了，而在此同時，菁英族群的所得總額和淨值的占比之間也發生了巨大轉變。一九三三年，所得居前百分之〇．一的人在總收入中的占比是百分之八．一，在淨收入中則是百分之七．六——這個差異是可以忽略的——然而到了一九四七年，這些數值則分別降至百分之四．四和百分之二．九，這證明不只是菁英的所得整體減少了，也發生了財務轉移的均等效果。馬來西亞和新加坡曾經受過日本的（掠奪式）統治，兩者的高所得占比於一九四五年之後也算是相當低，和模里西斯的水準類似，而模里西斯的水準其實和當時的英國和美國也是不相上下。[34]

我現在想要談談瑞士和瑞典，這兩國在兩次世界大戰期間都不是參戰國。瑞士和瑞典具有特殊的意義，因為它們離全面動員的戰爭都很近，但是也都有自己獨特的政治和經濟條件，因此可以顯示出這兩個因素會如何互相影響，並在中立的旁觀社會中造成分配不均的發展。一九一四年瑞士只是一個人口少於四百萬人的國家，但是卻動員了二十二萬名士兵。因為缺乏確實的補償或是就業保障，因此使得許多人陷入困難（但是同時也有人靠著戰爭牟利），勞工因而轉趨偏激，最後釀成罷工，以及一九一八年十一月間的國內軍事部署。聯邦政府、州和地方的總稅收在戰時成長為兩倍（都是靠著在戰時對所得、財富和戰爭利潤的課稅），不過這些項目的稅率都不算很高。戰後雖然有提議徵收直接的聯邦所得稅，以及對財富課徵一次性的稅金以清償戰時的債務（最高稅率訂為百分之六十），不過兩者都遭到否決。取而代之的是於一九二〇年開始徵收新的、更加累進式的戰爭稅，以支付戰爭債務的利息。因為我們沒有一九三三年之前的高所得占比的資料，所以無法確定上述歷史是如何影響所得的分配。富人的財富占比的數據有部分填補了這個空白：最高額的前百分之〇・五的資產占比在第一次世界大戰期間幾乎下降了四分之一。[35]

瑞士於一九三九年動員了四十三萬人的部隊，相當於全國人口的十分之一，不過在法國淪陷之後，則減少到十二萬。有鑑於上次戰爭的教訓，在軍隊服役的人這次都領到了補償金，以事先防範社會的緊張關係又再次被點燃。國家稅收在這段期間的上升幅度甚至比一九一四年之後更小，大約是百分之七十。為了募集擴張所需的資金，國家推行了一連串特別稅：稅率高達百分之七十的戰爭利潤稅（其課徵對象為相關的戰爭利潤）、財富稅（個人的稅率為百分之三到百分之四・五，法律實體〔legal entity〕則為百分之一・五）、以所得為對象課徵的戰爭稅（最後的最高稅率是百分之九・七五），以及高達百分之十五的股息稅。我們可以看到除了戰爭利潤稅之外，這些稅額都不太高，比起當時幾個主要的參戰國，瑞士的累進稅率也沒有特別高。聯邦的其他支出大都由債務支付（債務在戰時增加到五倍之多）。也和第一次世界大戰期間一樣，富人的財富占比下降了：這一次，前百分之〇・五的資產占比減少了百分之十八。而同時，菁英的所得占比則沒有受到戰爭那麼大的影響。前百分之一群體的所得占比只下降了一點點——大約一個百分點，或是大約全部的十分之一——只有最高所得階層（最富有的前百分之〇・〇一群體）的占比於一九三八和一九四五年之間大幅下降了大約四分之一——但這也只不過是回到了一九三〇年代中期的水準。整體來說，瑞士的高所得占比於一九三三和一九七三年之間並沒有太大不同，只有在一個不大——而且偏低——的範圍內（百分之九・七至百分之十一・八）微幅振盪。[36]

整體來說，戰爭動員對於不平等的效果算是很小的。這些國家也和其他地方一樣，因為世界大戰而擴大了直接稅的徵收（雖然這一向只是暫時的措施）。尤其是像瑞士這樣一向抵抗這類增額的做法，如果不是因為有外國的威脅，大概根本不會出現這樣的政策。和其他地方的已開發國家一樣，第二次世界大戰期間的動員意外帶來了戰後對社會公益服務的需求，因而帶動了福利國家的發展。瑞士社會接觸到的相關戰爭經驗因此有助於減少所得和財富的分配不均。富人的財富占比的發展在某個程度上也符合這種期望。不過如果從比較的觀點來看，因為缺乏戰爭帶來的強烈衝擊，也避開了高額的累進稅率，這說明了何以在這段時間和之後，所得分配不均都沒有大幅減少。如果我們考慮到瑞士的政治和金融機構都具有異常分權的本質，而且以國際標準來看，高所得的占比已經很低了，那麼相對而言，比較弱的戰時壓力並沒有帶來更實質的均等，應該也不是意料外之事。[37]

瑞典的分配不均於一九一〇至一九四〇年代之間呈現出一個稍微不同的發展軌跡（圖20）。不過就和當時許多其他已開發國家一樣，外部的衝擊（兩次世界大戰和經濟大蕭條）成為重要的催化劑，帶來了重新分配的財政改革和（最終的）福利國家的擴張。[38]

我已經提到在第一次世界大戰期間，高所得的占比有堪與丹麥和荷蘭相比的短暫高峰。當國家之間的海軍封鎖協定造成食物短缺，勞工的騷亂也使得國家發生動搖時，瑞典的菁英選擇向德國靠攏，因而得以獲得大筆利潤。戰爭末期的反饑餓示威遊行引發了警方強硬的回應。大眾的不滿使得該國誕生了第一個自由社會民主主義（Liberal-Social Democrat）的聯合政府，在離瑞典海岸線不遠的俄國

（十月）革命漸漸擴大的陰影下，聯合政府開始嘗試採取比較進步的措施。戰爭結束後，海外的市場崩壞，造成了工業生產過剩，也帶來財務危機和失業潮。由圖20便可以看出富人遭受的惡果特別多，繼承的財富在國民收入中的比例在當時更是暫時降到了谷底。在這幾年間，首次出現了高額的累進稅率（不過就算是高所得者的稅率還是很低）（圖21）。這些都凸顯出當瑞典漸漸成為世界上所得分配最均等的國家之一時，它的軌跡的確奠基於第一次世界大戰的經驗和相伴而生的混亂。[39]

一旦納粹的戰爭機器火力全開，人們便無法忽視戰爭的進一步影響。一位社會民主黨（Social Democratic）的重要政治人物曾經於一九四〇年說過：瑞典人很快就發現他們自己「住在裝滿彈藥的砲口前方」。瑞典同時暴露在德國和同盟國的壓

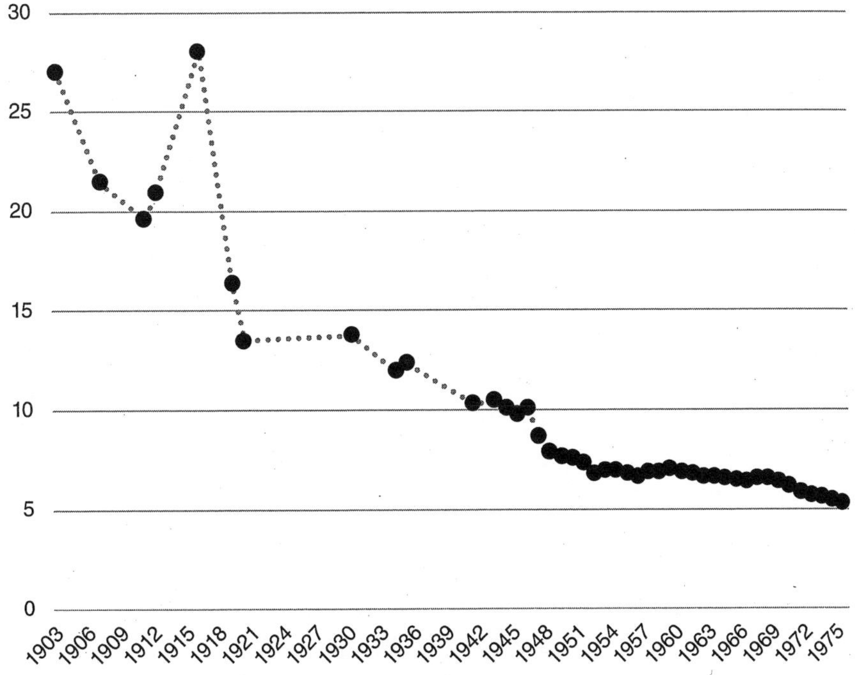

圖20　瑞典最富有的前百分之一群體的所得占比，1903-1975年（以百分率表示）

力下。德國曾經威脅要炸掉瑞典的城市——除非瑞典同意讓德國的運輸補給通過。在戰爭的較後期，德國擬定了一個作戰計畫——萬一同盟國入侵瑞典的話，他們也會同樣的採取侵略行動。瑞典考慮到自己的處境極為危險，因此也大力擴充軍隊。軍事支出在戰爭期間增加了八倍。瑞典的財務對經濟大蕭條並沒有太大反應，不過一九三九年的稅制改革卻大幅提高了最高稅率，也暫時新增了國防稅——只針對最高收入者有高額的累進稅率，而且於一九四〇和一九四二年又進一步加重了。除此之外，法定的公司稅率也提高至百分之四十。這些措施基本上都是為了強化軍事力量。戰爭的威脅讓國家得以明確的揮別一九二〇和一九三〇年代難以處理的政治局勢，因此這些改革在通過時幾乎都是全體一致同意，並沒有太多爭論或是異議。[40]

不過，高所得（在扣除課稅之前）的占比

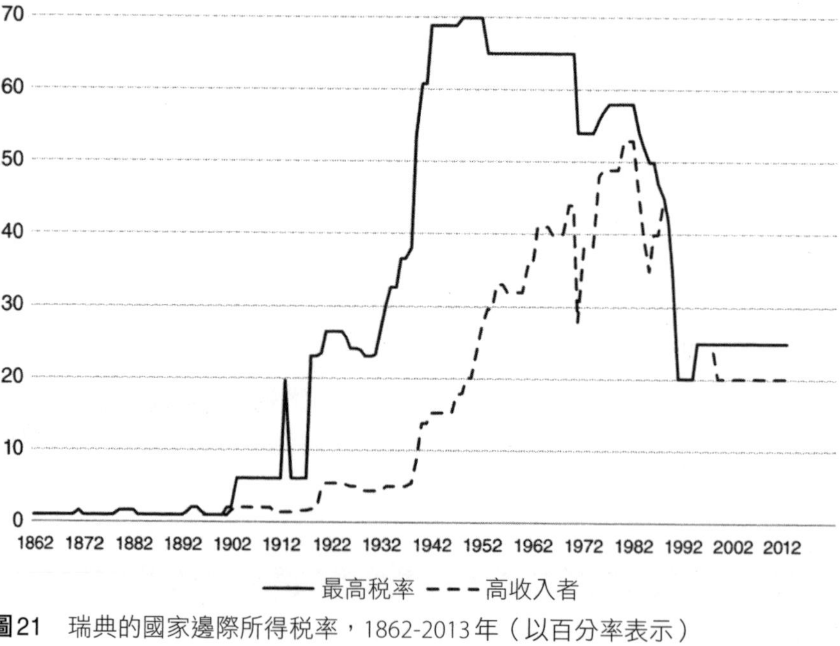

圖21 瑞典的國家邊際所得稅率，1862-2013年（以百分率表示）

還是對戰爭的壓力極為遲鈍（雖然還是有比瑞士更明顯）——不論我們是只計算前百分之一群體的所得占比，還是納入這個階級中更多的菁英。稍早（一九三〇年代）的下降似乎一開始是受到經濟大蕭條的影響，這個說法也與同時間的財富占比的發展相吻合。相較之下，在第二次世界大戰期間並沒有看到高所得的占比有進一步下降，富人的財富占比雖然長期呈現下降的趨勢，但在這時也沒有加速。不過，稍早的研究發現於一九三〇年代晚期和一九四〇年代，各所得的群體都發生了實質的均等化。更明確的來說，就是在戰爭期間發生了最劇烈的均等化，於一九四〇至一九四五年之間，各產業間的工資差距和城鎮與農村的工資對比都跌到了谷底，並因此而縮小了工人之間的所得分配不均。高所得占比的資訊則沒有記錄到這次分配不均的縮小。[41]

除此之外，全面動員帶來的社會效果遠遠超過金融領域能夠做到的。靠著全面的徵兵和志願從軍，過去的右翼軍事力量被改造成人民的軍隊。在六百三十萬人口中，有大約四十萬名男性參軍。大家分攤軍事和民間的勤務，有助於消除既有的不信任，促進團隊合作和彼此的信賴。這造成的犧牲超出了帶來的服務：有大約五萬名士兵因為傷殘、意外和艱困的服役環境而退役。配給也成了消除階級差距的重要手段。戰爭因而提升了同質性和公民的參與。如同約翰·吉爾莫爾（John Gilmour）在關於戰時的瑞典的重要研究中所說的，這個國家——

> 因為戰時的環境而經歷了重大的社會、政治和經濟的斷裂，在一九四五年時蛻變成一個在態度和目的上都有所不同的社會……戰時的徵兵經驗……所提供的模型的確能夠證明佩爾·阿爾賓（Per Albin）[8]許多關於社會均等的理想（其所謂的「國民之家」〔*Folkhem*〕[9]）的基礎……瑞典從

> 戰爭中獲得了對社會的好處，不過卻沒有像參戰國和被占領的國家那樣付出生命和財產的損失。[42]

從這個意義上來說，瑞典其實也經歷了戰爭動員帶來的重大影響，並且促成了後來福利國家的擴張。從長期一點來看，戰爭期間的經驗也對觀念帶來了比較一般性的影響：聯合政府和各方的共識挽救了瑞典這個小國家的遠景，有助於形塑彼此連帶的社會理想，並且靠著重新分配的福利國家加以支撐。[43]

戰後的政策奠基於戰時的稅制基礎和所有人口共通的戰爭經驗，當一九四四年戰爭接近尾聲的時候，社會民主黨和工會聯合會（Trade Union Confederation）一起發展出一個政策計畫，想要用累進稅率的方式，讓所得和財富趨向均等。這是社會民主黨的一部分承諾，他們要保障：

> 大多數人從此不再需要依附少數的資本擁有者，便得獲自由，根據經濟階級建立的社會秩序也要由國民共同體所取代——共同體會以自由和均等為基礎互相合作。[44]

於一九四七至一九四八年的預算提案中，必須支出的花費達到了戰前兩倍以上的水準。雖然其中有些是用於戰爭債務，不過福利也確實增加了。稅率比戰時的最高點下降了一些，但是所得稅的減少卻因為財富稅和遺產稅的提高而抵銷，有比較多的負擔被轉移給富人。社會民主黨的財務部首長埃恩斯特·維格福什（Ernst Wigforss）承認遺產稅會傷害到擁有最大財富的人——他所舉的例子是美國和英國：對遺產課徵的新最高稅率是百分之四十七·五，增加了百分之一百五十。對於該法案的討論，幾乎都只集中在重新分配的觀點，而且爭議不斷。選民根據戰爭經驗而來的意見讓社會民主黨占了上風，瑞典也展開一場充滿雄心的社會實驗。戰時的改革於一九四八年變成永久施行，邁向均等之路也重新展開。[45]

就如同參戰國的稅金和花費在戰爭結束之後依然維持著高水準，這個過程也和戰爭有著密切關係。長年以來，一直有某些政黨和工會倡議要對社會和經濟的分配不均制定重新分配的政策，追求均等。全面動員的戰爭變成了一個催化劑，讓這些理想成為現實。瑞典的例子很有啟發性，它讓我們看到就算只是有限的戰爭動員效果，也足以創造財政的基礎架構，並且帶來政治意願和選民的支持，這些都是實現這種進步政策必不可少的。[46]

「只有革命會帶來世界歷史中的變革時刻，而不是權宜的解決」：從暴力的衝擊到追求均等的改革

兩次世界大戰中的參戰國就更是如此了。共通的一系列事件減少了分配不均的狀況，隨後又繼續維持，或是有幾個例子又更進一步加強了戰時達到的均等：由資本的損失到破壞、徵收、或是通貨膨脹；政策的介入（例如課稅政策和對租金、價格、工資和紅利的控管）造成資本的報酬率降低；戰後

❽ 譯注：瑞典的政治家，從一九二五年起擔任瑞典社會民主黨主席，於一九三二至一九四六年間四次擔任瑞典首相。

❾ 譯注：瑞典社會民主黨在追求福利國家的歷史中最重要的政治概念，指過去的階級社會應該矯正為像「國民的家」一樣。

承諾繼續維持高額和累進的稅制。根據各國的政治、軍事和經濟條件，均等的結果可能來得很突然、也可能是比較循序漸進的，可能集中在戰爭中的那幾年、也可能推遲到戰後的危機時期、或是分散到更長的一段時間。不過結果都一樣——無論該國是戰勝或戰敗、是在戰爭期間或是戰後遭到占領、是民主國家或是獨裁政權。目的在於達到大規模暴力的全面動員促進了所得和財富的分配，而這也是一場跨越國界的大變動。

我們要感謝皮凱提給了我們一個簡明易懂的答案，說明不平等為什麼沒有在一九四五年之後很快的復活。資本的累積是個過程，需要時間，而十九世紀提供了一個有利的條件——多數西方國家在十九世紀的大部分時間中都很和平。資本一旦在世界大戰期間遭到大規模破壞，就十分難以重建了——只要戰時的措施（例如所得稅和遺產稅的累進稅率）還是持續的。當大舉擴張的交戰國漸漸變成戰後的社會國，這些措施更不會消失了，它們會被用於福利提供的管理——這些福利一開始原本是為了對人員和工業資源進行全面動員才採用的金融手段。[47]

戰爭的動員也有助於促使勞工組成工會。這件事很重要，因為工會的高參與率會支持勞資談判與保障勞工權利，這一向被認為是一種帶來均等的力量，就長期來說，也的確與所得的分配不均呈現負相關。雖然如此，但是因為工會的擴張通常是戰爭的全面動員所帶來的，因此並沒有什麼好理由讓人相信工會本身就可以促成所得差異的縮小。從英國的例子裡，我們可以明顯看到戰爭動員效果的重要性——在第一次世界大戰期間和剛結束時，英國的工會成員幾乎成長為四倍，之後有大約十五年的期間連續下滑，在第二次世界大戰期間才又回到原來的高峰。美國的工會組成率曾經短暫的上升，之後又在第二次世界大戰期間跌回原點，並曾經因為兩次衝擊而高升。第一次是經濟大蕭條，經濟大蕭條帶來了羅斯福新政和一九三五年七月的《全國勞資關係法》（National Labor Relations Act），保障勞工可以組織工會和進行勞資談判的權利。人數的初次高漲在幾年之後又呈現停滯，這時戰爭又提供了另外一次強大的動力，讓工會人數在一九四五年達到空前的新高點，之後又很穩定的下降。這個模式的主要元素在已開發國家受到廣泛複製：工會組織率在第一次世界大戰之前還很低，在稍後的階段和大戰剛結束時大幅增加，經過部分減少之後又強力復原，然後在第二次世界大戰期間達到新的高峰。重大的變化都發生在戰後，某些國家的工會人數立刻開始下降，但是其他國家則有比較長期的維持穩定，一直到較為近期才開始下降。在這個調查中，只有幾個國家——最明顯的就是丹麥和瑞典——經歷到實質和持續的增長（超過了第二次世界大戰的水準）。圖22的「經濟合作暨發展組織」（OECD）[10]國家的平均值便清楚的呈現出整體的趨勢。[48]

如果工會人數在世界大戰期間大幅擴張，就會像煞車一樣，阻止分配不均重新復甦——同時搭配累進式的金融措施和其他形式的政府管制。如同我們將在第十二章討論的，民主——和工會的組成不一樣——未必和分配不均有關。但我們還是該注意到世界大戰總是和公民權的擴大有密切相關。馬克斯・韋伯（Max Weber）已經確定其基本的動力如下：

[10] 譯注：是由全球三十五個市場經濟國家所組成的政府間國際組織，其前身是一九四七年由美國和加拿大發起、成立於一九四八年的歐洲經濟合作組織（OEEC），歐洲經濟合作組織成立的目的是執行幫助歐洲在第二次世界大戰之後重建的馬歇爾計畫。

> 各地的民主化基礎在性質上是純粹軍事的……軍事紀律代表民主的勝利，因為社會希望、同時也必須確保非貴族的大眾會共同合作，因此就要把武器、還有政治權力放到他們手裡。[49]

從那時候開始，現代的學術研究就一直和全面戰爭以及政府的權利擴大有關。既然募集大量軍隊需要社會的共識，那麼公民權的擴大就可能是極度的軍事動員在邏輯上必然的結果。如同我將在下一章討論的，這個原則早在古代希臘就開始適用了。如果講近代一點的例子，所有年滿二十五歲的法國男性在革命時期都有選舉議會代議士的權利。瑞士的男性於一八四八年獲得全面的投票權（有兩州的內

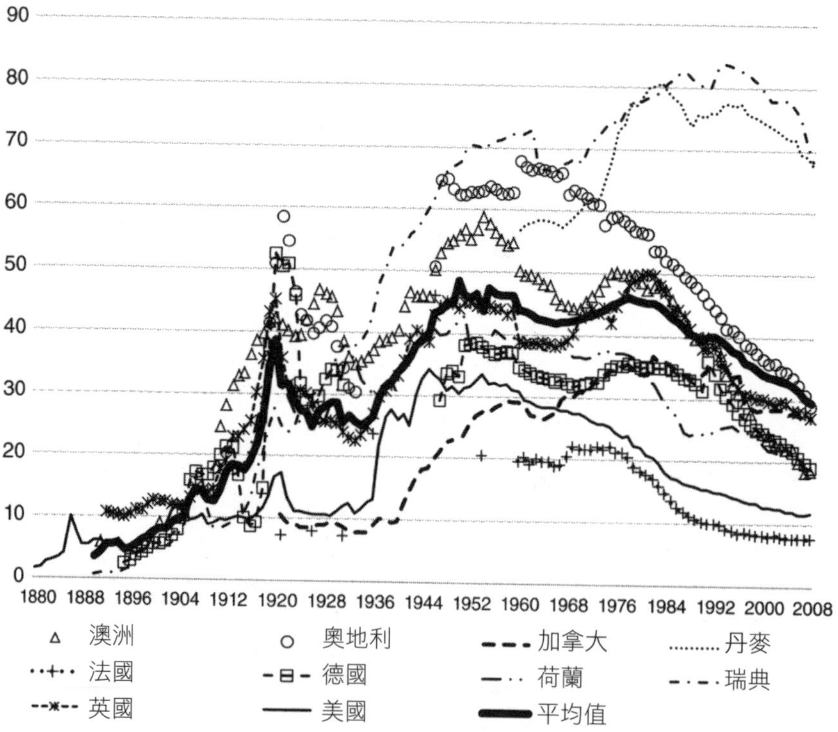

圖22　十個OECD國家的工會密度，1880-2008年（以百分率表示）

戰在前一年才剛結束），美國則是一八六八年（在南北戰爭爆發之後）（黑人是一八七〇年），德國是在一八七一年（結束與法國的戰爭之後），芬蘭則是一九〇六年（因為日俄戰爭而帶來改革之後）。十九世紀和二十世紀早期也有其他次比較有限的投票權擴大，也都被認為是出自於對動亂和可能爆發革命的憂心。相較之下，在早期，與戰爭或是暴力威脅無關的例子極為少見。總的來說，歐洲於一八一五年之後的和平對於政治改革是一種阻礙。直到世界大戰進行全面的空前動員時，才發生了巨大改變。一九一七年荷蘭展開男性的全面普選，比利時、愛爾蘭、義大利和英國則是於一九一八年。一九一五年丹麥將全面普選制定成法律；奧地利、愛沙尼亞、匈牙利、拉脫維亞、波蘭和（當時在法律上所稱的）俄國是於一九一八年；德國、盧森堡、荷蘭和瑞典是一九一九年；英屬加拿大、美國和捷克斯洛伐克是在一九二〇年；愛爾蘭和立陶宛則是於一九二一年。在英國，三十歲以上的女性也在一九一八年獲得了投票權，十年之後則取消了年齡限制。第二次世界大戰帶來了下一波重要的推力，因此魁北克於一九四〇年開始進行普選，法國是一九四四年，義大利是一九四五年，日本是一九四六年，中華民國（不久之後就只限於台灣）和馬爾他是一九四七年，比利時及南韓則是一九四八年。全面戰爭和大眾公民權之間的連結並不只有存在這個年表中，它確實就是存在的。我們在這裡只舉出兩個例子，（第二十八任美國總統）伍德羅·威爾遜（Woodrow Wilson）就試圖以行銷婦女的投票權「作為戰爭的手段」：

> 為了要成功贏得我們正在進行的這場人性的戰爭……我們必須要與婦女結盟。難道我們只是讓她們蒙受犧牲和苦難以及傷亡，而不讓她們同享恩典和權利嗎？

美國的候選人資格僅限於白人的規定，一九四四年被以司法禁令推翻了，當時的公眾輿論反對將「一起在戰時做出犧牲」的少數族群排除在外，這可以說是對公眾輿論的回應。[50]

公民權改革在兩次世界大戰之間又轉趨緩和，這個現象也的確符合我們觀察到的模式，土耳其（一九三〇）、葡萄牙（一九三一至一九三六年的階段）和西班牙（一九三一）在當時開始採用普遍選舉——暫時不考慮愛爾蘭和英國於一九二八年將年齡限制提高。距離大型戰爭比較遙遠的國家——就不是那麼有必要提供讓步或是獎勵以換取全面動員——也以整體來說比較慢的步調開始推動民主化。暴露在全面戰爭中，成為一個促成民主化正式進展的格外重要的推動力。[51]

現代這種全面動員式的戰爭靠著大規模的暴力，用各種不同的方式減少了分配不均。這樣獨特的衝擊經驗影響了戰後的態度。徵兵和配給被認為是常見而且有效的改變動力，在許多受到影響的國家，疏散和暴露在對一般平民進行的轟炸和其他軍事行動中，會更進一步強化戰爭對社會的影響——尤其是於一九四〇年代的前半葉。全國的人口普遍受到這些混亂的全面性影響，因而抹去了階級的區分，並且讓人對於公平、參與和包容、以及承認普世的社會權利有所期待，這些期待從根本上來說，就和戰前的特徵——高度偏向其中一方的物質資源分配——背道而馳。戰時的國家計畫讓集體主義的想法大行其道。許多學術研究都同意兩次世界大戰的經驗是建立現代福利國家的重要催化劑。[52]

第二次世界大戰帶來的巨大災難大大加速了社會政策的進程，因為不同的政治光譜都對戰後的改革和福利的重新分配有所需求，這尤其是一種支撐士氣的重要方式。《泰晤士報》（*Times*）不完全是進步主義的擁護者，但也在法國投降和邱吉爾做出著名預測——「不列顛的戰役即將開始」——的隔天就發表了以下社論，這絕非巧合：

當我們談論民主的時候，我們並非在說一個堅持投票權、但是忘了工作權和生存權的民主。當我們談論自由的時候，我們並非在說一個粗糙的個人主義，但是拒絕社會組織和經濟計畫。當我們談論均等的時候，我們並非在說一個因為社會和經濟的特權而顯得無用的政治均等。當我們談論經濟復原的時候，我們所想的並不是極大化（雖然這也是很需要），而是公平的分配。[53]

高額累進的稅制、工會的組成和民主化是達到這個結果的幾個最重要方式。換句話說，就像是瑞典經濟學家耶斯佩爾・羅伊內（Jesper Roine）和丹尼爾・瓦爾登斯特倫（Daniel Waldenström）在調查上個世紀的高所得占比的變化時，在他們的權威性調查中所說的：

巨大的衝擊大致說明了下降的原因，不過其他原因大概還包括政策的改變，或許還有經濟整體的改變、資本報酬和勞力報酬之間的平衡發生的改變……[54]

都使得現代達成均等時，現代的全體動員戰爭並不具有獨一無二的重要性。既然政策的改變和經濟變遷本身就是兩次世界大戰的產物，因此它們不應該被視為獨立的因素。導致物質的分配差距縮小的政策，在很大程度上也是為了因應戰爭的迫切需要而產生。不管這個結果是蓄意造成的、或是連帶產生的——總之它在各處都發生了。威廉・貝佛里奇（William Beveridge）男爵[11]在戰時提出的大膽訴求認為：

任何針對未來的計畫——它們當然應該根據過去收集的完整經驗，但是不應該受限於在獲得這些經驗的過程中確立的局部利益。戰爭已經徹底破壞了各種里程碑，現在正是把經驗用於全新領域的機會。世界史中的革命時刻就應該進行革命，而不是修補了事，

並沒有被當作耳邊風，在英國沒有，在其他地方也沒有。[55]

雖然經濟變遷當然有許多複雜的方式，不過大都還是全球性的全面動員戰爭所帶來的後果。讓我們想一下彼得・林德特（Peter Lindert）和傑佛瑞・威廉森（Jeffrey Williamson），他們——

認為要訴諸「要素市場」（factor-market）[12]的重大變化（這是於一九一〇年之後的「大幅邁向均等」〔Great Leveling〕階段中發生的現象）：除了軍事和政治的衝擊之外，還有勞動供給的成長減緩、教育進步的加速、不願選擇不具備特殊技術的傾向大減，而且世界的經濟體系更加走向反貿易風，因而偏向來自於美國沿岸的勞動密集型輸入，而減少了美國的技術密集和資本密集型輸出，最後則是金融行業的衰退。

在上述的最後五種發展中，有三種都與二十世紀前半葉的軍事和政治的衝擊密切相關：移民大幅減少、全球經濟整合的中斷、以及金融行業的相對收入減少，這三者都可以看作是這些衝擊的結果和表

現之一，而不是另有意義的獨立因素。在剩下的兩種因素中，教育的供給持續改善，或許會被認為有可能讓分配逐漸走向不均等，不過我們得到的大部分證據還是指出在兩次世界大戰期間，技術溢酬和較高的教育水準得到的回報出現了短暫、不連續的減少。最後一個要素——美國的經濟體系中不具備特殊技術的勞動密集型行業的生產力提升——並不會帶來我們在許多分配不均的指數中看到的快速而實際的差距縮小（這些指數包括高所得的占比、所得和工資的分配、相關的金融行業工資和教育的報酬率）。除此之外，更是每個工業化國家都發生了「大壓縮」的過程（有時候還不只於此）。有些受影響的國家過去也是移民的來源地和其他目的地；金融在某些經濟體系中扮演的角色會遠超出在其他體系中的角色，不同經濟體系中的國民能夠受到的教育程度也各自不同。它們全都共通的一件事就是共同擁有暴力衝擊的經驗，以及這些經驗對於資本的持有、金融／經濟／福利政策和全球交換的影響。從這個觀點來看，戰爭和革命的暴力並不只是許多可以帶來均等的影響因素之一，而是會決定政治、社會和經濟結果的一個絕對無法忽視的力量。[56]

意識形態的行為也不是一個獨立的驅動力：進步的政治組織在安排重新分配時，會提供智識和意識形態的架構，以供戰時和戰後的政策制定採用，不過如果政府有意願、也有能力提供資金，並且要執行更雄心大志（得多）的社會政策，通常是因為爆發了全球性的暴力事件（讓他們得要努力對暴力做出反應）。[57]大眾的均等是因應全面的暴力而生的——還有對於未來可能會有更大規模暴力的恐懼。

⓫譯注：英國的經濟學家，福利國家的理論建構者之一。

⓬譯注：指生產要素的交易市場，是基本的市場類型之一，與產品市場、金融市場並列。

「鐵幕」⑬兩邊的福利國家在戰後擴張，其實都是因為西歐國家和蘇聯集團之間的互相競爭。更具體一點來說，一九六〇至二〇一〇年之間，十八個西歐國家的所得分配不均的發展都有受到冷戰的限制：蘇聯的相關軍事勢力對於其他因素（例如最高邊際稅率、工會密度和全球化）的掌控，對全國的高所得占比具有負面、但是十分重要的影響。蘇聯的威脅看起來是一種對付分配不均的有效機制，同時也有助於促進社會的凝聚力。一九九一年蘇聯解體之後，這個束縛也很快的消失了。在第二次世界大戰結束之後的將近半個世紀，世界大戰終於不再當真有發生的可能性。[58]

⑬譯注：指在冷戰時期將歐洲區分為兩個受不同政治影響的界線，鐵幕以東的東歐屬於蘇聯（共產主義）的勢力範圍，鐵幕以西的西歐則屬於美國（資本主義）的勢力範圍。

第六章

工業化前的戰爭與內戰

「現在沒有什麼可以妨礙進行戰爭所需的動能了」：全面動員戰爭在西方的（重新）啟動

肯尼斯・沙夫和大衛・史塔薩瓦基最近對課稅和戰爭所做的研究中，對現代的全面動員戰爭和過去的斷裂提出了說明。在三十年戰爭結束之後，形成了十三個主要的強權，它們的軍事動員率顯示當人口隨著時間而成長時，軍事力量會隨之增加，但是動員率始終維持穩定，平均為總人口的百分之一或是一・五。兩次世界大戰暫時將平均比率提高為百分之四到四・五（維持了約半個世紀，從一九〇〇至一九五〇年），比先前兩百五十年間的平均水準的三倍還多（圖23）。這很能夠說明現代的全面動員戰爭是個既有力又罕見、能夠帶來均等的力量：如同我在第三章所說的，如果一個地方沒有經歷過現代的全面動員戰爭——除了少數幾個明顯的例外之外——當地的物質分配不均在先前的幾個世紀都一直在增加，或是穩定的維持在高水準。[1]

全面動員戰爭是指有相當比例的總人口在軍隊中服役（例如依沙夫和史塔薩瓦基的分類法，至少要有百分之二），這於一九一四年之前只有偶爾發生。持續期間也一樣重要，如果只是曇花一現，大概對私人資源的分配也不會有什麼重要影響。一八七〇至一八七一年的普法戰爭（Franco-Prussian War）無疑有高度的動員，但是只持續了不到十個月，而且其實在開戰後的一個半月就大勢底定了。在更前一個十年的美國南北戰爭更有機會成為帶來均等的一股力量。雖然南北戰爭一向被視為內戰，但是其實它也有許多大規模國際戰爭的特徵，雙方也都動員了極大量的人力。一八六一至一八六五年之間，（北方的）「美利堅合眾國」（Union，以下簡稱「聯邦」）動員了稍多於兩百萬名的士兵（這大約是其人口的十分之一），（南方的）「美利堅聯盟國」（Confederacy，以下簡稱「邦聯」）也從非奴隸的五百六十萬人口中，招募了大約多達一百萬人參軍，差不多是該陣營的七分之一或甚至是六分之一，或說是全南方人口的大約九分之一（但是這個比例比較不具有意義）。先不考慮年齡結構的差異，這種動員率就算是以日後世界大戰的水準來看，也足以讓人留下深刻印象。法國和德國在第一次世界大戰的動員率是五分之一（這是一個極高的比例），但是美利堅邦聯的付出和這也沒有相差太多（兩次戰爭的期間長短是一樣的），比起美國在第二

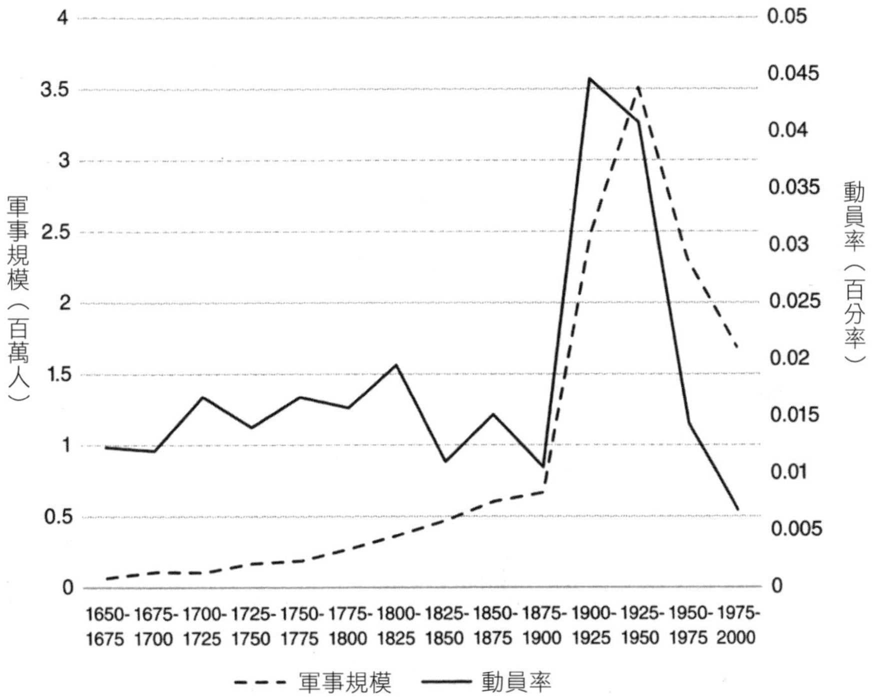

圖23　強權國家在戰爭期間的軍事規模和動員率，1650-2000年（每二十五年的平均數）

次世界大戰期間的動員率（八分之一），聯邦的動員率也沒有低很多，而且還比第一次世界大戰期間（只有百分之四）高出許多。因此，南北戰爭無疑算是一次全面動員的戰爭。[2]

這類衝突的主要特徵——擴大徵兵、歷時多年、巨額的花費和大量死傷——原則上可能對想要達成均等的政策是有利的。但是這並未發生。南北戰爭為財政制度帶來的大幅改變，的確比之前美國領土上發生的任何一次戰爭帶來的改變都要更徹底。一八六二年聯邦開始徵收所得稅，邦聯則是在翌年。不過聯邦的所得稅剛起步的時候，稅率很低，累進稅率也不高，應稅收入的稅率大都為百分之三，最高所得的一群人則是百分之五。一八六四年邦聯創設了稅率略高於百分之十的新納稅級別，這是為了應付「徵兵暴動」❶和早期對於公平的訴求，而將稅率提高。但是這麼做了之後，所得稅還是無法帶來許多收入。一開始保留所得稅是為了支付戰爭債務的利息，到了一八七二年便停止徵收了。（本質上屬於遞減稅的）消費稅一直是稅收的主要來源，唯一能帶來可觀收入的直接稅——對農作物徵收的什一稅❷（這實質上是一種徵用的形式了）——實際上也是遞減的。同時間的邦聯則是倚賴大量印製鈔票，而且完全不干涉通貨膨脹，這讓通貨膨脹一飛沖天，到戰爭結束時，甚至已經超過百分之九千。[3]

戰爭對於不平等的最終效果在南北之間存在極大差異。聯邦的富人靠著供給軍需和承銷戰爭債務❸賺得大量利潤。百萬富翁的人數於一八六〇年代大幅增加。許多著名的企業界大亨——像是約翰·皮爾龐特·摩根（John P. Morgan）、❹約翰·戴維森·洛克斐勒和安德魯·卡內基（Andrew Carnegie）❺——都是因為在南北戰爭期間牟取暴利，而奠定了事業基礎。對人口普查樣本的研究大概都不會反映出這類極高所得群體的（財富）集中（人口普查的樣本指出，這時候的財富分配不均大體上和一八六〇及一八七〇年的程度是類似的，由資產獲得的收入集中程度總體來說也只有稍微再多一些）。相較之下，所得的整體差距在這十年間就有大幅擴大了：（東北角的）新英格蘭（New England）的所得吉尼係數上升了超過六個百分點，前百分之一群體的所得占比則比之前上升了多達一半；其他地區也發生了差不多的變化——雖然通常幅度會小一些。南北戰爭使得北方分配不均的形勢升高，這應該是毋庸置疑的。[4]

敗的南方則是相反的情況，奴隸制度的廢除大幅削弱了擁有大農場的菁英的財富占比。在一八六〇年的南方各州，奴隸占了全部私人財富的百分之四十八．三之多，遠超出所有農田和相關建築物的總價值。奴隸的所有權讓南方的分配不均程度高出了美國的其他地方：到了一八六〇年，美國南大西洋地區的家庭收入吉尼係數已經達到〇．六一，中部東南地區是〇．五五，中部西南地區是〇．五

❶譯注：指一八六三年南北戰爭期間發生的紐約徵兵暴動，不滿徵兵制的許多紐約工人集體攻打北方政府的徵兵機構，暴動的主要理由是依照規定，富人可以繳交三百美金免去當兵，另外一個主要原因則是大量解放後的黑人搶奪了勞工市場。

❷譯注：指稅率為農作物總收成的十分之一。

❸譯注：指代理國家發行國債。

❹譯注：美國的一位金融家及銀行家，曾將兩家電力公司合併成為奇異公司（General Electric Company），還合併了幾家鋼鐵公司組成美國鋼鐵公司（United States Steel Corporation）。

❺譯注：生於蘇格蘭，十二歲時隨家人移居美國，後來成為二十世紀初的世界鋼鐵大王。

表4 1870年的財產與1860年的相對值（1860年＝100），針對南方白人

	財富占比				
財產類型	**0–55**	**55–90**	**90–95**	**95–99**	**99–100**
不動產	46.4	66.0	68.0	77.3	74.3
動產	72.3	32.1	18.8	18.0	22.8
總合	61.9	48.2	38.4	40.8	46.0

七，與之相較，當時的國家整體是〇・五一，而南方於一七七四年也只有〇・四六。雖然擁有奴隸的情況在各處都可以見到（四分之一的南方家庭都擁有奴隸），不過大約有四分之一的奴隸集中在最富有的前百分之〇・五的家庭中。沒有補償的大規模解放奴隸，再加上戰時的混亂和各地的嚴重破壞，讓幾個南方州失去了地方上的大量資產，而且損失不合比例的集中發生在大型農場主人這類型的上層階級身上。[5]

一份一八六〇年和一八七〇年的人口普查數據的樣本提供了最詳細的證據，讓我們可以追蹤南北戰爭期間和剛結束時發生的變化。南方各州這方面的數據證明財富遭到大規模的破壞：人均財富的平均值在這十年間下跌了百分之六十二。這些損失都偏向於發生在富人和擁有資產的階級身上（表4）。[6]

相對於人口中的其他人，最富有的前百分之十群體失去了優勢：他們在所有動產中的占比從百分之七十三跌至百分之五十九・四——雖然不動產的占比有稍微提高，從百分之六十八・四升高至百分之七十一・四，但是他們在總財產中的占比還是從百分之七十一減少至百分之六十七・六。動產的損失程度隨著財富的增加而增加（只有最富有的前百分之一群體例外），而不那麼富裕的人，則是因為不動產的損失帶來的影響比較大。前者的發展在一開始是受到廢除奴隸制度的影響，奴隸制度的廢除使得南方社會上層階級的

表5　南方家庭收入的分配不均

	吉尼係數		最富有的前百分之一群體的占比	
地區	**1860**	**1870**	**1860**	**1870**
南大西洋地區	0.61	0.53	13.7	8.5
中部東南地區	0.56	0.49	12.5	8.5
中部西南地區	0.57	0.48	16.0	7.5

許多動產遭到摧毀，不曾擁有奴隸的人能夠失去的東西就少得多了。這個過程讓南方社會向均等邁前了一大步，雖然比較不富裕的群體擁有的不動產有更明顯的貶值和減少，但是這並未抵銷均等的效果。南方白人在一八六〇年和一八七〇年的財富分配吉尼係數也足以讓我們了解這個事實。雖然不動產的吉尼係數只有小幅下降（從〇・七二至〇・七），不過動產的分配不均則從〇・八二大幅下降至〇・六八。因此總財產的分配不均也算是居中，所有資產的吉尼係數從〇・七九下降至〇・七二。由於這只是一段短期的時間，所以合計後的整體分配不均差距其實有實質的縮小。就算一八七〇年的樣本把被解放的奴隸也包括進去，這個整體趨勢也沒有什麼改變。

所得分配的變化也同樣反映出這個轉變（表5）。整個南方人口的財產所得吉尼係數從一八六〇年的〇・九下降至一八七〇年的〇・八六。總體來說，南方的「前百分之一」在全部所得中的占比下跌了超過三分之一，地區性的所得吉尼係數也遽降了七至九個百分點。[7]

不過南方達到的均等很難說是全面動員戰爭的作用，只能夠說是軍事敗戰的結果。南北戰爭雖然被視為很早期的「現代」全面動員戰爭之一、有工業資源的動員、還策略性的瞄準了平民結構，不過若是講到對於物質分配不均的結果，南北戰爭仍然算是一場非常傳統的戰役，勝利方的菁英可以得益，而落敗的菁英則蒙受損失——而且完全不符合總人口的比例。我會在本章的後段討論這個歷史上十分常見的結果。一八六〇年代發生的事其實只有方法和比較傳統的衝突不一樣，例如徹底的掠奪這件事。這個特殊個案的主要結果就是財富和權力從南方的大農場主人手上轉到北方的資本家之手。由於沒有重新分配的機制——這是因為聯邦政府相對而言比較弱，而且大體上是採用民主制度——勝利方的富有菁英是從戰爭和戰爭相關的經濟發展中獲利，而不是靠著奪取南方的資產。如果是前幾個世紀的戰爭，他們可能還會接收南方的農場，或是將南方的奴隸納為己有。敗戰方的富有菁英失去了資產，但是在南北戰爭的例子中，不是被勝者全面占領，而是遭到徵收（但是沒有補助）。這減輕了他們的損失，因為奴隸受到解放，但是大農場主人的勞動力並未受到剝奪。

而在此同時，因為戰爭的全面性和造成人民財產的普遍損失，結果使得——和比較傳統的前現代戰爭比起來——戰敗需要付出比較昂貴和擾人的代價（傳統戰爭的追求目標和威力都比較有限）。南北戰爭是個合成物，正好位於社會發展的特定交叉點，一隻腳踏著現代性（以全面交戰和全國性的影響為代表），另一隻腳則在過去（代表的做法便是勝利方的菁英可以肆無忌憚的獲取暴利，只有戰敗方的菁英會被剝奪一切資產）。或許這是歷史上最後一次在戰勝方和戰敗方之間出現明顯分配不均的結果。相較之下，從高所得占比的證據看來，在兩次世界大戰中，不論是戰勝國或是戰敗國的菁英一般而言都有受到損失。[8]

在其他近代早期的一連串衝突中，稱得上是大規模全面動員的，應該就只有法國大革命和拿破崙戰爭了。一七九三年的法國正處於極端壓力下，因為它與許多歐洲的主要強權都處於交戰狀態，包括奧地利、英格蘭、普魯士和西班牙。在該年的八月二十三日，法國國民公會（French National Convention）頒布了「全面動員」（levée en masse）的徵兵法令，徵召所有十八歲至二十五歲、身體強壯的未婚男性。當時所用的辭令便是要全面動員的意思——後來也逐漸成為實際的做法：

> 從此時此刻開始，直到敵人被趕出共和國的土地為止，所有法國男性都要永久接受軍隊的徵用。年輕人應該站出來一戰；已婚的男性也應該負責製造武器和運輸設備；女性應該負責縫製帳篷和衣物，以及在醫院工作；兒童則應該拿舊的麻布來做成需要的製品；老人們應該前往公共廣場，激起戰士們的勇氣、鼓吹對君主的憎恨和共和國的團結。[9]

歷史會告訴我們這是一個重要的步驟。卡爾・馮・克勞塞維茨（Carl von Clausewitz）❻為人稱道的軍事生涯就是從那年開始的，當時他還只有稚嫩的十三歲，日後他在遺作《戰爭論》（*On War*）中表示了他對於這個新制度感到的驚異：

> 一七九三年，有一股力量的出現讓所有想像都相形見絀。戰爭突然又成了人民的事——三千萬認為自己是國民的該國人民……國家的全部價值都被拿來衡量。現在所有可用的資源和力量都超過了傳統的限制；現在沒有什麼可以妨礙進行戰爭所需的動能了。[10]

在拿破崙的帶領之下，一支有著前所未見的規模的軍隊橫掃了整個歐洲。一七九〇和一八一五

❻譯注：普魯士的將軍和軍事理論家。

年之間，有大約三百萬名（或說是當時全國總人口的九分之一）法國男性從軍——這種動員已經比得上美國在南北戰爭和第二次世界大戰中的動員程度了。一般認為從法國大革命開始到後拿破崙時期之間，所得的分配變得比較均等（我們將在第八章討論）。不過我們無法確定這個變化是不是主要是由國內的大規模徵收和重新分配造成的，而不是因為法國對外戰爭的花費和戰爭的結果。全面動員戰爭和革命總是會一前一後發生：第一次世界大戰之後的德國和俄羅斯、以及第二次世界大戰之後的中國就是最好的例子。法國的例子比較不尋常，是革命的發生先於之後的全面戰爭。因此我們很難——或甚至是不可能——解析它們帶來的均等效果，只能夠優先考慮革命的因素，並且將戰爭的結果視為革命自然發展之後的產物。因此，我會在第八章討論法國的經驗——以革命的手段帶來了均等的結果。[11]

「從事農業和戰爭的男性」：前現代的全面動員戰爭

軍事的全面動員大致上已經成了現代的現象，至少在狹義上，這個概念是依照前幾頁的定義：在大多數的情況下，都至少有總人口的十分之一加入軍隊服役。把門檻降低的話，我們可以把比較多的參戰國（不論是在拿破崙戰爭或是在兩次世界大戰中）都包括在內，而不必改變整體的圖像。沙夫和史塔薩瓦基提出在一定的時間內，最少必須有國家人口的百分之二在軍隊中服役，這被衍生成如果戰事進行得比較久，就應該要有比較高比例的人口，因為士兵會死亡、或是因其他原因而更換。在前現代的軍隊中，傳染病是造成損耗的重要原因，因此長期的動員（就算只是依照門檻——百分之二——

的水準）還是會讓所有實際符合資格的強壯男性漸漸消耗掉一個很大的比例。即使只是因為這個原因——先不要提經濟、金融和組織上的限制——傳統的農業社會就不太可能有一段很長的時間支持這樣的付出。[12]

有些帝國政體可以派出非常大型的軍隊，但這只是反映出帝國的規模，而不是全面動員的象徵。例如十一世紀的北宋便一直維持著大型軍隊，這樣才能夠控制北方的金人帶來的威脅。據稱北宋的軍隊總人數高達一百二十五萬人，這可能是根據支付的薪餉——其中有些可能被貪污的官員中飽私囊了——而不是當真有這些人數，不過就算是有一百萬兵力，還是沒有超過當時的人口（至少有一億人）的百分之一。發展成熟的蒙兀兒帝國轄下有超過一億子民，不過就連其中的百分之一都沒有動員過。也已經成熟的羅馬帝國的人口是六千萬至七千萬人之間，而其中有四十萬人在軍隊中，也遠低於百分之一。鄂圖曼的動員程度就又更低了。[13]

我們必須要進一步的往回追溯到基督教出現之前的時代，找找看有沒有更可能的例子。中國的戰國時代是最重要的例子。戰國時代是從西元前五世紀至前三世紀，特徵便是七個主要的王國各自鞏固實力，互相進行激烈的軍事競爭。始終見不到盡頭的爭戰讓這些政體變成越來越中央集權的諸侯國（territorial state），一直想要將自己國內的人口和其他資源動員到極限。行政的改組也很可能影響到菁英的權力和物質財富的集中。領土和人民以前是由盤踞在地方上的菁英家族掌控（因為該地是他們的封邑），而到了戰國時代，則是由統治者根據各地區（縣）的制度，將領土和人民直接置於自己的控制之下，推動收稅和徵兵。為了打擊世襲貴族的勢力，國王會將官員調任、免職或者甚至是處死。高階官員過去都是從貴族王室中出身，現在則是從較低階的菁英圈中任命，並且從此之後成為支薪的官員，取得地位完全是為了要替國家服務。到了最後，大部分官員的出身已經不太為人所知，因為之前的家族都被取代了。[14]

行政的改組也可能與土地的整頓有關：在西元前六世紀初，國家重新以劃分井字的方式安排農田，並且以五家作為一個（戶籍）單位。在這個過程中，國家支持私人的土地所有權，還讓菁英無法像以前那樣居中收取租金或是榨取勞力，與中央政府形成競爭。這類干預措施也包括土地的重新分配。據我們所知，最詳細的改革是想要將農村劃分成矩形的單位之後，進行徵稅——它與日後（西元前三五九年之後）商鞅在秦國進行的改革有關。我們在該地區發現的道路和田間小徑都是直線交錯的模式，就表示這些野心勃勃的變化的確有付諸實行。改革者想要劃分成同樣大小的土地區塊，並且依照成年男丁的人數分配給個別家庭。可以實現的話，這將使得農村的平民人口擁有比較均等的資產。不過，軍事的獎勵又重新帶來了差距：在戰國時代的秦朝末年，士兵每砍下一個敵人的頭，就會在軍伍上晉升一級，並且得到一定大小的田作為封賞（足以維持五口之家的生計）。除此之外，封地也依然存在——但是大概只是一種取得收入的單位，而不是能夠實際掌控的區域。以秦朝為例，在最高階的十七人中有九個人可以獲得這種來源的收入。雖然封地並非世襲，不過菁英會用各種方法讓封地成為個人的私有物，例如購買，或是借錢給農民，再讓農民身陷債務之中。[15]

這類改組最後的目的是要增加兵力，並且提高戰爭帶來的稅收。農耕人口也被當作儲備兵力的來源：認為農民就等於士兵的想法，表現在「耕戰之士」的概念——「從事耕作和戰鬥的男性」。城市和農村之間的區分也被打破了，所有人口都被視為結合在一起的整體。以雙輪戰車進行象徵性的戰鬥和狩獵，在先前被認為是貴族之間的正當暴力，現在也擴展到平民之間，平民也會被徵召加入全面動員的步兵戰爭。[16]

這整段時期充滿了軍事衝突：一項現代的統計顯示在西元前五三五和前二八六年之間，有多達三百五十八場戰役，或者說是每年都有一場以上。也有為期多年的戰役出現，戰場也橫跨了比較大的地理區域。軍事動員程度升高了——雖然我們無法確認這些數字中到底有多少值得信任（它們通常都有遭到誇大）。因此，幾個重要的國家——齊、晉、楚——大概都有多達一百萬名士兵，或許這大概就反映出當時所有可用的人力資源。有超過十萬名戰士參與的戰役經常可見，而且還有增加的趨勢。最惡名昭彰的例子就是西元前二六〇年的長平之戰，據說在該次戰役中，有四十萬趙國大軍遭到秦軍的屠殺。在西元前四世紀和前三世紀的二十六場主要戰役中，死亡人數總計高達一百八十萬人，另外一項調查的結論也顯示在同樣一段時間中，秦國的軍隊在十五場戰役中，共殺了將近一百五十萬人。雖然幾乎可以確定這些數字都經過大幅膨脹，不過到處都有全面動員和龐大的損耗，應該是毋庸置疑的。河內郡所有十五歲以上的男丁都被動員去支援長平前線的戰役，這件事讓人印象十分深刻。[17]

這些是否都有助於所得和財富的分配均等，其實尚無定論，國家力抗世襲的貴族，並且仰賴支薪的官員和終身的封地，這些都增加了社會流動，也阻礙了財富的跨世代集中。依照區塊把土地授予平民，有助於減少一般人口之間的差異。不過土地的私有化是一把雙面刃。雖然先前的農民都是佃農，所以對於土地實際掌控的吉尼係數非常高，不過私有土地的可轉讓性也加速了土地的重新集中，在漢朝初期對於秦朝統治所提出的批評中，就的確出現了這樣的內容。日後的觀察者認為佃農之所以失去土地，是因為課稅的壓力，和對於國家的勞役義務無法預期，這讓他們陷入了向富人借高利貸的債務中，債主在一開始幫他們渡過了難關，但是最後卻接收了他們的土地，這個主張看起來是有道理的。

沒有盡頭的戰爭不僅帶來了促進均等的土地改革，但是同時也破壞了私人擁有小塊農地的體制。更概括的來說，這個時期就是商業發展、貨幣交易和都市化都有進展的時期，城鎮都是從貴族的領地轉化成較大的城市。這些趨勢都預告了分配不均將日益擴大。有些描述指出農人失去了土地，一變而成為沒有土地的勞工或是佃農，而在此同時，握有資本的人（像是商人和企業家）所擁有的則越來越多，事實也的確如此。在這個脈絡中，國家的確有理由認為剩餘的資源是邪惡的來源，應該藉著永無休止的戰爭讓它們消失。[18]

不過，日益增加的私人產出也不可能全部拿來作戰爭之用。考古學的研究出現了一些令人迷惑的發現。有一項研究注意到在該時期的楚國墓地裡，會同時埋葬低階的菁英和平民。在那之前，身分會決定誰的墓穴裡可以放什麼東西，這是一種階級的表達方式，但是現在則不明顯了，因為所有墓穴裡都可以見到相同的東西。差異現在是表現在數量上，例如墓穴裡的物品有多豐盛、或是墓穴的大小。主要能夠顯示出地位和差異的是各人的財富，而不是儀式性的等級。現在不論是什麼地位的人，墓穴裡都會有青銅武器，不過這是普遍軍事化的象徵，未必表示均等主義已經廣為流傳。[19]

總體來說，戰國時代是對抗勢力之間互別苗頭的競技場，這一方面會縮小、但是另一方面也會促進分配的不均。這些力量不一定是同時運轉的：一開始是均等的力量占了上風，原本穩固的貴族遭到取代，但是隨著時間經過，當富人靠著市場交易（而不是封建權利）想到讓財富重新集中的策略，要把土地重新分配給農人就可能會遭到阻礙。軍事力量的持續擴張與私人財產的增加會同步發生，或許還伴隨著財富的集中。在面對軍事全面動員的強化時，私人財富的分配不均就跟著擴大了，即使國家占有私人的資源也不會抑止這個擴大的結果。甚至在制度上就很符合遞減的稅制，因為那些最沒有資力的人（也就是農人）反而要負擔很重的雙重賦稅——兵役和農產品納稅——但是其他形式的財富卻比較容易躲過國家的需求。當時使用的步兵作戰相對而言花費比較低，因為它主要是靠徵兵、大量生產的武器（大概還包括強制性的勞動力，例如囚犯和其他的國家勞動力，之後的幾個世紀也是如此），以及農人自己生產的糧食。一般認為秦國的田賦比日後的漢朝高出許多。當時的戰爭並不需要支付昂貴的戰備（例如軍艦），否則可能會需要更複雜、或許更有侵略性、更累進的賦稅。我們沒有什麼好理由認為戰國時代的全面動員和長時間的全面戰爭有成功的帶來真正的重新分配。這段時期的全面動員戰爭與邁向均等的關係緊密，我們可以看到重新分配的措施是發動戰爭的方法，而不是結果。現代的世界大戰經驗並不適用。[20]

羅馬共和國時期也差不多是如此，一樣在好幾代的時間中都維持著高度的軍事動員。要確實弄清楚軍事參與率是很困難的。雖然對於後期階段（西元前三世紀晚期至前一世紀）的共和國軍事實力我們有許多可靠的資訊，但是最基本的羅馬公民人口到底有多少，則還無定論，主要得視週期性的人口調查紀錄意義而定。對於軍事動員率的估計，則要看我們計算時究竟是把所有羅馬公民（不管年齡和性別）都包括在內，還是只有追蹤成年男性。證據傾向於對羅馬公民的人數做保守的估計，而這樣的話，估計數字就會顯得整體的軍事參與率很高，甚至有時候還會達到極端的高點。因此，在羅馬和迦太基（Carthage）的「第二次布匿戰爭」（Second Punic War）❼趨於白熱化時，羅馬可能徵召了總人口

❼譯注：是古羅馬和古迦太基之間的三次布匿戰爭中最長、也最有名的一場戰爭，前後共作戰十六年（西元前二一八至前二〇二年），羅馬在這次戰爭之後開始稱霸西地中海，迦太基的實力則大大減退。

的百分之八至百分之十二，這相當於所有十七至四十五歲男性中的百分之五十至百分之七十五。日後在西元前八〇和前四〇年代發生的危機，也導致多達百分之八或是百分之九的人口投身軍旅——即使只是短期的。從比較長期來看，我們的資料來源顯示在西元前二世紀和前一世紀的大部分時間中，有大約一半左右的男性羅馬公民有平均約七年的時間在軍隊中服役。就算我們同意實際上還有更多的公民人口，因此參與率其實比較低——或許減少一半之多——但是依照前現代的標準來看，這依然算是高水準。[21]

不過，這種形式的軍事戰鬥是否當真能夠減少所得或是財富的分配不均，其實還是值得懷疑。雖然掌管國家運作的寡頭政治並未奪取菁英的財富，不過兵役的徵召讓人民必須有段時間離開自己的農田，這對人民普遍帶來了不利的影響。與迦太基作戰的第二次布匿戰爭中有一段插曲，讓我們明顯看出就算在極端的情況下，國家也沒有選擇要針對富人。西元前二一四年，羅馬正處於破產邊緣，在（迦太基將領）漢尼拔（Hannibal）侵略義大利時，情況甚至又更嚴峻了，動員率也達到歷史的新高點。元老院命令國民要獻出一些奴隸擔任海軍的划槳手。要做出多少貢獻是根據階級而定，只是累進的方式並不是很徹底，也不一致。被估定有五萬頭驢子（羅馬時代的貨幣單位）的人——相當於羅馬的七個階級中的第四級，也就是居於中間的地位——必須要提供一名奴隸：資產為十萬頭驢子的人要獻出三名，擁有三十萬頭驢子以上的人是五名，一百萬頭以上的則是八名。特別值得注意的是，公民中最富有的成員卻沒有按照他們的財富比例來課稅，當然也稱不上累進的方式。這種體制是把最重的負擔加在平民人口的較上層，而不是富有的菁英。就算是發生了當真很激烈的緊急情況，羅馬的寡頭統治階級也沒有做什麼妥協（雖然當時的情況應該是可以的），這與民主的政治體制（例如古雅典）

形成明顯的對比（我們將在後文討論），古雅典的做法是對富人課重稅來支付戰爭的花費。[22]

羅馬選擇藉由擴張帝國來獲得稅收：西元前一六七年，唯一直接徵收的戰爭稅遭到廢除（其徵收對象是公民的家庭財產）。羅馬共和國的最後兩個世紀見證了統治階級的財富的大量集中（我已經在第二章中概略的描述過這個發展）。在這段時期，有幾百萬的奴隸被引進義大利，更擴大了財富和收入的差距，又過了很久之後，同樣的情況也在（美國的）老南部重演。成熟的羅馬共和國實際上是由少數的寡頭統治者掌控的，並且越來越依賴由帝國獲得的納貢支撐財源，因此才能夠維持軍事的全面動員，同時也讓分配不均日益加劇。我會在本章的最後舉出一個例子，或許它算得上是這個過程的例外（但是為期甚短）。

這讓我們想到一個顯然最可能符合均等主義、也（靠著人民廣泛的軍事參與）壓制住財富和所得的分配不均的例子：古希臘。青銅器時代的政體都比較大型且中央集權，它們在西元前二十世紀的末期崩壞之後（這個過程以非常大的規模摧毀了等級制度，也敉平了經濟差異——這將在第九章詳述），希臘面臨到劇烈的政治分裂。分裂之後，又發展出歷史上最大規模的城邦（*poleis*）國家文化，最後共有一千多個「城邦」共同組成，總人口在七百萬人以上。大部分城邦都很小：在我們握有資料的六百七十二個城邦中，大部分是二十至四十平方英里大。雖然在歷史紀錄中，最大型也最強大的城邦——最重要的就是雅典——受到不成比例的聲望和注目，不過這些不同的政體都還是有共通的社會政治結構。[23]

這個多元體制的出現和強化從好幾代以來一直都是學者辯論的題目：由於這個過程的早期形成階段的證據很少，所以許多事都還無法確定。最概括的來說，它的發展看似符合約西亞・奧伯（Josiah

Ober）最近簡述的「城邦」的發展軌道，奧伯提出了三個主要問題：為什麼崩潰之後的統治者都無法重新建立起更中央集權的社會秩序，為什麼出現了這麼多小型城邦，為什麼權力如此分散。奧伯認為一方面是因為地理條件不利於帝國合併，再加上青銅器時代的衰落勢不可擋，同時間的製鐵技術廣為散播，也有助於武器的使用變得大眾化，這些因素合在一起，「讓各個城邦相對類似的國家形成途徑（一個明顯**以公民為中心**的路徑）出現了不同的變化」，並且帶來長期後果。在崩潰之後，鐵器時代早期的族群都很窮困，相對而言也不存在什麼區分，而且雖然後來的菁英在人口和經濟重新開始成長時想要恢復階級，不過還是有些族群保持著均等主義的規範，這有助於他們勝過其他族群。

奧伯認為既然鐵製武器越來越廣為散布，而且戰爭主要是採用單純的步兵模式，因此「一個族群中有多少人能夠動員是出於社會的選擇，而非經濟的限制」，奧伯也認為「在這種情況下，以公民為中心的制度無疑會帶來比較高的動員率和良好的士氣，只由少數、排外的菁英統治，無疑會帶來負面的影響」。換句話說，選擇這種特定的環境，有利於發展具有包容性的社會和政治的組織形式。同時，這樣的公民規範也能夠讓某個城邦合併比較不具競爭力的城邦，以加強它們的競爭力，達到成長。雖然持續的經濟擴張——尤其是商業發展和貿易——可能會削弱均等主義，不過決定國家成功最重要的因素，依然是取決於國家有沒有能力動員盡可能多的人投入戰爭。戰鬥的風格越來越趨向方陣的形式，也讓這個因素更加屹立不搖，成熟的方陣形式會採用直線移動的陣式，因此戰爭的成敗很大的取決於兩軍的相對人數。方陣形式的戰爭為動員菁英圈之外的男性提供了重大原因，如果基本裝備（像是盾和矛）確定足以支持人員參與的話，就更是如此了。[24]

雖然軍事戰術的演化和社會政治的制度之間到底有什麼關聯，還沒有定論，不過到了西元前六世紀，大部分的希臘世界的確就是因為要讓步兵戰中有大量的人參與，才發展出公民文化。軍事貢獻必須由許多人共同分擔，因此便形成了龐大的公民組織（在特定的領域內，公民對待彼此都是均等的）。公民權利的傳統再加上統治的業餘性（不存在專門的統治集團），便足以保護公民抵抗有權勢的個人，讓政府的權力受到節制。這樣的體制在大範圍的光譜上有著各種不同的政治做法，從獨裁主義或是寡頭政治到民主制度都有，不過在規定上的平等就是這個體制的特徵。[25]

這種文化在多大程度上可以達到物質資源的均等分配呢？如果將古代的文學證據拿來解讀，我們會看到在所有希臘城邦中，是最好戰的斯巴達看起來能夠給我們一個最直接的例子。根據教會法的傳統，斯巴達在早期階段曾經歷過大規模的改革，該次改革與（很可能是虛構出來的）立法者來古格士（Lycurgus）有關。在改革形成的體制中，最重要的特徵之一便是「食堂共享」這個極端的均等主義制度，該制度要求所有男性（包括高階的領導者）每天分成小組一起用餐，食物是每個團體成員製作的各類食物，並且分成相同的分量。讓土地的擁有變得均等，據說也是這位立法者的功勞：

> 他說服每一位公民將所有土地交出來，然後再度重新分配：因此他們與任何其他人都是均等的，擁有能夠互相支援的同等財產。[26]

根據推測，位於（斯巴達的核心地區）拉科尼亞（Laconia）的所有農田都被分成同樣大小的三萬小塊，其中的九千塊被分配給斯巴達的男性公民，並且由奴隸耕作，公有的奴隸以像是農奴的身分工作，附屬在土地上。這樣既能夠確保全體公民的均等，也能夠避免他們還得追求軍事之外的目標。

動產也屬於重新分配的對象，珍貴的金屬錢幣遭到廢止，禁止奢侈浪費的法律還對私人住宅的投資加以限制。公民都遭到極度的軍事動員：從七歲至二十九歲——差不多就是所有——的斯巴達男性都要接受集體的軍國主義教育和訓練，這種生活制度非常強調忍耐和剝奪。雖然每個人都要和其他人競爭榮譽和地位，因此顯得這種制度的性格十分好鬥，但它還是一樣極為主張均等——這在傳統社會中是很不尋常的——甚至還對女孩進行公共教育（女孩的教育也一樣是優先強調與體能相關的技藝）。這個制度想要達到公民的平等（*homoioi*），這樣便可以將他們的軍事能力擴張到最大限度。據說就是因為這些規定，讓斯巴達的勢力得以不斷擴張，最明顯的例子就是在西元前七世紀征服鄰邦麥西尼亞（Messenia），並且將麥西尼亞人貶為奴隸的地位，該次戰役使得各公民分配到的土地增加，還在下一世紀，在（希臘南部的）伯羅奔尼撒（Peloponnese）（半島）建立起由斯巴達領導的聯盟體制。古代的歷史紀錄顯現出一個會持久進行大量軍事動員的國家形象，大量的軍事動員大規模的形塑了社會與日常的生活，而且與均等主義的規定密切相關（均等主義的規定也控制了對於物質資源的取得）。

遺憾的是對於現代的研究者而言，當他們在研究與戰爭有關的均等時，基於兩個理由，他們會認為這個傳統是有問題的（這個傳統其實大部分也是由後代心懷仰慕的人用程序化的描述建構出來的）。我們無法判斷這個理想化的體系實際上究竟執行到什麼程度，但是我們的確知道越演越烈的資源分配不均在西元前五世紀（尤其是前四世紀）之後就成了迫切問題。這是兩個不同的議題，因為後者並不會排除前者：即使顯然沒有什麼機制讓分配不均週期性的重新恢復，但是一開始很平均的財富分配，還是很有可能漸漸出現比較不均等的後果。不過問題依然在這些後來的情況到底是全新出現的狀況，或就只是代表之前的經濟差距又進一步惡化了。對於這個問題最徹底的研究，認為斯巴達的財產分配一直很不均，而且其實是由私人持有的，但是公共的意識形態一直強推一種均等主義的生活方式。分配到的土地當然可以傳給下一代，就算一開始的狀況是均等的，但是長期來說，這個機制還是會帶來分配不均。斯巴達繼承制度的特點促進了公民之間的土地和其他財富的集中。有些斯巴達人擁有的財產不再足以提供符合要求的標準食堂所需分量，這些人將喪失完整的公民地位，因此財富的集中會使公民人數隨著時間的經過而日益減少，從西元前四八〇年的大約八千人，在前四一八年時或許是四千人，而到了前三七一年，又減少為一千兩百人。到了西元前二四〇年代，總數已經低到七百人，其中更是只有大約一百人可以稱得上富有。因為資產減少而無法再提供食堂所需分量的人被歸類為「次等人」（*hypomeiones*）：財富的分配不均腐蝕了公民均等主義。[27]

歷史證據具有不確定性，這讓我們對於斯巴達的全面軍事動員能夠帶來的平等效果，只能夠做保守的評估。原始資料讓我們看到他們自稱是戰士社會，也很珍視講求均等的規範——雖然或許這些規範實際上從來不曾完全實現，也越來越不受到重視（因為世代之間的財富轉移造成了越來越多的分配不均的結果）。這個趨勢並未對軍事的全面動員造成太多影響，因為還是有地位比較低的斯巴達人、或是遭到征服的拉科尼亞城市公民參與斯巴達的方陣作戰，甚至還有奴隸擔負起軍事支援的功能。日常生活所要求的均等主義和從大量的下層階級勞動人口中得來的抽租，長期以來支撐起核心公民的全面動員——這樣的確也維持了好幾個世紀。光是憑這個事實，我們就可以假設全面動員和均等之間有著密不可分的關係——主要是消費和生活方式的均等，不過至少在一開始也有很大程度的資源均等，尤其是當被征服的土地和成為奴隸的居民被分配給斯巴達的公民時。但是因為沒有任何類型的累進課稅——食堂所需分量的徵收其實應該算是遞減的，因為不管個人財富的多寡，一律徵收定額——也不會週期性的將土地重新分配，因此長期來說，全面動員和均等主義的規範沒有辦法抑制日益增加的財富和所得的分配不均。這個問題直到西元前三世紀才被提出來，財富的集中在那時候已經達到很高的水準了——而那時候也依照歷史上追求均等的典型做法，選擇訴諸暴力（可參見本書的第八章和第十二章）。

看起來在雅典——這個留下最多紀錄的城邦——的古典時期（西元前五世紀和前四世紀），持續不斷的軍事全面動員有比較成功的減少資源的分配不均。我們有足夠的證據確定軍事參與的擴大、公民權利的強化和（有助於平民對抗富有菁英的）重新分配的方式之間，有著緊密而且算得上會自我強化的關聯。我們可以將這些發展往回追溯將近三個世紀。大約在西元前六百年時，人口的成長和不虞匱乏的勞動力都讓雅典的分配不均加速擴大，並深受其苦。據說窮人都對富人負有債務，還得無償的受到奴役。雅典在當地的主要對手之一（鄰邦墨伽拉〔Megara〕）採用的是「放縱的民主」（這是根據某項資料來源的尖銳稱呼方式）——這是個非常早期的人民政府的例子——它的債務免除可以溯及既往，因此債主還要支付貸款的利息，這個措施的本意是要以富人為代價、支援窮人。政治改革鼓勵人民的軍事動員，並且強化了墨伽拉的海軍勢力——希臘的戰船要靠划槳推動，因此划槳手的人數就是決定海上勢力的重要因素——這使得墨伽拉對雅典取得勝利，並且得以在雙方的爭奪中，贏得位於這兩個政體之間的薩拉米斯（Salamis）島的控制權。在這次失敗之後，雅典很快的進行了一系列完整的改革，包括依某種形式取消債務、禁止因債務而使人為奴，還有其他公民權利的加強。雅典的戰爭命運也很快發生了翻轉：雅典的成功很可能是經過改善的共識和合作帶來的。

在幾乎一個世紀之後——西元前五〇八年——斯巴達入侵、並且短暫的占領了雅典，介入雅典國內的領導權之爭。這場入侵很快的就因為人民的動員而中止了，聚集起來的民兵部隊——「十七行伍」——迫使斯巴達只得撤退。在與這場戰爭的幾乎同時，全部雅典人口進行了一場徹底的改組，將領土劃分成一系列選舉和徵兵地區，這個改革是為了要促進團結，並且建立起聯合的公民軍隊。他們也立刻就史無前例的對幾個主要的區域強權取得了軍事上的勝利，這可以稱得上是立即的回報。一旦軍事和政治制度要仰賴大眾參與的基本架構被確立下來，軍事和政治動員之間的回饋循環就會隨著時間漸漸發展起來，而且這種回饋循環會不斷的自我強化。依照希臘歷史學家希羅多德（Herodotus）的說法便是：

> 受到暴君壓迫的時候，他們並沒有在戰爭中取得比其他鄰邦好的成功，不過，一旦擺脫了枷鎖，他們便能夠證明自己是世界上最好的戰士。

事實上，他們並不只是戴著一副大枷鎖，而是有很多小的：對於政治參與的許多限制隨著時間而日益減弱，而軍事的義務則增加了。[28]

下一代發生了重大改變。雅典數次擴充海軍，直到成為希臘最大規模的海軍。波斯曾經在西元前四九〇年入侵雅典，但是被八千人組成的公民軍隊擊退了，八千人大約是可作戰年紀的全部男性公民的百分之四十。軍隊的指揮官和其他高階官員現在是由公民大會直接選出來，不得人心的官員還可能根據民眾投票的結果被暫時放逐（「陶片放逐制」〔ostracize〕）。❽西元前四八〇年，波斯又發動了另一次攻擊，有一項雅典法令希望動員全部的男性成人公民（共約兩萬人），再加上外國人居民，配置到兩百艘戰船上。雅典利用波斯戰敗的機會，很快建立起一個大規模的同盟（國）制度，將財政上的捐助用作海軍資金，並且漸漸變身成海軍帝國的中心。西元前四六〇年代，我們可以看到雅典的軍事行動達到前所未有的地理範圍，在希臘和黎凡特都是如此。這些軍事的努力又再次反映為憲法的變更，菁英族群的力量遭到削弱，民主統治也遭到強化（民主是奠基於公民大會、代表議會和大規模的人民法院）。給一般人民的津貼大幅增加：國家開始付款給（民眾法庭的）陪審法官；到了西元前四四〇年，已經有大約兩萬名雅典人因為提供服務而領到國家支付的某種類型的報酬；也有數千人分配到被征服的領土上的土地。海軍勢力和民主的興旺是同步發生的，因為前者十分仰賴民眾的全面動員（也會因為能夠使用私人奴隸而進一步加強）。

在與斯巴達（和其盟邦）進行的伯羅奔尼撒戰爭（Peloponnesian War）期間（西元前四三一至前四〇四年），雅典的軍事動員和損耗都達到新高點。不過雖然雅典的財務越來越吃緊，但是其實在該戰爭的後期階段，國家支付給較低階級的金額還有增加。海軍勢力在整場戰事中都很重要。有一份敵方的寡頭政府的資料便說：

> 這就是為什麼那裡的窮人和平民的確比貴族和富人擁有的更多：因為在船上拿槳、為城邦帶來力量的都是一般平民。

從最後的死亡人數統計中，可以看出雅典這次動員的不尋常規模：在六萬名成年男性公民中，有兩萬四千人死於戰場，或許還有其他兩萬人因為環境惡劣感染瘟疫而亡。不管用什麼標準來看，這都一定符合某種形式的全面戰爭。不過當人口還在慢慢復原時，雅典人又恢復了帝國主義的方針，重建了新的海軍。並且在西元前三五七年時軍力達於頂峰（共擁有兩百八十三艘戰船）。全面動員又一次和國內的條件交換（國家的津貼大幅增加）同時出現：出席公民大會的報酬提高了六到九倍，陪審法官的選任也比以前更多。出席城邦的祭典可以領取特別津貼（這是新建立的名目）。在最後一場背水一戰的戰爭中——在亞歷山大大帝於西元前三二三年過世後，雅典決意要對抗當時馬其頓（Macedonian）的支配地位——雅典動員了四十歲以下的所有男性公民，以及兩百四十艘戰船；在全部的成人男性公民中，可能有三分之一都被派到海外、或是在海軍中服役。[29]

這對於所得和財富的分配有什麼影響呢？在西元前五世紀，大部分都是由帝國的收入提供雅典的作戰資金，而到了前四世紀，軍事行動已經要大幅仰賴國內對富人的稅收了——而且因為軍事動員是以海軍為重點，所以發動戰爭就會讓財富重新分配給比較窮的公民（因為是他們遭到動員、或是要負責划船）。在帝國蒙受損失之後，要再重新充實雅典的國庫，就必須靠徵收直接稅（例如通行費和港口稅），或是由鑄造貨幣獲益，以及由公共土地（包括礦井）得來的租金收入。直接稅比較少：人頭稅是對居住的外國人徵收的，針對特殊軍需的財富稅來自富有的雅典人，「禮儀」（liturgy）❾的奉獻則只對公民中最富有的人徵收。雖然有些「禮儀」是用來舉辦公開的宗教祭典和戲劇表演，不過最

❽譯注：因為是以陶罐的碎片作為選票，故而得名，投票者會在碎片上選擇平坦處，刻上他認為應該被放逐者的名字。

❾譯注：這個字的根源是希臘文的「人民、百姓」和「工作、事務」兩個字，合起來的意思就是「為了百姓的公共事務」，其實是一種類似稅金的義務。

重要和負擔最重的禮儀則是為了供應戰船的全套裝備。任何一年選出來的禮儀都要負責一艘船，包括要負責雇用全體船員（會得到一定金額的國家基金補償，但是不一定夠）、要承擔維修、以及購買設備；甚至可能要承擔船隻在海上的損失。菁英圈會認為這些義務——以及其所鼓勵的（競爭性的）花費——一般來說像是個錢坑。制度會隨著時間改變：在西元前五世紀，海軍的禮儀主持者——通常也是那艘船的船長——是從四百位最富有的公民中抽選出來的，在西元前四世紀，被要求做出貢獻的資產則有一千兩百（在稍後說不定僅剩三百）筆。視軍事行動的時期和計畫而定，有百分之一到百分之四的雅典家族會因此被拖下水。這個被稱為「trierachy」的禮儀是由這些家族輪流，而且不會連續輪到兩次。[30]

海軍禮儀的平均花費大約等於一個五口的雅典家庭每年維持生活所需的最低收入的八倍，即使是在典型的菁英收入中，也會占掉相當比例。就連富人都需要借錢或是抵押，才能夠籌到所需的現金。西元前四世紀中期時，在一千兩百名禮儀階級中（這個數量大概是上限了），每年都有一名成員必須花上平均相當於家庭一年生活所需的三倍錢，去支援一個三百艘戰船的艦隊、舉辦公開的祭典、以及支付財富稅。如果是用我們所知的進入禮儀階級的財富門檻來算，假設一個家庭只是剛好達到這個門檻，那麼他們的財富平均年收益很可能完全被這些義務吸走了，尤其是如果還要考慮他們的生活支出。一項最近的研究推測雅典最富有的四百個家庭的平均所得，相當於十二個家庭要維持基本生活所需的收入。對於這個族群來說，禮儀這種稅的負擔每年（平均）大概就相當於總收入的四分之一。雖然我們掌握的證據嚴重不足，但還是足以認為古代的雅典會對富有的菁英課以繁重的所得稅金。[31]

除非我們忽略了什麼足以顯示禮儀階級內部的花費分配並不均等的細節，否則這個體制其實並不符合累進的原則——其中最富有的成員也只是被預期要先支出花費，但是之後可以從其他人那裡收回來——因為只要超過一個截止點（cutoff point），不管實際收入為何，都只需要貢獻一個固定的額度。不過它依然稱得上是累進的，因為其他公民完全不需要負擔直接稅。其中點出了兩個重點。第一點是這種做法主要是為了因應（海軍）全面動員的巨額財政需求。在政治上獲得授權的全體選民（依規則在軍隊中服役的也是同一批人）確定了要由最富有的人承擔大部分的財政負擔。第二點則與均等有比較明確的相關：「禮儀」的確會減少——甚至在極端的例子中還會阻止——財富積聚在雅典的菁英手中。

這當真是重要的，因為雅典在這段時期經歷到快速的經濟成長（尤其是非農業的產業）。「禮儀」就像是讓分配不均停下來的煞車器，否則環境就會把差距拉大了。因此，當代以戲謔之詞投訴：

> 我們何時可以擺脫想要摧毀我們的「禮儀」和「trierachy」呢？

並不是誇大之詞。在某個程度內，財務干預可以抑制分配不均，這個概念很符合當時的古代雅典的財富分配狀況。兩個各自獨立的現代估計值描繪出一個算是很均等的土地分配制度，有百分之七．五至百分之九的雅典人擁有百分之三十至四十的土地，而且可能只有百分之二十至三十的人根本沒有土地。代表「重裝備步兵」人口的中間族群——他們擁有足夠的資源、買得起方陣作戰用的全副盔甲——大概占了百分之三十五至四十五。這表示土地擁有的吉尼係數為〇．三八或〇．三九，從比較歷史的角度來看，這是很低的，不過因為並沒有證據顯示有非常大型的資產存在，所以其實很符合這樣的狀況。但是這並不表示非農業部分的資產就不會有更不平均的分配。[32]

有些大膽的歷史學家還走得更遠，分別估計所有雅典人的所得吉尼係數是〇．三八，或是（只計算公民的）財富吉尼係數是〇．七，最富有的前百分之一和前百分之十群體的財富占比分別是大約百分之三十和六十——不過這些都沒有超出對照的猜測值。我們有比較穩固的基礎可以評估雅典的某些職業的實際工資，以工業化前的標準來說，這些職業的工資算是高的：是基本生存所需的幾倍，相當於早期荷蘭的水準。這個觀察——再加上沒有證據顯示土地有高度集中，或是整體來說有很高額的財富——顯示在雅典的公民之間，物質資源的分配算是相當均等。最後，除非我們對於雅典在西元前五世紀和前四世紀的經濟規模估計錯誤，否則可以知道在西元前四三〇和前三三〇年代，公共的開支總計是達到GDP的大約百分之十五。[33]

除此之外，雖然一開始是全面戰爭推動了財政的擴張，但是平民的花費也在財政擴張中占了相當的比例：在沒有大型戰爭的那幾年，公共支出中會有一半多一點是在負擔非軍事的活動，例如提供補助讓人民參與政治和司法制度、祭典、福利和公共工程，這些都會對一般人民帶來實質的好處。有三個理由讓這件事值得注意：以一個前現代社會來說，國家在GDP中有這樣的占比是很高的；在所有支出中，平民花費的占比也一樣算是高的；當帝國收益的支出枯竭之後，公共開支的主要財源來自於對雅典菁英施行的累進稅制，而不是對屬國的掠奪。軍事的全面動員、民主、累進稅制、國家在GDP中的大幅占比、平民的大量開支和不嚴重的分配不均，加起來都讓西元前四世紀的雅典看起來尤其有一個令人好奇、提早出現的「現代」外觀。

雖然還有一千多個城邦一起構成了古希臘的成熟城邦文化，但是雅典的狀況未必完全適用於其他一千多個城邦，也沒有明顯的方式可以確認。雖然說雅典和斯巴達的確可能算是極度的投入軍事的全面動員，不過其他城邦也有在發展軍力（而這勢必會損耗他們的人口資源）。我們發現隨著時間經過，民主統治變得益發常見，戰爭的發動也日益激烈：從西元前四三〇至前三三〇年代的這個世紀，戰爭幾乎未曾停歇，大型的野戰軍隊和海軍都出動了，雖然雇傭兵的重要性日益升高，不過一般而言，對於公民的徵兵還是很重要。考古學的發現為我們提供的證據或許是最可以明顯代表物質分配的不均。那段時期的房屋——私人住宅——絕大多數都是中等大小：到了西元前三〇〇年，排列在第七十五個百分點的房屋只比排列在第二十五個百分點的房屋大約四分之一。在西元前四世紀的奧林索斯（Olynthus）——一個公認根據計畫建立的城市——房屋大小的吉尼係數僅僅只有〇．一四。[34]

因此，大部分的歷史紀錄都顯示在古希臘四處擴張的城邦文化中，財富和所得的分配不均相對而言不太嚴重，這是因為古希臘普遍有全面動員的戰爭文化，還有強大的公民權制度和日益增進的民主。這樣的文化阻礙了土地的合併，也會妨礙一個人在自己的城邦之外累積財產。再往前推一點，在西元前七世紀和前六世紀的古代時期，妨礙經濟整合的政治和社會的阻力很高（經濟整合會促進財富的集中），這使得古典時期一直維持著政治分裂和城邦之間的戰爭：從這點來說，帝國雅典是這個規律的例外。在其後的幾個世紀中，不論是由較大規模的帝國體制統治、或是併入其中，都削弱了希臘的均等主義，並且提供了讓財富集中的新機會。[35]

「敵軍剝去了我的長袍，罩在他的妻子身上」：傳統的前現代戰爭

歷史上的絕大多數戰爭都不是整個社會全面軍事動員的戰事。通常都是由查爾斯・堤利（Charles Tilly）所謂的「暴力的專家」在作戰，如果回歸到原始本質，主要就是統治的菁英之間在爭奪對人民、土地和其他資源的掌控——以阿諾爾得・湯恩比（Arnold Toynbee）的話來說，就是「帝王的娛樂」。如果戰爭中只有其中一方的交戰國受到比較多破壞，掠奪或是征服就會助長戰勝者的分配不均，而讓遭到劫掠者或是戰敗者的分配不均減少：戰勝方的領導者可以預期有所斬獲（而且收穫比他的追隨者——更不要說是一般人民了——更多），而戰敗的一方則必須遭受損失或是毀滅。戰事的本質越「古老」，這個原則就會貫徹得越徹底。戰勝者的掠奪可以一直追溯到最早出現的文字紀錄，就像是這首西元前三千年的蘇美輓詩所寫的：

> 唉！我的那一天啊，我在那天遭到了毀滅！
> 敵軍用他穿著長靴的雙腳踐踏了我的地盤！
> 敵軍用他那雨隻骯髒的雙手指向我！
> ……敵軍剝去了我的長袍，罩在他的妻子身上，
> 敵軍割下了我成串的寶石，套在他的孩子身上，
> 我將要踏上他所在之處的道路。[36]

雖然戰爭會使許多人受苦，不過富人能失去的顯然更多——而同樣是富人，戰勝方的富人就處於能有所收穫的地位。讓我們把目光轉向美索不達米亞，想一下新亞述帝國的例子——那是在光輝的蘇美文明之後又過了幾千年。亞述的皇家碑文以幾乎令人生厭的頻率頻繁的提到統治者的剝削，因為他們常常會去攻打和洗劫城市，並且屠殺、以及驅逐居民。提到劫掠時，通常會用通稱式的描述，所以——嚴格來說——其實我們無法確定到底是誰的財產遭到搶奪。不過如果有些文字描述得比較明確，通常就會把敵方的菁英當成特定的主要對象。當亞述的統治者沙爾馬那塞爾三世（Shalmaneser III）在西元前九世紀打敗了楠瑞（Namri）❿國王馬爾杜克—姆達米克（Marduk-mudammiq）時，便——

> 劫掠了他的宮殿、搶走了神明（的雕像）、他的財產、物品、宮裡的女人，還把他的馬帶走了不計其數。

在其他碑文中，也不斷的描述奪取皇宮財富之事，其中一則甚至還提到把「黃金打造的門」直接拆下來帶走。敵國的統治者通常會遭到放逐，連同他們的家人和高階者（例如皇宮裡的官員和婦女）。據說其他亞述國王也會把戰利品分給菁英中的受封者。一國的統治階級失去的東西，勢必會落入另一國之手。如果某一方在戰爭中的戰果一直比其他方優異，勝利方的菁英就會隨著時間而累積越來越多的

---

❿譯注：巴比倫東北端的地區。

資產，敗戰方的菁英則被遠拋在後，這個過程會提高整體的吉尼係數，因為所得和財富分配的頂點被拉高了。如同我在頭兩章討論的，很大型的附庸帝國的成長，會加速物質資源不成比例的集中到統治階級的最頂層。[37]

一〇六六年諾曼人（Norman）征服英格蘭，這就很能夠說明傳統戰爭的「零和」性質（也就是一方得益的話，另一方就受到損失）。用擁有的土地這項財富來分的話，當時的英格蘭貴族被區分成極為有錢的少數伯爵和數千名地位較次的大鄉紳，[11]以及其他地主。（法國諾曼第公爵）征服者威廉（William the Conqueror）一開始想要將地主這個族群納入勢力範圍，雖然他最初也在海斯廷斯（Hastings）取得勝利，但是之後就面臨到多年的抵抗，於是征服者威廉也決定改變政策，變成有系統的一步一步徵收。接著發生的大規模轉移大大增加了國王在所有土地中的擁有比例，並且將一半的土地交到兩百名貴族手上，其中又有半數是由新國王的十名親信獲得。雖然他們都享有特權，不過後者還是不比之前的伯爵來得有錢，但是平均而言，其他男爵又比之前的大部分大鄉紳富裕得多了。暴力的重新分配深入到英格蘭的菁英階層：一〇八六年進行《末日審判書》的調查時，經確定為英格蘭的地主只占有外觀上百分之六的土地，或是價值上的百分之四，雖然他們實際上占有的比例可能更高，不過諾曼的貴族無疑還是占領了很大一部分。許多失去產業的大鄉紳離開自己的國家，到海外當戰士謀生。在時間過去一陣子之後，最初這個集中的過程實際上卻顛倒了過來，國王的土地減少了，貴族的許多土地都給了下級的騎士，因此重新創造了一個整體規模大得多、但是個人財富卻比較少的菁英階層。不過在這個階段，封地的關係讓我們看到土地財產的分配變得比較複雜了。所得分配的變化甚至還更難以弄得清楚，不過以最概略的來看，應該可以說是諾曼征服在一開始時，讓得自土地的所得大幅集中到比較小的一群統治階級手中，後來這個局面則漸漸被打破了。[38]

在這類傳統的戰爭或是征服中，均等的效果大概都發生在敗戰方的領導者，例如有許多近東的君主都被亞述或是哈羅德王（King Harold）的大鄉紳殘暴的行為擊垮了。一個比較近期的例子是托斯卡尼的普拉托市，由財富稅的紀錄推知該市的財富吉尼係數從一四八七年的〇．六二四降至一五四六年的〇．五七五，那時正當鼠疫的疫情減輕，附近社群的紀錄中則顯示分配不均正日益增加。一五一二年普拉托遭到西班牙軍隊的血腥洗劫，據說因此造成了數千人死亡，而且搶劫行動不眠不休的持續了三週。在這個情況下，富人便成了賺取賞金或是贖金的主要目標。我會在第十一章的最後仔細討論德國城市奧格斯堡的情況——奧格斯堡在三十年戰爭的期間同時遭到戰爭和鼠疫的重創，因而經歷了相當巨幅的財富分配的差距縮小。雖然鼠疫在這個過程中扮演了重要角色，不過戰爭造成的資本價值減少和對於富人的異常徵稅，才是讓分配不均減少的主要原因。[39]

一直重複戰爭紀錄的這類描述是很簡單、但是不得要領的事，因為一般性的原則已經很清楚了（雖然大概還無法確認到底有多可靠）。傳統戰爭帶來的均等效果會根據許多因素而定，例如被奪取和破壞的程度、戰勝者或是征服者的目標，還有——不能漏掉的是——我們如何決定分析的單位。如果侵略者和被侵略者、打劫者和被打劫者、戰勝者和戰敗者都被視為各自獨立的存在，我們就應該認為均等的效果發生在後者。如果戰爭是造成全面的征服，戰勝的一方也定居到新取得的領土上，一方的菁英部分或是全面的取代了另一方，就未必會對整體的分配不均造成重大影響，反而是現有的菁英

⓫譯注：由服兵役而獲得領地，地位在自由民與伯爵之間。

和財產併入了帝國的結構中，因而創建出更大型的政體，以及整體而言更大規模的分配不均。不過這種粗糙的分類法勢必會過分簡化了更複雜的現實。不管是哪一方，都可能在軍隊和平民的菁英間出現不同的結果。沒有明確的贏家或是輸家的戰爭尤其會造成問題。有兩個例子就是這樣。法國和西班牙（及其盟國）在一八〇七至一八一四年於西班牙土地上進行的「半島戰爭」（Peninsular War）造成了大範圍的破壞，同時也讓西班牙的實際工資變動很大，整體的所得分配不均也暫時達到高峰。相較之下，在這場戰事之後緊接的幾年中，都可以看到實際工資的上漲，名義工資（相對於土地租金）也呈現上漲，所得的分配不均整體而言則下降了。委內瑞拉也因為一八二〇和一八三〇年代的毀滅性戰爭和拖延日久的國內騷亂，一樣造成了土地租金（相對於工資比例）的大幅下降。[40]

「我們不再計算我們毀滅了什麼，而是它將帶給我們什麼」：內戰

這裡留給我們的最後一個問題是：內戰對於分配不均的影響是什麼？現代的研究者關注的通常是這個問題的反面——分配不均是否會造成國內衝突的爆發。第二個問題並沒有明確的答案。整體（或是「垂直」）的所得分配不均——指在某個國家的人民或是家庭之間的分配不均——與發生內戰的可能性並沒有正面相關（雖然許多開發中國家的資料都值得存疑，讓我們不得不懷疑某個具體發現的可靠程度）。而在另一方面，不同群體之間的分配不均已經證明會升高國內的衝突。最近的一些研究讓這幅圖像變得更加複雜。一項研究大範圍的調查了人類的身高差異（用身高來反映資源的分配不均），其結果認為如果往回追溯到十九世紀早期，大量的全球數據顯示身高差異會與內戰有正相關。

還有另一項研究顯示內戰的可能性會隨著土地的分配不均增加而增加，除非分配不均的程度太高，小型的菁英比較能夠控制抵抗的話，內戰的可能性反而會降低。目前我們只能夠說這個問題具有相當的複雜性，研究者才剛開始試著要理解。[41]

相較之下，內戰對於分配不均的影響其實並沒有受到什麼關注。一項先驅性的研究（其對象為一百二十八個國家從一九六〇至二〇〇四年的資料）發現內戰會增加分配不均，尤其是在發生戰事後的頭五年。平均來說，內戰國家在戰爭期間的所得吉尼係數會上升一・六個百分點，在戰爭後的十年復原期間，則會上升二・一個百分點，高峰則是在戰事結束後的五年左右（如果和平得以持續的話）。有幾個理由可以解釋這個趨勢。既然內戰會削弱身體和人力資本，因此這兩者的價值就跟著上升，而在同時，不具有特殊技術的勞工價值則會減少。更具體的來說，在有著大量農業人口的開發中國家，農人很可能會因為無法進行商業交易而失去市場，因此蒙受所得損失，於是只好減慢速度，先謀求生計。而在此同時，大發戰爭財的人則利用防禦措施的力量削弱和國家勢力減弱（或是不存在）之際牟取暴利。戰爭財大概只會讓一小群人獲利，他們趁著國家徵稅的能力減弱時累積資源。稅金的縮減（再加上軍事開支增加）也削減了社會支出，回過頭來傷害到窮人。重新分配的措施、學校教育和衛生保健會受到影響，戰事持續越久，負面效應就會越強。[42]

這些問題即使在戰爭結束後依然存在，因此在內戰剛結束時，吉尼係數甚至會更高。在那段時間，勝利者或許可以因為勝利而得到不成比例的報償，因為「個人和世襲的紐帶會決定資產的分配與獲得經濟利益的機會」。內戰和傳統的前現代戰爭一樣有這個特性——在傳統戰爭中，勝利方的領導階層能夠得到利益，分配不均也會跟著增加。在十九世紀也能夠看到同樣的情況，一八三〇年代，西班牙和葡萄牙於內戰中沒收的土地讓大型資產增加了，也加劇了分配不均的情況。[43]

幾乎所有的相關觀察都是來自於傳統社會或是開發中國家。在開發程度比較高的國家，極少看到全面爆發的內戰。除此之外，在某些因內戰而大幅邁向均等的例子——例如一九一七年之後的俄羅斯，或是一九三〇和一九四〇年代之後的中國——其實主要是由革命性的改革驅動了邁向均等的過程（而不是內戰）。為了符合這個研究的目的，我們才把美國的南北戰爭視為國與國之間的戰爭，其結果已經在本章的前文中描述。因此就只剩下一個主要的案例了——一九三六至一九三九年的西班牙內戰。這次內戰與俄羅斯或是中國很不同的是戰勝方並沒有進行重新分配，以各方面來說，戰爭的結果也都稱不上有革命性。內戰期間在叛亂分子控制下的地區曾經有短暫的集體化。一九三九年之後的幾年內，佛朗哥（Francoist）政權曾經推行封閉經濟的政策，因此導致經濟的停滯。一連串的內戰衝擊和其後的經濟措施失當造成高所得占比的下降。在這段時期只有估算最高所得（最富有的前百分之〇．〇一群體）的占比，並知其在一九三五至一九五一年之間下降了多達百分之六十。這個趨勢與整體所得的吉尼係數的發展互有矛盾，整體所得的吉尼係數在內戰和第二次世界大戰期間維持得相當穩定，不過於一九四七年和一九五八年之間有很大的波動（圖24）。[44]

薪資所得的吉尼係數於一九三五和一九四五年之間大幅下降了約三分之一，這讓事情又顯得更複雜了。就我所知，目前對於這些結果還沒有什麼令人信服的解釋。萊昂德羅．普拉杜斯．德拉埃斯科蘇拉（Leandro Prados de la Escosura）提出了一些假說，內容包括資本利得減少的競爭效應（資本利得減少會使得高所得的占比降低）、佛朗哥時期的重新鄉村化造成了薪資差距縮小（因而減少了薪資整體的分配不均），以及封閉經濟下的財產（尤其是土地）的收益提高（這會抵銷所得分配不均的整體吉尼係數被拉高的效果）。這些都發生在實際人均GDP的成長淨值為零的脈絡（一九三〇至一九五二年）中，而且大約在同一時間，貧窮人口的比例增加了一倍以上。雖然西班牙和其他歐洲國家一樣，高所得的占比在表面上看起來下降了，薪資差距也有縮小，但是西班牙的分配不均的發展還是和同時期的其他歐洲國家不太一樣。與第二次世界大戰的參戰國和某些旁觀國不同的是，西班牙並沒有施行累進稅制，整體的所得分配不均也沒有減少。我同意普拉杜斯．德拉埃斯科蘇拉的說法：「內戰造成了西班牙社會的分裂，而世界大戰則有助於西方國家的社會團結，西班牙和大部分西方國家之間的差異，或許很有助於理解戰後的時代。」雖說如此，但是不論是西班牙或是其他西方國家，在背後形塑所得和財富分配的根本

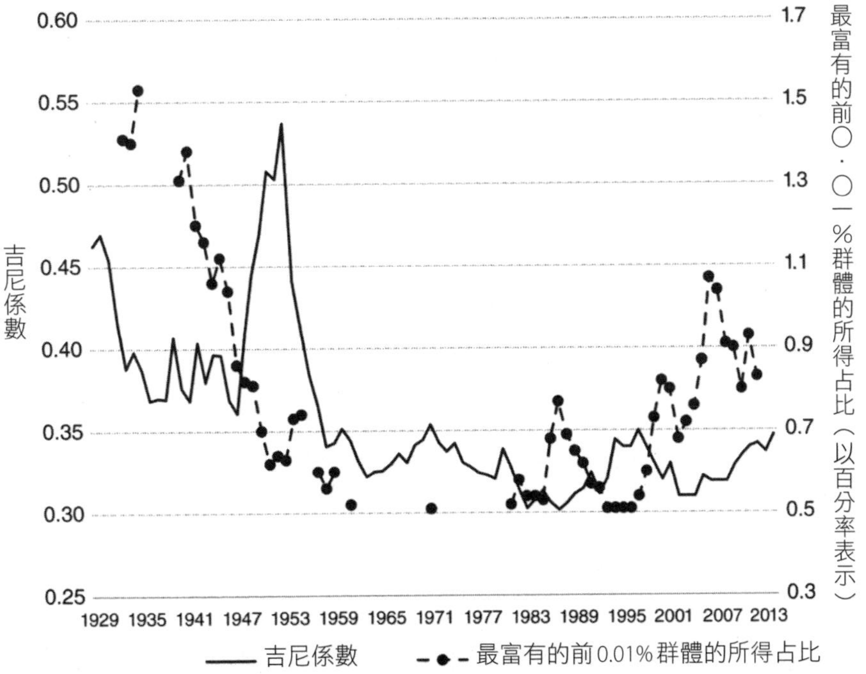

圖24　西班牙的所得吉尼係數和最富有的前0.01%群體的所得占比，1929-2014年

力量都是一樣的：政府政策所傳達的暴力衝擊。[45]

我要再次回溯到很久之前的一個混合型案例，才能夠為我的調查做出結論——那是在西元前八〇至前三〇年代發生的、推翻了羅馬共和國的內戰。這些內戰是羅馬社會內部的衝突，觸發的原因是菁英之間發生了超出控制的競爭，但是在文化脈絡上，卻表現得如同前述軍事的全面動員，因此顯現出國與國之間的全面動員戰爭的主要特徵，所以才被視為混合型。在這段國內的動盪時期中記錄到了羅馬某幾次的最高軍事參與率。這種菁英內鬥和群眾動員的特定結合方式，為所得和財富的重新分配提供了新的機會。

最為暴力的戰爭——分別是在西元前八〇至前四〇及三〇年代進行——摧毀了羅馬的統治階級。政敵的權力遭到剝奪——他們被當眾向每個想要殺死他們換取獎賞的人宣布為驅逐的對象——資產也被勝利的一方沒收。在西元前八三年至前八一年的內戰中，據說共有一百零五名元老院議員遭到殺害（當時元老院共有大約三百名議員），而在西元前四三年，根據推測在六百名元老院議員中，則有三百名議員和兩千名騎士（這是羅馬菁英中次高的階級）以同樣的方式失去了生命——雖然我們大概只知道其中一百二十個人的姓名。這兩件事以不同的方式對分配不均產生了影響。寡頭政治的擁護者進行了首輪沒收，在拍賣時讓身居高位的支持者爭購沒收的資產，藉以獲益。這可能大幅增加了財富的集中，尤其是在內戰發生前的大量損耗之後：在西元前九〇年至前八〇年的十年間，死於暴力的元老院議員據說不少於兩百九十一名。缺少繼承人使得菁英的財產趨向於合併，而非分散。從當地社區沒收的土地被交給退役將領，但是通常最後都流向市場，因此也帶來交易，促進了土地的集中。相較之下，在西元前四三年和前四二年進行的沒收，則是為了準備要對義大利之外的國內反對者發動軍事戰役（而不是為了報復政敵），因此有額外的財務需求。這樣的收益比較不會對戰友帶來什麼好處，主要的目的是為了取得承諾、獲得巨額報酬，好組織大型的公民軍隊。內戰在西元前三〇年出現了結果，付出的款項是以犧牲原本的貴族階層為代價，讓「新人」變得富裕起來，派系領導人的親密同黨在衝突結束後才得到了報償。[46]

在內戰的最後階段，軍隊的報酬或許帶來了重要的重新分配結果。在內戰開始之前，羅馬士兵的報酬並不太高。一開始的軍閥主義提高了要對抗外侮的軍事戰役的額外津貼：從很低的水準提高至相當於西元前六九年的每年基本軍餉的七倍、西元前六一年的十三倍。西元前四〇年代的內戰又帶動了更進一步、更巨幅的調高，出現了新高點——西元前四六年的加薪後基本軍餉的二十二倍（或是原本的四十二倍）。這個金額很快的又被四年後承諾要付給軍人的薪酬超過了（當時的軍人人數又多出了許多）。最重要的，是我們可以估計有相當於一般國家年度支出至少十倍的金額——或是等於當時的羅馬帝國一年GDP額度的半數——都在西元前六九和前二九年之間轉移給軍人（而且大部分是發生在西元前四六和前二九年之間），以收買和獎勵他們在內戰中的忠誠。領有這筆軍餉的總人數可能多達四十萬名（男性），再加上他們的家人，大概占了全羅馬公民中多達三分之一的比例。由於並沒有證據顯示物價膨脹，所以這很可能有實質上提高非菁英的收入。在羅馬（羅馬是義大利的核心地區）社會中的分配效果算是比較不明確的。這筆錢大都是靠著掠奪海外省分的資源得來的。但是也有例外：西元前四三年對富人的不動產進行的徵收，獲得了相當於一年分的所得，並且課徵了百分之二的財富稅，同時還沒收了大筆財產（已在前文提及）。後來也有一些徵收是專門針對富人的。這是羅馬歷史中唯一的一段時間以實際上的累進方式榨取財物，也因此讓稅收成為一種重新分配的方式。[47]

不過這個例外僅出現過一次。一旦恢復了和平，而且於西元前三〇年之後穩定的採行獨裁政治，就又開始依靠各省的稅收了。只有在短短的數年間（西元前四〇年代末期）可支配所得的分配暫時轉向有利於一般的市民人口。從比較長期來看，接下來幾個世紀的政治和經濟的穩定，絕對有助於高度的財富集中（如同我們在第二章所討論的）。

「無論代價為何」：戰爭與不平等

本書的這個部分帶領我們穿越了戰爭的幾千年。在人類的歷史中，長期以來軍事衝突到處可見，不過只有某幾種戰爭才會削弱另外一種同樣常見的現象——所得和財富的分配不均。現代的全面動員戰爭的確是一種帶來均等的有效方式——不論勝者或敗者皆然。一旦戰爭滲透進社會整體，資本這項資產就沒有價值了，富人被迫要負擔相當的一部分，戰爭不只會「殺人和毀壞物品」，還會縮小貧富之間的差距。在第二次世界大戰的進行期間和戰爭結束後的一段時間，都可以看到這個效果（只要因為戰爭帶來的政策還持續著，就會讓這個效果延展下去）。已開發國家的公民認為分配不均有一個世代（以上）的時間在持續減少，要歸因於這次以全球為規模的戰爭所帶來的前所未見的暴力。在第一次世界大戰期間和之後，也都發生了類似的物質差距縮小。這種特定形式的戰爭在那之前極少見，通常和均等也沒什麼關聯。在美國南北戰爭期間，戰爭和占領（而不是動員本身）摧毀了南方的財富。在古代也發生過全面戰爭，不過證據顯示的是模稜兩可或是負面的發現（如同在中國和羅馬共和國）。在古代斯巴達這個戰士國家也漸漸出現資源分配不均的狀況，不再像之前那樣比較算得上是均等。要證明前現代的普遍民眾參與軍事可以帶來均等，古代雅典可能是最好的例子。雅典共有的戰爭動員經驗加強了民主，也因而支持限制分配不均的政策，這也曾經在二十世紀出現過。整體的發展會有極大差異，古代的證據也有限制，因此我們對於這種類比應該抱持謹慎的態度，不要過分重視。不過，古代雅典的經驗還是告訴我們只要制度有正確的結合，軍事全面動員的文化便足以帶來均等的效果——即使是在完全前現代的環境中。[48]

範圍比較小的戰爭在歷史中比較常見，但是並未帶來類似的結果。傳統的掠奪和征服的戰爭通常是對戰勝方的菁英比較有利，並且讓分配不均大幅提升。如果敗戰方被併入比較大的政體時尤其如此，這個過程會增加新的財富階級和頂層階級的權勢。內戰極少會帶來均等的效果——即使當真有，也只是局部的（例如一八六〇年代的美國，和一九三〇及一九四〇年代的西班牙，但是兩者的方式不同），或是只有一段很短的時間（或許就像是古代的羅馬）。只有全面的推動激進政權掌權的內戰，才當真能夠改變所得和財富的分配——這類的激進政權會努力達成全面徵收和重新分配，而且無論要為這付出多少流血的代價，都在所不惜。我們現在就要轉向這個過程——由暴力達成均等的第二位騎士。

Part III

革命

第七章

共產主義

「無產階級的力量」：在二十世紀帶來的革命性均等效果

如果國家之間的戰爭的確是有時候可以減少分配不均，那麼國家內部的戰爭又是如何呢？我們從近期的歷史中，已經知道內戰看不出什麼明確的效果——就算有的話，也比較是讓現有的分配不均加深。但是，如果國內的戰爭不只是兩派之間的對立，而是更全面的對於社會結構重組的努力呢？這類野心勃勃的嘗試其實很少見。歷史上絕大多數的群眾暴動都是為了矯正特定的不平之事，而且——一樣是絕大多數——都沒有成功。只有在相對近期的歷史中，才看得到一些比較出於雄心大志的運動成功的奪權，並且縮小了所得及財富的分配不均。就像戰爭一樣，投入的強度也是一個重要的變數。即使大部分戰爭並不能夠帶來均等的結果，軍事的全面動員還是會打亂既有的秩序。只有每個城鎮的資源都差不多被全面動員的叛亂，才會帶來徹底的均等。回到我們最剛開始的隱喻，全面動員的戰爭和帶來變化的革命都會削弱既得利益，並且重新決定取得物質資源的途徑，因此兩者都是同樣有力、會帶來滅絕性災難的騎士。最關鍵的就是到底動用了多少暴力：例如兩次世界大戰是人類史上最血腥的戰爭，因此史上最能夠帶來均等的革命，勢必也是幾次流血最多的動亂。我用比較的方式對反叛和革命所做的調查，確認了如果想要達到均等，大規模的暴力的確具有核心地位的重要性。

我採用和前文相同的方法依時間進行回溯。最直接的證據還是來自二十世紀，重要的共產主義革命在二十世紀造成了所得和財富的分散，而且效果十分引人注目（本章將會提及）。在下一章中，我會討論可能的前例——最明顯的就是法國大革命——以及前現代發生的幾次嘗試以武力改變國內的情況（例如農民起義），這些事件最後究竟有什麼影響。就像戰爭的例子一樣，我們也看到了現代（或是工業化）和前現代（或是工業化前）之間是有區別的：在大多數情況下，都只有近期的革命有足夠的力量影響大多數人口的財富和所得分配。

「戰鬥到底，推翻富人」：俄國革命和蘇維埃政權

如同我們在第五章看到的，在第一次世界大戰的主要參戰國中，那場大災難——透過人員和資源的空前動員展開的大型屠殺——在各國都造成了所得和財富分配不均的差距縮小。這個效果在各國發生的規模和時間都大不相同。德國的高所得占比在戰時是增加的，在戰敗後則巨幅下跌；而法國在戰後則只有微幅下跌；英國在戰時和戰爭剛結束時都減少了很多，直至一九二〇年代中期則有短暫回升；而在美國，雖然在戰時是下降的，但是之後又立刻回彈了。受到影響最嚴重的國家——奧匈帝國、義大利和比利時——反而沒有可供比較的數據出版，這是十分可惜的。第二次世界大戰帶來的均等效果幾乎是全面性的，既強烈又確實，但是相較之下，第一次世界大戰（「歐戰」）的紀錄卻有點混亂，甚至還有部分是沒有任何人知道。[1]

在第一次世界大戰期間，分配不均最明顯減少的是俄國。不過如果和其他例子相比較，俄國的均等並不是因為戰時的干預和混亂、或是戰後的財政崩壞造成的，而是因為戰爭的餘波帶來了激烈的革命動亂。尼古拉二世（Czar Nicholas II）的帝國是這場戰爭中最重要的參戰國之一：俄國動員了大約一千兩百萬名士兵，其中有將近兩百萬名死亡。另外五百萬名士兵受傷，兩百五十萬名遭到俘虜或

是失蹤。除此之外，據信還有一百萬名平民死亡。就我們所知，一九一四和一九一七年之間的戰爭期間，分配不均未必有大幅的縮小：課稅是高度遞減，也極為仰賴間接稅；直到最末期才開始對所得和戰爭利潤課稅；國內的債券計畫只有取得部分成功；國家的赤字大部分是靠發行貨幣來解決。加速發生的通貨膨脹（尤其是於一九一七年的臨時政府統治期間）傷害到的不只有富人。[2]

不論戰爭本身的直接結果是什麼，當布爾什維克黨（Bolsheviks）❶於一九一七年十一月發動進攻、並且在十二月決定對同盟國停戰之後，戰爭本身的結果就變得不重要了。該年發生的大幅經濟衰退已經引發了各處的農民暴動，並且造成資產易主，罷工的勞工也開始掌管許多工廠。直到布爾什維克於一九一七年十一月六日和七日以武裝接管首都，才讓這些起義事件畫下句點。十一月八日——也就是位於聖彼得堡的冬宮（Winter Palace）遭到猛烈攻擊的隔天——新成立的蘇聯人民委員會（Council of the People's Commissars）通過了由列寧本人起草的《土地法》（Land Decree）。在該法決定要執行的事項中，強制的重新分配具有很優先的順位。

這部法令要達到的目標極為廣泛。它的第一個政治目標是要用立法的方式確保農民得到支持，在這之後，則是由農民占有和分配過去由貴族和國家擁有的土地，這個過程從該年夏天就開始進行了。不過在正式的條文中，它還有更高得多的目標，至少還要破壞土地的私有：

> 土地擁有者對於土地的財產權據此遭到廢除，而且沒有獲得任何補償……土地的私人財產權永久遭到廢除。土地不可再買賣、出租或是轉讓……使用土地的權利應屬於所有想靠自己的雙手工作的俄羅斯公民——不分性別……雇用勞工是不被允許的……土地應該被分配給依均等原則使用

土地之人——也就是說，其所根據的是……勞力或口糧的標準單位。[3]

當時的這些做法其實只針對菁英的財產——大地主、皇室家庭和教會。一般農民（和哥薩克人〔Cossacks〕）❷的土地並不被當作沒收的對象。徵收和分配都是由各地的委員會指揮。其後的法令將所有銀行收歸國有，並且將工廠置於工人委員會（蘇維埃）的掌控之下，也沒收了私人銀行的帳戶。在經濟方面，擁有土地的階級——大約有五十萬人，也包括家庭——都被消滅了，資產階級的最高層（另外的十二萬五千人左右）也是如此。許多「舊時代的人」都遭到殺害——其中有些菁英逐漸為人所知；更多人則是移居外國。大規模的去都市化也有助於帶來均等，因為在一九一七和一九二〇年之間，莫斯科和聖彼得堡——之前的財富和所得集中的中心——的人口加起來減少了一半以上。例如共產黨的機關報《真理報》（*Pravda*）於一九一九年一月一日的一篇社論中，便以沾沾自喜的口吻寫道：

> 那些有錢人、那些時髦的女士、昂貴的餐廳和私人宅邸那華麗的門口、謊話連篇的報紙、所有腐敗的「繁華生活」都到哪裡去了呢？都被掃蕩得一乾二淨了。

---

❶ 譯注：其領袖為列寧，原本是由俄國社會民主工黨中分出的一個派別。

❷ 譯注：指一群生活在東歐大草原（烏克蘭及俄羅斯南部）的游牧民族。

列寧的「戰鬥到底、推翻富人」的戰爭取得了勝利。[4]

對於一個大多數人口都還在土地上工作的社會而言，單只是布爾什維克的第一部土地法，就足以成為促進均等的主要動力了，其他的沒收措施則又進一步的強化了均等。到了一九一九年，已經有幾乎百分之九十七的可耕地是由農民擁有。但是新政權從一開始就覺得這樣的轉移還不夠，反而擔心均等的分配只不過是又「創造了小型的中產階級農民，無法保證均等，也無法防範差距重新出現」。事實上，只有廢除私人財產和土地所有權，才有希望達成完整而且永久的均等。一九一八年二月發布了下一部重要的土地法，其中便有想要進行集體化：

在決定可以使用土地的模式和順序時，農業生產合作社的順位應該優先於個人。[5]

其中傳達出的這個野心其實只是稍微預示了其後將來臨的一連串恐怖。在當時，共產黨員關注的是從內戰中存活，並且主張擁有對整個國家的控制。一九一八至一九二一年的這幾年，是「戰時共產主義」的時期，國家當時對公開強制的依賴達到一個不尋常的程度。私人的製造業遭到禁止，生產由國家分派，私人的貿易也在禁止之列，農產品的盈餘必須上繳；貨幣的使用不再是主流。攻擊村莊的武裝軍隊徵用了糧食之後，會分配給城市裡的人口和軍隊（根據等級定量配給）。所有大公司和許多較小的公司都收歸國有。既然國家沒有辦法在農村對生產者的食物提出補償，因此便選用了全部充公的方式，而且還是在追求均等的口號之下：「與貧窮的農民站在一起……為了無產階級的力量」，比較貧窮的農民被期待要強迫家境較好的鄰居交出剩餘食物。一開始成立「農村貧民委員會」

（Committees of Rural Poor）是為了對穀物、農場設備和家庭用品的分配進行控制，也要用勞動換取免費的穀物。中央領導人認為會有足夠的動機讓人們從生產較多的人手裡奪取穀物。但是委員會的成員還是常常得由外人出任，因為村民其實不太願意對自己的族群成員出手——這點與共產黨的期望不符，共產主義者還以為人們會熱烈擁護階級鬥爭。一九一八年八月列寧寫了一封信給一名地方上的人民委員，（歷史學家）尼爾·弗格森（Niall Ferguson）引用了信裡的一段話：

> 同志！……希望你能夠吊死（我說吊死是因為這樣做的話，**人們就能夠看見了**）**一百名以上**大家都認識的富農、富豪、剝削窮人的吸血鬼……這樣做吧，讓幾百哩外的人都可以看到、震顫、知道和哭號：他們正在殺戮，還會繼續殺戮那些剝削貧農的吸血富農……列寧敬上。備注：再發掘一些堅韌的人。

這個實驗很快就中止了。雖然列寧呼籲對於「富農發動不留情的戰爭！將他們全部置於死地！」，但是事實上，這些「富農」（「kulak」，照字面解釋就是「拳頭」的意思，引申為「攢緊的拳頭」（吝嗇）之意）中的絕大多數、或是**相對**富裕的農民其實都只比其他村民富裕不了多少。[6]

這些拙劣的干預讓均等獲得了確保，但是它們卻在經濟上帶來了災難性的結果：農民會減少生產，並且殺死牲畜、破壞工具，以免被徵用，和革命前的水準相比，有在耕作的土地和收成的數量都巨幅下降。為了因應這些生產短缺，政府極力鼓吹自願集體化，但是農民也很容易成功的躲過這樣的安排：直至一九二一年，只有不到百分之一的俄國人口在集體農場工作。徹底的均等付出了高昂的代價：一九一二和一九二二年之間，沒有馬匹或是只有一匹馬的農村家庭比例從百分之六十四上升至百分之八十六，而有三匹馬以上的家庭則從百分之十四跌至百分之三。整體來說，農村的人現在比較窮了——不過卻是比較均等的窮。嚴重的通貨膨脹也是原因之一：一九二一年的物價幾乎高達一九一四年的一萬七千倍。以物易物漸漸取代了貨幣，黑市也極度興盛。[7]

產出的巨幅下降，再加上內戰中有數以百萬計的人死亡，都造成了一九二一年的暫時翻轉，形成有利於「新經濟政策」（New Economic Policy）的環境。市場又再次被允許運作，農民也能夠以實物支付稅金，並且銷售或是花掉他們的盈餘。現在又可以進行租佃和雇用勞工了。自由化的回報就是經濟的復甦，於一九二二和一九二七年之間，耕種的地區大約增加了一半。而在此同時，因為這些政策對於有多餘食物供商業交換的生產者比較有利，因此也讓生產者之間的差距又重新出現了。富農的人口略微增加，在農民中占的比例從百分之五提高至百分之七。不過他們還遠遠稱不上富有，平均只有兩匹馬、兩隻乳牛和一些可以買賣的食物。總的來說，因為富農在早期失去了資產、土地被分配給沒有土地的勞工，這些都減少了所得分配的差距，造成了「農民的中間化」（*oserednyachenie*）。經營工業的企業家在人數上少得多，也比在革命前窮得多。私人資本其實並沒有在工業中發揮什麼作用：一九二六和一九二七年時，只有百分之四的工業投資來自私人，然而農業部門就不是如此了。[8]

農民之間重新出現了一些差距，尤其是他們普遍抗拒集體化，這些都引發了史達林（Stalin）的怒火。國家從一九二八年開始再次用強制的手法獲得穀物，以支持工業化——這其實是把資源從私有化的農村轉移到社會主義化後的工業。雖然有對於集體農場進行宣傳，也有比較有效的實際支援，不過到了一九二九年，種植穀物的土地中，還是只有百分之三．五是由集體農場耕作——相較之下，百分之一．五是由國營農場，百分之九十五都還是私人所有。史達林一直把重點放在防堵富農的增加，因此他無視於集體農場的表現不彰，反而堅持選擇強行改變當時的情況。[9]

一九三〇年一月三十日，「關於消滅全面集體化地區之富農家庭的方式」的決議決定用處死、放逐或是關到勞改營的方式，消滅富農階級。家境比較好的農民會被徵收好幾倍的稅，還被從他們的土地上趕走；比較貧窮的農民才比較願意加入集體農場。黨一直強化反對富農的辭令，還鼓動農民奪取他們的土地。而且為了找到足夠的目標，還把富農的定義擴大成只要雇用勞工、擁有具有生產力的設備（例如磨坊）、或是有在進行交易的人都算。逮捕和強制沒收都是司空見慣的事。但是其實在這之前，真正富有的農民早就因為帶有歧視性的課稅而變窮了，所以這時候被當成攻擊目標的，大部分只是中等收入的農民，但是為了要達到政府根除富農的配額，他們最後都是根據過時的課稅紀錄而被當成箭靶，還遭到沒收。這些措施深入社會達到的均等效果，其實是比共產主義辭令要我們相信的深入得多了。[10]

政府用的大概都是強制的手段：到了一九三七年，已經有高達百分之九十三的蘇維埃農業被強制集體化，個人農田遭到摧毀，私人部分被縮減到只剩下小塊的菜園。這個變化付出了昂貴的代價：家畜的價值損失了一半以上，總資本存量也損失了七分之一。人命的代價甚至還更無以計數。暴力各處可見。首先是於一九三〇年二月的短短幾天內，就有六萬名「第一類」富農遭到逮捕，接著在該年年底，人數又增加至七十萬人，在翌年底，更是增加至一百八十萬人。據估計，遭到驅逐後死亡的人有三十萬名之多——都是因為在流放途中或是流放地的環境過於惡劣。或許還有六百萬農民是餓死的。富農家庭的家長全體遭到放逐——不過其中被認為特別危險的分子則立刻就被處死了。[11]

如果說在農村是透過集體化和去富農化等暴力達到均等的效果，那麼在城市裡，就是靠著對「中產階級專業人員」、「貴族」、企業家、商店主人和工藝師進行迫害。這個趨勢一直延續至一九三七和一九三八年的「大恐怖」（Great Terror），[3]史達林的「內務人民委員部」（NKVD）[4]在該段期間逮捕了超過一百五十萬名公民，其中有將近一半遭到清算。受過教育的菁英特別被當成箭靶，受害者之中有不合比例的多數是受過比較高等教育的人。一九三四和一九四一年之間，有超過七百萬人被關進勞改營。這個體制讓國家不需要為邊緣地區的勞工（其特點就是工作環境極差）支付高額的薪資，因此便能夠維持均等的效果。雖然這些節省下來的費用其實有部分又被強制的成本和低生產力抵銷了，但是還是不能夠低估：等到了日後，在條件惡劣的場所中工作的勞工就可以得到比較高的薪資，而這明顯造成了蘇維埃的整體所得的分配不均。集體化創造了二十五萬個「集體農場」（*kolkhozy*），大部分農業人口都在裡面工作。雖然農民的日子並不好過，但是城市的勞工也沒好到哪裡去：農場之外的實際工資於一九二八和一九四〇年間下跌了幾乎一半，城市和農村的個人消費也都減少了。[12]

大家都很清楚這些政策為人類帶來了多大的苦難，應該不需要在這裡多費篇幅加以詳述了。在本文的考察脈絡之下，真正重要的是這次的整體結果快速的邁向了均等，或許在全球歷史中的規模之大是前所未見的——因為除了菁英之外，還有更多中產階級也都遭到了沒收和重新分配。不過一旦經濟表現獲得改善——就算在大約一九三三年之後一直遭到嚴厲的壓制，經濟表現還是慢慢回復了——所得的分配不均馬上就開始悄悄回來了。一九三〇年代中期人均產出和消費都大幅增長，因此勞工的薪資差異也開始擴大：「斯達哈諾夫運動」（Stakhanovism）[5]的政策要求較高的生產力，也會提供獎賞，菁英和一般大眾的生活水準也開始出現更多差距。就算是付出了幾百萬人的鮮血，也無法永遠把差異蓋過去。[13]

由於俄羅斯（尤其是蘇維埃時期）的資料品質參差不齊，因此很難精確估計所得分配不均的發展。帝制時期的末期有很明顯的所得集中，但是依照當時的標準，也不算是特別高。大約一九〇四或是一九〇五年時，俄羅斯最富有的「前百分之一」的群體在全部所得中的占比是百分之十三．五至百分之十五，當時的法國和德國（或是十年之後的美國）則是百分之十八或是百分之十九。大量的土地才能夠支撐農村勞工的價值。這個時期的市場所得吉尼係數是〇．三六二。我們無法得知這個數值於一九一七和一九四一年之間下降了多少。一項蘇維埃的資料顯示以一九二八年的工業部門薪資來說，前百分之十對後百分之十（P90/P10）的比例是三．五。總的來說，蘇維埃時代的吉尼係數比帝制時期低了許多。這由蘇聯的非農業家庭的市場吉尼係數估計值就可以看出來——一九六七年該數值是〇．二二九，與一九六八和一九九一年之間整個國家的數值（〇．二七至〇．二八）也配合得上。P90/P10比例也指出於一九五〇至一九八〇年代之間具有相當程度的穩定性。一九八〇年代的P90/P10比例大概是三——相較之下，一九八四年的美國則是五．五。[14]

❸ 譯注：又稱為「大清洗」，指蘇聯在最高領導人史達林執政之下爆發的一場政治鎮壓和迫害運動，包括對蘇聯共產黨內部的清洗以及對一般人民的迫害，其中典型的現象包括無處不在的政治審查、人民常被懷疑為「間諜破壞者」、作秀公、關押和死刑。

❹ 譯注：史達林時代的主要政治警察機構。

❺ 譯注：一九三五年，蘇聯在第二個五年計畫中展開的群眾性技術革新和社會主義勞動競賽。

在第二次世界大戰之後的數十年間，又進一步邁向了均等，而這次完全是受到政治干預的驅動。農業所得在過去是極低的，現在則取得了比城市工資更快速的成長，城市裡的較低工資也有所提高，工資的差距縮小，津貼和其他救濟金也都增加了，因而漸漸趨向均等。根據共產主義意識形態制定的政策尤其有利於從事體力勞動的勞工：對於所有非從事體力勞動的勞工，工資溢酬從一九四五年的百分之九十八跌至一九八五年的百分之六，技術工程人員也經歷到類似的下跌。白領階級的工資跌到藍領勞工的平均值以下。就連在實際有經濟成長的時代，專制政府還是能夠讓所得的分配不均大大減少，並且重新形塑所得的分配。[15]

蘇維埃體制的結束迎來了快速而戲劇性的翻轉。一九八八年，有超過百分之九十六的勞動人口是國家雇用的。薪資在所有所得中占了將近四分之三，自營業只占了不到該金額的十分之一——而且完全沒有來自房地產的收入。如同（經濟學家）布蘭科・米拉諾維奇（Branko Milanovic）所說的，當時觀察到的所得分配「是共產主義的意識形態前提的合理延伸」，重點在於所得要由國家支付、集體消費、薪資的差距縮小和最小限度的財富累積。但是一旦前提失去了強制力的支持，這些也就在一夕之間煙消雲散了。一九八〇年代的大部分時間，俄羅斯聯邦（Russian Federation）的市場所得吉尼係數都是在大約〇・二六和〇・二七之間，然而在蘇聯垮台之後，分配不均的現象則突增。市場所得吉尼係數幾乎增加了一倍——原本在一九九〇年是〇・二八，五年後則變成〇・五一，而且從那之後，就一直介於〇・四四和〇・五二之間。一九八〇年代烏克蘭觀察到的吉尼係數和俄羅斯相近，也是從一九九二年的〇・二五，到隔年一躍成為〇・四五，雖然之後又漸漸降回〇・三左右。在一九八八／一九八九年和一九九三／一九九五年之間，所有前身是社會主義國家的吉尼係數平均增幅是九個百分點。在分配不均整體增加的同時，頂層階級的所得也增加了：除了極少數的例子之外，之前的社會主義經濟體系都以犧牲其他所得階層的人為代價，實質的轉向最富有的前百分之二十的群體。俄羅斯最富有的前五分之一群體在全國所得中的占比，在這段時期從百分之三十四上升至百分之五十四。同時我們可以看一下在美國的所得分配不均顯著增加的時期（於一九八〇和二〇一三年間），美國的前五分之一群體的占比是從百分之四十四增加至百分之五十一——增幅只有三分之一，而時間則是五倍或六倍長。私人財富也回來了，而且只多不少。在俄羅斯，最富有的前百分之十群體現在控制了全國百分之八十五的財富。到了二〇一四年，全國的一百一十一名億萬富翁已經握有總財富的五分之一了。[16]

蘇聯共產黨和蘇聯本身相繼於一九九一年的後半年解體，在那之後，貧窮迅速擴大，連帶使得所得分配不均也達到了高峰：窮人的比例在三年間達至三倍，甚至超過了俄羅斯三分之一的人口。到了一九九八年的金融危機，窮人的比例已經上升至將近百分之六十。不過以較長期來看，是因為薪資所得的差距擴大，才使得分配不均日益增加，而這大部分是因為地區的差異日漸擴大所造成。在莫斯科和全國各地富有石油和天然氣的地區，人民的所得有著完全不合比例的增長，這代表最高所得的階層成功占有了租金。國家的資產被轉移給私人，因此財富可能集中到最頂層的階級手上。[17]

俄羅斯的所得和財富先是走向均等，然後又重新集中，這個動態有很大一部分是經過組織的暴力造成的。在革命前的最後一段時期，的確存在著分配不均的狀況，一九一七年布爾什維克取得政權之後的二十年間，分配不均則大幅減少了。是國家的強制力造成差距的減少，再加上對窮人的大規模動員，不斷的去騷擾通常也只比他們富有一點點的其他人，這個過程直接造成了數百萬人的死亡、或是遭到驅逐。其中的因果關係再清楚不過了：如果沒有暴力，就不會帶來均等。只要黨幹部和「國家安全委員會」（KGB）能夠一直維持在這個變化過程中確立的秩序，分配不均就不會變得嚴重。然而隨著定價市場和裙帶資本主義（crony capitalism）[6]混合的出現，不僅消除、並且取代了政治的限制，所得和財富的差距就又大幅增加了，尤其是在屬於前蘇聯的俄羅斯和烏克蘭的心臟地區最為明顯。

「最駭人的階級鬥爭」：毛澤東統治下的中國

在間隔了大約一個世代之後，這個情節又以更盛大的規模在中國的共產主義統治下重演。最大的翻轉發生在農村，也就是大部分人口居住的地方。階級鬥爭用強制的方式帶來均等，然而它在農村社會中其實是個有問題的想法，因為農村社會並不總是像黨的信條所主張的那樣分配不均。共產主義宣稱最富有的前百分之十群體控制了所有土地中的百分之七十至八十，這太言過其實了。最全面性的數據——涵蓋了一九二〇和一九三〇年代、十六省一百七十五萬個家庭的例子——指出最富有的前百分之十群體擁有大約一半的農地。而在某些地區，最富有的前百分之十或是百分之十五的群體只擁有三分之一到一半的土地，遠遠說不上極度集中。其實像是山西省的「張莊村」——這個地方因為韓丁（William Hinton）對於一九四〇年代晚期的土地改革所做的著名研究[7]而享有盛名——在共產黨取得政權之前，中產和貧窮的農民就已經擁有百分之七十的土地了。[18]

不過就像蘇聯一樣——蘇聯的中產階級農民已經被貼上了富農的標籤而遭到剷除——中國共產黨的領導人也不想要被令人為難的事實阻礙任務。當共產黨於一九三〇年代的早期堅守在「江西根據地」時，用激進的方式促進均等就已經是黨的政策之一了：地主的土地遭到沒收，還常常被判處強制勞動，富有的農民只能夠留下一些比較差的土地。黨內的兩種立場存有爭議，一邊是追求均等的激進立場（這是毛澤東當時贊成的目標），另一邊則是更激進的選項——沒收富人的財產後，將他們貶到次等的地位。一九三四和一九三五年的「長征」將共產黨員帶到了更窮困、土地租佃更為罕見的陝西省：雖然那裡其實稱不太上有分配不均，但是共產黨還是很快的就開始推動重新分配。[19]

雖然對抗日本人入侵的「統一戰線」政策❽是採取溫和路線，但是黨於一九四五年之後卻公然提倡階級鬥爭。占領地區的通敵者成了第一批被鬥爭的對象，他們的財產全部遭到沒收。接著在翌年——一九四六年——開始轉向更大眾路線的反地主運動。租金和利息的減少要往回追溯，從日本時期開始適用，受到影響的人要支付的款項可能超過他的總財富，因此演變成沒收。毛澤東在滿洲的指令是要沒收叛徒、土豪、壞分子和地主的土地，再交給貧窮的農民。[20]

這些計畫性目標所根據的前提已經對分配不均有了預設的成見，但是過沒多久，這些目標就和普通百姓的情況發生了牴觸。因為農村的富人已經把大部分土地賣給中產階級的農民了，所以其實沒

---

❻譯注：指在一個經濟體系中，商業上的成功與否取決於企業、商界人士和政府官員之間的關係是否密切，這種偏袒可能會表現在由法律所許可的分配、政府補助或是特殊的稅收優惠等。

❼譯注：指美國農學家、記者韓丁的《翻身：中國一個村莊的革命紀實》（*Fanshen: A Documentary of Revolution in a Chinese Village*）一書，書中以非紀實的方式描述了中國共產黨在「長弓村」（Long Bow Village，實為位於山西潞城市的張莊，韓丁把「張」字拆開，將張莊稱為「長弓村」）進行的中國內戰期間的土地改革運動。

❽譯注：指共產黨聯合不同政治團體和社會各界的力量，為同一個政治目的而共同奮鬥。

有什麼適當的階級敵人，同時這樣的做法也拉大了中產階級農民和窮人之間的差距。結果反而為黨幹部帶來壓力，讓他們必須要完全沒收「富人」的財產，並且把中產階級農民也當作目標——雖然政策指令其實是反對這樣的擴充。暴力並沒有很普遍，大多數「地主」還是一直住在村子裡。隨著一九四七年十月《中國土地法大綱》的施行，下個步驟正式展開了，土地法大綱廢除了所有「地主」和公共團體對於土地的所有權，還規定一切現存的農村債務從此作廢。每個村莊裡的所有土地——不限於被沒收的財產——都被平均分給當地的居民，每個人（也包括「地主」）分配到的部分的實際價值都相同，這也成為他們的私人財產。「地主」的動物、房屋和工具都遭到沒收，再一起重新分配。[21]

雖然財產的大規模重新分配在實際上並不可行，因此追求均等就得改為依現有的土地擁有模式進行調整，不過打殺還是常常被用來當作執行這些措施的手段。共產黨在內戰中取得勝利之後，從一九五〇年開始進行土地改革計畫，計畫的焦點放在「地主」——這是依經濟標準加以定義的階級：地主的土地和其他資產遭到沒收，之後又被重新分配，除了沒收土地之外，地主還被科以罰金，因此商業資產也逐漸耗盡（雖然在正式的規定上，這些並不在沒收之列）。「地主」的財產被禁止出售，否則便可能遭到沒收。他們的土地被分給沒有土地的勞工和貧窮的農人。政府小心的對迫害訂下標準：被歸類為「富農」的人只會遭到少量損失，較低收入的族群則完全受到保護。在這個過程中，暴力是個不可或缺的部分：必須是各村鎮自發的想要重新擁有土地，因此必須讓地方上的農民相信他們能夠（而且想要）經由自己的手完成這項工作。動員時也會在村鎮中舉行集會，在舞台上公開的批判和羞辱地主，這被稱為「訴苦大會」。也常有人被打——政府雖然沒有正式的鼓勵打人的行為，但是也沒有禁止。這些大會最後常常決定要沒收「地主」的東西，或者甚至將人處死。群眾會在事先投票選出每次的對象，每次集會過後，受害者的物質財產就會被分給群眾。被判有罪的人會被活活燒死、肢解、射殺或是絞死。這也的確是領導人希望達到的目標：例如毛澤東便於一九五〇年六月提醒黨的領導人：

> 對三億以上人民進行的土地改革是一場惡鬥……這是農民和地主之間最駭人的一次階級鬥爭。這是一場你死我活的戰鬥。[22]

黨以「先驗」（*a priori*）的方式決定有百分之十的農村人口是「地主」或是「富農」——雖然其實在某些地方會有多達百分之二十或百分之三十的村民遭到迫害；每個村莊都大概至少會死一個人。有五十萬到一百萬人遭到殺害或是被逼得自殺。到了一九五一年底，已經有超過一千萬名地主的財產遭到沒收，並且有超過百分之四十的土地被重新分配。一九四七和一九五二年之間，有大約一百五十萬到兩百萬人死亡，上百萬人被貼上了「剝削者」和「階級敵人」的標籤。農村的經濟也因此受到牽連——農民害怕顯得富裕，所以除了基本生存所需的數量之外，都不願意做得更多：村民們覺得「貧窮是件光榮的事」——在面臨用暴力達到的均等時，這也是個完全合理的策略。[23]

最後有將近半數的土地遭到移轉，受影響最大的就是財富光譜中最頂端和最底端的人。在某些例子中，「地主」最後只擁有比村莊的平均值還少的土地，反而被比較受保護的「富農」比下去了。雖然如此，但是整體達到的均等還是算很高的：現在居於前百分之五至百分之七的「富農」只擁有不超過百分之七至百分之十的土地。有些地方的結果甚至還更極端。在改革得比較徹底的中國北方（像是張莊村），大部分「地主」和「富農」都失去了所有土地，甚至還常常失去性命，或是逃跑了。之前沒有土地的所有勞工都分配到土地，因此這個階層完全消滅了。從結果上來說，「中產階級農民」現在占了農村人口的百分之九十，並且擁有百分之九十．八的土地，相當接近於我們可能期望的完美均等狀態。[24]

中國的城市也沒有逃過這些肅清。在革命性改革的早期階段，私人企業受到工資大幅上漲和苛刻的稅制衝擊，大部分外國商人也都因為不堪其擾而離開了中國。一九五二年一月——當時土地改革已經大部分完成了——共產黨開始推行反對城市「資產階級」的運動。共產黨決定採用已經先在農村發展完成的技巧，也就是先用批判大會讓勞工和公司的管理階層互相對立，對管理層級加以口頭辱罵和身體上的傷害。雖然當場殺害的行為還是相對少見，不過毆打和剝奪睡眠就很常見了，有數十萬人被逼著自殺。國家也再次設下定額：瞄準最反動的前百分之五「資產階級」，或許有百分之一遭到處死。大約有一百萬人遭到殺害，另外有兩百五十萬人被送到集中營。其他人則勉強用支付罰款來逃過一劫（罰款的用途是用於金援韓戰）。幾乎有半數小型企業遭到調查，並且有三分之一的企業主和管理階層被宣判犯下詐騙罪行。到了一九五三年底，已經要負擔十分高額稅金的企業主終於被迫把他們的全部資本交給國家。其中還有許多人也同時選擇結束了自己的生命。[25]

接下來，一九五五和一九五六年的農田集體化又進一步消除了經濟差距：隸屬於合作社的農村家庭從百分之十四增加至超過百分之九十，私有地只限於全部土地中的百分之五。到了一九五六年，大部分工業都已經國有化了。在表面上，達成國有化的方式是說服了超過八十萬家大型或是小型公司的企業主，讓他們「自願」把資產交給國家。一九五五年之後，便是靠著全面性的定量配給體制（配給的物品包括食物、衣物和各種耐久性的消費品），來維持用暴力手段達成的均等。[26]

和從一九五九至一九六一年的「大躍進」的恐怖相比，所有的這些暴力干預都將相形失色，政府的錯誤政策在「大躍進」時期造成了大饑荒，奪去兩千萬至四千萬人的生命。政府的直接作為也毫不遜色：直到毛澤東時代的末期，已經有六百萬至一千萬中國人被國家處死或是逼到自殺，另外還有五千萬人被迫勞改，其中有兩千萬人死亡。[27]

在進行土地改革和沒收城市裡的工業和商業時，伴隨而生的殘忍行徑屬於另一波更大規模的暴力，而且共產黨領導者並沒有加以約束。這些行為的回報就是先前的所得和財富方面的差距大幅縮小了。全中國在革命前的市場所得吉尼係數沒有辦法獲得確實的數據，但是一九三〇年代的數據確定不會超過〇．四。在共產黨統治的頭幾年間發展也不明確，一九七六年——毛澤東死亡的那一年——吉尼係數為〇．三一；到了一九八四年又降至〇．二三。一九八〇年左右的城市所得吉尼係數低至〇．一六。經濟自由化一舉翻轉了這個趨勢：在接下來的二十年間，全國的市場所得吉尼係數增加了不止一倍（從〇．二三至〇．五一）。在今天，可能還更高一點，大約是〇．五五。除此之外，家庭財富淨值的吉尼係數在大約一九九〇和二〇一二年之間，也從差不多〇．四五升高至〇．七三。分配不均的差距像是這樣擴大，大抵是因為城市和農村的區別以及區域差異，而且深受政府政策的影響。最值得注意的是中國的所得分配不均的發展程度，已經遠遠超過相同人均GDP的國家該有的等級，這明顯違反了顧志耐那滿懷希望的期待——顧志耐認為雖然在經濟發展的較早期階段，分配不均會日益增加，但是等到經濟發展強化之後，最後必然可以壓制由其製造出來的不平等。既然中國擁有目前全球將近五分之一的人口，因此這代表了一個重要的例外——在所得的分配形成時，除了經濟發展之外，其他因素也具有重要性。在中國過去的八十年中，所得及財富的分配不均（不論是縮小或是擴大）根本上都是由政治力量決定的，而且在該時期的前半段，都與暴力脫不了關係。[28]

「新的人民」：其他共產主義革命

由蘇維埃占領、或是透過革命行動建立起來的共產黨政府也帶來了類似的均等效果。只要舉幾個例子就可以知道。北越的過程也是照著中國的劇本走，只是沒那麼殘忍（而且輕微許多）。土地的分配不均十分嚴重：一九四五年時，大約是百分之三的人就擁有所有土地的四分之一。共產黨在早期（一九四五和一九五三年之間）的政策做法大致是非暴力的：比較優先的做法是用買賣來轉移、減少租金和對地主嚴格的貫徹累進稅制，而不是沒收和徵用。課稅尤其會消除人民想要擁有土地的動機，因為就算在名義上是百分之三十至百分之五十的稅率，如果把額外的費用也包括進去，實際上可能接近百分之百。這促使許多地主把土地販賣或是轉讓給他們的佃農。因此從原本百分之三的人擁有四分之一的土地，下降至由百分之二的人擁有百分之十至十七的土地。但是從一九五三年開始，共產黨的領導者轉而比較強硬的遵循中國模式。當時的黨下令動員農民在村鎮召開批判大會。對於每個地區必須處罰多少名「暴君似的地主」，政治局[9]都設了定額。土地改革的法規要求沒收最「暴虐的」富人的財產，還要求他們強制出售，以作為對於其他人的象徵性補償。雖然在原本的規定中，「富農」不該受到傷害，但是因為某些地區無法提供足夠的「地主」，所以如果是原本屬於「富農」分類的人「用封建的手段（例如租賃）剝削土地」，他們也會成為要針對的對象，並且會被迫出售土地。

一九五四年法國戰敗之後，有大約八十萬人離開了北方、搬往南方，其中絕大多數都是富人。因而得到的土地大都給了窮人。一九五三至一九五六年之間，由國家支持的暴力日益增加。就和中國一樣，許多「地主」——有百分之五的人口被歸類到這個類型——只留下少於平均值的土地，而且能夠活下來的代價是會受到全村人的排擠。不過被處死的只有幾千人，這點與中國不同。重新分配會根據各個家庭維持基本生活所需的量來進行，因此從實際的價值來看，土地的分配算是相當均等（「地主」除外，地主保留的土地比較少）；窮人在這些計畫中受益最多。也和蘇聯或是中國一樣，均等化之後緊接的下一步便是集體化了，最後的結果便是越來越大型的合作社漸漸把百分之九十的耕種土地都包括進去。一九七五年之後，這些政策也延伸到南方。「地主」和教會都遭到沒收，私人企業則收歸國有，但是沒有任何補償。[29]

北韓政權從一開始就比較有侵略性，從一九四六年就開始奪取地主的土地，並且於一九五〇年代推動集體化，讓幾乎所有的農民都被整編進一個比較大的單位。斐代爾・卡斯楚（Fidel Castro）領導的古巴，土地是分階段沒收，一開始是針對美國人擁有的土地，接著則是所有超過六十七公頃的土地。到了一九六四年，已經有四分之三的農田遭到沒收，並且編組成由當地勞工組成的合作社，隨後又很快的變成國家的農地。到了一九六〇年代晚期，其他的所有私人企業也都被國有化了。在尼加拉瓜，取得勝利的「桑定」（Sandinista）民族解放陣線反叛軍❿——但是他們應該算是馬克思社會主義

❾譯注：共產黨的中央執行委員會。

的政黨，而不是中堅的共產黨——推動土地改革的第一步是沒收蘇慕薩（Somoza）家族[11]的土地，這就包括了全國農地的五分之一。一九八〇年代早期，沒收的範圍又繼續擴大，其他的大型資產也都被包括進來。結果就是到了一九八六年，已經有半數的農田和半數農村人口都和改革有所牽扯，大部分地方都成立了合作社或是變成小塊的農田。不過當桑定民族解放陣線於一九九〇年的選舉中落敗、並失去政權時，尼加拉瓜的市場所得吉尼係數還是很高，即使是低點，也還在〇．五五左右——與瓜地馬拉和宏都拉斯相近，但是比當時的薩爾瓦多高，而這些國家的共同特徵就是所得和財富的分配嚴重不均。在這樣的背景下，如果革命政府決定不以暴力強制，而且奉行民主的多元主義，似乎會成為妨礙邁向真正均等的一大阻力。[30]

雖然和列寧、史達林及毛澤東時期的恐怖比起來，中美洲、甚至還要加上越南的重新分配方式相對而言並不暴力，但是紅色高棉[12]時期的柬埔寨則又是另外一個完全相反的例子。雖然沒有慣用的評量指標，不過暴力的政府干預會帶來全國性的大規模均等，這是毋庸置疑的。一九七五年共產黨取得勝利之後，倉卒的在一週內將城市人口疏散，這個舉動迫使多達一半的柬埔寨人口離鄉背井（也包括首都金邊的居民）。既然城市和農村的所得差異通常是造成一個國家分配不均的重要因素，因此這個做法具有大幅減少差距的效果。城市的居民被看作「新人民」[13]——「新人民」是階級的敵人，他們常常會被流放好幾次。政府沒收了他們的財產，想要讓他們被「無產階級化」：他們會分好幾個階段失去自己的資產，疏散期間是第一次，接著在疏散的目的地又被農民和幹部搶奪第二次。當他們在鄉間定居下來，國家又會試圖讓他們吃不到自己拚命種出來的穀物。

喪命的人也不計其數——或許接近兩百萬人，或是柬埔寨總人口的四分之一。損耗不合比例的集中在城市居民身上：有大約百分之四十的金邊居民在四年後都已經死亡。前朝的官員和高階軍人會特別被挑出來受到嚴酷對待。在同時，也因為黨幹部前所未見的大規模肅清，讓新菁英的出現受到壓制。舉例來說，光是在惡名昭彰的吐斯廉（Tuol Sleng）監獄，⓮就有一萬六千名柬埔寨共產黨員遭到殺害——其實直至一九七五年，黨員的人數也不過在一萬四千人以下，因此這個數字是十分驚人的。總人口中過多的死亡人數可以相當平均的歸因於往鄉村疏散、死刑、監禁和饑荒與疾病。其實有數十萬人的死亡是不為大眾所知的，其中大部分是死於用鐵棍、斧柄或是農具重擊頭部致死。有些人遭到殺害之後，屍體還被拿來當作肥料。[31]

⓾譯注：成立於大約一九六一年，經過長期的武裝抗爭後，一九七九年攻下首都馬那瓜，推翻執政長達四十三年的蘇慕薩家族，取得政權，其後桑解陣軍政府的領導人丹尼爾・奧爾特加（Daniel Ortega）於一九八四年贏得首次民主總統選舉，但是後來在一九九〇年的選舉中落敗，於是該黨成為尼加拉瓜的主要反對黨。

⓫譯注：一九三六至一九七九年間統治尼加拉瓜的家族獨裁政權。

⓬譯注：指柬埔寨的共產黨及其追隨者。

⓭譯注：是紅色高棉使用的術語，與之相反的是鄉下的農民，稱為「老人民」。

⓮譯注：在金邊附近，紅色高棉將一所學校改造成集中營和集體處決中心，前期的犯人主要是前朝政權的政府官員和軍人等，後期的犯人則主要是紅色高棉政權的黨員、士兵，甚至還有一些高級官員。

「全部掃蕩」：全面變革的革命以暴力帶來均等

柬埔寨的經驗——不論是荒誕的程度或是快速自我毀滅的暴力——是個極端的案例，但是相同的模式（只是沒有那麼極端）其實是很常見的。在超過六十年的時間中——從一九一七直至一九七〇年代末期（在衣索比亞還更延續到一九八〇年代）——共產黨的革命政權成功的透過沒收、重新分配、集體化和價格的制定減少了分配不均。在執行這些手段的過程中，實際上用了多少暴力在各國之間存在著極大差異，俄羅斯、中國和柬埔寨位於光譜的其中一端，而古巴和尼加拉瓜則位於另一端。不過，如果因此而認為暴力只是剛好造成了大規模的均等，這也是太過度解釋了：雖然列寧、史達林和毛澤東其實可以用少得多的生命犧牲達到他們的目標，這在原則上是可能的，但是大規模的沒收還是少不了至少得使用一些暴力，以及讓人感受到這個暴力會逐漸擴大的威脅。

基本的計畫大概都一樣：靠著查禁私人財產和壓抑市場的力量來讓社會重建，並且在過程中調整階級的差距。這些干預在本質上是政治的，它們代表的暴力衝擊和（前幾章所討論的）現代世界大戰所造成的暴力衝擊其實不相上下。從這方面來說，全面動員帶來的均等和全面變革的革命帶來的均等具有許多共通點。兩者都十分依賴大規模的暴力——不論是潛在的或是直接使用——最後產生我們觀察到的結果。人類為這個過程付出的全部代價十分明確：就像是世界大戰直接或是間接的奪走了多達一億條人命，共產主義也造成了相當可觀的死亡（大部分是在中國和蘇聯）。以它充滿悲劇的殘酷性來說，全面變革的共產黨革命與全面動員的戰爭其實不遑多讓——都是用滅絕性的災難來達成均等，也就是四騎士中的第二個騎士。[32]

第八章

在列寧之前

「我們應該盡全力砍下富人的頭」：法國大革命

過去發生過像這樣的事嗎？我們曾經在稍早見證過革命行動為所得或是財富的分配不均帶來真正的均等嗎？我們可以看到二十世紀——再一次的——在這方面顯得反常。雖然前現代的社會——不論是在城市或是農村——絕對不乏人民起義，但是這些起義並不常改變物質資源的分配。革命這種可以帶來均等的機制和全面動員的戰爭十分類似，在工業化之前的年代幾乎不曾發生過。

在早期對於傳統權威的各種挑戰中，法國大革命在一般人的想像中占有十分重要的地位，而且好像在各種可能帶來均等的衝突中，也的確看起來特別有希望。法國舊制度末期的特徵就是財富和所得的分配不均極為嚴重。我們對這個國家的所得吉尼係數最樂觀的估計值是大約〇．五九，與當時的英國十分接近，不過誤差範圍很大（從〇．五五至〇．六六）。賦稅制度中明顯存在著不公平，也影響到可支配所得的分配。貴族擁有四分之一的土地，但是卻不必負擔主要的直接稅——「*taille*」，還能夠拒絕負擔比較新的徵稅名目——例如一六九五年的人頭稅和一七四九年的「*vingtième*」（一種所得稅）。神職人員也差不多是如此，他們擁有另外十分之一的土地，還能夠收取「*dime*」——「*dime*」不一定還是從前的什一（十分之一）稅制，稅率可能是變動的，但是通常都頗為可觀。因此，直接稅的負擔事實上幾乎完全落在城市的資產階級和農民的肩上。尤有甚者，因為比較富有的資產階級其實可以靠著購買頭銜和官職逃過賦稅，因此實際的重擔大部分是落在比較小型的農民和勞工身上。在所有的直接稅中，鹽稅（「*gabelle*」）是最繁重的稅目之一，鹽稅的徵收方式是強制個別的家庭購買鹽，這也一樣是對窮人的衝擊比對富人來得大。整體的財務徵收體制其實就是高度遞減的稅制。

除此之外，農民還要對貴族和神職人員做出像是對封建領主的貢獻，例如強迫勞役和付出時間以及金錢的義務。只有少部分農民擁有足夠讓自己過活的土地——但是這樣的安排在法律上也只被當作租佃——而大部分農村人口都是佃農或是沒有土地的勞工。在大革命發生的幾十年前，由於人口的壓力和封建權利悄悄的重新抬頭，再加上對於在公地上放牧的限制（這會排擠到只擁有少數動物、也很難養好牠們的貧窮農民），讓情況變得越來越差。導致了農村的貧窮化和城市無產階級的成長。一七三〇和一七八〇年之間土地租金成長了一倍，農產品價格的增加速度比農民的工資還快；城市的勞工也受到不利影響。[1]

一七八九至一七九五年間法國的舊制度和體系日益崩解，實現了一些對窮人（比對富人）較為有利的做法。一七八九年八月「國民制憲議會」（National Constituent Assembly）宣布廢除「個人的」封建權利（不過實際上是拖到翌年才正式施行）。雖然租金還是要付，但是也有越來越多佃農拒絕支付，一七八九年底和一七九〇年初還發生了幾次暴動。農民突然襲擊封建領主的城堡，燒毀了紀錄。這樣的動亂還伴隨著對於（直接）稅收越來越多的暴力反抗，使得徵稅實際上窒礙難行。一七九〇年六月，終於廢除了所有個人的封建權利（例如強迫勞役），而且沒有另外支付任何補償，還下令要將公地分配給當地居民。連續幾次的巴黎議會都有對農村動亂做出回應，將最受到批評的徵稅名目廢除，其中就有包括繁重的「*dime*」。但是又出現了新稅制來取代這些舊稅目，而且大體上來說並沒有減少農民的負擔，還重新引發了農民的憤怒。農民要給地主二十至二十五倍的年稅率作為補償，把土地買下來，否則「真正的」封建權利（例如每年應收的款項）在名義上還是有效的，只是這個妥協方案不被農民接受，有些人拒絕支付，有些人則走向反叛。一九七二年，農村暴力突然大規模的爆發出來，法國的許多地方都出現反封建的攻擊行動，這被稱作「城堡戰爭」（guerre aux châteaux）。

一七九二年八月巴黎人攻下了（國王路易十六所在的）杜樂麗宮（Tuileries），在那之後，國民立法議會覺得他們應該用更徹底的改革來解決農村暴力：除非地主能夠拿出真正的地契，否則所有地主現在都成了土地的業主——不過對於這個由習慣法來規範的權利來說，這幾乎是不可能的。但是即使是這樣退到最後一步的條款，也於一七九三年七月被雅各賓派（Jacobins）❶廢除。至少在名義上，這等於是進行了財富的重要重新分配，因為在過去要支付定額租金的數百萬農民，現在在法律上成了承租人（雖然他們在事實上更像是小農）。照這樣算起來，法國有多達百分之四十的土地——這些土地在過去已經由農民持有，但是在法律上並未擁有——一七九二年正式成為私人土地。在所得方面，更重要的是廢除了與這些土地有關的所有封建稅捐。我們必須注意到從一開始（指一七八九年八月的反封建行動），農村改革的展開就是因為議會注意到「來自底層的威脅」——也就是群眾運動。越來越暴力的農民行動主義和大都市的改革立法交織成一個「辯證的過程，而其帶來的不是妥協，而是相互都變得更激進了」。[2]

土地的沒收和重新分配更是大幅度的促進了均等。一七八九年十一月國民立法議會沒收了法國所有教會的財產，供作國家之用（主要的原因是這樣不必創設新的稅收名目，就可以填補預算赤字）。這些被稱作「*biens nationaux*」的土地被大片大片的低價出售，這個做法為城市的資產階級和比較富有的農民帶來了好處。不過根據估計，農民還是有獲得這些財產中的大約百分之三十。已經移居外地的貴族土地也從一七九二年八月開始遭到沒收和出售，不過這次被分割成比較小塊的土地，也明顯的對窮人有利，這個措施反映出國民立法議會希望追求的目標已經比較在乎均等了。農民最後大概獲得了其中百分之四十的土地。被沒收的土地可以用超過十二年的分期付款購買，這有助於比較小額的購買方式，但是最後所有的買主都蒙受其利——因為快速的通貨膨脹大大抵銷了分期付款的利息。不過總體來說，重新分配的規模算是很有限的：全法國的農田只有百分之三用這種方式移轉給農民，就算是貴族和移居外國的人，也還是可以透過中間人在暗地裡參與購買。因此，土地沒收所達到的均等效果——雖然還是當真存在——必須要打個折扣。[3]

「指券」❷又進一步加速了通貨膨脹，一七九〇年之後發行的紙幣達到了前所未見的數量。指券剛開始發行時，是以沒收的教會資產作為金援，因此大量印刷了過多，以至於在五年之後就喪失了超過面額百分之九十九的價值。這對於分配不均的影響有正負兩個方面。通貨膨脹等於是對所有人口加上了一種無差別的稅制（而以前的稅制在實際上是遞減的），因為依比例來說，富人（相較於其他人）擁有的現金財富變少了。而在此同時，對於比較不是那麼富有的人來說，又有幾個方面帶來了好處。如同前文所說的，通貨膨脹讓以分期付款支付的農田和家畜的實際價格減少了。固定租金的方式漸漸取代了佃農耕作的制度，這也會對承租人有利。通貨膨脹也消滅了農村債務，這有益於窮人。在光譜另一端的法國舊制度中的債主也會得到貶值的指券作為部分償還——只要債務沒被一筆勾銷。買官的

❶譯注：法國大革命期間在政治上最著名和最有影響力的群體，最初是由來自布列塔尼的反保皇黨代表創立的，包括多元的政治主張團體。

❷譯注：一七八九至一七九六年法國革命政府以沒收的土地為擔保發行的紙幣。

人會收到貶值的貨幣作為謝酬，因此會蒙受損失，這對於菁英是極端不利的。由貴族購買的高階官職通常是最能夠表現出這個貪腐交易中付出的資本和損失。[4]

原本地位穩固的富有菁英受到嚴重打擊，除了是因為他們先前享有的封建義務遭到廢除，同時也是（尤其是）因為教會財產被收歸國有，接下來，移居外國的人和政治反對者的資產也被沒收。一七九三年的戰爭全面動員也造成異常的徵收：為了要籌集足夠的資金，巴黎或是其他**各省**都對富人強制貸款。各地的革命委員會擬定了合適的付款人名單，而且應支付款項就在一個月內到期。各地另外新立的徵稅名目被拿來當作向富人敲竹槓的方式——不合法，但是有效。在「恐怖統治」期間，有數千人因為囤積貨物或是違反價格管制的嫌疑而遭到關押。光是在巴黎，「革命法庭」（Revolutionary Tribunal）❸就因為這類違法事由而宣判了一百八十一個死刑。如果被宣告有罪，資產就會落入國家手中，這提供了一個對付富人的強烈誘因。本節標題引用的文字就是出自約瑟·勒·邦（Joseph Le Bon）以國會代表身分所做的一次演講，他極力主張「對於那些被指控對共和國犯下罪行的人，我們應該竭盡全力砍下那些富人的頭，大家都知道他們是有罪的」。[5]

有越來越多貴族離開法國。到最後，已經有一萬六千人（超過人口的十分之一）前往比較安全的沿海地區。公然的迫害從一七九二年展開。而在隔年，政府下令當眾焚毀貴族的土地轉讓證書和封建權利的文件。只有相對而言小部分的貴族喪命：在一萬六千五百九十四名被特別法院判處死刑的人之中，有一千一百五十八名是貴族，還不到貴族階級的百分之一。但是，被判有罪的貴族比例隨著時間的經過日漸升高，在（雅各賓專政的）「大恐怖」時期達到最高點。巴黎東緣的皮克布花園（Garden of Picpus）——那裡在過去是一座修道院的花園——有兩座墓穴，光是一七九四年六月和七月的六週期間，墓穴裡就埋了一千三百具被斬首的屍體，其中有三分之一以上是貴族的遺體（包括王子、公主、公爵和各種職位的大臣、將軍和高階官員），不過也有其他許多人是供貴族差遣的平民。[6]那些保住性命留在法國的人也不一定就是幸運的，他們也蒙受了一些損失。迪富爾・德謝韋爾尼伯爵（Count Dufourt de Cheverny）便做了以下描述：

我在大革命的頭三年便受到了損失——就是我以領主身分可以收取的兩萬三千里弗爾所得……這是路易十五承諾要從皇家金庫中給我的津貼，還有許多其他項目……我必須要忍受國家衛兵的襲擊、雅各賓派要徵收的巨額稅金、各種徵用，還有以愛國之名將我僅存的銀器也沒收了……我被關押了四個月，那四個月也讓我付出了極大代價……海軍砍掉了我品質最好的樹木，沒有哪個禮拜我不必把遭到徵用的穀物拿到位於布盧瓦（Blois）的軍用商店……更不用說……我在封建時代取得的所有房地契都被燒掉了……[7]

既然大革命對富人造成了損害，並且對窮人有利，那麼應該可以預期它會帶來某種程度的均等。不過，雖然這個趨勢的整體方向很清楚，但它的規模卻很難掌握。以所得的分配來說，封建障礙的廢除應該會對勞工有正面影響，而對地主有負面影響。戰爭中的全面動員也會提高實際工資。有一項結

❸譯注：法國大革命期間，國民公會為了審判政治犯而在巴黎成立的法庭，是實行恐怖統治的強力機構，陪審團、檢察長和代檢察長都由國民公會任命，判決之後不得再上訴。

果顯示於一七八九和一七九五年之間，農村的成人男性勞動力的實際工資成長了三分之一。在法國的一個西部省分，作物的收割比例從六分之一增加為五分之一。也有跡象顯示城市勞工的實際收入提高了：一七八〇和一八〇〇年代之間，工資上升的速度比穀價的上漲更快。[8]

以財富的分配來說，分配（「誰擁有多少土地」）的改變也一樣顯示出不均等的狀況減少了。有個新省分於一七八八年是由神職人員和貴族擁有百分之四十二的土地，到了一八〇二年則降至百分之十二，而在同一段時間，農民的比例從百分之三十增加至百分之四十二——但是這也表示受益最多的是居於中間的族群。如果舉另外一個法國西南部的地方當作例子，該地無法自給自足（如果不求助於外面的受雇工作或是施捨，個人擁有的土地不足以供應生活所需）的農民比例從百分之四十六掉至百分之三十八，而擁有的田產能夠維持生活所需的農民比例，則從百分之二十增加至百分之三十二。從比較長期來看，這些轉移是將小塊的農田和擁有的少量土地合併，讓它們在持續貧窮的條件下還是保留了下來。改革遠遠稱不上是用激進的方式讓土地的財產重新分配。在許多省分中，拿破崙時期的最大地主依然和革命之前一樣，屬於同一個家族，在因為沒收而失去的土地中，也有五分之一至四分之一最後又被家族成員重新買了回來。在貴族的所有土地中，只有十分之一永遠的脫離了貴族之手。[9]

克里斯蒂安・莫里森（Christian Morrisson）和韋恩・斯耐德（Wayne Snyder）做了一個算是大膽的嘗試，想要估計法國的所得分配變化，而他們得到的結論是所得分配中前段班的占比減少了，而後段班則有所增加（表6）。[10]

其中一個問題是這個比較只有針對法國勞動力的所得分配，沒有把菁英收租者的占比算進去。除此之外，或許更重要的是這些估計沒把大革命時期（一七八九至一七九九年）的分配結果和日後（拿

表6 在法國的所得占比，1780-1866年

所得占比	1780	1831	1866
最富有的前百分之十群體	51–53	45	49
最後的百分之四十群體	10–11	18	16

破崙君主政體以及波旁王室復辟時期）的分配結果區分開來。這使得我們無法判斷在改革活動於一七九〇年代前半葉進行得如火如荼時帶來的最初期的均等，是不是比這些數字所顯示的還要明顯，或是明顯多少。舉例來說，拿破崙的追隨者把土地都買下來了，否則窮人是可以獲得土地的，還有兩萬五千個家庭（其中有許多是貴族）在革命時遭到沒收的財產，到了波旁王朝時期就獲得了補償。如果說一七九〇年代的所得分配暫時比一個世代之後的差距更小，這是十分可能的。[11]

即便如此，但是也沒有跡象顯示法國大革命的結果可以絲毫及得上二十世紀的重要革命帶來的均等。土地產權、財富集中和所得分配的變化都只發生在邊緣。這對於受到影響的人當然不是小事：底層的百分之四十的所得占比相對而言增加了百分之七十（如果這是正確的數字），這代表法國社會中最貧窮的一群人獲得了重大改善。但是這個過程還完全稱不上重大的改變。這個發現也的確表示針對資產階級的暴力只是中等程度：雖然這可能會讓現代的保守派觀察家大感震驚，不過依據後來的標準來看，革命的方式和目標其實都很有限，也只帶來了比較少的均等效果。

「物物歸上主，則主有所運用」：太平天國之亂

在這個研究的脈絡下，有個十九世紀的革命運動因為兩個理由而特別值得注意：一是在表面上鼓吹共產主義社會，二是帶來了驚人的暴力。一八五〇至一八六

四年之間，中國的東部和南部有一大部分都被捲進了太平天國之亂。以那之前的歷史而言，那是一次空前的血腥戰役，據信其奪走了大約兩千萬條人命。那是一次反清的暴動，又因為信徒相信「天國」會帶來千年至福，而使得戰事火上澆油。發起戰爭的洪秀全是一名充滿抱負的落第舉子，他對於未來的憧憬和實踐綱領既包含中國傳統的人民起義，又結合了基督教的元素，大舉利用了人民反抗滿清統治所累積的憤怒，以及出於種族情緒而對國家官員抱持的敵意。一八五〇和一八五一年太平天國之亂發端於中國西南部，主要是由農民發起的暴動，但是也包括燒炭工和礦工，它很快的就像滾雪球般，一八五二年成為一個多達五十萬人參與的大規模武裝叛亂，甚至還可能在隔年達到兩百萬人。這支被稱為「窮人大軍」的軍隊一路挺進，經過中國經濟上的心臟地區，很快的攻占了南京，並且將南京選為天國在地表的新都。太平軍的首領麾下有數千萬人，軍中大力宣揚對上主的崇拜，另外也有比較世俗的面向，就是要將漢民族從外國的支配中解放出來。其中還加入了對於社會的理念：因為他們認為萬物只能歸於上主，因此至少在名義上並不承認私人財產的概念。普世的兄弟情誼也受到頌揚，所有人都屬於一個大家庭。在一八五四年初首次頒布的《天朝田畝制度》就很完整的表達了這些崇高的情操。它所根據的前提是：

> 蓋天下皆是天父上主皇上帝一大家，天下人人不受私，物物歸上主，則主有所運用，天下大家處處平勻，人人飽暖矣。此乃天父上主皇上帝特命太平真主救世旨意也。[12]

太平天國的理想是要將土地平分給所有成年男性和女性，兒童則享有成年人的一半，而且「有田同耕」。土地會按照生產力加以分級，並且平均的分配出去，以達到真正的均等。如果土地不足以讓所有人都分配到標準的比例，人民就會被遷徙到有足夠土地的地方。每一家都要養五隻母雞和兩隻母豬。每二十五家就要設一個國庫，由這二十五家共同經營，用來儲存生計所需之外的生產盈餘。這個嚴格追求均等主義的俗世天堂有著由來已久的歷史根源——較早期的「均田」制度，但是奇怪的是，他們不會定期的重新分配，以確保均等不會隨著時間褪色。

不過這部分的疏忽（如果當真是如此的話）幾乎不具重要性——理由很簡單，因為沒有什麼跡象顯示這個綱領曾經被認真執行、或是在當時的確廣為人知。雖然在太平軍行進的早期階段，有對某些富人的田宅和資產進行劫掠，並且把搶來的東西分給當地村民，不過大部分還是被叛亂組織收歸己有。這些活動從來沒有發展成比較全面性的重新分配，更不要說是體制上的土地改革、或是真實的農業共產主義。清朝對太平軍的鎮壓越來越頑強，最後還發動反攻，因此太平軍最在乎的便是維持收入不斷，好確保他們的行動資金。因此，傳統的地主—佃農關係大致上還是存在的。頂多只是邊緣部分發生了一些變化。江南的大量清朝土地和賦稅紀錄都遭到毀損，許多地主也都逃走、或是無法再收取租金了，因此新政權曾經短暫的試過讓農民直接把稅繳給國家的代理人。而這個做法經證實只存在一段很短的時間。稅率可能比過去都低，佃農也比較容易抗拒高額的租金要求。太平軍從富人身上奪去了清朝給他們的特權，在這時候，所得——不論是總額或是淨額——的集中情況的確有某種程度的降低。佃農對地主的抵抗益發強化，還曾經有一度地主被認為要支付加了特別稅目的全部稅額，因此，地主認為他們正在面臨所得日漸減少的壓力。

不過，這些結果都不是來自於烏托邦的方案所展望的體系性均等化（它從未付諸實行——或是甚至也沒打算這麼做）。這麼說的原因是太平軍的領導人除了整體來說並未改變過傳統的土地占有狀況之外，甚至還熱切的擁抱階級區分，建起豪華的宮殿，過著妻妾成群的奢華生活。一八六〇年代清朝用暴力殲滅了太平軍，此次掃蕩行動因為戰役和饑荒損失了數百萬條人命，但是至少並沒有阻止一個追求均等的實驗——因為它實際上並不存在。無論是共產主義的教條、或是農民的大規模軍事動員，看起來都沒有帶來明顯的均等效果，就算是真的試過了，也沒有辦法維持。在一九一七年之前，意識形態的目標和工業化之前的現實實在是差距太大，根本沒辦法用暴力加以跨越。[13]

「鄉下人想以暴力改善自己的境況」：農村起義

歷史上的大多數人民起義大概都是如此。在大部分有紀錄的歷史中，農民都占了人口中的大多數，在任何前現代的社會中，財富和所得的分配也都有很大一部分是取決於誰擁有土地和誰能夠控制農產品。因此，在研究革命手段帶來的均等時，必須要特別注意農村起義的效果。這類事件其實很普遍：在不同的空間和時間中顯示出明顯的差異，很可能是因為證據的本質不同，而不是實際的情況不同。雖然農村起義的發生率算得上頻繁，但是我們卻很少看到農村起義演變成真正的革命運動，並且帶來明顯的均等效果。[14]

其實還是相對近期的例子最能夠說明。一九一〇年墨西哥革命之後進行的土地改革就是例證之一。墨西哥一直以來都有嚴重的資源分配不均的問題，甚至可以回溯到阿茲特克時期。西班牙的征服者在十六世紀時接收了大量土地和強制的勞動力。從一八一〇至一八二一年的獨立戰爭只是讓克里奧爾（Creole）人❹和麥士蒂索（Mestizo）❺人的菁英取代了半島居民中的富人，但是即使到了十九世紀較後期，土地的所有權還是一直在集中。富人與國家串通，好獲得更多土地，並且從日益發展的商業化獲利。因此在革命前夕已經存在極為明顯的不平等。有一千個家庭和公司掌控了總共六千個莊園，在一個一千六百萬人口（三分之二在務農）的國家中，這些莊園就包括了一半以上的土地。大部分的農村居民幾乎、或是完全沒有土地，有半數是小農，他們只對土地擁有不穩固的權利，另外一半則受雇於大型莊園，必須繳交大筆的租金和服勞務。債務將雇農綁在土地上。在墨西哥的核心地區，只有百分之〇．五的家族長擁有財產，只有八百五十六人擁有土地，但是其中的六十四名莊園主人（*hacendados*）就擁有一半以上的私人土地。經濟上的財富和政治權力都集中在極小群的統治階級手中。[15]

革命在一開始是對立的菁英集團之間的鬥爭，並不是以土地改革作為目標，不過革命使得農村的勞動力遭到動員，因而得以追求農村自己的重新分配。武裝團體接管了大型莊園。南方的埃米利亞諾．薩帕塔（Emilio Zapata）❻甚至率領農民軍團占領了大型莊園，並且將土地重新分配。暴力的農村起義在當地造成的狀況必須要由中央政權加以處理，不過中央政權的影響力已經弱化了。一九一七年的新憲法承認公共利益比私人利益更為優先，因此宣布徵收是合法的。然而只有在必須平定農民軍

---

❹譯注：法國移民的後裔。
❺譯注：歐洲血統與美洲印地安人的混血。
❻譯注：墨西哥的革命領袖，南方解放軍的領導人。

團時，這些措施才會被正式接受：重新分配主要是由地方性的暴力帶來的，而不是由上到下的法規。雖然如此，但是直至一九二〇年代，土地才漸漸被正式分配給窮人，而且對地主也有一些讓步，例如對徵收設有最高的限度。一九一五和一九三三年之間，重新分配的土地大都不太肥沃。直至一九三三年，每年都只有少於百分之一的土地重新分配，在重新分配的土地中，也只有少於四分之一的土地真的是農田。地主可以請求禁止令，同時也因為害怕外國的干涉，沒有讓大型莊園被更加全面的沒收。

經濟大蕭條的附帶結果——失業與所得的減少——最後使得壓力大增，於是在更激進的拉薩羅・卡德納斯（Lázaro Cárdenas）❼政府的統治之下，重新分配率也增加了，卡德納斯還在一九三八年將石油產業收歸國有。一九三四至一九四〇年間，有百分之四十的可耕地遭到沒收，雇農現在也有參與分配的資格了。土地都交給隸屬於「集體農場」（*ejidos*）組織的佃農、雇工和沒有土地的農民，再拆成小塊耕種。當地的農民動員又再次為這些措施提供了必要的推動力。於是到了一九四〇年，已經有一半的土地經過土地改革，也有一半的農村窮人獲利。在十年之後，擁有土地的比例已經從一九一〇年的百分之三增加至超過人口的一半，到了一九六八年，也有三分之二的農田經過轉移。這個過程進行了這麼久，足以說明要在選舉的民主體制中追求大規模的重新分配和均等，可能會遭遇什麼障礙，以及像是農村暴力和稍後的經濟大蕭條等衝擊的重要性，衝擊有助於啟動、或是加快重新分配。雖然墨西哥沒有經歷過像是共產主義革命或是占領帶來的激進重組，不過農民的動員還是帶來、並且維持了重新分配的動力（即使面臨到統治集團的反抗）。就連像是卡德納斯這樣採取比較激進路線的政府，都很依賴這個因素。[16]

一九五〇年代的玻利維亞也可以觀察到類似的發展。發生在一九五一和一九五二年的革命就是針對大力壓迫當地農民和講西班牙語之人的寡頭權力。大部分印地安人都在大型莊園當農奴，或是一群被莊園奪走了最肥沃的可耕地之人住在一起。經過組織的農民在起義期間占領了大型莊園，並且燒毀莊園的建築物，迫使不在當地的莊園主人放棄他們的財產。接下來於一九五三年發生了農業改革，沒收了管理不善的大型莊園，也縮減了其他莊園的規模，這其實都只是承認了已經發生的過程。大型莊園原本占了一半以上的農田面積，現在都被佃農和附近的農民接管了，有一半以上的窮人對土地的擁有狀況獲得了改善。不過暴力的抵抗也未必總是成功。一九三二年一月由共產黨領導的薩爾瓦多農民起義在幾天內就失敗了，軍隊還殺害了許多農民，這個事件被稱作「*matanza*」或是「大屠殺」，接下來的改革手段又很保守，大概也沒什麼作用。其實就連近期的歷史中，也沒有許多以農民為主而又革命成功的例子。我會在第十二章討論暴力的重要角色、或是暴力的威脅如何帶來土地的改革，以及最和平的嘗試卻走向了失敗。[17]

讓我們從開發中國家的近期歷史回到前現代時期，就可以發現在中國的歷史中，有特別多（留下紀錄的）農民起義。鄧鋼（Kent Gang Deng）調查了中國的兩千一百零六年歷史（從秦朝被推翻到清末），被他定義為大型農民叛亂的例子共有兩百六十九件以上。叛亂中會一再宣揚「均等」這個目標——尤其是土地的擁有——叛亂團體採取的措施也都是以財富和土地的重新分配為特徵。雖然大部分叛亂都沒成功，但是它們還是激發了稅制的改革或是土地的重新分配，因此也發揮了催化劑的作

❼譯注：一九三四至一九四〇年間擔任墨西哥總統，在其任內，墨西哥共產黨得以合法活動。

用。當他們設法要推翻一個現存的政權時，會表現得像是鄧鋼所謂的「腐敗國家機器的終結者」，並且重新分配財富。我會在下一章重新回到這個主題，討論國家的解體和之後帶來的均等效果。[18]

同時還有一件事值得注意：雖然反叛的確有助於帶來均等，但是即使反叛成功，具體的變化可能還是很少，或是根本就不存在。李自成率領的運動就是一個很好的例子。反叛軍的首領李自成據稱是牧羊人出身，他所指揮的大型軍隊大部分是農民組成的，並且是推翻明朝的一股助力。他曾經於一六四四年短暫的占有北京，自立為帝，後來才被入關的滿清殲滅。雖然據說他對財富很不屑，還計畫要沒收富人的財產然後重新分配，甚至要讓土地的擁有均等化，但是其實這些都沒發生。我們也在前文中討論過，在兩個世紀之後發生的太平天國之亂雖然更大規模而且持續更久，但是大致上也是如此。[19]

中國的農民起義有著深厚的歷史，可謂世界上無出其右者。從其他古代社會可以得到的證據就少得多了。在像是古希臘和羅馬這樣擁有奴隸的社會，相較於農民起義，資料來源中比較常見的是奴隸暴動這類事件，或許這也並非偶然。原則上，大規模的解放奴隸應該是一個強而有力、可以帶來均等的機制：在一個有許多奴隸的環境中，菁英擁有的資本會有一大部分是奴隸，如果突然失去了這種資本，應該會縮小整體的財富分配不均。美國南北戰爭之後發生在「老南部」的均等化（在第六章已有描述）就為這個效果提供了有力的證據。但這也不是每次都會發生。斯巴達在西元前四一三年侵略雅典，據稱在之後有兩萬名雅典奴隸逃脫，的確造成了富人的大量損失，但這是城邦之間的戰爭帶來的結果，算不上是狹義的起義運動。麥西尼亞奴隸是由斯巴達公民的戰士階級共有，他們所處的狀態與農奴差不多，西元前三七〇年因為外國的干預而解放了這些奴隸，當時也一定帶來了一些均等的效果：不過這一樣不是自發的奴隸運動所造成的。其實西元前四六二年曾經發生過一次奴隸的起義，但是失敗了。在羅馬的西西里島發生過兩次大型的奴隸起義（大約於西元前一三六至一三二年，和西元前一〇四至一〇一年），這兩次起義曾經試圖要建立一個獨立的奴隸「王國」，這勢必會奪去富人的資產和所得，因此就有可能帶來均等。但是這兩次起義都以失敗告終，就連著名的斯巴達克斯（Spartacus）[8]在義大利所領導的起義（西元前七三至七一年）也沒成功。

在日後的羅馬帝國，仍不時會由某些團體發起暴力行為，它們有時會被解讀為以均等作為目標的農民動亂或是起義。不過，四世紀後期和五世紀早期在羅馬帝國時代的北非發生了「極端多納徒主義派別」（*circumcelliones*）[9]的運動，而現代人將這視為某種「農民起義」（Jacquerie），[10]卻缺乏實證上的根據，這其實只是當代人帶有敵意的辭令，要把他們說成是對社會的威脅——說他們「激起這些農村起義，是為了對抗土地的擁有者」，「向債主們強要欠條，來還給借貸方」，這就是階級戰爭的兩種主要還留下來的主張。我們能夠確定的是這群人是由暴力的流動收割者所組成，他們在聖奧斯定（St. Augustine）[11]的時代也捲入了基督教的派別衝突。羅馬帝國時期在高盧發生的「巴高達運動」

[8] 譯注：色雷斯人，對於他的描述之一是一名「色雷斯雇傭兵，成為羅馬軍人，後來因逃兵罪而被賣為奴隸，因為驍勇善戰而成為（競技場上的）角鬥士」，反抗羅馬共和國統治的斯巴達克斯起義便是由他領導的。

[9] 譯注：是基督教徒多納圖斯・馬格努斯（Donatus Magnus）與他的追隨者所建立的教派，被正統的天主教會視為異端，活動於羅馬帝國阿非利加行省。

[10] 譯注：原本的「札克雷暴動」是一場在百年戰爭期間在法國北部發生的歐洲人民起義，「札克雷」一詞是當時的貴族對農民的蔑稱，後來英法都將「Jacquerie」視為農民起義的代名詞。

（Bagaudae，或是Bacaudae）[12]也只有在最低限度上還有可能稱為農民起義：那是西元三世紀的資料來源中第一次被看作反叛，後來於西元五世紀的資料中又再度出現，這顯然與羅馬帝國的危機和國力減弱有關。也許他們只是想要主張、或是試著主張對於當地的控制，以填補權力的真空狀態：這就不太符合農民起義或是階級衝突的概念了（雖然有缺陷的資料來源有時候會採取這個觀點）。[20]

在歐洲，對於農民起義的報告從中世紀晚期開始大量流出。除了農民起義之外，也還有許多城市的反叛運動，兩者一直進行到現代早期。一項研究的統計結果顯示光是在中世紀晚期的德國，就有大約六十件以上的農民起義和大約兩百件的城市叛亂，如果更廣泛的把中世紀的義大利、法蘭德斯（Flanders）[13]和法國都包括進去，還可以得到更多事例。一五二四和一五二五年的德意志農民戰爭（German Peasants' War）之前，一三二三至一三二八年間的佛萊明農民起義是最大型的農村運動，它在初期便取得了極大成功，因此而為人所注意。農民軍隊在一開始與城市居民聯手，擊退了貴族和騎士；還將貴族和官員放逐。一三二三年布魯日（Bruges）的反叛公民俘虜了佛萊明的統治者路易一世（Count Louis），將他監禁了五個月，反叛者則取得了佛萊明大部分地區的控制權。因為參與這次運動的城市和農村反叛者的利益發生衝突，以及法國軍隊的干預，才於一三二六年帶來了隨後的和平，這嚴重限制了農民的自治，還要支付罰金和拖欠的金額。因為公民大會選出的農民領導者被協商拒之於門外，因此農民反叛者馬上就表明他們拒絕這些條款，也重新對國家的大部分地區建立起主權，直至一三二八年才被法國發動戰爭打敗。只是在農民的控制下，到底達到了多少均等依然沒有定論。他們沒收了某些流亡者的土地、重新分配，並且建立起自己的統治，有自己的稅制和法院：

> 而平民則起義對抗議員、市政官和領主……他們選出自己據點的領導者、對抗依法律組成的軍隊。他們向前行進，俘虜了所有議員、市政官、領主和收稅官。如果領主逃走了，他們就毀壞領主的房子……參加起義的都是平民和莊稼人……他們燒毀了所有貴族的宅第……搶走了貴族在西法蘭德斯⓮的所有財產。[21]

在後來的賠償要求中，並沒有記錄到曾經對富有地主的動產和穀物進行有計畫的沒收。其實我們並不清楚把這次反叛說成是極端主義或是暴力，到底是懷有敵意的宣傳，還是當真根據事實：雖然偶爾有提到對於富人的謀殺這類殘暴的行為，但是都有點可疑。相較之下，在卡塞勒（Cassel）擊敗反叛者時所進行的殘忍報復——奪去了超過三千條農民的性命——則留下了完整的紀錄。取得勝利的法國騎兵部隊立刻對公民展開屠殺行動，叛軍首腦也在逮捕後遭到處死：

> 勝利之後，榮耀的法國君主並沒有寬容的看待這些問題；原因是國王的統治是依照全能上帝的

⓫譯注：羅馬帝國末期北非的柏柏爾人，曾任天主教會在（今）阿爾及利亞城市希波的主教，他的部分神學理論不被東方基督教認同，而被視為若干異端理論的重要源頭。
⓬譯注：羅馬帝國時期的高盧下層人民的反抗運動，因為參加者自稱為「巴高達」（高盧語「戰士」的意思）而得名。
⓭譯注：位於今比利時西部，傳統意義的「法蘭德斯」也包括法國北部和荷蘭南部的一部分。
⓮譯注：布魯日為其首府。

意旨……國王燒毀了村莊，殺死了叛軍的妻兒，讓他們永遠記得國王對於他們的罪行和反叛的報復。

叛亂很快就平定了，對於拖欠金額和賠償金的要求則如排山倒海般的襲來。從某種意義上來說，反叛因為它本身的成功而失敗了：受到嚴重動搖的菁英決定帶著羅馬教皇的賜福組織一次跨國際的聖戰，為了防止這次反叛又鼓勵其他地區的農民也遵循佛萊明的例子，在發生之前就要先平定它。這是一次對於初級生產者的武裝反抗發動軍事鎮壓的早期事例，但是提供了很好的例子。這些事件並沒有帶來能夠持久的均等效果。[22]

一三五八年發生在法國北部的「農民起義」也是如此。它與佛萊明起義的很大不同點包括時間很短（只歷時兩個禮拜），而且看起來缺乏有組織的架構。農民攻擊、並且摧毀了貴族的城堡和大宅，最後才在默羅（Mello）的戰役中，被騎士發動的攻勢擊潰。菁英的資料中一再強調據稱是農村的暴民所犯下的殘忍行徑，最極端的大概就是簡·德貝爾（Jean de Bel）那惡名昭彰的描述——一個騎士如何在他的妻兒面前被串在一根竿子上活活燒死：

他們揮舞著軍旗不斷前進，四處橫行於鄉間。他們殺人、屠城，不帶一絲憐憫的殘害所有被他們找到的貴族，就連他們自己的領主也不例外……他們把貴族的房子和城堡推倒……就連貴族的婦女和兒童都不放過，一樣殘暴的加以殺害。

雖然我們無法確定農民到底做了什麼事，不過統治階級的反應倒是毋庸置疑的：

> 那些重新找回力量——並且急於為他們自己報仇——的騎士和貴族在軍事行動中團結起來。他們侵略了許多鄉間村落，放火把它們燒毀，不帶憐憫的殺光了所有農民，並不只是被認為曾經傷害他們的人，而是所有他們找得到的人。[23]

但是，不論他們實際上進行得有多暴力，這類地方性的起義其實都沒有辦法解決已經存在的不平等。就連部分例外的例子在數量上相對而言都很少見。舉例來說：一三八一年的「英格蘭農民反抗」（English Peasants' Revolt）[15]就明顯的失敗了。觸發該次起義的導火線是政府要徵收新稅，以提供在法國進行戰爭所需的資金，從一個比較根本的層面來看，這是因為人們想要保有在黑死病之後勞動力價值提高所帶來的收益——然而菁英想要借助勞工法令和封建的約束來壓低這些收益。這次運動很快就被鎮壓住了——不過在那之前，叛亂者還是攻下了倫敦塔、洗劫首府的宮殿和華廈、與國王理查二世（Richard II）本人面對面談判，並且處死了坎特伯雷大主教（Archbishop of Canterbury）和皇家首席大法官、以及其他重要人物——英格蘭許多地區的起義事件也隨之而起（不過大部分是發生在東部）。不論反叛者是否真的——

[15] 譯注：是英格蘭歷史上最大規模的民眾暴動。

> 計畫了許多更激進、更殘酷的壞事：他們決定在王國內的所有貴族和權貴完全毀滅之前，不會讓步，

——（歷史學家）亨利・基尼頓（Henry Knighton）是這麼主張的（不過這樣的宣稱引起了許多爭議），但是根本沒有那樣的事。一切都只是在幾個禮拜內發生的事：叛軍的領導者遭到逮捕並且被處死，有一千名以上反抗者失去了生命。據稱（起義領袖）瓦特・泰勒（Wat Tyler）的要求是「所有人都應該能夠自由，並且擁有一個身分」，雖然他這樣的主張面臨了致命的暴力，而且勞工法令還是繼續維持，農奴也沒有被廢除，不過勞工的實際生活條件還是持續在改善。這不是因為討人厭的人頭稅金額降低了，而是一個比反叛力量更有效得多的暴力確保了更進一步的均等：每隔一段時間就捲土重來的鼠疫提高了勞動力的價值。我們對於細菌能夠戰勝不平等的期望其實遠比任何人類的起義都來得大（我將在第十章和第十一章討論）。和傳染病的致命性比起來，不論是農民的暴力或是菁英反擊的暴力，都不值得一顧。[24]

暴力只有在極少數的情況下才會直接帶來改善，但是就算有，也是暫時的。一四〇一和一四〇四年之間，佛羅倫斯的區域內有超過兩百個山區的城鎮發生了反叛，他們的決心——帕戈羅・莫雷利（Pagolo Morelli）在《回憶》（*Ricordi*）中說：「沒有任何一位農民不是高高興興的前往佛羅倫斯，放火燒毀了一切」——完全足以要求主要城市做出重要的讓步，尤其是免稅和債務的免除。不過，這類規定好像不足以維持實質程度的均等。同樣的，加泰隆尼亞（Catalonia）雖然於一四六二至一四七二年發生了「*Remences*」（農奴）反叛，但是帶來的效果也不大——該次反叛的起因是黑死病造成勞動

力的缺乏，讓領主的壓力日增，於是便觸發了該次反叛，對這樣的壓力做出反應。一四五〇、一四八四，和一四八五年在西班牙發生的其他起義也都失敗了。匈牙利的農民在一五一四年起身反抗，因為他們的封建領主對鄂圖曼帝國發動聖戰。在哲爾吉・杜薩（György Dózsa）的帶領之下，他們對領地發動攻擊、還殺害地主；不過軍事上的失敗讓他們暴露在不尋常的恐怖中。西歐最大型的一次農民起義——一五二四和一五二五年的德意志農民戰爭——將德國南部的大部分地區都牽連其中，該次起義的目的是要保護在鼠疫之後得到的收入，並且對抗領主對於公共土地的權利和侵占，做法則是要藉由散布反權威的想法達到目標。雖然農民軍隊猛攻城堡、並且把補給品藏在修道院裡，不過他們想要達到的目的其實和全面性的均等完全無關。他們主要的要求是減稅，以及減少或是停止他們對於領主的義務和農奴的地位。激進的烏托邦式憧憬——就像是邁克爾・蓋斯邁爾（Michael Gaismair）認為要廢除所有地位的差異，還要將莊園和礦業收歸國有——依然只是邊緣的主張。失敗才是常態，而且總是要付出血的代價：一連串的戰敗造成了（據信）多達十萬名農民在戰爭和其後的鎮壓中喪命。以這經常發生來看，可以知道菁英的反動其實遠比農民運動的本身更為暴力。[25]

還有其他類似的事。一二七八年保加利亞曾經受到「農民皇帝」伊瓦伊洛（Ivajlo）的短暫統治——伊瓦伊洛之前是養豬的，他動員農民反抗韃靼人的入侵，接著又殺害了當時的統治者。不過，雖然馬克思主義者希望把他的起義解讀成一次社會運動，但是現代的研究者卻持相反的看法，他們認為「並沒有跡象顯示他、或是他的追隨者是在抗議社會不公，或是追求任何社會改革」——而且不管怎麼說，他也只撐了一年。哥薩克人支持的領袖斯特潘・拉辛（Stepan Razin）在南俄羅斯領導了一次大規模的農民起義，他於一六七〇和一六七一年散播了一些煽動性的宣言，其中一則主張要處罰有頭銜的菁英、廢除社會階層和特權，並促進哥薩克人的均等。這次運動最後以流血的失敗告終。除了這次之外，還有許多其他次事件，類似的例子還有英格蘭在一五四九年發生的「克特叛亂」（Kett's Rebellion）——該次叛亂是因為圈地限制了農民的生計；一七七三至一七七五年的俄羅斯哥薩克人的叛亂——主要是為了反抗農奴制度遭到強化；一七九〇年撒克遜（Saxon）農民起義——因為貴族的狩獵權侵奪了田野，這令農民感到憤怒；（西班牙）的加利西亞（Galician）於一八四六年的農民起義——是為了對抗封建制度下的義務；以及一九二一年印度的馬拉巴爾（Malabar）的反叛——也一樣是為了反抗地主權利益發獲得強固。[26]

每當現代試著要對大致上很混亂的事件加上一個秩序時，通常會試著從人民特定的關懷點和驅動反叛的動機下手。在中世紀後期的義大利、法國和法蘭德斯，和地主的直接對抗還是極少，不過帶有政治意義的反叛就比較常見了，通常也是因為財政上的苛政而挑起的。黑死病帶來的混亂使得十四世紀後半葉的起義次數達到了一個高峰。十六世紀的叛亂則是出自於對農奴制度復活的反應。到了十七世紀，農民試圖反抗國家透過直接稅進行財務擴張（因為這對農村的衝擊比對城市更大）。最後——在十八世紀晚期——大部分的農村起義是因為人們益發意識到奴役狀態還沒有完全被剷除。農民起義常常緣起於對稅制的反抗，包括一三二三至一三二八年在法蘭德斯的農民起義、一三八一年的英格蘭農民起義、一三八二年在盧昂（Rouen）的「阿雷勒」（Harelle）起義、一四三七年的（羅馬尼亞）外西凡尼亞（Transylvanian）的農民起義、一五一四年（德國）符騰堡（Württemberg）的「貧窮的康萊德」（Poor Conrad）起義、一五一五年的斯洛維尼亞（Slovenian）農民起義、一五四二和一五四三年在瑞典的達克（Dacke）戰爭、一五九五和一五九六年在芬蘭的棍棒戰爭（Club War）、從一五九四至一七〇七年之間在法國的四次農民（Croquant）起義、一六五三年的瑞士農民戰爭、一七九四至一八〇四年的中國白蓮教起義、一八三四年的巴勒斯坦農民起義（Palestinian Peasants' Revolt）、一八六二年韓國的壬戌農民起義、一九〇六和一九〇七年的羅馬尼亞農民起義的起始階段，再加上（俄羅斯的）坦波夫（Tambov）於一九二〇和一九二一年對抗蘇維埃的叛亂。這也是一五二四和一五二五年的德意志農民戰爭、以及一八九四年的韓國東學農民運動之中的要素，而在十七世紀的法國、俄羅斯和中國的重要起義也都是如此。這個清單雖然具有代表性，但是絕對不完整。[27]

就像是中世紀晚期的前例一樣，現代早期的農民起義很少會對所得和財富的分配有什麼明顯可見的影響。德意志農民戰爭為南德的農民爭取到讓步，確保了他們的長期利益（因為壓下了所謂「第二次農奴制」的傳播）——這層保護讓他們和（並沒有參與起義的）北部及東部的農村人口有了區隔。一六五三年的瑞士農民戰爭更是直接帶來了比較低的稅率和債務減免。雖然這類事例顯示出暴力的反抗有時候可能會帶來不同，不過整體的圖像還是很清楚：更重要的均等效果不是前現代的農村起義能夠達到的。這是既要靠渴望、也要靠能力才能夠起到的功能。如同依夫—馬利・貝爾切（Yves-Marie Bercé）的觀察：「只有很少數的起義能夠成功的掌握全部權力；其實，它們甚至可能當初就不是這麼構想的。」當它們越接近結果時——我們可以拿一三二〇年代的佛萊明農民運動作為例子——越可能釋放出強大的對抗力量。[28]

「人民萬歲，貪狼去死」：城市與城邦的起義

上述的農村起義的狀況甚至更能夠適用於城市的叛亂。在大部分的歷史環境中，城市都是鑲嵌在大片農村風景的旁邊，城市的人口也完全比不上農民的數量。統治者和貴族可以從鄰近的地區調動士兵、武裝和資源，讓造反的城鎮就範。在一八七一年對巴黎公社的血腥鎮壓，只不過是相對而言比較近期的一個例子。城市的起義如果要成功，大概只有發生在自治城邦的反叛才比較有可能，因為當地的菁英不會一下子就需要依賴用來鎮壓的這些外界資源。

第六章的古希臘是個大量軍事動員、而在同時達到均等主義的早期例子。這帶來了一個問題：這樣的環境是否也會產生想要達到全面均等的革命運動，或是真的就帶來了這樣的運動。在戲劇和烏托邦的文本中，的確描繪出一幅激進的遠景。西元前三九二年在雅典搬演的阿里斯托芬（Aristophanes）喜劇《伊克里西阿》（*Ekklesiazusai*，又譯《公民大會婦女》）中，雅典婦女廢除了私人財產和家庭，決定追求全員的均等。四年後——阿里斯托芬的《普魯特斯》（*Ploutos*，或譯《財神》）又寫到不應得的財富被從它的所有者手中奪走。柏拉圖在《理想國》（*Republic*）中寫到「城邦不是一個，而是兩個，一個是富人的國家，一個是窮人的國家」，這樣的想法令他感到苦惱，在他稍後的《法律篇》（*Laws*）中，也因此提出最富有和最貧窮的公民所擁有的非土地財產，不應該超過四比一的比例。最激進的烏托邦主義者想要的就更多了：西元前三世紀的作家歐赫邁羅斯（Euhemeros）想像了一個邦開亞（Panchaia）島，島上的居民除了房子和花園之外，沒有私人財產，大部分都是領取一樣的生活

用品，伊安博勒斯（Iamboulos）在該世紀的稍後寫下了《太陽之島》（*Island of the Sun*），太陽之島的島民完全沒有私人財產或是家庭生活，他們的特徵就是全面的均等——因此也很快樂。[29]

不過事實上，古希臘從來沒有發生過這類事情。明顯的均等需要重大的武力，這點和歷史中稍後的時期並無二致。紀錄中最極端的例子可能是伯羅奔尼撒（半島）的重要城邦——阿爾戈斯（Argos）——在西元前三七〇年發生的內戰，在內戰期間，有一千兩百名富有的公民在模擬裁判中被處死，或是被棍棒打死；他們的資產遭到沒收，並且被分給大眾。不過這類令人毛骨悚然的場面——與毛澤東時期的中國相比有過之而無不及——並非常態。紀錄中常常見到與政變有關的土地改革，但是沒有我們在現代的革命背景中看到的大規模暴力（我們將在第十二章討論）。[30]

真正激進的城市起義在歷史上是很少見的。（希臘的）塞薩洛尼基（Thessalonica）於一三四二至一三五〇年間的「狂熱者」（zealots）便是其中一個顯著的例子：群眾奪得對城市的控制，殺害貴族，並且沒收了他們的財產，然後再重新分配。不過，雖然充滿敵意的資料來源將他們抹黑為極端分子，但是其實沒有證據顯示曾經有系統性的沒收或是重新分配。除了古希臘的城邦文化之外，義大利在中世紀和現代早期（義大利也有許多通常是獨立的城邦）也曾經發動過目標更為遠大的城市運動。城市起義的確常常是在這樣的背景下發生的。不過就像是農村起義很少直接對抗地主，城市的暴力——雖然有時候的確是被經濟議題激發——也同樣極少針對資本家和雇主。對抗貪腐或是因為在職業上遭到排除而興起的暴動反而更為常見，例如對於稅制的反叛行動。雖然城市的反叛相對而言比較溫和，不過也像是農村的起義一樣，大概都失敗了。一三七八年佛羅倫斯爆發了一場著名的梳毛工（Ciompi）起義，就是一個最好的例子，該次起義是由一群紡織工人發起，他們被行會排除在外，行會也讓勞動力市場的運作變得極為不公平。雖然他們計畫要占領城市，但他們提出的要求其實不多：只是要重新組織和創立行會，並且對富人徵稅。但是即使如此，該次運動還是遭到了反動派的血洗鎮壓。[31]

「因此他們就完全被消滅了」：結果

一三五八年發生了一次短暫的農民起義，在《瓦盧瓦王朝前四朝編年史》（*Chronique des quatre premiers Valois*）中對於該次起義的造反農民的描述，就是本節的標題——而且這個描述放到其他歷史中也是共通的。一九三二年薩爾瓦多發生了共產主義起義，造反者殺了最多三十六個人，但是在軍隊鎮壓的過程中卻屠殺了數千人，也包括婦女和小孩：估計的死亡人數為八千人至四萬人。這個結果其實並非完全不可預期：就在起義爆發之前，一名叛軍的首領——阿方索．盧納（Alfonso Luna）——告訴當時的戰爭部長約瓦昆．瓦爾迪茲（Joaquin Valdés）：「農民會用他們的鐮刀贏得你不願意給他們的權利」，而瓦爾迪茲的回覆是：「你們有鐮刀；我們有機關槍。」起義的一方並沒有真正掌握到依夫—馬利．貝爾切所謂的「全部的權力」，因此對於減少所得和財富的分配不均毫無希望，就算這當真是該次起義的目標——但是其實很少是這樣的。我們在二十世紀看到的大規模動盪都會用到暴力的徵收和控制的手段，那些在前現代社會中是不存在的。那時候也沒有什麼意識形態的信念是堅定的想要達成這個目標。就連在法國大革命的「恐怖統治」期間十分受人詆毀的雅各賓派，都避開了大規模的沒收和均等化。他們對於全國性規模的恐怖實際上會是什麼樣子，其實並沒有概念。[32]

因此，要透過暴力的叛亂有計畫、有體系的達到均等，其實並不是工業化之前的手段做得到的。

直至二十世紀，我們才有用上機關槍和激進計畫的革命。一直要到那時候，《瓦盧瓦王朝前四朝編年史》的結論才終於能夠適用於另一邊的貴族和地主——也就是「原本的前百分之一」。唯有到那時候，力量的使用才普遍到足以帶來改變，也長期到能夠帶來真正的均等。雖然前現代的世界對於用暴力表現的群眾異議也不陌生，不過如果社會想要徹底的實踐均等的政策，還是需要增加暴力和使用的範圍（不論被統治者和統治者要付出怎樣的代價）。但是這樣的歷史最終還是有個反轉。就算是無情的革命深深穿透了社會，但是它帶來的均等終究只能夠在該政權的掌權期間內持續、並且堅持下去。一旦政權殞落——就像是蘇聯（和其附庸國）或是柬埔寨那樣——或是改變了路線——就像是中國或是越南——所得和財富的分配不均就很快回復了。即使是極端不同的狀況也都適用這樣的原則，就像是俄羅斯和中國的經驗：前者的情況是經濟崩壞和爆炸性的分配不均，後者則是大規模的經濟成長和漸漸演變而來的分配不均，但是都顯現為同樣上述的狀況。[33]

如果是由通常充滿血腥、足以帶來變革的「現代」革命所實現的均等，只有當其壓制足以限制市場的力量時（壓制的本質勢必是暴力的，不論是隱藏的或是公然的暴力），才有可能維持均等的效果。只要壓制一旦緩和或是撤除了，不平等就會走上回頭路。在前一章中，我提到了俄羅斯的市場所得吉尼係數從一九八〇年代的〇．二六至〇．二七增加到二〇一一年的〇．五一，而中國則從一九八四年的〇．二三增加至二〇一四年的〇．五五。越南的市場所得吉尼係數於二〇一〇年已經達到〇．四五（雖然也有人引用較低的數值），二〇〇九年柬埔寨的估計值則是〇．五一。古巴的發展也是遵循相同的模式：市場所得吉尼係數從一九五九年（共產黨革命的那一年）的〇．五五或是〇．五七，跌至一九八六年的〇．二二，但是一九九九年又上升至〇．四一，二〇〇四年則是〇．四二（不過也有一項估計值認為到了一九九五年時已經高達〇・五五）。這些例子大都是名義上的共產黨政權，但是都很快的因為經濟自由化而增加了分配不均。中歐的後共產主義社會也是如此。共產主義犧牲了上億條生命之後到底有沒有換來任何有價值的東西，並不在本研究討論的範圍內。不過有一件事是確定的——不論我們用什麼血的代價換來了多大幅度的物質均等，現在都已經徹底、而且真的不存在了。[34]

Part IV

崩壞

第九章

國家失能和體制崩壞

「那冷笑，那發號施令的高傲」：國家失能和體制崩壞帶來的均等

戰爭和革命釋放的暴力越多、或是越能夠深入穿透社會，就越可以減少分配不均。不過，如果這類混亂摧毀了整個國家、以及現有的社會和經濟秩序，又將如何呢？從目前的證據看來，我們應該可以預期越大的動亂會帶來越大幅度的均等。幾千年來記錄在案的歷史為這個無情的預言提供了大量歷史證據的支持。國家失能和體制崩壞有時候會以戲劇般的規模讓階級顛倒過來，同時縮小物質的分配不均。再加上我們在前幾章討論過的一些明顯比較近期的過程，可以知道這些帶來劇變的事件大都發生在前現代。

我想要在一開始先對詞彙做個定義。大型的社會結構可能會有不同強度和嚴重程度的瓦解。在這個光譜的其中一端，我們可以發現主要是與政權運作有關的過程，這一向被稱為國家失能。從現代的觀點來看，如果國家無法為其中的成員提供公共財（public goods），[1]就會被認為失能：貪腐、缺乏安全性、公共服務和基礎建設出了問題以及喪失合法性，都是國家失能的標誌。不過這個定義所用的標準未必適用於比較遙遠的過去。我們現在的想法——除了基本的安全之外，國家還要提供各種公共服務，如果無法符合這個期望，就代表失能或是崩壞——並不符合大部分的歷史時代。從這樣全球調查的目的來看，我們最好採用特徵極簡化的基本國家功能即可。由於前現代政治體制的重點都是要制止內部和外部的挑戰者、保護統治者的重要同盟和夥伴、想辦法得到執行任務所需的稅收，並且讓掌權的菁英更為富裕，因此最好把國家失能理解為國家甚至沒有能力達到這些基本目標。典型的結果就

是對於國民和領土的掌控權變弱，而且由非國家或是非政府的個體（例如軍閥）取代了國家官僚，而在極端的例子中，政權甚至還可能被轉移到地方的層級。[1]

光譜相反的一端則是一個比較廣泛的概念——體制崩壞，這是一個遠遠大過統治的政治制度失效的現象。體制崩壞是個更為全面、有時候可以包羅萬象的解體過程，它的定義是「已經確立的社會複雜性快速而明顯的喪失」。它會擴及到人類活動中的不同領域——從經濟到智識領域——典型的表現是造成階層化的削弱、社會分化和分工、資訊和貨物流動的減少，以及對於文明化特徵（例如紀念性的建築物、藝術、文學和知識）的投入減少。這些發展會伴隨著政治的解體，兩者也會互相影響——政治的解體會削弱、或是讓中央集權的控制功能完全不存在。在嚴重的事例中，整體人口會減少，定居地會縮小或是遭到放棄，經濟活動也會倒退回複雜程度比較低的狀態。[2]

如果我們想要理解是什麼力量能夠縮小所得和財富的差距，國家或是整個文明的崩壞具有極大的重要性。當我們在討論內戰的影響時，也看到國家失能可能會為某些人帶來致富的新機會。不過原本的菁英很可能會因而蒙受不利，而且因為較大的國家分裂成較小的實體，資源集中在上層階級的機會就變小了。體制崩壞對於富人和掌權者甚至更為不利。中央集權的統治組織解體會對正式的等級制度和菁英階級帶來損害，也不會讓想要以差不多規模運作的競爭者立刻取代菁英階級。前現代的社會通常只留下不充分的文字證據，在社會解體之後，有時候關於該社會的知識也跟著消失了。在這樣的

❶譯注：典型的例子包括國防、知識、免費的電視節目等。

情況下，我們可以從替代物中推斷出菁英的衰落——根據著名的考古學家和關於體制崩壞的理論家科林·倫弗魯（Colin Renfrew）的說法，就是「奢華、傳統的葬禮都停辦了……華麗的宅邸遭到棄置，或是他們重新用上了『偷住空屋』這樣的窮人做法……許多昂貴的奢侈品都停止使用了」。[3]

國家失能是個會帶來均等的強大方式，因為它有許多方式干預統治階級致富。如同我們在開頭的前幾章討論過的，在前現代的社會中，菁英的財富主要來自於兩種來源——投資具有生產性的資產或是活動（例如土地、貿易和財政）以累積資源，或是透過國家服務、貪污和侵占及掠奪財產。兩種所得的來源都十分仰賴國家的穩定：前者是因為國家權力能夠為經濟活動提供保護，後者則更是如此，理由很簡單，因為國家機構是一種可以產生及分配收益的媒介。國家失能可能會讓資本的報酬率降低，並且將操作或是接近政治權力帶來的利潤完全抹殺。

因此，原本地位穩固的菁英便受到大規模的損失。政治動亂不只剝奪了他們繼續致富的機會，還威脅到他們現在擁有的財富。如果菁英的所得和財富大幅減少，就很可能會削弱分配不均：雖然在國家失能或是體制崩壞時，每個人的資產和生計都會遭到威脅，但是富人失去的當然比窮人多。一個自給自足的農人家庭要能夠過得下去，只禁得起失去所得中相對有限的部分，再大的差額可能就會威脅到成員的生存了，不過死亡或是逃走的人就不再屬於特定人口，因此在該群人口的資源分配中也不會再扮演任何角色。在另一方面，就算失去了大部分的所得或是財產，依然無礙於富人的生存。原本有錢有權的人就算安然度過了這次風暴，不論是財產的絕對價值或是相對價值都已經減少很多，如果有人取代了他們留在權勢已經被削弱的領導位置上，也一樣是如此。

在國家失能或是體制崩壞之後，物質差異也減少了，這其實是各種程度的貧窮帶來的效果：就算這類事件讓大部分（或是全部）人都比以前更窮了，富人損失的當然還是比較多。除此之外，還有一個可能性是如果政治解體阻礙了盈餘的榨取，平民的生活水準甚至還有可能會改善。在這樣的情況下，均等就不只是各種不同速度的「逐底競爭」了（race to the bottom，指標準一直降低），也是因為勞動人口得益才帶來均等。不過一般來說，受限於證據的性質，比起確認貧窮的族群有沒有獲得改善，記錄菁英的衰落是比較容易的——或是至少沒有非常難。因此我主要關注的是有錢有勢之人的財富變化，以及其所顯示出的所得和財富的分配。我會從一些記錄完整的前現代案例開始討論。然後再轉而研究一些沒有那麼明確的證據，好探究我們知識的限制何在，我會用一個現代國家失能的例子——索馬利亞——作為總結，看看它具有的均等特性是不是在今天還可以看到。

「落日狐兔徑，近年公相家」：唐朝菁英的凋亡

中國唐朝的末年為我們提供了一個異常清楚的例子，它清楚的顯示出國家解體是如何消滅菁英的財富。唐朝建立於西元六一八年，（前朝）隋朝的建國期間雖然短，但是回復了漢朝和西晉曾經在廣大的領土上建立起來的政治一統，唐朝君主的統治便是奠基在這個基礎之上。唐朝初年進行的土地分配用意在於讓資源的取得邁向均等，但是在唐朝的統治之下，財富和權力都漸漸集中到最上層的帝國統治階級之手。少數地位較高的家族形成了確立的特權階級，雖然個別家族沒有辦法好幾代都占住高層的位置，但是他們還是形成了一個集團，在好幾個世紀以來獨占了政治權力。位居國家高層而帶來的特權會使得個人致富，最後大概只有家族間的對抗、以及越來越暴力的派閥之爭能夠緩和這個

過程，派閥之爭會制止或是顛覆個別家族的興起，但是無法妨礙他們集體把持住最能夠牟利的公職職位。有貴族頭銜的家族和所有官員、有官階的人、甚至還加上皇家的遠親都不必繳稅和服勞役，這大大助長了財富的累積，這樣明顯遞減的稅制公然偏向有權勢和有好血統關係的人。這個集團內的人會私下購買公有土地，雖然統治者一再想要禁止這個行為，但是從未成功。

因此，菁英擁有的土地便以國家為代價益發擴張了，當政治局勢從西元八世紀中期開始不穩定之後，想要讓土地分配趨向均等的計畫也停止了。大型地產的成長讓農民得以規避國家的課稅，地主可以把農業盈餘轉化成私人租金。這些商品化的資產與長距離的貿易產生了連結，使得菁英益發富有。有足夠資本經營磨坊的人將農民的水改道供為己用，這種做法會招來抱怨，但是國家也只有偶爾介入。一位八世紀的觀察家說：

> 貴族、官員和當地有權勢的家族一筆接著一筆的建立起自己的資產，隨他們高興就可以侵占農民的土地，完全無懼於法規的存在……他們非法的買下農民依均田制分得的土地……因此害得農民沒有地方可住……

這段敘述或許是基於刻板印象，也有誇大之嫌，不過它還是當真指出了迫切的問題——土地的財富的確越來越集中了。最大的差距是最上層的階級創造出來的——也就是那些在六世紀和七世紀時放棄了地方上的基礎搬到京都長安和洛陽、與朝廷有著密切附庸關係的家族，他們在京都有機會接近當朝君王，因此便可以確保與政治權力和隨之而來的財富有最直接的門路。像這樣在空間上的靠近，有助於他們確保可以獲得比較高的政府職位和地方上的官銜。這些家族和地方上的上層階級不一樣，地方上的上層階級很少能夠晉升為國家官員，他們形成了一群封閉的核心菁英，靠著聯姻增加彼此的聯繫。針對這個集團和他們留下來的大量墓誌銘，有人做過詳細研究，研究的結果發現到了西元九世紀，所有住在長安的帝國菁英中，至少有五分之三彼此之間都有親屬或是婚姻關係，包括大部分的高階官員（例如朝中大臣）和大部分管理地方事務的高階官員。這種「高度限定的婚姻和親屬網絡」因此便成為唐朝的主宰，也對成員帶來了不容小覷的個人利益。[4]

不過住在主要城市還是有一個代價：在井然有序和政局穩定的時候雖然可以帶來極大的利益，不過只要中央政府不再有辦法抵禦謀反者的挑戰，高階的唐朝菁英就要面對暴力行為了。叛亂的軍閥黃巢就曾經於西元八八一年攻下首都長安。僅僅在占領的幾天後，唐朝高官的反抗就觸發了黃巢的暴力報復，造成四名當時或是前任的重要大臣被殺、或是自殺，還殘害了另外數百條人命。黃巢的軍隊很快脫離了控制，將建城數百年、城中的菁英財產不計其數的這個城市洗劫一空。當權的菁英尤其成了被針對的對象：一項資料來源聲稱士兵「對官僚尤其憎惡，殺光了所有落到他們手裡的人」。據說有三千儒生因為一首嘲諷詩的出現而遭到屠殺。那還只是開始：雖然黃巢之亂最後以失敗告終，但是在其後的幾年間，長安又數次遭到叛亂軍閥的洗劫，這些事件讓長安城變得荒蕪，其中的居民也變得一貧如洗。鄭谷❷的詩中便寫道：

❷譯注：唐代詩人，與其他九人相唱和，時稱「芳林十哲」，也有「一字師」的稱號。

落日狐兔徑，
近年公相家。
可悲聞玉笛，
不見走香車。

富人在城市近郊的財產也深受其害。當時最主要的資本家家族之一的後代子孫韋莊[3]便形容了他的家族資產如何破敗：

千桑萬海無人見，
橫笛一聲空淚流。

桑樹代表財富。而鄭谷也為他的（姨）表兄王斌家產四散的命運感到哀嘆：

寥落舊田園……
訪鄰（表兄）多指塚……
久歉家僮散。[5]

在這些危機反覆發生的期間，可能有多達數千名貴族失去生命，即使是還倖存的人，也被奪走了城市裡的宅邸和鄉間的資產。財產的清理一直持續到舊日菁英的資產已經所剩無幾。西元八八六年發生了一次失敗的政變，有數百名擁護叛軍的官員因此遭到處死。西元九〇〇年，皇帝與人密謀要除去宦官，但是消息外洩，因此宦官幾乎殺害了皇帝身邊所有的人，但是在翌年，宦官和黨羽又因為受到報復而全部遭到剷除。西元九〇五年的某次事件中，有七名甚具影響力的大臣遭到殺害，還被投屍在黃河。這類暴行接二連三的發生，相隔也甚近，終於確實的剷除了城市的菁英階級。

暴力很快的擴散到都城之外。西元八八五年洛陽遭到洗劫和摧毀，而且全國各行省的中心都於八八〇和九二〇年代之間爆發了戰鬥和整肅，導致大量地方上的菁英死亡：

黃金白玉家家盡；
繡闥雕甍處處燒。[6]

到了最後只有極少數人幸免於難。中央的統治階級很快就不復存在，到了十世紀末期，甚至還完全從歷史紀錄中消失了蹤影。西元八八一年的暴力爆發之後，京城地區就極少發掘到墓誌銘了（有墓誌銘代表死者家族有錢營造一個講究的墓地）。地方上的菁英並沒有逃過大屠殺。我們知道有些倖存者——多半是從他們充滿憂傷的作品中知道的——但是大概也都失去了財產。他們沒了祖傳的家產，人際網絡也崩解了，已經無法再回復菁英的地位。新王朝——宋朝——建國於西元九六〇年，並且迎

❸譯注：唐代的詩人和政治家，官至吏部尚書、同平章事，詞風清麗，與溫庭筠並稱「溫韋」。

來了完全不同的菁英家族，他們通常來自於地方行省，而且在中央體制重建時就握好了權力的操縱桿。[7]

暴力讓唐朝的貴族全面畫下了句點，這或許是個極端的例子，說明國家失能是如何讓社會金字塔頂層的人失去了財富，並且讓資產的分配變得比較平衡（富人變得貧窮，或是乾脆就被消滅了）。然而，即使暴力不是直接針對國家菁英，還是會帶來類似程度的均等。國家失能讓他們從政治的職位和關係、以及經濟活動中得到的收益都被剝奪了，領土落入了（過去）由他們協力掌控的國家之手，這也削弱了他們的財富，而且國內或是國外的挑戰者也會接掌菁英的財產。上述的所有情況都造成了整體的類似結果，就算我們其實很難找到什麼有意義的方法做出實際的計算：但（勞倫茨曲線上的）所得分配最高點的尾端部分不見了、某個比例的頂層人口在總所得和財富中的占比被大幅縮小了，這就代表分配不均的減少。富人失去的一定比窮人多，因為這個簡單的理由，所以不論國家失能是造成整體的貧窮、或是主要對菁英族群帶來了不可小覷的浩劫，我們都可以推斷它最後發生了均等的效果。[8]

「充滿了不計其數的悲劇和各種痛苦之事」：西羅馬帝國的解體

羅馬帝國西半部的衰亡也讓富有的菁英走向了毀滅，這個過程雖然沒那麼血腥，但是也的確是一個由國家解體帶來均等的例子。到了五世紀早期，大量的物質資源都已經集中在少數與政治權力有密切關係的統治階級手中。紀錄上顯示有很大量的財富聚集在地中海盆地的西半部（包括帝國的起源——義大利的中心部分和廣闊的伊比利半島、高盧〔現在的法國〕和北非地區）。根據最富有且政治關係最好的羅馬人長久以來的傳統，羅馬的元老院一直是由極少數高貴、而且彼此之間有著緊密連結的家族掌控，他們的根據地就是羅馬城本地。據說這些極度富有的貴族「幾乎擁有散布在整個羅馬世界的資產」。一個具體的例子提到有一對夫妻在義大利、西西里島、北非、西班牙和不列顛都有財產。婚姻和繼承、或是擔任官職的結果便是會擁有跨地區的土地，統一的帝國可以提供基本的安全保障，這有助於維持這個結果，國家也支持財政目的的貨物流動，這讓資產的擁有者能夠從可信賴的貿易網絡中獲利。和中國的唐朝一樣，元老院議員不必負擔較低階的菁英要承擔的附加稅和勞役義務（這些負擔是很重的），這也有助於議員的財富增加。到了最後，最富有的家族每年能夠獲得的收益，據推測跟國家從所有行省收來維持羅馬城和其他地方的宮殿建築的稅收差不多。地方上最富有的人也一樣會藉著與帝國的關係獲利——雖然還無法和中央的菁英相比：我們已經知道有兩名高盧的地主在義大利、西班牙和巴爾幹半島的南方都分別擁有地產。[9]

如果要創造一個擁有財產、又比次級的階級高出許多的上層階級，累積財富和確實維持跨地區財富的能力是很重要的一環。在一個擁有千萬臣民的帝國中，能夠用特權取得高階的政治職位也是很重要的——在這樣的帝國中，貪污和腐敗都是統治權慣常具有的元素，最富有和享有最多特權的官員才最能夠保護他們的資產免於受到國家的需索。因此，他們的優越地位和靠著地位帶來的極大差距便得仰賴他們與帝國權力合為一體，才能加以維持。內部的衝突和外部的挑戰在五世紀不斷升溫。西元四三〇和四七〇年代之間，羅馬先是失去了對北非的控制，接著又是高盧、西班牙、西西里島，最後甚至連義大利本土都遭到日耳曼國王的占領。東羅馬帝國曾經試著在六世紀的第二個二十五年間重新奪回義大利，這帶來了嚴重的混亂，也很快的就因為日耳曼再度入侵而失敗了。地中海沿岸地區的統一遭到如此重大的破壞，使得羅馬城的高級菁英所擁有的資產失去了與其他大範圍的連結，他們不再能夠擁有義大利以外地區的財產，甚至最後也喪失了在義大利大部分地區的財產。

加強政治上的地方分權，能夠有效的剷除西羅馬上流社會中的最高階級。在西元五世紀時，從地中海盆地的後方地區展開了這個過程，並且在六世紀和七世紀時到達義大利半島。住在羅馬城的地主擁有的財產大都侷限在（羅馬城所在的）拉吉歐（Latium）鄰近地區，就連南義大利和西西里島的主教都被剝奪了教會的財產。這樣的潰敗有助於我們理解為什麼——根據教宗聖額我略一世於西元五九三年所做的《對話》（*Dialogues*）——像是雷登多（Redemptus）主教這樣的羅馬菁英會相信「眾生的末日即將到來」，因此人們要進入修道院，從這個「充滿了不計其數的悲劇和各種痛苦之事」的世界中尋找避難所。貴族在地理範圍上變得在地化多了，財富也比之前少了許多。衰退從許多方面都看得出來，不論是氣派的鄉間別墅驟減或是荒廢，還是具有崇高地位的元老院突然從紀錄中消失，以及到了西元七世紀早期之後，就再也見不到元老院議員的家族了。聖額我略一世的著作為我們提供了或許是當時最值得注意的實例，從他的著作中，我們可以看到之前的富貴之家到底跌得有多重。這位教會的領導者一直提到他如何用小型的慈善行為幫助貧困的貴族，讓他們免於受到經濟困難之苦。（義大利中部到南部的）薩莫奈（Samnium）地區在過去的地方首長會得到四枚金幣和一些酒；如果是上代位居最高層官階的貴族之家的孤兒寡婦，也一樣會得到一些不太多的捐贈。[10]

羅馬的這些極富有的階級走向終結一事十分令人矚目，而且也預示了唐朝貴族的衰亡：兩者的主要差別在於羅馬上層階級的沒落並沒有經歷到如此殘忍的結局——雖然也不是聞所未聞。暴力仍然是這個過程中重要的部分，在帝國的分割過程中處處可見。西羅馬社會的上層階級消滅，有助於減少分配不均。除此之外，權力下放給比較低階的有產階級也是很重要的，因為在原本屬於西羅馬帝國的大部分地區，「就連地方上和更區域性的菁英都消失了」。雖然有新的軍事菁英透過這些動盪興起，但是因為缺乏大規模的帝國一統，讓他們對於任何事情都無法掌握（雖然這時和羅馬晚期的財富集中已經差很多了）。越演越烈的農民自治至少在某些地區（甚至是在地方層級）進一步妨礙了對於資源的榨取。[11]

最後這個發展帶來了一個問題：是不是除了上層階級的耗損會帶來均等之外，底層階級獲益的話也是可以的。我們或許可以用人類遺骸的骨骼當作一個證據，來看出物質上是否充足，而這種證據會符合上述想法，但還是無法充分證明。身體健康的指標（例如身高、牙齒以及骨骼的損傷發生率）的確隨著西羅馬帝國的滅亡而改善了。這表示脫離了過去的帝國統治之後，一般人的體型變好了。但遺憾的是，我們無法因此而確定這些變化的主要理由何在：雖然政治解體之後的人口減少和去都市化都可能當真減少撫養的負擔、增加實際收入和改善飲食，不過淋巴腺鼠疫的全國大流行（那是在同時發生的，但是在因果關係上沒有什麼關聯，我們將在下一章討論）也很可能帶來類似效果。[12]

不同類型的考古學素材帶給我們更大得多的希望，因為我們可以有個比較明確的方式來計算資源的分配不均。在最近的一篇史丹佛論文中，羅伯特．史蒂芬（Robert Stephan）研究了不同地方在羅馬統治時期之前、當時和之後的房屋大小變化。房屋大小大致上可以代表人均生活水準：家庭收入和居住的房屋大小在各文化都有高度相關，一般也可以用住宅當作地位的標誌。對於古代和中世紀早期的不列顛所做的估算，對我們的目的特別有用。當時的各時間和空間都能夠取得相關資料，現代學術的研究品質也很高，或許最重要的，是羅馬的國家失能在這個地區特別嚴重。羅馬統治在五世紀的早期畫下句點之後，在長達數個世紀的時間內，沒有任何中央集權的國家聲稱對不列顛擁有統治權，都是小型的政體在支配這個地區。社會經濟的複雜度大減，因為莊園遭到遺棄、城市的經濟凋零，除了最基本的種類之外，所有的陶器生產也都停止了：變成手工製作，甚至不會借助陶工的轉盤。在居住方面，也無法用空間差異或是小型發現物的本質來反映出階級的真正象徵，在不列顛的大部分地方，也不太常見到有豐富陪葬品的墓葬。簡而言之，當地的菁英（如果他們當真存在的話）並沒有在五世紀晚期和六世紀的歷史紀錄中留下太多痕跡。與早期帝國的其他大部分時間相比，羅馬時代的結構被擦去得頗為徹底：除了單純的國家失能之外，這個島嶼還經歷了更全面的體制崩壞。[13]

這個過程大大影響到住宅建築物的平均大小，以及房屋大小的差異，與帝國時期相比，這兩者都有巨幅的減少。這次的差距縮小翻轉了先前兩次因為一世紀的羅馬入侵而造成的增加，當時的入侵讓經濟的產出和階級化都提高了（圖25-27）。[14]

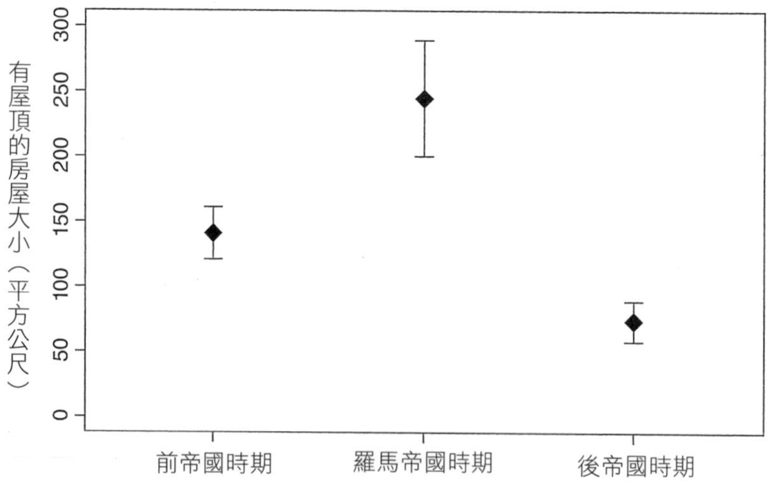

圖25　不列顛從鐵器時代到中世紀早期的平均房屋大小

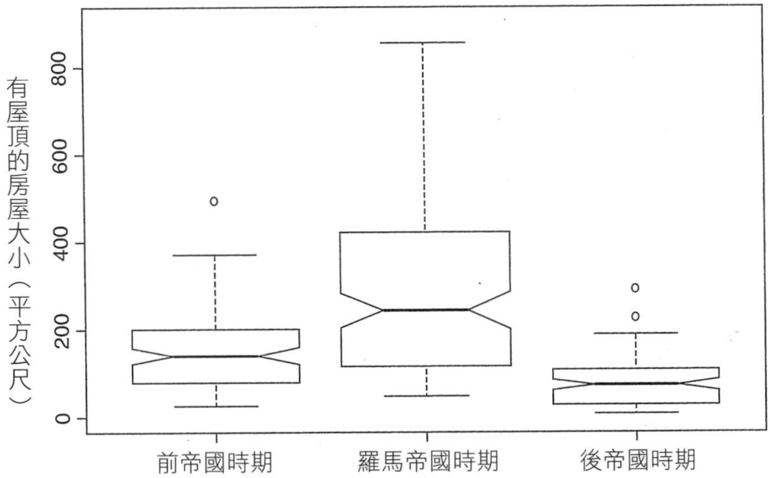

圖26 不列顛從鐵器時代到中世紀早期的房屋大小四分位數

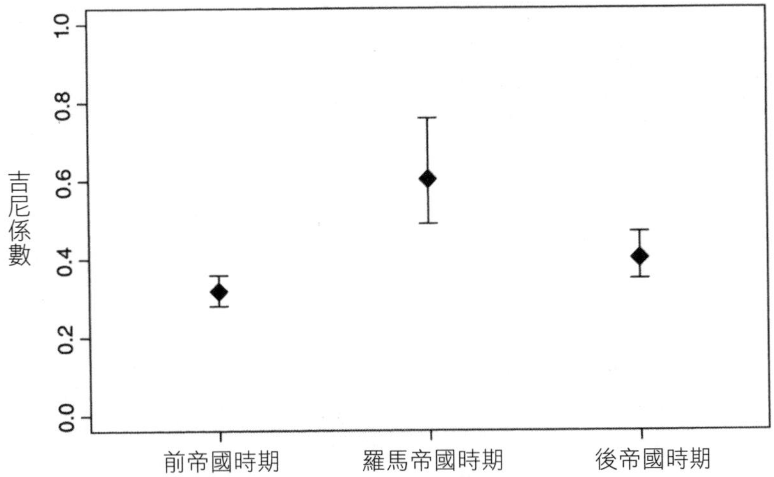

圖27 不列顛從鐵器時代到中世紀早期的房屋大小吉尼係數

這些發現讓事情變得更糟了，因為用同樣的方法得自羅馬世界其他地方的數據樣本其實存在著各種缺點，例如只依賴少數地點，或是缺少特定時期的代表性數據，因此無法真正的支持對於住房分配不均的變化所做的進一步評估。不過考古學的發現還是讓我們得以一窺帝國統治和經濟成長（以及分配不均）的關聯。

雖然有地理上的限制，但這些數據顯示後帝國時期的財富不再集中算是一個相當全面的過程，不是只有發生在最頂層的人。儘管我們無法估計後羅馬時期的總體均等程度，不過在一個由富人統治了幾世紀的環境中，國家失能一定會帶來相當的影響。崩壞帶來的結果與征服的結果大不相同（征服還是會保留之前的國家結構的規模和特徵）：諾曼人征服英格蘭時，保存、甚至還短暫的增加了財富的分配不均，而原本由少數中央統治階級把持的各個領域，在崩裂後則有完全相反的效果。[15]

「對於今天的我們來說，那個時期的許多城鎮似乎稱不上特別氣派」：青銅器時代晚期的地中海沿岸和前哥倫布時期的美洲的體制崩壞

西元前十三世紀的東部地中海沿岸已經成為一個由強國組成的體系，各國之間靠著外交、戰爭和貿易彼此連在一起：拉美西斯埃及（Rameesside Egypt，指埃及的新王國時期的後期，包括第十九王朝和第二十王朝）和小亞細亞的西台帝國在互相爭奪霸權、中亞述帝國在美索不達米亞進行擴張、黎凡特的城邦蓬勃發展，一些掌控了經濟生產和分配的大型皇室也主宰了愛琴海。沒有人會預料到這個國家體制很快的就於西元前一二〇〇年之後的幾十年間崩壞了。這個地區的所有城市都受到毀損或

是大規模的破壞——不論是在希臘、小亞細亞、敘利亞或是巴勒斯坦。西台帝國於西元前一二〇〇年之後的沒多久就滅亡了，其首都哈圖沙（Hattuša）也有部分遭到毀滅，還被遺棄。敘利亞海岸邊的烏加里特（Ugarit）這個重要的都市在幾年後遭到摧毀，其他比較內陸的城市也是如此。連像是米吉多（Megiddo，位於《聖經》中的「哈米吉多頓」〔Armageddon〕平原）❹這樣的城市也尾隨其後。希臘的雄偉宮殿一個接一個遭到破壞。其中有一些重建了，但是在該世紀接近尾聲時，又被打回原形。再往南的埃及王國失去了對巴勒斯坦的控制，而且從大約西元一一〇〇年開始解體，南方的底比斯（Thebes）的菁英（祭司）和尼羅河三角洲的各個君主徹底分裂。亞述也無法安然置身事外。雖然各地的程度不同，但是統治和奪取資源的機構都被區分開來，城市消失了，或是雖然留下來，但是規模小多了，書寫的使用退下舞台，帝國分裂成各個小國和城邦。輸出和交易都減少了，社會的複雜度也有下降。[16]

造成這次大型崩解的理由還沒有定論，但是的確應該是受到許多因素的影響。所謂的「海上民族」——一群「住在船上」的劫掠者，在埃及、敘利亞和小亞細亞的紀錄中都有出現——一直以來被認為至少應負部分責任。他們對埃及的攻擊於西元前一二〇七年受到阻撓，而在三十年之後，他們又試著組成聯盟、重新出發。如同（埃及法老）拉美西斯三世（Ramses III）所說的：

---

❹譯注：米吉多是古代連貫非洲與亞洲的著名地方，位置連貫兩洲的軍事與貿易路線的要衝，是《聖經》中描述的世界末日時善惡對決的最終戰場。

> 突然之間，土地都因為戰爭而被奪走或是分割了。他們的武力當前，沒有土地能夠留下來……他們用武力奪取的土地遍及世界各地。

雖然法老的軍力還能夠擊退他們，但是其他社會就沒有這麼幸運了。非利士人（Philistines）在巴勒斯坦的新拓居地可能就是當時移動的結果，還有在考古遺址中見到的一些破壞痕跡也是。在一些遺址中也可以看到地震造成的損害，西元前十三世紀晚期和前十二世紀早期的反覆震動可能對該地區帶來連續的打擊，形成「地震風暴」。如此之外，還有證據顯示在大約西元前一二〇〇年曾經發生過旱災，整體而言，也的確越來越乾旱。不論當時帶來傷害的力量到底包括哪些，看起來的確有不同的因素在同時間發生，而且不是出於偶然，而是互有關聯：最終的結果具有相乘的效果，讓青銅器時代晚期的世界體系發生了動搖。[17]

這樣的崩壞在愛琴海特別嚴重。大約在西元前二十世紀的中期，希臘大陸南方的新拓居地增加了，菁英（戰士）累積了財富，建立起防禦工事的中心。從出現了巨大墓穴和有社會地位之分的陪葬品看起來，階級的區分的確在日益形成。那些地方都很快的蓋起了宮殿的建築群。用所謂的「線形文字B」[❺]和一種早期希臘文寫成的泥板記錄了重新分配的經濟——都是以這些宮殿為中心，並且聽由國王和高階官員的主宰。上位者會從位居其下的人身上奪取物品和要求勞役。這個體制大抵要歸因於早期在克里特（Crete）島南方（被稱作米諾斯〔Minoan〕文明）成長起來的宮殿經濟，不過具有更多暴力和建築防禦工事的跡象，堪稱富裕的地方也比較少。大陸上的主要宮殿中心附近建立起許多王國，形成了現在稱之為「邁錫尼文化」的各個政體的網絡。[18]

雖然對於政治控制和所得分配的本質，我們所知的比我們希望的少得多，不過以菁英作為重新分配的中心，應該很難說和均等主義的概念是一致的。我們看到的現象顯示邁錫尼的宮廷社會有高度的階級化。「線形文字B」的泥板上記錄著源於父系的名字，其中反映出少數的菁英家族會互相通婚：特定的名字、社會地位和財富似乎都是由同一群特權家族控制。從泥板上找不到證據顯示奢侈品會被分配給勞動人口。兩位研究該時期的著名專家做出了以下適切的評論：「到高處之後，大部分便留在高處了。」幾乎只有在菁英的墓穴中會找到用金、銀、象牙和琥珀製作的奢侈品。至少有個案例的考古學素材指出，財富的流動隨著時間的經過而日益受限，因為權力和資源集中在少數統治階級之手，這使得分配不均日益升高，也符合上述觀察的結果。流通形式可能是用宮廷菁英的內部禮物交換，也有物品的出口和進口，因為菁英的裝備都要用能夠象徵地位提升的外國商品。[19]

邁錫尼文明的解體是個持續很久的過程。毀滅的象徵最初是出現於西元前十三世紀中期的某些重要遺址中，很可能與地震有關。該世紀的後期還發生了更進一步的損害，於是便建立起新的防禦工事——這是一個明顯代表有軍事威脅的指標。接下來則是大約於西元前一二〇〇年的一波破壞事件，那些事件使得邁錫尼、梯林斯（Tiryns）、底比斯和奧爾霍邁諾斯（Orchomenos）的宮殿成為一片荒地，就連稍後期的皮洛斯（Pylos）也沒有逃過一劫。到底這裡為什麼變成這樣的結局，也和其他地方一樣出自於推測：可能的原因有地震活動、乾旱和傳染病，再加上侵略、叛亂、以及貿易模式的轉換和人員流動。最後的結果就是體制崩壞，因為宮廷體制無法對興起的災難做出回應。[20]

---

❺譯注：希臘邁錫尼文明時期的一種音節文字，出現於青銅器時代晚期。

邁錫尼文明還是在許多地方又延續至西元前十一世紀早期。雖然遭到破壞的宮殿並未再重建，但有時候還是會重新使用，或是又建造新的，某些地方的菁英也有某一陣子興旺起來。比較容易防禦的避難遺址扮演了較重要的角色。但是在西元前一一〇〇年左右，又發生了一連串的破壞性事件，最後還是讓逃過前一劫的地方也大概全毀了。宮殿消失之後，只剩村莊還留了下來，只有某些地區是例外——在那些地區，原本具有支配地位的宮殿有極少數逃過了覆滅和之後的大量棄置，仍然倖存下來，就像是皮洛斯的情況。大部分地區沒有遭到那麼嚴重的破壞，「又回到了小規模、部落式的狀態」。高品質的建築規格不復存在，書寫也完全消失了。西元前十世紀是整體發展和複雜程度的最低點。在當時，希臘最大型的定居地居住了一千人或是兩千人，不過大部分人口還是都住在小型的集鎮或是小村落，過著一種比較流動式的生活。許多舊址都遭到永久遺棄。國際貿易的連結也被切斷了，住房大概就是最基本的形式——只有一個房間——墓穴也很寒酸。個人墓葬成了常規，這明顯的標示出之前邁錫尼強調家系的狀況已經發生了改變。[21]

宮廷時代的菁英消失了。我們並沒有足夠的資訊顯示在他們身上到底發生了什麼事。或許他們之中的某些人前往東方，加入了當時活躍的侵略者——這無異於兩千年後逃過諾曼人占領的英格蘭大鄉紳。有些人在一開始就逃往遙遠的地方——島上或是海岸邊——尋求保護。我們不必太關注這個部分：真正重要的是這整個族群消失了。宮廷體制對於農村人口的壓榨結構被切斷了，而且不曾再回復。到了西元前十世紀，只有最大的——或應該說是離小型最遠的——定居地還維持著看得出是菁英的社會階層。這個時期的貴重陪葬品顯示出只有少數個人能夠得到進口的貨品。因為找不太到有跡象顯示有階級的區分和菁英財富，因此現代的考古學家把全副注意力放在某個建築物——尤比亞

（Euboea）島上的列夫坎迪（Lefkandi）的一棟房屋（其年代為大約西元前一〇〇〇年）：該房屋長一百五十英尺，寬三十英尺，用泥磚砌成，周圍繞著木柱，其中還有兩個墓地，裡面放了一些黃金首飾。這在幾世紀之前完全不值得注意，但是在這段時期的遺址中，卻是十分顯眼而且獨一無二的。[22]

在鐵器時代的早期，希臘的大型建築物、顯赫的商品和其他財富以及地位的標誌明顯稀少，與邁錫尼時代的狀況形成顯著對比。不只是政體崩解，社會和經濟活動也都萎縮了，變得更支離破碎。雖然還是有足夠強大的機構存在，但是要能夠確實的產生盈餘並且集中，變成是極大的挑戰。雖然全體人民無疑都遭受了許多苦難，不過富人和掌權者面臨的落差更大。這種規模的體制崩壞大量減少了所得和財富原本的差距。而且，雖然十世紀之後開始有新的菁英形成，經濟成長也在八世紀開始攀升，但是在後宮廷時期，因為幾乎所有人都一樣貧窮而達到的（不幸的）均等，為希臘在後來幾個世紀中能夠恢復均等主義打下了基礎，相對於我在第六章討論的分配不均，這是極少數的反例。

在邁錫尼的宮廷體制大規模解體的兩千年之後，猶加敦（Yucatan）半島南方的古典馬雅文明也以差不多令人注目的方式崩解了。直至古典時期的晚期（約為西元六〇〇至八〇〇年），已經變成以國家的形成（而非個別城邦）為主了：像是提卡爾（Tikal）和卡拉克穆爾（Calakmul）這樣的城市成了比較大型的政體中心——這些政體會聲稱對於其他城邦的統治者有宗主權，並且靠著探訪、禮物交換、共同儀式和通婚的體系把它們納入。在城市的中心到處可見紀念性建築物，也投入了大量財力興建廟宇和宮殿。菁英的物質文化上升到一個輝煌的新高度：在這個時期發掘到的物品中，充滿了奢侈品，例如進口的玉和大理石。八世紀晚期和九世紀早期的環境發生了變化——地方上的勢力弱化，又因為較小的政體之間彼此激烈的軍事對抗而遭到取代。政體之間越來越多的衝突，似乎隨著日益增加的剝削和社會階級之間擴大的差異而消失了。某些城市蓋了越來越多座宮殿，還有葬禮的做法改變以及越來越強調世系的做法，也反映出菁英的結合、以及跨越了政治界線的文化菁英的整合，這些都指出階級的區分越來越強化，物質的分配不均可能也不遑多讓。[23]

某些主要核心地區的新建設在九世紀停了下來，接下來又大批倒塌了（雖然不是在同時發生）：考古學家發掘出猶加敦半島的內部存在著許多地理上和時間上的差異，不同地區走向轉變的過渡事件都延續了幾個世紀。不過到最後，各地都明確的失去了社會的複雜度。在最大的城鎮之一提卡爾，建築活動於西元八三〇年就停止了，又過了八十年後，可能已經有百分之九十的人口離開或是減少了。其他的主要地區也一樣遭到遺棄：最大的城市受到的影響也最大，規模較小的定居地則持續得比較久。這次下降背後的原因依然引人爭議。現代的解釋認為可能是由許多因素——尤其是地方性的戰爭、人口壓力、環境惡化和乾旱——的交互作用，造成了馬雅社會的崩壞，因此無法為這個結果找到單一解釋。[24]

不論環境的確實結構是什麼，暴力在這個過程中占有重要的角色的確是毋庸置疑的。暴力的重大規模也留下了完整的紀錄。宮殿所在地的城市中心淪為戰爭的中心，最後更衰退為小型的村鎮，就像是邁錫尼文明的希臘曾經發生過的事。在南方的內陸核心地區，精緻的政府建築物和居家住宅、廟宇都遭到摧毀，樹立石柱的做法不復存在，就連文字和著名的馬雅曆法都是。奢侈品的生產畫下句點。菁英集團和伴隨而生的文化活動（像是貴族之家專有的石柱崇拜）也如蒸發般的消失了。有個現代的領導性權威做出了一份有力的評估，就認為當時的整個統治階級都已經「隨風而逝」了。[25]

與鐵器時代早期的希臘相比，主要的差異在於北方重大地點的菁英文化不僅留存著，而且還十分興旺，最著名的就是九世紀和十世紀的古典期末期（Terminal Classic Period）的契琴伊薩（Chichen Itza），以及接下來的馬雅潘（Mayapan）和圖盧姆（Tulum）。契琴伊薩的菁英挺過了十一世紀的長期乾旱所造成的政體的大幅衰退，因此才能留存得夠久，與其後（十二世紀和十三世紀之後）的馬雅潘時期有文化和制度上的連結。不過在南方——就和鐵器時代早期的希臘一樣——先前的大規模解體並不限於城市的中心或是統治階級，也及於一般人民：現代的學術研究推測當時有多達百分之八十五的人口縮減。上百萬人的基本經濟結構都崩壞了。

這也讓我們想到一個問題：馬雅體制的崩壞會如何影響資源的分配。國家階級的整批消失和菁英文化的實質陷落，讓階級和分配不均都無法繼續維持在稍早的水準。雖然平民的生命因為日益混亂的局勢而受到傷害，不過至少以短期來說，他們不必再負擔一向由國家菁英加在他們身上的負擔，因而也蒙受了利益。還有一項根據放射性碳定年法的研究，發現菁英脈絡下的年代在八世紀中期之後就突然中斷了，而平民的脈絡卻有比較明顯的連續性，兩者剛好相反，這可能是因為享有特權的人有不合比例的高度損耗（不過這個主張尚無定論）。猶加敦半島南部的低地還有不同的遺址，其中的人類遺骸也都接受了仔細的調查，其結果或許能夠為我們提供最具體的資料。在古典期的晚期（Late Classic period），菁英和較低階級的人在墓葬上的區別也與體系化的飲食特權有關：階級較高的人吃得也比較好。這兩種特徵於西元八〇〇年之後就都不明顯了，菁英的產物（像是有曆法日期的象形文字）在當時變得比較不常見，這表示地位的差異和物質上的分配不均都有減少。[26]

其他的新大陸（New World）早期的國家也經歷了類似的分解過程，和隨之而來的均等。有兩個明顯的例子足以說明。在進入西元之後的前五〇〇年，墨西哥中部的特奧蒂瓦坎（Teotihuacan，位於今〔墨西哥首都〕墨西哥城的東北方）是當時世界上最大的城市之一。在西元六世紀或是七世紀的早期（在那之前的一段時期，喪葬已經越來越能夠顯示出階級的區別），衝著明確目標的大火燒毀了城市中心的紀念性建築物。大型石座被費力的移走，雕像遭到破壞，碎片四處散落。北邊和南邊宮殿的樓板和牆壁都遭到焚毀，公共建築被費勁的夷為平地。雖然有些埋葬的骨骸已經遭到肢解，不過後世找到的其中一具骨骸佩戴著許多裝飾品，因此可以看出它的菁英身分。有政治行動在進行是毋庸置疑的，不過究竟是什麼身分的行凶者想要消滅特奧蒂瓦坎這個權力核心，就不是那麼明確了：在侵略之前，當地可能先有一些動亂。這次是瞄準了菁英和國家的資產，其中反映出的分配不均算是相當明確的：我們很難想像統治的權力體系劇烈解體的同時，控制和剝削的政治制度卻沒有隨著解體。就算沒有文字的證據，但是如果認為當時的菁英差不多算得上是沒有什麼變化，其實也不符合考古學資料所顯示的狀況——雖然其中可能不乏一些人遷走了，甚至在其他地方還繼續維持特權的地位。[27]

位於安地斯山脈高原的蒂亞瓦納科（Tiwanaku）文明的衰落也是如此，那裡甚至還稱得上是體制崩壞一個更戲劇性的例子。蒂亞瓦納科的城市位於安地斯山脈高原上的的喀喀湖（Lake Titicaca）附近，海拔高度約一萬三千英尺，它曾經是個帝國的中心，而那個帝國從大約西元四〇〇年之後開始擴張，一直維持到十世紀。這樣成熟的帝國首都經過精密的設計，不僅十分壯觀，也是各種儀式的核心，空間上的設計是根據宇宙的原則，四周圍繞著寬大的護城河，將中央塑造成一個不可侵犯的島嶼，限制人們的進出。這個與外界隔絕的地區不只包含該國重要的儀式性大型建築物，同時還蓋了許多統治者和周圍菁英的住宅，甚至還有墓穴。菁英居住的地區規畫和裝飾都十分奢華，也享有完善的供水系統。當地的墓葬有許多陪葬品。護城河之外的房子通常就沒有那麼豪華了。但是地理方位還是一貫的經過仔細規畫，建築的品質也都很好，還有各種不同的工藝品，這都顯示住在其中的人雖然地位比不上隔絕在城中的菁英，但還是比農村平民好得多了。如果可以與日後的印加文化做個類比，這些比較邊緣的城市居民大概就是統治家族中地位比較低的世系，或是只以想像的親屬關係和統治家族連結在一起的人。因此，帝國時期的蒂亞瓦納科顯然是被建造（和重建）成政治和宗教權力的核心，並且為統治階級和盟友服務。為了達到這個目的，首都的規模必須有幾萬居民密集的住在同一個地區（而且還能夠居住更多城市人口）。我們知道農村的平民被排除在城市之外。就像在青銅器時代的希臘一樣，工匠會附屬於核心地區，這樣的話，他們生產的商品才能夠在特權階級之間流傳。因此，地理的隔離會讓社會經濟的階層受到強化，富有和掌權的少數人會和一般大眾區隔開來。[28]

有跡象顯示在帝國和社會的分配不均增加的晚期階段，統治者和菁英的權勢也進一步增加了。開始衰退之後就很快速了，而且會走向終結。一般認為是嚴重的乾旱帶來的氣候變遷，破壞了蒂亞瓦納科複雜的控制結構，才使得國家失能，也拖垮了統治者、貴族和儀式中心。首都的城市本身一步步遭到放棄，西元一〇〇〇年之前已經完全成為一座空城。考古學家挖掘到的標誌揭露出曾經有廣泛的暴力存在：核心地區的東部和西部宮殿都遭到摧毀——東宮甚至被完全夷為平地。就像是特奧蒂瓦坎也有證據顯示出紀念性的儀式建築物遭到蓄意的破壞：雕像——那是菁英權力的象徵——遭到污損和焚燒（這有時候也是需要相當力氣的）。這些動亂到底是出自於派系的衝突、還是有其他原因的暴力，目前仍有爭議，而且或許也永遠無法達成定論了：我們唯一清楚的是在經過這些災變之後，政治階級消失了。核心地區的衰落也伴隨著偏遠地區的農業沒落。的的喀喀湖盆地有長達幾個世紀沒有再出現城市，政治分裂和地區性的經濟活動成了常規。人口減少，並且後退到容易防禦的地區，那裡的定居地會有大量的防禦工事，可見當地處於暴力和動盪的狀態。由於財富的主要來源（像是榨取盈餘、專業的工藝生產和長距離貿易）都不見了，因此舊日的菁英也跟著消失了。[29]

我們不太知道其他案例中的國家權力是怎麼運作的，解體之後又對菁英的權勢和財富帶來了怎樣的影響。印度河流域的哈拉帕（Harappan）文化便是一個著名的例子——哈拉帕文明的許多城市都是於西元前三十世紀的後半葉興盛起來。這整個體制於西元前一九〇〇和前一七〇〇年之間解體了，許多據點的規模都縮小了或是遭到遺棄。原本的階級制度和差距在這個過程之後，都很難保存下來。[30]

對於後世來說，體制崩壞通常在物質方面的顯現是最明顯的。在超過兩千四百年之前，雅典的歷史學家修昔底德（Thucydides）就注意到荷馬在史詩中讚揚的城市，到了他自己的年代已經不是特別氣派了。當西班牙的征服者埃爾南．科爾特斯逼近提卡爾和帕倫克（Palenque）這些馬雅遺址時，他甚至沒有注意到這些地方，因為它們被埋沒在叢林之中，那個地方也沒有什麼人煙了。東南亞的吳哥王朝遺址也有著類似的命運：對它的主要所在地的清理一直到二十世紀早期才展開，聖劍寺所在的孔蓬思維（Preah Khan Kompong Svay）——那是一座占地廣達十平方英里的大城市，在西元十一世紀和十二世紀時偶爾會被高棉的統治者定為居住地——便坐落在一片荒蕪中央，現在什麼都沒有了。我曾經於二〇〇八年和一位同伴乘坐直升機一同前往，除了從附近的另一個村莊前來的幾名警衛和一條長長的蛇之外，我們就是唯一的訪客了。[31]

由於除了考古學遺跡之外，大部分的歷史紀錄大概都已經不存在了，因此，我們幾乎沒有辦法估算在各種體制的崩壞之後，所得和財富的分配不均到底發生了什麼變化。而同時，這些災難性的事件又都確實指出分配不均有大幅縮小。不論崩壞之後還有怎麼樣的差異和剝削形式留下來，都已經和高度階級化的帝國政體的典型狀況相去甚遠。而且整體來說，菁英圈和之前相比也變窮了，這降低了獲得盈餘的可能性，也拉低了資源差距中比較富有一端的上限。如果考慮到締造均等的全面動員戰爭、帶來劇變的革命和災難性的傳染病的異常本質，奧茲曼迪亞斯（Ozymandian）❻的崩壞或許是歷史上唯一最有效而且可靠的帶來均等的方式。雖然這類崩壞可能比一般人所想的更普遍——其實還有許多不是那麼知名的例子——但它還是相對（還好也很）罕見（這麼說是因為考慮到這類巨變會帶來的大量暴力和隨之而來的苦難）。相較之下，國家結構很快恢復（通常是因為外部接管所造成的）是個很常見的結果。變化發生得越平靜，不平等就越有可能維持、或是再度恢復。

「祈願你那為了享樂而建的宮殿被蕭條侵襲」：古代近東的國家失能和菁英的衰落

只要國家存在，就會崩解。在所謂的古王國時期，埃及的統治者於西元前二十七世紀和前二十三世紀之間一直保持著國家的統一，還在孟菲斯（Memphis）建立起強而有力的朝廷。著名的「吉薩大金字塔」（Great Pyramids of Giza）就是中央集權的國家權力最明顯的象徵。地方分權發生在西元前二十二世紀和前二十一世紀早期，由於地方上的統治者獲得自主權，使得國家的南北半邊出現了兩個敵對朝廷。這對於不平等的影響可能是互相攙雜的：地方的統治者和貴族很可能是獲益的一方，因為他

---

❻ 譯注：即本節第一段所謂的「拉美西斯埃及」，奧茲曼迪亞斯即拉美西斯二世（希臘人如此稱之），古埃及第十九王朝的法老。

們轉走了過去都累積在中央的資源，但是法老和核心集團的財富及權勢則被削弱了：在國家晚期階段的朝臣墓穴都比較寒酸，這就很能夠說明這個狀況。雖然沒有更明確的證據，讓我們的推測很難再更進一步，不過至少在原則上，最頂層階級的弱化的確讓所得和財富的分配中最兩端的差距縮小了。[32]

位於美索不達米亞和敘利亞的阿卡德帝國那引人注目的衰亡似乎也有類似的結果，或許規模還更大。從西元前二十四世紀至前二十二世紀，永無休止的作戰帶來了掠奪，掠奪來的物品則轉移給廟宇、皇家成員和菁英集團。美索不達米亞南部的蘇美各處的土地都成為阿卡德的統治者和親族、還有高階的朝堂官員所擁有。因為帝國允許在不同的地區累積資產，因此財產的集中遠遠超出之前的可能程度——我們已經在開頭的章節中討論過這個趨勢——而最後的衰落也勢必又再翻轉這個過程。後來的幾個世紀把阿卡德的覆滅想像成一種極為戲劇化的方式，認為是帝國的擴張過度，才招致了神的「詛咒」（本節的標題就是出自其中的主要描述）。事實上的原因則是比較世俗的：當時的阿卡德高層內部的權力鬥爭——再加上外國的壓力和乾旱——讓帝國不再穩定，蘇美和其他地方的地方性政體又重新恢復獨立，城市對領土的支配急遽縮小。頂層菁英的所得和財富也因此跟著減少了。[33]

這類差距的縮小通常只會維持一段很短的期間，因為新的帝國勢力會試圖恢復秩序，直到換他們也面臨地方分權的局面，或是受到征服。在法老時代的埃及，幾次「中間時期」（intermediate periods）的分裂之後總是會再重新統一。在西元前二十二世紀至前六世紀，美索不達米亞接連受到烏爾（Ur）帝國（學者將其稱之為「烏爾第三王朝」〔Ur III〕）、巴比倫帝國（在漢摩拉比〔Hammurabi〕和後來的加喜特人〔Kassites〕的統治之下）以及米坦尼（Mitanni）帝國的統治，後來還有亞述帝國和新巴比倫帝國。在這裡，只先試舉一個比較具體的例子，當幼發拉底河的中等政權馬里（Mari，其位置靠近今天的敘利亞和伊拉克的邊界）在大約西元前一七五九年被巴比倫的漢摩拉比國王摧毀了之後，原本的次級中心之一——特爾卡（Terqa）——僅花了一代的時間就建立起新的哈那（Hana）王國，王國的領地其實就是原本的馬里帝國，而且還從巴比倫獨立出來。[34]

相較之下，像前一節所討論的那種大規模的崩壞，其實相對而言極為少見，尤其是在很快會有新政權興起並取而代之的地區。大型帝國分裂成幾個比較小的政治單位之後會帶來一些壓力，讓頂層階級的所得和財富的集中減少——雖然形式更全面的崩壞帶來的均等還是比這範圍大得多。我們因此面臨了很大的挑戰：前現代社會通常不會留下足夠的證據，讓我們可以確實的記錄或是估算經濟上的差距在結果上到底縮小了多少。但是我們也不能夠放棄或是置之不理——理由很簡單，相較於紀錄豐富的近現代國家，這些早期的社會比較有可能（而且是可能得多）經歷過週期性的國家失能和差距的縮小。如果忽略了國家失能會帶來均等這個事實，我們就很可能會漏掉了一個強而有力的力量。因此，我們只好尋找一些代用資料，顯示當時有在朝這個方向改變（雖然一定是不夠清楚的）。

在這裡我只舉一個例子，說明這個方式的複雜性和限制。大約西元前一〇六九年之後（在前文所述的青銅器時代晚期的危機之後），埃及實際上被分成南方的上埃及（Upper Egypt）和北方的下埃及（Lower Egypt），上埃及是在底比斯的阿蒙（Amen）神高階祭司的掌控之下，下埃及的中心則是塔尼斯（Tanis）。北方有利比亞軍事元素的注入，因而更進一步的朝向地方分權發展。有幾個自治的地方勢力互相競爭西元前十世紀中的部分時間和之後的掌控權，尤其是在前九世紀之後（慣例都將這個時期和第二十一王朝至第二十三王朝連結在一起）。這個權力下放到地方的過程可能會迫使地方上的菁英追求權力——只要他們必須倚賴國家的稅收、其他與國家公務有關的所得來源，以及由私人資產或是經濟活動取得的收入（經濟活動會因為國家是否完整而大受影響）。薩卡拉（Saqqara）是舊首都孟菲斯的主要墓穴所在地，在那裡的墓地貯藏的東西，反映出這個脈絡裡的菁英相對貧窮。從帝亞（Tia）墓穴的側翼出土的文物反映了這個事實——埃及帝國在西元前十三世紀的第十九王朝達於榮耀的巔峰，帝亞便是著名的第十九王朝法老拉美西斯二世的男性姻親；在那個側翼安葬的是帝亞的輔助官伊烏魯迪夫（Iurudef）。在很久之後——或許是在西元前十世紀，這個側翼和相連接的墓室裡已經放滿了棺材和墓葬。總共有七十四個人是用這種方式埋葬，有些放在棺材裡，也有些用蓆子裹著，其他的則沒有放進棺材裡。一般來說，棺材的品質並不好，這點很引人注意。雖然有跡象顯示古代曾經有盜墓者短暫的潛進去，但是看起來他們很快就放棄了，或許是因為這些墓葬的外觀都不怎麼樣，讓盜墓者打了退堂鼓。與同時期的南部埃及的墓穴棺材相比，工藝顯然很粗糙：它們都是由比較小片的木頭組合起來，裝飾也只限於主要部分。只有一些棺材上寫有文字，而且大都是偽造的、由無意義的假象形文字組成，或是已經毀損、難以辨認。[35]

這也不是什麼獨特的發現：現在認為是相同時期在中埃及的其他幾個地點發掘到的墓穴裡，也放著差不多粗糙、同樣有假刻字的棺材，木乃伊的製作也不完整。不過就算是貧窮國家的這些墓穴，還是反映出菁英的做法——只有特權者才可以擁有類人形的木製棺材（不論製作得有多粗糙）。這可以看成是上層階級的權勢減少的情況證據，也可以證明相較於更穩定的南方地區，孟菲斯地區的需求減少了。就連當塔尼斯還是北方最大的中心時，皇家墓穴裡也有許多比較舊的東西（像是儀式用的容器、珠寶和石棺）是重複使用。[36]

其實在那時候的南方底比斯的菁英之間，棺材的重複使用已經是很普遍的了。不過根本的理由並不是與北方分開之後原料變得很稀少，所以菁英無法負擔新的棺材，最重要的理由還是防範猖獗的盜墓。這個理由讓大部分人在做棺材的時候，捨棄了像是鍍金這樣貴重、可能會被刮下來的材料，寧可把重點放在用什麼塗抹屍體，這項投資才不會有遭到搶奪的風險。在同一段時期，也取消了墓地常蓋的豪華祈禱室，改用祕密的集體墓穴，這大概也是出於同樣的理由。基於從證據得來的初步印象，我們大概不會認為底比斯的菁英是貧窮的，這也沒什麼好令人驚訝的，因為這個由阿蒙的祭司率領的團體不只對埃及的大部分地區還保有控制權，而且開始會搶劫較早期的皇家墓穴中的財富，因此他們並不乏收入來源。就這點來說，他們與北方擁有同樣地位的人並不相同，北方有更嚴重的分裂和混亂，這不僅減少了菁英的所得和支出，而且有損專業化的工藝技巧，因為那要大量依賴菁英使用權勢。[37]

我選擇用這個例子來說明當國家的崩壞不是那麼明顯時，其實很難找到什麼均等的象徵。全面的體制崩壞通常會留下考古學的證據，讓我們確認財富和所得的差距不容懷疑的縮小了。相較之下，不是那麼劇烈的混亂就不容易留下同樣清晰的足跡了，我們大概也只擁有一些不太連續與不明確的資料。如果我們試著在這樣的脈絡中探究菁英的財富是否有減少（甚至是整體的分配不均是否有衰退），勢必充滿了不確定，通常也只能限於猜測。這個難題還有其他嚴重的問題，最明顯的就是喪葬做法（或是其他貯存模式）的相關變化對於誤判社會經濟條件的風險（前文已有許多討論），以及是否可以用特定的發現推導出一般性的結論，這也是另一個明顯的問題。研讀一些資料（像是埃及第三中間時期〔Third Intermediate Period〕的喪葬）之後，我們可以了解——或許也能夠超越——我們對於分配不均的研究的範圍限制。政治分裂帶來的大部分均等都發生在前現代時期，這很可能是個廣泛存在的現象，但是對於現代的觀察家而言，大概有很多部分永遠都是模糊不清。它形成了不平等歷史中的一種「暗物質」（dark matter），[7]幾乎可確定它真的存在，但是又很難弄清楚它的內容。

「國家已是如此破敗」：當代的國家失能（索馬利亞）

不論大部分的歷史證據有多麼嚴重的限制，還是能夠支持以下論點：在前現代發生的掠奪性國家的暴力解體剝奪了當時的菁英的財富和權力，因而削弱了分配不均。這讓我們產生了一個疑問：這類型的均等在近代的歷史中——或是就在今天的世界上——還看得到嗎？直覺反應會覺得這個答案是否定的：就像我們在第六章靠近結尾的地方所討論的，開發中國家的內戰對於分配不均的效果是偏向於增加，而不是減少。同樣的，雖然這些衝突削弱了國家組織，但是它們很少造成統治權的垮台，而它讓整體社會的經濟複雜度下降的規模，也比不上剛才討論過的某些比較戲劇性的前現代案例。

不過當代的某些案例可能還是有點接近。東非國家索馬利亞就被認為是在最近的過去中，國家失能最嚴重的例子。穆罕默德．西亞德．巴雷（Mohamed Siad Barre）的政權於一九九一年被推翻之後，索馬利亞分裂成敵對的幾派，這幾派各自擁有領土，之後便一直缺乏統一的政府組織。在國家的北半部出現了像是索馬利蘭（Somaliland）和邦特蘭（Puntland）這樣的半獨立國，其他地區則分別由各地的軍閥、民兵部隊掌管——包括青年黨（al-Shabaab）的聖戰士——不時還有來自臨近國家的外國軍隊介入。直至最近幾年，才成立名義上的聯邦政府，在（索馬利亞首都）摩加迪休的內外展開統治。從一九九一年開始，直至二〇〇六年衣索比亞介入，索馬利亞事實上就是一個崩解的國家。

人民的福利水準一般而言是非常低的。有一項研究是在評估廣泛定義下的阿拉伯國家的剝削情況——根據的要素包括兒童的死亡率、營養、就學和是否能夠獲得基本的服務——該項評估認為索馬利亞的排名殿後。關於索馬利亞的資料太少，因此最近發表的「人類發展指數」（Human Development Index）並沒有將該國列入全球排名，不過在所有開發中國家中，索馬利亞的「多維貧窮指數」（multidimensional poverty index）還是被評為倒數第六糟的分數。該國處於嚴重貧窮的人口比例也位列第六高。毫無疑問的，這個國家在許多方面都是「如此破敗」，這是該國最著名的出走者——作家和活動家阿亞安・希爾西・阿里（Ayaan Hirsi Ali）——在一次訪問中的用語。[38]

我們在這裡關心的是更具體的問題：中央政府的衰落和接著而來的國家分裂是否會、（如果會的話，又是）如何影響所得和財富的分配不均。由於證據不足，對於這個問題的任何答案大概都無法避免許多不確定性，因此我們也必須持保留態度。不過如果我們看的是更大區域的脈絡，其實還有其他跡象顯示，無政府狀態的索馬利亞不僅在經濟發展上有相當的進展，在分配不均方面也是。

之所以會有這個表面上看起來違背直覺的現象，是因為一九九一年之前，該國的條件對於大部分居民而言都極為不利。一九六九至一九九一年在西亞德・巴雷的統治之下，政府唯一最重要的目的就是榨取資源，好圖利獨裁者和他的同夥。雖然巴雷在一開始公開表示他的政策是要消弭家族帶來的差距，但是他後來卻開始圖利自己和其他支持者的家族，同時對其他家族卻十分殘忍，還沒收他們的財產。他用越來越大規模的暴力對付反對他的族群。土地改革只對政客和關係良好的城市商人有利。國

---

❼譯注：指目前還不知道形式、性質的宇宙中的物質組成；它們不會與電磁力產生作用，只能透過重力產生的效應得知。

家官員和他們的黨羽榨乾了國有企業的資產，還占用了大部分公共支出，公共支出的百分之九十最後都流向行政機構和軍隊。因為冷戰敵對和操作難民而得到的國外援助，也都進了當權者的口袋。

就算用該地區已經很低的標準來看，貪污也是極為嚴重。高階官員和巴雷的家族搶走了最大幾家銀行的儲備金，害得他們最後只好破產。有一家國有銀行處處迎合在政治圈有良好關係的菁英，索馬利亞的幣值遭到故意高估，從事進口的富有客戶因而得利（但是付出的代價便是窮人輸出的產品（例如肉類））。巴雷的政權在操作一個「守門員國家」（gatekeeper state），❽目的是要控制國家的財富進出。以上種種惡意的干預不僅造成了摩加迪休的內部分配不均，在這座首都和國家的其他地方之間，也存在著分配不均。花在社會服務上的錢是最少的。因此雖然索馬利亞有個中央集權的政府，但是大部分的公共財還是由非官方的部門、地方組織或是團體提供——像是家族網絡。該國的大部分勞動力是牧人，牧人最好的情況是不理會政權的存在，最壞的狀況則是遭到剝削；他們大概不太可能得到任何公共基金。[39]

在這樣的環境中，即使是失去了國家組織，對公共財的提供也沒有太大影響。分裂甚至還讓暴力減少了，尤其是一九九五年（外國勢力撤退）和二〇〇六年（衣索比亞入侵）之間：暴力衝突集中在國家當真解體的一九九〇至一九九五年之間，還有在想要重建國家的努力首度重獲動能的二〇〇六至二〇〇九年之間。❾雖然軍閥和民兵部隊會從平民身上挖取租金，但是受限於規模和彼此的競爭，他們的作為已經比前任獨裁政府輕微許多，稅金減少了，貿易和商業活動遭逢的障礙也比之前減輕不少。因此，索馬利亞的各種生活水準的測量結果一直勝過周圍的鄰國（或是至少不相上下），與西非國家的整體做比較時，也是如此。大部分發展指標在國家失能之後都有所改善，唯一的主要例外——

學校的入學率和成人的識字率——比較是受到國外援助減少的影響，而不是國家的公共服務發生了變化。以十三種發展指標對索馬利亞和其他四十一個亞撒哈拉（sub-Saharan）❿國家進行比較的結果，雖然顯示在還保有國家地位的最後幾年，索馬利亞在所有紀錄中的指數排名都很糟，但是其實它不僅在絕對數值上有進步，更明顯的是與許多其他國家相比，在相對上也進步了。與其他和平的國家相比是如此，而與大約和索馬利亞同時經歷戰爭的國家相比，也是如此。[40]

在國家失能之後，可以說是有兩個因素減少了索馬利亞的分配不均：（一）該國不存在關係相對緊密、由榨取租金獲得大筆利益的財富和權力的菁英，以及（二）廢止了對城市的商業和國家官員有利、但是對大多數農村人口有差別待遇的體系化政策。少量的實證資料在可信的範圍內也符合這個預測。索馬利亞的所得吉尼係數於一九九七年是〇・四，這低於鄰近國家在當時的〇・四七和西非的〇・四五。從「標準化世界所得分配不均資料庫」（Standardized World Income Inequality Database）的紀錄來看，索馬利亞的所得分配不均在西元二〇〇〇年的早期有下降（雖然不確定性的範圍其實相當大）。我們很難知道應該要有多重視現在對於索馬利亞的所得吉尼係數的估計值（〇・四三至〇・四

---

❽譯注：這是非洲歷史學家弗雷德里克・庫珀（Frederick Cooper）提出的理論，指非洲國家的主要功能就是對抗外來因素的影響，讓國內不穩定的政治操控能夠取得平衡。

❾譯注：指索馬利亞戰事，是因為衣索比亞政府介入索馬利亞內戰而引發的，最後衣索比亞軍隊從索馬利亞撤退，索馬利亞依然內戰不斷。

❿譯注：指撒哈拉沙漠以南的非洲地區。

六），索馬利亞比起一九九七年少了一些中央的控制，數值也比較高了。從證據的本質出發，我們可以比較確定其他的福利指標已經有相關的改善，國家的「竊盜統治」（kleptocratic）[11]和殘忍作為已經停止了：在巴雷統治之下的索馬利亞政府的確比較像是問題，而不是解決方式。透過國家失能達到的均等依然比較難理解。不過索馬利亞的例子還算是能夠支持本章所提出的總體論點。[41]

掠奪性的國家都很像；然而每次解體所帶來的均等都有自己的方式……

像是在巴雷統治下的索馬利亞經驗之所以會引起廣泛的興趣，只是因為開發中世界的掠奪性質或是這類「吸血鬼」國家，常常共有一些前現代國家的統治傳統，包括菁英的大量掠奪和少量提供的公共財，這些和現代西方社會的做法十分不同。當然其中還是有許多值得注意的事。一般而言，前現代的國家不像索馬利亞有「科學社會主義」[12]的侵入，可以減少國民可能受到的損害。我對於掠奪性國家的托爾斯泰（Tolstoyan）式定義也必須更加精緻，因為從產生公共財的質和量看來，前現代國家之間存在極大差異。絕對無法一概而論。不過，我們也很容易看出如果這種比較強取豪奪的國家畫下了句點，對於人類的整體福祉（尤其是對不平等）會有怎樣的好處——不論到底有多少居民其實還比較喜歡這樣可惡的統治。有個經濟模型顯示出放縱而掠奪性質的國家比起無政府狀態，對於福利的傷害是更大的。[42]

某些例子的解體會對分配不均發揮作用，其實是因為每個人都變窮了——但是富人受到的影響更大。如果整體的複雜性確實減少的話——例如鐵器時代早期的希臘、古典時期晚期的猶加敦半島或是在後蒂亞瓦納科的的喀喀湖盆地——最有可能造成這樣的結果。其他脈絡中的分裂則比較狹隘的限於政治領域（如同最近的索馬利亞），均等不一定是因為生活條件普遍變差而造成，而是因為對頂層階級的人造成了最大影響。環境的安全性成為一個很重大的變數：人民是否暴露在外來者的侵略性掠奪（例如農業族群會受到來自大草原的侵入者的劫掠）、或是對人民的影響沒有那麼嚴重，這兩者會讓國家失能帶來的分配結果非常不同。雖然均等程度會因此而有所差異，不過整體的結果還是一樣：國家階級和榨取性體制的暴力結局會讓所得和財富的差距縮小。在全球邁向均等的歷史中，國家和文化的解體代表的是啟示中的第三種騎士——最古老、散布也最廣的一種：這名騎士到處塗炭生靈，因而也踏平了分配不均。

⓫ 譯注：指統治者或是統治階級擴張自己的政治權力，侵占全體人民的財產與權利。

⓬ 譯注：是馬克思批判的繼承了烏托邦社會主義而發展成的理論，該主義認為社會演變成私有制並不是因為人類犯錯、背離了本性，而是社會生產力發展到一定程度的結果，無產階級和資產階級不單是對立的關係，還有繼承關係，在繼承關係中，無產階級要把資本主義社會創造的生產力全部繼承下來，否則不可能消滅私有制。

Part V

鼠疫

第十章

❖

黑死病

第四個騎士：細菌、馬爾薩斯和市場

到目前為止，我們關心的都是人類對人類的暴力，以及這種暴力對於不平等的影響：進行全面動員的戰爭需要與大眾協商（做出對人民有利的結果），還要對富人徵收重稅；血淋淋的革命會摧毀「地主」、「富農」和「資產階級」，還有真正的「前百分之一」；整個國家的解體更是會徹底消滅富有的菁英（不論他們之前如何盡其所能的榨取和累積可以到手的盈餘）。我們現在還必須考慮另一個帶來均等的機制——第四個騎士：傳染病。它與其他三個騎士不同的地方在於它還關係到其他物種，但是不涉及暴力：不過，有些細菌和病毒對於人類社會的攻擊，甚至比所有人類造成的災難都更致命得多。

傳染病是怎麼讓分配不均減少的呢？靠的機制就是（人口學家）托馬斯・馬爾薩斯牧師（Reverend Thomas Malthus）於一七九八年的著作《人口論》（*An Essay on the Principle of Population*）中所稱的「積極的抑制」（positive checks）。馬爾薩斯最原始的想法是根據下列假設：從長期來看，人口的成長勢必會超過資源的增加。這會反過來引發對於再進一步人口成長的抑制：「預防性抑制」（preventive checks）是透過「道德上的限制」——也就是延後結婚和生殖——降低生育，而「積極的抑制」則是增加死亡數。依馬爾薩斯的話來說，後者的抑制——

> 包括任何原因……只要能夠造成人類自然壽命有任何程度的縮短……所有對健康有害的職業、

劇烈的勞動並暴露在嚴峻的季節中、極端貧窮、對兒童的照顧不佳、大都市的生活、各種過量的負擔、一連串的疾病和傳染病、戰爭、惡性傳染病、瘟疫和饑荒。[1]

這個「積極的抑制」清單包山包海，把人口壓力的直接結果和像是傳染病這樣的事件混在一起談，而這些事件並不一定是由人口狀況引起的，或是會因為人口狀況而加劇，很可能純粹就是外因性的。現代的研究很強調對於人口成長和資源壓力做出回應的重要性，而回應的方式便是增加生產力，這樣也能夠避開馬爾薩斯認為的危機。因此，新馬爾薩斯主義中最複雜的模型便設想了一個棘輪效應，該模型認為對不足感到的壓力會與科技或是制度的進步取得平衡，並且會帶動人口和生產的發展。而過去一百五十年間的人口過渡（Demographic Transition）❶也被認為有助於減輕馬爾薩斯認為的限制，因為在新事物蓬勃發展的同時，實際收入增加，生育則下降了，這個新特徵具有現代性，在之前的歷史時代中不曾出現過。因此，馬爾薩斯主義的結構其實主要與對前現代社會的理解有關，那也是本章的主題之一。中世紀晚期和現代早期的英格蘭給了我們最明確的證據，告訴我們具有傳染性的致死疾病如此嚴重的呈現，代表它至少是一種會抑制人口成長的主要（就算不是唯一的）外因性因素（不管當時的普遍生活條件如何），就算傳染病盛行的時期也與資源出現壓力的時期重疊，並且因為資源的壓力而強化了傳染病的結果。[2]

---

❶譯注：指一個國家或地區的人口從最初的高出生、高死亡、低增長，經過高出生、低死亡、高增長，最後變為低出生、低死亡、低增長的過程。

在前現代的農業社會，鼠疫的發生改變了土地與勞工的比例、降低了土地的價值（土地的價值表現為土地的價格和租金、以及農產品的價格），並且提高了勞工的價值（表現為實際工資的升高和租佃的租金下降），達到了均等。這使得地主和雇主不再那麼富有，勞工的境況則較之以前獲得改善，所得和財富的分配不均都下降了。同時，人口的變化也與制度互相影響，讓價格和所得當真發生改變。傳染病會視勞工是否有能力和雇主協商而帶來不同的結果：要成功達到均等的重要先決條件，是要有土地和（尤其是）勞工的定價市場。細菌和市場必須並轡合作，才能夠減少分配不均。最後（我們將在後文討論），任何均等的效果大概都無法持續，除了極少見的狀況之外，最後都會因為人口復甦（又重新造成人口壓力）而回到原點。

「大家都相信這就是世界末日了」：中世紀晚期的傳染病

一三二〇年代晚期，戈壁沙漠曾經有一段時間爆發鼠疫，而且還進一步擴張到舊大陸的許多地區。鼠疫是由住在跳蚤消化道裡的鼠疫桿菌（*Yersinia pestis*）引起的。老鼠身上的跳蚤是最常見的宿主，不過也有許多齧齒目動物身上也有會傳染鼠疫的跳蚤。那些跳蚤通常都附著在齧齒目動物的身上，只有當原來的宿主數量減少時，才會尋找新的受害者：這就造成了人類之間的鼠疫流行。鼠疫有三種形態，「淋巴腺鼠疫」是最常見的。它最為人所知的症狀是鼠蹊、腋下和頸部淋巴結——最常被跳蚤咬到的地方——明顯腫脹，但它卻是用皮下出血導致的充血淋巴腺腫來命名。淋巴腺鼠疫的結果會造成細胞壞死和神經系統亢奮，導致百分之五十或是百分之六十的感染者在幾天內死亡。第二種類型——也是更致命的——是「肺炎性鼠疫」（pneumonic plague），這種鼠疫是直接由受感染者的肺部咳出來的飛沫傳染的。致死率幾乎為百分之百。有些很罕見的情況是病原體會在昆蟲之間散播，引發所謂的「敗血性鼠疫」（septicemic plague），這種鼠疫也傳播得非常快，而且絕對致命。[3]

大約一三三六至一三五〇年之間，齧齒目動物身上帶著受感染的跳蚤，往東到了中國，往南到印度，往西則到了中東、地中海沿岸地區和歐洲。中亞的商隊路線成了傳播的管道。一三四五年這種傳染病到達克里米亞半島（Crimean Peninsula），❷在那裡又傳到義大利商船上，再被帶往地中海沿岸地區。當代的資料認為如果這個過程一直往回追溯，最初應該是從克里米亞的卡法（Caffa）城的熱那亞人（Genoese）居住地開始流行：鼠疫一開始是在要圍攻城鎮的韃靼人之間爆發開來，據推測，是因為韃靼人的領袖札尼別（Janibeg）命人用彈射器，將感染鼠疫之後死亡的屍體發射到卡法的城牆內，才使得城內的熱那亞人受到感染。但這其實是多此一舉、甚至是無效的舉動，因為淋巴腺鼠疫要靠齧齒目動物傳染，而肺炎性鼠疫則必須靠活著的人類宿主傳染。因此只要有商業的連結存在，就足以確保會有傳染病菌所需的齧齒目動物和跳蚤了。[4]

一三四七年晚期鼠疫傳到了君士坦丁堡，我們從退位的拜占庭帝國皇帝約翰六世・坎塔庫澤努斯（John VI Cantacuzenos）的描述中，可以確實得知鼠疫的症狀：

---

❷譯注：位於黑海北岸，是一個幾乎完全被海包圍的半島。

> 沒有任何一位醫生的手藝能夠妙手回春；這種病在所有人身上的發作方式也不太一樣，但是撐不過去的人在一天內就死了，還有些人在數小時內就死亡了。能夠撐得過兩、三天的人，在一開始會高燒得很厲害，這表示疾病正在攻擊頭部……有時候受損的不是頭部，而是肺部，肺部會馬上發炎，造成胸部的劇烈疼痛。咳出來的唾液都是帶血的，既令人噁心，也充滿惡臭。喉嚨和舌頭都因為高熱而變得十分乾燥，變黑而且充血……上臂和下臂都長出了膿瘡，有的人連下巴都有，還有人長在身體的其他部位……還出現了黑色的水泡。有的人全身各處都出現了黑斑；有些人的黑斑不多，但是非常明顯；有些人的黑斑並不清楚，但是很密集。病人的腿上和手臂上會出現大片膿瘡，割除的話會流出許多惡臭難聞的膿汁……一旦得了這種病，就沒有復元的希望了，只能夠絕望的看著自己越來越衰弱，等著病情加劇之後，很快的邁向死亡。[5]

當這台死亡之輪開過博斯普魯斯海峽（Bosporus）❸和達達尼爾海峽（Dardanelles）❹之後，從一三四八年開始，鼠疫侵襲阿拉伯的大城市亞歷山大港（Alexandria）、開羅和突尼斯（Tunis）。直至翌年，整個伊斯蘭世界都被這波傳染病吞沒了，而且還遭到巨大的損失——尤其是在城市中心。

在更西邊的地方，熱那亞人的船隻離開克里米亞之後，一三四七年秋天把鼠疫帶到了西西里島。在其後的幾個月，鼠疫就傳播到了南歐的大部分地方。比薩、熱那亞、❺西恩納（Siena）、❻佛羅倫斯和威尼斯的人口都大幅減少，許多規模比較小的城市也不遑多讓。一三四八年一月這場傳染病到達（法國的）馬賽，並且很快的對南法和西班牙展開肆虐。接著，這場瘟疫又一路往北發展：一三四八年春天侵襲了巴黎，接著則是法蘭德斯和低地諸國。甚至在斯堪地那維亞於一三四九年開始感染之後，還又進一步的深入更遙遠的冰島和格陵蘭。一三四八年秋天，鼠疫經由英格蘭的南部港口傳進英格蘭，還在第二年又傳到愛爾蘭。德國也受到了影響，雖然嚴重程度遠遠比不上歐洲的許多其他地區。[6]

當代的觀察者讓我們看到因為疾病、災難和死亡而帶來了極大痛苦的故事——也是出於對喪葬習俗的漠視和整體的混亂以及絕望。在城市作家的作品中，大城市的經驗占有最重要的地位。（編年史家）阿尼奧洛・迪圖拉（Agnolo di Tura）對西恩納的鼠疫有一番牽動人心的描述，他藉由自己的苦難凸顯出這番痛苦：

> 五月西恩納開始發生死亡事件。這是一件殘忍而且可怕的事；這件事的殘酷和無情甚至讓我不知道從何講起。看起來，似乎所有人都因為目睹痛苦而變得麻木了。要用人類的語言來講述這件可怕的事實是完全不可能的。說真的，如果一個人從來不曾看過這樣令人毛骨悚然的事，真算得是上帝賜福了。患者幾乎是立刻就死亡了。他們的腋下和鼠蹊會腫起來，講話講到一半就昏倒了。父親會拋棄孩子，妻子會遺棄丈夫，兄弟之間也是；因為這種病好像透過呼吸和對看就會傳

---

❸ 譯注：介於歐洲與亞洲之間的海峽。

❹ 譯注：連接馬爾馬拉海和愛琴海的海峽，為現在的土耳其內海，也是亞洲和歐洲的分界線之一。

❺ 譯注：義大利北部的港口城市。

❻ 譯注：今義大利西北的托斯卡尼納大區的一座城市。

染。也是這樣就會死了。沒有人會為了錢或是友誼而將屍體埋葬。把死去的家人丟到壕溝裡，就是能為他們做的最好的事了，不會有牧師，也不會有祈禱儀式，更不會敲響喪鐘。❼西恩納的好幾個地方都挖了一些大洞，許多屍體就這樣被深深的堆疊在裡面。不分晝夜，都有許多人死去，他們都被丟到那些坑裡，再用土蓋起來。當一個洞被填滿了，就會再挖另外一個洞。我，阿尼奧洛．迪圖拉……也親手埋葬了我的五個孩子……死亡的人數實在是太多了，大家都相信這就是世界末日了。[7]

阿尼奧洛描述的大量墓穴也出現在其他的許多敘述中，這樣的描述帶給我們的訊息是的確有大量生命消逝。在（詩人）喬凡尼．薄伽丘（Giovanni Boccaccio）對於佛羅倫斯疫情的經典描述中，他是這麼說的：

堆積如山的屍體……沒有足夠多足以帶來尊嚴的地方可以埋葬他們……所以當所有墓穴都堆滿的時候，只好在教堂的院落裡繼續挖下大型的溝渠，新的屍體被成批的堆進去，他們都只能夠一層一層的疊上去，就像是船隻運送的貨物一樣，每一層屍體的上面都會蓋上一層薄薄的土，直到這條溝又被堆滿了。

在歐洲各地發現的大量墓穴證實了這些描述的真實性，有時候還可以找到鼠疫的ＤＮＡ證據。[8]郊區受到的蹂躪——那裡是中世紀大部分人口聚集的地方——比較沒有受到注意。薄伽丘必須提醒他的讀者：

在四散的村莊和鄉下地區，貧窮的可憐農人和他們的家人沒有醫生或是僕人可以幫助他們，他們會隨時——不分晝夜的——倒在路邊、倒在田裡、倒在他們自己的農舍裡，像動物（而不是像人類）一樣的死去。[9]

直至一三五〇年，鼠疫在地中海沿岸地區的發展已經漸漸到了尾聲，到了翌年，更是在全歐洲都走向終點——或者說暫時是如此。就算我們重新計算由中世紀的見證人提供的死亡人數，大概也不會得到什麼收穫——這是一個天文數字，通常都只會取個整數、或是沿用舊數據。一三五一年教宗克勉六世（Clement VI）計算的鼠疫死亡人數是二千三百八十四萬人，這倒未必是個不著邊際的數字。現代所做的人口總耗損估計值是介於百分之二十五至百分之四十五之間。根據（歷史學家）保羅・馬拉尼馬（Paolo Malanima）最新重建的數據，歐洲的人口從一三〇〇年的九千四百萬人，到一四〇〇年時已經降為六千八百萬人，減少了超過四分之一。英格蘭和威爾斯的耗損是最嚴重的，這兩地的人口在鼠疫爆發前後減少了將近一半（接近六百萬人），而且直至十八世紀早期才又恢復到鼠疫爆發前的水準，在義大利也有至少三分之一的人口死亡。我們很難得到中東的可靠估計值，不過埃及或是敘利亞的死亡率大概是差不多的（尤其是如果將十五世紀早期之前的總耗損都加進去的話）。[10]

---

❼譯注：指教堂在宣告本區教徒死亡或是為死者舉行宗教儀式時，會敲響鐘聲，稱為「喪鐘」。

先撇開詳細的數據不論，黑死病的影響當然是十分巨大的，這點絕對不容置疑。如同（歷史學家）伊本・赫勒敦（Ibn Khaldun）在他的全球歷史中所寫的：

> 不論是東方或是西方的文明，都遭遇到毀滅性的瘟疫降臨，這使得國家荒蕪，人也都消失了……人所居住的世界整個都翻過來了。

的確如此。在鼠疫散播的期間和剛結束的那幾年，人類的活動都減少了。從比較長期的來看，鼠疫帶來的疾病和混亂對於許多想法和習慣都造成重大影響：教會的權威減弱了，享樂主義和禁欲主義則興盛起來，慈善團體也增加了（推波助瀾的原因一方面是來自於恐懼，另一方面也是繼承人死亡後進行的財產轉讓）；就連藝術風格都受到影響，從事醫藥工作的人也被迫要重新思考過去一直以來的原則。[11]

最主要的變化發生在經濟領域，尤其是勞動力市場。當黑死病傳到歐洲時，正是人口持續三個世紀大幅成長的時候——成長為兩倍、或甚至是三倍。從大約西元一〇〇〇年開始，因為技術的創新、農業做法和農作物的改善、以及政治不穩定的減弱，定居、生產和人口都增加了。城市的規模和數量都有增長。不過到了十三世紀末期，這段長期以來的繁榮便開始由盛轉衰了。隨著中世紀氣候最適宜期（Medieval Climate Optimum）步入尾聲，生產力開始下降，需求漸漸超過了供給，許多待餵飽的嘴抬高了食物的價格。不再有新的可耕地出現，牧場也變少了，這些都使得蛋白質的供應減少，飲食越來越差，甚至漸漸只能夠以基本穀物當作主要的飲食內容。人口壓力降低了勞動力的價值，也因此減少了實際收入。生活水準能夠維持不變都已經算是最好的狀況了。到了十四世紀初期，不穩定的氣候條件讓收成變差（並且因此帶來災難性的大饑荒），又更進一步的讓情況惡化。雖然人口在該世紀的前二十五年開始減少，但是生存危機還是繼續延續到下一個世代，動物間的流行病更是如雪上加霜，甚至連家畜都減少了。[12]

歐洲的大部分地區看起來都陷入了某種比較緩和的馬爾薩斯主義的困境中，造成困境的有內因性問題（例如先前的人口成長讓土地／勞動力的比率顯得不利），再加上外因性的衝擊（氣候變遷使得產出減少），讓勞動大眾的生活充滿危機，控制了生產手段（最重要的就是土地）的菁英則較為有利。黑死病使得人口數巨幅下降，不過基本的物質結構並沒有任何變動。拜生產力提升之賜，產量的減少幅度還是比人口的減少來得小，這使得人均產出和所得都上升了。有些人認為鼠疫對於工作年齡人口造成的死亡比較多（相較於年紀比較小或是比較大的人）——不論是不是如此，勞動力可以得到的土地相對而言的確是變多了。土地的租金和收益比例下降——不論是土地的絕對價值或是與工資相對的比較值。地主成了失利的一方，勞工則有希望得益。不過，現實生活中的這個過程其實在很大的程度上取決於制度和權力的結構（由其決定中世紀的勞工是否有足夠的談判權力）。

當代的西歐觀察家很快注意到高死亡率提高了工資需求。（天主教的）加爾默羅會（Carmelite）修道士吉恩・迪韋內特（Jean de Venette）在這次傳染病發生之後（大約一三六〇年時）寫下的編年史中提到：

> 雖然許多東西都大概貴了兩倍：家用設備和糧食，還有貨物、雇用的勞力、農場工人和雇工。

唯一的例外是地產和房屋，這些東西在當時的供應過剩。

根據威廉・德恩（William Dene）的《羅徹斯特小修道院編年史》（*Chronicle of the Priory of Rochester*）記載：

> 勞動力這樣短缺，使得地位低下的人對受雇一事嗤之以鼻，如果只有三倍工資，大概還不會讓他們願意服侍那些地位比較高的人。[13]

雇主也立刻施壓當局，要求對勞動力的費用加以控制。在黑死病傳到英格蘭之後不到一年——一三四九年六月——國王通過了《勞工法令》（*Ordinance of Laborers*）：

> 由於人口中有極大一部分——尤其是勞工和受雇者（「雇工」）——在現在的這場惡性傳染病中死亡，於是有許多人觀察到雇主的需求和受雇者的短缺之後，便拒絕工作（除非能夠獲得過高的薪資）……我們在此須布命令，要求英格蘭領土上的所有男女（不論其地位是否自由），只要身體狀況良好、為六十歲以下、不以經商或是從事某項手工藝為生、也沒有需要自行耕種的私人土地、且並未為其他人工作，上述人只要獲得了符合身分地位的工作，均必須接受該工作，且雇主所提供的酬金、工作服裝、報償或是薪資也只需與該工作地點在本朝統治的第二十年（一三四六）[8]時通常支付的金額相等，或是以五或六年前擇一適當的年分為準……任何人所支付或是承

諾的工資、工作服裝、報償或是薪資——在考量到其支付的痛苦之下——均不應超過支付或是承諾給其他任何人後會使其覺得受到損害的金額之兩倍……工匠和勞工因為勞動和工藝而獲得的金錢，不應超過在前述第二十年或是在其他適當年分、在其工作地點可望獲得的金額；若有人得到的金額多於此上限，均應受到監禁的懲罰。[14]

這類法令的實際效果看起來很有限。僅是在兩年之後，就有另外一條法令——一三五一年的《勞工條例》（*Statute of Labourers*）——提出控訴：

上述雇員並不理會前述法令，逕顧他們自己的舒適和無與倫比的貪婪，拒絕為地位較高的人或是其他人工作，除非他們可以獲得前述第二十年或是更早幾年的工作服裝和工資的兩倍或是三倍，這造成了地位較高之人的重大損失，也造成了所有人的貧窮。

該條例也希望用規定得更詳細的限制和處罰來修復這個問題。不過這些做法在那一代沒有成功。一三九〇年代早期，萊斯特（Leicester）城的奧斯定會（Augustinian）教士亨利・基尼頓在他的編年史中就注意到：

---

❽譯注：當時為愛德華三世在位，而愛德華三世是於西元一三二七年即位。

勞工是如此的驕傲自滿，又存心刁難，所以完全無視於國王的命令。如果有人想要雇用他們，就一定得要屈從他們的要求，除非該人不在乎失去自己的水果或是尚未收割的莊稼，否則就得迎合那些工人的傲慢和貪婪。[15]

如果換用不是那麼有偏見的說法，就是在這場較量中，市場力量贏過了想要用政府命令和強制力來控制工資上漲的嘗試，雇主（尤其是地主）的個人利益凌駕了集體利益（鞏固集體利益的方式便是建立一個對抗勞工的統一戰線，但是卻無法執行）。其他地方也和英格蘭一樣。一三四九年，法國也想要把工資限制在鼠疫發生之前的水準，但是甚至比英格蘭更快的承認失敗了：一三五一年他們公布了修正後的法律，已經允許將工資提高三分之一了。不久之後就變成只要雇主想雇用勞工，就必須得依當時的費用支付了。[16]

在經濟歷史學家羅伯特・阿倫（Robert Allen）和共同研究者的努力之下，我們現在知道了許多具備（或是不具備）特殊技術的城市勞工在不同時間的實際工資，有些可以追溯到中世紀，而且都經過標準化了，即使是不同時間和空間的資料，也可以進行系統性的比較。歐洲和黎凡特的十一個城市針對不具備特殊技術的勞工留下了工資紀錄，紀錄中顯示的長期趨勢讓我們看到了一幅清楚的圖像。在幾個為數不多、能夠得知鼠疫前工資的城市中——倫敦、阿姆斯特丹、維也納和伊斯坦堡，都可以看到在疫情爆發前的工資很低，在疫情爆發之後就迅速上升了。實際收入是在十五世紀的早期或是中期達到高點，當時其他城市的相對資料也同樣呈現升高的趨勢。大約一五〇〇年之後，這些城市中的大部分實際工資開始下降，大約一六〇〇年時，又回到鼠疫爆發前的水準，在接下來的兩個世紀，則是維持不變或又開始下降。倫敦、阿姆斯特丹和（比利時的）安特衛普（Antwerp）堪稱少數例外，它們在近代早期都還維持著比較豐厚的報酬，不過阿姆斯特丹和安特衛普的實際工資在十五世紀晚期曾經暫時大幅下降，然後才又回復。整體而言，因為鼠疫而造成的上升和隨後的下降幅度都很大——分別是大約百分之百和百分之五十（圖28）。[17]

在這十四個城市中，具備特殊技術之人的工資也是大致呈現同樣的景象，同樣都是在鼠疫爆發前夕和十五世紀的中期之間（我們有這段期間的資料）工資大概增加了一倍，一五〇〇和一六〇〇年之間普遍滑落，之後就維持、或繼續減少至一八〇〇年，而歐洲西北部的三個城市又一樣都是例外（圖29）。[18]

人口變化和實際收入的連結是很明顯的：我們審視的所有城市都是在人口到達低點之後，不久實際工資就攀上了高峰。在人口恢復之後，工資的成長也開始倒退，許多地方都因為人口於一六〇〇年

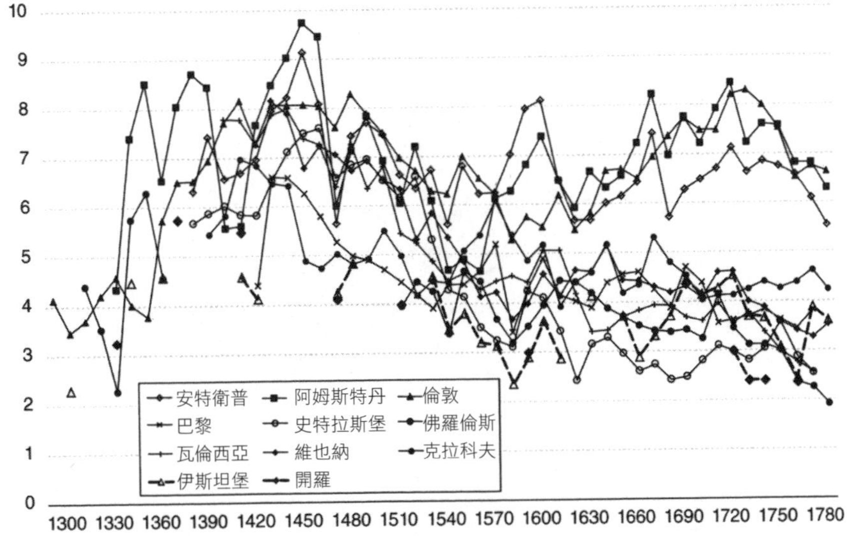

圖28 歐洲和黎凡特的城市中不具備特殊技術之勞工的實際工資，1300-1800年

之後持續增加，因此實際工資也一直在減少。雖然農村的工資比較沒有留下紀錄，但是從英格蘭的資料看來，還是會發現鼠疫的確有帶來一些工資的增加（圖30）。[19]

在地中海沿岸的東部也可以觀察到類似的結果。勞動力的開銷在黑死病之後快速成長，雖然比起歐洲來說，持續的時間比較短，就如同歷史學家厄爾—馬克里齊（al-Maqrizi）所說的：

> 工匠、領工資的工人、腳夫、僕人、馬夫、織布工、勞動者和這類的工作者——他們的工資上漲了好幾倍；但是其實留下來的人並不多，大部分人都死了。要找到這類型的工人必須經過一番費力的搜尋。

宗教、教育和慈善的捐贈突然大增，都是來自於鼠疫受難者的遺贈，還有繼承財產的生存者的贈予。這造成在缺乏勞工的情況下，各地依然大興

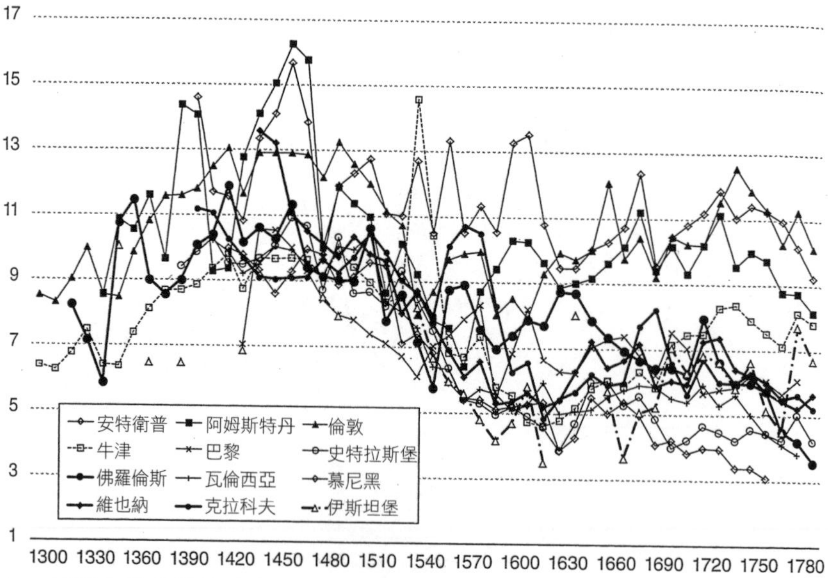

圖29 歐洲和黎凡特的城市中具備特殊技術之勞工的實際工資，1300-1800年

土木，工匠與不需要特殊技術的勞工一樣供不應求。生活水準暫時提高也刺激了對於肉類的大量需求：根據一份有關所得和價格的分析結果，得知在十四世紀早期，開羅人平均每天會消費一千一百五十四卡路里（其中包括四十五・六克蛋白質和二十克脂肪），這不算多，但是到了十五世紀中期，就變成一千九百三十卡路里了（包括八十二克蛋白質和四十五克脂肪）。[20]

得自拜占庭和鄂圖曼帝國的資料品質不一，不過大體上都符合大部分歐洲地區所顯示的圖像。到了一四〇〇年，拜占庭城市的實際工資已經大大超過鼠疫之前的水準，連奴隸價格都成長了一倍，也同樣符合這個趨勢。鄂圖曼的紀錄顯示，伊斯坦堡建築工人的實際收入直至十六世紀中期之前都很高，一直要到十九世紀末期才又被超過，這彰顯出鼠疫的確帶來了不尋常的工資增加。[21]

嚴格來說，光是第一波的黑死病並不足以

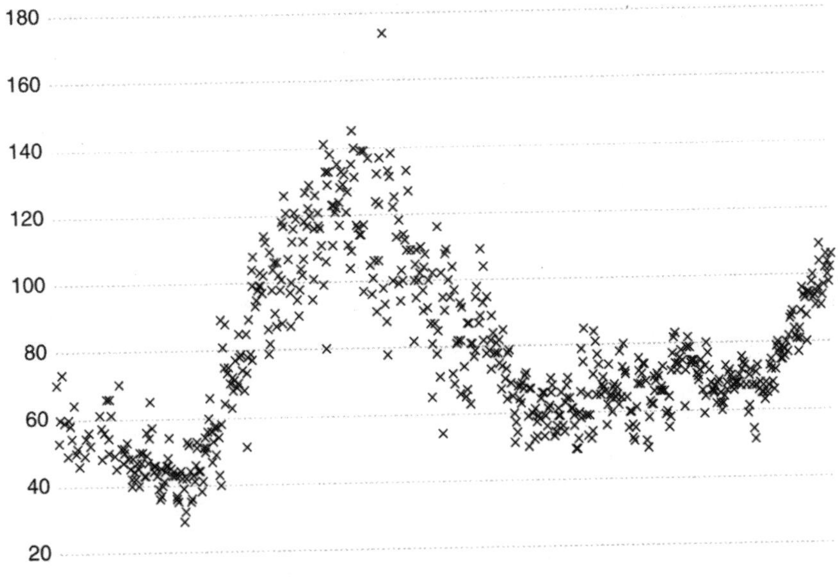

圖30 以穀物計算的英格蘭農村的實際工資，1200-1869年

讓城市的實際工資變成兩倍，而且維持了好幾代才降下來。黑死病反覆的發生，才會阻礙人口的快速復興。在中世紀晚期的紀錄中，確實可以看到一連串的後續疫情。一三六一年鼠疫又重新降臨，從該年春天到翌年春天瘋狂的肆虐。這一波疫情被稱為「兒童鼠疫」（*pestis puerorum*），因為當時有許多年輕人死亡，它似乎特別瞄準了在第一波疫情爆發時還未出生的人。「兒童鼠疫」帶來了大量死亡，僅次於黑死病本身：現代的猜測認為當時減少了百分之十至百分之二十的歐洲人口，以及整整五分之一的英格蘭人口。一三六九年又發生了相對而言破壞性沒那麼大的第三次鼠疫。這塑造了下一個（或下幾個）世紀的走向。光是觀察在英格蘭發生的全國性傳染病，就可以發現紀錄遍及一三七五、一三九〇、一三九九至一四〇〇、一四〇五至一四〇六、一四一一至一四一二、一四二〇、一四二三、一四二八至一四二九、一四三三至一四三五、一四三八至一四三九、一四六三至一四六五、一四六七、一四七一和一四七九至一四八〇年。在這段期間的最後幾十年間，更是發生了大規模的死亡，死亡率於一四七九至一四八〇年的傳染病期間達到高峰，該次據稱是一三六一年以來情況最糟的一次。只要是有資料可以進行系統性比較的國家，我們就會發現這些國家的狀況都一樣糟：一三六〇和一四九四年間荷蘭爆發了十五次傳染病，一三九一和一四五七年之間則是西班牙爆發了十四次。在整個歐洲，每一代都會遭到兩次或是三次的鼠疫侵襲，這使得人口不斷減少。因此到了一四三〇年代，歐洲的人口——和接近十三世紀末期時相比——已經只剩一半，或至少是確實減少了。視地區而定，要一直到一四五〇、一四八〇年代或甚至是晚到十六世紀，人口才終於回復。我們看到的是勞動人口的生活水準改善，但這其實是奠基在好幾個世代以來數千萬人的苦難和過早的夭亡之上。[22]

我們要如何理解鼠疫對於不平等的影響呢？基本的邏輯是很清楚的。土地和食物的價格下降，勞工的工資則上漲，這一定有助於窮人對抗富人，因此也會縮小財富和所得的分配不均。有很長一段時間，歷史學家所仰賴的指標大概都會指向這幾方面的變化。對小麥的需求降低了，但是肉類、乳酪和（一直被用來釀造啤酒的）大麥的價格則維持不變，這表示飲食改善了，工人可以吃到以前只有經濟條件比較好的人才能夠吃的食物。對於奢侈品的需求大體而言增加了。除了工資提高之外，英格蘭的勞工還能夠要求、並且能夠得到肉餡的餅和麥芽啤酒當作報酬。以諾福克（Norfolk）❾的收割工為例，在十三世紀晚期，他們飲食花費中的麵包比例是將近一半，而到了十四世紀晚期和十五世紀早期，已經下降至百分之十五至二十，而在同一段時間，肉類的比例則從百分之四上升至百分之二十五至三十。

該國有兩個限制個人行為的法律向我們展示了均等的有力信號。英格蘭議會在一三三七年頒布了一項命令，規定只有年收入高達至少一千英鎊的貴族和教會聖職人員才可以穿戴毛皮——那是一種地位的象徵。但是在黑死病降臨之後的十五年內，一三六三年有一項新法律就容許，除了地位最低下的體力勞動工人之外，所有人都可以穿戴毛皮。當局只是試圖規定哪一種社會階級的人可以穿哪一種動物的毛皮——從社會序列中最低等的兔子和貓，到最高等的白鼬毛。這個跡象顯示大眾越來越富裕，地位的隔離則越來越不存在，因為就連這些比較次要的限制，也常被置之不理。23

反之，平民百姓現在可以負擔過去由菁英獨占的物品了，貴族的田地裡生產的農產品價格下降，

❾譯注：位於英格蘭東部。

而要產出這些農作物的工資卻上升了，這讓貴族面臨到危機。由於許多佃農死於疾病，讓地主必須雇用更多勞工來耕作，因此勞工能夠得到更好的報酬。仍然保持佃農身分的人可以享有更長期的契約保障和比較低的租金。社會經歷了一場與原本的趨勢完全反其道而行的大逆轉，因此使得地主階級不再那麼強勢和富有，大部分人也都變窮了：現在的局勢反過來了，菁英只能夠得到比較少的盈餘，其他人得到的則變多了，而且這個局面維持了大約一個半世紀之久。英格蘭收租者獲得的土地收入光是十五世紀前半葉就下降了百分之二十至百分之三十之多。上層階級面臨到向下層流動的慘況，不過大領主還是會試著維持他們的地位（雖然所得減少了）。鼠疫讓貴族的地位大受打擊：在超過兩代的時間中，有四分之三的貴族家庭失去了子嗣，因此使得舊家族消失了（雖然還是會有新的家族崛起）。菁英階層的人數和財富都變少了：授帶騎士的人數曾經在十三世紀成長為三倍，當時有大約三千人，但是（在實際收入須達到的門檻不變的前提下，）在西元一四〇〇年降為兩千四百人，到了一五〇〇年則又變成一千三百人。最頂層的貴族從一三〇〇年的兩百人減少為一五〇〇年的六十人，這通常要歸因於階級的向下流動和為了彌補家族財產減少而進行的合併。貴族的最高收入紀錄也於西元一三〇〇年和十五世紀之間發生了巨幅下降。[24]

在這樣的整體發展中，可以看到有一定程度的均等被達成了。但是一直要到前幾年，才終於出現可靠的量化證據來支持這個結論。圭多・阿爾梵尼（Guido Alfani）收集了義大利北部的皮埃蒙特區（Piemont）的城市檔案的資料進行分析，這是一項極具開創性的研究。資產分配的資料都保存在當地的財產登記簿中。大部分都只有不動產的紀錄，只有一些還包含其他類型的資產，像是資本、信用和動產（這和著名的一四二七年佛羅倫斯地籍的涵蓋範圍差不多）。這些限制讓我們只能夠以土地的擁有作為分配不均的唯一參數，但是其結果很容易受到系統性的比較分析的影響。阿爾梵尼的調查是根據十三個皮埃蒙特族群的資料。最舊的一組資料可以追溯到一三六六年，不過大部分紀錄都是從十五世紀後期開始。我們可以看到分配不均的趨勢在這段期間持續的進展。根據十八世紀的資料，大部分城鎮的吉尼係數都比中世紀末期時來得高。這個結論同時適用於城市和鄉村的族群——也無論分配不均的結論是透過吉尼係數得來的，還是透過最富有的前百分之幾群體的財富占比（這兩者在圖31中都有用到）。近代早期的經濟擴張造成了「極度曲線」，其上升階段（我已經在第三章討論過）便象徵了這個財產集中的一般性趨勢。[25]

在鼠疫前和鼠疫期間的幾年間，我們看到一些最驚人的發現。我們可以在該段期間取得三個城市的資料——基耶里（Chieri）、凱拉斯科（Cherasco）和蒙卡列里（Moncalieri）（圖31中的一四五〇年之前的城市資料就是由這三個城市構成的），在十四世紀和十五世紀早期，這三個城市的分配不均都有減少，鼠疫的流行也是一波一波的。在同樣的這段期間，皮埃蒙特和托斯卡尼的幾個社群中，富有的家庭（財產至少是當地家庭的平均財富十倍的家庭）的比例下降了。這個均等的效果和我們已經看過的實際工資的資料是完全吻合的：在同一段時間，鄰近的佛羅倫斯不具備特殊技術的勞工的實際工資大約成長為兩倍（可參見本書的圖28）。較高的可支配所得讓勞工比較容易獲得財產，而鼠疫帶來的衝擊卻造成菁英的萎縮。分配的形式也很重要，分配不均的止跌回升和人口統計的拐點是符合的——也就是人口數降到最低點之後又開始漸漸恢復的轉折點。[26]

和其他大部分實際工資的例子一樣，這次的分配不均差距減少也沒有持續。不只是土地的擁有在十五世紀中期之後越來越集中，更引人注目的是，即使鼠疫在一六三〇年重新降臨——那是在黑死病之後該地區最嚴重的死亡危機，也被認為奪走了北部義大利多達三分之一的人口——卻沒有對分配不均帶來足以與其他次相比的效果：一六五〇或是一七〇〇年的吉尼係數和高所得群體的財富占比一直都比一六〇〇年高（雖然在一六〇〇年之前已經經歷了一百五十年的恢復期）。這表示在黑死病一開始的衝擊、和緊接著的復發重創了還沒有準備好要面對這些經濟後果的地主之後，資產階級終於發展出一套在人口受創時保護自己資產的策略：制度上的適應之道（像是使用「遺產信託」——只要用了遺產信託，即使沒有適當的繼承人，財產還是可以留在家族內）或許能夠幫助菁英完整的保有財產。看起來就連最激烈的傳染病也可以藉由文化學習加以

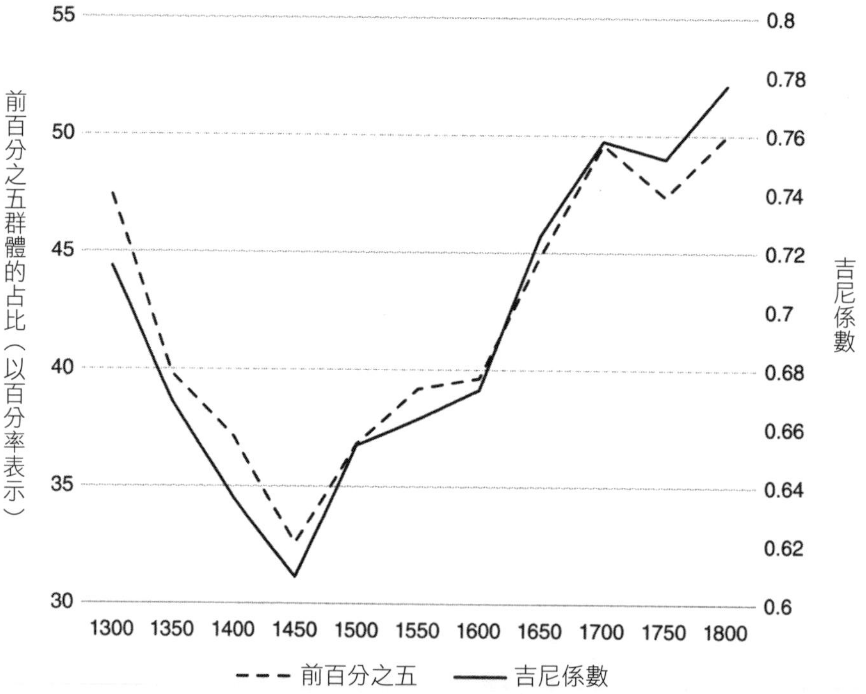

圖31 皮埃蒙特區的城市中最富有的前百分之五群體的財產占比和財富分配吉尼係數，1300-1800年（連續的參考年分）

克服，這削弱了馬爾薩斯主義的反向發展帶來的均等效果。[27]

托斯卡尼的各個地區的財富稅檔案資料也讓我們看到了一幅非常類似的圖像。波吉邦西（Poggibonsi）的鄉下城鎮於一三三八和一七七九年之間留下了完整的財富分配紀錄，其中顯示在黑死病爆發之後有明顯的均等效果，之後就持續的走向財富集中（圖32），這是一個特別明顯的例子。佛羅倫斯地區的其他十個農村社會也有差不多的證據，再加上阿雷佐、普拉托和聖吉米尼亞諾——雖然未必都有得到差不多明確的結果，但是大概都還是看得出整體的趨勢是類似的（圖33）。我們觀察到的唯一一段明顯的下降時期與鼠疫有關；在農村地區，分配不均的狀況在大約一四五〇年之後就漸漸增加了；到了大約一六〇〇年之後，看到的吉尼係數幾乎都比前幾個世紀高，而且都在十八世紀達到高峰。有幾個族群的勞倫茨曲線在黑死病

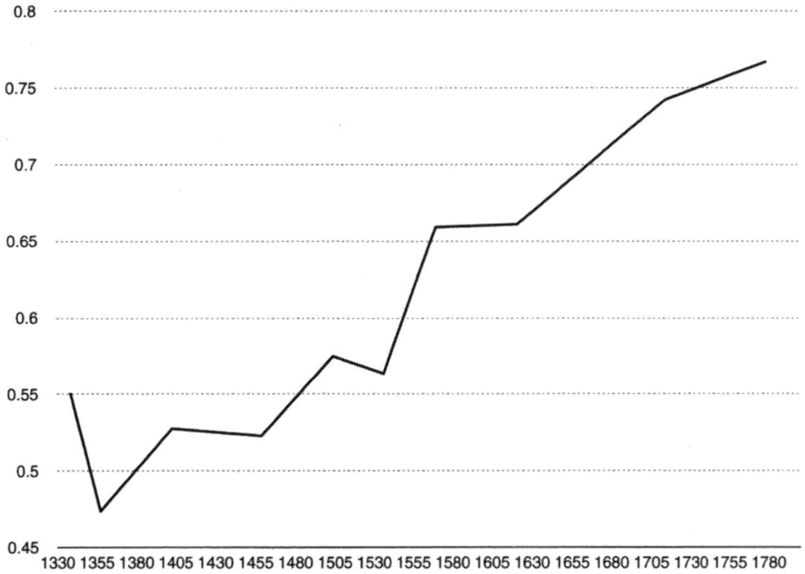

圖32 波吉邦西的財富吉尼係數，1338-1779年

之後就變得比較平了，可見均等主要是因為富人遭受損失而達成的。[28]

盧卡（Luca）地區的狀況也有助於進一步的證實這些動態，盧卡地區的分配不均也在鼠疫期間迅速減少，在流行結束之後又迅速回復（圖34）。現在的證據也顯示倫巴底（Lombardy）和威尼托（Veneto）在大約一五〇〇和一六〇〇年之間財富日益集中，但是仍然缺乏鼠疫之前的資料。[29]

十七世紀義大利的經驗凸顯出人口變化之外的其他因素也具有重要性。我們已經提過雖然政府有嘗試把工資維持在鼠疫之前的水準，但是失敗了。菁英有很強烈的動機壓制由黑死病的爆發和重新流行帶來的均等效果。這類措施的成功與否，會視不同社會的權力結構和甚至是各自的生態而有極大的不同。西歐的勞工的確因為勞動力缺乏而蒙利。不只是對工資和流動加諸的限制失敗

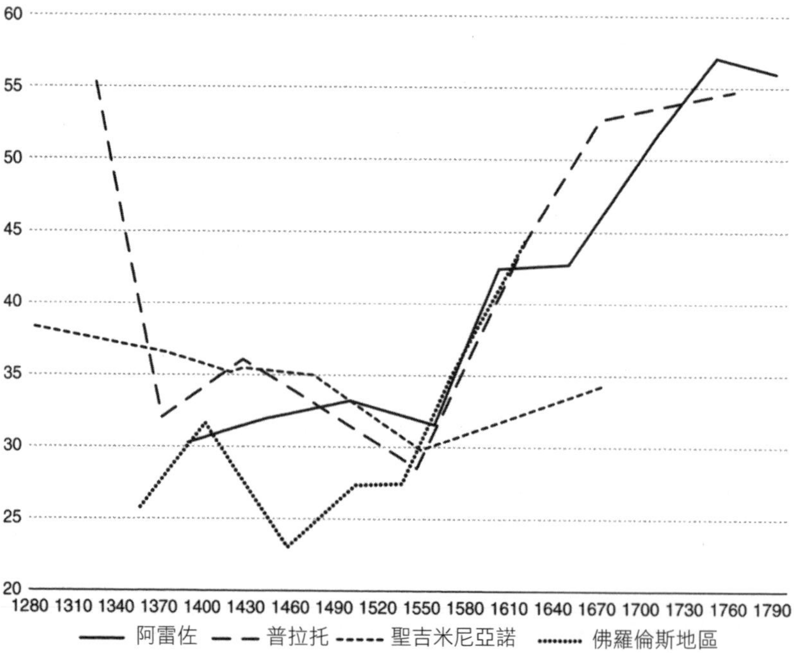

圖33　托斯卡尼最富有的前百分之五群體的財富占比，1283-1792年

了，鼠疫帶來的人口衝擊在很大程度上，也破壞了稍早在中世紀形成的農奴體制。佃農認為他們具有流動性，因此只要別的莊園提供比較好的工作條件，他們就會遷移到別的莊園。這樣就壓低了租金，並且造成傜役制度的動搖和最後的消滅（傜役制度是莊園經濟的標準特徵）。佃農最後只需要負擔租金，還有機會在能力範圍內耕種盡可能多的土地。這又進一步提高了流動性，富有的農民還可能成為自耕農階級。我們在這裡可以試著舉英格蘭的「蕾格烈芙莊園」（Redgrave Manor）當作例子：該地於西元一三〇〇年時平均擁有的土地是十二英畝，一四〇〇年時是二十英畝，而到了一四五〇年，已經超過三十英畝了。西歐各地都發生了類似的變化。直至一五〇〇年，西歐、南歐和中歐最主要的租佃安排都已經變成所謂的「根據登錄保有不動產」（copyhold）：雙方會根據佃農在協商後能夠得到的最好條件，來決定契約中每年的定額租金。[30]

菁英想要阻止勞工獲得新的收益，有時候，這會遭到勞工的暴力抵抗。就像我們在第八章討論過的，結果便是人民以農民起義的形式做出了反叛——像是法國的「札克雷暴動」（一三五八）和一三八一年英格蘭的「農民反抗」。後者是因為人頭稅的徵收而觸發的（徵收人頭稅是為了彌補國家收入的減少），但是其實也是因為勞工想要保有比較高收入帶來的利益（而這與領主想要維持他們因特權而保有的經濟地位背道而馳）：反叛的訴求之一是勞工要擁有對工資契約自由協商的權利。短期的結果是起義遭到武力鎮壓，還通過了新的限制性法規，理查二世也保證農民「還是會處於受奴役的地位，甚至還要更嚴酷得多」，這份宣言也十分著名，不過這場運動還是對農民做出了讓步：人頭稅廢止了，與農民的協商也日益增加。當時的保守派詩人對「懶散的勞工」發出嘆息，認為這些勞工「以為世界需要他們的服務和勞力……因為他們人數很少而傲慢自大」：「他們只做了很少的事，卻要求最高額的酬金」。總的來說，勞工的確想要藉由勞力的稀少性獲利（至少是在的確有這種狀況的期間）。[31]

不過其他地區的地主就比較能夠成功壓制勞工的談判了。東歐國家——波蘭、普魯士、匈牙利——在黑死病之後引進了農奴制度。對於這個過程的典型描述要回到最早的傑羅姆·布倫姆（Jerome Blum），一九五七年他觀察到中歐和東歐都面臨人口減少、農地廢耕、土地和穀物價格下降的問題（西歐也都經歷過）。擁有土地的貴族想要用法律手段阻止收入減少，並且為工資和城市商品的價格規定上限。和西歐不同的是，握有權勢的人十分努力增加（而不是減少）勞工的義務，尤其是勞工應付的款項、現金支付和對遷移自由的限制。許多國家（像是普魯士、西利西亞〔Silesia〕、[10]波希米亞〔Bohemia〕、[11]摩拉維亞、俄羅斯、立

圖34 盧卡的最富有前百分之五群體的財富占比和財富分配的吉尼係數，1331-1561年

陶宛、波蘭和立窩尼亞〔Livonia〕[12]）的佃農如果要離開，必須要得到允許、付一大筆錢或是付清所有債款，只有在某段特定的時間或是某些例子中才有例外。法律和貴族的協議禁止勞工侵入別人的地界；城市可以在要求之下拒收移民，統治者還簽署了協定，要求移民回到母國。佃農的債務是讓他們留下來的有力手段。義務和限制到了十六世紀還在繼續增加。有許多因素一起形成對於勞工的限制，或許其中最重要的是對莊園農民有管轄權的貴族一直在增加政治權力，同時還加上商業化和都市化這些不利的發展。貴族在擴充權力時是以犧牲國家作為代價，城市也無法提供制衡的力道，因此勞工只能夠陷入越來越強制的協議中，無法脫身。雖然對於這個議題的修正式研究一直在質疑這種傳統的重新建構方式，不過勞工的結局迥異於西歐的狀況，這應該是毋庸置疑的。[32]

馬木路克蘇丹國則是另一套不同的強制做法。我們已經知道該國也受到黑死病的嚴重打擊，城市裡的實際工資和消費水準的確和其他地方一樣上升了（至少在一開始是如此）。不過菁英卻能夠靠著一些結構特殊的政治和經濟上的權力抵抗勞工的要求。馬木路克是外來的占領階級，他們是用中央集權和集體主義的方式控制土地和其他資源。馬木路克的統治階級是從他們個人的「伊克塔」（*iqta'*）[13]獲取收益，這是一種來自土地和其他資源的收入。當勞工變少使得農業中斷、因而造成利潤減少時，

[10] 譯注：歷史上的古中歐地區，分屬於現在的波蘭（絕大部分）、捷克和德國。

[11] 譯注：歷史上的古中歐地區，屬於現在的捷克。

[12] 譯注：歷史上的古北歐地區，分屬於現在的愛沙尼亞和拉脫維亞。

[13] 譯注：即「采邑」，為阿拉伯帝國賜予穆斯林行政和軍事官員作為收入來源的土地。

國家的直接反應便是壓榨人數變少的納稅人，好增加國家的所得。在城市的話，這不僅會使得稅金提高，納稅人還要面臨徵收、強迫購買和壟斷的出現。這些具有強制特徵的對應方式有助於解釋為什麼在中世紀晚期的開羅，工資只出現短期間的上漲。[33]

鄉間的鎮壓甚至還更激烈。馬木路克只收取租金，並沒有在當地居住，因此和他們的資產之間出現斷裂，他們無法（也不願意）像是要負責任的地主那樣，以協商的方式應付隨時在變的環境。中央集權的官僚成為中間階層，把馬木路克和農業生產者區隔開來，而維持租金流便是中央官僚的責任。這些管理者都會對農民施壓，還會以暴力作為權宜之計。農民的回應之道便是遷移到城市，或是甚至發起暴動。貝都因人（Bedouin）[14]會悄悄的潛進廢耕地，這個過程又更削弱了稅收的根基。除此之外，歸因於埃及這個環境的獨特性，人力資源也因為鼠疫和環境而逐漸耗損，這勢必會損及設計精密的灌溉系統（因為這種灌溉系統必須不斷的維持）。這使得埃及的農業資產比歐洲更容易受損。因此當可耕地的數量迅速減少時，土地／勞工的比例轉換可能比不上歐洲。馬木路克靠著集體主義的剝削來控制國家，他們在集體談判時的壓倒性勢力、他們與土地的分隔（另外由中間的階層來管理）、缺乏科技的提升（無法以資本取代勞力）、生產者逃避對需求的提高做出回應，以及因此而使得資源的整體基礎遭到侵蝕——這些特徵結合在一起，便使得農村地區的生產和所得減少了。相較於西歐的契約主義（contractualism）興起，為勞工帶來了比較高的實際收入和重大的均等效果，兩者的對比真是再明顯不過了。[34]

黑死病為人民帶來了福祉，而義大利於十七世紀重新流行鼠疫的期間卻一直存在著不平等，兩者的結果截然不同，這顯示出就算是最具有破壞性的傳染病，也無法只靠本身就讓財富或是所得的分配達到均等。制度的安排能夠削弱人口衝擊的力道，並且用強制的方式操作勞動力市場。某一種暴力可能會被另一種暴力抵銷：如果有細菌的攻擊存在，但是有足夠的人力讓協商無法進行，那麼菁英就能夠維持、或是很快的回復高度分配不均的狀況。這表示鼠疫的均等效果會受到兩種限制：第一個是時間（因為均等的效果一定會隨著人口的復原而漸漸消失），以及它們要面對的社會和政治的環境。這也就是為什麼只有在某些狀況和某些時間，傳染病才會確實的減少分配不均。

⓮ 譯注：在沙漠中過游牧生活的阿拉伯人。

第十一章

傳染病、饑荒與戰爭

「我們是為死而生」：新大陸的傳染病

十四世紀中期的黑死病以及它的週期性復發（在歐洲是直至十七世紀，在中東還一直到十九世紀）大概是歷史中最著名的大型傳染病，但是卻絕對不是唯一的一次。當它在歐洲終於日漸沈寂的時候，西班牙人卻橫渡大西洋，將差不多是同樣大規模、或甚至更具有災難性的一系列傳染病帶到了新大陸。

冰河時期末期的最後一次海平面上升切斷了連接阿拉斯加和西伯利亞的白令（Beringian）陸橋，在那之後，舊大陸和新大陸的人口和疾病就都是各自發展了。和美洲的居民比起來，歐亞非大陸的居民會接觸到更多種有病原體寄生的動物，因此也越來越暴露在通常會致命的傳染病中——像是天花、麻疹、流行性感冒、鼠疫、瘧疾、黃熱病和斑疹傷寒。舊大陸各個地區的商業和最終的軍事接觸讓各地的疾病也逐漸會合，到了中世紀末期，疾病已經到達最大的覆蓋範圍，許多致命的疾病都分散到各個地方了。相較之下，美洲的原住民就沒有這麼嚴峻的致病環境了，先前也不曾接觸過這些存在於舊大陸的禍源。探索和征服開啟了（歷史學家）阿爾弗雷德・克羅斯比（Alfred Crosby）所謂的「哥倫布交換」（Columbian exchange），這場大西洋兩岸的接觸很快的就把過多的致命傳染病帶進美洲。雖然新大陸也送回梅毒作為回報，不過歐洲給美洲的病原體還是多出許多種，也更具有災難性得多了。[1]

在歐洲人帶來的疾病中，天花和麻疹是最具有毀滅性的：它們在舊大陸是長期以來稚齡兒童好發的地方性疾病，到了美洲則成為傳染病。雖然大部分水手在兒童時期都已經受過這些疾病的威脅，成人以後就免疫了，不過偶爾還是會有陽性的帶原者加入橫越大西洋的遠征隊。流行性感冒是第三大殺手，即使是成人也完全不會產生免疫力。這三種是新型傳染病中最容易傳染的，會透過飛沫或是身體的接觸引進和傳播。其他像是瘧疾、斑疹傷寒和鼠疫也需要透過適當的媒介引進——分別是蚊子、蝨子和跳蚤。但也只是時間的問題。

在哥倫布（Christopher Columbus）第一次出航的頭一年，傳染病就開始肆虐歐洲人的第一個立足點——伊斯帕尼奧拉（Hispaniola）島。❶到了一五〇八年，該島上的原住民人口可能已經從幾十萬人減少到六萬人，到了一五一〇年是三萬三千人，一五一九年是一萬八千人，直至一五四二年，已經減到兩千人以下了。有許多種傳染病橫掃了加勒比海，還很快的到達大陸。一五一八年第一波天花疫情來襲，大肆蹂躪島嶼，並且於一五一九年造成中部美洲的大量阿茲特克人和馬雅人死亡。其影響之大，使得阿茲特克的生存者後來以天花出現時開始紀元，因為他們認為這是一場開啟了恐怖新時代的重大事件。天花是靠著接觸傳染，而且沒有治療方式，因此它以極大的力道衝擊了未開發地的人口。一名阿茲特克的觀察者說：

> 我們的臉上、胸脯、腹部都生瘡了；我們從頭到腳都長滿了會讓人疼痛的瘡。病痛是如此折磨人，讓大家都無法走動，也動不了。病人感到極為無力，只能夠像屍體一樣躺在床上，四肢和（甚至連）頭都動不了。他們在躺著的時候，無法以臉朝下，也無法從床的一邊滾動到另一邊。

❶譯注：位於加勒比海地區的第二大島。

如果移動身體的話，就會因痛苦而尖叫出聲。

傳染病無所節制的肆虐，為西班牙的征服鋪好了道路：如同（傳教士）貝納迪諾・德・薩阿岡（Bernardino de Sahagún）在阿茲特克的首府特諾奇蒂特蘭遭到占領時注意到的：

滿街都是死去和生病的人，因此我們的人只有一路橫跨屍體而去。[2]

天花只於一五二〇年代的幾年內就傳到安地斯的印加帝國，並且奪走了大量人命，可能還包括統治者瓦伊納・卡帕克（Huayna Capac）。第二波的大規模流行始於一五三二年，這次是麻疹，死亡人數也很驚人，而且從墨西哥一直推展到安地斯。斑疹傷寒或許是一次格外嚴重的傳染病，它於一五四五至一五四八年間在中部美洲大加肆虐。其後的流行通常是幾個疾病一起出現，就像是在一五五〇年代晚期和一五六〇年代早期，當時是由流行性感冒扮演了主要角色。紀錄中的災害越來越多，並且在一五七六至一五九一年傳染病互相混合時達到高峰，當時各項疾病接踵而來——最初是斑疹傷寒，接下來則是天花和麻疹於一五八五至一五九一年間同時流行——導致剩餘的人口也成批死亡，這是歷史上至今為止最嚴重的事件之一。傳染病又持續到十七世紀前半葉，力道可能變小了，而且存在著重大的地區性差異，但還是極具破壞性。雖然大量的死亡和隨之而來的混亂有助於西班牙繼續推進，不過新統治者還是很快的決定要阻止疾病的進展，最晚到十六世紀晚期，他們已經安排了更多醫師前來，並且實施隔離，希望能夠保住當地的原住民勞力，以供西班牙人繼續使用。這類措施完全說不上有什麼效果：傳染病還是一波接一波的發生，大概在一代的時間內總會發生一次，而且在最初的一百五十餘年間，死亡人數只有小幅減少。再加上征服的暴力會對原住民族帶來各種經濟、社會和政治的打擊，於是更加深了整體的死亡危機。

這對於整體人口無疑具有災難性的影響。唯一真正關鍵的問題是死亡的人數，這個問題已經被研究者討論了好幾個世代，但是因為缺乏兩個文化接觸前的確實人口資料，所以這個問題就不太可能真的解決。單以墨西哥來說，各個文獻中提到的總體損耗率就從大約百分之二十至百分之九十不等。大部分的估計值都認為減少的總人數超過一半。如果認為黑死病在新大陸至少有造成這樣的死亡率，這應該是合理的估計。墨西哥的整體耗損至少達到一半，而在比較少數的幾個地區，可能還有更高得多的人員損失。[3]

這樣大幅的人口緊縮究竟有沒有減少資源的分配不均，一直是個未決的問題。財富的發展會由國家權力的轉換傳遞下去，就像是阿茲特克和印加這樣階級化的帝國也被同樣階級化的西班牙統治所取代。我們需要數值很明確的剛性資料（hard data），才能夠判斷人口變化在勞動力市場中扮演的角色。傑佛瑞・威廉森大膽的嘗試要大概描繪出拉丁美洲的分配不均這段「缺乏證據的歷史」，但是他只觀察到雖然根據標準的馬爾薩斯主義邏輯，可以預測十六世紀的大幅人口減損會讓實際工資增加，但是無法提出證據支持這個推測。二〇一四年，終於有一份針對一五三〇年代之後的拉丁美洲為期三個世紀的所得的創新性研究打破了這個局面。圖35顯示的是墨西哥市地區的勞工實際工資的漲落。[4]

這個倒U的曲線符合馬爾薩斯主義的解釋——人口減少（和之後的復原）會讓工資發生改變，但是為什麼在十六世紀雖然由傳染病帶來了特別嚴重的死亡，卻缺乏這個過程呢，這就需要解釋了。答案可能是西班牙在面臨人口的緊縮時，是用強制的方式確保勞動力，這個做法源自於前哥倫布時期政權的強迫勞動。政府的介入可能會讓工資協商有很長一段時間受到壓制。這個解釋很符合歷史事實：西班牙統治墨西哥的早期階段是強制力的高峰期。因此在征服後的第一個世代，菁英獲得酬報的標準形式是「監護徵賦制」——指原住民會被分配給個別的受封者，受封者可以獲取原住民的勞力和貢物。除了採礦之外，這種安排在一六〇一年遭到禁止，雖然其實它一直延續至一六三〇年代。不過「監護徵賦制」的總數還是從一五五〇年的五百三十七件，減少至一五六〇年的一百二十六件。

嚴厲的強制也在一開始對工資造成了影響，然而隨著時間經過，強制逐漸

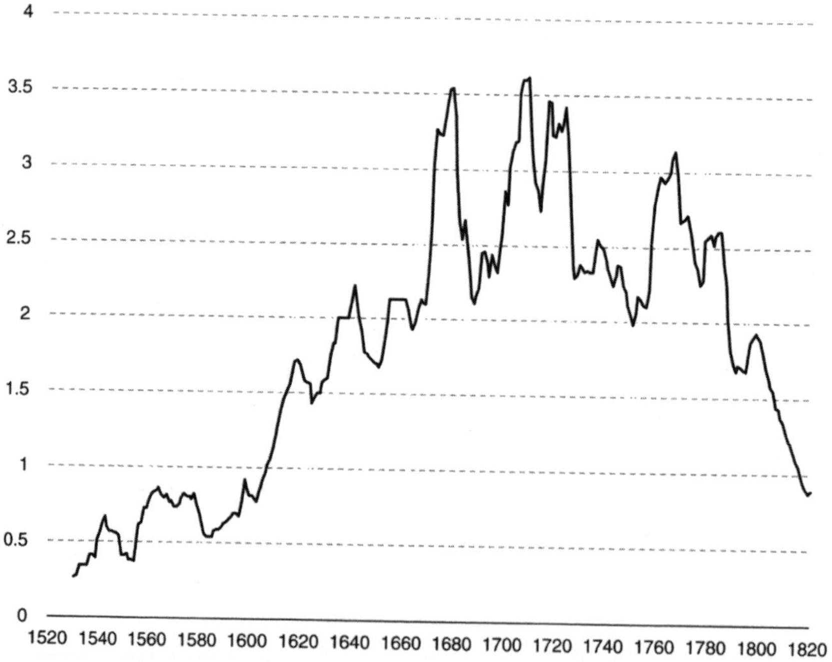

圖35 中部墨西哥的實際工資（以基本消費總數的倍數表示），1520-1820年（十年移動平均線〔moving average〕）

舒緩了。墨西哥的工資在十六世紀是由總督規定的，強制力也無處不在。從十七世紀早期開始，勞動市場的自由化讓實際工資得以上漲。結果很明顯：一五九〇年時勞工的工酬還只夠勉強糊口，然而到了一七〇〇年，實際工資已經和西北歐的水準相差無幾了，還被認為是當時全世界最高的。我們在十六世紀看到的落後情況可能是因為國家的干預，不過其後的自由化，已經讓勞動力的不足可以真正反映在報酬的等級中。西歐在黑死病期間制定的勞動法規通常都沒有什麼效果，不過墨西哥的強制勞動與西歐不同，它的模式比較確立，當局也有比較大的權力介入。勞工獲得的利益也沒有維持很久：實際工資從一七七〇年代之後開始下降，到了一八一〇年，就已經回到僅夠維持生計的水準了。

墨西哥的實際工資增加最明顯的特徵就是上漲的幅度很大，高達四倍——相較於西歐城市在黑死病之後都「僅僅」漲成兩倍。墨西哥的工資激增，從邏輯上來說（因此大概也當真是）表示死亡的人數多出許多。後來的實際工資下降，也讓我們想起歐洲的大部分地區在現代早期也有類似發展——雖然也是墨西哥的幅度比較大，而且實際的下降幅度的確也超過只用人口復甦來預測的幅度。就算這些變化的規模可能會讓我們懷疑紀錄的可靠性，不過整體的圖像應該還是很清楚。有幾代的勞工都因為勞工減少而獲利，直到減少的程度過於誇張，再也無法靠市場機制來決定報酬的水準。在這個階段之後，人口的成長也使得勞工的協商權力下降，因此事情就只能夠回到先前那令人遺憾的狀態了。

像是整體生活水準和人的身高這些福利的指標，大體上都符合我們所見到的實際工資的提升。不過還是存在著前現代社會中常見的問題，我們缺乏需要的資料，因此很難確定這些發展對於（例如）收入分配不均的影響是什麼。概括的來說，如果勞工的實際收入變成四倍，但是卻沒有對整體帶來什麼均等的效果，這實在是很難想像。而除了這樣基本的直覺之外，我們現在其實沒有辦法做出更進一步的推論。新大陸的資料雖然有限，但是符合鼠疫會帶來均等的邏輯，也和歐洲在幾世紀之前、鼠疫結束之後的實證數據相吻合（但是這樣的推論或許有循環論證的風險）。雖然西班牙征服者的菁英取得了之前的阿茲特克統治階級的地位，因此將資產集中在社會的最頂層，不過至少還是有某些勞工的實際收入大幅增加，這應該讓整體的分配不均有某程度的緩解（雖然結果只是暫時的）。十七世紀的墨西哥和十五世紀的西歐看起來都有這個特徵。[6]

「死人比活人還多」：查士丁尼大瘟疫

如果要再進一步的尋找由傳染病帶來均等的例子，我們必須再往之前的時代追溯。十四世紀的黑死病不是在舊大陸發生的第一場瘟疫傳染病。再往回推八百年，在所謂「查士丁尼大瘟疫」（Justinianic Plague）的時候，就已經有同樣的疾病，用大概相同的方式打擊、肆虐了歐洲和中東，該次瘟疫從西元五四一年一直持續至大約七五〇年最初是五四一年七月出現在埃及和巴勒斯坦之間、位於海岸邊的培琉喜阿姆（Pelusium），接著又在八月散播到附近的加薩（Gaza），並且在九月傳到埃及的首府亞歷山大港。在翌年的三月一日，東羅馬帝國的皇帝查士丁尼（Justinian）宣告「死亡的影響範圍已經遍及所有地方」，就連帝國的首都君士坦丁堡也僅在大約一個月之後就遭到重創，並且蒙受毀滅性的結果：

> 這種病現在已經在拜占庭帝國流行四個月了，最嚴重的致命結果也持續了大約三個月。在一

> 開始，死亡人數只比通常多一些，接著死亡人數就一直攀升，之後的死亡總人數高達每天五千人，甚至是每天一萬人、接著又更高。在一開始，死者自己的家人還會舉行葬禮（大家也都會去參加），後來死者甚至會被丟進別人的墓穴裡（不論是趁別人不知道的時候，或是乾脆使用暴力）；緊接著各地就充滿了騷動和混亂……而當原本的所有墓穴都已經裝滿屍體之後，人們又在城市中挖了一個又一個地方，盡量把屍體放進去，然後再換一個地方；不過挖這些溝渠的人接下來也找不到這麼多地方收容死者了，他們爬上了西凱依（Sycae）城牆上的高塔，拆下了屋頂，亂無章法的把屍體丟進去；他們把屍體堆疊得像是每一個都會掉下去一樣，而且幾乎是每一個塔上都堆了屍體，然後再用屋頂把屍體蓋起來。

這次的傳染病也像八個世紀之後那樣勢不可擋：西元五四二年的夏天敘利亞遭到衝擊，北非也在那一年稍晚淪陷，義大利、西班牙、南法和巴爾幹半島則是在五四三年。接下來還又有好幾波：一項現代的統計發現在五四一和七五〇年之間，分別有多達十八次的傳染病攻擊，紀錄中還顯示東方的伊朗和美索不達米亞也有爆發疫情；還有西方的伊比利半島；北方的不列顛、愛爾蘭和斯堪地那維亞半島；南方的葉門；還有那之間的所有地區。[7]

歷史上的描述與鼠疫桿菌的症狀相符合。拜占庭帝國的資料一再強調這次傳染病會造成鼠蹊部腫大——這是淋巴腺鼠疫的典型症狀。腫脹也會出現在其他地方——腋下、耳後或是大腿；而出現黑斑的時候，就表示死亡已經逼近；其他症狀還有昏迷、精神錯亂、吐血和高燒。現在的分子生物學證實當時的確有鼠疫桿菌。在巴伐利亞（Bavaria）❷的阿施海姆（Aschheim）出土的晚期羅馬帝國墓地中，共有十二具骸骨，其中的十具都有鼠疫桿菌的DNA成分，還有兩具留有足夠的數量，可以重建鼠疫桿菌的整個DNA序列。在其中一副骸骨上找到的（DNA）串珠可以往回追溯到大約西元五二六至五五〇年，那是第一波查士丁尼大瘟疫的疫情爆發的時間。[8]

各項描述中都說有非常多的死亡人數，但是通常都不值得信賴。觀察者認為疫情首次在君士坦丁堡爆發時，造成了每天數千人——甚至多達一萬人——死亡，使得城市人口減少了一半以上。君士坦丁堡和其他地點又在日後爆發出疫情時，偶爾也會出現類似的極端聲稱。大家一定都對於大量的死亡有很強烈的印象，觀察者就會根據這個印象，說出刻板印象中的人數。由於這個疾病和中世紀晚期的鼠疫一樣，而且活躍的時間也差不多，所以我們可以推測整體的損耗也是類以的，可能也差不多是歐亞大陸西部和北非人口的四分之一或是三分之一。像這樣規模的大量死亡，當然會對勞動力的供給造成巨大影響。君士坦丁堡的教會高階人員——以弗所的約翰（John of Ephesus）——就用很缺乏同理的語氣，控訴那些處理瘟疫受難者屍體的人賺了很多錢，洗衣的費用也越來越高。僅僅在第一次瘟疫出現三年之後，當時的皇帝查士丁尼就譴責勞工的要求越來越高，還想要用政府的命令加以禁止：

> 我們已經查明從事貿易和文字職務的人、各種工匠和農業家以及水手——他們應該把自己導向更好的生活，而且上帝也會降下懲罰——卻致力在獲得更好的收入，並且違反了一直以來的習慣，要求兩倍或是三倍的工資和薪水。因此，看來我們必須用這種官方命令的方式，禁止所有人屈服於可憎的貪欲；好讓任何一個從事工藝、貿易、或是任何類型的商業主，以及任何一個投入農業工作的人，在此後都不能夠要求超過古代慣例的薪水或是工資。法令也規定建築物、可耕地

和其他房地產的測量員對於服務的收費不該超出應得的金額，他們也該好好觀摩在這方面既有的做法。我們要求掌控這些工作的人應該確實的看看這些規定，購買的人也是。我們不應該容許他們以多於經常使用的金額購買。特此公告：如果有任何人要求的金額超過此限，或是的確接受（或被給予）超出最初同意的金額，均須另外繳納三倍的金額給國庫。9

這是我們所知最早的一次，當人們面臨傳染病的威脅時，想要試著控制協商的能力，後來在中世紀的英格蘭和法國、以及早期由西班牙統治的墨西哥，都出現了類似的做法，可以說就是以此次為前導。但是因為疫情並未平息，對於勞工的需求也一直在增加，因此法令對於工資的效果只能夠說是非常有限。我們可以合理的假設各地的實際工資都有增加（這符合經濟學家根據情況所做的推測）——雖然能夠取得的實證證據只限於中東（尤其是埃及——該地留下的書面證據是其他任何地方都比不上的）。埃及對於實際工資的紀錄可以往回追溯到西元前三世紀。但是這類證據並不連續：第一個千年的文件是關於不具備特殊技術的農村勞動力的工資；而中世紀時期的資料則是不具備特殊技術的城市勞動力的工資。雖然這些資料不是立於同樣的基礎上，不過它們還是反映出同樣的趨勢，而且可以放進同一個涵蓋範圍更廣泛的敘述中。以農村的工資來說，我們最常看到的就是一天的工資相當於三・五至五公升小麥，這確實落在前現代社會工資的核心範圍（三・五至六・五公升），也符合維持基本生活所需的生活水準。相較之下高出甚多的小麥工資（超過十公升）則被證實出現在西元六世紀

❷譯注：位於今德國東南部。

晚期、七世紀和八世紀（圖36）。[10]

在古代的文稿抄本中，記錄了查士丁尼大瘟疫之後不具備特殊技術的農村勞動力的報酬，這讓我們得到了實際所得激增的結論。瘟疫對人口造成的影響在六世紀晚期和七世紀時達於巔峰，當時的幾項紀錄顯示，灌溉的勞工每天獲得的現金工資大約相當於十三．一至十三．四公升小麥，或者說相當於以前的三倍。在同一段時期的其他例子中，我們聽到的是工資同時包含現金和食物配給，價值超過（每天）七．七至十．九公升小麥，或者說大概是之前的兩倍。這些發現都有證據支持，證據還顯示具備特殊技術的勞工甚至可以有更高的工資，多達每天二十五公升。觀察六世紀前半葉到後半葉的演變時——也就是第一波瘟疫爆發之前和之後——可以得到更進一步的證實，不限期間的土地租賃在

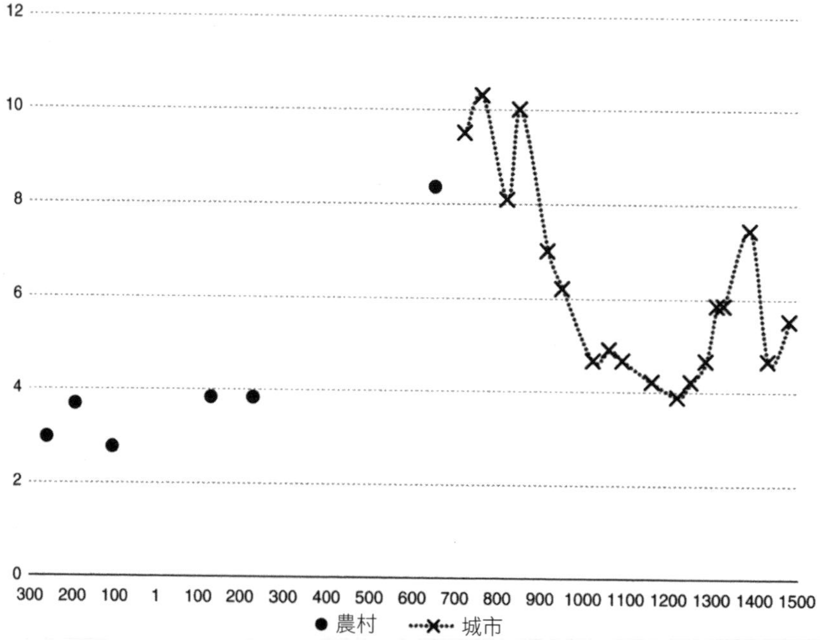

圖36　不具備特殊技術的埃及農村和城市勞動力的每日小麥工資，從西元前三世紀至西元十五世紀（以小麥的公斤數表示）

當時的比例從大約百分之十七上升至百分之三十九，而一年期限的租賃則從總數中的百分之二十九下降至百分之九。這表示佃農很快的取得了比較有利的條件。要不是因為大量的人口耗損造成各種職業的勞工（不論是否具備特殊技能）的協商地位大幅提升，否則不可能解釋這種狀況——尤其是實際所得的異常激增。[11]

該紀錄的第二個部分是以小麥來計算不具備特殊技術的開羅城市勞工的工資。如圖36所示，只有在八世紀早期（瘟疫的最後階段）才能夠得到這些資料，但是之後一直到中世紀的末期都有資料。大約西元八五〇年之前實際工資都呈現上升——當時距離最後在埃及發現瘟疫的七四〇年代，已經過了一世紀——西元八五〇年是歷史上的高點，相當於每天有大約十公升的小麥，或是接近一個四口之家的基本生活所需的三倍。在接下來的三百五十年間，由於人口復甦，開羅的小麥工資下降了超過一半，達到維持基本生活所需的最低水準，直到黑死病在十四世紀晚期來襲之後，才又短暫恢復。雖然巴格達的資料內容比較有問題，不過該資料也顯示實際收入在八世紀和十三世紀之間長期呈現下降趨勢（但是幅度比較小）。消費水準的還原也可以看出類似圖像——要還原消費水準，必須研究的是不具備特殊技術的開羅（城市）勞工的名義工資、和其與一些消費品價格之間的關係。這樣的還原也可以看出在瘟疫期間和瘟疫剛結束的時候，實際收入比較高，之後就開始下降了，直到黑死病時才又恢復：雖然和只用小麥來計算工資相比，這樣計算出來的變化幅度略低，不過整體模式是相同的。[12]

查士丁尼大瘟疫的連續復發就跟在中世紀晚期一樣，也讓人口有很長的一段時間持續下降。聽說在西元五四一和七四四年之間，埃及總共出現了十次瘟疫的流行（橫跨三十二年），或是每六年就有一次。而在五五八至八四三年之間，美索不達米亞南部也經歷了十四次（持續三十八年），或說每七年半就有一次。缺少所得資料的敘利亞和巴勒斯坦甚至還可以找到更多證據。謝夫凱特・帕穆克（Şevket Pamuk）和瑪雅・沙澤米勒（Maya Shatzmiller）認為，現在常被稱為「伊斯蘭黃金時代」（Golden Age of Islam）❸的八世紀至十一世紀，其實可以往回溯及瘟疫創造出來的高薪環境，他們認為這與中世紀晚期黑死病在歐洲的某些地方對品味和消費造成的影響是類似的。受薪的中產階級對肉類和乳品的消費增加算是一個明顯的信號，可以推斷出當時的畜牧業日益擴大。其他的要素還有都市化和同時發生了勞工的日益分化，對於製成品和對進口的食物和衣物的需求都日益擴大了，進口商品不再是只給少數的菁英。[13]

不過，這些過程對於所得或是財富分配不均的影響其實都只是推測：因為沒有直接的證明文件，所以我們只好接受農村勞工的實際工資突增，是足以代表所得分配不均減少、菁英的財富也大幅減少的可靠現象。如果一個環境中不具備特殊技術的勞工的實際工資一直很低，紀錄中的資產分配不均程度則很高，似乎就很可能因此帶來一個比較全面的均等效果。就像是中世紀歐洲的黑死病一樣，當查士丁尼大瘟疫降臨的時候，正是資源分配不均十分嚴重而且根深柢固的時候。埃及的土地和稅收清單讓我們比較能夠看清楚三世紀至六世紀之間的土地分配不均。這些紀錄的共通點是沒有紀錄到跨地區的財產，沒有地產的人也不會出現在裡面，它們——很可能是過分的——低估了土地的整體分配不均。因此，根據這些資料得到的實際財產的集中值是比較低的，但它還是指出有高度分配不均的狀況：由城市地主的樣本算出來的土地吉尼係數的範圍是〇・六二三至〇・八一五，而農村地主則是〇・四三一至〇・五三二。如果要重建一整個「諾姆」（*nome*）❹或是主要行政區的土地擁有結構，只計算地主的話，吉尼係數是〇・五六，但是至少在理論上，地主未必會超過總人口的三分之一。用一個比較寬鬆的假設來看——只要有一半的「諾姆」居民是沒有土地的勞工或是佃農（或是沒有土地的人比較少，但是有些菁英會在其他「諾姆」也擁有土地）——整體的土地吉尼係數就會接近〇・七五了。這樣的集中水準就很接近埃及於一九五〇年（土地改革之前）偏高的土地吉尼係數值了——當時的吉尼係數如果用所有地主來計算是〇・六一一，用所有人口來算是〇・七五二。因此，瘟疫可以讓資產分配不均邁向均等的可能性是相當驚人的。[14]

我們完全不知道埃及在古羅馬晚期和中世紀早期的收入分配不均的狀況，而且大概永遠也不會知道了。雖然如此，但是上述的發展在邏輯上還是符合勞工是獲益的一方，而傳統的富有菁英則是損失的一方（因為考量到重點從土地換成了勞動力）——雖然在同時間，還是有經濟分化和都市化帶來了創造分配不均的新機制。最重要的是這時候已經和馬木路克時期不同了，馬木路克時期是集體生產，地主也長期不在土地上，因此限制了勞工的協商能力，但這時候是以私人擁有土地為主，勞工市場的自由度也很高，在這樣的環境中，資產的價格和工資會對土地／勞工的比例改變保持敏感度。以這樣的條件來說，如果勞動力的供給明顯減少了，大概不可能會沒有減輕所得的整體分配不均，就像是土地的價值減少之後，一定會縮小財富的分配不均。不具備特殊技術的勞工的實際收入大幅提高，構成了這個重建過程中最強而有力的因素，也最能夠彰顯出我們所期望的所得分配差距的縮小。這顯示出

---

❸譯注：在這段時期內，伊斯蘭世界的藝術家、工程師、學者、詩人、哲學家、地理學家及商人輩出，各方面均有發展，也不乏改革創新。

❹譯注：古埃及前王朝時期最早形成的國家形式，是一種城邦式的國家。

國家想要抑制工資成長的努力完全失敗了，就像是黑死病之後也曾經在西歐發生的事。同樣重要的，還有人口的復甦使得增加的工資又漸漸下降了。這或許可以稱之為「第一波黑死病」的強烈衝擊帶來了看似很重大的福利優惠，但是那也隨著人口衝擊的消褪而漸漸消失了。從這方面來說，兩次大型的瘟疫傳染病其實有著許多共通點。

「就只剩下廢墟還有森林留下來了」：安東尼大瘟疫

如果我們再往回追溯到更久之前，有關於傳染病的均等效果的資訊勢必就更少了。最可以說明的例子就是更早之前發生的安東尼大瘟疫（Antonine Plague）。這場傳染病最初是羅馬軍隊於西元一六五年攻打美索不達米亞時碰上的，接著又在翌年傳到羅馬，而到了一六八年，已經散播到帝國的大部分地區了——依照羅馬帝國晚期的史學家阿米阿努斯（Ammianus）的說法，就是「從波斯的邊界一直到萊茵河和高盧」。它在醫學上的病原至今不明，但是有許多人認為是來自於天花（主天花病毒〔*Variola major*〕）。是人們吸入了散布在空中的主天花病毒而傳染的，這種病會引起出疹，疹子最後會變成皮膚上的膿疱，並且伴隨著高燒。也有些患者會有更嚴重的出血性症狀。如果安東尼大瘟疫當真是由天花病毒攻擊還未得過的人，在遭到感染的人之中，應該有百分之二十至百分之五十的死亡率（遭到感染的人占了總人口中的百分之六十至百分之八十）。針對這次事件唯一做出的傳染模型認為大約有百分之二十五的人死亡，這是我們能夠獲得的最好估計值了。[15]

還好古代的相關文獻有保留下來，只有埃及能夠為我們提供這次傳染病的範圍和結果的詳細資訊。紀錄顯示在喀拉尼斯（Karanis）的法尤姆（Fayum）這個村鎮，西元一四〇和一七〇年代的早期之間納稅者的人數下降了三分之一至一半。在尼羅河三角洲的某些小鎮，甚至還減少得更多，一六〇和一七〇年之間，減少了百分之七十至超過百分之九十。雖然造成這種減少比較大的原因可能是居民的遷移（而不是死亡），不過遷移和傳染病的爆發也絕對不是沒有關係，通常就是因為傳染病才引發移民潮。除此之外，還有明確的死亡率資料也加強了大量死亡的印象：西元一七九年一月和二月這短短兩個月內，在索克諾拜歐・內索斯（Soknopaiou Nesos）的城鎮中登錄的兩百四十四名男性中，就有七十八人死亡。[16]

中部埃及有幾個以實物繳納土地租金的地區也提供了證明。在留下數據紀錄的所有地區中，傳染病爆發的前後幾年間年租金都有大幅下降。以法尤姆綠洲為例，西元二一一和二六八年之間的紀錄（共知十九筆）和一〇〇至一六五年（共有三十四筆）的紀錄相比，前者的土地平均值和中位數分別比後者減少了百分之六十二和百分之五十三。再以俄克喜林庫斯（Oxyrhynchus）城市地區為例，以一〇三和一六五年之間（有十二個例子）和二〇五至二六二年（有十五個例子）相比，平均值和中位數下降了百分之二十九和百分之二十五。赫爾莫波利斯（Hermopolis）的數據雖然沒有那麼完整，但是也可以看出類似的下降趨勢。[17]

用現金來計算價格和工資的變化會顯得更難以追蹤，因為在傳染病爆發之後的一個世代內，價格的整體水準已經差不多提升到兩倍了——這可以說是該次事件的混亂所造成的結果，而且在同時間的財務危機所導致的貨幣貶值也是原因之一（財務危機很可能也與傳染病極為相關）。這表示在瘟疫爆發之前和之後的資料必須先經過調整，才能夠直接進行比較。這種做法帶給我們一幅整體的圖像，讓我們看到在兩個時期之間（從二世紀的初期至一六〇年代，以及一九〇至二六〇年代），地產到勞動力的價值大概都呈現相同的變化趨勢。中間的間斷是因為瘟疫實際發生年間的資料不足，而這件事本身就明顯的透露出這場災難的嚴重性。在本項調查的兩段時期中，所有數值都是以小麥價格的相對值來表示——也就是以小麥的價格（值為一〇〇）作為標準，但是其實小麥的名目價格也上漲了大約百分之一百二十五。因此，如果上漲幅度不及百分之一百二十五，在瘟疫之後的值就會低於一〇〇，反之亦然（圖37）。[18]

根據契約上的紀錄，農村勞動力的價值上升了幾個百分點到五分之一之間（依雇用的期間而定），而驢子的實際價格——這也可以代表勞動力，而且剛好留下了十分完整的紀錄——則上升了一半。相反的，非必要食物（像是油，特別是酒）的價格相對於小麥則下

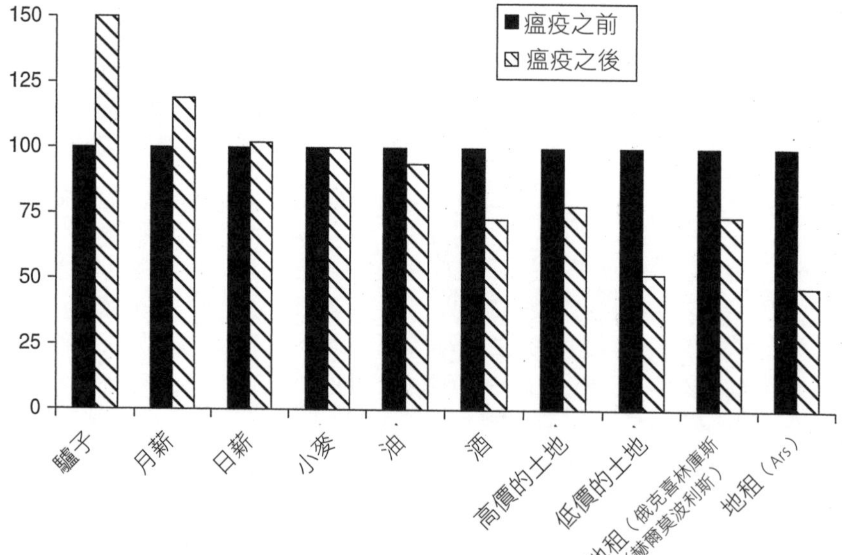

圖37 西元100至160年代和190至260年代之間，羅馬帝國統治下的埃及之實際價格和租金變化

降了，因此勞工有能力購買比較高級的商品。如果用油和酒來表示實際工資的話，（比用小麥來表示）就會顯得上升更多了。不同時期的土地價值很難做比較，因為我們無法確定土地的品質始終一致：雖然如此，但是在一項粗略的調查中，還是顯示土地的實際租金在下降，這個結果和經過嚴密證實後的結果非常類似。這裡最重要的應該是雖然不同資料組合的品質不一，但是所有的變量都朝同一個方向移動，而且與它符合的模型顯示在人口耗損之後，馬爾薩斯主義認為的限制也有所舒緩：勞工是獲益的一方，而土地則有損失。除此之外，小麥的價格可能因為羅馬帝國的大規模輸出而得以維持——和當地的酒和油不同，這兩者並沒有同等的國外需求：如果沒有國外的需求，只以當地的需求作為唯一的決定因素，小麥的價格相對於工資或是其他主要產品可能會下降得更多。這使得整個圖像更加複雜了，實際價格的真正變化幅度也沒有辦法清楚的顯示出來——因為如果是根據土地價格的話，實際價格的變化應該要更劇烈才是。[19]

究竟在傳染病爆發之後，耕種模式發生了什麼樣的變化，我們有一個大略的了解。在疾病爆發的前幾年（西元一五八和一五九年時），法尤姆的村鎮迪爾得皮亞（Theadelphia）有大約四千至四千三百英畝的土地在種植穀物，還有大約三百五十英畝的土地種植了爬藤類的植物和果樹。到了二一六年，耕種用地已經減少為兩千五百英畝，或是原先的百分之六十，而培植樹木的土地則擴張到超過一千英畝，或是原本的種植地區的三倍。因此，雖然整體來說耕種的土地比傳染病之前減少了，但是多了許多土地是用於種植比較高價值的農作物。這就很像我們在黑死病之後看到的模式，當時只要是氣候允許種植果樹的地方，都有生產比較多酒，也像是地中海沿岸地區的甘蔗（蔗糖）。對於主要產品的需求隨著人口的減少而下降，邊際土地❺的廢棄也使得產量提升；比較高級的產品能夠獲得更多的土地和收入。這或許可以看作是大眾生活水準提高的明顯信號。[20]

由於埃及沒有類似可用的證據，因此我們無法更系統性的記錄下這個過程，但是農產品價格的相關變動應該還是一致的。從更整體的來看，研究者發現有跡象顯示佃農和鄉村居民的流動性增加了，農民離開土地搬遷到城市，都市化的整體程度也有提升，這些都符合瘟疫過後勞工的機會增加、城市也比較繁榮的情勢（就像是黑死病結束後一樣）。這次瘟疫對於分配不均的效果也一樣沒有可以量化的直接資料。這應該也不會太令人吃驚，因為整體來說，所有前現代的傳染病都比較缺乏這類資訊，只有義大利在中世紀晚期和現代早期的極少數登記資料是例外（這些都有在前文討論過）。傳染病的死亡到底會帶來什麼樣的均等效果，一向必須從實際收入的增加和消費方式的改善來推測，而本次瘟疫中就同時看到了這兩種現象。二世紀中期的埃及應該面臨到相當大的人口壓力：當時的人口可能多達七百萬人，和一八七〇年的情況差不多，都市化的比例至少達到四分之一，還有些人甚至認為超過了三分之一。在羅馬帝國的其他地區，兩個世紀的和平帶來了長時間的人口成長，可能也對農業經濟的極限造成了考驗。這樣的環境很有機會帶來均等。在羅馬的統治下，埃及的勞動力調度是由市場機制決定的，地主通常也離他們的財產很近，這和黑死病時期的西歐很類似，不過和中世紀晚期的埃及（馬木路克時期）就完全不同了，這點至關重大。也沒有足夠強大的制度性限制，可以阻止勞動力的稀少和土地的貶值帶來比較公平的所得和財富的分配方式。[21]

「那還不足以造成任何好結果」：饑荒會帶來均等嗎？

在我們同意傳染病會帶來均等之前，還必須考慮另外一個（但並不是指它迥然不同）會造成大量死亡的因素：饑荒。如果有非常大量的人口因為缺乏食物而死亡，會不會像瘟疫一樣，改變了生存者之間的物質資源分配呢？我們沒有辦法完全確定這個問題的答案，但答案應該不是肯定的。其中一個理由是饑荒通常不會像其他大型傳染病那樣致命。「饑荒」的保守門檻是指因為缺乏食物而造成基準線兩倍以上的死亡率（至少連續兩年），到目前為止，歷史上其實不常見到這樣的事件，更嚴重得多的事件就更是極為罕見了。就算只是因為「很少發生」這個原因，饑荒通常就不會對人口多寡的調節發揮太大作用。顯然饑荒造成的死亡人數也和證據的品質有逆向的相關：紀錄越不可靠，人口的耗損就會被認為越嚴重。而且對於死亡率的估計也很難（就算不是不可能）和移民的結果區分開來（因為居民的離開也是為了放棄讓他們感到痛苦的地區），或是和傳染病的結果區分開來（因為傳染病一向和饑荒相伴而生）。就連在極具災難性的事件中——像是一八七七和一八七八年肆虐中國北部的大饑荒（統計的結果認為當時奪走了介於九百萬至一千三百萬條的人命），受到波及的一億零八百萬人口中，死亡率都沒有超過基準線的三倍。我們沒有辦法判斷這場災難是不是有對分配不均造成影響，西元一七七〇和一九四三年孟加拉發生的饑荒大概也是同樣的狀況，更何況一九四三年的饑荒還發生在

❺譯注：指位於周圍或是邊緣的土地，以及由於品質、區位不良，以至於耕作或投入無法達到預期報酬的土地。

因為戰爭而使分配不均縮小的期間。[22]

這個觀察帶出了另外一種說法。雖然在某些極具戲劇性的饑荒發生的時期的確有大幅邁向均等，但是饑荒本身並不是造成這個過程的原因。一九三二至一九三三年烏克蘭的饑荒並沒有減少物質的分配不均，反而應該說是當時的強制集體化計畫做到了這件事。一九五九和一九六一年之間中國的大躍進帶來了毀滅性的饑荒，這次饑荒發生於一九五〇年代中期（當時重新分配達到高峰）和接下來的集體化之後，而那才是確保大規模均等化的關鍵。[23]

有兩次歷史上的饑荒應該受到比較密切的關注（因為它們的規模和重新塑造所得與財富分配的可能性）。其中一次是一三一五至一三一八年的「大饑荒」（Great Famine），它發生在黑死病的一個世代之前。在那幾年之間，西北歐的氣候異常濕冷，使得各處的農作物都無法生長，再加上同時間還有動物流行病的傳播，讓家畜也大量死亡。接下來發生的大量死亡達到了前所未見的規模。但是這場災難有讓價格和勞動力像瘟疫流行時那樣發生改變嗎？並沒有。雖然勞工的工資增加了一點，不過城市和農村的消費物價的上升速度卻更快得多。產量的減少抵銷了價格升高帶來的所得，並且對地主帶來壓力，但是他們面對風暴的能力還是比平民好得多，平民常常僅是為了生存就要竭盡全力。[24]

資料嚴重不足，不過能夠獲得的少量資訊也沒有指出大規模的邁向均等。我在前文使用過義大利的財富分配紀錄，那份紀錄開始得有點太晚、或是說能夠解決的問題太少，所以顯示不出十四世紀前半葉的變化。由倫敦和佛羅倫斯的城市勞工（不論是否具備特殊技術）的工資和物價比例呈現出來的福利指數，西元一三〇〇（或是一三二〇）和一三四〇年之間並沒有改善。英格蘭的農村實際工資也是如此——一三〇〇和一三四九年之間大致維持穩定，只有在黑死病爆發之後才持續上升。從這方面來看，這兩次災難的結果具有很明顯的對比。我們觀察到饑荒並沒有帶來均等，這其實並不難理解：大量的死亡就只發生在幾年間，而且比瘟疫剛爆發的頭幾年緩和許多。當時的低度就業起了緩衝的效果，人口的耗損既不持續也不夠嚴重，比不上接踵而至的瘟疫對於經濟的影響。[25]

第二次是於西元一八四五至一八四八年的「愛爾蘭馬鈴薯饑荒」（Irish potato famine）。這是一次食物的傳染病和食物危機，是由「致病疫黴」（*phytophthora infestans*）這種水黴菌的傳播所引起的，在一八四六和一八四八年間造成了馬鈴薯的幾乎全面歉收（馬鈴薯是愛爾蘭飲食中絕對不可少的主要內容）。有多達上百萬愛爾蘭人在這次饑荒中喪生。再加上移民和出生率下降，一八四一年的人口普查中還有八百二十萬人口，但是經過這次事件後，過了十年只剩下六百八十萬人。農業的勞動人口減少得更快，從一八四五年的一百二十萬人，降為一八五一年的九十萬人。乍看之下，會覺得這次的人口緊縮和一三四七至一三五〇年的第一波黑死病的結果十分類似。那一波黑死病本身並沒有足夠的毀滅性帶來後續的改變，這次愛爾蘭的饑荒也是如此，當代的一位英國觀察家便認為這次饑荒的死亡人數（很糟糕的）對於改善整體生活水準「並無任何幫助」。在某種程度上，中世紀晚期接連發生的瘟疫對於人口帶來的結果就和持續不斷的移民一樣，沒有帶來人口的復興，甚至還讓愛爾蘭的人口繼續縮減：一八五〇和一九一四年之間，有四百萬人離開了愛爾蘭島，最後幾乎達到愛爾蘭人口高峰期（指一八四〇年代早期）的一半。不過和瘟疫不同的是：離開的人口是取決於年齡，主要集中在十幾歲的後半或是二十歲前半。和瘟疫不同的另一個點是馬鈴薯的枯萎使得產量減少，也損害到資本存量。這限制了兩者在功能上的類比。[26]

從某些方面來說，饑荒和其後的移民帶來了大量的人口損失，也使得土地的生產力降低，這具有與大型傳染病不相上下的經濟利益。和稍早的趨勢不同，饑荒之後的實際工資和生活水準呈現穩定成長。工資較低的地區會有比較多人離開，這應該有助於減少區域間的差距。而在同時，比起比較有能力負擔旅程的人，又是最貧窮的人最不可能離開。我們並不清楚在整體生活水準改善的同時，資產或是所得的分配是不是也出現了更大的不均等。因為在饑荒年間人民紛紛逃亡或是不得不離開，因此擁有小於一英畝的非常小塊土地的數量大幅減少了——這個過程增加了土地擁有的差距。在接下來的六十年間，分配也沒有太劇烈的變化：大部分的變化還是發生在較低層，因為小塊土地的比例又再次逐漸升高了。擁有一到十五英畝土地的人失去了根基，而擁有更多土地的人則站穩了腳步——整體而言，這又退回了原本的趨勢。就算是馬鈴薯饑荒和後續的餘波對於人口造成巨大的衝擊，但是似乎都沒有帶來像我們在黑死病時期看到的那樣大規模的均等。說到敉平分配不均，瘟疫的效果才是最大的。[27]

「整個居住的世界都變了」：傳染病發揮的均等效果和我們擁有的知識的限制

關於傳染病在均等效果上扮演的角色，我們目前的許多知識都是相當近期才得來。雖然黑死病對於社會經濟帶來的結果在很久之前就獲得了確認，不過其他人口的災難對於所得和財富到底有什麼影響，則是近期才開始探究。因此，對於安東尼大瘟疫和查士丁尼大瘟疫是如何造成價格的改變，埃及的相關證據直到西元二十一世紀才開始分析，也是直到二〇一〇年代，才對現代早期的墨西哥實際工資和義大利北部的財富分配不均是怎麼變化的，有了第一份研究。這些持續的擴展讓我們期待應該還有更多的資料等待我們去收集和詮釋。在黑死病期間和剛結束時的檔案應該是最有希望的。我們也需要研究中國的大型瘟疫的均等效果，中國在安東尼大瘟疫和黑死病期間都被證實有瘟疫流行。

但是其他事件所留下的資料卻不足以釐清實際所得和分配不均的問題。塞浦路斯的瘟疫（Plague of Cyprian）就是一個很好的例子，那是在西元二五〇和二六〇年代發生在羅馬帝國的一次嚴重瘟疫。這次疫情對於人口的影響十分巨大。當代的一位觀察家——（當時帝國的第二大城）亞歷山大的主教狄奧尼修斯（Dionysios）——就寫下「這些接二連三的瘟疫……對於人類的各種巨大損害」大大減少了亞歷山大的人口，現在十四歲至八十歲的居民比瘟疫爆發前四十歲至七十歲的居民還少。這個數字是來自於登記領取政府發放的賑濟穀物的人數，因此未必是全部出於虛構，它所代表的死亡人數規模也是非常驚人：用作模型的「生命表」❻所顯示的變化是根據減少了超過百分之六十的都市人口的狀況。我們沒辦法得到當代關於實際工資的資料（所得和財富分配不均的資料就更不用說了）。不過在西元二五〇年代，有兩個埃及莊園的農村勞工的名目工資都突然大幅上升，或許就是反映出這次傳染病造成的勞動力短缺。[28]

如果我們把時間拉回到西元前，甚至會覺得一切都更不清楚。在現存的證據中，可以證明人口減少會導致實際工資增加的，最早的應該是西元前六世紀的巴比倫的資料。在南巴比倫的國王尼布甲尼撒（Nebuchadnezzar）在位的時候（西元前五七〇年代），在巴比倫建造皇宮的勞工每個月可以領到四百五十至五百四十公升的大麥，或是大約五錫克爾❼銀幣，這相當於每天的小麥工資是十二至十

---

❻譯注：life table，顯示一個人在每個年齡的下一個生日前死亡的機率的統計表格。

❼譯注：shekel，巴比倫等使用的單位，等於半盎司金或銀幣。

四．四公升，換算成現金工資的話，近似於每天十一．三至十二公升小麥。經證實，南巴比倫在西元前五四〇年代的那波尼德（Nabonidus）政權也同樣有較高的小麥工資，日薪為九．六至十四．四公升（中位數為十二公升）。這些數值都遠高於前現代的標準值（標準值的核心範圍是每日三．五至六．五公升），也比一個世代之後——大約在西元前五〇五年的大流士一世（Dareios I）時代——紀錄中的小麥工資來得高（大流士一世時代的勞工只能夠領到相當於七．三公升以下的工資）。巴比倫後來的實際工資又更低了——在西元前一世紀早期只有很少的四．八公升。[29]

在新巴比倫時期出現這樣暫時性大幅上升的原因，至今仍然不明。如果是一位樂觀的觀察家，可能會認為是市場導向的農業生產力提升、高度的勞動力專門化和越來越走向貨幣化帶來的成果（上述這些都是證實在這個時期有發生的現象）。不過，亞述帝國在接近西元前七世紀末期的血腥倒台造成了人口的減少（也因此使得收穫下降），也是另一個可能的原因。後者可能在巴比倫更南的地方造成了不亞於瘟疫的人口大減，因為該地在這場災難性的衝突中扮演了主要角色。但這只不過是推測，實際工資在西元前六世紀晚期發生了一次看似迅速的下降，這也很難只用人口的復興來解釋。

不過，雖然我們的知識一直存在著這樣的缺口，但是現在已經確知由瘟疫帶來均等的過程是世界歷史上一再重複的現象（它主要、或甚至是只與黑死病相關）。本章提出的所有發現都支持馬爾薩斯主義的情節——由人口因素強制帶來的均等會透過制度的架構實現。在這些邁向均等的過程中，也都有異常大量的人命損失，每次重大的事件中都有數千萬人喪生。另一個共同的特徵是均等的效果都很短暫，因為在人口復興之後，勢必會吸收掉這些收益。因此，傳染病這個機制便可以縮小所得和財富的分配差距——分配不均是非常殘酷的，但同時也不可能持續下去。從這兩方面來說，它和我們目前為止見到的其他有效的均等過程都一樣：有全面動員戰爭的犧牲、帶來變革的革命的殘酷，以及大規模國家失能的破壞。這些事件都帶來了大量的流血和痛苦，因而也縮小了物質分配的差距。我們的四個騎士現在都到齊了。

「上帝會將過去的高點敉平」：三十年戰爭中的奧格斯堡

四騎士代表的四個部分：分別將歷史上帶來均等的重要機制做了清楚的區分，這有助於形成討論的架構，但是當然無法確實的處理在過去實際生活中的混亂狀況。在同一次事件中，常常會有兩個以上騎士合力以不同的機制帶來均等，它們同時作用、也互相影響。德國的南部城市奧格斯堡在十七世紀的經驗就為我們提供了一個很好的例子，說明不同的因素是如何混合著發生影響——在奧格斯堡的例子中，就是戰爭和瘟疫。[30]

奧格斯堡是近代早期德國南部的經濟中心之一，在中世紀晚期是這裡帶動了德國南部從黑死病的打擊中復興。西元一五〇〇年時奧格斯堡有兩萬居民，到了一六〇〇年則成長為四萬八千人，是當時德國的第二大城。經濟發展和都市化使得財富增加了，但是分配越來越不均，資源的差距也增加了。定期對所有城市家庭所做的評估會決定財富稅的繳納名單，我們可以從詳細的財富稅登記中，得知實際的資產和分配狀況，而且正確度算是相當高的。也有幾項有疑義的變數必須另行考慮。有些居民可能在紀錄中顯示為沒有應納稅的財產，但他們還是有一些個人物品，如果把這些人算進來的話，計算所得的分配不均結果可能就會稍微減少。在同時，每一個家庭有五百基爾德（gulden，貨幣單位）現金的寬減額——以百分之〇・五的稅率來算，這相當於二・五基爾德的稅款，多於任何一個不屬於所得分配前五分之一的人於一六一八年所付的款項。珠寶和銀器也一樣不必繳稅。這些例外都對富人有利，對於在計算時忽略了不須繳稅的窮人的少量財產，也會起到彌補作用。因而，總體來說，觀察到的趨勢很具有代表性。這份資料記錄到不同時間點有相當大的變化。也由於資本的累積和集中，財富稅存在不均等的吉尼係數從一四九八年的〇・六六，上升至一六〇四年的〇・八九（圖38）。[31]

一六一八年的經濟階級是很嚴明的：最富有的前百分之十的家庭負擔了百分之九十一・九的財富稅，吉尼係數是〇・九三三。就連這個特權階層也有很明顯的分級：由貴族和最富有的商人

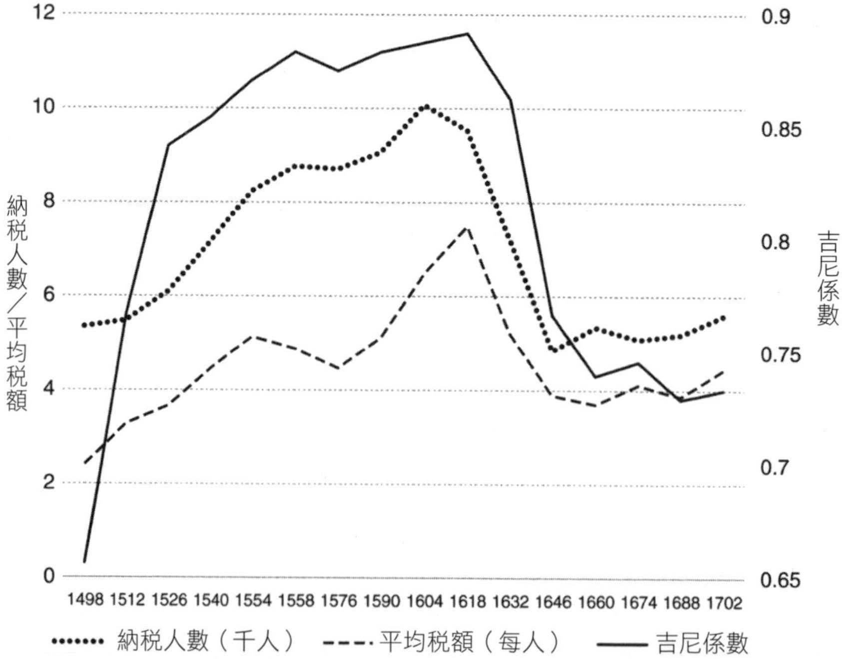

圖38　奧格斯堡的財富分配不均：納稅人數、平均稅額和稅額的吉尼係數，1498-1702年。

組成的前百分之一便負擔了所有財富稅的將近一半。在有登錄的織布工和建築工人中，有三分之二完全不用繳稅，在打零工的人之中，也有百分之八十九不需要。我們在奧格斯堡社會底層看到的是為數眾多（大約有六千人）的窮人，包括一千名露宿街頭的乞丐，有一千七百人完全要靠救濟品為生，還有三千五百人有時候也得如此。只有百分之二的人口被歸類為富有或是生活無虞，三分之一屬於中等，另外三分之二則是貧窮的（而且其中至少有一半只能夠非常勉強的維持生計、達到最低的生活所需），沒有跡象顯示經濟成長有讓中產階級出現。我們看到的反而是實際工資下降了——就像是前一章中調查的許多其他城市人口。[32]

這正是三十年戰爭開始時的局面，那是一連串複雜而且長期的軍事行動，造成了德國史上史無前例的毀滅性大火災。戰爭行動使得各地的房屋和重要都市遭到破壞，以及大量的人命損失，同時還有瘟疫的大規模復發，以及另外一個相對新型的疾病——斑疹傷寒——的流行，也引發了更大量的死亡。在戰爭的最早期階段，奧格斯堡並不是直接的目標，只是間接受到影響，最明顯的就是貨幣貶值。戰爭造成了用來付款的貨幣價值降低，一六二〇和一六三〇年代帶動了物價膨脹，而且是一開始就以倍數增加。低階層的人受到的影響比較大，同時間富有的商人卻開始買進不動產（大部分是從遭到困難的中產地主手中買進），反而賺得了淨收入。如果將一六二五年的納稅貢獻金額拿來和一六一八年做個比較，就會發現當時有更多商人還比之前繳得更多，而且他們的納稅總額增加了四分之三，這代表財富快速的集中到這個族群最成功的成員手中。貴族一向被認為是「擁有祖傳的財產」，貴族中的贏家和輸家保持著平衡。機敏的商業資本家占有一個最好的位置，他們利用戰爭造成的貨幣浮動獲利。窮人變得更窮了，紀錄中顯示比較富有的中產居民賺得了比較多收益：包括金匠和開旅店的老闆都是贏家，因為他們可以直接接觸到稀有的商品（像是貴金屬和食物）。[33]

但是在惡性傳染病和戰爭衝擊奧格斯堡時，這類收益也很快的消失於無形。瘟疫形成了第一波重擊，這一波大流行從阿姆斯特丹一路橫掃德國、到達義大利，攻擊奧格斯堡的瘟疫便是其中的一部分。一六二七年十月，戰爭使得傳染病透過駐紮的士兵傳進了城市。在該年的最後幾個月，瘟疫一路進逼，摧毀了城市，又於一六二八年導致全部居民（四萬至五萬人）中有大約九千人死亡。一六二五和一六三五年之間，奧格斯堡福利支出的地理分布和人口縮減的地方差不多是符合的，這表示瘟疫特別殺死的是窮人。一六三二和一六三三年的第二次爆發也有同樣結果。這樣的不均衡也有助於城市整體的均等效果，因此造成的混亂也減少了流動性。一六二九年，該市對債權人進行了一次「剃頭」，強制降低貸款在過去幾年內收取的高利率。即使債權人想要進行訴訟，收到的判決大概也都是暫停利息或是本金的支付，這使得他們對訴訟也感到卻步。[34]

一六三二年四月瑞典的軍隊到來。那是一次和平的接收，但是占領期間的高昂成本卻要由居民負擔，而且天主教家庭還特別被挑出來。城中駐紮了大約兩千人的軍隊，因此必須要支出大量的防禦工事。有幾項特別的稅制被引進，包括稍微累進的人頭稅。市府面臨破產，因此由市府支付的利息全面停止。資本的擁有者是最大的受害者。死亡率在占領期間又再次上揚，這次是因為瘟疫於一六三二年又重新流行，後來還因為天主教軍隊的封鎖而引發了饑荒。[35]

一六三四年九月瑞典在「納德林根會戰」（Battle of Nördlingen）中戰敗，使得情況又更進一步惡化。帝國的軍隊很快包圍了奧格斯堡。這次圍城持續了幾乎半年，直到一六三五年三月，使得城內的情況益發艱難。窮人受到的苦難最為明顯：根據編年史家雅各布・瓦格納（Jacob Wagner）的描述，已經有人被迫要吃動物的皮、貓和狗，甚至是人類的屍體。這未必是誇大其詞，因為當真有挖墓的人回報說有屍體的胸脯或是其他部位的肉不見了，也有人看到死在街上的馬被人啃去骨頭。已死和垂死之人的惡臭飄散在整個城市中，揮之不去。同時間，瑞典的駐防部隊又不斷的對統治當地的地方議會施壓，讓他們被迫要額外徵收大筆的貢獻金：光只是第一筆徵稅就等於一整年的納稅義務了。只有富人才有能力負擔這樣的要求。[36]

一六三五年三月，駐防部隊同意接受投降的條件，投降條件允許部隊在掩護之下撤離，但是城市要接著讓帝國的軍隊進駐，並且支付賠償金。在天主教家庭挺過前一波徵稅的重擔之後，現在換成擁有資產的新教徒要和他們的許多剩餘財產分離了。在同一年進行的人口普查可以帶領我們釐清情況。誰擁有多少不動產的分配情況並沒有太大變化，但是房屋的價值大幅下降，租金減少了，出售的房屋條件都很不好，想要投資的人因為缺乏流動的資金，也無法以低價取得資產。雅各布・瓦格納宣稱四年之後的房屋價格已經下跌至占領前的三分之一，工匠的工坊也有半數是空的。城市的菁英階級認為負擔過重。一六三六年派遣了一個代表團前往紐倫堡（Nuremberg）謁見哈布斯堡（Habsburg）的皇帝，代表團聲稱奧格斯堡剩下的一千六百個新教家庭都已經變得很窮了，因為他們必須負擔大筆的軍隊駐紮和其他開銷。一八四〇年——駐防部隊撤退之後的一年——又有另外一個代表團堅決指出在過去的五年間，奧格斯堡的新教徒必須繳八倍的稅金，並因此而付出了超過一百萬基爾德，如果當真屬實，這甚至是該市全年收入的數倍之多。[37]

如果把瘟疫和戰爭於一六四六年之前的正反面影響列成一個表，帶來的會是一個悲觀的解讀。一六一六和一六四六年之間奧格斯堡的人口減少了大約百分之五十或是百分之六十，和其他嚴重受影響

表7 依納稅級別區分的奧格斯堡應納稅家庭的比例和數量，1618和1646年

貢獻	比例，以百分率表示（數量）		變化，以百分率表示	
級別	1618	1646	依比例	依數量
無	48.5 (4,240)	37.2 (1,570)	−23.3	−63
1-15克婁澤	13.2 (1,152)	4.2 (176)	−68.2	−84.7
16-30克婁澤	7.0 (614)	22.0 (928)	+214.3	+51.1
31-60克婁澤	6.7 (587)	12.4 (522)	+85.1	−11.1
1-10基爾德	16.5 (1,440)	18.0 (761)	+9.1	−47.2
10-100基爾德	6.6 (577)	5.7 (241)	−13.6	−58.2
100-500基爾德	1.35 (118)	0.5 (20)	−63.0	−83.1
500以上基爾德	0.01 (10)	0 (0)	−100	−100
總計	100 (8,738)	100 (4,218)	−51.7	

克婁澤：kreutzer；基爾德：gulden

的城市（像是慕尼黑、紐倫堡和美茵茲〔Mainz〕）相比，相差無幾。不過在社會經濟方面，則是光譜的兩端都有極大改變（表7）。貧窮的居民人數不合比例的大幅減少：有五分之四的織布工家庭都消失了，不只是因為死亡或是移民，也是因為許多人都必須放棄他們的職業。由於他們大部分人之前都很貧窮，因此人數減少——再加上赤貧之人的極度損耗（這些窮人原本在城市居民中占了相當可觀的比例）——便大幅減少了生活貧困者的比例，因此也帶來了均等。[38]

城市社會的上層階級也發生了很大變化。之前極為有錢的家庭現在只稱得上富有，而還算是富有的家庭減少了六分之五。寬裕或是稍微富有的家庭數量只剩一半，不過在總人口中的比例大致還是維持穩定（因為總人口也大幅減少了）。在所得的分級中，比僅能糊口高一級的人所占的比例有膨脹性的成長（雖然窮人與赤貧之人的比例下降了）。總體的均等效果非常明顯。

這項轉變還伴隨著應納稅財產的減少，其幅度甚至超過人口的減少——大約是四分之三對一半。來自最富

有的前百分之十群體的稅收崩盤，表示應納稅的財產劇幅減少，幾乎全部是因為最富有的前百分之十群體受到了損失。一六一八年，最富有的前百分之十群體貢獻了百分之九十一．九的財富稅，而到了一六四六年，比例變成百分之八十四．五五。以絕對值來看，這個族群的支付額從五萬二千七百三十二基爾德減少到一萬一千六百五十基爾德，這占了財富稅收入的全部下降額度的百分之九十四以上。以貴族家庭為代表的「擁有祖傳財產的世家」受到的衝擊最為嚴重：平均貢獻的稅額下降了幾乎五分之四。[39]

而這還沒有結束：一六四六年時，法國和瑞典軍隊又發動了第二次圍城，這次圍攻也沒有成功，但是卻使得當年的死亡率加倍。在該年由當地商人製作的一份陳情書中，對於因攻擊、掠奪和新的（較高的）稅率而使得商業衰退，感到十分惋惜，這些都是因為戰爭而來的，還有道路的封鎖和駐紮的花費。這些因素合在一起，就削減了投資和借貸的機會，讓擁有資本之人的獲利減少。在戰爭的最後一年（一六四八）又出現了另外一次圍城的風險，城市裡駐紮了兩千四百名士兵，直到雙方終於展開和平談判。[40]

劫後餘生的城市卻只剩下以前的影子了。城市的人口減少到以前的一半以下，有上千名最貧窮的居民死於瘟疫和飢餓，擁有資本的菁英也都被榨乾了。很高額的財產都消失了，比較小額的財產數量也大大減少。不動產的價值降低，貸款也沒有什麼價值，安全的投資機會變得很少：總而言之，就是資本大大的遭到損耗。從結果來看，因為人口的大量流失，使得對於生存的勞動力的需求增加了，這有助於改善勞工階級的環境，讓他們脫離其中許多人之前經歷過的赤貧狀態。在戰爭的尾聲時，（代表的）應納稅財產的吉尼係數從超過〇．九，下降至大約〇．七五，還是很高——也的確比黑死病之後高出許多——但是不像之前那樣幾乎是最高點了。這個付出了極高的代價所獲得的均等效果一直維持到整個十七世紀結束。[41]

*

在奧格斯堡的經驗發生時，西歐正在經歷最可怕的戰爭之一，同時期還有自從黑死病以來最嚴重的一次瘟疫，因此當時的環境可能是很異常的。我們在這時候看到所得和財富的差距縮小了，不過背後的驅動力量並沒有特異之處。勢必有大規模的暴力和人類的苦難，才能夠打擊富人，並且將勞動人口的人數減少到一個程度，好讓倖存者獲得明顯的改善。社會光譜的上層和下層兩端的損耗形式雖然不同，但是都讓所得和財富的分配不均縮小了。如同我們在本書的這個部分和前面的三個部分所看到的，類似的過程在各種非常不同的環境中都曾經上演，理由也差異極大——從青銅器時代的希臘到第二次世界大戰時的日本；從黑死病時期的英格蘭和「大交換」（Atlantic Exchange）陣痛時期的墨西哥，到毛澤東時期的中國。這些例子分布在人類的大部分歷史紀錄中，也橫跨了許多洲，而它們的共通點就是如果真的要減少資源的分配不均，必須依靠帶來暴力的災難。這也引發了兩個迫切的問題：過去當真沒有其他方法可以帶來均等了嗎？現在呢，有嗎？我們現在應該要探討一下是不是有比四騎士更不血腥的其他選擇。

Part VI

其他選擇

第十二章

改革、經濟衰退與表現

「萬物之父，萬物之王？」尋求用和平的方式帶來均等

前面那些篇章的內容似乎令人感到沮喪。我們一次又一次看到要確實縮小貧富之間的差距，得要付出昂貴的代價——以人類的苦難作為代價。但也不是所有暴力都可以達到這個目的。大部分戰爭讓分配不均增加和降低的可能性其實不相上下——看一個人屬於戰爭中的哪一邊而定。內戰也一樣，會帶來不太一致的結果，不過讓分配不均擴大的狀況其實比縮小的更多。軍事的全面動員算是最有希望的機制，因為異常的暴力勢必會帶來異常的結果。雖然人類史上最糟糕的戰爭——兩次世界大戰——的確是這樣沒錯，但是在更早期，就很少有這樣的現象和後續的均等結果了：古代希臘可能是唯一的先驅。如果要最劇烈的戰爭才最有可能讓所得和財富的分配不均縮小，最劇烈的革命其實更是如此：我們不能忘記二十世紀的共產主義革命帶來了大規模的均等。相較之下，沒有那麼想要推翻一切的運動（像是法國大革命）帶來的影響就小了，而歷史上最常見的動亂，則根本沒有辦法帶來均等。

國家失能是一個比較確實會帶來均等的方式，國家失能會使得財富和權力的階級消失，同時也削減了分配的不均。和全面動員的戰爭及帶來劇變的革命一樣，用這種方式走向均等，也伴隨著人類的極端痛苦和毀滅，最具有災難性的傳染病也是如此：雖然最大規模的傳染病對於帶來均等會有極大效果，但對於分配不均來說，大概也沒有比疾病更糟糕的補救方式了。均等的規模在很大程度上與暴力的規模有關：出現的暴力越多，就會帶來越大規模的均等。就算這稱不上是一條鐵律——但因為不是所有共產主義革命都特別暴力，也不是所有全面動員的戰爭都能夠達到均等的效果——但

這還是最接近我們期望得到的一個普遍前提。這當然是一個讓人感到很無情的結論。只是這是唯一的方式嗎？均等的源頭一定要是暴力嗎，就像——如同德謨克利特（Democritus）❶所說的——戰爭是「萬物之父，也是萬物之王」嗎？其他和平的方式就不能帶來類似的結果嗎？我會在這一章和下一章檢視許多有可能的機制，尤其是土地改革、經濟危機、民主化和經濟發展。在做出結論之前，我也會考慮一些反事實的選項：如果沒有大規模的暴力衝擊，二十世紀的分配不均會怎麼發展？[1]

「直到它成為滅絕一切的大風暴？」土地改革

土地改革占有很重要的地位，理由很簡單，因為在過去的大部分時間，多數人都居住在土地上，私人財富大概也都是以耕種的土地為代表。在三百年前的法國，土地占了所有資本中的三分之二；在不列顛則是大約百分之六十。在全世界的歷史中，大概有數百年（即使還不到數千年）都是如此。因此，土地的分配就是造成不均的主要因素。在整部歷史中，不時可看見有人嘗試要調整土地的擁有，變成對窮人比較有利。土地的改革並不是原本就和暴力有關：理論上，並沒有什麼因素會讓社會不能夠和平的將土地的擁有調整成對窮人有利。但是事實上的運作通常就不太一樣了：我們將在後文中看到成功的土地改革幾乎都無可避免的要依靠暴力或是威脅。[2]

❶譯注：西元前四六〇至前三七〇或前三五六年，古希臘時代的自然派哲學家，古代唯物思想的重要代表，也是「原子論」的創始者。

最明顯的例子已經在第七章討論過了。蘇維埃和中國革命的暴力本質和帶來均等的力道都是不容置疑的，雖然也有些例子中的暴力比較不明顯（例如古巴），沒有全面的表現出來。這類激進的土地改革在冷戰末期進入尾聲：一九七〇和一九八〇年代的柬埔寨、衣索比亞和尼加拉瓜就是紀錄上最近期的例子了。在那之後，就只剩下辛巴威是以強制手段進行土地分配的主要例子。一九八〇和一九九〇年代的大部分時間，辛巴威的土地改革進展速度都十分和緩，有大約十分之一的農田從白人農夫手中移轉到七萬名黑人家庭手中（而這七萬名黑人大都很貧窮）。從一九九七年開始改革轉趨激進，解放戰爭中的退役軍人發起了「土地侵略」，占領了擁有大量土地的白人地主的土地。結果造成另外八分之一的土地變成以強制手段取得的土地。一九八〇年時由六千名白人農夫掌控的土地，到現在為止，已經有大約百分之九十分給了二十五萬個家庭。在所有土地中，由大規模的白人農場主人擁有的土地從百分之三十九崩盤為百分之〇．四。這表示有大筆的財富淨值從一小群菁英手上轉移給貧窮的家庭。一九九七年之後，主要是因為退役軍人發動的暴力騷亂，使得土地改革進入比較具有侵略性的第二階段。穆加比（Mugabe）❷政府無法兌現對於福利和財務支援的承諾，因此退役軍人和他們動員來的人同時對白人移民和當局提出質疑，迫使穆加比只好同意強制沒收白人所擁有的商業農場。在一開始，穆加比還想要制止這個運動，不過最後還是在二〇〇〇年選擇加入同一陣線，改以這類農場為目標，還制定了一些方法來保護占領者。我們在這裡看到了二十世紀初期墨西哥革命的影子，當時本地人對於地產的占領也一樣是驅使政府採取行動。地方上的暴力是擴大土地重新分配範圍的重要手段，並因此而帶來財富的均等。[3]

歷史上的許多次土地改革都是戰爭帶來的結果。我已經在第四章討論了一個特別極端的例子：日本在美國占領時期的土地改革，當時等於是進行了沒有補償的徵收，以及對全國的土地擁有狀況進行大規模的重組。這是在第二次世界大戰後新出現的現象：在那之前的外國占領者從來沒有想要發動重新分配。中歐的蘇維埃統治也是另一個重要的例子，讓我們看到征服的武力如何帶來均等。從歷史上來看，戰爭以其他方式為土地改革提供了推力。為了回應戰爭的威脅，就會進行改革、支撐起一個國家的軍事能力，這是一項已經確立的機制。

有些敘述認為日本在西元六四五年之後的大化革新，是這個過程中比較早期的例子。大化革新效法鄰近中國的隋唐皇帝採取的土地均等化計畫，對農田進行調查，並且將土地依方格狀的構造，重新劃分成同樣面積的小塊土地，稻田會根據個別家庭中具有生產力的人口數分配給各家，還會因應環境的變遷定期重新分配。各家分配到的土地在法律上是屬於公家的，不能讓與。不過我們大概很難確定這個野心勃勃的計畫在實際上的執行範圍有多廣，或是不是當真按照規定執行。在這裡，我們看重的是推動的脈絡，也就是改革之所以持續不斷的進行，是因為有內戰和外患的雙重威脅。六六〇年代時日本捲入了朝鮮事務，與唐朝成為對立關係，變得要擔心鄰國這位超級強權的軍事侵略。軍國主義隨之而起，但是因為在六七二和六七三年繼之發生壬申之亂，❸因此遭到打斷。六八九

❷ 譯注：第二任辛巴威總統和執政黨「辛巴威非洲民族聯盟─愛國陣線」的第一書記，與白人殖民主簽訂平等協議，使辛巴威重回黑人手中管理，當時被非洲人尊為英雄，於一九八〇年出任辛巴威總理，之後便展開長期的獨裁統治，直至他九十三歲高齡時因政變而被迫辭職。

❸ 譯注：指天智天皇之子大友皇子和天皇的胞弟大海人皇子為了爭奪皇位繼承權而發生的大型內亂。

年舉行了有史以來的第一次人口調查，也對所有成年男性實施徵兵。戰爭的威脅似乎為國內的改革提供了一股動力，要壓制地方上的菁英和促進一般人民的團結，為軍事的全面動員做準備。[4]

用帝俄來看可能比較清楚。在克里米亞戰爭（Crimean War，西元一八五三至一八五六年）戰敗後的一個月內，亞歷山大二世（Czar Alexander II）便承諾制定「對所有人均等的法律」。改革的內容包括要在五年內解放農奴，這個措施其實是為了推行全民徵兵制度，好擴大軍隊。農民現在可以擁有他們自己耕作的土地。不過均等還沒有完全達成，因為農民必須支付的贖回金額相當於土地價值的百分之七十五至百分之八十。資金由政府債券提供，農民如果要償還政府債券，就必須支付百分之六的利息超過四十九年，以他們的資源來說，這是十分長期的負擔，結果反而讓農民分配到的部分比以前工作的面積更小。有些人得到土地，有些人沒有，差距反而擴大了，比較貧窮的農民變成了無產階級，比較富裕的家庭則和其他人拉開了距離。在一九〇五年對日本戰敗之後，出現的動亂又帶動了另一波土地改革。農民在那時候仍然只擁有所有土地的百分之三・五。他們拒絕支付更多贖回款項，因此也發起罷工，還攻擊莊園，搶劫了一千多棟莊園的房子。為了敉平這次暴力，政府決定取消所有還未清償的贖回款項，農民也可以主張他們的土地是世襲財產。因此到了第一次世界大戰時，所有土地中的一半以上都成了農民的財產。雖然如此，少數的大規模莊園和多數小塊農田之間還是永遠存在著財富差異，還是提高了土地整體的分配不均，勞役馬匹的分配也比之前差距更大了。[5]

這並不是單一個案。戰爭帶來的土地改革讓分配不均益發嚴重，其實由來已久。拿破崙戰爭在許多國家觸發了土地改革，但是就長期來看，也都沒有什麼好結果。普魯士在一八〇六年戰敗，這個衝擊造成隔年廢除農奴制度，雖然佃農可以向貴族和國王購買土地，但是價格很高，而且還強化了大地主——「容克」（Junker）——對於土地的控制，大地主還是居於優勢的地位（直至一九四五年共產黨決定不付補償金徵用所有大型地產）。拿破崙戰爭也一樣在西班牙激發了自由化。一八一二年限定繼承遭到廢除，公有地也都進行拍賣，其後的內戰又造成了更大規模的土地所有權集中——葡萄牙也是如此。一八四八年在奧地利發生的革命使政府決定讓農奴從封建時代的義務中解脫：其實一七八〇年代就已經為了這個目的制定過法律，但是直至這時候才真正執行。土地移轉的贖回價格訂為年收益的二十倍，並且由農民、國家和地主平均分攤（因此，等於是地主喪失了三分之一的地產）——這是一個為了因應人民的動亂而花錢買和平的例子。[6]

由戰爭激起的其他改革比較激進，但是期間比較短暫。保加利亞農民全國聯盟（Bulgarian Agrarian National Union）成立於西元一九〇一年，但是在第一次世界大戰戰敗之前，並沒有深入農村大眾之間，戰敗這個大規模的衝擊造成了國家投降、政治混亂和領土喪失，使得保加利亞農民全國聯盟得以於一九二〇年掌權。它的土地改革計畫充滿雄心大志：人民擁有土地的上限是三十公頃，超過的部分要依浮動演算法強制出售（面積越大，補償就越少），並且轉移給沒有土地、或是只擁有少量土地的人，靠著投機買賣和趁著戰爭取得的教會土地和財產都遭到沒收。這讓有權有勢的人很快的決定發動暴力，表示強烈的反對，並且導致了政權最後被推翻。在第二次世界大戰期間和之後的瓜地馬拉，戰爭的影響是用一個比較間接的方式表現出來。瓜地馬拉在戰爭年間失去了德國的咖啡市場，許多由德國人擁有的咖啡莊園也在美國的壓力之下，被收歸國有，這使得大地主的壓迫統治趨向緩和。這也替民主選舉的政府要在一九五二年推動的農業改革鋪下了道路：大莊園的土地遭到重新分配，地主得到了國家債券作為補償金，但是國家債券的價值是根據申報的納稅額，而這常常遭到大幅低估。直至一九五四年，已經有百分之四十的農村人口依照和平且有秩序的過程獲得了土地。但是該年的政變使得軍事政權上台，新政權廢止了土地改革，又重新展開壓制的統治。後來又展開了長期內戰，有十五萬人在內戰中死亡。到了一九九〇年代，已經由百分之三的地主擁有三分之二的土地，而百分之九十的農村人口幾乎或是完全沒有任何土地。這個過程中的暴力是以不同的方式在發揮作用：首先是間接促使變化發生，接著則是透過暴力的不存在（當時的和平政府經證實不存在暴力的干預和壓迫）。[7]

從其他的例子中，我們也可以看到對於潛在暴力（不論是來自於內部或是外部）的擔憂會促進土地改革。反對共產主義的力量尤其是一種強而有力的誘發因素。在第二次世界大戰結束之前，南韓的土地分配不均是很嚴重的：少於百分之三的農村家庭握有三分之二的土地，同時卻有百分之五十八的人沒有土地。對於北韓共產黨的恐懼帶動了接下來的土地改革，北韓共產黨早在一九四六年就在其掌控的韓國領土內開始沒收土地，這說不定會讓南邊的當地農民動員起來。有美國的支持，再加上一九四八年第一次選舉中的各黨都表態支持土地改革，這造成了最後的大規模徵收和重新分配。首先是沒收了所有在日本殖民時期持有的土地。在一九五〇年代早期，私人財產的上限是良田三公頃，超過的土地會用沒收、或是以最小額補償（年租金的一倍半）的收購方式轉移給農民，如果是一直耕作別人土地的佃農，租金也會被固定在很低的等級。比一半再多一點的土地都易主了。重新分配帶來了很大的影響：地主失去了百分之八十的所得，而底層百分之八十的農村家庭則多出了百分之二十至百分之三十的收穫。到了一九五六年，最富有的前百分之六的地主只擁有全部土地中的百分之十八，佃農的比例從百分之四十九降至百分之七。土地擁有的吉尼係數在一九四五年曾經高達〇・七二或是〇・七三，也在一九六〇年代跌至〇・三多。韓戰的結果使得土地改革帶來的均等效果擴大許多：因為大部分工業和商業財產都遭到破壞，惡性通貨膨脹也讓補償金變得沒有價值，擁有土地的菁英階層完全消失了，代之而起的是高度均等主義的社會，其後，擴大的教育機會也有助於支撐起這樣的社會。在這個例子中，是實際上發生的全面動員戰爭壓過了對於戰爭或是革命的憂慮，因為這樣而帶來的均等結果，和我們在第五章討論過的類似。[8]

南越也一樣，同時既有對革命的焦慮，也有實際上發生的戰爭，再加上美國的強烈要求，於是就在一九七〇年促成了土地改革：所有租佃土地都被移轉給耕種者，而且有一部分是免費的；地主可以領取補償金。改革為期三年，租佃土地的比例隨之大幅下降——以湄公河三角洲為例，是從百分之六十下降至百分之十五。相較之下，在台灣則是大家對於戰爭的憂慮（而不是戰爭本身）才成為促成均等的主要動力。國民黨政府被獲勝的共產黨趕出中國大陸，政府為了爭取（台灣）當地人的支持，於是在一九四九年展開土地改革。美國這位支持者也一樣極力要求重新分配，好和共產黨對抗。國民黨政府的動機很強烈，制度上的阻力則很小：領導者對於台灣當地的地主沒有任何義務，還有許多人認為戰敗要歸咎於中國大陸的土地改革失敗。個人的財產被設定了上限，租金也減少了，這些做法都和南韓一樣。先是將公有土地賣給佃農，接著又於一九五三年強制地主把多餘的土地出售，但是補償金卻遠低於市價。這使得農田的所得增加，佃農的比例在一九五〇年是百分之三十八，但是在十年後，已經下降至百分之十五，土地擁有的吉尼係數也在同一段時間內從大約〇．六下降至〇．三九和〇．四六之間。總收入的吉尼係數也從一九五三年的〇．五七，大幅跌落至一九六四年的〇．三三。[9]

一九二一年羅馬尼亞的土地改革可能是這種防堵政策的早期例子：貧農和小農可以獲得被沒收的

土地，因而獲益，有些人認為羅馬尼亞的土地改革是因為政府害怕鄰國蘇聯的革命會向外傳播，所以才推動的。對於共產主義運動的焦慮，也刺激了拉丁美洲國家的改革。在卡斯楚取得古巴政權之後，美國為了因應這個局勢，便於一九六〇年成立了「和平聯盟」（Alliance for Peace），一方面宣傳土地改革，另一方面也會提供相關的建議和財務支援。智利便是響應的其中一國：在經過比較初期的保守階段之後，因為右翼和中間路線的聯合政府害怕在一九六四年的選舉中落敗，所以便決定在外國的支持下，轉向比較大範圍的土地改革。到了一九七〇年，已經有許多大面積的地產遭到徵收，不過支付給地主的款項卻很有限。（一九七〇年上台的）阿葉德（Allende）左翼政府又取得了更多進展，直到他於一九七三年的政變中被推翻。雖然政變讓這個過程停了下來，不過在那時候，已經有三分之一的土地改由小農持有了——相較於僅在十年之前還只有十分之一。[10]

祕魯在整個一九六〇年代的狀況就是極度的分配不均和農村暴力，一九六八年發動軍事政變的領導者想要對抗傳統的寡頭政治，而他依照美國的鎮暴原則，決定推動土地改革，以杜絕一切內戰。在幾年內，大部分大面積的地產都遭到徵收，有三分之一的農田被轉移，五分之一的農業勞動人口蒙受其利。打破了大地主的勢力之後，最主要獲利的是軍隊和中間的農民，而不是窮人。厄瓜多、哥倫比亞、巴拿馬和多明尼加共和國也都因為類似的動機而採取了這類做法。薩爾瓦多的軍人統治集團在爆發游擊戰的一年之後（一九八〇年）也推動了土地改革，背後也有美國的鼓動和財務支援。[11]

推回到十年前，埃及也曾經因為對革命的憂慮而推動土地改革。埃及原本的土地分配不太平均（雖然還稱不上極端不平均），前百分之一的大地主控制了五分之一的土地，最富有的前百分之七也擁有了三分之二的土地。佃農的比例很高，處境也堪憐，和勞工不相上下。在納瑟（Nasser）於一九五二年發動軍事政變的十年前，這個國家因為動盪而飽受撕裂，接連有十七個政權快速的輪替，不斷有戒嚴、罷工和暴動。統治階級的成員一再成為暗殺的對象。新政府在取得政權的同一年就開始推動土地改革。美國也和那段時間在東亞一樣，大力贊成並且提供援助，目的也是為了控制共產主義的影響。農業部長賽義德．馬勒依（Sayed Marei）也訴諸那些憂心來說明改革的正當性：

> 我們還記得在一九五二年七月革命之前的日子；我們還記得埃及的村莊是怎麼因為危險的煽動而變得從無寧日；我們也還記得那些帶來流血和財產損毀的事件……大地主是否就希望留住這波帶來混亂的腥風血雨，好繼續剝削必需品和財產，直到它成為一場毀滅一切的大風暴……？

私人能夠擁有的土地有上限，不過地主可以領取補償金，而且領有土地的人還必須在數十年之內償還給國家，因此這個計畫和一八六一年之後帝俄推動的計畫不太一樣。支付的金額和過去的租金相比低很多，所以對農民還是有利。和所得分配相比，對財富分配的影響比較小，有大約十分之一的土地易主了。在伊拉克，政變和復興黨政權（Baathist）[4]的統治帶來的影響比較大，集體化也曾經於一九六〇和一九七〇年代大幅縮小了土地擁有的分配不均。斯里蘭卡曾經於一九七一年由共產黨發動叛亂，該次叛亂雖然以失敗告終，據信仍然奪走了數千條人命，並且帶動了翌年的土地改革，土地改革規畫

[4] 譯注：指伊拉克將軍艾哈邁德．哈桑．貝克爾和薩達姆．海珊於一九六八年發動政變、推翻當時的總統和總理後取得的政權，薩達姆．海珊是這次政變事實上的主謀，直至二〇〇三年才被美國等各國聯軍發動伊拉克戰爭推翻。

要將超出上限的私人土地沒收，後來還擴及到團體的土地。這次干預也是由暴力引起，代表這次會有徹底的不同——不再重蹈政府在獨立之後，在處理土地分配不均的問題時一直失敗的覆轍。[12]

上述的這些例子一再指出暴力對於有意義的土地改革具有絕對的重要性——不論是直接的展現出來，或是隱性的。但結果卻有非常大的不同。土地改革一向對於減少分配不均的紀錄不佳。對於二十世紀後半葉的二十七次改革做了一項調查，顯示在絕大部分的例子中（二十一個，或者說是百分之七十八），土地分配不均的狀況都沒有什麼改變，甚至還會隨著時間的經過益發嚴重。任用親信可能會讓和平的土地改革效力減弱。一九六〇年代的委內瑞拉，由民主選舉產生的政府將整個國家中十分之一的農田——其中半數來自於徵收，還有半數來自於國家的土地——重新分配給四分之一沒有土地的窮人。當時的委內瑞拉其實也正從主要是農業的經濟結構轉變為依靠石油出口的城市經濟。這讓政府比較能夠靠石油的收益支付更多補償金——甚至是太多了，讓地主鼓勵他們的勞工發起罷工、要求土地，好讓他們自己可以成為被徵收的對象，獲得比市場價格更多的補償金。改革朝這個方向進行的話，很難說會對於減輕物質的分配不均有什麼幫助。[13]

有時候補償也會透過其他不是那麼公開的方式取得。古代的羅馬共和國沿著義大利半島擴張的時候，從戰敗的敵人那裡沒收了大筆可耕地，並且訂為公有土地，有些土地被分配給移居者，或是用於出租。第二種方法嘉惠了有能力進行耕種、並且投入大片土地的人，這使得公共財產集中在富人之手。較早期時曾經試過用法律方式限制對這類型土地的取得，到了西元前一三三年，問題變得不解決不行了，在當時的寡頭統治階級內部，有一位平民主義改革者——提比略·格拉古（Tiberius Gracchus）——發起了一項重新分配的計畫，限制每個人擁有的公有土地都只能夠比三百英畝多一點點。超過的部分將被沒收，先前所做的投資將不會得到任何補償，土地也會被分配給公民中的窮人。分配到的田地不能夠讓與，以防止富人和掌權者又向新出現的小農買回土地，或是讓他們離開。菁英對這種改革的對抗也有各個不同的階段。格拉古想要為移居者提供起步的資金，以強化這個計畫，這讓他付出了生命的代價，死在憤怒的寡頭統治集團成員手上。重新分配計畫的壽命也不比這位發起者多活超過四年，租金在西元前一一〇年代遭到廢除，所有公有土地的擁有者——包括擁有面積已達上限的人——開始將公有土地作為私人財產使用（也會出售）。因此，雖然這個計畫製造了相當數量的新小農（相當於公民人口中的幾個百分點），但是它對於土地財富分配長期的影響，卻頂多只是有限的。[14]

現代的菲律賓因為缺乏戰爭或是革命的可能威脅，因此讓地主菁英可以在後面扯後腿：雖然幾十年來都一直有運動用土地改革作為口號，但是始終沒有當真帶來什麼改變。雖然在一九八八年之後比較認真的推動過一次改革，但是結果依然有限，就和印度、巴基斯坦和印尼的狀況一樣。雖然大部分的伊朗佃農於一九七〇年代都獲得了某些土地（因為地主被強制將超額擁有的土地賣出），但是這個過程其實反而增加了小農之間的分配不均，因為制度比較偏向賣家，再加上補償金的條件和缺乏國家支持，這些都造成富裕的農民其實享有比較有利的條件。一八四八年夏威夷的《土地大分配法令》（Great Mahele）更是一個和平的土地改革會帶來不公平結果的極端例子。根據該法令，過去是集體耕種的土地被平均分配給國王、族長和平民。因為要取得私人的所有權必須正式提出要求——有許多平民家庭並沒有這麼做——而且因為《外國人土地所有權法》（Alien Landownership Act）緊接著便允許外來者取得土地，因此在一段時間後，大部分沒有本國人提出申請的土地就落入了非夏威夷人的商業主手中。[15]

只有極少數的例外是非暴力的土地改革取得完全的成功。十八世紀晚期西班牙進行的共有土地分配，頂多也只有一部分是非暴力的。這次改革的導火線依然是一次暴動（還逼得一七六六年卡洛斯三世〔King Charles III〕前往馬德里避難）——因此並不能說沒有暴力的推動——視各地的環境而定，它在各地帶來了極為不同的結果。通常只有負擔得起農場設備的人才能夠獲益。某些地區的改革失敗，是因為農村工人缺乏資金，還有菁英的介入干預。能夠成功的情況只有兩種：一是上層階級不太投入土地所有權的競爭——像是在馬拉加（Malaga），那裡是由商業上的菁英在主宰——或是土地很多，而農村的勞動力相對而言比較稀少，這樣才能夠限制地主的議價能力——像是在瓜達拉哈拉（Guadalajara）。[16]

塞爾維亞在十九世紀越來越脫離帝制的統治，因此開始有可能推動促進均等的土地改革。過去的鄂圖曼封建政權會將土地分配給血統良好的穆斯林聖職人員。除此之外，當權的土耳其人也會侵占塞爾維亞農民的土地，以違法的方式對私人財產做出主張。當地的農村人口被迫要支付高額的租金和提供勞力。一八〇四年之後的暴動迎來了一段雙重統治的過渡期——指在鄂圖曼宗主權之下的塞爾維亞自治——從一八一五一直持續至一八三〇年，違法的財產主張在那時都遭到廢棄，封建的地主和地租也面臨到壓力。一八三〇年代早期的移居者要求大部分土耳其人在幾年內離開塞爾維亞，而且在那之前要把土耳其人的土地都賣給當地人。封建制度廢除了，塞爾維亞人從此可以擁有土地的私人權利。離開的土耳其人讓出的某些土地被分配給小農。剩下來的大地主必須將農民的房屋和某些數量的農田賣給在他們田地上工作的農民。因此，擁有大量土地的地主幾乎消失了，土地的擁有變得極為分散：直至一九〇〇年，已經有百分之九十一・六的塞爾維亞家庭都擁有房子和其他不動產。這個例子是犧牲了「外國」菁英（他們被趕下了一直以來享有特權的地位），才讓分配不均減少的。所有的這類國家都一樣發生了土地改革，對象則是前手的殖民（或是以其他方式占領得來的）菁英的財產。[17]

真正的和平改革通常都需要某種形式的外國力量，才能夠控制本地菁英的勢力。在一九四〇年代晚期的波多黎各便是如此——甚至可以說它是美國均等改革的後續發展（美國的改革是由經濟大蕭條和第二次世界大戰帶來的），同時也與美軍占領下的日本全面土地改革發生在同一個時期。殖民統治在愛爾蘭的土地改革中也起了輔助作用。一八七〇年代晚期愛爾蘭發起所謂的「土地戰爭」，那是一次經過組織的反抗行動，目的是要爭取公平的租金，並且保障佃農不受到驅逐，手段則包括罷工和聯合抵制，然而在實際上只有非常少的暴力。英國國會為了撫平這些不滿，發布了一連串規範租金的法令，還規定如果有地主願意出售土地，佃農可以依固定利率貸到錢來購買。如果佃農提供的補償金和地主要求的價金之間有落差，依照一九〇三年的《溫德姆法案》（Wyndham Act），政府同意從國家的收入中撥付百分之十二，用金錢補助的方式讓小農擁有農田，這才終於換到了和平。所以在一九二〇年代早期愛爾蘭獨立時，該國的小農已經控制了一半以上的土地。[18]

要找到既和平又有效的土地改革方式，並不總是辦得到。最能夠達到重新分配的干預方式是革命和內戰——而這通常很暴力——像是發生革命的法國、墨西哥、俄羅斯、中國、越南、玻利維亞、古巴、柬埔寨、尼加拉瓜和衣索比亞，還有其他形式的暴力運動（像是辛巴威）。另外一些其他的例子，像是由戰爭帶來了外國占領，因而導致追求均等的土地改革（例如日本、中歐，在第二次世界大戰之後的南北韓也有某種程度符合），或是戰爭的威脅（中世紀早期的日本、普魯士和台灣）、其他與戰爭有關的混亂（瓜地馬拉）、對於革命的憂慮（智利、祕魯、埃及和斯里蘭卡），或是既有這類憂慮、也有實際的戰爭存在（南韓和南越）。最近的研究顯示在一九〇〇至二〇一〇年之間，在拉丁美洲之外發生的所有主要土地改革中，有不少於百分之八十七都是在世界大戰、去殖民化、共產黨取得政權、或是共產黨運動的威脅之後發生的。[19]

和平的改革可能會讓富人得利（例如在夏威夷和委內瑞拉），也可能不偏向任何一方（像是在愛爾蘭和波多黎各）。我們沒有什麼證據顯示有任何自發性的土地改革能夠在和平進行的前提下帶來大規模的均等。這個結果也不會太令人驚訝：在發展程度已經到了必須進行土地改革的社會中，菁英的抵抗大概一定會妨礙或是削弱重新分配的政策——除非有暴力的衝擊或是暴力的威脅能夠帶來更多讓步。這有助於解釋為什麼很少見到非暴力的土地改革——土地改革的特徵便是加高的「地板」（指新出現的小農人數）和拉低的「天花板」（指對地主財產施加的上限）。[20]

即使我們回頭看看更遙遠的過去，這幅圖像也不會發生多大改變。表面上看起來雄心勃勃的土地重新分配計畫一直都是國家建設的重要部分（像是中國的戰國和隋唐），也是統治者削減菁英財富的手段（像是中國的漢朝）：這些我都已經在前幾章討論過了。在古代的希臘，土地改革和其他這類型的做法（最明顯的就是免除債務）通常也都和暴力的政變有關。相關的紀錄橫跨了好幾個世紀，從古希臘時期一直到希臘化時代（Hellenistic period）❺都有。西元前七世紀當科林斯（Corinth）❻的第一個「僭主」❼庫普塞魯斯（Kypselos）殺害或是驅逐一個敵族時，大概也都會沒收該族的土地，進行重新分配。大約在同一段時間（或是稍後），鄰邦墨伽拉的（僭主）塞阿戈奈斯（Theagenes）把在窮人的田地上放牧的富人牲畜都殺掉了。在接下來的一段激進的民主時期中，富人遭到流放，資產也都被沒收；據說窮人還會跑進富人家裡，強制索取免費的餐點，或是施以暴力。債主必須返還債務的利息，不過並沒有跡象顯示債務被完全取消了。在西元前二八〇年，阿波羅多洛斯（Apollodorus）在奴隸和製造工人的幫助下，奪取了喀桑德瑞亞（Kassandreia）城市的政權。據說他沒收了「富人的財產，重新分給窮人，並且提高士兵的薪水」，但是這個狀況只持續了四年。克利阿科斯（Klearchos）也是遵循相同的脈絡，西元前三六四年成為赫拉克利亞本都卡（Heraclea Pontica）的僭主，他同時也宣傳自己有推動土地的重新分配和取消債務。[21]

和平的土地改革在斯巴達也沒有什麼進展。如同我們在第六章所見，土地財產的分配越來越不平均，這使得公民中有更大比例的人只得居於社會邊緣。到了西元前四世紀中期，公民❽的總人數減少為七百人（在一個半世紀之前，這個數字超過十倍），其中有大約一百人被歸類為富人，而其他人則

❺譯注：指古希臘文明主宰整個地中海東部沿岸的時代，通常是指從亞歷山大大帝逝世（西元前三二三年）開始，羅馬共和國在西元前一四六年征服希臘本土時結束。

❻譯注：希臘的歷史名城之一，位於連接歐洲大陸及伯羅奔尼撒半島的科林斯地峽上，西面是科林斯灣，東面是薩羅尼科斯灣，距離雅典約七十八公里。

❼譯注：tyrant，又譯為暴君，指不通過世襲、傳統或是合法的民主選舉程序，而是憑藉個人的聲望與影響力獲得權力、統治城邦的統治者。

❽譯注：斯巴達公民是指狹義的「斯巴達人」，也就是住在斯巴達這個城邦的公民，他們都是自由公民，只有他們才有資格參與元老院或是督政官等斯巴達的實際政務。

是他們的債務人。還有另外兩千名左右的斯巴達人被歸類為次等公民，這有部分原因是他們的所得未能達到所需門檻。公民之間極端的不平等——更不要說斯巴達社會裡還有更下級的階層——都為改革的需要鋪好了道路。

在西元前二四〇年代，亞基斯四世（Agis IV）以不流血的方式推動了第一次干預，他希望做到取消債務，並且將四千五百塊同樣大小的土地重新分配，分配的對象除了公民之外，還有臣屬於「城邦」的合適成員。這些努力在亞基斯外出征戰時遭到反抗，亞基斯也被流放，以致改革隨之失敗。下一回合就已經有一點暴力了，西元前二二七年，克里昂米尼三世（Cleomenes III）在雇傭兵的協助下發動政變，殺害了斯巴達的五名高階行政官（「五長官」）中的四個人，和其他的大約十個人，被驅逐的人則超過八十名。克里昂米尼的計畫也和亞基斯類似，但是這次真的付諸實行了，同時間還有軍事上的改革，而且很快就取得軍事和外交上的成功作為回報。最後，西元前二二二年克里昂米尼因為戰敗而遭到推翻，並且逃離了斯巴達；不過沒有跡象顯示他所推動的重新分配因此被放棄。但是戰敗造成了大量人命損失，還是讓地主的人數大幅減少。西元前二〇七年的另外一次軍事災難又帶來了由納比斯（Nabis）主導的第三次、也是最激進的一回合改革，納比斯解放了數千名「奴隸」（很可能是農奴），還給予他們公民身分。據稱納比斯將富有的斯巴達人都殺害、折磨或是流放了，再把他們的土地分給窮人。納比斯於西元前一八八年因為外國的干預而遭到廢黜，在那之後，反動派將之前取得公民身分的農奴強制驅逐出境、或是賣掉。這又是另外一個例子，說明土地改革的成功需要暴力的手段，同時也顯示出這可能激起甚至更強的暴力作為反擊。[22]

「砸碎木簡」：債務的免除和奴隸解放

從我們所知的例子來看，和暴力沒有任何關係的土地改革極少（如果當真還有這樣的例子）會成為對抗所得和財富分配不均的有效方式。債務的免除或許也一樣。債務當然會帶來分配不均，迫使農民賣地以及減少他們的可支配所得。至少在理論上，減少或是取消債務（犧牲有錢的債主）應該有助於改善貧窮舉債者的處境。但是在事實上，並沒有任何證據顯示這類方法真的會帶來不同。在紀錄上最早的文明社會中，就已經出現了債務免除的計畫：（經濟學家）邁克爾・哈德森（Michael Hudson）收集到在西元前二四〇〇至前一六〇〇年之間的美索不達米亞，共有二十幾處提到利息或是債務本身被取消、和保證人責任被免除的事例，這是近東的一項古代傳統，舊約聖經的《利未記》中就有在第五十週年——「禧年」（Jubilee）——時要歸還一切的規定，[9]也反映出這個做法。蘇美、巴比倫和亞述國王都頒布了免除的命令，這大概最好是理解成國家統治者和富有的菁英長年以來的爭奪戰中的一部分，雙方爭奪的是誰對於盈餘有控制權，還有收取稅金和組建軍隊的能力（這我已在開頭的章節中討論過）。如果債務的免除當真有效，而且會定期發生，那麼我們應該可以預期它會反映在貸款的條件上（這或許可以解釋為什麼紀錄中顯示的利率這麼高）；如果它有效但是極少發生、或是常常發生

[9] 譯注：在禧年（第五十週年）時，要向一切居民宣告自由，所有在過去四十九年內賣出或是交出的祖業田產均要歸回本家。

但是起不了什麼作用，那麼它對於不平等就不會有什麼影響。但是不管是哪一種，我們似乎都很難認為債務免除是一種帶來均等的有效手段。[23]

廢除奴隸制度看起來是一個很有希望帶來均等的力量。在菁英的大部分資本都繫於奴隸的社會中——但那是相對少數——解放奴隸的確有可能會縮小資產的差異。不過事實上，大規模的廢奴過程通常免不了暴力的混亂。一七九二年的嘗試失敗之後，一八〇六年英國國會通過了一項對奴隸買賣的禁令，這個做法最初只針對非英國本土的殖民地，而且主要的考量是英國在拿破崙戰爭中要與法國對抗的國家利益和——更具體的來說是——軍事利益。一八二三年十二月在德默拉拉（Demerara）、⑩尤其還有一八三一和一八三二年在牙買加發生的大規模奴隸暴動，讓廢奴加快了腳步。緊接著便於一八三三年制定了《廢奴法案》（Emancipation Act），該法案強制已經自由的奴隸無償為他們的前主人工作幾年，並且會為奴隸主提供補償金。所需的花費為兩千萬英鎊，這是一筆很大的金額，相當於英國當年公共支出中的百分之四十，若是換算成今天的幣值，則是二十三億美元（如果把它在當時的英國經濟結構中所占的比例用今天的相同比例換算，以當前的幣值來說會超過一千億元）。雖然這還比不上受解放奴隸的市場價值——當時的估計值認為有一千五百萬、兩千四百萬、和甚至高達七千萬鎊——不過補償金的總額（還有四到六年的無償學徒期）還是造成了不必要的重大赤字。一半以上的花費都被不在當地的奴隸主和債權人領走了，他們大都是身在倫敦的商人或是收租金的人。就我們所知，並沒有任何大型收租者婉拒領取補償金。在這樣情況下的均等當然頂多只有非常有限的效果。除此之外，當時英國的國家歲收極為仰賴間接稅（像是關稅和貨物稅），還必須大量舉債才能夠確保這個體制的財源，因此在實際上，就會讓所得從大多數人口的手中，重新分配給比較富裕的奴隸主和公債買主。[24]

其他解放的例子甚至和暴力衝突有更直接的相關。一七九四年（正當法國大革命的高峰時）法國廢除了奴隸制度，這是出於戰略上的考量，因為要吸引反叛的法屬聖多明哥（Saint-Domingue，現在的海地）奴隸回到政府的陣營，不要站在敵軍那一邊。這個做法隨後就被拿破崙推翻了。一八〇四年當海地宣布獨立時，原本的奴隸主人都遭到驅逐，還留下來的，則在該年的白人大屠殺中喪命。再發生的另一次暴力衝擊，才終於終止了其他法國殖民地的奴隸制度：當時全歐洲有一波動亂的潮流，並且於一八四八年波及到法國、引起了革命，這次革命再度推翻了法國的君主政治，也立刻帶來奴隸的解放。奴隸主獲得了一些補償（現金或是記帳）——雖然條件比不上英國。戰爭對於廢除拉丁美洲大部分西班牙殖民地的奴隸制度十分有幫助。一八〇八年拿破崙侵略西班牙，引發了（殖民地）當地的叛亂，拖垮了西班牙的殖民統治，新形成的國家馬上通過了解放奴隸的法律。我已經在第六章討論過美國的奴隸制度如何在南北戰爭中遭到暴力的破壞，雖然奴隸主當時在遭到沒收之後沒有獲得補償，但是非菁英的族群也有受到損害，因此兩相抵銷之下，部分減損了總體的均等程度。而在同時，也因為英國禁止大西洋的奴隸貿易（這基本上是一種國家的暴力行為），造成了拉丁美洲的奴隸制度又更進一步衰退。主要剩下巴西和古巴還在繼續堅持著。古巴（和波多黎各）的情況也是由暴力衝突帶來政策的改變。一八六八年古巴發生革命，為期十年的戰爭造成了島上部分地區的奴隸解放。一八七〇年開始，先是在改革下對蓄奴加上了限制，直至一八八六年完全廢除奴隸制度為止。與此相反，巴西

---

❿譯注：南美洲北部的蓋亞那地區中的一塊歷史區域，屬於今天的蓋亞那部分國土。

則是違反了外交承諾，繼續引進非洲奴隸，因此一八五〇年英國海軍攻擊巴西的港口、摧毀運送奴隸的船隻，迫使該國禁止奴隸貿易。在這個過程中，只有最後的階段不是主要由暴力驅動的：從一八七一年之後奴隸制度開始逐漸解體，最後於一八八八年完全廢除，而且沒有支付補償金給奴隸主。[25]

整體來說，透過戰爭或是革命牽涉的暴力越多，就越可以有效的帶來均等（像是在海地、拉丁美洲的大部分地區和美國），而這個過程越和平，奴隸主就會得到越多補償金、在這個變化過程中也越有談判的能力（像是在英國和法國的殖民地）。只有巴西是部分例外。因此，能夠讓財富的分配不均減少的奴隸解放，一般都與（本書在前面幾章提過的）帶來均等的暴力有關。反過來說，既和平又能夠（在物質方面）帶來均等的解放是十分罕見的，或者甚至不存在。大體上來說，廢除奴隸制度對於減少所得分配不均的效果甚至更弱，因為奴隸主大概都還是可以保有對土地的掌控，再藉由其他造成剝削的勞工合約獲利——就像是美國南北戰爭之後南方的佃農耕種制度。

「立於穩健而昌盛的基礎之上」：經濟危機

我們在前文中已經看到經濟的緊縮可以減少分配不均。從考古學的證據中，我們可以發現體制崩壞帶來的大規模經濟衰退（這已經在第九章討論過）會帶來均等。帶來變革的改革所造成的嚴重經濟混亂也會有類似的結果（雖然規模不會那麼大）。不過，如果不是來自於暴力衝擊的經濟衰退——也就是「和平的」總體經濟危機——到底會有怎麼樣的作用呢？在人類的大部分歷史中，這類危機到底會對分配不均造成怎麼樣的結果，其實是無法調查的。一個早期的例子是西班牙在十七世紀前半葉發生的不景氣，當時因為羊毛輸出、貿易和城市活動都呈現衰退，因此實際的人均產出一直下降。我們所選的指標會讓分配不均出現不同的結果：土地租金和工資的比例在這段時期大幅下降，而名目人均產出和名目工資的比例則大致穩定，這代表所得的分配並沒有發生大幅變化。這凸顯出在前現代的社會中，也有部分會受限於可以獲得的資料，因此要探討經濟力量究竟會帶來怎樣的均等，其實是有困難的。[26]

要到比較靠近現在，我們才能得到大量的證據。大型的經濟危機對於分配不均並沒有體系性的負面影響。到目前為止最全面的調查檢視了從一九一一至二〇一〇年的七十二次對大範圍造成影響的銀行危機，以及從一九一一至二〇〇六年的一百次消費下降（至少與高峰期相差了百分之十）、與同段時期內幅度相同的一百零一次GDP下降。這些不同類型的事件只有部分重疊：舉例來說，只有百分之十八的銀行危機與經濟衰退同時發生。在二十五個國家的七十二次大範圍的銀行危機中，有三十七次具有可用的資訊。結論比較偏向於認為分配不均一直在增加：只有三次危機中的所得分配不均下降了，七件中呈現上升（如果把在發生危機之前沒有資料的案例加進去，這個數字還會增加到十三件）。消費下降則會帶來不同的結果：在三十六件可用的案例中，有七件的分配不均下降了，只有兩件上升。GDP的緊縮看不出一個清楚的趨勢。在兩種整體經濟的危機中，大部分案例都只有顯現出很小幅度的分配不均變化。另外也有對於發展中國家的六十七次GDP崩盤做過研究，發現在其中的十件案例中，分配不均的情況增加了，這表示較貧窮的國家可能對於這類衝擊比較缺乏抵抗力。在這裡，我們得到的結論是整體經濟的危機並不是一個帶來均等的重要手段，銀行危機甚至還有可能帶來反效果。[27]

一項針對十六個國家在一八八〇至二〇〇〇年之間的調查確認了這最後一項發現，不過又另外加上了時間的面向。在第一次世界大戰之前和第二次世界大戰之後，財政危機比較會帶來分配不均，因為財政危機會讓較低階層的人收入減少得比較快，而對高階層之人的影響則沒有那麼快。經濟大蕭條是一次主要的例外，當時的實際工資上升了，不過最富有之人的所得（其中有很大一部分是靠資本利得）卻下降了。在美國的整體經濟危機中，經濟大蕭條是唯一一個對經濟的分配不均帶來重大影響的：一九二八和一九三二年之間，美國最富有的前百分之一群體的財富占比從百分之五十一・四下降至百分之四十七，前百分之一的所得占比於一九二八年是百分之十九・六，三年後也減少為百分之十五・三——如果把資本利得包括在內，同一段時間內依然是從百分之二十三・九下降至百分之十五・五。前百分之〇・〇一群體的減少格外明顯：一九二八和一九三二年之間他們的所得占比（資本利得包括在內）從百分之五減少至百分之二。富人這個階層也跟著縮水了：一九二〇年代早期和一九三三年之間「全國製造商協會」（National Association of Manufacturers）的會員減少了三分之二以上，一九二九和一九三三年之間銀行的數量也從兩萬五千家下降至一萬四千家。[28]

經濟大蕭條對於全球的分配不均造成的影響，一般來說又更少了。一九二八年澳洲的前百分之一群體的所得占比是百分之十一・九，到了一九三二年跌至百分之九・三，然而一九三六和一九三九年之間的平均是百分之十・六，和危機之前的水準相差無幾。在法國是從一九二八年的百分之十七・三下降至一九三一年的百分之十四・六，之後又稍微回復，一九二八和一九三二年之間，荷蘭是從百分之十八・六下降至百分之十四・四，但是也一樣在後來又回彈了一些。在日本的下降幅度很小，也很短暫，紐西蘭的幅度甚至還更小。在這段時間，德國、芬蘭和南非的高所得群體的所得占比大致維持穩定，加拿大和丹麥反而上升了。因此，經濟大蕭條帶來的均等效果似乎大致上只侷限在美國。然而即使是美國也還是出現了混雜的結果：在均等效果出現了幾年之後，所得集中又一直維持到戰爭開始，而財富分配不均的不同指標也各自出現了互相矛盾的走向。[29]

一九二九年股市崩盤（十月二十九日）的四天前，（美國前）總統赫伯特・胡佛（Herbert Hoover）發表演說，錯誤的聲稱「這個國家的基礎商務——商品的生產和分配——都立於穩健而昌盛的基礎之上」，他的這個錯誤十分著名。然而美國分配不均的基礎可能比我們後來看到的樣子更為穩固：一九三〇年代晚期菁英的所得和財富呈現回彈的跡象，這讓我們不禁好奇，如果不是因為再度發生世界大戰中斷了這個趨勢，它還會持續多久。畢竟在比較近期的過去歷史中，也常見到高所得群體的所得占比恢復和回彈。一九八七年的股市崩盤也無法阻止當時上層階級的所得穩定成長，二〇〇〇年的網際網路泡沫⓫和隔年的九一一事件後出現的混亂，都帶來了一些均等的結果，但是在二〇〇四年之前又完全消失了。二〇〇八年的經濟大衰退也是如此，當時對高所得群體的所得占比帶來了一些負面影響，但是在四年之後就消失於無形了。不論我們說的是美國的前百分之一、前百分之〇・一或是前百分之〇・〇一的所得占比，結果都一樣。其他已開發國家的均等效果各自不同，但是大概都沒有太巨大。經濟危機可能會帶來嚴重衝擊，但是如果沒有暴力的施壓，通常也無法只靠經濟危機就讓分配不均減少。[30]

⓫譯注：指與資訊科技和網際網路相關的投機失敗的泡沫事件。

「但是我們無法兩者兼顧」：民主

乍看之下，可能會覺得民主制度的擴張有助於用和平的方式達到均等。但是，如同在第五章和第六章討論過的，其實我們無法立刻將形式上的民主化看作是與暴力行為無關的獨立發展。就像是古代雅典的民主發展和全面動員的戰爭會有著糾纏不清的關係，二十世紀前半葉的特定時點許多西方國家發生了公民權的擴大，也和兩次世界大戰的衝擊有很緊密的連結。以這個原因來說，就算是民主化的確會為社會中的物質資源分配帶來均等，這類過程至少還是有部分是由戰爭的壓力驅動的。[31]

除此之外，不同的研究者對於民主和不平等的關係究竟為何，也一直得到互相矛盾的研究成果。至今為止對於這個問題最野心勃勃、也最全面的調查，一樣證實了結果其實並不明確。達隆・阿齊默魯（Daron Acemoglu）和其他共同研究者引用了一百八十四個國家的五百三十八項觀察結果（日期從獨立之後或是一九六〇年〔以比較晚發生的那一項為準〕直至二〇一〇年），但是都無法發現民主對於市場、或甚至是可支配所得的分配不均有任何一致的影響。雖然他們觀察到民主對於可支配所得的分配吉尼係數有負向影響，但是還達不到「統計顯著性」（statistical significance）。許多對分配不均的基本衡量方式都缺乏精確性，這的確會造成令人質疑的空間。因為民主對於占GDP一部分的稅收的確有著重大影響，因此，兩者缺乏有意義的關係就顯得更為明顯。這顯示出在形成資源的淨分配時，民主的角色是很複雜、而且很多面向，我們通常會假設民主可以和追求均等的重新分配政策互相配合，但是兩者之間的關係絕對不會那麼明確。這有兩個理由：如果民主被有力的選舉區「綁架」了，均等就會受阻，而且，民主化會為經濟發展帶來機會，經濟發展本身就有可能會增加收入的分配不均。[32]

肯尼斯・沙夫和大衛・史塔薩瓦基用更具體的研究，推翻了西方國家的民主會壓制物質分配不均的想法。一九一六至二〇〇〇年之間他們的研究對象是十三個國家，他們發現在這十三個國家，不論執政的是左派或是右派的政黨，黨派取向對於收入的整體分配不均並無影響，只有讓前百分之一群體的所得占比小幅減少。中央集權、國家層級的薪資協商也一樣不會帶來太大不同。他們也有探討公民權擴張和黨派取向，以及這兩者與最高所得稅率之間的關係。因為最高稅率和分配不均呈現負相關，而且留下的紀錄通常比分配不均更為詳細，因此在有更可靠的方式能夠衡量分配不均之前，最高稅率可能就是一個大致的代表。沙夫和史塔薩瓦基發現引進男性普選權對於最高所得稅率並沒有很大的影響：以十五個國家為例，在推動男性普選權的前五年，平均的最高稅率只比接下來的十年低了一個很小的幅度。公民權的擴張——就像是一八三二年英國的《改革法案》（Reform Act）和一九一八年引進男性普選權之間的情形——也沒有提高最高稅率。是第一次世界大戰才使得稅率提高，稅率快速調漲之後才發生選舉改革（而不是選舉先於提高稅率發生）。最後，如果是用變成左翼政府之前的平均最高所得稅率，和成為左翼政府之後的最高稅率做比較，就會發現在這類事件的前後五年間，平均值也只小幅的上升了三個百分點（從百分之四十八至百分之五十一）。[33]

相較之下，工會的力量其實和分配不均呈現負相關。如同我在第五章討論過的，工會的組織率極容易受到兩次世界大戰衝擊的影響，因此無法視為民主本身的直接作用或是表現。（前任）美國最高法院大法官路易・布蘭迪斯（Louis Brandeis）曾經說過：「我們的國家可以擁有民主，或是我們可以擁有集中在某些人手上的大量財富，但是我們無法兩者得兼。」但其實我們是可以兩者得兼的——只要我們的民主是根據形式上的定義，而不是像這位卓越的學者一樣，毫不懷疑的使用比較擴張的實質定義。反過來說，即使不是社會主義的國家，缺乏強大的民主政府也絕對不是和經濟均等背道而馳的事：一九八〇年代晚期南韓和台灣的民主化才取得大幅進展，但是在那之前，兩者對於保持均等化的成果都有十分優異的紀錄（而兩者的均等化都是由早期的暴力衝擊所造成的），新加坡也大致是如此。[34]

第十三章

❖

經濟發展與教育

「長期的漲落」：成長、技術與分配不均

到目前為止，我所檢視的過程都沒有為和平可以帶來均等提出什麼明確的證據：非暴力的土地改革、經濟衰退和民主化有時候可能會起到一些作用，但是並未對分配不均有體系性的負面影響。確實達到均等的土地改革或是奴隸解放大致都和暴力的行動有關，這樣的關聯也進一步的支持本書的核心論點。低所得個人的大規模移民是讓某一群人口的分配不均減少的可能辦法：舉例來說，在第一次世界大戰之前，有數百萬義大利人移民到新大陸，在工業化帶來分配不均的那個世代，這被假定有助於穩定、或甚至是降低義大利的所得吉尼係數和高所得的占比。這類轉變是用人口的調節帶來均等，它的機制和第十章以及第十一章所討論的傳染病十分類似——但是比較溫和。雖然移民可能算是一個既和平、又當真會帶來均等的機制，可如果要看到效果，還是必須要十分大規模的移民，因此——大概除了極少數的例外之外——都是發生在非常特定的情況中，在歷史上也很罕見，最明顯的就是在十九世紀中期和第一次世界大戰之間的大量移民流入美國（一九八〇年代也有，只是規模比較小）。移民的實際結果可能相當複雜——要根據移民團體的組成（這與其來自地區的人口組成有關）以及匯入款項的作用而定。由於所需的資源和許多移入國家的政策因素之故，今天的移民通常都是社會中比較富裕、教育背景比較好的一群人。此外，在評估移民會對不平等造成什麼樣的結果時，一定要考慮移民也會對接受（移民）的人口帶來不平等的效果，否則，評估結果勢必不完整。[1]

這讓我們看到了有時候會被認為是最能夠縮小分配不均的力量之一：經濟發展。初步的印象會覺得國家越富有，越有助於縮小收入的分配差異，這看起來合理：畢竟總的來說，今天世界上最富有的經濟體大致上也比前幾代的分配不均程度低一點了，比起許多發展程度較低的經濟體，他們的表現也的確是比較好的。但是事情並沒有那麼簡單。如果我們看看像是波斯灣諸國等產油國的可靠資料，就幾乎可以確定那裡的分配不均程度是比較高的（尤其是如果把居住在當地的外國人也包括在內）。因此，如果我們要說比較高的人均GDP會連結到比較低的分配不均，就必須把十分仰賴商品出口的經濟發展模式排除在外。不過有些問題的出現讓這顯得沒那麼複雜，因為富裕的西方經濟體以及日本、南韓和台灣能夠發展出相對而言比較低的分配不均程度，大體上而言是因為二十世紀前半葉的大規模暴力衝擊、以及其後的政策和經濟結果所造成的。簡單來說，這表示即使這些社會現在既富裕、也沒有特別不公平，但是後者未必是前者造成的。只要想到這些帶來變革的衝擊的嚴重性，以及它們對於整體社會、政治和經濟發展的多方面影響，再問後來的分配不均到底有多大程度是受到經濟成長和人均產出的影響，就顯得不是那麼有意義了。[2]

接下來，我會用兩個方式探討經濟發展帶來的所得差距：第一個是考慮人均GDP本身是否和分配不均的衡量有系統性的連結，第二個是集中討論一九一四至一九四五年之間——或是直至一九七〇年代（如果我們把亞洲的共產黨革命也包括在內）——世界上沒有捲入暴力混亂的地區、或是沒有像大部分富裕的西方國家以及大部分亞洲地區那樣直接捲入的地區：非洲、中東和（最重要的是）拉丁美洲。

傳統上認為所得的分配不均和經濟發展有關，也是由經濟發展驅動的，這是因為諾貝爾經濟學獎得主顧志耐之故。顧志耐是研究美國所得分配不均的先驅，一九五〇年代他提出了一個故意簡化的模型。如果城市的平均收入比鄉村高——而且分布可能也比較不平均——再加上都市化增加了都市人口在總人口中的比例，以及城市在全國經濟中的比重，那麼，在傳統的農業模式之外更進一步的經濟發展，一開始都會先帶來分配不均，並且擴大所得的差距以及整體的分配不均。等到大部分人口都轉型成非農業的人口之後，這些差距就會縮小，等城市勞工的環境比較穩定、政治權力也日益高漲之後，工資也會上漲，又再進一步的強化這個過程。最後一個因素是靠著一些財政政策（例如課稅、通貨膨脹和對資本報酬率的控制）反過來抵銷了富人用比較高的儲蓄率帶來的分配不均。最後，依照顧志耐的說法：

> 我們大概會認為長期的所得結構所象徵的分配不均有著長期的起落：在經濟成長的早期階段（也就是從未工業化跨入工業化文明時）的擴大是最快的；維持穩定一陣子之後；在較後期的階段又減少了。

我們應該注意到他認為政治因素有很大的重要性——尤其是提到淨收入（在課稅和補助之後）的分配不均的發展時：財政措施和福利津貼——

> 在縮小所得分配不均的過程中……必定是強化了長期的起落中下降的階段，有助於翻轉所得分配不均長期以來的擴大和縮小的趨勢。

不過在他的模型中，這些因素其實是在經濟變遷之後才發生的，而且在邏輯上也是由經濟變遷決定的；因此——

所得分配不均的長期起落必須視為經濟成長的大範圍過程中的一部分。

雖然顧志耐謙稱自己的貢獻：

或許是百分之五的實證資料，加上百分之九十五的推測，有些部分可能淪為一廂情願……大概都是出自直覺的推想，還需要進一步的調查，

不過這個模型最後獲得高度的評價。它受到肯定的原因不只是因為想法樂觀，為資本主義經濟體「在冷戰中帶來好消息」（這是皮凱提帶點挖苦的說法），也是因為它十分符合世界各地越來越多的實證資料——雖然顧志耐本人還無法得到這些資料。[3]

如果跨國家的大量資料連結了不同地方的人均GDP和分配不均的衡量方式（通常是所得分配的吉尼係數），就會明顯的顯示出一幅如顧志耐所預言的圖像。如果用全球的資料畫成一張圖表，通常會得出一個倒U曲線。相較於中等所得的國家，低所得國家顯示出的所得分配不均程度比較低，富有國家的分配不均程度也比較低（圖39）。

不同國家之間這樣的核心趨勢代表了不同時間的變遷，並且顯示出在大幅的經濟成長之下，所得的分配不均會先升後降。因此，在經歷了經濟發展的典型經濟體中，分配不均應該會符合這個成熟的倒U曲線。[4]

不過這個做法有很多非常嚴重的問題。資料的品質是個問題：調查是根據來自世界各地的大量觀察，但是調查中卻包含許多精確度和可靠性都堪疑的證據。經得起考驗的發現必須依靠在各國都能夠適用的資料，但是狀況並不總是如此。除此之外，更嚴重的是我們越來越清楚有大量的宏觀區域（macroregional）特徵會使得跨國家的模型變得無效。因此，這個模型中的倒U曲線大致上是代表世界上兩個地方（拉丁美洲和非洲南部）的中等所得國家中異常高的分配不均程度。根據二〇〇

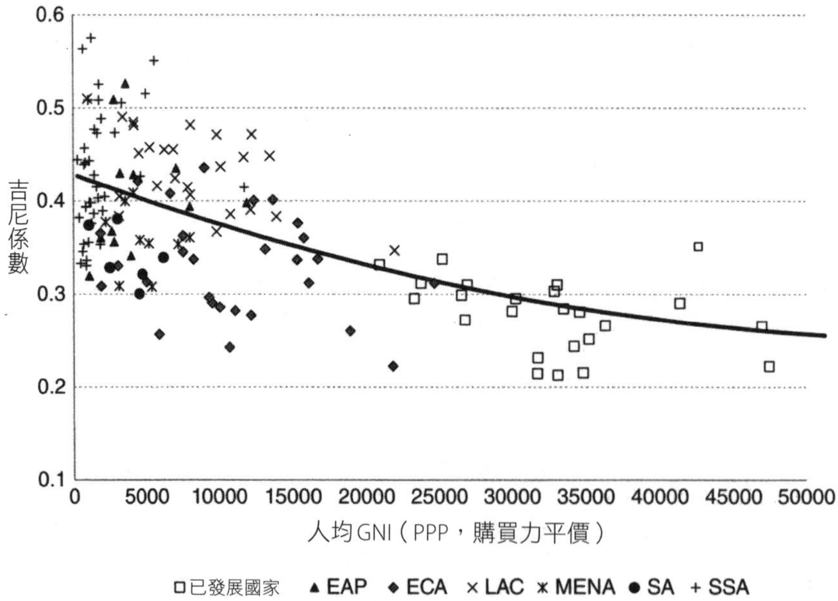

圖39 不同國家的國民總收入（GNI）和吉尼係數，2010年

EAP：東亞和太平洋，ECA：東歐和中亞，LAC：拉丁美洲和加勒比；MENA：中東和北非，SA：南亞，SSA：撒哈拉以南的非洲。

五年（或是前後年分）對於一百三十五個國家的所得吉尼係數所做的調查，有許多拉丁美洲的國家都集中在分配不均的光譜頂端。在那時候，拉丁美洲最富有的前百分之十群體的所得占比為平均百分之四十一・八——相較於世界上其他地方的平均值是百分之二十九・五。如果拿掉拉丁美洲和非洲南部幾個高度分配不均的國家（南非、納米比亞和波札那），或是用地區的虛擬變數（dummy variable）取代，跨國家的圖表就不會顯示為倒U曲線了。不論是用吉尼係數或是高所得的百分比來衡量分配不均，結果都一樣。在世界上的大部分地區，即使是人均所得極為不同的國家——從撒哈拉以南的非洲和南亞的低所得國家，到亞洲和東歐的中等所得國家，再到高所得的已開發國家——現在的所得吉尼係數大概都集中在約〇・三五至〇・四五之間。並沒有系統性的根據所得來決定分配不均的曲線。整體而言，分配不均的結果與人均GDP的關聯性存在相當大的差異，尤其是人均GDP較高的一端——分配不均程度比較高的美國和程度比較低的日本、以及部分歐洲的國家都屬於這一端。[5]

因此，一國之內的分析是記錄人均成長變化唯一可靠的方式。一九九八年對於長期性的縱向（longitudinal）資料進行的一次先驅性研究中，發現結果並不支持顧志耐的論點。在檢視了四十九個國家之後，發現在其中四十國的經濟發展過程中，人均GDP和隨著經濟發展出現的分配不均之間，並沒有明顯的倒U字型關係。在剩下的九國中，有四國的資料支持與U字型分配完全相反的狀況（也就是要將模型顛倒過來）。在四十九個國家中，只有五個國家明顯的符合倒U字型的模式，但是其中又有兩國有數據異常的狀況，因此對這個發現的正確性投下了變數。只剩下三國，確定在經濟發展和分配不均之間有明顯的顧志耐所謂的關聯性——其中的千里達及托巴哥是比較小的國家（其他兩國是墨西哥和菲律賓）。雖然我們必須注意到這個調查歷時的時間過短，不足以建立更確實的觀察結果，不過這些發現的確無法給顧志耐的立論太多支持。[6]

在那之後較長期的國內調查也一樣無法明確的支持這個假設的關聯性。西班牙是目前最能夠掌握的最佳範例，因為一八五〇和二〇〇〇年之間西班牙的所得吉尼係數是先升後降。如果我們不看西班牙內戰（Spanish Civil War）之後的一九四〇和一九五〇年代之間劇烈而短暫的波動，以及第六章討論過的佛朗哥政權的建立，就會觀察到所得分配不均有一段長時間的增加——一八六〇年代的吉尼係數大約是〇・三，當時的人均GDP大約是美金一千兩百元（換算成一九九〇年的國際元），到了一九一〇年代晚期已經達到高峰（〇・五多，但是不滿〇・五五），當時的人均GDP大約是美金兩千元，之後又整體呈現下降，到了一九六〇年為〇・三五左右，當時的人均GDP已經升至美金三千元——這些都可以說是從農業漸漸轉向工業的結果。反過來說——我們將在後文討論——得自拉丁美洲國家的長期時間序列，總體來說並未呈現出一個與經濟發展有關、整體呈倒U字型的模式。更重要的是，早期的工業化國家也一樣不是在人均GDP為美金兩千元時達到分配不均走勢中的拐點：英國是大約於一八〇〇年時達到這個水準，美國是大約一八五〇年，法國和德國則是在大約二十年後，而且這些國家的所得（或是財富）的分配不均都沒有下降——即使當這些經濟體在一八六五和一九〇七年之間達到美金三千元時，也沒有明顯下降至比較低的水準。[7]

另外一個比較近期的研究重點是農業人口的相對比例和分配不均之間的關係，它的目的是要測試顧志耐原本的二分模型是否正確。還是一樣，預測的關聯性並無證據可以證實：沒有出現跨國的情況，在個別的國家內也不具有重要性。最後，當我們透過非參數迴歸（nonparametric regression）把多個國內的資料組合拿來做比較時，終於發現有極少數的證據支持經濟產出和分配不均之間的固定連結。這個做法顯示人均GDP為相同水準的不同國家之間，發展的差異極大：分配不均的趨勢和經濟發展的關係不論是在開發中國家或是已開發國家，都在國家之間存在著極大的時間和走向的差異。總而言之，雖然我們一直想要確立有倒U字型的模式和幾個符合的例子存在，但是大多數證據都無法證明經濟成長和所得分配不均之間有系統性的關係（如同顧志耐在六十年前所想像的那樣）。[8]

經濟發展和分配不均之間是否存在著一個可以預料的連結呢？答案會根據我們參考的框架而定。我們要考慮到可能有好幾個顧志耐循環（或至少是波動），它們的出現妨礙到我們只想找到一個曲線的嘗試。最概括的來說，我們不必懷疑經濟變遷會讓分配不均擴大——不只是從農業進入工業體制時是如此，早從採集進入農業模式時，就已經是如此了，還有現在從工業進入後工業的服務經濟時，依然如此。不過會不會促進均等呢？如同我將在附錄中說的，在經濟成長趨向富裕時，實際上的分配不均——這與特定社會在理論上最大可能的所得集中程度有關——未必會減少。名義上的分配不均的傳統衡量方式並沒有顯示在發展中的某些階段，經濟發展代表分配不均就會跟著減少。另一種主要的看法——沒有暴力衝擊的話，分配不均在過程中的增加也不太會逆轉——才與長期歷史中的證據符合得多。

另外一個常見的觀點把焦點放在所謂「教育和科技之間的賽跑」。科技的變遷會形成對於特定技巧的需求：如果供給少於需求，所得的差距或是「技術溢酬」就會增加；如果供給符合、或是超越了需求，溢酬就會下降。不過這裡有很重要的事情要注意。這個關係主要適用於勞動收入，如果是得自資本的收益，影響就比較小了。在得自財富的所得高度分配不均的社會中，特定類型的勞動力的供需關係對於整體分配不均的影響會下降。除此之外，在較早期時，對於勞動收入的限制扮演了比技術更重要的角色：奴隸和其他形式的強制（或是半依賴）的勞動力可能會扭曲了所得的差異。[9]

這類因素可能有助於解釋為什麼在前現代社會中，技術溢酬並不總是和分配不均有系統性的相關。在歐洲的某些地方，時間的趨勢可以追溯回十四世紀。技術溢酬在黑死病的時期暴跌，因為不具有特殊技術的勞工的實際工資上升了（我已經在第十章討論過這個過程）。在中歐和南歐，隨著人口的復原，技術溢酬再度上漲，不過在西歐，直至十九世紀末期之前，技術溢酬都一直穩定的維持著低價。後者的結果並不尋常，這有部分是因為具備特殊技術的勞工能夠彈性供給，也有部分是因為農業的生產力提升，有助於維持不具備特殊技術的勞工的工資，兩者都是受益於改善後的勞動力市場整合。雖然在中世紀晚期的技術溢酬下降，同時伴隨著所得分配不均的整體減少，不過這兩個變數很難說有明確的關係：從一四〇〇至一九〇〇年之間西歐的技術溢酬一直保持穩定，但是並沒有轉化成固定的分配不均。[10]

一個經濟結構的發展越好、勞動力市場的運作越健全，技術溢酬就越可能造成整體的所得分配不均。技術（也就是最先進的教育）的供應是受到管制的，我們必須要問在多大程度上，是由潛在的因素形成了管制的機制本身。全民的學校教育是現代西方國家形成的副產物，這個過程與經濟發展有關，不過也是因為國家之間的競爭而驅動。更具體來說，教育供需之間的相互作用對於過去的暴力衝擊也很敏感。十九世紀末期之後美國的技術溢酬發展便很容易說明這個狀況。一九二九年時，人為貿易中的技術比例遠比一九〇七年時要低。不過大部分的下降是發生於一九一〇年代晚期：在我們擁有資料的職業中，五個（職業）中有四個，在這二十年間的全部下降淨值都發生在一九一六和一九二〇年之間。在那段時間發生了第一次世界大戰，提高了對於不具備特殊技術勞工的相對需求，並且重新形成了體力勞動的工資分配。戰時的通貨膨脹和由衝突造成的移民潮降溫，也有助於這場突然而有效的朝向均等化的變遷。從白領到藍領的收入比例都遵照同樣的模式：一八九〇至一九四〇年之間的全部下降淨值也都只發生於一九一五至一九二〇年代早期的短短幾年間。[11]

紀錄中顯示薪資差距的第二次縮小是發生在一九四〇年代。第二次世界大戰又重新帶來了對於不具備特殊技術的勞工的強烈需求、通貨膨脹和國家對於勞動力市場的加強干預。這使得所有男性勞工的最高與最低工資的相對比例下降，受過高中和大學教育的勞工之間的收入差距也縮小了。教育的回報於一九三九和一九四九年之間經歷了一次大幅滑落，不論是受過九年學校教育的勞工對比於高中畢業生、或是高中畢業生對比於受過大學教育的勞工，都是如此。雖然與戰爭有關的《美國軍人權利法案》（GI Bill）後來也對這股均等化的壓力有所貢獻，不過在一九五〇年代就已經開始了部分復員，就算是增加了進入大學的機會也無法防止。一九一〇年代晚期和一九四〇年代的大幅下降，是紀錄中唯一可見到的這樣幅度的變化。因此，雖然持續增加提供教育的機會有助於限制技術造成的差距（直至差距於一九八〇年代終於激增），不過真正的均等還是幾乎只限於在相對的短期內，也就是國家因為戰爭而經歷到暴力衝擊的時期。[12]

「如果將智識、專業能力和社會良知結合在一起，便可以做出改變」：不需要衝擊便能邁向均等？

我現在轉用第二個方法，找出帶來均等的經濟力量，我會關注那些在一九一四至一九四五年之間沒有直接受到暴力衝擊的國家，看看它們的分配不均減少，以及對於下一代的影響，還有那些並沒有發生足夠革命性的變革的國家。用這個方法，在世界上的大部分地方都很難找到用和平方式確實帶來均等的證據。一般來說，一九八〇年代之後西方國家的所得分配不均都只有極為短暫的下降，一九九〇年代葡萄牙和瑞士的市場所得吉尼係數是下降的，和高所得占比的資料互相衝突。一九八九或是一九九一年之後蘇維埃（解體）後的國家因為貧窮的大量增加，使得分配不均驟然加劇，但是漸漸的有部分恢復了。非常大型的國家（像是中國和印度）都可見分配不均增加，還有其他一些人口眾多的國家（例如巴基斯坦和越南）也是如此。光是這四個國家就占了全世界中大約百分之四十的人口。在世界上的這個部分朝反向發展的國家（例如泰國）可說是寥寥無幾。據稱一九八〇年代（接著又於二〇〇〇年代）中東的埃及經歷到分配不均的下降，不過最近期的研究強調相關資料是有缺點的。自從一九五〇和一九六〇年代改革造成分配不均減少之後，不時還有小幅的波動（這在本書第十二章的土地改革部分有討論），這大概才是該國真正的狀況。其他例子還包括一九九〇和（尤其是）二〇〇〇年代的伊朗，以及二〇〇〇年代的土耳其。在以色列，就算是在市場所得的分配不均相當穩定時，可支配所得的分配不均還是一直在上升，這個模式代表的是一種倒退的重新分配，十分令人不解。[13]

有時候我們會認為撒哈拉以南的非洲是本世紀的第一個十年中以和平方式達到所得均等的受益者。然而這個印象其實並不是根據可靠的基礎：在該段時期，有標準化的所得吉尼係數資料的共有二十八國，其中的所有國家（只有一國例外）都很缺乏基本資料，不確定性的邊際一般來說也很大。唯一有高品質資料的例外是南非，南非的分配不均大致維持在同一個水準——不過是一個非常高的水準。在其他二十七國中，有十三國看不出明顯的趨勢，還有五國的分配不均其實增加了。在二十八國中，只有十國顯示為下降，但是他們在全部的樣本中只占了五分之一的人口。除此之外，相關吉尼係數的信賴區間很大：以百分之九十五的信心水準來說，平均是大約十二個百分點，主要集中在九和十三個百分點之間（分配不均有下降的國家和其他國家的平均值大約是相同的）。在許多案例中，邊際值甚至超過了分配不均的可能變化程度。在這樣的狀況下，要找到整體的趨勢是很困難的（即使並非不可能）。不過就算我們願意接受這些結果的表面意義，它們也無法明確的指出一個分配不均在減少的過程。雖然在近年來，這個地區的某些國家或許的確以和平方式達到了某種程度的均等，但是我們還是沒有足夠可靠的證據，可以針對這類發展的本質、程度和持續性得到更一般性的結論。[14]

這帶我們看到了最大型、紀錄也最完整的案例——拉丁美洲。在我們擁有資料的地區中，大部分國家都顯示為在本世紀開始之後，所得的差距也明顯減少。有個好理由可以說明為什麼我們應該更仔細的考慮拉丁美洲的發展。前幾章有討論到以暴力帶來均等的力量，在這個地球上，相對於大部分的舊大陸和北美地區，拉丁美洲這整個區域為我們提供了最接近——雖然從很多方面來說並不特別接近——反事實的思維。除了極為罕見的例外之外，拉丁美洲沒有經歷過劇烈的暴力衝擊（像是全面動員的戰爭和帶來劇變的革命），這讓我們可以有一些更自成一格的環境，可以探索不平等的發展。[15]

有幾組代表資料和現代進行的重組可以追溯回幾世紀之前。可靠的所得吉尼係數大概要到一九七〇年代之後才能拿到——因為有更多國家從那時候開始進行調查，品質也從一九九〇年代起獲得大幅改善。因此，我們對於較早期的發現必須持保留態度。不過如果要追蹤拉丁美洲的所得分配不均的長期發展（至少是概況），還是有可能。全球化的第一個階段支撐起從一八七〇至一九二〇年代由出口帶來的經濟發展，當時是將有機和礦物的商品出口到工業化的西方世界。這個過程的好處大幅偏向菁英這一方，並因而使得分配不均升高。[16]

由出口帶動的發展在第一次世界大戰之後首次趨緩，因為歐洲的需求在戰爭時遭到壓抑，在經濟大蕭條於一九二九年重創美國時也暫時停滯。第二次世界大戰又進一步對（至少是某些形式的）貿易造成了限制。從一九一四至一九四五年這段期間是以變化著稱，成長的速度也降低了。在留有紀錄的六個國家中，這段期間的所得分配不均一直在上升，從一九一三年的〇・三七七，到一九三八年的〇・四二八（依人口加權）。雖然拉丁美洲並未直接捲入戰爭，但是發生在這個區域之外的暴力和對於整體經濟的衝擊，還是對這個區域有極深的影響。對貿易的干涉和觀念的不斷改變都是極重要的結果。這些衝擊迎來了第一階段全球化的結束、經濟自由主義的衰落，並且從此轉向更多的國家干預。[17]

在接下來的幾十年，拉丁美洲政府為了適應這個全球趨勢，只好大力提升工業生產的能力，以國內市場作為主要目標，並且依賴貿易保護主義的做法，加速這個發展。這樣終於使得經濟成長復原，但是也對所得分配產生了不良的影響。整個地區的結果存在著非常大的差異。在發展程度比較高的經濟體中，成長會帶動中產階級、城市產業，以及增加白領勞工在受薪勞動力中的比例。這些變化有時候會伴隨著、並且補充了比較福利導向和重新分配的政策。外在的影響發揮了很大作用，例如英國在一九四二年作為《威廉・貝佛里奇報告書》（*Beveridge Report*）❶之後對社會保險發揮的影響、以及其他西方國家在戰後的計畫，都鼓勵了南美的南方各國的社會安全規畫。不平等會受到各種不同方式的影響。有些國家的所得差距減少了（像是在阿根廷，或許在智利也是）；有些是增加，最明顯的就是巴西；還有些國家是先增後降（例如墨西哥、祕魯、哥倫比亞和委內瑞拉），這些地方是因為大量不具有特殊技術的勞工過剩，而對於具備特殊技術勞工的高度需求，又使得分配不均大幅提高，直到這些壓力於一九六〇和一九七〇年代漸漸趨緩。[18]

雖然文獻中顯示的走勢普遍朝向所得的分配不均日益擴大，但是人口加權的吉尼係數卻有不同的解釋，尤其如果我們關注的是長期的結果。有六個國家的資料可以往回追溯至一九三八年，這六個國家於一九三八和一九七〇年之間的分配不均都增加了（只有一個國家例外），而且人口加權的總體所得吉尼係數也從〇・四六四升高至〇・五四八。如果取一個比較大的樣本（十五個國家），其中有十三國於一九五〇和一九七〇年之間的所得分配不均呈現上升，總體而言是比較小幅的從〇・五〇六增加至〇・五三五——這個數字以國際標準來說是很高的。尤其是在分配不均下降的三個國家中，其中兩國經歷到的改善其實都只限於一九五〇年代：以阿根廷為例，是在胡安・裴隆（Juan Perón）❷任內進行重新分配時發生的（裴隆所領導的是一個具有侵略性的中央集權政府）；在瓜地馬拉，則是在血腥的內戰期間和內戰之後發生的。因此，只剩下委內瑞拉算是比較有可能藉著和平的經濟發展帶來均等的，或許智利也算——如果我們接受另外一套分配不均的估計值的話（該項結果認為於一九三〇和一九七〇年之間，有因為經濟和〔和平的〕政治改變而趨向均等）。[19]

---

❶譯注：由英國著名的經濟學家威廉・貝佛里奇編寫，報告書中設計了一整套「從搖籃到墳墓」的公民社會福利制度，為全英國所有公民提供了醫療、就業、養老和其他福利保障，對英國社會保障制度的誕生及福利國家的建立起了重要的作用。

❷譯注：阿根廷迄今為止任職時間第二長的總統，於一九四三年發動政變奪權，之後歷任部長、副總統、總統，曾被政變推翻後流亡，但是又再度當選總統，在任內病逝。

一九七〇年代，政府用借貸的方式維持貿易保護主義政策和國有化的工業，也引發一九八〇年代的債務危機，這被稱作「失去的十年」——在這段期間，經濟發展停滯，貧窮也擴大了。但這反而刺激了經濟的自由化，讓一個地區的經濟結構轉趨開放，並且進一步的整合進全球市場。不同國家的分配不均的結果差異極大，不過在一九八〇年代和一九九〇年代，這整個地區都可以見到人口加權的所得吉尼係數有小幅增加，每十年的上升幅度略少於兩個百分點，並且在大約二〇〇二年時達到高峰。[20]

這些都顯示出在拉丁美洲各種差異極大的經濟條件中——由出口帶動的成長、國家導向的工業化和貿易保護主義、經濟不景氣和自由化——所得的分配不均都呈現增加的趨勢。在時間帶最長的四個國家中，人口加權的所得吉尼係數從一八七〇年的〇．三四八一路攀升至一九九〇年的〇．五五二；有六個國家則是從一九一三年的〇．三七七上升至一九九〇年的〇．五四八；還有十五國是從一九五〇年的〇．五〇六至一九九〇年的〇．五三七。雖然從這其中看不出各地的差異，也忽略了短期的波動，而且精確的數值常常不夠清楚，但長期的趨勢還是再清楚不過了。在整體呈現增加的趨勢中，頂多只有在二十世紀的後半葉，分配不均的增加速度有較為趨緩。如同我們在圖40中所見的，偶爾達到的均等都不會存在很久，而且都只有在經濟衰退時才發生，經濟衰退一開始是由外國的總體經濟危機（最初是一九〇〇年代的英國，後來則是一九三〇年代的美國）所引起，最後則是一九八〇年代的國內和國際因素所造成的嚴重衰退期。[21]

在拉丁美洲所得分配不均的發展史中，最近期的階段始自二〇〇〇年的不久之後。或許在有紀錄的歷史中，這整個地區的分配不均是首次下降。在有相關資料的十七個國家中，有十四國於二〇一〇年的吉尼係數比二〇〇〇年時還低。只有哥斯大黎加、宏都拉斯、或許還有瓜地馬拉是紀錄中少見的例外。在其他的十四國中，市場所得的平均吉尼係數從〇・五一下降至〇・四五七，可支配所得的平均吉尼係數則從〇・四九下降至〇・四三九，或是下降了超過五個百分點（無論計算方式為何）。不管是從規模或是地理範圍來看，這個縮小的幅度都令人無法忽略，需要進一步分析。市場所得分配不均的程度從印度——一個高度分配不均的社會——的等級下降至和美國差不多的等級，而分配不均的淨值下降，也讓拉丁美洲不再與中國和印度位於同樣程度，而減少到比美國稍多（美國無疑是西方國家中分配不均的冠軍），但是仍然比美國多出七個百分點。因此，對於拉丁美洲這樣異常的所得分配變化，效果也不應過分高估。[22]

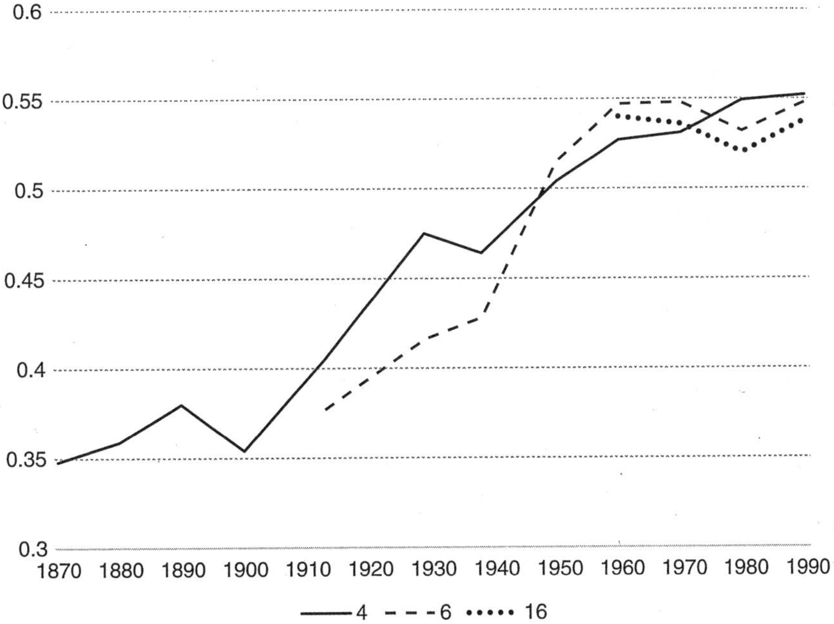

圖40　對拉丁美洲的所得吉尼係數所做的估計和推測，1870-1990年（四國、六國和十六國的人口加權平均值）

更糟的是在有資料的國家中，自從二〇一〇年之後，只有不到一半繼續呈現向下的走勢（分別是阿根廷、玻利維亞、多明尼加、厄瓜多、薩爾瓦多、烏拉圭和委內瑞拉）。在那些年之間，巴西、智利、瓜地馬拉、巴拿馬和祕魯的分配不均呈現穩定的維持狀態，而墨西哥和巴拉圭（或許還有宏都拉斯）則又開始上升（宏都拉斯的證據不足，因此無法確定）。哥斯大黎加的趨勢一直和整個地區不太相同（哥國的分配不均於一九八〇年之後就有小幅上升）。這些都為本世紀的第一個十年有邁向均等的原因和持續性帶來了很大疑問：這次改善會不會只有短暫的延續，最後仍將自動走向終點呢？

如果該地區的國家已經通過某種發展中的拐點（表示該經濟體已經夠富有，因此所得的分配可以較為公平），我們就很難說這種均等是顧志耐所謂讓分配不均減少的壓力所造成的。以二〇〇〇年的十四個分配不均下降的國家為例，其中最富有和最貧窮的國家（分別是阿根廷和玻利維亞）的人均GDP相差了七・六倍。分散在這樣廣大的範圍內是很正常的，不過分布還是偏向較低的一端：有五個國家的每年平均人均GDP落在美金一千元和兩千元之間，其他五國則是兩千元和四千元之間，還有四國在五千元和八千元之間。光是這件事，就顯示我們在後來的十年中看到的均等，不可能和經濟發展的程度有關。正式的檢驗也確認了雖然那幾年的經濟呈現成長，但是顧志耐的模型無法說明大部分觀察到的下降趨勢。[23]

最近的研究發現有幾個理由形成了這樣的過程：技術溢酬的下降和強烈的國外需求減少了各產業部門的收入分配不均，因此縮小了市場所得的分配不均；從早期造成貧窮加劇並導致分配不均的總體經濟危機中復甦；更快速的經濟發展帶來的強勢勞動市場；以及某些政府補助對於可支配所得的分配不均的重新分配效果。至少在理論上，上述因素中的第一項特別有希望長期成為以和平方式帶來均等的驅動力。一九九〇年代的市場改革還伴隨著教育體制的擴張，擴張之後，便能夠持續、而且增加提供具有特殊技術的勞工，這反而降低了較高階教育的回報和技術溢酬，並因此而減少了勞動力所得的整體分配不均。技術溢酬的減少到底是因為供給改善或是需求消失，其實很難得到一個答案。在某些國家中（例如阿根廷），是因為需求的減少造成溢酬變少，這對於未來經濟發展的可能性投下了變數。在薩爾瓦多和尼加拉瓜，分配不均的下降是因為需求降低，使得受有中等或是高等教育的勞工真正（而不是相對）的收入下降了。薩爾瓦多尤其是一個值得擔心的例子：該國的各種教育程度的真正工資都下降了，只是教育程度好的勞工下降更多。這提醒了我們均等的結果未必總是因為有令人滿意的經濟發展。[24]

在某些案例中，技術溢酬下降對於分配帶來的好處可能要付出極高代價。有一項驚人的發現顯示現在玻利維亞教育的價值過低，因此，就算是受過高等教育的勞工，和只有受過基本學校教育的勞工比起來，工資溢酬也只是零。這給了我們一個替代、或至少是補充的理由，說明技術溢酬為何減少。除了基本教育之外，還有更多的途徑可以接受其他教育，這也使得教育的品質惡化，教學也未必能夠符合勞動市場的需求。也有些證據支持這個悲觀的觀點，像是祕魯和智利因為教學品質下降，比較高等的教育就無法獲得正向的回報，還有像是阿根廷、巴西和智利的高等教育和雇用需求之間，也無法互相配合。[25]

其他的經濟因素又更短暫了。如果國際上有對於商品的強大需求，將有助於減少農村與城市勞工的工資差異，但是在那時候需求減少了。二〇〇二年之前的經濟危機曾經使得分配不均激增，雖然在那之後有某種程度的恢復均等，但也只是代表從先前的暫時升高中回復過來而已。阿根廷就是最明顯的例子，一九九八和二〇〇二年之間阿根廷經歷了一次大型的經濟衰退，使得大量人口陷入貧窮之中。在那之後，又發生了穩定的經濟復原，並且轉向低技術、勞力密集的產業，因此減少了對於特殊技術勞工的需求，也壓低了技術溢酬，這些都極度偏向對於人口中比較不富裕的那半數較為有利。比較強大的工會或是政府的補助增加也會達到同樣效果。哥倫比亞、厄瓜多、烏拉圭和委內瑞拉一樣因為類似的經濟復原而使得分配不均減弱。有一項估計認為如果要計算所得分配不均於二〇〇〇年代前半的平均降幅，但是把從危機中復原的均等效果排除在外，降幅就會變得很小，差不多可能只有吉尼係數中的一個百分點。大體上來說，如果少了一九九〇年代的自由化帶來的短期不利後果，會（對降幅）有緩和的效果。強而有力的經濟成長——實際值的平均是每年百分之四，或是前幾十年的兩倍——的確有助於就業率，但是評估的結果認為這對於分配不均的變化只有小部分影響。而這些有利的條件後來也不適用了，因為二〇一〇年之後，該地區的年度GDP成長有連續五年呈現下降（從二〇一〇年的百分之六至二〇一五年所推斷的百分之〇．九）。在本書寫作時，（該地區目前為止最大的經濟體）巴西被認為正陷入自從經濟大蕭條以來最嚴重的經濟衰退之中。這些都對未來邁向均等投下了變數。[26]

最後是擴大的政府補助，這的確吸引了大量關注，有望成為一種可以與可支配所得的分配不均互相對抗的手段。以巴西為例，在本世紀的第一個十年，巴西的分配不均下降，有大約一半都可以由補助支付的多寡、涵蓋範圍和分配的變化來說明，「家庭支持計畫」（Bolsa Familia）❸的範圍涵蓋了一千一百萬個貧困的家庭。不過如果和已開發國家相比，拉丁美洲的重新分配補助規模其實是很小的。因為有太多窮困家庭，所以就算只是相對少數的補助（例如零點幾的GDP），還是可能讓許多人的生活出現不同，並且帶來均等效果。在西歐，總收入通常會和可支配所得極為不同，但是在拉丁美洲就很少是如此了。這有許多理由。因為依國際標準來說，稅收相對於GDP是很少的，所得稅又格外少了。而同時逃漏稅又是很常見的現象（有部分是出於對政府的不信任，還有部分是因為有許多非正規的產業）。所得稅的平均寬減額大約是整個地區的平均人均GDP的兩倍，有幾個國家是只有極高收入等級的人才適用累進稅率。國家稅收的缺乏嚴重限制了補助的可能性。更糟糕的是有一些福利計畫還會助長分配不均。補助金和失業保險不成比例的偏向於對所得分配中前百分之二十的人有利，主要就是正式就業協定中的城市勞工，甚至還會歧視農村人口和非正規產業中的人。只有直接的現金補助不太一樣，因為它們大都可以支持位於收入分配後半部的人——但是也得在不超過稅收限制的範圍內，而且又被更遞減形式的福利所抵銷了。[27]

為什麼拉丁美洲在財政上的重新分配如此無力呢？要解答這個問題，我們必須回到本書的核心主題——暴力衝擊會帶來變革的能力。如同我們在前文討論過的，西方國家的累進財稅制度穩固的奠定在兩次世界大戰的基礎上，就像是共產主義政權下的重新分配也是奠基在其他形式的暴力動亂之上。相較之下，經濟發展並不是財政重新分配程度的確實指標。一九五〇年，西方國家和日本正在忙著對富人徵稅，以及建立充滿雄心壯志的福利制度，德國、法國、荷蘭、瑞典、英國和加拿大的人均GDP（換算成一九九〇年的國際元）的範圍從美金四千元到七千元，在日本則是接近兩千元，就算

❸譯注：為巴西政府把資金撥給貧困家庭，讓其用於教育費用的計畫。

在美國也沒有高出西歐國家甚多。這些數值在那時候也大致上等同於南美前幾名的經濟體（例如阿根廷和委內瑞拉），在今天則與更多的拉丁美洲國家相符合：二〇一〇年，以該地區的八個發展程度最高的富裕國家來說，平均的人均GDP是美金七千八百元，比較多的樣本數算出來的平均值則是六千八百元。依這個標準來說，現在的阿根廷、智利和烏拉圭的平均值比一九五〇年的美國平均值更為富裕。[28]

這顯示拉丁美洲國家在財務上的限制其實都不是根據經濟上的表現。世界各地的財務體系擴張都是以暴力衝擊作為必要的先決條件，除了在二十世紀的前半葉是如此，數百年、或甚至數千年來都是如此。在拉丁美洲歷史的最後兩個世紀中，血腥的國際戰爭和帶來變革的革命並沒有扮演什麼重要角色。這有助於我們了解這個地區的大部分地方一直以來維持著多大程度的分配不均。這個地區特有的各種特徵都能夠說明這個現象，尤其是帶來強制勞動和奴隸制度的種族主義和殖民制度、以及持續的侍從主義和寡頭勢力的有害影響。不過，如果我們想要徹底理解拉丁美洲和世界上的大部分其他地區之間到底有著怎樣不同程度的分配不均，**沒有**發生的事或許也一樣重要，甚至可以說是更重要。從這個背景來看，到底有沒有發生什麼重要的突破帶來所得的均等就已經是個疑問了，更不要說是合不合理。[29]

與教育、國外投資、稅收及補助的公共支出花費相關的政治決定，大致上說明了拉丁美洲在本世紀的頭幾年之後出現的均等。比較單純屬於經濟的因素可以形成有利的國際條件，有助於從先前的危機中恢復，但是存續也都不長久。恢復期會慢慢結束，外來的需求也會漸漸消失，再進一步的邁向均等需要更具有侵略性的財務重建，這樣才能夠改善教育（技術溢酬的下降可能好壞參半，因為起因有可能是需求下降，或是教育的成果不良）和擴大補助，以達到重新分配的效果。要判斷在十年多前開始的均等過程是不是會繼續——或是在許多案例中，比較像是重新開始——現在還太早。在五年或是十年後，我們大概會比較知道這個趨勢的延續性。[30]

我的結論是拉丁美洲的經驗只能夠為分配不均的和平退場提供很有限的證據，而且至少現在還完全無法證明如果沒有暴力的衝擊，實質的均等也能夠持續。在最後的一百五十年間——分配不均日益增長的階段中——不時會因為外來的因素（像是西方的整體經濟危機，或有幾個例子是侵略性或是暴力的政策），出現不連續的翻轉。雖然我們難以驟然否認玻利維亞總統埃沃・莫拉萊斯（Evo Morales）的格言——「如果你既有知識和專業能力，又有社會良知，就能夠改變狀況」，不過看拉丁美洲的歷史，的確很難推翻暴力手段能夠優先帶來均等的說法。[31]

除此之外，本章和前一章所討論的各種力量，對於物質的分配不均都沒有絕對可以壓制的效果。不論是和平的土地和債務改革、經濟危機、民主和經濟成長，都是如此。它們的共通點是有時候可以降低分配不均，但是有時候又不行：簡單來說，就是在結果上甚至沒有稍微一致的傾向。因為現代的經濟發展讓人力資本（相對於物質資本）的重要性提高，而且人力資本的分配不均主要是導因於教育的提供，因此，根據這樣制定的均等化政策似乎就特別有希望了。雖然如果教育的投資著眼於對工資差異的效果，的確可能成為一個帶來均等的非暴力機制，但是從歷史上來看，它卻常陷入不是那麼和平的過程中：紀錄中的美國在二十世紀的技術溢酬波動，又再一次強調了戰爭對於形成社會政策和帶來經濟結果的重要性。如同我們在第五章討論過的，工會的組成大致也是如此。重新分配的財政和福利政策的確減少了可支配所得的分配不均，不過它們的規模和結構也一樣會受到暴力衝擊的餘波和長期的影響：對於西方和東亞的分配不均所做的比較，還有拉丁美洲的狀況都一直在提醒我們這個根本的連結。即使檢討過讓分配不均的差距減少的其他原因，我們還是無法忽略一直以來，暴力（不論是實際的或是潛在的）其實都是可以帶來均等政策的重要催化劑。

第十四章

那麼如果？從歷史到反事實

「太陽底下沒有新鮮事？」歷史教我們的事

到底歷史能夠告訴我們多少不平等的動態呢？我的答案是：很多——但是也還不到我們需要知道的每一件事。讓我們先從「很多」開始說起。強化的經濟發展可能會讓物質資源的分配越來越不均等，但是這也不（總是）直接的原因。就算是發展程度很低的經濟體，也可以——而且我們也真的經常看到——出現高度的分配不均，不過歸根究柢，名義上的分配不均還是和超出維持生活所需的生產量呈現正相關：越有生產力的經濟體，資源就會越集中在它可以支撐的少數人手裡——至少在理論上是如此，就算在實際上不一定是這樣（在附錄中會提出說明）。在人類從野外覓食走向馴養的巨大變化過程中，資源的分配從一開始就慢慢出現差距，因而也加強了分配的不均，發展和分配不均之間的基本連結就用最簡單的形式呈現了出來。我們必須注意到這個變化其實缺乏顧志耐提出的面向：除非我們想像一個有部分野外覓食、也有部分農耕的社會，否則無法適用一個二分的模型（其中的不均等會呈現短暫上升）。更重要的是，走向馴養並不保證後續會帶來均等。定居、農耕和世襲物質資源的增加，就只提高了可能和實際上的分配不均，並沒有提供任何不經暴力衝擊就減少分配不均的機制。[1]

在馴養和農業、有機燃料的經濟體建立起來之後，幾千年來就比較少出現其他帶來變革的轉變了，最初只有勞動力從食物生產改換到城市產業，這會造成壓力，增加當時的分配不均。而且其實也缺乏平衡的機制，因為非農業的產業從來沒有成長到一定的水準，這使得任何類型的顧志耐轉變都不可能發生。經濟上的變化也只是促使分配不均持續加劇的因素之一。馴養加強了強制的能力，還以一個先前無從想像的規模讓掠奪增加。國家形成，再加上政治的權力關係益發廣布、深化和傾向某一方，尤其使得超高收入群體的所得和財富獲得巨幅提升。在這樣的情況下，除非發生暴力的災難，暫時的破壞已經確立的階級、剝削和財產所有權的結構，否則大概不太會真的達到均等——實際上也幾乎不可能。在前現代的歷史中，極少見到由全面動員的戰爭或是革命帶來了重新分配的政策，這類衝擊主要是以國家失能或是傳染病的形式發生的。因為沒有，所以各地都還是維持著高度的分配不均，不論有任何奇異狀態的國家建立、國家之間的競爭、統治者和菁英之間的權力平衡帶來了怎樣的經濟發展程度。

從長期來看，歷史上的紀錄顯示如果想要在前述最基本的關聯之外，再找到分配不均的變化和經濟表現之間的系統性連結，勢必是徒勞無功。在各種相異的經濟趨勢中，前現代社會的兩個帶來均等的主要力量都會同時出現。因此，雖然國家失能或是體制崩壞通常會降低平均的人均產出，在擴大貧窮的同時帶來均等，但是大型傳染病的效果則相反，傳染病緩和了馬爾薩斯認為的限制，因此會提高人均生產力和非菁英的消費，並且達到均等。我們也觀察到在黑死病之後的幾個世紀中，不平等和經濟發展也一樣缺乏明確的關聯，當時不論是景氣或蕭條的歐洲經濟體都出現了分配不均的情況，就算是體制類似的國家（像是現代早期的西班牙和葡萄牙），經歷到的分配不均結果也都各異。很概括的來說，不論是政治權力關係或是人口統計，在工業化之前的分配不均擴大中，都比經濟發展的精微之處扮演了更重要的角色。[2]

下一個重大的轉變——經濟結構從農業轉成工業，驅動的燃料從生物改用化石燃料❶——對於所得和財富的分配不均各自有不同的效果。雖然在這次轉變之前已經發生過許多事（根據特定社會中的分配不均有多嚴重而定），不過一般來說，工業革命還是助長、甚至進一步強化了物質差距的擴大。十九世紀和二十世紀初期的工業化以及生產商品的國家中，都可以看到這樣的狀態，直到後來，因為歷史紀錄中的一些全面動員的戰爭和造成劇變的革命帶來了最暴力的衝擊，才終於畫下了句點。

幾千年的歷史其實可以歸結成一個簡單的事實：自從文明出現之後，經濟能力的持續進步和國家的建立，助長了不平等的擴大，且不太（即使還略微）能夠加以控制。一直到（也包括）一九一四至一九五〇年的「大壓縮」之前，我們都很難真的確認物質分配不均（如果和暴力衝擊完全無關的話）有確實而重大的減少。如同我們在前文所討論的，前現代的例子只限於十六至十八世紀的部分葡萄牙，或許還有鎖國期間（從十七至十九世紀中期）的日本。在現代的世界中，瑞典、挪威、或許還要再加上德國在第一次世界大戰爆發的前幾年間突然減少，讓我們很難判斷比較長期的趨勢是呈現怎麼樣的走向。義大利的發展同樣存在著太多不確定，無助於形成一個範例。就算我忽略了一些案例，或是出現了新證據，和平帶來的均等無疑還是一個極為罕見的現象。而且雖然在許多國家中，所得和（尤其是）財富的均等在暴力的一九四〇年代之後還持續了大約一代的時間，並且在一些發展中的經濟體取得了些許進展，但是一般來說，這個過程依然很難——如果不是絕不可能——說是與它異常暴力的根源毫無關係。就連在幾年前看起來還最像是用和平方式達到均等的拉丁美洲，可能也只會讓人失望了。[3]

（可支配）收入的分配不均不可能一直上升。不論發展程度為何，上限都與平均的人均產出有密切相關，長期而言也十分固定：我會在本書最後的附錄中討論基本的動態。歷史告訴我們當缺乏用暴力帶來均等的事件時，一般而言，分配不均的程度會是相當高的（對照其在理論上的高點），而且可以在一段期間內持續維持高點。在從暴力衝擊復原的過程中，所得和財富的集中會顯著增加：在歐洲是從一五〇〇至一九〇〇年的中世紀中期，在美洲的期間較短，在世界上的大部分地方則可以認為是過去的幾十年。這些一再循環的趨勢指出，在各種差異極大的發展階段——不論是農業、工業和後工業的社會，或是成長中和不景氣的經濟體——都可以適用一般性的標準。這個交點彰顯出我們需要更有雄心大志的跨文化研究和建立理論：如同我在開頭所說的，如果真的要描述在週期性的均等之後又一再提高分配不均的各種力量，我們需要另外一本差不多、或甚至是更長篇幅的書。

「其中一個主要的理由便是嚴重的財富分配不均」：從不平等到暴力？

還有兩個重要問題沒有解決：如果暴力衝擊的確對於減少和翻轉分配不均如此重要，但它是否一定會發生呢？如果沒發生，不平等要如何在缺少暴力衝擊的情況下繼續維持呢？第一個問題比較傳統，也與歷史的因果關係有關；後者就需要我們去思考一些反事實的結果了。我會從第一個問題開始討論。

沒有證據顯示在工業化之前的社會裡，一定埋有用和平方式邁向均等的種子。但是如果發生了暴力的混亂攪亂既有的權力、所得和財富階級，我們要如何分辨那究竟是隨機、外生的事件，或是因為高度的分配不均造成緊張局勢，所以才帶來大規模的暴力？菁英政策和權力的分配不均造成了大部分

❶譯注：如煤、石油、天然氣等。

的早期社會的巨大差距，同樣也會帶來最後的解體。大型帝國尤其可能如此，大型帝國不只要面對外部的挑戰，還得制止國內貪婪的菁英急於將盈餘全部吸乾、據為私有，因此，統治者無從將各個領域統合在一起。我已經在第二章提過中國和羅馬的歷史中都有這樣的趨勢。然而還是不足以用來推斷有一種恆定的互動關係存在，按照布蘭科．米拉諾維奇的說法：

> 越演越烈的分配不均的確啟動了暴力，而且本質通常具有毀滅性，這最後將造成分配不均的減少，但是在過程中會摧毀許多其他東西，包括數百萬條人命和大量財富。十分高度的分配不均終將無法維持，但是也不會自行下降；反而是會帶來一些讓分配不均降低的過程（像是戰爭、社會衝突和革命）。[4]

米拉諾維奇碰巧使用了「終將」這個詞，正好彰顯出這個觀點的嚴重弱點：如果把高度的分配不均看作人類文明的預設狀態，會讓我們過於輕易想像這個狀態和幾乎所有的暴力衝擊之間都存有什麼連結——因此如果出現了類似的衝擊，卻沒有達到這樣的結果，我們就比較難解釋了。

以人口生態學為導向的歷史學家彼得．圖爾金（Peter Turchin）進行了一場野心勃勃的嘗試，他把國家失能和均等的效果加以理論化，並且確認這是一種內生的結果。他的綜合性理論針對長期的循環，描述了理想的典型發展順序，也就是在一個大致可以預測的時間框架內，先是破壞，然後再恢復宏觀社會的結構。人口成長對承載能力帶來了壓力，還使得勞動力相對於土地的價值降低，這個過程會使得菁英致富，也讓分配不均擴大，並且反過來導致菁英內部的競爭升溫，最終則是國家的解體。

這個危機對於人口的作用是減輕了人口的壓力，讓原本的菁英面臨更大的危機，並有助於新的菁英（武士）出現，由新的菁英重建國家制度。對歷史案例的研究檢測了這些預言，並凸顯出菁英的行為對於人口和財政因素的競爭都具有絕對的重要性。[5]

將這類過程視為內生的，風險是可能會低估了大致上、或是完全屬於外因的力量（例如傳染病）的重要性，這些力量的效果會透過社會條件（也包括分配不均在內）展現出來，但是絕對不是由這些社會條件引起的。但是，就算是把暴力衝擊合理的視為一個內生原因，認為它會在所得和財富的集中過程帶來一個比較穩定的起落模式，這也不會影響到本書的核心主題。不論根本原因為何，需要的衝擊在本質上一定是暴力的。問題只是在於它們有多大的程度根源於政治、社會和經濟的不均等（最後則展現為物質上的分配不均）。越是的話——帶來劇變的革命和國家失能的例子尤其能夠拿來檢驗這個論點——我們就越能夠認為暴力會帶來均等，這符合分析性的敘述，認為菁英的行為和人口統計上的因素會讓國家形成，並帶來結構上的分配不均。當真要釐清這個問題的話，我們還需要以另外的專書討論。現在我只想要先注意到這個因果關係。如果要選出一些適合的例子來支持長期循環的理論、或是這類自成體系的模式，相對而言是容易的，不過對於這類觀點的評價，最終還是要看它們在所有的歷史紀錄中是否能夠適用。

想想法國、英格蘭、荷蘭、西班牙和一八〇〇年左右時西班牙在美洲的殖民地。就我們所知，這些地方有一段時間的分配不均程度都很高，或是在持續上升。法國大革命可能是一個公認的典型例子，為我們展示了人口壓力、菁英的貪欲和會帶來痛苦的分配不均形成的循環，是如何用暴力加以終止。荷蘭的財富分配不均一直在增加，已經成為長久以來的特徵，反對君主制的一派仰賴法國的武裝干預，宣示成立了巴達維亞共和國（Batavian Republic），這是長期以來的國內衝突形成的結果（國內衝突既是因為內部狀況、也是因為外部的原因形成的）。西班牙的分配不均也一樣在好幾個世紀中呈現上升的趨勢，不過並沒有帶來任何重大危機。是靠著外國勢力的多次侵略（主要是一連串的外生事件），才大幅改變了所得的分配。這又反過來在中南美洲引發了反對西班牙的起義，這個過程一樣可以往回追溯到（西班牙）國內的緊張局勢和半島戰爭這樣外因性的爆點。最後是完全沒有經歷過任何重大國內動亂的英格蘭——而它的物質資源分配不均程度並不亞於上述的其他社會。把不同的結果歸因於政治制度的不同、或是戰爭結果的差異，這以乎很容易，但是我們提出的變數越混雜，就越難把一個一貫的內因性理論套用到大量的真實案例中。還有許多工作必須要完成。[6]

「如果我們的時代是和平的」：另一種結果

這也一樣適用於我的第二個問題。歷史有其限制。任何對於不平等的歷史描述都一定會專注在（我們認為）當真發生的事，並且試著解釋為什麼會發生這樣的事。沒有發生的事就會被忽略。身為一個歷史學家，我發現這樣就會讓我滿足了。如果我們認為歷史學家的任務應該是要一探究竟，一八二四年利奧波德・蘭克（Leopold Ranke）所說的、常被引用的名言——「wie es eigentlich gewesen」（意思是「當真發生之事」）——就是這個意思：歷史紀錄中顯示從古代一直到二十世紀，暴力衝擊都是最可以帶來均等的力量，非暴力的機制則通常沒有辦法帶來可以與之相比的結果。但是如果用比較科學性的方法研究社會的話，可能就不會同意這個結論了。詳細的考慮過反事實之後，才會對歷史做出更好的解釋（就算只是因為它幫我們確認了是什麼因素造成我們最後看到的結果）。所以我們必須要問的另一個問題是：帶來了均等的暴力衝擊，會不會只是破壞了說不定可以用和平方式帶來的糾正呢？

在人類的大部分歷史中，走這個路線的探索的確像是個死胡同。如果羅馬帝國沒有瓦解的話，羅馬貴族會不會把他們驚人的財富和受壓迫的大眾分享呢？如果沒有黑死病的蹂躪，英格蘭的勞工能不能夠說服他們的雇主把工資提高至兩倍或是三倍呢？這些問題（或是其他類似問題）的答案顯然都是否定的。甚至看不到任何可能性會顯示用和平的機制一樣可以帶來改變。除此之外，以非常長期來看，這甚至稱不上是一個有意義的問題。帝國大概不可能永久存續，傳染病在某個時點（或是其他時點）也一定會爆發。永無止境的羅馬帝國或是沒有瘟疫的世界這種反事實並沒有當真存在的可能。如果歷史上沒有發生這些衝擊，最終還是會有其他衝擊取代它們的位置。從這個意義上來說，直到十分近期之前，都沒有什麼可能的方案會取代週期性的用暴力帶來均等。

不過現代性用某種方式改變了遊戲規則，這件事我們又要怎麼看呢？這是一個更需要認真對待的問題，因為我們很容易想到有一些和平方式說不定能夠帶來均等，例如大眾教育、公民權的擴大、有組織的勞工，和工業時代的其他任何新特徵。我們可以說這本書的訊息一直受到挑戰。對於一個比較樂觀的觀察家——像是一個遵循某種近代的顧志耐曲線的經濟學家，或是一個受到西方式民主和其他具有啟蒙意義的制度光環浸濡的政治學家——可能會認為只是因為現代剛好出現了三十年戰爭的混亂和後續的餘波，才搶先一步阻止了用和平、按部就班、內因性的方式帶來均等（如果是在現代性的各種福蔭之下，這是有可能達成的）。嚴格來說，歷史沒有出現這樣的發展，並不表示這件事不可能發生。

儘管我們當然永遠無法確認，不過更深入的探索這個特定的反事實，還是有一定價值。如果沒有世界大戰和共產主義革命的話，會發生什麼事？一個完全和平的二十世紀似乎是個絕無可能的反事實。如果考慮到權力的平衡和當時幾個主要歐洲國家和他們的統治階級的特性，某種大規模的戰爭很可能是無法避免。不過戰爭發生的時間或是持續期間和嚴重程度就未必了——或者說，尤其是在第一次世界大戰結束之後延續的衝突未必會發生。布爾什維克或是毛澤東思想的勝利也不是想當然耳的必然結局。[7]

最理想的情況是我們可以學習兩種西方世界，一種是遭到全面戰爭和經濟蕭條破壞的世界，另一種則是未受損害的世界。只有這樣，我們才能夠掌握延續的生態和制度，並且專注在經濟、社會和政治發展的相互作用，以及分配不均的結果。這樣自然的實驗是不可能的。世界大戰之名得自於波及的驚人地理範圍——這對於我們而言並不明確，對於捲入其中的人則堪稱悲劇。因而在現實生活中，接近反事實的發展是極為罕見的（雖然不至於完全不存在）。美國和日本在第一次世界大戰中都是比較邊緣的角色。美國的涉入時間很短，正式的參與期間是十九個月，戰鬥期間也短得多，徵兵率更是遠不及歐洲。日本的貢獻也相當有限——不只是和其他國家比起來，就算是跟日本自己十年前和俄國進行的大賭注戰爭相比，也是如此。這兩個國家和歐洲的主要交戰國不同，高所得的占比都只有短期的下降，很快的就因為分配不均回彈而恢復了原狀。

比起第一次世界大戰，第二次世界大戰在全球的波及範圍又更大了，各國也更加沒得選擇。如同我在第五章討論過的，幾乎不太可能找到任何一個已開發國家，是完全沒有受到物質上的牽連或是影響。瑞士或許算是最可以這麼說的了，在兩次世界大戰期間，瑞士的高所得群體的財富占比都只有緩和而暫時的下降，自從一九三三年開始出現報告之後，前百分之一的群體的所得占比也都維持得相當穩定。這讓我們想到最進步的拉丁美洲國家——這個比較其實令人存疑，因為拉丁美洲國家與西方國家畢竟在制度和生態上有著極大的差異，但是這仍然算是我們能夠期望的最佳範例了。結果顯示出阿根廷（和南非一樣）在第二次世界大戰期間都經歷到所得分配不均的擴大，而且不論是均等或是財務的擴張，都落在已開發國家之後（均等和財務擴張都是在一九四五年之後才發生，而且並非沒有外國的影響）。因此，我們所擁有的少量證據也顯示出如果沒有全面動員的戰爭和革命，並不會達成大規模的均等。[8]

這個推測當然還未獲得證實，我們也可以很合理的認為如果是在工業國家，要以和平的方式帶來均等就是會花上更多時間。如果還有其他時間，而我們也能夠暫時拋下懷疑，想像世界上在整個二十世紀都不存在大型的暴力衝擊——或是說這類戰爭都很快的獲得了解決，又再重新導向一個持久的權力平衡（雖然這比較不太可能）——那麼全球和（尤其是）西方的不平等會有怎樣的發展呢？我們唯一能夠確認的就是**不會**發生的事：如果沒有資本的消滅和貶值、具侵略性的財產重新分配、國家在經濟領域的各種干預，所得和財富的分配不均就不會像在一九一四和一九四〇年代晚期那樣，下降得那麼多。當時看到的均等規模十分巨大，就算是幾乎不太可能發生的反事實過程，大概都沒有辦法在短短一代的時間內帶來類似的改變。但是會不會發生其他狀況呢？

讓我們想像一下整個二十世紀在概念上會出現的四種結果（圖40中的1～4）。第一種——我們可能稱之為「悲觀的」局面——是所得和財富的持續集中，而且這種集中的局面也保持穩定（這是延續了十九世紀的特徵，在歐洲，這種模式可以追溯回中世紀末期的黑死病衰退時，在美國也至少可以追溯回獨立時）。在那樣的世界中，西方（和日本）的分配不均程度很高，但是相對而言保持穩定，有一些地位穩固的富豪主宰了這個永無止境的「鍍金時代」（Gilded Age）。❷某些西方社會和整個拉丁美洲的分配不均甚至增加得更多，已經和其他達到高點的國家一樣高了——英國便是一個最明顯的例子。

雖然這個結果對於前現代歷史中的長期穩定而言是完全寫實的，但是拿來形容二十世紀似乎就過於保守了。一九一四年之前的幾十年，已經有許多西方國家開始引進社會安全法規和所得稅（或是遺產稅）、擴大公民權和允許組織工會。雖然依照後世的標準來說，這些努力只是有限的，但是它們為之後兩代左右的重新分配制度和福利國家的大幅擴張提供了制度和觀念上的基礎。在我們假設的反事實的和平世界中，這些政策大概都還是會持續（只是進展比較慢）。以長期來說，這很有助於減少分配不均。

但是這會帶我們走到多遠呢？我所謂的第二個局面是最「樂觀的」反事實。在這個局面中，社會政策和大眾教育會慢慢的（但是確定會）讓所得和財富逐漸分散，直到這個良性的過程達到和現實生活在幾十年前（主要是一九七〇或一九八〇年代之前）差不多（或是完全達到）的均等程度。不過，如果要主張就算沒有暴力的「大壓縮」，分配不均最後還是會減少到類似的規模（只是會較晚），這個假設會碰到幾個嚴重的阻礙。其中之一是資本和資本利得的作用。雖然社會的民主提升之後，藉由遺產稅的調整和對市場經濟的干預啃蝕了一點資本利得，但是如果沒有暴力的衝擊，還是很難見到資本受到同樣規模的破壞和貶值。由於二十世紀的均等是資本的現象，因此，比較不具有破壞性的環境很難讓整體的分配不均下降相同的幅度——不論經歷了多久時間。

在我們的和平的反事實世界中，現實生活裡的其他做法也一樣不太可能實行：超過百分之九十的邊際稅率、徵收的遺產稅、國家對經濟活動和資本報酬率的大量干預（像是對工資、租金、紅利和其他更多項目的控管）。也不會有災難性的通貨膨脹消滅掉幾個國家的收租者。還必須排除共產主義帶來的均等效果——包括它們在一九一七年之後的俄國、一九四五年之後的歐洲和一九五〇年之後的東亞和東南亞的直接展現，還有對於西方和東亞資本主義的間接約束效果。最後，如果是一個反事實的和平世界，不會在一九一四年後的全球化中經歷到相同的斷裂——斷裂壓制了貿易和資本的流動，並且造成各種對於貿易的阻礙，包括關稅、限額，還要再加上其他控制。在真實的世界中，其後果直至第二次世界大戰之後才慢慢因為工業化的市場經濟體系而被克服，而在開發中國家，影響甚至更為巨大和持久。有一些標準認為全球化直至一九七〇年代才完全恢復。如果沒有暴力的衝擊，我們現在或許可以回頭看到一百五十年來的連續、當真在全球發生的經濟一體化，同時還有遲來或是還未完成的去殖民化，以及無論是在核心或是邊陲地區的菁英在賺取意外之財。[9]

由於反事實不存在所有這些會帶來均等的強大力量，因此最合理的結果似乎是用和平的方式邁向均等，會比在實際歷史中看到的規模更小（得多？差多少？）。不過即使如此，我的第三個（「中等程

❷ 譯注：指美國歷史中的南北戰爭和進步時代之間，時間上大概是從一八七〇至一九〇〇年，是美國的財富突飛猛進的時期，這個名稱取自馬克．吐溫的第一部長篇小說，作品的主題是在諷刺南北戰爭之後充滿貪婪和政治腐敗的美國政府。

度的」）局面可能還是太樂觀了。如果我們認為反事實世界中的科技發展會反映真實生活（以長期來看，這似乎是合理的），許多在今天讓當代觀察家感到困擾、造成分配不均的壓力——從重新擴大的各產業的所得差距，到因科技進步邁向電腦化而加強的全球化——難道不會緊密的扣合在一起、讓分配不均下降至和我們自己所在的世界差不多的程度嗎，如果一個社會不是由世界大戰的暴力衝擊所形成，不會比較不抗拒這些嗎？

在這裡的第四個（最後一個）局面中，是因為社會民主和大眾教育削弱了菁英圈的財富累積，因此分配不均的確可能在二十世紀的第二十六至七十五年間下降至某個程度，但是之後也會再重新回復——就很像在真實世界中（尤其是在盎格魯—撒克遜國家）發生的狀況。在這個狀況中（或許是在我的四個反事實的情境中最可能的局面），分配不均很可能會回到一個世紀之前的普遍水準，讓我們處於比目前更糟的位置（圖41）。

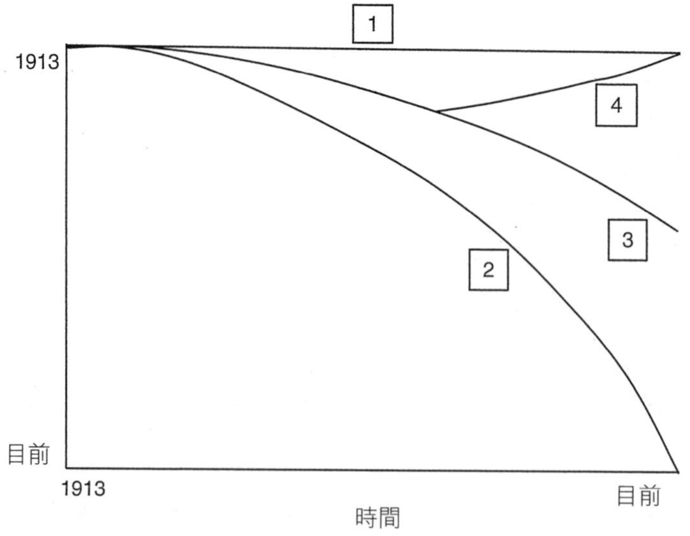

圖41　二十世紀的反事實的分配不均趨勢

雖然更深入的衡量這些概念上的反事實相對而言會帶來什麼好處，可能也是徒勞無功，但是它們的確有助於我們理解如果沒有暴力的衝擊，實際的均等會存在怎麼樣的不同。首先，我們必須同意在現代性的條件下，是有以和平方式漸進的帶來均等的可能性（雖然沒有經驗上的證據支持這個想法）。再者，我們必須假定有另外一個世紀處於相對和平的狀態：任何反事實的衝擊（不論其時間和特性）的嚴重程度如果差不多，都會將我們帶回與真實世界接近的狀態，而且會強化用暴力帶來均等的優越性。第三，我們必須假設二十世紀早期的資本集中即使沒有大規模的暴力混亂，也可以用某種方式消除，而這需要更多想像力的延伸。第四是我們必須相信用這樣達到的任何均等，都不會被我們在上一個世代看到的分配不均的力量翻轉。前三個條件必須讓所有重大的非暴力均等在各種情況下發生，而全部（四個）條件也要達到接近我們今天所生活的世界中的分配不均程度。這是一件極為困難的事，也明確顯示出如果沒有重大的暴力衝擊，已開發國家現在會經歷到比他們實際上經歷到的更嚴重得多的所得和財富的分配不均。

有些人可能會認為這個觀察不恰當，因此不加以考慮——不只是因為無法證實，最重要的，也是因為那並不是我們真實生活的世界。但這是誤解。在現代性的條件下，用和平方式帶來均等的反事實十分重要，這有一個很明確的理由：如果我們無法得知在沒有「大壓縮」這樣全球性暴力的情況下，分配不均是否會或是會有多大程度的減少，我們如何判斷現在或是未來有多少的可能性達到均等？雖然各種地區性的危機吸引了我們的注意力，但是我在反事實中概述的相對和平、穩定、經濟一體化的世界，其實才是大部分人今天居住的世界。這些條件是怎麼形成今天的不平等，它們對於未來的均等又有怎麼樣的意義呢？

Part VII

不平等的反彈與
邁向均等的未來

第十五章

我們這個時代

分配不均的復活

經歷過「大壓縮」的最後一代正在迅速的凋零。曾經在第二次世界大戰中服役的美國人有百分之九十五都已經去世了，還活著的人，大部分也都九十幾歲了。人是如此，均等也是如此。已開發國家的分配不均在一九一四年之後開始大規模下降，持續了很久之後漸漸走向終點了。在大約一代（加減十年）的時間中，我們有可靠資料的所有國家的所得差異又都上升了（表8和圖42）。[1]

在樣本的二十六個國家中，高所得的占比於一九八〇和二〇一〇年之間成長了一半，市場所得分配不均的吉尼係數則上升了六．五個百分點——這個增加只有部分是由幾乎是全球性的擴大補助加以吸收（補助有助於重新分配）。從統計上來說，一九八三年是一個重要的轉折點，分配不均向下發展的趨勢在芬蘭、法國、德國、義大利、日本和瑞士都轉向了，所有樣本在形態上也都顯示如此。盎格魯—撒克遜的經濟體系率先而行（主要是在一九七〇年代）：英國的分配不均於一九七三年開始上升，美國是一九七三或一九七六年，愛爾蘭是在一九七七年，加拿大是一九七八年，澳洲則是一九八一年。美國的工資差距已經在大約一九七〇年開始上揚。其他指標也確認了這樣的圖像。一般來說，等值可支配家庭所得（equivalised disposable household income）❶的吉尼係數和高所得（相對於低所得）的占比，於一九七〇或是一九八〇年代之後是呈現增加。一九八〇年代之後在許多「經濟合作暨發展組織」（OECD）的國家中，中等收入人口的比例（相對於較高或較低所得的群體）都有所下降。[2]

表8　所選國家的高所得占比和所得分配不均的趨勢，1980-2010年

國家	指標	1980	1990	2010	最低（年分）
澳洲	前百分之一	4.8	6.3	9.2	4.6 (1981)
	吉尼係數 (m)	35.5	38.1	43.3	
	吉尼係數 (d)	26.9	30.3	33.3	
奧地利	吉尼係數 (m)	38.3 (1983)	44.0	42.3	
	吉尼係數 (d)	26.6 (1983)	28.4	27.4	
比利時	吉尼係數 (m)	33.0	30.7	33.1	
	吉尼係數 (d)	22.6	23.0	25.2	
加拿大	前百分之一	8.1	9.4	12.2	7.6 (1978)
	吉尼係數 (m)	34.9	37.6	42.2	
	吉尼係數 (d)	28.2	23.0	25.2	
丹麥	前百分之一	5.6	5.2	6.4	5.0 (1994)
	吉尼係數 (m)	43.1	43.6	46.7	
	吉尼係數 (d)	25.5	25.8	25.3	
芬蘭	前百分之一	4.3	4.6	7.5 (2009)	3.5 (1983)
	吉尼係數 (m)	37.5	38.2	45.1	
	吉尼係數 (d)	21.7	21.0	25.6	
法國	前百分之一	7.6	8.0	8.1	7.0 (1983)
	吉尼係數 (m)	36.4	42.6	46.1	
	吉尼係數 (d)	29.1	29.1	30.0	
德國	前百分之一	10.4	10.5 (1989)	13.4 (2008)	9.1 (1983)
	吉尼係數 (m)	34.4	42.2	48.2	
	吉尼係數 (d)	25.1	26.3	28.6	
希臘	吉尼係數 (m)	41.3 (1981)	38.6	43.2	
	吉尼係數 (d)	33.0 (1981)	32.7	33.3	
愛爾蘭	前百分之一	6.7	7.3	10.5 (2009)	5.6 (1977)
	吉尼係數 (m)	41.3	42.6	45.2	
	吉尼係數 (d)	31.1	33.1	29.4	
義大利	前百分之一	6.9	7.8	9.4 (2009)	6.3 (1983)
	吉尼係數 (m)	37.0	39.7	47.2	
	吉尼係數 (d)	29.1	30.1	32.7	
日本	前百分之一	7.2	8.1	9.5	6.9 (1983)[a]
	吉尼係數 (m)	28.3	31.3	36.3	
	吉尼係數 (d)	24.4	25.9	29.4	

表8 所選國家的高所得占比和所得分配不均的趨勢，1980-2010年

國家	指標	1980	1990	2010	最低（年分）
韓國	前百分之一	7.5	–	11.8	(6.9 (1995))
盧森堡	吉尼係數(m)	–	31.3	43.5	
	吉尼係數(d)	–	24.0	26.9	
荷蘭	前百分之一	5.9	5.6	6.5	5.3 (1998)
	吉尼係數(m)	33.8	38.0	39.3	
	吉尼係數(d)	24.8	26.6	27.0	
紐西蘭	前百分之一	5.7	8.2	7.4[b]	5.4 (1988)
	吉尼係數(m)	29.7	36.0	35.5	
	吉尼係數(d)	28.1	22.9	23.1	
挪威	前百分之一	4.6	4.3	7.8	4.1 (1989)
	吉尼係數(m)	33.8	36.8	36.9	
	吉尼係數(d)	23.5	22.9	23.1	
葡萄牙	前百分之一	4.3	7.2	9.8 (2005)	4.0 (1981)
	吉尼係數(m)	33.9	45.1	50.5	
	吉尼係數(d)	22.4	30.8	33.3	
新加坡	吉尼係數(m)	(41.3)	(43.7)	46.9	
	吉尼係數(d)	(38.3)	(40.8)	43.3	
南非	前百分之一	10.9	9.9	16.8	8.8 (1987)
西班牙	前百分之一	7.5 (1981)	8.4	8.1[b]	7.5 (1981)[c]
	吉尼係數(m)	35.4	35.9	40.9	
	吉尼係數(d)	31.8	30.2	33.3	
瑞典	前百分之一	4.1	4.4	6.9	4.0 (1981)
	吉尼係數(m)	39.3	41.9	48.5	
	吉尼係數(d)	20.0	21.4	25.8	
瑞士	前百分之一	8.4	8.6–9.2	10.6	8.4 (1983)
	吉尼係數(m)	46.3	39.7	40.7	
	吉尼係數(d)	30.3	32.2	29.8	
台灣	前百分之一	6.0	7.8	11.2	5.9 (1981)
	吉尼係數(m)	27.8	29.2	32.4	
	吉尼係數(d)	26.3	27.2	29.6	
英國	前百分之一	5.9–6.7[d]	9.8	12.6	5.7 (1973)
	吉尼係數(m)	37.0	44.4	47.4	
	吉尼係數(d)	26.7	32.8	35.7	

表8 所選國家的高所得占比和所得分配不均的趨勢，1980-2010年

國家	指標	1980	1990	2010	最低（年分）
美國	前百分之一	8.2	13.0	17.5	7.7 (1973)
	前百分之一 (cg)	10.0	14.3	19.9	8.9 (1976)
	吉尼係數 (m)	38.6	43.3	46.9	
	吉尼係數 (d)	30.4	34.2	37.3	
平均	前百分之一[e]	6.7	7.8	10.0	6.1 (1983[f])
	吉尼係數 (m)	36.2	38.7	42.7	
	吉尼係數 (d)	28.0	28.1	29.8	
	補助	8.2	10.6	12.9	

m = 市場所得（market income）
[a] 於一九四五年為六．四。
[b] 參見本章注4。
[c] 沒有1980年之前的資料。
[d] 1979和1981年。
[e] 不包括南非。包括南非：6.9（1980年）、7.9（1990年）、10.3（2010年）、6.2（最低，1983年）。結果是根據括弧中的不確定數據。
[f] 平均值及比較眾數。

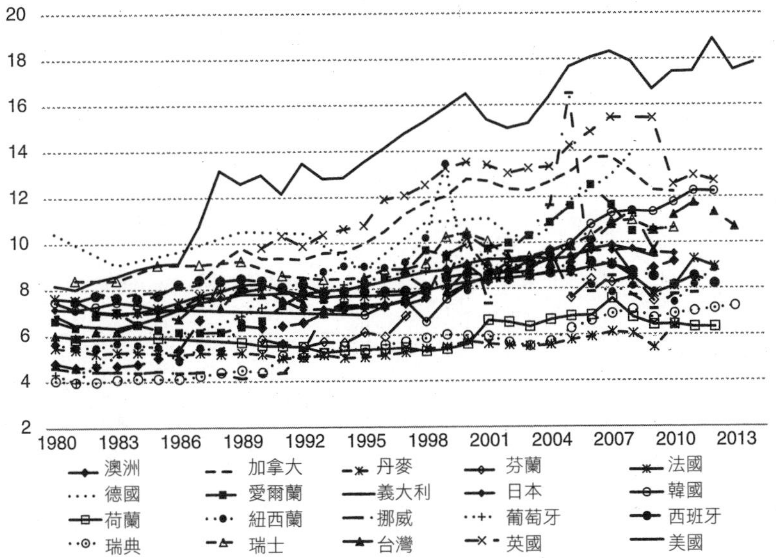

圖42 二十個OECD國家的前百分之一群體的所得占比，1980-2013年

再靠近一點看，會發現這個趨勢幾乎連部分的例外都完全不存在。由於高所得占比的數據覆蓋範圍並不平均，因此我只使用表8中的基準年分，這個做法似乎顯示西班牙和紐西蘭的分配不均略微下降，法國則維持不變。如果我們改為使用五年的移動平均線，就可以明顯看出大約在一九九〇年之後，這個群組中所有國家的高所得占比就都呈現至少最低限度的上升。如果我們用同一個方式追蹤吉尼係數，就會發現所有地方的可支配所得的分配不均都擴大了（除了奧地利、愛爾蘭和瑞士）——各地的市場分配不均也都增加了，毫無例外。大部分例子中的所得集中都更明顯得多了：一九八〇和二〇一〇年之間，在公開最高所得占比的二十一個國家中，有十一個國家的「前百分之一」的所有收入占比都增加了，而且成長率介於百分之五十和（超過）百分之一百之間。[3]

美國的分配不均甚至在二〇一二年創下了幾項紀錄：前百分之一群體的所得占比（包括和不包括資本利得兩者都是），和最富有的前百分之〇．〇一的家庭所擁有的私人財產占比，都在該年首次超過了一九二九年的高水位線。而且公布的所得分配吉尼係數很可能會比實際的分配不均水準更低，因為其實它們根據的調查無法掌握最富有的家庭的資料。以美國來說，有許多調整指出吉尼係數的值其實應該高出許多，而且會隨著時間日益增加。因此在一九七〇和二〇一〇年之間，市場所得分配的吉尼係數的官方數值從大約〇．四上升至〇．四八，但是實際上在一九七〇年大約是介於〇．四一至〇．四五，到了二〇一〇年，則高達〇．五二至〇．五八。就連最保守的修正值都認為這個分配不均的程度飛漲了超過四分之一，從一九七〇年的〇．四一上漲至二〇一〇年的〇．五二。重新分配只是有限的減緩了這個趨勢：從一九七九至二〇一一年，前百分之一的群體每年的所得在課稅和補助之前，平均的成長幅度是百分之三．八二，之後則是百分之四．〇五，相較之下，底層的百分之二十則分別是百分之〇・四六和百分之一・二三。[4]

這個趨勢絕對不只限於表8中調查的國家。我在第七章做了更多討論，也顯示出在形式上或是實際的後共產主義社會中，都可以看到物質的分配不均有更大幅度的擴大。這個發展在中國尤其明顯，中國的市場所得吉尼係數從一九八四年的〇・二三上升至二〇一四年的〇・五五左右，翻了一倍以上，相對應的財富集中程度也從一九九五年的〇・四五，快速上升至二〇一〇年代早期的〇・七幾，俄羅斯也是如此，俄羅斯的市場所得吉尼係數從二〇〇八年開始就一直停留在〇・五左右，然而在蘇聯解體的一九九一年時，還只有〇・三七，一九八〇年代早期甚至更低至〇・二七。有些主要的發展中經濟體也經歷了類似的轉變：印度的市場所得吉尼係數從一九七〇年代中期的〇・四四至〇・四五，增加為二〇〇〇年代後期的〇・五五至〇・五一，最富有的前百分之一的所得占比於一九八〇年代晚期和一九九九年之間也增加了一倍。巴基斯坦的市場所得吉尼係數從大約一九七〇年的低點（〇・三幾）爆增至二〇一〇年的〇・五五。不過大部分的開發中世界其實很難看出有什麼一致的長期趨勢。以印尼為例，雖然已經脫離了所得於一九九〇年加速集中的狀況，不過吉尼係數和最高所得的占比還是比一九八〇年高。我已經在第十三章討論過非洲和拉丁美洲的分配不均的複雜性。在一九八〇年代晚期和大約二〇〇〇年之間，除了低所得的國家之外，全球的中等偏低、中等偏高和高所得國家等各類型經濟體的所得差距都變大了。在全世界各地，前百分之二十的群體所得占比於一九九〇年代和二〇〇〇年代早期之間都呈現擴張。[5]

---

❶譯注：指家庭在經過課稅和其他扣除後、真正可供花費或儲蓄的總收入。

發展程度各自不同的各個國家卻一同走向了分配不均，這個過程很引人注目。在這裡只舉兩個例子，俄羅斯和中國都經歷過所得和財富的明顯集中，但是其中一國的經濟狀況萎縮，另一國卻正在經歷異常高度的成長。因此一九九〇和二〇一〇年之間，（不平等）提取率——實際上達到的分配不均與理論上最大可能程度的比例——在中國大致是持平的，因為人均ＧＤＰ和吉尼係數相差不多，不過在俄羅斯就上升了一倍，因為生產無法超越蘇維埃的水準。更廣泛的來說，在中歐、東歐和中亞，因為從計畫經濟轉變成市場經濟，造成了所得分配不均的擴大，在東亞的原因則是大幅的經濟成長，大約二〇〇二年之前的拉丁美洲，則是因為總體經濟的危機和體制的變化。除了這種種原因之外，在富有的西方國家發生的類似變化也都有各式各樣的理由。[6]

除了拉丁美洲之外，這些社會的共通點就是都被捲入了一九一〇至一九四〇年代的「大壓縮」，在那之後，也都經歷了一段不太劇烈的邁向均等的過程。直接涉入世界大戰的國家現在占了全球名目上ＧＤＰ的四分之三以上，如果我們再把歐洲的未參戰國和大受影響的前殖民地加進去，這個比例會上升到超過五分之四。因此，分配不均在最近普遍增加，或許最好理解為稍早的暴力衝擊帶來的均等結果——讓分配不均降到不尋常或許也不持久的低水準——至今才則遭到了削弱。

市場與權力

本書一開始先概述了從人類的開端至二十世紀，所得和財富分配不均的發展。從幾千年的歷史紀錄中挑選了一些例子之後，我能夠為資源集中在少數人之手找到兩個主要因素：經濟發展，和有足夠勢力的人進行的掠奪行為（他們占用的財富遠遠超過其活動在競爭市場中可以為他們賺得的財富——也就是經濟學家所稱的「租金」）。這些機制直到今天都還在運作。目前對於分配不均為何增加的爭論，已經縮小到認為與本質有關，並且圍繞著一個根本問題——一邊是透過供需運作的市場力量，另一邊則是制度和權力關係，兩者的相對重要性為何。雖然幾乎沒有任何認真的觀察家會否認在進步的經濟體系中，所有的這些因素都會大大助長所得差距的擴大，不過詳細的狀況還是存在許多爭論。制度和根據權力的解釋在近年得以站穩腳步，而供需理論的支持者則發展出更複雜的模式，強調科技、技術和有效市場的核心地位。[7]

許多觀察家在追溯所得差距擴大的原因時，認為是較高的教育程度帶來了較高的回報（尤其是在美國）。一九八一和二〇〇五年之間，高中畢業生和繼續大學教育者的平均所得差距增加了一倍（從百分之四十八提高至百分之九十七）。這個發展遠遠超出了只是收益的不均：從一九八〇至二〇一二年，男性大學畢業生的實際收入成長幅度為百分之二十至百分之五十六，有學士後學位的人享有最大的利益，不過高中畢業生（的實際收入）則下降了百分之十一，高中中輟生更是下降了百分之二十二。工資的差距從大概一九八〇至二〇〇〇年代早期一直呈現增加，其中有大約三分之二都可歸因於大學畢業的勞工會得到更多額外津貼。一九六〇和一九七〇年代，大學畢業生的工作時數在所有工作時數中占的比例快速成長，直至大約一九八二年，增加的幅度才開始慢下來，擁有特殊技術勞工的需求超過了供給，使得額外津貼呈現增加。技術的變化和全球化可能也發揮了重要作用，自動化取代了慣常的人類勞動，製造業轉移到海外的生產者之手，並且更整體的提高了對於正式教育、技術專長和認知能力的需求。這使得低報酬、勞動密集的職業和高報酬、概念密集的職業益發出現二極分化，中級的工作遭到取代，所得分配的中間階層也被挖空了。在開發中國家，科技的變遷甚至可能帶來更明顯的分配不均後果。[8]

有人提出給教育更多的投資作為解決方案。二〇〇四和二〇一二年之間，美國大學畢業生的勞動力供給又再度增加，同時間額外津貼則持平不動（雖然還是維持在高水準）。除了英國之外，大部分歐洲和幾個東亞國家的技術溢酬都維持在相同水準，或甚至是下降了。受過教育的勞工的供給水準造成了國家之間的差異。事實上，教育在各個國家能夠獲得的回報差異很大：在美國可能高達瑞典的兩倍。這是很重要的，尤其是因為如果教育可以獲得較高的溢酬，會導致較低的代間收入流動。❷[9]

不過，評論家還是指出了這個方式的許多限制。證據可能沒有辦法支持高報酬和低報酬職業的兩極化現象，技術變遷和自動化也難以適當的說明一九九〇年代之後工資比例的發展。一個職業內部（而不是職業之間）的收入差異可能才是造成分配不均的重要原因。除此之外，高所得的大幅增加尤其難以用教育來解釋，我之後會再回到這個問題。另一個扭曲來自於我們觀察到美國的教育和就業之間越來越無法配合（勞工的條件漸漸大幅超出他們所從事的工作的要求，這個過程也導致工資的差距越來越大）。[10]

全球化通常被認為是很有可能造成不平等的一股力量。全球化的消長一直被認為和不平等的起落有關：在十九世紀後半葉和二十世紀早期的第一波全球化，與分配不均的日漸增加或是穩定的保持在高水準是同時發生的——不僅在西方是如此，在拉丁美洲和日本也是如此——一九一四和一九四〇年代之間，因為戰爭和經濟大蕭條造成全球化中斷時，分配不均也呈現下降。對於大約八十個國家於一九七〇和二〇〇五年之間進行的趨勢調查，發現國際貿易的自由和同時間的撤銷管制都使得分配不均大幅提高。雖然整體而言，全球化有助於經濟發展，不過無論是在已開發國家或是開發中國家，菁英享有的好處依然是不成比例的（大）。造成這種失衡的理由有幾個。有一項評估認為是中國決定擁抱資本主義、印度的市場改革和蘇維埃陣營的垮台，讓全球經濟結構中的勞工人數實際上增加了一倍──而資本並沒有以同樣的比例增加，在全球的勞動力中，具有特殊技術的勞工比例還下降了，因此才讓富有的經濟體的分配不均擴大。以外國直接投資的形式呈現的金融全球化，讓技術溢酬──或許還有資本的報酬──有提高的壓力，於是擴大了較高所得階級內部的分配不均。相較之下，低工資的國家透過製造品貿易進行的競爭，似乎就只對美國的分配不均帶來有限的效果。貿易全球化帶來的均等結果會與資本流動造成的分配不均互相對抗，全球經濟一體化造成的抵銷就使得整體效果降低了。[11]

全球化也會影響政策的制定。強化的競爭、金融自由化和妨礙資本流動的障礙遭到排除，可能會促進財政的改革和撤銷對於經濟的管制。因此，全球化會使得課稅從公司稅和個人所得稅轉變成消費稅，而這會造成課稅後的收入分配不均擴大。不過即使如此，至少在這個程度上，國際的經濟一體化和競爭只有在理論上被預期會壓抑某些類型的重新分配政策，實際上並沒有廣泛的破壞福利支出。[12]

富有國家的人口因素會用不同的方式衝擊所得的分配。移民只對美國的分配不均帶來一點點效果，甚至還在歐洲的某些國家造成均等的結果。相反的，「選擇婚配」（assortative mating）──更明確的來說是婚姻伴侶在經濟層面上的益發相似──則擴大了家庭之間的差距，而且一九六七至二〇〇

❷譯注：指兩代之間的所得改變。

五年之間美國的收入差距整體擴大，選擇婚配被認為要負擔大約百分之二十五至百分之三十的責任（雖然其效果大部分集中發生在一九八〇年代）。[13]

制度的改變也是另外一個明顯可歸咎的原因。工會成員的比例下降和最低工資的縮水，都助長了所得差距的擴大。我們發現政府的重新分配的確和工會的密度與集體工資協商有關。比較強大的組織性勞工和就業保障會降低技術獲得的回報。一般來說，具有工會成員的身分，會讓公平的規範制度化，因此可以縮小工資的差距。反面的做法——去工會化和制定實際最低工資的壓力減少——會讓所得的分配發生扭曲：一九七三至二〇〇七年之間，美國私人工會的男性成員從百分之三十四下降至百分之八，女性成員從百分之十六下降至百分之六，便使得時薪的差距在同時間增加了超過百分之四十，也是該時期的整體分配不均的一大原因，其重要性不亞於日益增加的技術溢酬。相較之下，最低工資在這個過程中的角色就小得多了。同一時期的歐洲大陸的勞動力市場機制比較公平，就比較能夠限制分配不均的日益擴大。[14]

就像是勞動力的市場機制有助於形成勞工的報酬分配方式，在決定可支配所得的分配時，金融制度也扮演了重要角色。在第二次世界大戰期間和大戰之後，許多已開發國家的所得邊際稅率都飛漲到紀錄中的高點。當所得分配不均開始恢復時，這個趨勢也出現了翻轉：一項對於十八個「經濟合作暨發展組織」國家的調查，顯示一九七〇或是一九八〇年代之後，除了其中的兩國之外，各國的最高邊際稅率都開始下降。高所得的占比尤其和課稅的負擔有密切相關：若是大幅減稅的國家，高所得也會有實質增長，在其他國家則沒有。財富稅的多寡也是朝著相同的方向發展：高額的遺產稅阻礙了大型財富在戰後的重建，隨後的減稅則助長了財富的重新累積。在美國，對於資本利得的較低課稅提高了它在整體的稅後收入中占有的比例，二〇〇〇年代進行減稅時，也發生了資本利得與紅利的相對比重大幅上升。一九八〇和二〇一三年之間，前百分之〇．一的家庭的平均所得稅率從百分之四十二降至百分之二十七，對財富課徵的平均稅也從百分之五十四下降至百分之四十。近期的美國財富分配不均增加，有大概一半要歸因於稅的累進程度降低，所得分配不均的擴大則大部分是由於工資的差距造成的。雖然在近幾十年來，大部分「經濟合作暨發展組織」的國家都發生了較大規模的重新分配，不過稅和補助的步調並沒有趕上日益增加的市場所得的分配不均，而且一九九〇年代中期之後，這也成為一種不是那麼有效的追求均等的方式。[15]

稅制、商業法規、移民法和各種勞動力市場的制度都是由政策制定者決定的，因此前述幾個造成分配不均的原因都和政治領域有密切相關。我已經提過全球化的競爭壓力可能會影響到國家層級的立法結果，但政治和經濟上的不均等會以各種方式交互作用。美國的兩個主要政黨都改朝向自由市場的資本主義了。雖然根據唱名表決所做的分析，顯示自從一九七〇年代之後，共和黨向右翼靠攏的幅度比民主黨向左派靠攏的幅度大，不過後者對於一九九〇年代的金融鬆綁起到了相當作用，而且較之於傳統的社會福利政策，也越來越關注文化的議題（像是性別、種族和性別認同）。一九四〇年代美國國會的政治兩極化最不明顯，但是在一九八〇年代之後又快速成長。一九一三和二〇〇八年之間，高所得占比的發展和兩極化的程度密切相關，但是落後了大概十年：後者的變化先於前者的變化，不過兩者一般而言是朝向同一個方向移動的——先降後升。金融業的工資和教育水準、以及美國經濟結構中所有其他行業的相對關係也是如此，這個指標也一樣會根據政黨的兩極化而存在時間差。因此，菁英（特別是在金融業）的整體收入會對立法的一致程度極為敏銳，而且會因為惡化的僵局而獲利。

除此之外，對投票的參與也明顯偏向於對富有的家庭有利。一九七〇年代之後，因為有大量低收入的勞工移民（他們並非公民），因此傳統而言比較不富裕的低投票率族群就擴大了。二〇〇八和二〇一〇年的選舉投票參與率就明顯的和所得有關，而且從低所得到高所得家庭對投票的參與有明顯的線性增加：二〇一〇年，最貧窮的家庭中只有四分之一前往投票，但是所得超過十五萬美元的家庭，則有一半以上參與投票。美國的「前百分之一」既是政治上比較活躍的一群，對於課稅、法規和社會福利也比整體人民更為保守，而且越是在所得等級中最高的一群人，越是可以明顯的看出這個偏向。最後，雖然可以捐獻的項目大幅增加了，但是捐款還是越來越集中在競選獻金。在過去（一九八〇年代）的所有競選基金捐款中，百分之十至百分之十五是由收入最高的百分之〇・〇一群體貢獻的，而在二〇一二年，這個群體的捐贈額已經達到總額的百分之四十以上了。因此，候選人和政黨越來越仰賴非常富有的捐贈者，這個趨勢更強化了一股看得見的偏向，也就是立法者會傾向於站在高所得的投票人這邊。[16]

這些都很能夠支持我們的結論：科技變遷和全球的經濟一體化造成了分配不均的壓力，而權力關係的改變則會補充、並且加重這種壓力。最高階層的所得和財富分配的改變尤其容易受到制度和政治因素的影響，甚至有時候還會造成戲劇性的結果，我們現在也越來越同意這點了。一九七九和二〇〇七年之間，美國有百分之六十的市場所得成長是由這「前百分之一」吸收了，全部的增幅中只有百分之九屬於底層的百分之九十。稅後所得的所有成長中，有百分之三十八是由同樣的一群菁英造成的——相較於底層的百分之八十的成長率是百分之三十一。一九九〇年代早期和二〇一〇年代早期之間，美國所得最高的前百分之〇・〇一的家庭占比成長到兩倍以上。離散程度（dispersion）一直比較集中在較高所得的群體：雖然在美國，第九十個百分位數的所得相對於第五十個百分位數的所得，比例於一九七〇年代之後就一直成長，不過第五十個百分位數的所得相對於第十個百分位數的所得（也就是中產和低收入階級之間的差異），比例自從一九九〇年代之後便大致維持不變。換句話說，也就是高薪的人和其他所有人的差距越來越擴大了。整體而言，這個趨勢算是盎格魯—撒克遜國家的典型，不過在大部分其他「經濟合作暨發展組織」的國家中，就很少看到、或甚至是完全看不到了。雖然如此，但是長期而言，整體的所得分配不均還是十分受到高所得占比的影響：在許多國家，最富有的前「百分之一」家庭後面的百分之九的占比從一九二〇年代至今都一直保持穩定（大約百分之二十至百分之二十五之間），不過最頂端的占比就比較常發生變化。在富人的財富占比中，也可以看到類似的趨勢。這些都顯示最大型收入的相對比例才是整體分配不均的主要決定因素，因此需要特別關注。[17]

為什麼賺最多的人會超過其他的所有人呢？經濟學家和社會學家提出了許多不同的解釋。有些人著重經濟的要素——例如高階管理人員的較高報酬和公司的價值成長之間的關係、對於特定的管理技能的需求日增、擅長操作公司董事會的經理人抽取了租金，以及資本利得的重要性日益增加。其他人則強調政治上的理由，像是偏向於保守政策的黨派和政治的影響、金融領域管制的撤銷、稅率的降低，或是強調社會過程的角色，像是基準化分析法（benchmarking）、❸使用往上傾斜或是理想的範例設定最高薪資，還有更一般性的社會規範以及公平概念的變化。雖然制度上的理由益發獲得重視，

❸譯注：指將自己企業的表現指標與業界的最佳指標做比較。

不過強調供給和需求的解釋仍然歷久不衰。公司大小的擴大（用市場價格的總值來表示）即使不大，或許仍會對管理能力帶來重大的不同：因此，一九八〇和二〇〇三年之間大公司的股票市值增加了六倍，就能夠完全說明在同時間，美國的執行長（CEO）的薪資也成長了六倍。在贏家通吃的前提之下，市場規模的成長本身，就能夠預期會帶來最頂層階級的報酬增加。

不過，公司的規模和高階管理人員的報酬之間的相關性並沒有維持得更久，甚至在最近的幾十年間，高所得不合比例的提高，還更擴大到遠遠超出主管人員和其他「超級明星」之外的人：在美國，高階主管和頂級的藝人以及運動員只占了高所得階層中的大約四分之一。強調管理權力的解釋頂多只和相對小群的CEO有關，很難解釋其他職位的相對報酬為何也有類似、或甚至是更大幅度的增加。科技（尤其是資訊和通訊科技）的變化、再加上某些行業在全球的規模日增，這兩者的影響合起來，或許就提高了最佳表現者的相對生產力，也使得他們的所得占比大增。[18]

不過評論家還是堅持認為「會大幅影響富裕的因素和經濟生產力無關，或是關聯不大」。金融業的報酬水準和管制的撤銷密切相關，但是如果我們只用看得到的因素來解釋，還是無法理解何以有如此高的報酬水準。雖然於一九九〇年代之前，美國的金融界勞工與其他產業的勞工一樣是根據教育來調整工資，不過到了二〇〇六年，他們會另外得到百分之五十的溢酬，如果是高階主管，還會高達百分之兩百五十或是三百。很難解釋為什麼會有這樣大幅的分配不均。金融專業人員和公司主管這樣不合比例的收益顯示有租金的取得，即他們的所得超出了在競爭市場中要確保服務所需的金額。一九七八和二〇一二年之間，美國的CEO報酬（依照二〇一二年的定值美元）❹上漲了百分之八百七十六，大幅超過標準普爾（Standard & Poor）和道瓊（Dow Jones）股價指數的漲幅（其漲幅分別為百分之三百四十四和百分之三百八十九）。在一九九〇年代，這相對於其他高所得或是工資，也算是相當大幅的上升。

依照需求提供的教育與這些發展都沒有相關，也無法解釋為什麼相同的教育群體中卻會有所得差異。其實在某些最能夠獲利的就業領域和商業活動中，社交技能還比正式的教育更為重要，高階主管的重要性很大一部分來自於他們的位置是在由客戶、供應商和管理人員構成的網絡中，這個網絡無從轉讓（客戶、供應商和管理人員都是公司必須要接近和控制的）。連鎖反應也很值得注意：雖然主管的報酬高漲和經濟體制的「金融化」（financialization）只有直接導致最近某些高所得的增加，不過它們對於其他領域（例如法律和醫學）的影響也擴大了分配不均的效果。除此之外，有良好職位的勞工受到的優惠待遇也不再限於私營企業，而漸漸擴大到公共領域，例如高所得的占比就得益於「經濟合作暨發展組織」國家的邊際最高稅率的減少。雖然大型財富的建立通常要歸因於政治影響和掠奪行為，不過在非西方社會中，權力關係甚至又顯得更重要了：在中國，有政治背景或是與政治有強力連結的CEO會比其他人享有更好的報酬，主要就是這個原因。[19]

最後是資本。因為財富的分配一定比所得（的分配）更不平均，也更集中在富有家庭，因此資本利得的相對重要性或是財富的集中有任何增加，都很可能會提高所得的分配不均。資本的再興是皮凱提最近研究的核心主題。在「大壓縮」期間，國民的財富相對於國民所得的比例大幅下降，在恢復的過程中，最可以清楚看到資本再興的趨勢。從那時候開始，有些已開發國家的財富的相對大小都有大

❹譯注：指根據消費品的價格指數，按照上一年度的購買力以百分比計算出的本年度美元值。

幅增加，這同時也是全球性的。類似的趨勢提高了私人財富相對於國民所得、私人資本相對於可支配所得的比例。這個發展對於分配不均的整體影響一直頗受爭議。評論家認為這個增加有很大的程度是得自私人住房的價值提高，而如何計算住房占了多少資本存量的方式做出調整之後，也指出幾個重要經濟體的資本／所得比例於一九七〇年代之後都保持穩定（而非上升）。雖然這段時期在幾個「經濟合作暨發展組織」國家的國民所得中，資本利得的比例都提高了，但是一九七〇年代和二〇〇〇年代早期之間，幾個最高所得國家的所得（得自資本）相對於收入（來自薪資）的比重，則沒有朝向同一個方向改變。[20]

財富分配不均的軌跡又不太一樣了。從一九七〇年代開始，在法國、挪威、瑞典和英國，最富有的前百分之一家庭所擁有的私人財富占比都沒有什麼改變；在荷蘭呈現下降；而在芬蘭則是略微上升——在澳洲和美國則是大幅上升。美國的財富集中速度比所得更快。這個過程在極富有的人之間尤其顯著：一九七〇年代晚期和二〇一二年之間，「前百分之一」擁有的所有私人財富的占比幾乎成長為兩倍，不過最富有的前百分之〇．一則增為三倍，前百分之〇．〇一的家庭也不亞於五倍。這對資本利得的分配帶來了巨大影響。同一段時期內在所有可課稅的資本利得中，「前百分之一」的占比大約變成兩倍（從全國總數的三分之一變成三分之二）。二〇一二年這個族群占了所有紅利和可課稅利息的四分之三。這個項目中的前百分之〇．〇一的家庭賺得的利息在所有利息中的比例大幅上升——成長了十三倍之多，從一九七七年的百分之二．一至二〇一二年的百分之二十七．三——可以說是最引人注目。[21]

這些改變助長了整個美國社會的財富分配不均：二〇〇一和二〇一〇年之間，淨值分配的吉尼係數從〇・八一提高至〇・八五，金融資產的該項數值則從〇・八五到〇・八七。雖然收入和資本利得的分配之間的相互關聯變得比較密切，不過「前百分之一」群體的薪資所得的相對重要性則略微下降。從一九九〇年代開始，對於高所得者而言，得自投資的收入的重要性增加了，稅額降低也增加了稅後的收入，有更大比例的菁英現在完全依靠投資的收入。一九九一和二〇〇六年之間，資本利得和紅利的變化對於稅後的所得分配不均的擴大具有重大的意義。[22]

雖然美國算是特別明顯，不過財富日漸集中的確是全球的現象。一九八七和二〇一三年之間，超級富有之人——只限於地球上最富有的兩千萬分之一或是一億分之一的人口——的財富平均每年成長百分之六（相較之下，全球的成人的平均漲幅為百分之二）。除此之外，估計結果也認為世界上的家庭財富中，有百分之八的價值現在被置於海外的避稅天堂，而且有許多都沒有紀錄。由於這類活動一定是大幅的偏向由富人進行，而且針對美國資產所估計的百分比（百分之四）遠低於對歐洲資產的估計（百分之十），因此被我們假設為比較均等的歐洲國家，實際上的財富集中程度可能比課稅紀錄所顯示的還要高出許多。開發中國家的菁英在海外擁有資產的比例甚至還要更高——在俄羅斯的例子中，可能會高達全國私人財產的一半。[23]

*

在過去幾十年來，所得和財富的分配不均在各地的復甦無疑延續了本書在開頭幾章的敘述。本節回顧的許多變數都和國際關係有密切相關。貿易和金融的全球化明顯的讓分配不均越演越烈，十九世紀時全球的經濟一體化首次實現，當時的大英帝國帶來了相對和平而穩定的國際秩序，構成貿易和金融全球化的基礎，接著，又在美國的霸權下重新建立起全球化，最後則是因冷戰的結束而進一步強化了。導向均等的主要機制——例如組成工會、國家介入私人部門的薪資決定、以及高度累進的所得和財富課稅——都在全球戰爭的脈絡之下首度崛起，第二次世界大戰期間和之後的充分就業也是如此。在美國，政治兩極化的不平等現象在經濟大蕭條之後和第二次世界大戰期間很快的減弱。雖然科技的不斷變化已經是事實，不過提供教育以取得平衡則是公共政策的問題。最後的分析結果認為在過去的幾十年間，在背後導致分配不均的力量反映的是「大壓縮」之後國家之間的關係和全球安全的發展：暴力衝擊擾亂了全球的交換網絡、促進社會的團結和政治上的凝聚，還有助於維持激進的金融政策，而在那之後暴力開始緩解，則妨礙了對於所得分配不均和財富集中的控制效果。[24]

第十六章

❖

未來有什麼呢？

壓力之下

在提出這個問題之前，我們必須指出如果只靠標準的衡量方式，世界各地的經濟分配不均其實都比看起來的更嚴重。首先是吉尼係數——這個最常被拿來衡量收入分配不均的方式，它對於最高所得的意義的掌握有限。對這個缺陷做出調整之後，會發現其實整體而言，分配不均的程度明顯較高。再者，如果把沒有報告的境外基金（Offshore fund）也加進私人家庭財產的統計中，該領域的分配不均就會比較高。第三，我也依一般的做法，把焦點放在所得和財富分配的相關指數。不過如果把經濟成長也考慮進去，就算是絕對的分配不均——高所得和低所得之間的差距——保持相對穩定、或是吉尼係數只有些微上升（這是我們在某些西方國家看到的），其實都代表實際所得（不論是以歐元或是任何國家的貨幣計算）的差距已經越來越大了。

某些社會（例如美國）的資源分配越來越不平均，成長率也越來越高，上述效果在這樣的社會中就會益發明顯。一九八〇年代之後，中國的所得分配吉尼係數已經超過兩倍，平均的實際人均產出也成長了六倍，可以說絕對的分配不均已經達到了頂點。就算是在拉丁美洲——該地近期的經濟成長加速，相對的所得分配不均也減少了——所得的絕對差距也一直在增加。全世界的所得分配不均的絕對值都上升到一個新的高點。一九八八和二〇〇八年之間，全球前百分之一的群體在實際所得方面增加的百分比，和世界上第百分之五、六、七的群體都類似，不過與人均數值相比則成長了大約四十倍。最後（我將在附錄中做更多的討論），在某個社會中理論上可以見到的最大所得差距，會隨著人均

ＧＤＰ而異。我們認為先進的經濟體比他們從事農業的前人更無法忍受極端不均的資源分配，因此會進行控制，今天的美國實際上並不一定比一百年或是一百五十年前差距更大。[1]

前一項警告其實只適用於名義上的分配不均程度相對而言比較高的現代經濟體。歐洲大陸的大部分地方在經濟高度發展的同時，可支配所得的分配也算是比較公平的，實際的分配不均——實際上達到的最大可能分配不均的比例——現在可以說是比世界大戰之前低了許多。不過，雖然那些國家的最高所得占比大概都比美國小，但是可支配家庭所得的差距相對而言不大，則有很大一部分要歸因於大規模的重新分配抵銷了整體而言仍算大的市場所得差距，因此帶來了這個結果。五個明顯重新分配的社會——丹麥、芬蘭、法國、德國和瑞典——在二〇一一年的市場所得吉尼係數（在課稅和補助之前）平均為〇．四七四，這個數字其實和美國（〇．四六五）以及英國（〇．四七二）算不上有什麼區別。但是它們的可支配所得的平均吉尼係數（〇．二七四）卻比英國（〇．三五五）和美國（〇．三七二）低得多。

雖然有些歐洲國家的市場所得的差距比前述五個案例還要小一些，不過除了極少數的例子之外，重新分配的規模都比美國大（甚至還常常大上許多），這表示最終的所得如果要分配得比較平均（歐元區和斯堪地那維亞通常是如此），主要得有一個大範圍、而且花費高昂的國家干預在強力的推動均等。這樣的安排並不表示歐洲的未來一定均等。在歐洲的大部分地方，社會的公共支出和重新分配的支出都已經很龐大了。二〇一四年，有十一個歐洲國家投入四分之一至三分之一的ＧＤＰ於社會支出，而且那些國家的中央政府吸收了百分之四十四．一至五十七．六（平均值為百分之五十．九）的ＧＤＰ。政府規模會對經濟成長有負面影響，因此這個比例是否會大幅增加，其實是令人懷疑的。從一九九〇年代早期到二〇〇〇年代晚期，歐洲聯盟、美國和所有「經濟合作暨發展組織」國家的社會支出都大致持平，這表示這項支出已經達到一個較高的水準（也在國家的總產出中占有一定的比例）。二〇〇九年，又因為經濟表現萎縮以及全球財政危機導致需求增加，使得這項支出再度上升，不過在那之後就一直維持在新達到的高水準。[2]

這些高度均衡的福利制度到底有多大的力量對抗兩個日益嚴重的人口挑戰，是一個開放的問題。挑戰之一是歐洲的人口老化。出生率已經有很長一段時間都達不到遞補水準（replacement level）了，而且在可預見的將來大概也是如此。根據預測，在二〇五〇年時，歐洲人口的平均年齡會從三十九歲提高至四十九歲，然而介於工作年齡的人數卻已經到達高峰了，而且從現在到二〇五〇年之間，可能會下降大約百分之二十。在現在和二〇五〇年或是二〇六〇年之間，扶養比率（dependency ratio）——年齡在六十五歲以上的人口相對於十五歲至六十四歲之間的人口比例——會爆炸性的從〇．二八增長至〇．五以上，而且八十歲以上的人口比例也會從二〇〇五年的百分之四．一，加倍成長至二〇五〇年的百分之十一．四。對於退休金、醫療保健和長期照護的需求都會隨之增加，直至多達GDP的百分之四．五。當年齡的分布在從根本上進行這些改變時，經濟的成長率已經比前幾十年低了（雖然這有不同的推斷結果，有人認為從二〇三一至二〇五〇年的平均為百分之一．二，或是從二〇二〇至二〇六〇年為每年百分之一．四或是一．五）——而且其實也比歐洲聯盟的核心成員國低得多。[3]

最近幾十年來的老化比率較為緩和，也沒有對分配不均造成重大影響，不過這很可能要發生改變了。原則上，退休人員相對於勞工的比率拉近，有可能會增加分配不均，如果同時間只由一名成人組成的家庭比例增加也是如此。益發受到重視的私人退休金也會維持、或是讓分配不均增加。有一項研究結果預測二〇六〇年的德國會因為老化，而讓分配不均的程度比現在嚴重許多。日本的外國移民在居民中所占的比例比歐洲聯盟或是美國小很多，扶養比率也已經達到〇・四，日本的所得差距日漸擴大，有很大一部分要歸因於人口的老化。這是一個重要發現，因為具有高度限制的移民政策——南韓和台灣也是如此——在先前是有助於維持相對均等的所得分配（指在課稅和補助之前的所得）。[4]

這些預測都假設一直會有相當大量的移民：如果沒有這部分人口，歐洲的扶養比率到了二〇五〇年可能會高達〇・六。因此，數百萬新移民的到來，只會舒緩一直以來的老化過程所帶來的長期結果。而在同時，移民也可能在以前所未見的方式測試重新分配的政策。傑出的人口統計學家大衛・科爾曼（David Coleman）在對他所謂的「第三次人口轉型」（Third Demographic Transition）的開創性研究中算出，即使是只根據對於遷入率和移民生育率所做的保守假設，到了二〇五〇年，外國出身者（這個概念的定義會依國家而不同）在全國人口中的比例都會達到四分之一和三分之一之間，在他檢視的七個國家中，有六個國家都是如此：奧地利、英格蘭和威爾斯、德國、荷蘭、挪威和瑞典。這些國家包含了西歐大約一半的人口，還有許多其他的國家也會歷經類似的改變。除此之外，這個分類中出現的個人絕大部分都是正在受教育的兒童和年輕的勞工——有時候會多達全國總數的一半。根據推斷，非西方的移民占了德國和荷蘭人口的六分之一。由於沒什麼令人信服的理由讓人相信這些趨勢會在世紀中期減弱，因此到了二一〇〇年，荷蘭和瑞典的人口中可能會有多數都是外國出身。[5]

這種規模的人口替代不只是在世界上這塊區域的歷史中沒有前例（從農業出現之後就一直沒有），也可能會以出乎意料的方式對分配不均帶來影響。從經濟的觀點來看，就是大部分取決於移民的成功融入。移民得到的教育會比歐洲的國民低很多，未來也一直會是如此，就業率在許多國家也都很低（尤其是女性的就業率）。這些問題一直持續存在或是惡化，可能會為相關社會帶來分配不均的結果。除此之外，第一代的移民族群和最近由外國出身的家庭，兩者的發展都有可能影響到社會福利和對重新分配支出的態度和政策。阿爾貝托・阿萊西那（Alberto Alesina）和艾華・格拉瑟（Edward Glaeser）認為，福利政策和種族的同質性有關，這也有助於說明為什麼相較於歐洲國家，美國只發展出比較弱的福利國家。兩人預期越來越多的移民會有損歐洲福利國家的慷慨，反移民的情緒也可能被用來破壞重新分配的政策，並且「最終會將（歐洲）大陸推向與美國更接近的重新分配水準」。至少以這點來說，實際的發展並沒有證實這項預測。一項近期的全面調查也不贊成移民會削弱大眾對於社會政策的支持。[6]

不過，比較具體的觀察顯示出值得關注之事。較大的異質性和更多的移民其實會讓社會政策規定涉及的範圍比較小，貧窮和分配不均的程度也會比較高。在歐洲的「經濟合作暨發展組織」國家中，民族多樣性和社會的公共支出等級可能只有極小的反面相關性，反而是對失業率傳達的態度有很大的負面影響。如果社會中的許多低收入成員屬於少數民族，承擔大部分財政負擔的歐洲富人就比較不會支持重新分配。英國的調查顯示如果民族多樣性讓窮人受到差別對待，在課稅的脈絡中選擇重新分配的可能性就降低了。異質性的來源和特性都十分重要：移民和宗教的異質性對於福利國家規定的負面影響，比種族上的少數族群來得更大。這些因素中的前兩個已經成了歐洲經驗中的決定性特徵，而且還一直有來自中東和非洲的移民壓力，也確保了它們會繼續有越來越強的關聯性。這之中，很重要的是，我們必須了解歐洲的「第三次人口轉型」還只是在早期階段（指因應少子化和移民而讓全國的人口組成發生改變）。已經確立的重新分配和分配不均的模式可能會在下一個世代中，以無法預期的方式發生改變。考慮到目前體制的高度支出和老化、移民以及日益增加的異質性帶來了造成分配不均的壓力，這些改變比較有可能擴大分配不均，而不是加以限制。[7]

並非所有人口因素都一定會對分配不均的未來發展帶來重大影響。沒有明確的證據顯示近幾年來，美國的選擇婚配的頻率增加了（選擇婚配或許會讓家庭之間的所得和財富的分配不均擴大）。同樣的，所得的代間流動也沒有減緩（雖然要做出確定的結論可能還需要一段較長的時間）。相反的，根據所得的居住隔離則越來越多了（這在美國日益常見），以長期來說可能會對分配不均有較大的影響。如果鄰居的所得會間接影響到一個人自己在社會經濟方面的結局，那麼特定的所得族群在空間上的集中，就會影響到地方上挹注資金的公共財的分配，如果人口分布中存在越來越多的經濟不均等，就可以預期分配不均在未來的世代中也會一直存在——而且其實還會強化。[8]

皮凱提認為持續累積的資本既會提高資本在國民所得中的比例，也會增加其相對於國民所得的整體重要性，因為資本投資的報酬率超過了經濟成長，因此提高了分配不均的壓力，這個論點招致了相當的批評，連他的主要支持者也強調這個預測有不確定性。但是也絕對存在其他經濟和技術的力量，會讓目前存在於所得和財富分配中的差異益發惡化。全球化被認為（尤其是在已開發國家）會帶來分配不均，然而似乎在可見的未來，全球化都不會減緩。這個過程到底會不會建立起某種全球的超級菁英還在未定之天——其例子便是如大眾媒體所預示的、飽受抨擊的「達沃斯人」（Davos Man）❶的形象，他們會擺脫國家政策的拘束。自動化和電腦化在本質上是結局比較開放的過程，它們會影響勞動報酬的分配。一項估計顯示在全美國的勞動市場的七百零二個職業中，有幾乎半數的工作都因為電腦化而面臨危險。雖然預測的結果認為自動化未必會讓勞動市場成為高所得和低所得的兩極化，不過人工智能的進一步突破，則會讓機器在一般智能方面趕上或是超越人類，因此任何想要預測長期後果的嘗試勢必都是徒勞的。[9]

我們對於人體的改造會為分配不均的發展開啟新的領域。「賽博格」（即機器生化人，cybernetic organism）的創造和基因工程很有可能會擴大個人、甚至是他們的後代之間的差異，而且遠不止是他們的自然稟賦和可以控制的外在資源之間的差異，擴大的方式也可能反應到未來的所得和財富分配。由於奈米技術的進步大大擴張了人工移植的使用和功效，因此人工移植的應用就可能漸漸的從功能的恢復轉成加強。在過去幾年中，基因編輯的進步已經讓人們可以空前容易的刪除或是插入特定的DNA（不論是在培養皿中，還是在活的有機體上）。雖然這類介入的成果可能還只限於個別的有機體，不過若是操縱精子、卵細胞和小型胚胎的基因組成，也是可以遺傳的。第一個對（無生命的）人類胚胎的基因組合進行更改的實驗結果發表於二〇一五年。這個領域最近的進展可謂十分迅速，也會繼續帶領我們深入這個未知的領域。因為其花費不貲和「可得性」的問題，很可能是富人才有權享有這些生物機械電子學和基因精緻化的成果。

我們很有理由懷疑政治上的限制會壓制這些機會：追求提升和公共衛生不一樣，它是一種升級，因此比較可能造成不均等。西方民主國家中可見的法律限制甚至可能帶來更大的差距，因為在提供私人治療的國家中——很可能是在部分亞洲國家——法律的限制會將利益帶給可以負擔私人治療的人。從長期來看，在能夠和不能夠運用基因或是賽博格的這兩種人之間，自從出現了為富人和出身名門者創造的「設計嬰兒」（designer baby）❷之後，可能會讓這兩者的流動性減少，甚至至少在理論上，最後還會分化成兩種不同的種類——例如基因上的菁英「GenRich」和自然孕育的「Naturals」或是其他的所有人（這是普林斯頓大學的遺傳學者李・西爾沃〔Lee Silver〕所想像的）。[10]

長期以來，我們都認為科技變化的解決對策就是教育。在全球化持續進行，電腦化的進一步發展也取得了突破性進展——雖然或許只會到一定的程度——的過程中，大概都還是會繼續維持這種想法。不過在人類因為基因工程或是身體—機器的混雜（或者更有可能的是同時因為兩者）而變得更加不平等之後，這樣的模式也碰到了極限。當人工對身體和心理的強化達到了一個新程度，教育一定能夠完全與之抗衡嗎？但我們也不要走得太快。在擔心超級機器人（雖然它們能夠完成一些超出常人所能夠完成的願望）的很久之前，世界就在面對比較世俗的挑戰了（也就是已經存在所得和財富的分配不均）。我現在要再一次回到本書的中心主旨：分配不均的減少。均等的可能前景又是什麼呢？

處方

目前並不缺少如何減少分配不均的提案。諾貝爾經濟學獎得主再加上他們比較不經修飾、但有時

---

❶ 譯注：是已故政治學家塞繆爾・亨廷頓（Samuel Huntington）創造出來的，用來形容某類型的人「基本上不需要國家忠誠這種東西，他們把國家邊界視為正在逐漸消失的障礙，也因此而深感慶幸，他們把國家政府視為歷史的殘餘，唯一的用途便是為菁英的全球活動提供便利」。

❷ 譯注：指基因由父母、醫生選定，以獲得具某些特質的嬰兒。

候更受歡迎的同僚，和營利事業中的各種新聞工作者一起發表了長串的做法，好重新平衡所得和財富的分配。稅制改革占據了一個重要位置（除非另外注明，否則以下指的都是美國的情況）。所得應該用比較累進式的方式課稅；資本利得應該和一般的所得一樣課稅，資本利得通常要課以比較高的稅；還應該排除遞減的薪資稅（payroll tax）。財富應該直接課稅，設計的方式也要能夠減少財富在不同世代間的流動。一些制裁條款（像是貿易關稅和全球的財富開始必須登記）有助於防止海外的逃漏稅。公司在全球的利潤都需要課稅，從此不再有隱藏性的補貼。法國的經濟學者甚至提議對財富的來源每年課徵全球性稅金。除此之外，對資本做比較大筆的一次性課稅也可以減少公債，並且有助於重新平衡私人與公共財富的比例。前文提到對於技術的供給和需求讓人們開始關注教育的角色。公共政策應該有助於提高學校教育的機會和學校教育品質的公平性，好促進兩代之間的流動。學校基金不再來自於地方上的財產稅，這便是朝這個方向邁進的一步。普遍的設置幼稚園是有幫助的，高等教育也可能要進行價格管控。更整體的來說，在競爭的全球環境中，改善過後的教育會使得勞動力的「技能提高」。

在支出方面，公共政策應該以提供保險的形式，保護較低所得族群的資產價值能夠抵抗外因的衝擊，不論是住房的價值、勞工所擁有的合作社，或是人民的健康。普遍適用的醫療保健為這類衝擊帶來了緩衝。不是那麼富有的人可以比較容易保有信譽、進行創業活動，破產法對債務人也比較寬容。也要為債權人提供誘因，不然就會逼他們重組抵押了。更具有雄心大志的方案包括基本的最低收入、達到上限額度的個人儲蓄配合補助款，以及為每一位兒童提供最低限度的股票及債券資助。商業法規是待議事項中的另外一項。能夠調整所得的可能的市場分配方法，包括改變關於專利、反壟斷和契約的法律；控制獨占；以及更嚴格的控管金融部門。公司稅可能和ＣＥＯ的薪水以及勞工的平均工資有連結。高階主管的尋租行為應該透過對公司治理的改革來攔阻。股東和受雇員工的身分應該獲得支持，而方法便是確保後者的代表和投票權，以及強迫公司將利潤與勞工共享。制度的改革應該要重振工會的權力、提高最低工資、讓沒有足夠代表的族群也能夠改善就業機會，以及設計聯邦政府的工作方案。移民政策應該支持引進具備特殊技術的勞工，好降低技術溢酬。國際間對於勞動標準的協調、以及對外國收入和公司利潤加以課稅（不論其生產地在何處），都可以緩解全球化帶來的分配不均。國際的資本流動應該受到管制——還有特別大膽的建議認為，美國可能會要求貿易夥伴將最低工資制定為各自的國家平均工資的一半。在政治領域，美國應該投入財政改革，並且採取措施讓投票率提高，才能對抗分配不均。對媒體的介入應該要讓他們的新聞報導民主化。[11]

近期的討論主要（或甚至是專門）集中在政策措施的內容，並沒有適當的注意到這可能有多少花費和好處，還有它們在實際上的政治可行性。我們可以舉出幾個例子。弗朗索瓦·布吉尼翁估計對於美國的「前百分之一」能夠起作用的稅率，應該是近乎要加倍（從百分之三十五到百分之六十七·五），才能夠減少他們在可支配家庭收入中的占比（甚至降至一九七九年的水準）——這個目標「從政治觀點來看並非完全可行」。皮凱提設想了一個百分之八十的最高所得稅率，他認為考慮到經濟支出與均等的利益，這應該是「最理想的」，不過他也立刻承認「這類政策的任何一項似乎都不太可能很快的獲得採行」。提案的成功奠基於對全球政策的有效協調，這提高了成功要達到的高標準。拉維·坎伯爾（Ravi Kanbur）提倡創建一個國際機構來協調勞動標準——這類似於對抗全球化壓力時的奇效武器——「先不要管這樣一種作用的政治可能性或是在操作上的實用性」。皮凱提率直的表示，在這裡提議「對資本的全球性課稅是一個烏托邦式的想法」，但是「沒有技術性的理由可以解釋」全歐洲的財富稅為什麼無法實現。不過這類崇高的想法還是受到批評，因此並沒有什麼作用，而且還可能會產生不良的後果（讓我們忽略了更可能的做法）。承上，為什麼沒有認真考量動員政治上的多數實行這裡的任何提案，其實就是很值得注意的事了。[12]

（經濟學家）安東尼・阿特金森（Anthony Atkinson）最近提出了一個藍圖，規畫要如何減少英國的分配不均，這是目前為止最詳細、也最明確的均等計畫，阿特金森的藍圖也說明了這個政策取向的做法有什麼限制。在一連串的全面改革中又加進了許多、而且通常是充滿雄心壯志的做法：公部門應該「鼓勵可以增加勞工就業能力的創新」，才能夠影響技術的改變；立法者應該努力「降低消費市場中的市場支配力」，恢復有組織勞工的議價能力；公司應該與勞工共享利潤，而且方法要能夠「展現道德原則」，或是應該禁止提供給公家機構；最高所得稅率應該提高至百分之六十五，得自資本的收入和勞工的收入比起來，對前者應該以更有侵略性的方式課稅，對於房地產和（生前）贈予的課稅應該收緊，財產稅的設定應該根據最新估定的金額；國民儲蓄債券應該保證一個達到個人上限的「正的（可能還受到補助的）儲蓄實質利率」；法定最低工資應該「設定為維持生活所需的金額」；每一位公民在發展成熟時（或是稍後）都應該獲得資本的資助；「政府應該讓每個想要就業的人獲得工作，且工資足以維持生活所需」（阿特金森自己承認「這可能有點古怪」）。可能的配合做法還包括每年的財富稅和「向個體納稅人徵稅的全球稅收制度，稅額根據其總財產而定」。除此之外，應該說服歐洲聯盟引進「普遍適用於兒童的基本收入」，❸這是可課稅的津貼，與國民收入的平均值有關。

阿特金森對於這在實際上是否能完成，做出了延伸討論，他的關注放在這個經濟體系的支出（但是仍然不清楚），對全球化的對抗壓力（他希望可以透過歐洲或是全球的政策協調加以抵銷），以及財政上的可承受性。阿特金森和其他追求均等的改革做法的擁護者不同，他也對這些做法的可能影響做出了大膽評估：如果四項主要政策都付諸實行——比較高而且較為累進的所得稅，低所得者的收入可以打折計算，每一位兒童都得到實質的可課稅津貼，以及所有公民的最低收入——等值可支配所得的吉尼係數就會下降五・五個百分點，因此便可以縮小英國和瑞典目前的分配不均的差距（其縮小幅度為略多於一半）。較有限的變化就會看到比較小幅的改善（差不多是三或四個百分點）。正確來說——照他自己的說明——同樣的英國吉尼係數於一九七〇年代晚期和二〇一三年之間上升了七個百分點。因此，就算是結合了幾個相當激進、在歷史上史無前例的政府干預做法，也只能夠部分翻轉重新出現的分配不均效果，而更溫和的政策也只會帶來更小的益處。[13]

不存在騎士的世界？

"Tout cela est-il utopique?"（「這些建議是否過於理想化？」）[14]就算是這些政策建議不完全是烏托邦式的空想，仍然有許多還缺乏歷史意識。對於邊際的改革不太可能對目前的市場所得和財富分配的

❸譯注：指若是某國的國民、某地區的居民或是某團體組織的成員，不論其工作、收入、財產等條件為何，只要是該國國民、該地區居民或該組織成員等，人人皆可領取由政府或是團體定期、定額發給全體成員（人民）、符合其基本生活條件的金錢。

趨勢有重大影響。阿特金森的討論具有獨特價值，他既考慮到一連串雄心勃勃的做法要付出的代價，又指出這些做法有可能會對可支配所得的分配不均帶來影響（任何現實的政策架構在這方面的作用都是相對有限）。更一般性的來說，這些提案要如何成真、或甚至是它們可不可以帶來重大的不同，都——出人意料之外的——似乎沒有得到太多關注。不過歷史還是告訴了我們關於均等的兩件重要大事。其中之一是危機時就會有激進的政策干預發生。世界大戰和經濟大蕭條——更不用說各種共產主義革命——的衝擊帶來了追求均等的政策措施，這些政策大部分是在這些特定的脈絡下產生的，如果是不同的環境大概就無法預期了——至少不會是同樣的規模。歷史的第二課甚至還要更直接：政策制定就只能帶我們到這裡了。暴力一次又一次的縮小了社會內部的物質分配不均，這些暴力或是超出了人類的掌控，或是遠遠不屬於任何可行的政治執行事項之一。最能夠帶來均等的機制在今天的世界上都沒有在運作：四騎士都卸鞍下馬了。任何一個心態正確的人也都不會希望它們再回來。

全面動員的戰爭已經自然的發展到尾聲了。軍事衝突的形式一直都取決於科技。有時候這會導致對於高價值資產（像是古代的雙輪戰車或是中世紀的騎士）的投資，有時候又會讓大型的低成本步兵團占有優勢。在西方，以軍事行動取得主要財源的國家在近代早期趨於成熟，由國家人民組成的軍隊也取代了外國傭兵。民眾的軍事動員在法國大革命時達到新高點，又在為了兩次世界大戰而募集數百萬軍隊時達到高潮。那之後的趨勢又一度朝著反方向發展——從數量到質量都是如此。理論上，因為核武的出現，大規模的傳統戰爭早於一九四〇年代晚期就過時了——雖然實際上還有幾個風險比較低的衝突繼續在使用這種戰爭形式，或是交戰雙方或涉及的各方勢力缺乏核武能力時也是如此。徵兵制度淡出舞台，逐漸被專業的志願軍取代了（因為他們需要操作更複雜的設備）。

在那些還需要投入軍事行動的已開發國家（相對而言已經是少數了）的主流社會中，大概都已經不存在兵役問題，由兵役的「動員效果」帶來的均等也都消失了。一九五〇年美國通過為戰爭增稅，但這是最後的一次，能夠不經過太大爭議就通過為戰爭增稅了。甚至還在推行徵兵制度時，曾經有一次——一九六四年的《稅收法》——做出了美國於一九八一年之前歷史上最大幅度的減稅（雖然當時在越南的軍事參與還在擴大）。一九八〇和二〇〇〇年代美國的軍事支出（阿富汗和伊拉克侵略時）都有大幅增加，但是同時也伴隨著減稅，而且所得和財富的分配都益發不均，和在世界大戰期間的趨勢完全相反。一九八二年英國的福克蘭戰爭（Falklands War）[4]前後的狀況也是如此。

雖然近期的衝突相對而言規模都不大，或是並沒有當真發動戰爭（例如冷戰），但如果當真爆發了比較大型的戰鬥，在未來的幾十年中大概也不會偏離這個軌跡。很難想像我們能夠想到的最大型衝突——美國和中國之間大規模常規戰爭——會沒有熱核武器（氫彈）引起的大火，或是還會將很多軍隊牽扯在內。就算在七十多年前的太平洋戰爭，費用龐大的船隻和空軍兵力就已經比大量的步兵戰力更優先了，這個地區在未來的任何戰鬥，也都是主要動用空軍和海軍的兵力、飛彈、衛星和各式各樣的網路資訊戰，這些都不會造成大量動員。最危險的核武戰爭也不會。俄羅斯目前正在釋出徵召入伍者，也贊成志願兵，大多數的歐洲聯盟國家也都廢除了徵兵制。另外兩個有可能引發大規模戰爭的潛在對象——印度和巴基斯坦——也都是靠志願兵。就連軍事能力讓越來越不穩定的鄰國都相形見絀的

[4] 譯注：指一九八二年英國和阿根廷為了爭奪南大西洋上、英方稱之為福克蘭群島（阿根廷稱之為馬爾維納斯群島）的主權而爆發的一場戰爭。

以色列，也在構想最後要朝向志願兵的目標。

最後是我們其實並不清楚很大規模的步兵軍團在二十一世紀的戰場上能夠完成什麼。根據目前的預測，未來戰鬥本質的重點在於「機器人、自動彈藥、遍布各處的偵測、極大化的網絡，還有網路戰可能帶來的巨大影響」。戰鬥人員的人數會減少，但是性能會提高，外在體格、植入的東西和或許最後還要再加上基因的作用，都會讓人的身體和認知獲得強化。他們會和各種形態及大小的機器人一起上戰場——小至像昆蟲，大到像車輛，可能還會操作定向的能量武器（像是雷射和微波射線）以及力場。武器的微型化讓精確度細到可以瞄準特定的個人，取代比較無法確實區別目標與非目標的發射武力，高速、高海拔的超級無人機可能也要讓人類飛行員失業了。這些狀況與較早期的工業化時期的戰爭形式相距甚遠，也會讓軍隊和民間領域的區隔越來越大。任何由這類衝突帶來的均等結果都很有可能會集中在金融市場，引發類似近期的全球金融危機的混亂（近期的全球金融危機都只有暫時減少菁英的財產，在幾年之後又恢復原狀了）。[15]

在作戰時小規模使用核能裝置的戰爭大致上也是一樣。只有全部使用熱核作戰的戰爭，才會從根本上重新設定目前的資源分配。如果情勢的升溫能夠控制在某個點上，公共機構還在運作，也還有足夠的重要公共建設未受破壞，政府和軍事當局就會凍結薪資、價格和租金；限制非必要的銀行提款；施行全面的食物配給制度；徵用必要的貨品；採用中央計畫的形式（包括為了支持戰爭、政府交易和生產生存所需的物品，而將稀有物資集中分配）；分配住房；甚至可能會要求強制勞動。美國在對於「浩劫後」（Day After）的計畫中，規畫將戰爭的損失分攤給經濟結構整體，這是一直以來的重要政策目標之一。任何主要強權之間在戰略層次上的核彈頭交換都會大量削減物質的資本，並且破壞金融市場。最可能的結果除了GDP大幅滑落之外，還有可用資源以均等的方式重新平衡，並由資本轉向勞動力。

毫無節制的核武戰爭將帶來末日局面，也勢必會讓均等的發展遠遠不是以上推斷的這些結果。它會帶來一個極端的制度崩壞，其嚴重性甚至不亞於早期文明的大幅倒退（這已經在第九章討論過）。雖然現代的科幻小說有時候會想像世界末日後的世界是一個極度不均等的社會，稀有的重要資源由少數人掌控，大多數人則受到剝削，不過看看前現代的歷史，其實當時——制度崩壞後——的族群極度貧窮，也沒有什麼階層的分化，這樣的經驗或許比較能夠帶我們一窺未來的「核冬天」❺的狀況。但是這不太可能發生。雖然核能的擴散可能會改變區域性戰場的遊戲規則，不過在一九五〇年代之後，生存風險一直阻止著主要強權之間爆發核武戰爭，這樣的生存風險現在依然存在。除此之外，有儲備的核子武器存在，這件事本身就會讓核心地區（像是美國或是中國）不太可能大規模的涉入傳統戰爭，也會讓衝突轉向全球的外圍，這反而降低了對於世界的主要經濟體造成嚴重損害的可能性。[16]

武器技術只構成了這個故事的一部分。我們也必須同意人類有可能隨著時間而變得更為和平。追溯回石器時代，各種不同的證據強烈透露出在歷史長河中，一個人因為暴力原因而死亡的可能性一直在下降——而且這個趨勢還在繼續。雖然這個長期的轉變似乎是因為國家的勢力越來越大、以及隨之而來的文化適應所產生，不過另外還提到了一個更明確的因素，就是要加強我們這個物種的和解。其他事情都一樣的話，可以預期人口的老化——這在西方國家已經展開了，最終也將在世界各地

❺譯注：指大規模的核武戰爭可能會帶來的氣候災難，大量使用核子武器——特別是對於像城市這樣易燃的目標使用——會讓大量的煙和煤煙進入地球的大氣層，可能會導致非常寒冷的天氣。

發生——會減少暴力衝突的可能性。這與我們評估美國和中國、以及東亞各國在未來的關係時特別有關，其中有多國的人口都正在從較年輕的族群轉變成老人。這都可以支持米拉諾維奇的期望：當「人類在今天又面臨到和一百年前相當類似的處境時，不會贊同用世界戰爭這樣劇烈的變動，來作為醫治分配不均的藥方」。[17]

下面兩個會帶來大災難的均等騎士並不需要特別注意。帶來劇變的革命甚至比全面動員的戰爭更加過時。如同我在第八章所說的，反叛並不常成功，也不太會達到實質的均等。只有共產主義革命能夠大幅縮減所得和財富的不均等。不過一九一七至一九五〇年共產黨統治的大規模擴張是源自於世界大戰，而且不曾再發生過第二次。其後由蘇聯在背後支持的共產主義運動只有偶爾取得勝利——在古巴、衣索比亞、南葉門，還有最重要的是一九七五年之前的東南亞——但是過沒多久又銷聲匿跡了。一九七〇年代晚期，我們見證了最後一波不太激烈的（共產黨）占領，分別是在阿富汗、尼加拉瓜和格瑞那達，但是都十分短暫，或是在政治上偏向溫和。一九九〇年代祕魯發生的大規模共產黨暴動大致遭到平息，二〇〇六年尼泊爾共產黨也放棄內戰，投入選舉政治。市場改革有效的侵蝕了所有僅存的人民共和國對於社會主義的支持。就連古巴和北韓都無法自外於這股全球趨勢。到了這時候，在可見的將來已經不會有更進一步的左派革命，也不會再有其他運動可能以同樣規模的暴力帶來均等了。[18]

像第九章所討論的那種規模的國家失能和體制崩壞，也一樣變得極為少見。近期的國家失能的例子大概只限於中非和東非，以及中東的邊緣。二〇一四年，體系性和平中心（Center for Systemic Peace）的失敗國家指數（States Fragility Index）將中非共和國、南蘇丹、剛果民主共和國、蘇丹共和國、阿富汗、葉門、衣索比亞和索馬利亞打了全世界的最低分。接下來較次的十七個最失敗的國家（除了緬甸之外）也都位於非洲或是中東。雖然一九九〇年代早期蘇聯和南斯拉夫的解體和烏克蘭持續發生的事件，顯示就算是工業化的中產國家，依然無法對帶來崩解的壓力免疫，當代的已開發國家——還有許多開發中國家——都不太可能走上同一條路了。由於現代的經濟發展和金融擴張，高所得國家的國家組織一般都十分有力量，而且深植在社會中，不可能讓政府結構大規模的解體，也不會在同時間走向均等。就連在最貧困的社會中，國家失能通常也是因為內戰才發生——這種暴力衝擊通常不會帶來均等的結果。[19]

於是就只剩下第四個（也是最後一個）騎士了：嚴重的傳染病。新爆發的風險很可能會帶來災難，是絕對不可以忽略的。由於人口成長和熱帶國家對森林的砍伐，人畜共通的傳染病從動物寄主轉移到了人類身上。對獸肉的消費也有助於這樣的傳播，而且工業化的畜牧養殖場也讓微生物比較容易適應新環境。病原菌的武器化和生物恐怖主義❻越來越受到關注。雖然如此，但有助於新型傳染病出現和傳播的因素——經濟發展和全球的互聯性——也同樣可以幫助我們監控和回應這類威脅。快速的DNA測序（DNA sequencing，將實驗室設備微型化之後用於田野）以及能夠對爆發進行追蹤（設立控制中心和利用數位資源），在我們的軍械庫中是非常有力的武器。

有關於這個研究的目的，有兩點是很重要的。首先是如果在今天有任何傳染病的（相對）規模類似於第十章和第十一章所討論的前現代的重要傳染病，肯定要付出全世界幾千萬人死亡的代價，這遠遠超過我們所能夠想到的最悲觀的情況。除此之外，任何未來的全球性傳染病很可能只限於開發中國

❻譯注：故意釋放或是傳播可能對自然或人類有害的生物製劑（細菌、病毒或毒素）的一種恐怖主義。

家。就連在一個世紀之前，雖然當時的治療介入其實不會造成太大差別（或是甚至根本沒有差別），不過一九一八和一九二〇年之間，全球流行性感冒的死亡人數還是大受人均收入等級的影響。到了今天，醫療的介入可以減少同樣嚴重的狀態帶來的整體影響，死亡人數的結果還會更明顯的偏向於對高所得的國家較為有利。根據西班牙型流行性感冒（Spanish flu）直至二〇〇四年之前的死亡率紀錄，全世界的死亡人數據估計有五千萬至八千萬人，其中有百分之九十六可能都發生在開發中國家。雖然高度發展的武器化可能會帶來更強力的超級病菌，不過任何國家層級的行動者大概都不會願意釋出這類媒介。從另一方面來說，生物恐怖主義的成功機率可能極小，甚至也不太可能在一個國家、或是更大範圍內真的造成大量死亡。

第二點是有關於未來的傳染病對於分配的經濟成果。沒有什麼確定的證據顯示，倘若突如其來的傳染性疾病引起了災難性的死亡率，會像在農業時代那樣對所得或是財富的分配不均帶來均等效果。我們甚至無法分辨一九一八至一九二〇年的全球流行性感冒，是否對物質資源的分配發生了足夠重要的影響（就像是在第一次世界大戰期間發生的均等結果）——這次流行性感冒被認為造成了五千萬人至一億人的死亡，或是大約當時全世界人口的百分之三至五。雖然在今天，像是流行性感冒這樣的一般傳染病比較會對窮人造成嚴重影響，但是我們也無法就此推斷在經濟整體大致上沒有受到損害的前提下，只在某個階級發生的死亡危機，會讓比較低技術層級的勞工價值提高。要稱得上的確在當代帶來災難、奪走了全世界上億條人命的傳染病，它必須（至少在短期內）無法控制，而且奪走的人命要超過國家的疆界、橫跨不同的社會經濟光譜。這樣一來，就等於是對複雜和互有聯繫的現代經濟結構、以及高度分化的勞動力市場帶來了毀滅性的結果，其重要性可能超過任何勞動力的供給和對於資本存量的估價所帶來的均等效果。就連在連帶性低得多的農業社會，瘟疫都會觸發短期的混亂，無差別的對人造成傷害。以長期來說，用資本來取代勞動力這個新方式會形成分配的結果：在被瘟疫消耗殆盡的經濟結構中，最終可能會由機器人來取代許多缺失的勞工位置。[20]

我們無法確定未來都不會再有暴力衝擊，畢竟自從人類的文明開端以來，暴力衝擊就不時的出現在歷史中。總是有機會——雖然很小——有大型戰爭或是新的黑死病將既有的秩序徹底破壞，讓所得和財富重新分配。我們頂多只能做出最符合經濟的預測，而它告訴我們：會帶來均等的四個傳統機制現在都已消失，似乎在短期內也不會再回來。這讓我們對未來達到均等的可能性產生極大的懷疑。歷史結果是由許多因素造成的，均等的歷史也不例外：讓分配不均縮小的衝擊到底會帶來怎樣的分配結果，制度的安排是很重要的。統治者和資本擁有者在強制權力上的差異，會讓瘟疫提高某些社會的實際工資，但是在其他社會則沒有；毛澤東的革命掃除了「地主」，但是卻提升了城市和農村之間的分配不均。

不過在每次達到真正均等的背後，一定會有個真正的原因。約翰・戴維森・洛克斐勒為什麼會比晚他一、兩代的最富有的同胞實際上富有個好幾倍，為什麼《唐頓莊園》（Downton Abbey）❼裡的英國會成為一個全體醫療免費、工會組織也很強大的社會，為什麼在二十世紀的第五十一年至七十五年間，世界各地的工業化國家的貧富差距都比世紀初時小得多——其實，還有為什麼一百代之前的古代

---

❼譯注：是一部於二〇一〇年開始播放的迷你劇，時間設定在一九一〇年代英王喬治五世在位期間，地點是約克郡的一個虛構的莊園——「唐頓莊園」。

斯巴達和雅典會懷抱著均等的理想，並且付諸實行。這些問題的背後都有一個真正的原因。為什麼到了一九五〇年代，中國的農村「張家村」會以農地的分配達到完全均等而深感自豪，也有一個真正的原因；也會有一個真正的原因，告訴我們為什麼三千年前的下埃及那些不可一世的人會穿著舊衣服下葬，或是他們的屍體會躺在一些粗製濫造的棺材裡，為什麼殘存的羅馬貴族排著隊領取教皇的施捨，而馬雅頭目的繼承者和老百姓（*hoi polloi*）則靠著一樣的飲食維生；也有一個真正的原因說明為什麼拜占庭和早期伊斯蘭的埃及裡卑微的農場工人、中世紀晚期的英格蘭木匠和近代早期的墨西哥雇工會比在他們的前後期、做同樣工作的人賺得更多、吃得也比較好。這些真正的原因未必都一樣，但它們都有一個共通的根源：對於既有秩序的大規模和暴力的擾亂。在留有紀錄的歷史中，不平等每隔一段時間就會因為全面動員的戰爭、帶來劇變的革命、國家失能和傳染病而減少，它們也總是會使得任何由完全和平的方法達成的均等相形見絀。

歷史不會決定未來。或許現代性當真會帶來不同。以非常長期來看，結果可能真的會是如此。它可能會讓我們的軌道朝向一個特異的點，那時候的所有人類都會進到一個全球連為一體的超有機體中，人和機器混為一體，再也不必擔心不平等的問題。或者，也有可能是技術的進步反而將分配不均帶向新的高點，把能夠在生物機電和基因方面加強的菁英和普羅大眾區分開來，後者一直被他們的上位者優越許多的能力摒除在一旁。又或者（僅是有可能）不是上述的任何一種情況——我們可能走向一個我們甚至無從設想的結果。不過科幻小說只有帶我們到這裡。目前我們就是受限於我們所擁有的頭腦和身體，以及這些頭腦和身體創造出來的制度。這表示未來達成均等的前景並不樂觀。歐洲大陸的社會民主國家如果要維持和調整高額的稅收和廣泛重新分配的精細制度，將會是一項挑戰，亞洲最富有的民主國家如果要保持他們（在課稅前）的所得的高度公平分配，以遏阻分配不均的上升之勢，也是一項挑戰（當持續的全球化和前所未見的人口變遷帶來壓力時，才會使分配不均擴大）。他們到底能不能守住這條線值得懷疑：各地的分配不均都在一點一滴的增加，這個趨勢無疑會對現狀不利。而如果越來越難以讓目前的所得和財富分配維持穩定，任何想要讓它們變得更加公平的嘗試，勢必都會面臨更大的阻礙。

幾千年來，歷史一直在升高（或是達到高點）和穩定的分配不均之間交替，有時候會穿插著暴力，導致分配不均縮小。一九一四至一九七〇年代（或是一九八〇年代）的六十至七十年間，世界上最富有的經濟體和落入共產黨政權之手的國家在歷史上都經歷了某些最激烈的邁向均等之路。在那之後，世界上大部分地方都進入了下一波的拉長時期——回復到資本的持續累積和所得的集中。如果歷史會重演，可能已經證明了和平的政策改革無法應付日益增加的挑戰。不過，可以有其他選擇嗎？我們這些希望達到更多經濟均等的人，大概都不會忘記除了極少數的例子之外，只有悲傷一直在重演。對於我們真正的希望是什麼，一定要很小心。

附錄

分配不均的限制

分配不均可以增加到什麼程度呢？一項重要的觀點認為對所得分配不均的衡量和財富的分配不均並不相同。某一群人口中的財富分配不均並沒有上限。理論上，所有私人擁有的東西可能都屬於同一個人，其他人則沒有任何東西，只靠勞力或是補助的所得過活。這樣的分配代表吉尼係數為近一，或是最高財富的占比為百分之一百。只從數學上來看的話，所得的吉尼係數可能從零（代表完全的均等）到一（代表完全不均等）。不過，實際上絕對不可能是近一，因為每個人都還是需要基本額的所得，才能夠維持基本生活。為了說明這個基本需求，布蘭科・米拉諾維奇、彼得・林德特和傑佛瑞・威廉森發展出「分配不均可能性邊界」（Inequality Possibility Frontier, IPF）的概念，這個計算方法可以決定如果是根據平均的人均產出，理論上分配不均的最大可能程度是多少。人均GDP越低，超出基本生存所需的人均盈餘就越少，「分配不均可能性邊界」也就越受到限制。

讓我們想像一個平均的人均GDP等於最低生存所需的社會。在這樣的例子中，所得的吉尼係數必須是零，因為就算是所得的差異極小，都會把這個團體中的某些成員推到生存所需的水準之下。雖然這當然是可能的——當其他人在挨餓的時候，有些人卻越來越有錢——但是以長期來說卻是不可能，因為人口勢必會慢慢減少。如果平均的人均GDP只比生存所需多出一點——例如在一群一百人的人口中，是一・〇五倍——就可能是由一個人擁有六倍於生存所需的收入，而其他人都剛好生活在最低的所得水準。這樣的吉尼係數是〇・〇四七，前百分之一的所得占比則是百分之五・七。如果平均GDP是最低生存所需的兩倍——這比較接近一個貧窮的經濟體的實際狀況——有一個人霸占了所有的可得盈餘，這個唯一擁有最高所得的人獲得所有收入中的百分之五十・五，吉尼係數則達到〇・四九五。因此，IPF會隨著人均GDP的增加而升高：當平均的人均產出為生存所需的五倍時，最大的可能吉尼係數會接近〇・八（圖43）。[1]

圖43顯示的是當人均GDP非常低時，IPF最大的改變幅度為何。當後者增加到最低生存所需的許多倍時（在現代的已開發國家中通常是這樣），IPF會被推高到〇・九多，而且和形式上的上限近一越來越沒有區別。因此，這個基本的IPF最有助於我們理解前現代社會和現代的低所得國家的分配不均。如果最低生存所需的定義為每年的所得為三百美元（換算成一九九〇年國際元）——這是一個慣用的基準點，雖然再高一點的水準可能是比較真實的——如果根據IPF對可能的分配不均做調整，每年會產生高達一千五百美元人均GDP的經濟體系受到的影響最大。所有或是差不多所有的前現代經濟體系都符合這樣的描述，這表示圖43描述的範圍涵蓋了大部分的人類歷史。以各國來說，若將門檻訂為五倍於生存所需的收入（三百美元），荷蘭最早是在十六世紀早期達到的，英格蘭大約是一

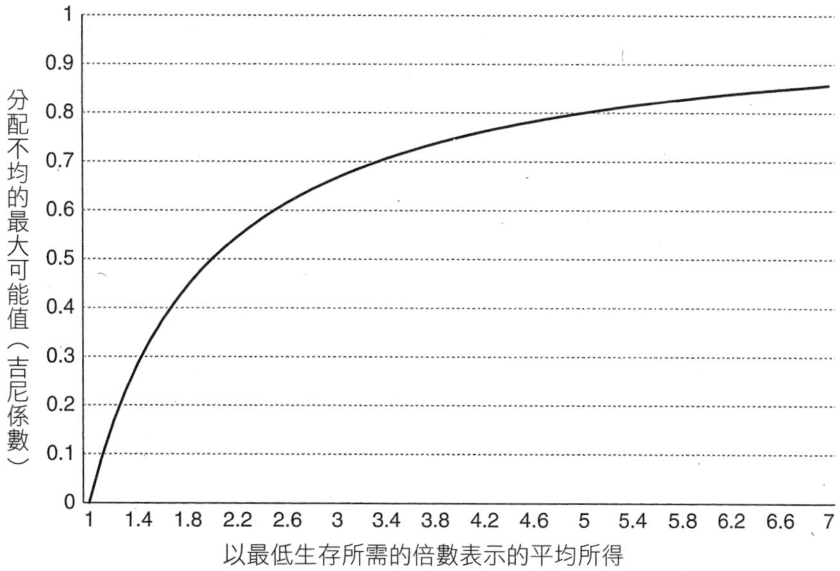

圖43　分配不均的可能性邊界

七〇〇年，在美國是一八三〇年，法國和德國是在十九世紀中期，日本是一九一〇年代，而中國整體則是在一九八五年之後——印度是再十年之後。[2]

用可能的最大值（IPF）除以觀察到的所得吉尼係數，會得到「（不平等）提取率」，這是用來計算理論上的可能的分配不均的比例（分配不均其實就是提取所得超過生存所需的人計算出來的）。提取率的範圍從零（完全均等）到百分之一百（只由一個人吸收了超過總人均生存所需的所有產出）。吉尼係數和IPF之間的差異越小，提取率就會越接近百分之一百。米拉諾維奇、林德特和威廉森計算了二十八個前現代社會（從羅馬帝國到英屬印度）的提取率，他們的方法是結合不同的社會表格，其中有提供所得分配的原始指數——這個形式可以追溯回古格里．金（Gregory King）對於一六八八年的英格蘭所做的著名社會表格，其中區別了從君主到貧民的三十一種階級——還有當時可得的人口統計資訊（圖44）。[3]

這二十八個社會的所得吉尼係數的平均值大約是〇．四五，提取率為平均百分之七十七。相較於發展程度比較高的社會，比較貧窮的社會比較靠近IPF。在樣本中，有二十一個社會的平均人均GDP（換算成一九九〇年國際元）低於一千美元，平均提取率為百分之七十六，實際上差不多等於另外七個社會（平均的人均GDP介於一千美元和兩千美元之間）的平均提取率（百分之七十八）。下降只會發生在經濟表現改善、人均水準提高至最低生存所需的四到五倍時：英格蘭和荷蘭的提取率於一七三二至一八〇八年之間的平均為百分之六十一。樣本中前五高的數值（從百分之九十七至百分之一百一十三）可能是來自於不恰當的數據，尤其是如果推定的吉尼係數大幅超過適用的IPF。現實生活中真正的分配不均程度應該絕對不可能達到IPF，大概就連十分接近都不可能，因為實在是非常難以想像在一個社會中，有可能會由一位統治者或是極少數的菁英掌控所有人口，其他人就只能夠擁有僅限生存所需的物質。就算是當真如此，我們還得注意到這五個社會的統治者都是殖民政權或是由外國前來征服的菁英，這個情況的確可能讓掠奪式的提取達到異常高的水準。[4]

IPF和提取率的計算結果提供了兩個重要的觀察。它指出早期的社會很可能會到達他們可以達到的分配不均的上限。如果一個社會中最富有的「前百分之一」和相近的百分之幾是由士兵、官員和經商的中間人組成的，在貧窮的農業人口之上加的是這些人，這樣的社會才有可能產生很接近IPF的提取率。而且這也成了常見的模式。由圖44的估計值所顯示的內部一致性可以讓我們感到些許安心：看起來應該不太可能是所有的這些資料都出現同

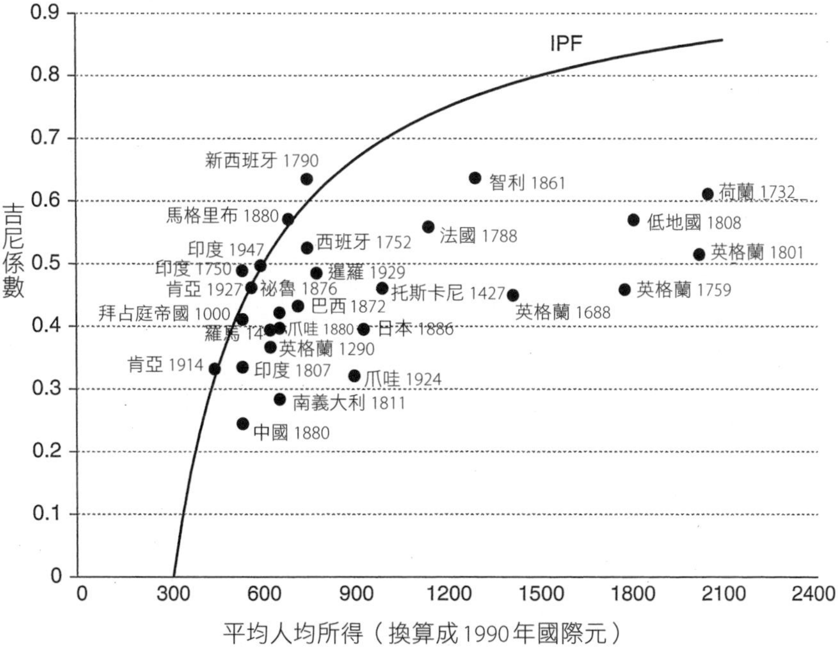

圖44　前工業化社會中估計的所得吉尼係數和分配不均可能性邊界

一個方向的錯誤，並且因此而大大誤導我們對於過去分配不均的程度的看法。第二個重要的觀察是強化的經濟成長最終會減少提取率。如果把作為樣本的二十八個社會，和二〇〇〇年左右在同樣（或是部分重疊）的空間中的十六個社會互相比較，就可以說明這個現象的規模了（圖45）。[5]

我們在提取率觀察到的不連續性指出，把差異極大的平均人均GDP的所得吉尼係數拿來比較，會造成多大的誤解。各樣本在前現代和接近當代的平均吉尼係數（〇・四五和〇・四一）非常相近。只看表面值的話，會覺得在現代化的過程中，分配不均只有些微減輕。不過，因為現代的樣本的平均人均GDP是較早期樣本的十一倍，因此平均的提取率其實低得多——百分之四十四（相較於百分之七十六）。用這個算法來看，到了二〇〇〇年，這些社會的分配不均會變得比在遙遠的過去差異

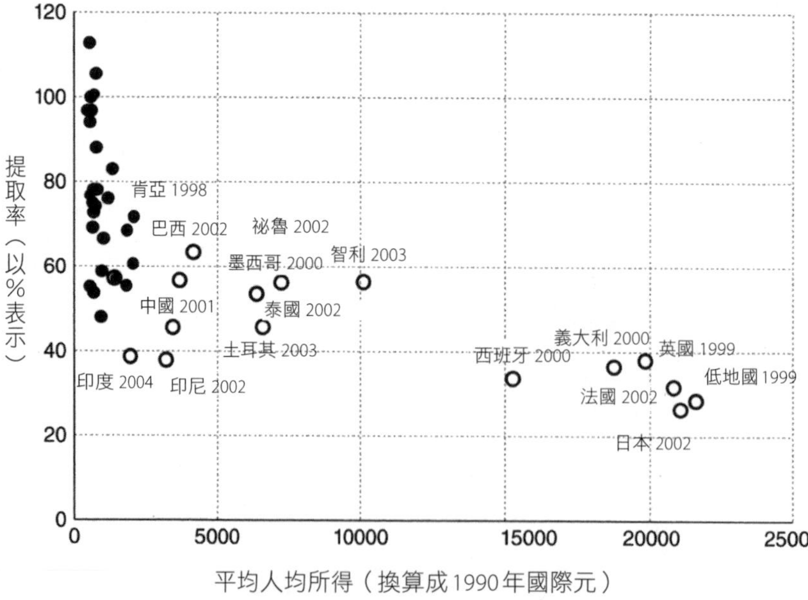

圖45　前工業化社會（實心）和相對的現代社會（空心）的提取率

更大。將未經調整的最高所得占比拿來做比較，甚至會出現更多問題。回想一下我的例子——一名富人和九十九名窮人在一個虛構的社會中（其平均人均GDP相當於最低生存所需的一．〇五倍，而且前百分之一的所得占比為百分之五．七）。這樣的前百分之一在所得占比就剛好是二〇〇〇年丹麥的情況，該國在當年的平均人均GDP是七十三倍以上，等同於我的「思想實驗」❶中的值。極為不同的經濟發展程度也可以轉化成表面上類似的分配不均程度。這很清楚的告訴我們：歷史上的所得分配估計值如果未經調整，就很可能混淆了我們對於我所謂的「實際上的分配不均」是如何隨著時間演進的理解——「實際上的分配不均」的定義會與在理論上可能的分配不均的程度有關。假設先把這些數值的可靠性問題置之一邊，英格蘭的所得吉尼係數在大約一二九〇年為〇．三七、一六八八年為〇．四五、一七五九年為〇．四六、一八〇一年為〇．五二，這表示分配不均在漸漸增加，然而這段時期的提取率則大部分呈現減少（因為經濟產出增加了）——從〇．六九至〇．五七和〇．五五，然後再回復至〇．六一。在荷蘭，所得吉尼係數從一五六一年的〇．五六上升至一七三二年的〇．六一，然後又於一八〇八年掉至〇．五七（但是這段時間中的提取率則一直在下降，從百分之七十六至百分之七十二和百分之六十九）。考慮到這些數字具有太大的不確定性，因此，太重視這些特定的觀察其實是不明智的。大原則才重要：比起光看吉尼係數，提取率可以讓我們對於實際的分配不均有比較好的理解。

這是否代表分配不均的傳統測量方式誇大了現代社會中——相對於比較遙遠的過去或是今天最

❶譯注：thought experiment，指用想像力進行的實驗，所做的是在現實中無法做到的實驗。

貧窮的開發中國家——的所得分配不均的實際程度，而且歸根究柢，還是經濟發展會用和平的方式達到真正的均等嗎？在很大程度上，這個問題的答案取決於我們如何定義實質的分配不均。根據脈絡對於標準的分配不均測量方式進行調整其實是件很棘手的事。實際上的所得底限不只是單純根據生理上的生存需求所決定，也要根據有力的社會和經濟因素。米拉諾維奇先是引進了IPF和提取率的概念，而為了讓這個做法更加完善，又在不久之後加入了生存的社會面向。最低的年所得三百美元（換算成一九九〇年國際元）的確足夠提供物質的生存所需，就算在所得非常低的社會，也算得上是可行的標準。不過隨著經濟體系變得比較富裕，社會規範也發生了改變，生存的需求也相對升高了。到了今天，只有在最貧窮的國家中，官方的貧窮線才等於傳統的最低生存水準。其他地方的界限訂得比較寬裕，是因為人均GDP比較高的緣故。對於什麼會構成社會上可接受的最少生存需求，主觀上的評價也顯示出對於整體生活水準的某種感受性。亞當・斯密（Adam Smith）在他自己的年代對於最少需求的定義就是一個著名的例子。他認為最少需求包括的「不只是支持生活所需必不可少的用品，還有每一個值得稱道的人（即使是最低層的人）根據國家的習慣不應該缺少的任何東西」，如果是在英格蘭，就像是一件亞麻的襯衫和皮鞋。不過，貧窮的程度變化不會和GDP的變化呈現相同比率，而是落在其後：相較於平均所得，它們的彈性是很有限的。在以彈性〇・五做計算時，米拉諾維奇證明如果根據社會的最低所需來做調整，某個特定的平均人均GDP水準的IPF會大大低於只根據生理的生存所需決定的數值。如果是平均人均GDP為一千五百美元的人口，吉尼係數會從〇・八降至〇・五五，而如果是三千美元，則會從〇・九降至〇・六八（圖46）。[6]

不論社會的最低所需是否有改變，英格蘭的提取率於一六八八和一八六七年之間都保持穩定，而美國則是於一七七四和一八六〇年之間。不過，如果與GDP成長有關的彈性〇．五的社會最低所需也加入IPF的計算，這兩個時期的代表提取率就是大約百分之八十——如果是根據最低的生理生存所需來觀察分配不均，得到的提取率是大約百分之六十，兩者相較，前者可謂高出許多。相對的，不論是用哪一種方式算出的提取率，在第二次世界大戰之後都低了許多。實際上的分配不均於二十世紀之前始終很高，因為一直是由菁英掌握著相當固定比例的可用盈餘（雖然經濟產出也一直在成長）。這表示除了因暴力而造成分配差距縮小的時期之外，實際上的分配不均——這受到社會決定的生存底限的限制——不僅在前現代的歷史中通常都很高，在工業化的早期階段也是如此。名義上分配不均的衡量方式——就像是吉尼係數或是最高所得占比——和實際上的分配不均都

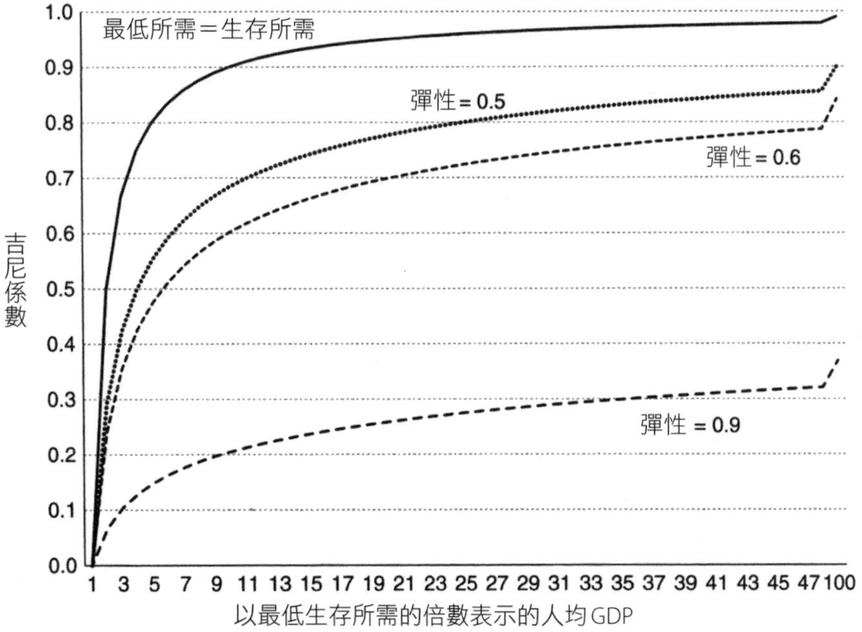

圖46　不同的社會最低所需的分配不均可能性邊界

要根據社會的最低所需進行調整，因此都偏向於支持「大壓縮」之前存在著大幅所得差距的印象。[7]

不過現在又是如何呢？在二十一世紀的第一個十年接近尾聲時——不論有沒有根據社會的最低所需進行調整——美國和英國的提取率大約為百分之四十，實際上只有一八六〇年代的一半。這是否代表就算分配不均在最近又重現蹤跡，這兩個國家現在還是比他們過去要均等得多了？並不盡然。關鍵的問題在於：如果一個經濟體系主要依靠的並不是抽取化石燃料，而是結合了食物生產、製造業和服務業，那麼在某個人均GDP的水準上，它在經濟上最大可能的所得分配不均的程度是什麼呢？在理論上，美國的可支配所得吉尼係數的最大可能值是〇・九九（由一個人掌握了所有超過最低生存所需的盈餘），或是大約〇・九（如果這個人只是掌握了所有超過社會認為的最低收入的盈餘）。為了便於討論，我們先假設這樣的社會在政治上是可能的——就算這可能需要獨占的富豪雇用機器人軍隊來監督他的三億兩千萬個國民——我們必須要問的是：這是否可以支撐一個每年平均產生五萬三千美元人均GDP的經濟體。這個問題的答案當然是不行：像這樣一個極度分配不均的社會，將無法生產和複製人力資本，並且支持這樣程度的產出所需要的國內消費（這占了美國GDP的大約百分之七十）。「真正的」IPF因此勢必低得多了。[8]

但是低多少呢？美國的可支配所得的吉尼係數目前接近〇・三八。為了便於討論，我們假設有可能高到〇・六（這是納米比亞於二〇一〇年的成績），而不至於壓低已經是低於現有水準的平均人均GDP。轉化成實際的壓縮率就是百分之六十三。在另一個不同的脈絡中，米拉諾維奇認為就算是對可能的勞動力和資本利得的分配不均做出相當極端的假設，美國的整體所得分配的吉尼係數也不可能高於〇・六。不過對於美國式的經濟結構來說，就連〇・六可能都太高了：納米比亞的人均GDP實際上只有美國的七分之一，而納國的經濟結構高度仰賴礦產的產出。如果真正的上限是〇．五，美國目前的實際提取率就是百分之七十六，相當於前述二十八個前現代社會的平均值，也很接近美國於一八六〇年的百分之八十四。一九二九年，該國的可支配所得吉尼係數為〇．五以上，而根據社會最低所需加以調整之後的ＩＰＦ接近〇．八，這表示提取率為大約百分之六十。不過就算是在一九二九年（當年的實際人均ＧＤＰ還不到今天的四分之一），經濟上可能的最大吉尼係數也還是小於〇．八（雖然比今天的數值高）。在這樣的情況下，用不同的數字做實驗的收穫有限。如果我們可以估算分配不均對經濟成長的負面影響，就應該也可以估算當分配不均到什麼程度時，將無法再達到目前的產出水準。希望經濟學家能夠解決這個問題。[9]

在整個歷史過程中，所得分配不均的可能性會受到一連串不同因素的限制。如果是在經濟表現水準很低的地方，第一個影響分配不均的因素便是超過了能夠確保生理的基本生存所需的產出量。在一個平均人均ＧＤＰ只有最低生存所需的兩倍、可能的分配不均以所得吉尼係數大約〇．五為上限的社會中，吉尼係數〇．四——依當代的標準介於中間——就代表了實際上極為高度的分配不均。在中度發展的社會中，社會的最低所需就成了主要限制。以一八六〇年為例，當年美國的平均人均ＧＤＰ達到最低生存所需的七倍，如果是由社會最低所需得出的吉尼係數或是ＩＰＦ的可能上限值，會比只根據生存所需得出的值低很多——〇．六三對比於〇．八六——實際上的提取率也會跟著比較高：百分之八十四對百分之六十二。在那時候得自社會最低所需的ＩＰＦ值，幾乎當然會比像是因經濟複雜度而造成的上限來得低：在仍有超過一半的人口從事農業的社會裡，理論上的所得分配不均的可能性就會相當高。在根據社會最低所需而得的ＩＰＦ吉尼係數提高至〇．七幾和〇．八幾時（就算是根據現代經濟發展而得的ＩＰＦ下降了），可能性也會跟著改變。兩個邊界會在某一點交錯，使得後者成為對於可能的分配不均最大的限制（圖47）。[10]

我的模型認為在所得分配的所有歷史範圍內，ＩＰＦ都維持得相當穩定。在平均的人均ＧＤＰ相當於最低生存所需的二至三倍的社會裡，可能的吉尼係數上限為〇．五幾和〇．六幾，相當類似於較先進的農業和早期的工業社會（其平均的人均ＧＤＰ介於最低生存所需的五到十倍之間），未必和今天的高所得經濟體（每人會產生相當於最低生存所需的一百倍）的數值有太大不同。是主要限制的本質發生了改變，從最低生存所需到社會的最低所需，再到經濟複雜性。ＩＰＦ竟然缺乏對於經濟表現的敏感度，這被我稱之為「分配不均的發展悖論」——「改變得越多，越顯示其相同之處」（*plus ça change, plus c'est la même chose*）這個論題的另一項變化。要在很長期的歷史中對所得的分配不均進行比較式的評估，這樣長期的穩定性是一項恩澤：如果

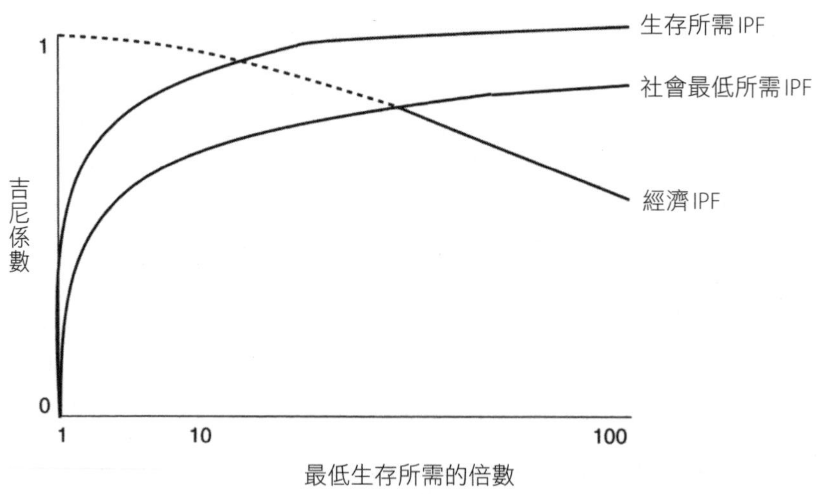

圖47　分配不均可能性邊界的不同類型

不同經濟發展階段的ＩＰＦ並沒有非常大的不同，那麼就可以直接將古代的吉尼係數與現在做一比較。[11]

分配不均的真正提取率在今天的美國或是英國是不是和一百五十年前一樣高，這還是一個開放的問題，不過可以確定的是從那時候到現在，並沒有減少一半或是掉到一個分配不均甚大的程度（雖然只根據社會最低所需所做的計算結果顯示是這樣）。儘管目前美國的實際提取率幾乎是確定比一九二九年低，不過實際上的分配不均還是相當穩定——或是又重新達到高點。但並不是每個地方都這樣：像是今天在斯堪地那維亞國家的〇．二五左右的可支配所得吉尼係數，勢必比遙遠的過去低了許多（不論我們怎麼定義ＩＰＦ）。我對於分配不均的可能限制會如何影響國際的比較做一簡短的說明，來為這個技術性的觀察做個結論。可支配所得在美國的分配不均比在瑞典的程度高出多少呢？以吉尼係數大約是〇．二三和〇．三八來看，可以說美國的分配不均大約高出了三分之二。就算我們加上了ＩＰＦ建立一個概念的上限，這個比率也不會改變：假設兩個國家與ＧＤＰ相關的ＩＰＦ都是〇．六，美國的提取率（百分之六十三）卻比瑞典（百分之三十八）高了三分之二。不過，所得分配不均的可能性不只是以頂點為上限。在市場的經濟結構中，可支配所得的分配不均必須比零高出許多，才能夠維持高水準的人均產出。除了前述的上限〇．六之外，再插入可能的吉尼係數最小值（例如〇．一），便會創造出可能被我們稱之為「分配不均的可能性空間」（Inequality Possibility Space, IPS）的五十個百分點。我們觀察到瑞典的分配不均涵蓋了這個空間的大約四分之一——大大的對比於美國的一半多一點。這個調整會使得美國的可支配所得分配的不均等——在實際上——至少為瑞典的兩倍。

注釋

緒論　不平等的挑戰

1. Hardoon, Ayele and Fuentes-Nieva 2016: 2; Fuentes-Nieva and Galasso 2014: 2.
2. 全球財富：Credit Suisse 2015: 11。根據「世界財富及所得資料庫」（World Wealth and Income Database, WWID）的資料顯示：美國富人的所得占有的百分比分別為：前百分之〇．〇一、〇．一和一所占的比例（包括資本利得）從一九五七年的百分之〇．八五、二．五六和八．八七，上升至二〇一四年的百分之四．八九、十．二六和二十一．二四，也就是分別增加了百分之四百七十五、三百零一和一百三十九，而前百分之〇．一和百分之一之間的不平等拉開了百分之七十四。
3. 比爾．蓋茲於二〇一六年二月的財產是七百五十四億美元，大約相當於平均所得的一百萬倍，及一個美國中等家庭所得的一百四十萬倍，而在一九八二年公布的富比士前四百名名單中，第一名的丹尼爾．路德維希（Daniel Ludwig）有二十億美元資產，相當於平均所得的五萬倍、當時的中等家庭所得的八萬五千倍。關於中國億萬富翁的資訊，可參見www.economist.com/news/china/21676814-crackdown-corruption-has-spread-anxiety-among-chinas-business-elite-robber-barons-beware。
4. “Remarks by the President on Economic Mobility,” December 4, 2013, https://www.whitehouse.gov/the-press-office/2013/12/04/remarks-president-economic-mobility.Buffett 2011. 暢銷書：Piketty 2014。中國：State Council 2013。圖2：WWID（包括資本利得）：https://books.google.com/ngrams。這個模因（meme）（譯注：一個想法、行為或風格從一個人傳到另一個人的文化傳播過程）如此受到矚目，是因為最近出版的一本詩集趕流行的取了《擴大的所得分配不均》（*Widening income inequality*, Seidel 2016）這個名字，因而使它受到重視。

5. 美國：WWID，並可參見本書的第十五章，p. 409（編按：以下所指「本書頁碼」和「注釋」，皆係指英文原書）。英格蘭：Roine and Waldenström 2015: 579 table 7.A4。關於羅馬的資料，可參見本書的第二章，p. 78（財富）、第九章，p. 266（施捨物），以及Scheidel and Friesen 2009: 73-74, 86-87（GDP和所得吉尼係數）。關於整體分配不均的程度，可參見本書的附錄，p. 455。關於黑死病，可參見本書的第十章，pp. 300-306。

6. Revelation 6:4, 8.

7. Milanovic 2005; 2012；Lakner and Milanovic 2013；而更為近期的則是Milanovic 2016: 10-45, 118-76，以上為關於國際間的所得分配不均最重要的研究。Anand and Segal 2015調查了這個領域的學術成果。Ponthieux and Meurs 2015提供的是關於經濟上性別不均等的綜觀。也可參見Sandmo 2015，其為經濟想法中的所得分配。

8. 這個議題將在本書的第十四章，pp. 392-94做更進一步的探討。

9. 雖然解釋的時候常常會這麼說，但是吉尼係數（G）其實不可能是一，因為$G = 1\text{-}1/n$，而n是代表人口。可參見Atkinson 2015: 29-33，其中對於不同類型的所得和相關的衡量方式有精闢的見解，在這裡不會因為必須控制轉移之外的其他公共服務的價值、或是所獲和實際的損失之間存有差異，而增加其複雜度。就這個概括調查的目的而言，這類區分可以完全不用考慮。關於所得占比，最近的數值可參見Palma 2011（頂端為百分之十／底層為百分之四十），以及Cobham and Sumner 2014。關於如何估量分配不均的方法論，可參見Jenkins and Van Kerm 2009，而較為技術性的方面，則可參見Cowell and Flachaire 2015。

10. 可參見Atkinson and Brandolini 2004，特別參照19 fig. 4，以及Ravaillon 2014: 835，和本書的第十六章，p. 424。Milanovic 2016: 27-29為相對分配不均的評量方式做出了辯解。

11. 可參見本書，pp. 445-456：其範例可參見p. 445。

12. 關於吉尼係數和高所得占比之間的關係，可參見Leigh 2007；Alvaredo 2011；Morelli, Smeeding and Thompson 2015: 683-87；Roine and Waldenström 2015: 503-606，特別參照504 fig. 7.7。關於吉尼係數所做的調整，可參見Morelli, Smeeding and Thompson 2015: 679, 681-83，以及本書的第十五章，p. 409。Palma 2011: 105, Piketty 2014: 266-67以

及Roine and Waldenström 2015: 506著重在高所得占比的證明價值。關於吉尼係數的比較，可參見（例如）Bergh and Nilsson 2010: 492-93，和Ostry, Berg and Tsangarides 2014: 12。兩者都比較喜歡「標準化世界所得分配不均資料庫」（Standardized World Income Inequality Database, SWIID）中報告的吉尼係數值，我在本書中也都是使用這項數據（除非有特別提及其他學者）。SWIID網站已經將信賴區間加以形象化：http://fsolt.org/swiid/；也可參見本書的第十三章，pp. 377-78。關於財產的隱匿，可參見Zucman 2015。Kopczuk 2015討論的是計算美國財產百分比的困難之處。關於高所得資料的本質和可靠度，可參見（特別參照）Roine and Waldenström 2015: 479-91，另外於Atkinson and Piketty 2007a and 2010的許多章節中也有很廣泛的技術性討論。「世界財富及所得資料庫」（WWID）可於下列網址存取：http://www.wid.world/。

13. 上文中提到的所有例子（以及其他例子）都會在本書的第一部分和第九章，pp. 267-69、第十章，pp. 306-10中討論。

14. 我在本書中依然大都使用這種方法，特別參照第一和第五部分。可追溯回中世紀的實際收入資料已經收集在國際社會史研究所（International Institute of Social History）的「歷史上關於價格和工資的ＩＩＳＨ數據文件清單」（The IISH list of datafiles of historical prices and wages）中，可參見http://www.iisg.nl/hpw/data.php。Scheidel 2010包括最早期的資料。關於歷史上的ＧＤＰ數據、估計值和推測，可參見「麥迪遜計畫」（Maddison project），於：http://www.ggdc.net/maddison/maddison-project/home.htm。

15. Frankfurt 2015: 3. 身為一個歷史學家，我很願意認為任何以及所有歷史當然都是值得探索的，而且知識本身就可以帶給我們回報。拉回到我們居住的這個世界上，可能有某些問題是比其他問題更值得問的。

16. 有關其困難之處，可參見Bourguignon 2015: 139-40，與（特別參照）Voitchovsky 2009: 569，該書中為互相矛盾的結果做出總結（562 table 22.11）。研究結果為負面後果的包括Easterly 2007；Cingano 2014；及Ostry, Berg and Tsangarides 2014，特別參照16, 19（為更多且更長時間的成長）。前五分之一富有者的所得占比的變化，會對於接下來五年間的成長率有影響：Dabla-Norris et al. 2015。在一九八五年和二〇〇五年之間的所得分配不均增加，會使得一個中等的「經濟合作暨發展組織」（ＯＥＣＤ）國家的累積成長在一九九〇至二〇一〇年之間減少百分之四．七：

OECD 2015: 59-100，特別參照67。一項對一百零四個國家的調查顯示：在一九七〇至二〇一〇年之間，比較高度的所得分配不均會提高低所得國家的人均GDP（以及人力資本〔human capital〕），但是在中等或是高所得的國家就有反效果：Brueckner and Lederman 2015。一個比較早期的研究也顯示出同樣的結果，它沒有顯示出對於成長的負面後果（除了先進的經濟體系之外）：Malinen 2012。如果我們更進一步的限制在只用億萬富翁的相對多寡來表現分配不均，那麼負面後果甚至可能只限於與政治有關的財富分配不均：Bagchi and Svejnar 2015。Van Treeck 2014回顧了關於分配不均在財務危機中的角色爭論。財富分配不均等與對信用的使用：Bowles 2012a: 34-72；Bourguignon 2015: 131-32。

17. Björklund and Jäntti 2009與Jäntti and Jenkins 2015是最近期的調查。關於分配不均和流動性之間的關聯，可參見Corak 2013: 82 fig. 1與Jäntti and Jenkins 2015: 889-90，特別參照890 fig. 10. 13。OECD之間存在著巨大差異：美國和英國都有高度的分配不均和低度的流動性，反之，北歐國家的趨勢則相反：OECD 2010: 181-98。Björklund and Jäntti 2009: 502-504指出家庭背景對於經濟地位的影響，在美國是超出北歐諸國的，但是也有更大範圍的跨國研究認為影響並不大。在一九七〇年代成長於分配不均比較大的社會中的人，到了一九九〇年代晚期也比較不會經歷到社會的流動：Andrews and Leigh 2009；Bowles and Gintis 2002（指標）；Autor 2014: 848（自我延續、教育）。Reardon and Bischoff 2011a and b討論了居住隔離。Kozol 2005聚焦於學校教育的成果。也可參見Murray 2012，其中關於這個議題的觀點較為保守。先將經濟變遷置之不論的話，Clark 2014認為，如果將社會變遷放在許多不同的社會中和長期來看，一般來說變動是比較小的。

18. 關於分配不均和內戰，可參見本書的第六章，pp. 202-203，也可以簡單對比Bourguignon 2015: 133-34。政治：Gilens 2012。快樂：van Praag and Ferrer-i-Carbonell 2009: 374，也可參見Clark and D'Ambrosio 2015，其中關於分配不均對於主觀感受和態度的討論。健康：Leigh, Jencks and Smeeding 2009；O'Donnell, Van Doorslaer and Van Ourti 2015。但是在美國或是一些西歐國家，不同社會經濟群體之間的平均壽命差異都有日漸擴大：Bosworth, Burtless and Zhang 2016: 62-69。

19. Atkinson 2015: 11-14將分配不均為什麼會是問題的理由區分為工具性和內在性。也可參見Frankfurt 2015。為求慎重，Bourguignon 2015: 163自己也特意將「一種『正常』程度的分配不均」這個概念加上引號，但還是把這些用詞的條件定義在「過去二、三十年之前」。

第一章　分配不均的出現

1. Boehm 1999: 16-42是最典型的描述。可參見（特別參照）頁一三〇—三七，其中說明了為什麼這三種生物的社會關係都可以被定義為（或多或少是）「暴虐的」。也可以注意到就算是非人類的靈長類動物，一次帶來大量死亡的暴力衝擊還是會淡化階級，並且減少根據階級而來的恃強凌弱事件：Sapolsky and Share 2004。

2. 關於這些物種形成的資料，可參見Pozzi et al. 2014: 177 fig. 2，其為本書寫作時最近期、且最全面的研究資料。未來的研究可能會再度修正這些估計：就在三年前，Tinh et al. 2011: 4就提出了值得重視而且比較晚的日期。共通祖先的特徵：Boehm 1999: 154。

3. 正統說法：Klein 2009: 197。Plavcan 2012: 49-50不認為阿法南方古猿已經有比較低程度的體型差異——堪比於現代的人類（此主張可見於Reno, McCollum, Meindl and Lovejoy 2010; Reno and Lovejoy 2015）。也可參見Shultziner et al. 2010: 330-31。可參見Plavcan 2012: 47 fig. 1中有提出人類和其他人猿在體型上的差異的比較，而頁五〇—五八在討論其中的可能原因。Labuda et al. 2010與Poznik et al. 2013: 565提出了現在人類仍然在某種程度上存有一夫多妻制的遺傳學證據。Bowles 2006主張繁衍的均等在人類的利他主義演化中具有一定角色。

4. 肩膀：Roach, Venkadesan, Rainbow and Lieberman 2013。用火：Marean 2015: 543, 547。彈射武器的石製尖端：Henshilwood et al. 2001；Brown et al. 2012。Boehm 1999: 174-81把許多均等的效果歸因於上述發展，最近的研究可參見Turchin 2016b: 95-111。也可參見Shultziner et al. 2010: 329。語言：Marean 2015: 542。Boehm 1999: 181-83, 187-91強調語言和道德對於帶來均等的可能性。時間：Boehm 1999: 195-96, 198參照了相對而言比較近期和突然發生的改

變，而Dubreuil 2010: 55-90和Shultziner et al. 2010: 329-31則比較重視早期的變化。現在所知最早的智人化石遺骸大約是在十九萬五千年前：McDougall, Brown and Fleagle 2005。這也符合Elhaik et al. 2014所做的現代DNA分析，其中指出物種的形成大約是在比二十萬年前再久一點之前。

5. 在慣例上，這些用詞是用來指大約三十萬年前至農業時代的開端。關於這個觀點的限制，可參見本書，p. 30。

6. 物質限制：例如Shultziner et al. 2010: 327。走向均等必須與自然的階級相抗衡：Boehm 1999: 37, 39。實施：Boehm 1999: 43-89；或更精簡的可參見Shultziner et al. 2010: 325-27；Kelly 2013: 243-44；Boix 2015: 46-51；Morris 2015: 33-43。

7. Marlowe 2010: 225-54，特別參照頁二三二—三四，二三七—三八，二四〇—四一，二四八，二五一—五四。（哈札人身為「中型的野外覓食者」的）典型特徵：255-83。居住於叢林中的孔族（!Kung）是另一個著名而且經常受到引用的例子：Lee 1979; 1984。

8. 成長與盈餘：Boix 2015: 54-55中闡述了各種不同的結果。低度的分配不均：Smith et al. 2010b，另可參見本書，pp. 37-39。

9. 與外界的接觸：Sassaman 2004: 229, 236-38。並非「活化石」：Marlowe 2010: 285-86；以及Kelly 2013: 269-75，其中以狩獵採集代指史前時期，這可以說是一個複雜但是有用的類比。

10. Trinkaus, Buzhilova, Mednikova and Dobrovolskaya 2014是目前關於索吉爾的發現的權威性論述：特別參見頁三至三三關於選址、日期和殯葬行為的描述，以及頁二七二—七四，二八二—八三，二八七—八八是關於傷害和疾病。串珠大小：Formicola 2007: 446。繼承地位：Anghelinu 2012: 38。

11. Vanhaeren and d'Errico 2005; Pettitt, Richards, Maggi and Formicola 2003; d'Errico and Vanhaeren 2016: 54-55.

12. 可參見（特別參照）Shultziner et al. 2010: 333-34；Anghelinu 2012: 37-38；Wengrow and Graeber 2015。Marean 2014認為近海生活的適應做法歷史很悠久，也很重要。

13. 關於西海岸的整體狀況，現在可參見Boix 2015: 98-101; Morris 2015: 37中精簡的描述。實際上的因果關係可能更複雜：例如Sassaman 2004: 240-43, 264-65。Kelly 2013: 252-66（特別參照251 fig. 9.3）為我們提供了一個整體性的模型。水中的野外覓食者：Johnson and Earle 2000: 204-17，特別參照211-16。

14. Prentiss et al. 2007; Speller, Yang and Hayden 2005: 1387（基特利灣）；Prentiss et al. 2012，特別參照頁三二一（布利吉河）。

15. Flannery and Marcus 2012: 67-71（丘馬什）。複雜度：Kelly 2013: 241-68，特別參照242 table 9。

16. 食物栽培的年表：Price and Bar-Yosef 2011: S171 table 1。關於農業起源的問題，特別參見Barker 2006，及其對*Current Anthropology* 52, S4 (2011), S161-S512的特殊議題的貢獻。關於全球在食物栽培的範圍及進度方面的變化，Diamond 1997依然提供了最容易理解的說明。非線性：Finlayson and Warren 2010。

17. 納圖夫文化：Barker 2006: 126; Price and Bar-Yosef 2010: 149-52; Pringle 2014: 823；也可參見Bowles and Choi 2013: 8833-834; Bowles 2015: 3-5。

18. 新仙女木期的影響：Mithen 2003: 50；Shultziner et al. 2010: 335。前陶新石器時期：Price and Bar-Yosef 2010: 152-58。

19. Rivaya-Martínez 2012: 49（科曼奇）；Haas 1993，特別參照308-309 tables 1-2（北美社會）。

20. Borgerhoff Mulder et al. 2009: 683 fig. 1（範例），684 table 1（這些社會中的四十三種財富衡量），S34 table S4（不同財富類型的分配不均），685 table 2, S35 table S5（吉尼係數）。（加勒比地區的）多米尼克的植物栽植人口之間存有高度的土地分配不均，使得這種生存模式（相對於野外覓食者）的物質均等平均值被拉高了，這也表示這兩個族群的共通性可能比這個小型範例所指出的更多。關於植物栽植人口的資料，可參見Gurven et al. 2010。

21. Borgerhoff Mulder et al. 2009: 686，以及S37 table S7; Smith et al. 2010a: 89 fig. 3。

22. 模型：Borgerhoff Mulder et al. 2009: 682。相關性：Smith et al. 2010a: 91 fig. 5。Shennan 2011也花了許多篇幅在討論從無形到物質的財產資源的轉變，以及其創造分配不均的可能性。

23. Smith et al. 2010a: 92（可防衛性）；Boix 2015: 38 table 1.1.B（全球調查）；Bowles and Choi 2013（財產權）。後者發展出了一個正式的模型，其中認為氣候的改善讓農業更加有生產力，也更加可以預期，並且造成了農業和私有財產權

的擴張 (8834 fig. 2)。

24. Wright 2014.

25. 美索不達米亞：Flannery and Marcus 2012: 261-82，特別參照頁二六四—六六，二六八，二七二，二七四，二八一。也可參見頁四五一，其中描述了蘇西亞那（Susiana）（今〔伊朗的〕胡齊斯坦省〔Khuzestan〕）的一塊超過了一千個墓塚的墓地，有的墓穴中有許多銅製品和精緻的彩繪陶器，也有窮人的墓穴中放著煮飯的鍋子，並可參見Price and Bar-Yosef 2010: 159，其中有說明幼發拉底河的哈魯拉丘（Tell Halula）中有超過一百座墓穴，各自存在分配不均的情況。

26. Biehl and Marciniak 2000，特別參照頁一八六，一八九—一九一；Higham et al. 2007，特別參照頁六三九—四一，六四三—四七，六四九；Windler, Thiele and Müller 2013，特別參照207 table 2（還有該區域的另一個遺址）。

27. Johnson and Earle 2000提供了對社會進化所做的優異調查。關於典型的族群大小，可參見246 table 8。

28. 全球的範例：Boix 2015: 38 table 1.1.C。北美：Haas 1993: 310 table 3。標準的跨文化樣本：Boix 2015: 103 table 3.1.D。

29. 穀類：Mayshar, Moav, Neeman and Pascali 2015，特別參照頁四三—四五，四七。農業和國家的形成：Boix 2015: 119-21，特別參照120 fig. 3.3。可參見Petersen and Skaaning 2010，其中關於國家形成在不同時間的變化（由地理和氣候特徵所決定，因為這兩者會影響栽種／養殖），這可以支持Diamond 1997的論點。也可參見Haber 2012，其中有穀類儲存在國家形成的後期階段的角色。

30. 引用：Haas 1993: 312。Scheidel 2013: 5-9提出並討論了對於國家的多種不同定義，其中的幾種已經在本文中有摘要。關於前現代國家的本質，可參見本書，pp. 46-48。Maisels 1990: 199-220，Sanderson 1999: 53-95 and Scheidel 2013: 9-14調查了對於國家形成的各種現代理論。

31. 界線理論：Carneiro 1970; 1988。關於由戰爭的驅動力而形成國家的模擬模型，可參見Turchin and Gavrilets 2009; Turchin, Currie, Turner and Gavrilets 2013。Boix 2015: 127-70, 252-53中也強調戰爭的角色。

32. 中央集權的政體：例如Ehrenreich, Crumley and Levy 1995；Blanton 1998。引用：Cohen 1978: 70；也可參見Trigger 2003: 668-70中對於階級化日益普遍的說明。價值：Morris 2015: 71-92，特別是頁七三—七五，九二。

33. 估計值：Scheidel 2013，由下列文獻中得出之推測值：McEvedy and Jones 1978 and Cohen 1995: 400。關於早期國家的本質，可參考本頁。關於帝國的結構和世界歷史，特別參見Doyle 1986；Eisenstadt 1993；Motyl 2001；Burbank and Cooper 2010；Leitner 2011；Bang, Bayly and Scheidel（見後文），以及Scheidel 2013: 27-30中之概略。關於城邦，特別參見Hansen 2000，以及非常簡短的，Scheidel 2013: 30-32。

34. 關於大草原帝國的發展——受限於相關的資料，其在現下的研究中幾乎付之闕如——可參見Barfield 1989；Cioffi-Revilla, Rogers, Wilcox and Alterman 2011；http://nomadicempires.modhist.ox.ac.uk/。也可參見Turchin 2009，其中關於這些帝國在大型國家形成中的角色。成長規模：Taagepera 1978: 120。

35. 圖3出自Gellner 1983: 9 fig. 1，後重新繪於Morris 2015: 66 fig. 3.6。

36. 關於前現代國家整體而言的本質，特別參見Claessen and Skalník 1978b；Gellner 1983: 8-18；Tilly 1985；Giddens 1987: 35-80；Kautsky 1982，特別參照頁三四一—四八；Haldon 1993；Sanderson 1999: 99-133；Crone 2003: 35-80（引用頁五一）；North, Wallis and Weingast 2009: 30-109，以及Scheidel 2013: 16-26中跨學科的後設調查。

37. 創造者與拿取者：Balch 2014。巴比倫：Jursa 2015與私下的通信。嫁妝的平均數和中位數的實際價值大約會再多出百分之七十和百分之一百三十，這兩個時期的吉尼係數分別是〇．四三（$n = 82$）和〇．五五（$n = 84$），如果將各組數據的最高離群值扣除，則分別是〇．四一和〇．四九。關於新巴比倫時期的經濟活躍，可參見Jursa 2010。

38. 關於暴君政權中反向的分配，可參見例如Trigger 2003: 389與Boix 2015: 259。Winters 2011追蹤了世界史中的各寡頭政權，並常將焦點放在財產的保衛（特別參照頁二〇—二六）。互惠的概念主要留在觀念的領域。Claessen and Skalník 1978a: 640中有精細的定義：「早期的國家是中央集權的社會政治組織，其關於複雜、分層的社會關係的規定，區分出至少兩個基本的階級、或是新興的社會階級——也就是統治者和被統治者——兩者的關係特徵是前者在政治上的支配、和後者居於附庸關係的義務，認為互惠是基本原則的一般觀念便支持著這種關係的存在。」

39. 關於馬木路克蘇丹國，可參見本書，p. 82；關於羅馬共和國，可參見本書，pp. 71-74與第六章p. 187。

40. 企業家：Villette and Vullermot 2009。關於羅馬共和國，可參見本書，p. 73；關於法國，pp. 83-84。我提到了「個人

的」政治因素，是為了將這些因素與減稅的角色區隔開來——這是指美國和某些其他的盎格魯—撒克遜國家在最近的高所得占比成長的同時所進行的減稅，其的確對於整體的富裕程度有助益：參見本書第十五章，pp. 415-417。引用："Lunch with the FT: Oleg Tinkov," *Financial Times*, December 30, 2015。

41. 關於資本報酬率和對這些報酬率的震盪角色，可參見（特別參照）Piketty and Saez 2014: 841-42；Piketty 2015b: 73-78的簡潔說明，更一般性的則是Piketty 2014: 164-208。關於其爭論，可參見本書第十五章，pp. 411-423。

42. Hudson 1996b: 34-35, 46-49; 1996c: 299, 303; Trigger 2003: 316-321, 333; Flannery and Marcus 2012: 500-501, 515-16. 在這裡特別強調蘇美的經驗，是因為它是這類過程中第一個留下來的例子。

43. Hudson 1996a: 12-13, 16; Flannery and Marcus 2012: 474-502，特別參照489-491關於拉格什的部分。關於債務免除，可參見本書的第十二章，pp. 359-360。

44. 埃勃拉：Hoffner 1998: 65-80，特別參照頁七三—七七。引用：頁七五，第四六、四八段。胡里特位於美索不達米亞的北方，西台則位於小亞細亞。

45. Foster 2016: 40, 43, 56, 62, 72, 90, 92；以及Hudson 1996c: 300。引用：Foster 2016: 8（瑞穆什）、13（納拉姆辛）、40（分配者）、43（菁英）。關於阿卡德帝國的崩壞，可參見本書第九章，p. 280。在其後的帝國形成中，由首都的菁英和國家官員所獲得的利益是不成比例的：例如Yoffee 1988: 49-52。

46. Trigger 2003: 375-94調查了幾個早期文明的這類特徵。關於奧約帝國，可參見頁三九三。Yun-Casalilla and O'Brien 2012及Monson and Scheidel 2015也對世界歷史中的國庫制度提供了廣泛的觀察。

47. 第一段引用來自於所謂的「巴比倫神義論」（Babylonian Theodicy），那是用中巴比倫時期的語言寫成的文字：Oshima 2014: 167，第二八二行，而第二段則是來自Trigger 2003: 150-51。

48. 引用：Fitzgerald 1926。關於身高的分配不均，可參見Boix and Rosenbluth 2014: 11-14，也於Boix 2015: 188-94中重複；也可參見Payne 2016: 519-20；Scheidel 2009b，其中調查了世界歷史中關於生殖方面的分配不均。

49. 可參見本書，p. 48（巴比倫）、pp. 76-77和第九章，pp. 267-269（房屋）。

50. 可參見本書的附錄pp. 447-449（分配），第六章，pp. 188-199（希臘），第三章，p. 108（美洲）。勞倫茨曲線是用來繪製特定人口的資產分配圖形。如果資產明顯的集中在少數成員手中，曲線的右端就會極為傾斜的突然向上彎曲。

51. Oded 1979: 19, 21-22, 28, 35, 60, 78-79, 81-91, 112-13. 也可參見本書的第六章，p. 200。

52. 關於奴隸制度，可參見（特別參照）Patterson 1982: 105-171，其中有對於建立和獲得奴隸的不同模式的討論，Miller 2012中關於全球歷史的奴隸制度，及Zeuske 2013中關於奴隸制度的全球歷史。關於羅馬，可參見Scheidel 2005a；關於索科托，可參見Lovejoy 2011；而關於美國，可參見本書，p. 108。

第二章　分配不均的帝國

1. Morris 2010及2013觀察到在農業帝國，有相對而言比較高度的社會發展。在名義上或實質上都等同於工業化之前和工業化早期的分配不均狀況，關於此，可參見本書，p. 101與附錄pp. 454-455。

2. Wood 2003: 26-32提出了這個理想類型的對比。關於兩者之間漸趨一致的發展和相似點，可參見Scheidel 2009a; Bang and Turner 2015。針對這兩個帝國的分配不均，我在Scheidel 2016中做了更詳細的討論。

3. 關於戰國時代的改革和全面動員的文化，可參見本書第六章，pp. 182-186。

4. Ch'ü 1972: 196-99; Hsu 1980: 31; Loewe 1986a: 205; Sadao 1986: 555-58. Wang Mang: Hsu 1980: 558; Sadao 1986: 558; Li 2013: 277.

5. 商人：Swann 1950: 405-64（傳記文學）；Ch'ü 1972: 115-16, 176；Sadao 1986: 576, 578（活動）。司馬遷：Ch'ü 1972: 182-83。關於武帝的措施，可參見Hsu 1980: 40-41；Sadao 1986: 584, 599, 602, 604。關於其軍事成就的規模，可參見Barfield 1989: 54, 56-57；關於其現代主義的政策整體，可參見Loewe 1986a: 152-79。第二回合的干預措施也一樣來自暴力的翻轉——也就是王莽的篡位：Loewe 1986a: 232；Sadao 1986: 580, 606。

6. 引用：Sadao 1986: 578（史記 129）；以及584（關於製造商）。禁令：Hsu 1980: 41-42；Sadao 1986: 577。地主和官員

的部分重疊：Ch'ü 1972: 119-21, 181。

7. 名義上的薪資相對而言並不算高：Scheidel 2015c: 165-74。徇私：Hsu 1980: 46-53。財產規模：Swann 1950: 463-464。買賣官職：Mansveldt Beck 1986: 332（西元一七八年）。保護：Ch'ü 1972: 96-97。

8. Ch'ü 1972: 160-61, 175; Hsu 1980: 49, 54; Lewis 2007: 70.

9. Ch'ü 1972: 94, 176-78（持續性），也可參見頁一七三—七四，其中有針對特定家族的說明：Hsu 1980: 49（興衰的原則）。

10. 關於武帝的整肅，可參見Hsu 1980: 44-46（引用自《漢書》16: 2b-3b）；Ch'ü 1972: 164-65；Lewis 2007: 69, 120。東漢：Loewe 1986b: 275。

11. Ch'ü 1972: 97, 184, 200-202, 212-13, 218, 226, 228, 237-43; Loewe 1986b: 276-77, 289; Mansvelt Beck 1986: 328-29.

12. 國家干預：Lewis 2007: 67（徵兵事務）。封地：Loewe 1986b: 257, 259。地主與漢朝的方針：Li 2013: 295；Lewis 2007: 69-70。關於改革嘗試的失敗，可參見Ch'ü 1972: 204；Hsu 1980: 55；Ebrey 1986: 619-21。人口統計：Li 2013: 297。

13. Ebrey 1986: 635-37, 646（社會屏蔽〔social closure〕，菁英自治）；Hsu 1980: 56（侍從）；Lewis 2007: 263（侍從主義）；Lewis 2009a: 135（產業巨擘）。

14. 土地的重新分配：Powelson 1988: 164, 166, 168, 171（越南也曾經效法中國做過類似的嘗試：頁二九〇—九二）。關於唐朝，可參見本書第九章，pp. 260-261。宋朝：Powelson 1988: 166-67。明朝：Elvin 1973: 235（第一次引用）、236（第二次引用）、240（第三次引用，出自一段關於約西元一八〇〇年的上海縣文字）。

15. Schemes: Zelin 1984: 241-46. 所得的倍數和對抗手段：Deng 1999: 217-19。

16. Jacobs 2015; www.forbes.com/billionaires/.

17. Shatzman 1975: 237-439以西元前二〇〇至三〇年的元老院議員為對象，提供了詳盡的「經濟人口學」（economic prosopography）。關於帝國早期，可參見Duncan-Jones 1982: 343-44和1994: 39；關於西元五世紀，可參見本書，p. 78。相關的個人財富在下列文獻中有列舉和討論：Scheidel 2016。我是根據後來的面額將對幣值的估價加以標準化：古代羅馬的一千「塞斯退斯」大約等於一個中等四口之家的平均年所得（關於人均GDP，可參見Scheidel and Friesen 2009: 91）。

18. 關於平民的實際收入成長有限的情況，可參見Scheidel 2007。人口數字只是粗略估計。騎士階級：Scheidel 2006: 50。關於都市化的影響，可參見本書，p. 93。奴隸：Scheidel 2005a。

19. 關於經濟發展，最近期的研究可參見Kay 2014。關於所得資源的估計：Rosenstein 2008，之前則有Shatzman 1975: 107，根據其中的觀察：「相較於在元老院任職的職涯中得到的利益，來自農業的所得顯然是微不足道的。」省長、放款人和繳稅的農民所得：Shatzman 1975: 53-63, 296-97, 372, 409, 413, 429-37。戰爭：63-67, 278-81, 378-81。後文提到的Tan分析了菁英所得的結構和這個時期的財務體制。

20. Shatzman 1975: 37-44, 107, 268-72; Scheidel 2007: 332. 關於第一波流放所創造的大量資產，可參見Roselaar 2010: 285-86。

21. 支持者的財富：Shatzman 1975: 400, 437-39；Mratschek-Halfmann 1993: 78, 97, 111, 160-161。關於皇帝的資產，可參見Millar 1977: 133-201。Mratschek-Halfmann 1993: 44（奧古斯都）。沒收的規模：52-54；Burgers 1993。Hopkins 2002: 208精確地描述了藉由掌握和分給財富，皇帝建立起「貴族的更迭」。國家總財產和菁英的財產是根據下列文獻的推測：Scheidel and Friesen 2009: 74, 76和Piketty 2014: 116-17 figs. 3.1-2，其中有使用西元一七〇〇年的法國和英國做類比，看國家財產是其一年GDP的幾倍。

22. Mratschek-Halfmann 1993: 106-107, 113-14, 214; *Inscriptiones Latinae Selectae* 1514.

23. Mratschek-Halfmann 1993: 53, 58, 138-39; Hopkins 2002: 205.

24. Scheidel 2015a: 234-42, 250-51.

25. Mouritsen 2015提供了一個簡潔的摘要。也可參見Jongman 1988，特別參照頁一〇八至一一二（人口）、二〇七—七三（社會差異）。赫庫蘭尼姆（Herculaneum）城的鄰近城市似乎有很大比例的人口是奴隸和原本是奴隸的人：De Ligt and Garnsey 2012。

26. 住宅大小：可參見本書第九章，pp. 267-69，更明確的則可參見Stephan 2013: 82, 86（不列顛）、127, 135（義大利，有兩份不同的資料，其結果互相矛盾）、171, 182（北非）。骨骼的遺骸還有待精密的分析，才能夠知道人類的身高是否在羅馬時期也出現越來越大的差異。關於元老院議員和騎士的所得來源，可參見Mratschek-Halfmann 1993: 95-127, 140-206；關於元老院議員在義大利擁有的土地，也可與Andermahr 1998相對照。

27. Scheidel and Friesen 2009: 63-74, 75-84（所得分配和國家比例）、86-87（吉尼係數和提取率）、91（GDP）。也可比較Milanovic, Lindert and Williamson 2011: 263 table 2，其中指出羅馬的所得吉尼係數落在〇．三多（接近〇．四），提取率則為百分之七十五。關於其他社會，可參見同前注，以及本書，p. 100。關於經濟能力中等的羅馬人，可參見Scheidel 2006；Mayer 2012。

28. 投資和取得土地：Jongman 2006: 249-250。小奧林匹奧多羅斯：Wickham 2005: 162；Brown 2012: 16-17；Harper 2015a: 56-58, 61（高原期）。如果後來的帝國比較窮困，據報的財富的確依相對價值而言就會比較多；然而儘管不能排除這樣的可能性，但是也沒有什麼證據支持平均人均GDP有如Milanovic 2010: 8，和2016: 67-68推測的急遽下降，特別參照68 fig. 2.9；可與本書，p. 88相對照。關於西羅馬上層階級的崩壞，可參見本書第九章，pp. 264-266。

29. 埃及：Palme 2015，可配合Harper 2015a: 51。關於羅馬統治的較早期階段的埃及土地集中，可參見本書第十一章，p. 325。義大利：Champlin 1980，可配合Harper 2015a: 54。在西元四世紀愛琴海（Aegean）的土地登記證明中，有較小塊的土地持有（不超過一千英畝）：Harper 2015a: 52 table 3.6。異常富有者：Wickham 2005: 163-65。

30. 拜占庭的分配不均：Milanovic 2006。

31. Borsch 2005: 24-34中關於「馬木路克」的體制；Meloy 2004中關於敲詐、勒索的敘述。

32. Yaycioglu 2012；也可參見Ze'evi and Buke 2015，其中關於對最高階官員（奧斯曼帝國稱之為「帕夏」，pasha）的流放、免職和沒收財產。

33. Powelson 1988: 84-85, 220-29；也可參見本書第八章，pp. 241-242。

34. Powelson 1988: 234-39.

35. Turchin and Nefedov 2009: 172-73；以及http://gpih.ucdavis.edu/files/Paris_1380-1870.xls（工資）。

36. 二十八個社會：Milanovic, Lindert and Williamson 2011: 263 table 2，以及本書的附錄，pp. 447-448。西元前三三〇年代的雅典：其換算方式為一「德拉克馬」（drachma，古希臘貨幣）＝七・三七公斤小麥＝一九九〇年的八・六七國際貨幣，人均GDP和所得吉尼係數分別為一六四七和〇・三八，其資料來源為Ober 2016: 8, 22；提取率則列於頁九。可與Ober 2015a: 91-93; 2015b: 502-504相比較，其中的值為$1,118/0.45（採「悲觀主義」的版本）和$1,415/0.4（「樂觀主義」）。可比較的數值（comparanda）出自Milanovic, Lindert and Williamson 2011: 263 table 2；麥迪遜計畫。雖然Milanovic, Lindert and Williamson中所得的數據對Boix 2015: 258-59的推測提出了質疑（Boix認為君主政體和共和政體所經歷的分配不均是有差異的），不過古典雅典的例子可能會支持Boix所提出的模型（如果我們關注直接民主和其他形式的政體之間的對比）。

第三章　上下起伏

1. 關於瓦爾納，可參見本書，pp. 40-41。關於邁錫尼的瓦解，可參見本書第九章，pp. 270-273。關於古典希臘，可參見本書第六章，pp. 188-199。我們必須注意在羅馬世界內部也存有差異：帝國的西部（在西元四世紀和五世紀早期）就可以稱得上是當時分配不均最劇烈的地方：可參見本書，p. 78。
2. 國家失能：可參見本書第九章，pp. 264-269。鼠疫：可參見本書第十一章，p. 319-326。
3. 關於羅馬後期和後羅馬的所得分配不均的下降趨勢追蹤研究（但我所認為其結論過於跳躍），可參見Milanovic 2010: 8 and 2016: 67-68。關於這個時期的君士坦丁堡的情況，可參見Mango 1985: 51-62；Haldon 1997: 115-17。
4. Bekar and Reed 2013是關於英格蘭。在他們的模型中，這些因素能夠讓吉尼係數擴充為五倍，從〇・一四至〇・六八（三〇八），反之，土地買賣或是人口成長本身就只有比較小的影響；關於其模擬，可參見頁三〇二—一一。也可參見Turchin and Nefedov 2009: 51-53，其中有一個模型顯示十五英畝的農地僅夠承租人勉強維持生計。地租和土地：Grigg 1980: 68；Turchin and Nefedov 2009: 50-51。

5. Turchin and Nefedov 2009: 55-58.

6. 拜占庭帝國的分配不均：Milanovic 2006。英格蘭與威爾斯：Milanovic, Lindert and Williamson 2011: 263 table 2 (*c*.0.36)，其係根據Campbell 2008。次早期的估計——一四二七年的（義大利的）托斯卡尼——是在黑死病之後，但是數字較高（〇．四六），這是我們認為在高度都市化的環境中會發生的事。巴黎和倫敦的財富集中：Sussman 2006，特別參見20 table 9，其中列出財富吉尼係數（根據納稅的推斷）於一三一三年在巴黎是〇．七九，一三一九年在倫敦是〇．七六。如果很窮困的人沒有被基本的稅捐清冊排除在外，巴黎的吉尼係數應該會更高（與頁四相較）。

7. 可參見本書第十章，特別參見p. 300-11。

8. 對於這項轉變的學術研究多如汗牛充棟。如果需要一個適合這個脈絡、夠具有野心的鳥瞰視角，可參見Christian 2004: 364-405。Neal and Williamson 2014的共同作者調查了資本主義興起的各個面向，而Goetzmann 2016則強調金融在文明的全球演化中扮演的角色。毋須贅言，「拿取」依然是一個致富的成功策略，也造成了今天世界上大部分地區的分配不均：可參見本書，p. 71中提到的現代中國，或是Piketty's 2014: 446指出「竊取」是累積的一種方式，其例子就是赤道幾內亞的暴君統治者。

9. 關於這一點，最近的文獻可參見Alfani 2016: 7，以及其參考文獻。下文中的敘述形式會特別強調一些值得注意的數字和趨勢，這樣才能符合各種當地資料組合的限制和特性，並且可以避免一些貌似精確的表達方式（如果是用綜合的表格，可能予人這樣的印象）。

10. 佛羅倫斯的地籍：van Zanden 1995: 645 table 1（一四二七年的佛羅倫斯之五百二十二個商人家庭的資本分配顯示的吉尼係數為〇．七八二：Preiser-Kapeller 2016: 5，其根據的資料為http://home.uchicago.edu/~jpadgett/data.html）。托斯卡尼：Alfani and Ammannati 2014: 19 fig. 2。皮埃蒙特：Alfani 2015: 1084 fig. 7。

11. 德國：van Zanden 1995: 645-47，特別參見647 fig. 1（針對奧格斯堡），以及本書第十一章，pp. 336-37。荷蘭：van Zanden 1995: 647-49; Soltow and van Zanden 1998: 46 table 3.10。英格蘭：Postles 2011: 3, 6-9; 2014: 25-27。Soltow 1979: 132 table 3計算出哥本哈根於一七八九年的財富吉尼係數是〇．八九。都市化的程度：De Vries 1984: 39 table

3.7。

12. De Vries and Van der Woude 1997: 61（都市化）；Soltow and van Zanden 1998: 23-25（一般情況）,42, 46, 53-54（資本和勞力）。

13. Soltow and van Zanden 1998: 38 table 3.6, 39（萊登）；van Zanden 1995: 652-53; Soltow and van Zanden 1998: 35 table 3.4（租賃價值）；可與頁一三九相對照，其中列出了一八〇八年的吉尼係數為〇・六五。十五個城鎮：Ryckbosch 2014: 13 fig. 1；也可參見13 fig. 2與14 fig. 3，其中依城市別列出了根據時間的趨勢，並顯示出隨著時間演進有較多變化。（比利時的）尼韋爾（Nijvel）的房屋租金吉尼係數從一五二五年的〇・三五升高至一八〇〇年的〇・四七：Ryckbosch 2010: 46 table 4。在（荷蘭的）斯海爾托亨博斯（'s-Hertogenbosch），一五〇〇至一五五〇年之間的房屋租金分配不均並不明顯（而且一直是如此），這遮蓋了分配不均（應該根據家庭大小和價格加以調整）其實是有增加的事實：Hanus 2013。

14. Soltow and van Zanden 1988: 40（停頓的成長）；Ryckbosch 2014: 17-18，特別參見18 fig. 5, 22（北方／南方），其結論認為在奢侈品和服務兩者的技術密集產出的生產階段，荷蘭和佛萊明（譯注：日耳曼民族之一，居住在現今比利時的法蘭德斯地區）的分配不均是很低的，而在大規模標準化的產出生產時期（當時的工資很低），分配不均則是很高的（頁二三）；Alfani and Ryckbosch 2015: 28（納稅）；van Zanden 1995: 660 table 8；Soltow and van Zanden 1998: 43-44, 47（工資）。

15. Alfani and Ammannati 2014: 16 table 3（托斯卡尼），29 table 4（財富比例）；Alfani 2015: 1069 table 2（皮埃蒙特）；Alfani 2016: 28 table 2（阿普利亞）；12 fig. 2, 13（許多平均值）。有兩組西西里島的數據也顯示出財富分配不均益發嚴重：Alfani and Sardone 2015: 22 fig. 5。

16. Alfani 2014: 1084-1090; Alfani and Ryckbosch 2015: 25-30.

17. 圖4用自Alfani and Ryckbosch 2015: 16 fig. 2b與Alfani and Sardone 2015: 28 fig. 9。也可以互相參照Alfani 2016: 26 fig. 4 and 30 fig. 6，其中顯示高所得群體的財富比例有類似的趨勢，還有「富裕度索引」。Alfani and Ryckbosch 2015: 30

提到荷蘭和義大利的分配不均日益擴大其實有不同的原因，並為兩者的不同原因提供了一個比較性的估計。關於英格蘭，可參見Postles 2011: 3, 6-9；2014: 27。

18. 西班牙：Alvarez-Nogal and Prados de la Escosura 2013。圖6引用自tables S2與S4（http://onlinelibrary.wiley.com/doi/10.1111/j.1468-0289.2012.00656.x/suppinfo）。馬德里：Fernandez and Santiago-Caballero 2013。在加泰隆尼亞，最富有的前百分之一和前百分之五在所有財富中的占有比例在一四〇〇年和一八〇〇年之間一直是上漲或是持平的，而整體的財富吉尼係數則沒有明顯的趨勢：García-Montero 2015: 13 fig. 1, 16 fig. 3。Santiago-Caballero 2011記錄到（墨西哥的）瓜達拉哈拉省於十八世紀的分配不均算是保持穩定，除了在這段時期的晚期由於土地改革而有稍微下降（可參見本書第十二章，p. 355）。關於歐洲實際工資的下降，可參見本書第十章，pp. 301-02。

19. 法國：經典的研究為Le Roy Ladurie 1966，特別參見頁二三九—五九，也可參見頁二六三—七六，其中提到實際工資的減少。葡萄牙：Reis, Santos Pereira and Andrade Martins n.d.，特別參見27 fig. 2, 30-32, 36-37 figs. 5-6。比起一七〇〇年，（葡萄牙的）波多（Porto）於一七七〇年的分配不均程度比較低，也比一五六五年的里斯本低，在小型市鎮和農村地區都比一五六五年低，但是在大型市鎮則比一五六五年和一七〇〇年都高（27 fig. 2）。這些結論是根據所得稅的數據，再以Johnson 2001對一三〇九至一七八九年的資料所做的調查為基礎，改進而來，該調查也認為有類似的趨勢。我們對中歐所知不多：可參見Hegyi, Néda and Santos 2005，其中以匈牙利在一五五〇年的農奴數量來代表菁英財富的分配。

20. Milanovic, Lindert and Williamson 2011: 263 table 2. 根據推測，（義大利的）那不勒斯於一八一一年的所得吉尼係數非常低（〇・二八），這看起來值得存疑。

21. 提取率：關於這個概念，可參見本書的附錄，p. 447。皮埃蒙特、托斯卡尼和南部低地諸國的提取率是上升的，但是人均GDP卻停滯或甚至減少了：Alfani and Ryckbosch 2015: 24 fig. 5b，以及18 table 2。在經濟成長受到強化的脈絡（荷蘭共和國和英格蘭）中，未經調整的提取率（其與最低限度的生活所需相關）在荷蘭共和國是下降的，而在英格蘭則處於變動，不過如果根據提高的社會基本生活所需做出調整後，提取率則是持平的：Milanovic, Lindert and

Williamson 2011: 263 table 2; Milanovic 2013: 9 fig. 3。關於真實工資，可參見本書第十章，pp. 301-2。在英格蘭、法國和荷蘭，「真實的」分配不均在一八〇〇年時比一四五〇年或是一五〇〇年時為高：Hoffman, Jacks, Levin and Lindert 2005: 161-64，特別參見163 fig. 6.3 (a–c)。我也順便提到了經濟的分配不均可以解釋身高的明顯差異：Komlos, Hau and Bourguinat 2003: 177-78, 184-85，其中關於法國的資料。

22. Canbakal and Filiztekin 2013: 2, 4, 6-7, 8 fig. 7（城市吉尼係數）、19 fig. 9（高收入者的百分比）、20 fig. 10（農村吉尼係數）、22。關於其中一個城市——布爾薩（Bursa）——的詳細研究，也可參見Canbakal 2012。後文將提到的Pamuk調查了一八二〇年之後的發展。

23. 關於漢朝的分配不均，可參見本書，pp. 63-69。關於分裂時期的發展，在Lewis 2009a中有做出摘要。

24. 關於唐朝，可參見本書第九章，pp. 260-264。關於其後的朝代，可簡單參見本書，pp. 69-71。一八八〇年的中國、一七五〇年和一九四七年的印度：Milanovic, Lindert and Williamson 2011: 263 table 2。革命前的中國：本書第七章，pp. 223, 227。對於亞洲的分配不均的正式研究並不多見。Broadberry and Gupta 2006: 14 table 5, 18 table 7發現在長江三角洲，不具有特殊技術的勞工在清朝中期（一七三九至一八五〇）的實際工資低於明朝晚期（一五七三至一六一四），如果是在印度的北部和西部，一八七四年的工資低於蒙兀兒帝國時期，而印度南部在一七九〇年的工資則低於一六一〇年。雖然這些資料都指出分配不均益發升高，但是這些發現必須放在其所屬的脈絡中，才能夠提供更多確定性。關於日本，可參見本書第四章，p. 118。

25. 可參見本書，pp. 58-59（前哥倫比亞的分配不均），以及本書第十一章，pp. 317-9（傳染病）和第十三章，pp. 378-82。圖7是根據Williamson 2015: 35 table 3和Prados de la Escosura 2007: 296-297 table 12.1，但有對於Williamson認為的分配不均程度做出調整，好與後者較低的所得吉尼係數相配合，並解釋阿茲特克和印加帝國的存在，以及傳染病的致死率有何影響。

26. 財富：Lindert 2000b: 181 table 2。最高收入家庭的所得集中實在是過於明顯，因此第二富有的階層（百分之四）的占有比例從百分之四十三降至百分之十八，但其實前百分之五這個階層的整體占有比例是升高的（從百分之八十二至百分之八十七）。土地的擁有：Soltow 1968: 28 table 3。直至十九世紀的第一個十年的所得分配不均：Lindert 2000b: 18-19, 24。

27. 關於英國工業化期間的「顧志耐曲線」的概念（關於「顧志耐曲線」，可參見本書第十三章，pp. 369-372），可參見Williamson 1985 and 1991，特別參見64 table 2.5，其受到了Feinstein 1988那強而有力、而且（依我看來）很能夠令人信服的挑戰。工資分化：Williamson 1991: 61-62 table 2.2，其根據為六個不需要特殊技術、和十二個需要特殊技術的職業，也可參照63 table 2.3。Feinstein 1988: 705-6顯示十二個需要特殊技術的職業曲線中，有其中七個的名目年度所得緩慢上升，另外五個則顯示為不規律的擺盪。他的結論是「靠技能得到的報酬結構在整個世紀中顯示出高度的穩定性：分配不均在世紀的前半葉並沒有大幅增加，在後半葉也沒有出現均等主義的均等化」（710；也可參見Jackson 1987）。關於對房屋稅金的批評，可參見頁七一七—一八。高所得群體的所得比例：Williamson 1991: 63 table 2.4，另有Feinstein 1988: 718-20。社會表格：Feinstein 1988: 723 table 6，也可參見Jackson 1994: 509 table 1：在一六八八年為〇．四七至〇．五四（排除及包括貧民），在一九〇一年和一九〇三年為〇．五二至〇．五八，以及在一八六七及一九一三年均為〇．四八。Jackson 1994: 511認為分配不均的高峰不可能在十九世紀中葉，而Soltow 1968: 22 table 1關於這段時期大致穩定的狀況，也已經做出類似的結論。Lindert 2000b: 21-24顯示英格蘭在整個十九世紀實際上的分配不均趨勢為何，其實要根據我們選擇的方式而定。這樣的說法是正確的——即使有證據顯示英格蘭工人的實際工資在十九世紀前半葉並未成長，直到後半葉才有成長：可參見Allen 2009，其中有針對這個現象加以說明。根據觀察，「實際」——例如：特定階級——的分配不均在整個十九世紀都呈現下降（Hoffman, Jacks, Levin and Lindert 2005: 162 fig. 6.3 (a)），這也和分配不均是上升再下降的說法互相矛盾。有的主張認為在工業化的英國發生的分配不均都符合「顧志耐曲線」，但也有確實的證據顯示出這類主張的不足之處，但這就很難說明為什麼這種見解在後一九八八年的學界還繼續受到歡迎：例如可見Williamson 1991；Justman and Gradstein 1999: 109-10；Acemoglu and Robinson 2000: 1192-93；2002: 187 table 1；以及最近的Milanovic 2016: 73 fig. 2.11, 74-75，其在書末注解中參考了Feinstein的批評（頁二四八—四九，注二五）。

28. 義大利：Rossi, Toniolo and Vecchi 2001: 916 table 6顯示其吉尼係數逐漸下降，最富有的前百分之一在一八八一至一九六九年之間的所得占比也是，不過Brandolini and Vecchi 2011: 39 table 8就以不同的算法，其中明確指出在一八七一和一九三一年之間是維持穩定的。法國：Piketty, Postel-Vinay and Rosenthal 2006: 243 fig. 3, 246 fig. 7; Piketty 2014: 340 fig. 10.1。西班牙：Prados de la Escosura 2008: 298 fig. 3；可參見本書第十三章，pp. 372-373。

29. 普魯士：Dell 2007: 367 fig. 9.1, 371, 420 table 9I.6（所得比例）。前百分之一所得占比不太可能減少，其於一九〇〇和一九一三年為大約百分之〇．八，比之前假設的要少：先前的研究認為前百分之一至百分之二這個等級於一八九六／一九〇〇年或一九〇一／一九一〇和一九一三年之間是減少的：Morrison 2000: 234，也可參見頁二三三，二五七，這也適用於（德國的）薩克森（Saxony）。Dumke 1991: 128 fig. 5.1a發現於一八五〇和一九一四年之間，分配不均和資本的占有比例是上升的。普魯士的吉尼係數：Grant 2002: 25 fig. 1，以及27-28。荷蘭：Soltow and van Zanden 1998: 145-74，特別參見152, 163-65, 171。他們注意到在工業化期間並不曾發生顧志耐的工資分散，而技術溢酬則下降了：161-62, 174。

30. 一八七〇年的所得分配吉尼係數很高，介於〇．五三和〇．七三之間（〇．七三已經是概念上的極端了）。因為丹麥的人均GDP（換算為一九九〇年的國際元）是兩千元，因此中位數〇．六三就已經表示提取率是四分之三了，雖然並非不可能，但是已經和分配不均極大的前現代社會非常類似。只有位於吉尼係數估計值下界（lower bound）的值會等於英格蘭和威爾斯在一八〇一年的值，不過那本來就算是很大的分配不均了。然而，一個比較低的一八七〇年吉尼係數（〇．五多，大概為〇．五五上下）看起來應是可信的，這也位於一九〇三和一九一〇年估計值的信賴區間，因此就無法排除分配不均於一八七〇和一九一〇年之間並沒有重大變化的虛無假設（null hypothesis）。可參見Atkinson and Søgaard 2016: 274，其中委婉的指出於一八七〇至一九〇三年這段期間，「只有有限的資料覆蓋率」。代表的一八七〇年吉尼係數：277 fig. 5。一七八九年：Soltow 1979: 136 table 6，根據這項資料，Atkinson and Søgaard 2016: 275推論出最富有的前百分之一有個極高的所得占比（百分之三十）。丹麥的人均GDP在大約一八二〇年（換算為一九九〇年的國際元）是大約一千兩百元，這符合高達〇．七五的所得吉尼係數，而且大概在一七八九年又更低了。

31. 財富分配不均：Soltow 1979: 130 table 2, 134，以及Roine and Waldenstrom 2015: 572 table 7.A2（關於最富有的前百分之一的占有比例從一七八九年的百分之五十六下降至一九〇八年的百分之四十六；但也可參照579 table 7.A4，其中提到在這段時期前百分之十並無變化）。

32. 挪威：Aaberge and Atkinson 2010: 458-59（其中指出了早期資料的不足，頁四五六）；Roine and Waldenström 2015: 572 table 7.A2（但可對照579 table 7.A4，其中列出最富有的百分之十在一九三〇年的財富占比，已經高於一七八九年時）。也可對照Morrison 2000: 223-24，其中列出兩個挪威的縣在一八五五和一九二〇年之間逐漸達到均等，其根據的是Soltow更為早期（得多）的研究成果。瑞典：WWID；Soltow 1985: 17；Söderberg 1991；Piketty 2014: 345 fig. 10.4。

33. 關於殖民時代，可參見Lindert and Williamson 2016: 36-41，特別參見38 table 2-4，其中列出所有家庭的所得吉尼係數是〇．四四，前百分之一所得占比是百分之八．五，而自由家庭的這兩個數字則分別是〇．四一和百分之七．六。（美國東北角的）新英格蘭的這兩個數字是〇．三七和百分之四．一，可以說是異常均等。革命時期：82-90。不具有特殊技術的男性所得在城市／農村的薪資溢酬從百分之二十六下降至百分之五，而同樣對象的平均城市／農村所得則從百分之一百七十九下降至百分之三十五。城市的白領階級薪資相對於不具有特殊技術的城市男性所得，比例從百分之五百九十三急降為百分之一百。一八六〇年之前持續擴大的分配不均：114-39。自由人和奴隸之間、以及自由人彼此之間的差異都益發擴大。關於吉尼係數和所得占比，可參見115-116 tables 5-6及5-7。財產和所得的分配不均：122 tables 5-8及5-9。

34. 關於從一八六〇至一八七〇年的期間，可參見本書第六章，pp. 174-179。關於從一八七〇至一九一〇年的期間：Lindert and Williamson 2016: 171-93，特別參見頁一七二（其中有大約一九一〇年的高所得占比，並有「世界財富及所得資料庫」〔WWID〕），頁一九二—一九三。Smolensky and Plotnick 1993: 6 fig. 2（Lindert and Williamson 2016並未參考，不過Milanovic 2016: 49 fig. 2.1, 72 fig. 2.10則有使用）由已知的所得吉尼係數之間的關係，推斷出一九一三年的國民收入吉尼係數大約是〇．四六，並推算出一九四八至一九八九年之間最富有的前百分之五的所得占比和失業率（9, 43-44），其顯示出——如果推算正確——一八七〇至一九一三年之間，整體的所得分配不均有明顯的下降。不過，這個步驟的正確性和對於這些期間所做估計的可比較性，都還存有疑義，更關鍵的是，這個數據似乎和高所得的占比在這段期間的大幅增加有所矛盾。財富占比：Lindert 1991: 216 fig. 9.1；Piketty 2014: 348；Roine and Waldenström 2015: 572 table 7.A2。最高額的財富：Turchin 2016a: 81 table 4.2。

35. 拉丁美洲的吉尼係數估計值：Bértola and Ocampo 2012: 120 table 3.15; Prados de la Escosura 2007: 296-97 table 12.1。Rodríguez Weber 2015: 9-19為智利提供了一個更細緻的描述。Arroyo Abad 2013: 40 fig. 1使用（土地）租金／（城市）工資的比例，發現於一八二〇年和一九〇〇年之間，阿根廷和烏拉圭的分配不均有淨增加，而墨西哥和委內瑞拉則沒有。日本：Bassino, Fukao and Takashima 2014；Bassino, Fukao, Settsu and Takashima 2014；Hayami 2004: 16-17, 29-31；Miyamoto 2004: 38, 43, 46-47, 55；Nishikawa and Amano 2004: 247-48。關於在現代化期間日益擴大的分配不均，可參見本書第四章，p. 118。

36. 我的調查也確認了Alfani根據一些更有限的資料所做的觀察，即皮凱提所描述的十九世紀財富集中的過程，「其實只是一個更長期得多的過程的最終階段」（Alfani 2016: 34）。

37. 在一九五〇年，共產黨政權掌控了二十五億六千萬人口中的大約八億六千萬人。所得占比：「世界財富及所得資料庫」（WWID），根據Roine and Waldenström 2015: 493 fig. 7的摘要；也可參見本書第五章，pp. 130-137，其中有更詳細的分析（關於英國前百分之一的所得占比，我們只有不連續的零星資料，英國經歷了一次規模差不多的分配不均縮小，光只是在一九三七年和一九四九年之間，占有比例就下降了三分之一。前百分之〇．一和前百分之一的損失率〔loss rate〕於一九一三年〔或一九一八年〕至一九四九年之間的比例，讓我們可以推論出前百分之一所得占比，在一九一三年是大約百分之二十五，而在一九四九年之前，其整體大約減少了比一半多一些）。關於俄羅斯和東亞，可參見本書第七章，pp. 221, 227。財富在所有財富中的占有比例：Roine and Waldenström 2015: 572-81，特別參見539 fig. 7.19，本書第五章，p. 139也有引用。資本／所得比例：Piketty 2014: 26 fig. 1.2（本書第五章，p. 140也有引用），196 fig. 5.8；data appendix table TS12.4（關於對出自高度推測的全球估計值的批評，可參見Magness and Murphy 2015: 23-

32：不過整體的趨勢還是相當清楚）。關於邁向均等的過程之完成，可參見本書第十五章，p. 405；關於分配不均的真正程度，可參見本書附錄。有些多方面的分配不均計算方式認為現代的斯堪地那維亞國家就和採集社會一樣均等：Fochesato and Bowles 2015。關於分配不均在二十世紀之前如何發展的精簡摘要，可參見本書第十四章，pp. 389-391。

第四章　全面戰爭

1. Moriguchi and Saez 2010: 133-36 table 3A.2（所得占比）；148 table 3B.1（資產）；81 fig. 3.2（吉尼係數），以及Milanovic 2016: 85 fig. 2.18。
2. 「像丹麥一樣」是一種學術上的簡略表達方式，表示要建立高度有益於政治和經濟福祉的制度，這個概念是由Pritchett and Woolcock 2002: 4提出來的，並且特別由Fukuyama 2011: 14加以普及。
3. Saito 2015: 410; Bassino, Fukao and Takashima 2014: 13; Hayami 2004: 16-17, 29-30.
4. 最近的重新建構的結果，顯示吉尼係數從一八五〇年的〇．三五（這是憑猜測）上升到一九〇九年的〇．四三、一九二五年的〇．五、一九三五年的〇．五二、和一九四〇年的〇．五五：Bassino, Fukao and Takashima 2014: 20 table 5。關於前百分之一的所得占比，可參見19 table 1。其中也提到在一八八〇和一九三〇年代之間的分配不均趨勢並沒有統一見解，有人認為是一直在上升，也有人認為是先降後升（頁九）。也可參見Saito 2015: 413-14，其中提到後幕府時期的分配不均可能是隨著時間一直在增加。雖然有短期的變動，不過WWID顯示前百分之一所得占比於二十世紀的前三分之一時間內是相當穩定的。經濟發展和分配不均：Nakamura and Odaka 2003b: 9, 12-13, 24-42；Hashimoto 2003: 193-94；Saito 2015: 413 n. 57；Moriguchi and Saez 2010: 100。
5. Nakamura 2003: 70 table 2. 5, 82.
6. 關於這三項配套，可參見Moriguchi and Saez 2010: 100-102。關於國家的各種介入，特別參見Hara 2003 and Nakamura 2003；並可參照Moriguchi and Saez 2010: 101，其中有很精簡的綜述。控制：Nakamura 2003: 63-66 table 2.2。

7. Nakamura 2003: 85; Okazaki 1993: 187-89, 195.
8. Takigawa 1972: 291-304; Yuen 1982: 159-73; Dore 1984: 112-14; Kawagoe 1999: 11-26.
9. Kasza 2002: 422-28; Nakamura 2003: 85; Kasza 2002: 429的結論認為「於一九三七至一九四五年之間，促使日本的福利制度轉型的所有因素中，戰爭是最重要的一項」。
10. Moriguchi and Saez 2010: 101, 129-30 table 3A.1.
11. 資本存量：Minami 1998: 52；Yoshikawa and Okazaki 1993: 86；Moriguchi and Saez 2010: 102。損失：Nakamura 2003: 84；Yoshikawa and Okazaki 1993: 86。轟炸：*United States strategic bombing survey* 1946: 17。
12. 資本利得的占有比例：Yoshikawa and Okazaki 1993: 91 table 4.4；Moriguchi and Saez 2010: 139 table 3A.3，也可參見91 fig. 3.7。一八八六至一九三七年的這段期間，資本利得平均為大約前百分之一的所得占比的一半（頁九二）。所得占比：Moriguchi and Saez 2010: 88 fig. 3.4；134-35 table 3A.2；WWID。
13. GNP與出口：Yoshikawa and Okazaki 1993: 87-88。
14. Moriguchi and Saez 2010: 129-30 table 3A.1; 可參照Nakamura 2003: 90-92。關於不同指數造成的巨大比例差異，可參見Kuroda 1993: 33-34；也可參照Teranishi 1993a: 68-69；Yoshikawa and Okazaki 1993: 89。
15. Nakamura 2003: 87; Miwa 2003: 335-36.
16. Miwa 2003: 339-41. 實質的國民總生產於一九四六和一九五〇年間的確成長了百分之四十，大部分是因為消費，而不是投資：Yoshikawa and Okazaki 1993: 87。
17. Miwa 2003: 347; Minami 1998: 52; Moriguchi and Saez 2010: 102; Nakamura 2003: 98 table 2.14; Teranishi 1993b: 171-72; Yoshikawa and Okazaki 1993: 90.
18. Nakamura 2003: 87; Minami 1998: 52; Estevez-Abe 2008: 103; Miwa 2003: 345; Miyazaki and Itô 2003: 315-16; Yonekura 1993: 213-22. 引用：Miwa 2003: 349.
19. Miwa 2003: 336-37, 341-45; Nakamura 2003: 86-87, 91（引用）。其所稱的目的和相關做法是要「消除戰時的獲利」

（Miwa 2003: 346）——從我們看到的所得分配不均縮小的情況看來，這樣的說法在當時應該比較接近於編造，而非真實。

20. Yamamoto 2003: 240; Miyazaki and Itô 2003: 309-12.

21. Teranishi 1993b，特別參見頁一七二；Moriguchi and Saez 2010: 138 table 3A.3。

22. 工會的組成：Hara 2003: 261；Nakamura 2003: 88；Miwa 2003: 347；Yonekura 1993: 223-30，特別參見225 table 9.3；Nakamura 2003: 88；可參照Minami 1998: 52。津貼：Hara 2003: 285；Yonekura 1993: 227-28；Estevez-Abe 2008: 103-11。

23. 備忘錄：Miwa 2003: 341；也可參見Dore 1984: 115-25，其中關於土地租佃、農村貧窮和侵略之間的關係。土地改革：Kawagoe 1999: 1-2, 8-9, 27-34；Takigawa 1972: 290-91; Yoshikawa and Okazaki 1993: 90；Ward 1990: 103-104；也可參見Dore 1984: 129-98 and Kawagoe 1993。麥克阿瑟：出自於一九四九年十月二十一日寫給內閣總理大臣吉田茂的一封信，引用自Ward 1990: 98；Kawagoe 1999: 1。

24. Moriguchi and Saez 2010: 94 table 3.3.

25. Okazaki 1993: 180; Moriguchi and Saez 2010: 104-105. 這段引用自麥克阿瑟的話也被用於本節的標題，可參見Department of State 1946: 135。

第五章　「大壓縮」

1. 引用：“le drame de la guerre de trente ans, que nous venons de gagner...”：夏爾・戴高樂於一九四六年七月二十八日在（法國的）巴勒迪克（Bar-le-Duc）所做的演講，引用自http://mjp.univ-perp.fr/textes/degaulle28071946.htm。最近期的資料（Piketty 2014: 146-50；Piketty and Saez 2014: 840; Roine and Waldenström 2015: 555-56, 566-67）中關於這個主題摘要過後的精簡論點。

2. 在這裡和下文中的所有高收入家庭的所得占比資料都是得自於WWID。為了確保一致性，我會使用每一個國家的相同時段區間（從一九三七至一九六七年）。

3. 阿根廷：一九三八／一九四五年，澳洲：一九三八／一九四五年，加拿大：一九三八／一九四五年，丹麥：一九〇八／一九一八年，一九三八／一九四五年，芬蘭：一九三八／一九四五年，法國：一九〇五／一九一八年，一九三八／一九四五年，德國：一九一三／一九一八（一九二五）年，一九三八／一九五〇年，印度：一九三八／一九四五年，愛爾蘭：一九三八／一九四五年，日本：一九一三／一九一八年，一九三八／一九四五年，模里西斯：一九三八／一九四五年，荷蘭：一九一四／一九一八年，一九三八／一九四六年，紐西蘭：一九三八／一九四五年，挪威：一九三八／一九四八年，葡萄牙：一九三八／一九四五年，南非：一九一四／一九一八年，一九三八／一九四五年，西班牙：一九三五／一九四〇／一九四五年，瑞典：一九一二／一九一九年，一九三五／一九四五年，瑞士：一九三九／一九四五年，英國：一九三七／一九四九年（百分之一），一九一三／一九一八年，一九三八／一九四五年（百分之〇・一），美國：一九一三／一九一八年，一九三八／一九四五年。

4. Smolensky and Plotnick 1993: 6 fig. 2，以及頁四三—四四，推測的吉尼係數於一九三一年為大約〇・五四，一九三九年為大約〇・五一，一九四五年為大約〇・四一，而有確實紀錄的吉尼係數在一九四八年和一九八〇年之間是〇・四一±〇・〇二五。Atkinson and Morelli 2014: 63中指出家庭總收入的吉尼係數於一九二九年是〇・五，在一九四一年是〇・四四七，一九四五年則是〇・三七七，之後一樣保持平穩。關於英國的情形，可參見Atkinson and Morelli 2014: 61，其中指出其從一九三八年的〇・四二六下降至一九四九年的〇・三五五，以及Milanovic 2016: 73 fig. 2.11，其中提出一九一三年的市場所得吉尼係數的估計值為〇・五。關於日本的情形，可參見本書，p. 115注一。在Milanovic 2016收集的全國所有數據中，只有荷蘭的所得吉尼係數於一九六二和一九八二年之間是下降的，且其幅度堪比一九一四年一九六二年之間的降幅（81 fig. 2.15）。

5. 圖11出自於Roine and Waldenström 2015: 539 fig. 7.19（http://www.uueconomics.se/danielw/Handbook.htm）。關於早期斯堪地那維亞的數據百分點，可參見本書第三章，pp. 106-108。

6. 因此，唯一不屬於此列的就是挪威，挪威的財富不再集中幾乎全都發生在一九四〇年代之後。所有數據均來自於Roine and Waldenström 2015: 572-75 table 7.A2。法國：Piketty 2007: 60 fig. 3.5。

7. 圖11出自於Piketty 2014: 26 fig. 1.2 and 196 fig. 5.8；也可參見頁118 fig. 5.5，出自Roine and Waldenström 2015: 499 fig. 7.5（http://www.uueconomics.se/danielw/Handbook.htm）。

8. 圖13出自於Broadberry and Harrison 2005b: 15 table 1.5；Schulze 2005: 84 table 3.9（奧匈帝國：只有軍事支出）。

9. 國家財富：Broadberry and Harrison 2005b: 28 table 1.10。花費：Harrison 1998a: 15-16 table 1.6；Broadberry and Harrison 2005b: 35 table 1.13。為供討論之參考——在今天相同倍數的全球GDP會被轉化為大約一千兆美元。GNP/GDP：德國：Abelshauser 1998: 158 table 4.16。如果將來自外國的部分排除在外，這個占有比例會降至百分之六十四。日本：Hara 1998: 257 table 6.11。

10. Piketty 2014: 107; Moriguchi and Saez 2010: 157 table 3C.1.

11. 稅金：Piketty 2014: 498-499。也可參見Scheve and Stasavage 2010: 538，其中有說明最初的低稅率。圖14出自於Roine and Waldenström 2015: 556 fig. 7.23（http://www.uueconomics.se/danielw/Handbook.htm）。

12. 圖15出自於Scheve and Stasavage 2016: 10 fig. 1.1。

13. 圖18出自於Scheve and Stasavage 2016: 81 fig. 3.9（其中舉出第一次世界大戰期間的十個動員國和七個未動員國）；也可參見Scheve and Stasavage 2012: 83。

14. 政治壓力：Scheve and Stasavage 2010: 530, 534-35；2012: 82, 84, 100。Pigou 1918: 145是一個典型的論述，於Scheve and Stasavage 2012: 84中引用。也可參見Scheve and Stasavage 2016: 202 fig. 8.1，其中提到了Google Ngram上顯示「均等的犧牲」在世界大戰期間的相對頻率大幅提高。關於美國大眾的態度，可參見Sparrow 2011。宣言：Scheve and Stasavage 2010: 531, 535。引用自頁五二九：「在戰爭外獲得財富的人必須負擔戰爭的費用；工黨也堅持要加重累進稅制，並提高例外的門檻。這就是工黨藉由兵役稅要達到的目的。」也可參照頁五五一，其中在一篇一九一七年以來的文件中，提到對於「目前所得超過絕對所需的部分之徵用」的想法。關於政治爭論中均等犧牲的想法，可參見頁五四一。超額收益：Scheve and Stasavage 2010: 541-42。對羅斯福的引用出自Bank, Stark and Thorndike 2008: 88。遺產稅：Piketty 2014: 508：Scheve and Stasavage 2010: 548-49。

15. Scheve and Stasavage 2016: 83 fig. 3.10.

16. Piketty 2007: 56, 58 fig. 3.4; Hautcoeur 2005: 171 table 6.1. 第一次世界大戰的影響：Hautcoeur 2005: 185：Piketty 2007: 60 fig. 3.5。

17. Piketty 2014: 121, 369-70; Piketty 2014: 273 fig. 8.2; 275（資本損失）：Piketty 2007: 55-57, 60 fig. 3.5（富人資產）。

18. Broadberry and Howlett 2005: 217, 227; Atkinson 2007: 96-97, 104 table 4.3; Ohlsson, Roine and Waldenström 2006: 26-27 figs. 1, 3.

19. Piketty and Saez 2007，特別參見頁一四九—五六。不過，所得吉尼係數的整體高點或許落在一九三三年（因為當年的失業人數非常高）：Smolensky and Plotnick 1993: 6 fig. 2，以及Milanovic 2016: 71。關於經濟大蕭條，可參見本書第十二章，p. 363。

20. 稅率：Piketty and Saez 2007: 157：Piketty 2014: 507：Brownlee 2004: 108-19（引用自頁一〇九）：Bank, Stark and Thorndike 2008: 83-108。干預與分配不均：Goldin and Margo 1992: 16（引用）、23-24：Piketty and Saez 2007: 215 table 5B.2：以及本書，p. 137（吉尼係數）。高階管理人員的報酬：Frydman and Molloy 2012。工資的吉尼係數從一九三八年的〇．四四下降至一九五三年的〇．三六：Kopczuk, Saez and Song 2010: 104。Goldsmith-OBE系列、前十分之一與平均工資的比例、第百分之九十和第百分之五十之間的工資差異，都指出了一九四〇年代的均等化：只有第百分之五十與第百分之十的工資比例顯示出，在一九四〇年代的巨幅下降之後，在一九六〇年代又出現了第二次下降：Lindert and Williamson 2016: 199 fig. 8-2。

21. Saez and Veall 2007: 301 table 6F.1和264 figs. 6A.2-3將其形象化了。關於戰爭的影響，可參見頁二三二。位於第九十個百分點之人的收入與全國平均值的倍數關係，從一九四一年的百分之二百五十四跌至一九五〇年的百分之一百六十八，且在那之後幾乎沒有什麼變動：Atkinson and Morelli 2014: 15。國家在GDP中的占有比例從一九三五年的百分之十八・八成長為一九四五年的百分之二十六・七：Smith 1995: 1059 table 2。

22. Dumke 1991: 125-35; Dell 2007. Fig. 5.10，出自WWID。關於動員率和GDP的國家占有比例，可參見本書，pp. 141-42與圖17。

23. 高所得：Dell 2007: 372；Dumke 1991: 131；Dell 2005: 416。高所得的證據並不支持Baten and Schulz 2005所提出的修正主義論點，也就是認為德國的分配不均在第一次世界大戰期間並未增加。籌集資金與通貨膨脹：Ritschl 2005: 64 table 2.16；Schulze 2005: 100 table 3.19；Pamuk 2005: 129 table 4.4。

24. Dell 2005: 416; 2007: 373; Holtfrerich 1980: 190-91, 76-92, 327, 39-40 table 8, 266, 273, 221 table 40, 274, 232-33, 268; Piketty 2014: 503 fig. 14.2, 504-505.

25. Dell 2005: 416-17; 2007: 374-75; Harrison 1998a: 22; Abelshauser 2011: 45 fig. 4, 68-69; Piketty 2014: 503 fig. 14.2, 504-505; Klausen 1998: 176-77, 189-90.

26. 高所得：可參見本書，p. 133。Soltow and van Zanden 1998: 176-77, 184（行政人員和有技術的工廠勞工於一九三九和一九五〇年之間的實際工資，分別減少了百分之二十三・五和百分之八，但是不具備特殊技術的勞工則成長了百分之六・四）：Salverda and Atkinson 2007: 454-58; Soltow and van Zanden 1998: 183-85。

27. 芬蘭：Jäntti et al. 2010: 412 table 8A.1。丹麥：Ohlsson, Roine and Waldenström 2006: 28 fig. 5; Atkinson and Søgaard 2016: 283-84, 287 fig. 10。挪威：Aaberge and Atkinson 2010: 458-59，也可參見本書，表3，4。

28. Piketty 2014: 146-150，其中指出「經證實：兩次大戰的預算和政治衝擊對資本的破壞，遠大於戰爭本身」（頁一四八）。引用：Piketty 2014: 275。

29. 血腥大地：Snyder 2010。關於義大利，可參見Brandolini and Vecchi 2011: 39 fig. 8；但可參照Rossi, Toniolo and Vecchi 2001: 921-22，其中指出在兩次世界大戰期間可能有短期的均等化。關於義大利的戰時經濟體系，可參見Galassi and Harrison 2005; Zamagni 2005。

30. 荷蘭：Salverda and Atkinson 2007: 441；Dumke 1991: 131；De Jong 2005。瑞士：WWID；Atkinson and Søgaard 2016:

282-83, 287 fig.10。

31. Nolan 2007: 516（愛爾蘭）；Alvaredo 2010b: 567-568（葡萄牙）。關於西班牙，可參見本書第六章，pp. 204-206。

32. 阿根廷：Alvaredo 2010a: 267-69, 272 fig. 6.6。關於一九四八和一九五三年之間的快速趨向均等，可參見本書第十三章，p. 380。由SWIID獲得的拉丁美洲吉尼係數：阿根廷三十九．五（一九六一），玻利維亞四十二．三（一九六八），巴西四十八．八（一九六八），智利四十四．〇（一九六八），哥倫比亞四十九．八（一九六二），哥斯大黎加四十七．八（一九六一），厄瓜多四十六．三（一九六八），薩爾瓦多六十二．一（一九六一），宏都拉斯五十四．一（一九六八），牙買加六十九．一（一九六八），墨西哥四十九．八（一九六三），巴拿馬七十六．〇（一九六〇），祕魯五十三．三（一九六一），烏拉圭四十三．〇（一九六七），委內瑞拉四十五．一（一九六二）。關於戰時的發展，可參見本書第十三章，p. 379。Rodríguez Weber 2015: 8 fig. 2, 19-24（智利）；Frankema 2012: 48-49（工資分配不均）。

33. 殖民地：Atkinson 2014b。印度：Raghavan 2016: 331, 341-44。不過，這種對富人造成的壓力卻因為戰爭所引起的通貨膨脹而被抵銷了，通貨膨脹對企業家和大地主有利，而對中產階級和較低收入的族群則會造成傷害（頁三四八—五〇）。關於長期的趨勢，可參見Banerjee and Piketty 2010: 11-13。

34. Atkinson n.d. 22, 28 fig. 5.

35. Zala 2014: 495-98, 502; Oechslin 1967: 75-97, 112; Dell, Piketty and Saez 2007: 486 table 11.3.

36. Zala 2014: 524-25; Oechslin 1967: 150 table 43, 152-60; Grütter 1968: 16, 22; Dell, Piketty and Saez 2007: 486 table 11.3.

37. Oechslin 1967: 236, 239; Grütter 1968: 23; Zala 2014: 534-35; Dell, Piketty and Saez 2007: 494.

38. 圖20出自於WWID。

39. Gilmour 2010: 8-10; Hamilton 1989: 158-62; Roine and Waldenström 2010: 310; Ohlsson, Roine and Waldenström 2014: 28 fig. 1. 工資的分配不均在那幾年間也下降了，因為農業收入大大提高，而行政工作的薪資則遭到重挫：Söderberg 1991: 86-87。圖21出自於Stenkula, Johansson and Du Rietz 2014: 174 fig. 2（此處的改寫須感謝米卡埃爾．斯坦庫拉〔Mikael Stenkula〕慷慨提供數據）；並可參照177 fig. 4，其中包括當地的所得稅（整體的局面是類似的）。也可參照

Roine and Waldenström 2008: 381。與Ohlsson, Roine and Waldenström 2006: 20或Henrekson and Waldenström 2014: 12所言類似，並非要主張因為瑞典沒有積極的參與兩次世界大戰，所以也沒有經歷過嚴重的衝擊：這兩國與戰事非常靠近，也暴露在各種外國威脅或是其他與戰爭相關的負擔之中，這些都會帶來巨大的動員效果——只比參戰國的程度稍小。

40. Gilmour 2010: 49（引用），47-48, 229-30, 241-42；Hamilton 1989: 179; Fig. 5.12；Roine and Waldenström 2010: 323 fig. 7.9；Stenkula, Johansson and Du Rietz 2014: 178；Du Rietz, Johansson and Stenkula 2014: 5-6。一致同意：Du Rietz, Johansson and Stenkula 2013: 16-17（這份資料在Stenkula, Johansson and Du Rietz 2014的最終版本中遭到省略）。戰時的聯合政府在經歷了二十年的動亂之後終於贏來穩定：Gilmour 2010: 238-39；也可參照Hamilton 1989: 172-77。

41. Roine and Waldenström 2010: 320 fig. 7.8; Ohlsson, Roine and Waldenström 2014: 28 fig. 1. 瑞典的前百分之一的財富占比（由對財富的課稅計算而得）在一九三〇年開始的大約四十年間，以相當穩定的比例一直在下降：Ohlsson, Roine and Waldenström 2006: fig. 7。Waldenström 2015: 11-12, 34-35 figs. 6-7指出有兩個結構性的斷裂：在一九三〇年代是國民財富／所得的比例（其在之前的第一次世界大戰期間是較低的），而在一九五〇年代早期則是私人財富／所得的比例——Waldenström推斷出這些「分界點凸顯了與世界戰爭有關的政治制度改變，在形塑總體的財富所得比例時可能與實際的戰爭一樣重要，尤其是以長期來說」（頁一二）。Gustafsson and Johansson 2003: 205認為（瑞典的）哥特堡（Goteborg）的所得分配不均於一九二〇至一九四〇年代之間呈現穩定的下降，這個過程主要是受到資本利得的減少和分散（發生在一九二五和一九三六年之間）的驅使，另一個主要的理由則是一九三六至一九四七年之間的所得稅。均等化：Bentzel 1952；Spant 1981。關於不同所得群組的實質均等化，可參見Bergh 2011: fig. 3，其為Bentzel 1952. 工資：Gärtner and Prado 2012: 13, 24 graph 4, 15, 26 graph 7的重述。農業工資的上升是因為它們沒有受到工資安定化的影響：Klausen 1998: 100。高所得者的資本利得占有比例於一九三五和一九五一年之間跌到谷底：可參見本書，圖2.6。

42. Gilmour 2010: 234-35, 245-49, 267. 也可參見Klausen 1998: 95-107。引用：Gilmour 2010: 238, 250, 267。Grimnes 2013

形容被占領的挪威也有類似發展。

43. Östling 2013: 191.

44. Du Rietz, Henrekson and Waldenström 2012: 12. 引用自Hamilton 1989: 180中一九四四年「戰後計畫」（Post-War Program）。也可參照Klausen 1998: 132。

45. Lodin 2011: 29-30, 32; Du Rietz, Henrekson and Waldenström 2012: 33 fig. 6; Du Rietz, Johansson and Stenkula 2013: 17. 戰時的公司稅（百分之四十）已經於一九四七年確定要永久施行；Du Rietz, Johansson and Stenkula 2014: 6。

46. 「該發展支持下列的想法：可接受的稅金負擔會在危機時增加，而在危機過後，人民依然會繼續接受這種較高的稅金水準，因此稅率和公眾的支出便逐步增加了」（Stenkula, Johansson and Du Rietz 2014: 180）。相反的，Henrekson and Waldenström 2014，尤其是頁一四至一六則試圖否認戰爭的影響，並且用意識形態來解釋政策的改變——但是這不足以解釋為什麼社會民主黨可以推動這麼有雄心大志的政策。Roine and Waldenström 2008: 380-82假定高所得的占比在戰後呈現下降，是因為課稅具有十分重大的影響。

47. Piketty 2014: 368-75. 遺產稅對於財富移轉的影響可以說是特別大。在法國，得自繼承的部分在國民所得中的占比在戰爭期間大幅下降，從百分之二十至二十五，下降到少於百分之五（380 fig. 11.1）。Dell 2005比較了以下三國的經驗：法國（巨大的戰爭衝擊和戰後的累進稅制大大減少了財富的集中，也防止財富集中又再復興）、德國（也經歷了戰爭的衝擊，但是選擇較低的累進稅率，因此財富後來又有某種程度的重新集中）和瑞士（避開了重大的衝擊，也只施行有限的累進稅制，因此還是有嚴重的財富分配不均）；也可參見Piketty 2014: 419-21。以高所得的占比來說，參戰國中（在戰後趨向均等的經驗上）唯一的例外是芬蘭：一九三八和一九四七年持續且可觀的邁向均等之後，該國的高所得占比到了一九五〇年代和一九六〇年代又大致回復了，所得吉尼係數也大幅增加。直至一九七〇年代，前百分之一的所得占比才又跌到比一九四〇年代晚期更低的水準，然而吉尼係數卻再也沒有回到較低的水準了（WWID; Jäntti et al. 2010: 412-13 table 8A.1）。稅金在第二次世界大戰期間大幅增加，但是在戰後對於總人口而言又趨於緩和，因為門檻提高了，其後要納稅的人口比例也降低了：Jäntti et al. 2010: 384 fig. 8.3(b)；也可參見Virén 2000: 8 fig. 6，其中顯示一九五〇和一九六〇年代早期的總稅率是下降的。為何這會偏向鞏固高所得的理由還不清楚。金融手段：Piketty 2014: 474-79。可參見475 fig. 13.1，關於國家在GDP中的占比：在法國、英國和美國，稅金在國民收入中的占比於一九一〇年和一九五〇年之間成為三倍，其後各國則分別有不同的走向，包括不景氣（美國）和繼續成長了半倍（法國）。這建立了一個新的平衡，國家的大部分預算都用於健康和教育，還有替代的收入和補助（頁四七七）。Roine and Waldenström 2015: 555-56, 567一樣認為高額的邊緣稅率是戰後的低度分配不均的重要決定因素。Piketty 2011: 10認為「一九一四至一九四五年的政治和軍事衝擊帶來了一波前所未有的反資本政策，比戰爭本身對於私人財富的影響更大得多」，這並非誇大之詞。

48. Scheve and Stasavage 2009: 218, 235：但可參照218-19, 235中對於因果關係的討論。也可參見Salverda and Checchi 2015: 1618-19。英國：Lindsay 2003. Fig. 5.13，來自http://www.waelde.com/UnionDensity（大約在一九六〇年有稍微中斷，這是因為資料組合之間轉換的緣故）。關於詳細的統計數值，特別參見Visser 1989。

49. Weber 1950: 325-26. Andreski 1968: 20-74，特別參見頁七三，其中認為階級和特定人口的軍事參與程度呈現反向相關。

50. 連結：Ticchi and Vindigni 2008: 4提供了參考資料。關於某項從未施行的計畫——法國於一七九三年要在全面動員（Levée en Masse）的同時制定包含普選的新憲法，可參見頁二三與注四六。回應：例如Acemoglu and Robinson 2000: 1182-86：Aidt and Jensen 2011，特別參見頁三一。其他例子：紐西蘭、澳洲和挪威都在第一次世界大戰之前制定了全面普選。和平：Ticchi and Vindigni 2008: 23-24。引用自Ticchi and Vindigni 2008: 29, n.27, 30, n.38。關於世界戰爭和民主浪潮，特別參見Markoff 1996b: 73-79：Alesina and Glaeser 2004: 220。Mansfield and Snyder 2010認為戰爭對於民主化只有零星的影響，這大部分是因為他們沒有對全面動員的戰爭和其他類型的紛爭做出區別。

51. Ticchi and Vindigni 2008: 30附有參考資料，與拉丁美洲尤其相關。

52. 這個連結是由許多不同的因素造成的，包括（與戰爭有關的）社會團結、均等的理想、勞工階級因充分就業和工會組成帶來自信之後凝聚而成的政治共識、國家的支出和能力的大幅增加，以及戰後改革的承諾具有的重振士氣的功能。Titmuss 1958是一種古典的論述（關於各方對Titmuss的立場爭議的簡單概述，可參見Laybourn 1995: 209-10）。

在最近的研究中，Klausen 1998提供了最有說服力的論點，說明了當不同國家在戰後創建福利國家時，第二次世界大戰具有的絕對重要性，而Fraser 2009: 246-48則特別針對英國加以說明，Kasza 2002: 422-28則是針對日本；後者也簡潔的以理論說明全面戰爭和福利之間的關係，並且強調對於健康的士兵和勞工的需求、負擔家計的男性缺席帶來的影響、對於社會正義和犧牲的公平性的要求（即使是對菁英也是如此）、戰爭導致的緊急狀態帶來的迅速變化（頁四二九—三一）。進一步的可參見Briggs 1961；Wilensky 1975: 71-74；Janowitz 1976: 36-40；Marwick 1988: 123；Hamilton 1989: 85-87；Lowe 1990；Porter 1994: 179-92, 288-89；Goodin and Dryzek 1995；Laybourn 1995: 209-26；Sullivan 1996: 48-49；Dutton 2002: 208-19；Kasza 2002: 428-33；Cowen 2008: 45-59；Estevez-Abe 2008: 103-11；Fraser 2009: 209-18, 245-86；Jabbari 2012: 108-9；Michelmore 2012: 17-19；Wimmer 2014: 188-89；更廣泛的則可參照Addison 1994。這個影響甚至會擴及殖民地：可參見Lewis 2000中對於肯亞的描述。關於國家擴張的作用，也可參見Berkowitz and McQuaid 1988: 147-64，特別參見頁一四七；Cronin 1991；並可參照Fussell 1989；Sparrow 2011，其中關於第二次世界大戰的文化衝擊；還有Kage 2010也觀察到第二次世界大戰的動員讓大約在當時邁入成年的世代有更多的公民參與。Bauer et al. 2016，特別參見42-43 table 2 and fig. 1，其中的調查研究發現受到戰爭的暴力威脅，會增加有利社會的行為和社區參與。Ritter 2010: 147-62針對許多國家的戰後福利改革進行了整體的調查。

53. *The Times*, July 1, 1940，於Fraser 2009: 358中引用。

54. Roine and Waldenström 2015: 555.

55. Beveridge 1942: 6.

56. Lindert and Williamson 2015: 218（引用），而頁二〇六又一次列出這六個因素。Milanovic 2016: 56 table 2.1也根據類似的脈絡，把「有害的」促進均等的力量（例如戰爭、國家失能和流行病）和「良性的」因素區分開來——來自於政治（例如社會主義和工會）、教育、老化和（對低層級技術有利的）科技變遷帶來的社會壓力被認為是「良性的」因素。Therborn 2013: 155-56試圖將「影響深遠的和平社會改革」（從一九四五至大約一九八〇年）和先前的暴力衝擊區分開來。關於移民的減少，可參見Turchin 2016a: 61-64。如同Lindert and Williamson 2015: 201 fig. 8-3的圖表所示，美國金融部分的相對薪資先是在一九三〇年代略微成長，接著又在第二次世界大戰期間確實的大幅下滑。關於美國的技術溢酬並非連續的變化，可參見本書第十三章，pp. 375-76；關於工會組成的比例，可參見本書，pp. 165-67；關於人口老化可能造成分配不均的後果，可參見本書第十六章，pp. 426-27。

57. 可參見本章所引用的文獻（注五三）。經濟政策對於戰爭的效應特別敏感：此處僅舉出一個例子，Soltow and van Zanden 1998: 195注意到關於要如何在荷蘭組織荷式經濟體系的公開辯論，都會以一九一八和一九四五年為焦點。就算Durevall and Henrekson 2011的主張是對的——以長期來說，GDP中國家占比的成長主要都是由經濟成長帶來的，而不是戰爭帶來的暴增所具有的棘輪效應，但是經濟成長本身無法說明戰爭帶動的累進稅制，以及為什麼會出現能夠讓均等效果持續的規定。Lindert 2004追蹤了福利國家的長程興起過程和它們與經濟發展的關係，並將一九三〇和一九四〇年代稱為「重要的分水嶺」，是因為當時的戰爭和恐懼，才促進了民主（頁一七六），但他還是認為西方的福利制度於一九七〇年代之前的擴大都是自然發展的結果。

58. Obinger and Schmitt 2011（福利國家）；Albuquerque Sant'Anna 2015（冷戰）。類似因素（除了邊際稅率之外）的本質——蘇聯的軍事勢力可能透過這些因素影響到高所得的占比——是值得探究的問題。關於戰爭的未來，可參照本書第十六章，pp. 436-39。

第六章　工業化前的戰爭與內戰

1. 圖23出自於Scheve and Stasavage 2016: 177 fig. 7.1。
2. 只是有大規模的軍隊並不一定符合標準：以一八五〇年的中國為例，如果認可百分之二的門檻，就表示必須有將近九百萬人參軍。以我們所知來說，就連在太平天國時期也沒有達到這個標準：可參見本書第八章，pp. 238-40。
3. Bank, Stark and Thorndike 2008: 23-47中關於南北戰爭的部分，特別參見頁三一—三四，四一—四二。
4. Turchin 2016a: 83 table 4.4, 139, 161. 關於人口普查數據的證據，可參見本章，注七，以及Soltow 1975: 103。財產所得的

吉尼係數估計值在一八六〇和一八七〇年之間從〇・七五七提高至〇・七六七，前百分之一的所得占比則從百分之二十五提高至百分之二十六・五——這樣的變化都還位於誤差範圍之內：Lindert and Williamson 2016: 122 table 5-8。新英格蘭的吉尼係數上升了六・一個百分點，（美國）中大西洋各州是三・一個百分點，中部東北地區是六・七個百分點，中部西北地區則是五・九個百分點，其各自的前百分之一所得占比則分別從百分之七、百分之九・一、百分之七、百分之六・九上升至百分之十・四、百分之九・二、百分之九・及百分之九・七：116 table 5-7A, 154 table 6-4A。

5. 以奴隸作為財產：Wright 2006: 60 table 2.4，以及59 table 2.3（農田和建築物占有南方私人財產的百分之三十六・七）。也可參照Piketty 2014: 160-61 figs. 4.10-11，其中列有之前幾十年的情況。吉尼係數：Lindert and Williamson 2016: 38 table 2-4, 116 table 5-7；也可參照115 table 5-6 for 1850。奴隸的所有權：Gray 1933: 530，以及Soltow 1975: 134 table 5.3。

6. 我要向約書亞・羅聖朋（Joshua Rosenbloom）和布蘭登・杜邦（Brandon Dupont）致上深忱的謝意，他們十分慷慨的幫助我計算出這些結果，資料來源為IPUMS-USA, https://usa.ipums.org/usa/。關於這些數據的性質，可參見Rosenbloom and Stutes 2008: 147-48。

7. IPUMS-USA的數據顯示，所有南方人的總體財富吉尼係數於一八六〇年是〇・八，到了一八七〇年則是〇・七四。由較早的研究結果計算出這十年間的均等效果則較為有限。根據Soltow 1975: 103的估計，自由的南方人於一八六〇年的財富吉尼係數是〇・八四五，一八七〇年的南方白人則是〇・八一八。Jaworski 2009: 3, 30 table 3, 31使用了一八六〇年和一八七〇年的全美研究中的六千八百一十八筆個人資料，計算出高所得者的損失讓南大西洋地區的財富吉尼係數從〇・八一跌至〇・七五，中南部則從〇・七九上升至〇・八二，因為白領勞工快速的累積了財富。Rosenbloom and Dupont 2015分析了該十年間的財富流動，並發現財富分配的頂層有明顯的翻轉。財產所得：Lindert and Williamson 2016: 122 table 5-8。表2.4：116 table 5-7, 154 table 6-4A（所有吉尼係數都循環至小數點後兩位）。關於一八六〇年的自由家庭和一八七〇年的白人家庭之間的比較，可參見116 table 5-7, 155 table 6-4B，其中列出的高所得占比較之一八六〇年的水準減少了百分之三十二、百分之二十三和百分之四十九，吉尼係數則減少了〇・〇四、〇・

〇三和〇・〇八。

8. 美國和日本的高所得占比於一九二〇年代迅速恢復，看來是唯一的部分例外。

9. 引用自Schütte 2015: 72。

10. Clausewitz 1976: 592.

11. 可參見本書第八章，pp. 232-238。

12. 為了符合本書的整體關注焦點，我在這裡指的是國家層級的定居社會，而不討論其他不同類型的社會，例如小規模的團體（他們會偶爾或是週期性的投入戰爭，每次都動員許多團體成員），或是畜牧的草原人口，像是成吉思汗的游牧民族和其後代子孫，他們也投入了許多成年的男性人口。

13. Kuhn 2009: 50（宋朝）；Roy 2016: ch. 3（蒙兀兒）；Rankov 2007: 37-58（古代晚期較高的數字並不可靠；Elton 2007: 284-85）；Murphey 1999: 35-49（鄂圖曼）。

14. Hsu 1965: 39 table 4, 89; Li 2013: 167-75, 196. 該時代的政治論述顯示出對人民較多的關注，說國家應該嘗試減輕他們的貧困和痛苦；像是「為民謀福」或是「愛民如子」這樣的說法開始出現了；Pines 2009: 199-203。

15. Li 2013: 191-94; Lewis 1990: 61-64; Lewis 1999: 607-8, 612.

16. Li 2013: 197; Lewis 1990: 15-96，特別參見頁六四（引用）。

17. 戰役；Li 2013: 187-88；Lewis 1999: 628-29；Lewis 1999: 625-28（軍隊規模）；Li 2013: 199；Bodde 1986: 99-100（死亡人數）；Li 2013: 194（河內）。如果是在五百萬人口的王國中動員了十萬名士兵，就符合上述百分之二的門檻了。

18. Lewis 2007: 44-45; Hsu 1965: 112-16; Sadao 1986: 556; Lewis 2007: 49-50. 引用自Lewis 2007: 50。

19. Falkenhausen 2006: 370-99，特別參見頁三九一和四一二，其中關於均等主義和軍事化的說明。秦國的墓穴中並沒有出現這類武器（或許是出於實用的理由），因此這個對比比較難以凸顯（頁四一三）。

20. 關於秦國的賦稅較高這件事，我們無法確定這是事實、或只是懷有敵意的宣傳辭令；Scheidel 2015b: 178 n. 106。

21. Scheidel 2008 調查了關於羅馬公民人數的爭議。關於動員率，特別參見Hopkins 1978: 31-35；Scheidel 2008: 38-41。Lo

Cascio 2001認為有比較多的人口基數，因此參與率也比較低。

22. Livy 24. 11. 7-8，以及Rosenstein 2008: 5-6。關於雅典，請參見後文。

23. Hansen 2006b: 28-29, 32（人口）；Ober 2015a: 34 fig. 2.3（領土）；Hansen and Nielsen 2004；Hansen 2006a（「城邦」的本質）。

24. Ober 2015a: 128-37，特別參見頁一二八—一三〇（引用：頁一三〇），一三一（引用），一三一—一三二，一三五—一三六。

25. 有些學者假設了一個密切的（因果）連結，但是也有其他學者表示懷疑。van Wees 2004: 79與Pritchard 2010: 56便是最具有批判性的聲音之一。可參見van Wees 2004: 166-97，其中有說明早期方陣的綜合性特徵。權利：Ober 2015a: 153。

26. Plutarch, *Lycurgus* 8.1（經由Richard J. A. Talbert翻譯）。

27. Hodkinson 2000. 集中：399-445，特別參見頁三九九，四三七。關於世襲資源不均的結果，可參見本書第一章，pp. 37-38。

28. 可參見Scheidel 2005b: 4-9，其中對於這整個發展過程有比較完全的描述。Pritchard 2010: 56-59力主要有限制。引用：Herodotus 5.78。

29. 引用：Old Oligarch 1.2，引自van Wees 2004: 82-83。也可參照Aristotle, *Politics* 1304a：「當大批海軍在薩拉米斯島取得勝利，也因此取得對雅典的霸權（雅典的基礎奠基於海上的勢力），他們同時也使得民主益發穩固。」我們要注意到雖然這個（或是其他類似的）論點的確仍然存有爭議，但是未必會因此而變得無法成立（就如同Pritchard 2010: 57所說的）。Hansen 1988: 27（雅典的死傷）；Hansen 1985: 43（拉米亞戰爭〔Lamian War〕）。

30. Ober 2015b: 508-12; van Wees 2004: 209-10, 216-17.

31. 負擔：可參見後文的Pyzyk，以及Ober 2015b: 502。在這個狀況中，最富有的（大約）前百分之一的雅典人只擁有全部私人所得中僅百分之五至百分之八的所得。一項經過修正的模型認為這個族群的平均所得應該是兩倍，因此其稅金的負擔便降至八分之一（前百分之一的所得占比也調整為兩倍——大約百分之十三），不過這個模型還是認為次富有的八百個家庭有較高的稅金負擔：Ober 2015b: 502-503; 2016: 10（菁英的所得加倍）。關於雅典的財富性質，可參見Davies 1971; 1981。所得稅金：無視於非常態的緊急狀態財富稅（其超出我估算的平均稅額甚多）的額外效果：可參見Thucydides 3.19.1，其中提到西元前四二八年的要價相當於三百艘戰船的裝備每年的花費。

32. 引用：Theophrastus, *Characters* 26.6，引自van Wees 2004: 210。土地吉尼係數：Scheidel 2006: 45-46，其總結了Osborne 1992: 23-24；Foxhall 1992: 157-58；Morris 1994: 362 n. 53；2000: 141-42。現在也可參見Ober 2015a: 91。

33. 所得與財富的吉尼係數：Ober 2016: 8（並可參照2015a: 91-93）；Kron 2011；2014: 131。如果把居住的外國人和（尤其是）奴隸包括進來，財富的分配不均會高出許多，此點由以下文獻指出：Ober 2015a: 343 n. 45。實際工資：Scheidel 2010: 441-42, 453, 455-56；Ober 2015a: 96 table 4.7。Foxhall 2002中強調徹底的政治平等主義和較有限的資源均等主義之間的差異。公共開支：Ober 2015b: 499 table 16.1, 504。

34. Morris 2004: 722; Kron 2014: 129 table 2.

35. 就像在現代，並沒有令人信服的證據顯示民主本身會削弱分配不均：可參見本書第十二章，pp. 365-66。如果從對雅典的特定歷史所做的的簡單調查進行判斷，軍事的全面動員和民主化或許會和世界大戰期間有類似的連結（可參見本書，pp. 192-94）。缺少合併：Foxhall 2002: 215。另可注意亞里斯多德（Aristotle）曾經不明確（也毫無幫助）的提到「許多地方」的古代法律會為土地取得設定上限（*Politics* 1319a）。

36. Tilly 2003: 34-41; Toynbee 1946: 287. Gat 2006 and Morris 2014調查了歷史中的戰爭本質有什麼改變。輓詩引用自Morris 2014: 86。

37. Yamada 2000: 226-36，特別參見頁二二七（引用），二三四，二六〇；Oded 1979: 78-79，以及本書第一章，p. 61（分配）。

38. 貴族階層：Thomas 2008: 67-71，特別參見頁六八；Morris 2012: 320-21。新的分配結果：Thomas 2008: 48-49，此為根據Thomas 2003；Thomas 2008: 69。土地擁有的空間分配變化（原本是分散的由英格蘭人擁有，後來變成較聚集的諾曼人資產）並不會影響這個過程，後來的長子繼承制度也只是有助於保護目前的擁有人：Thomas 2008: 69-70, 102。

39. 普拉托：Guasti 1880；Alfani and Ammannati 2014: 19-20。奧格斯堡：參見本書第十一章，pp. 335-41。
40. Alvarez-Nogal and Prados de la Escosura 2013: 6 fig. 3, 9 fig. 3, 21 fig. 8，以及本書第三章，p. 99 fig.3.3（西班牙）；Arroyo Abad 2013: 48-49（委內瑞拉）。
41. 整體分配不均：Fearon and Laitin 2003；Collier and Hoeffler 2004。族群之間的分配不均：Ostby 2008，Cederman, Weidmann and Skrede 2011。身高差異：Baten and Mumme 2013。土地的分配不均：Thomson 2015。
42. Bircan, Brück and Vothknecht 2010，特別參見頁四一七，一四，二七。本節標題引用自一名胡圖（Hutu）族屠殺者對於盧安達內戰（一九九〇至一九九四年）將近末期的一次種族屠殺的回想：Hatzfeld 2005: 82。該名行兇者的敘述中也提到該研究所做的一些觀察：「我們無法說我們想念田野……許多人突然變得有錢了……我們沒有被地方行政長官收取稅金」（頁六三，八二—八三）。
43. 引自：Bircan, Bruck and Vothknecht 2010: 7。一八三〇年代：Powelson 1988: 109。
44. 關於內戰和發展，例如可參見Holtermann 2012。西班牙：Alvaredo and Saez 2010，特別參見頁四九三—九四；WWID。圖22係由Prados de la Escosura 2008: 302 fig. 6複製而得。
45. Prados de la Escosura 2008: 294 fig. 2（薪資吉尼係數）；288 table 1（一九三〇至一九五二年的GDP），309 fig. 9（一九三五至一九五〇年的貧窮）；301（引用）。
46. Shatzman 1975: 37-44.
47. Scheidel 2007: 329-33.
48. 正文的引用：這個對於軍事活動特性的貼切描述，是由阿肯色州前任州長麥克・赫卡比（Mike Huckabee）在共和黨的第一次總統初選辯論（二〇一五年八月六日）中提出的。

第七章　共產主義

1. 關於德國、法國、英國和美國，可參見本書第五章，p. 133。Brandolini and Vecchi 2011: 39 fig. 8中列出了義大利的相關指數，大部分都顯示一九一一和一九二一年之間，分配不均有小幅的下降，不過其解析不足以闡明戰時和戰爭剛結束時的發展，當時可能有恢復一些。
2. Gatrell 2005: 132-53.
3. Leonard 2011: 63. 引用：Tuma 1965: 92-93。
4. Tuma 1965: 92-93（第一部法令）；Davies 1998: 21（進一步的法令）；Figes 1997: 523（「舊時代的人」）。去都市化：Davies 1998: 22；關於彼得堡，可參見Figes 1997: 603；關於城市中心因食物缺乏而引起的饑荒和人口減少，可參見頁六〇三—一一。Figes 1997: 522（《真理報》）；Lenin, "How to organize competition," December 1917，於Figes 1997: 524中引用。
5. Powelson 1988: 119（土地）；Tuma 1965: 91, 94（引用）。
6. Leonard 2011: 64; Davies 1998: 18-19（戰時共產主義）；Tuma 1965: 95（引用）；Powelson 1988: 120（委員會）；Figes 1997: 620（外來者）；Ferguson 1999: 394（列寧的第一次引用）；Figes 1997: 618（列寧的第二次引用）。
7. Tuma 1965: 96（結果）；Powelson 1988: 120（集體農場）；Leonard 2011: 67（家庭）；Davies 1998: 19（通貨膨脹）。
8. 新經濟政策：Leonard 2011: 65；Tuma 1965: 96。復興：Leonard 2011: 66；Tuma 1965: 97。分化：Tuma 1965: 97；Leonard 2011: 67。資本：Davies 1998: 25-26。
9. Davies 1998: 34（穀物）；Tuma 1965: 99（土地）；Powelson 1988: 123（史達林）。Allen 2003: 87注意到因為缺乏公共組織，所以有可能於一九二〇年代會有農村的分配不均增加。
10. Tuma 1965: 99; Powelson 1988: 123; Werth 1999: 147-48.
11. Leonard 2011: 69（集體化）；Werth 1999: 146, 150-51, 155；Davies 1998: 51（暴力）。
12. Werth 1999: 169, 190, 206-7, 191-92, 207; Davies 1998: 46, 48-50. 農民以植物為食物的消耗量保持穩定，但是以動物為

食物的消耗量減少了：Allen 2003: 81 table 4.7。

13. Davies 1998: 54.

14. 所得占比和吉尼係數：Nafziger and Lindert 2013: 38, 26, 39；可參照Gregory 1982。Nafziger and Lindert 2013: 34（比例）。吉尼係數：Nafziger and Lindert 2013: 34；SWIID。比例：Nafziger and Lindert 2013: 34。Flakierski 1992: 173記錄下一九六四和一九八一年之間是在二．八三和三．六九之間變動。關於這個比例於一九八〇年代的微幅增加，可參見Flakierski 1992: 183。美國：http://stats.oecd.org/index.aspx?queryid=46189。

15. Davies 1998: 70; Flakierski 1992: 178. 黨的菁英能夠得到進口的奢侈品，這當然在實際上助長了消費的分配不均。

16. Milanovic 1997: 12-13, 21-22, 40-41, 43-45; Credit Suisse 2014: 53.

17. Treisman 2012.

18. Moise 1983: 27（主張）；Brandt and Sands 1992: 182（一半）；依該時期的標準來看，這還不是極端的數值（頁一八四）。Walder 2015: 49-50引用的估計值認為於一九三〇年代晚期，百分之二．五的人口擁有幾乎所有土地中的百分之四十。Moise 1983: 28; Hinton 1966: 209.

19. Moise 1983: 33-34, 37-38.

20. Moise 1983: 44-45; Dikötter 2013: 65.

21. Moise 1983: 48, 51, 55-56.

22. Moise 1983: 56, 67-68, 102-12. 關於總體的土地改革，現在可參見Walder 2015: 40-60。結果：Margolin 1999b: 478-79；Dikötter 2013: 73-74, 76（引用）。

23. Dikötter 2013: 74, 82-83. 關於比較高的估計值，可參照Margolin 1999b: 479（兩百萬至五百萬人死亡，加上四百萬至六百萬人被送到集中營）。

24. Moise 1983: 138-39; Hinton 1966: 592. 也可參見Walder 2015: 49-50：最富有的前百分之二．五群體所擁有的土地的占比從一九三〇年代的將近百分之四十，在二十年後下降至百分之二，而人口中次富有的百分之三．五則是從百分之十八下降至百分之六・四，而貧農和中產階級農民的占比則從百分之二十四上升至百分之四十七。

25. Margolin 1999b: 482-84; Dikötter 2013: 166-72; Walder 2015: 76-77.

26. Dikötter 2013: 237-38, 241; Walder 2015: 95-97. 工作的單位成了各種福利（例如衛生保健、補助金和住房）的提供者（同前注，頁九一—九四）。

27. Margolin 1999b: 498.

28. Brandt and Sands 1992: 205（一九三〇年代）；也可參見Walder 2015: 331 table 14.2。吉尼係數：SWIID；Xie and Zhou 2014: 6930, 6932；Walder 2015: 331。程度：Xie and Zhou 2014: 6931 fig. 2加以形象化；關於顧志耐，可參見本書第十三章，pp. 369-74。關於類似的財富統計（於一九九五年為〇・四五，一九九五年為〇・五五，二〇一〇年為〇・七六），可參見Bourguignon 2015: 59-60，其根據為Zhong et al. 2010（Bourguignon為錯誤歸因）及Li 2014。回溯到毛澤東時期的城市和農村所得之間的重大差異：Walder 2015: 331-32。

29. 分配不均：Moise 1983: 150-51；關於一九三〇年代，可參照Nguyen 1987: 113-14。改革和結果：Moise 1983: 159-60, 162-65, 167, 178-79, 191-214, 222；Nguyen 1987: 274, 288, 345-47, 385-451, 469-70。

30. 北韓：Lipton 2009: 193。在Rigoulot 1999中，對該國共產主義的恐怖本質做出了概述。古巴：Barraclough 1999: 18-19。尼加拉瓜：Kaimowitz 1989: 385-87；Barraclough 1999: 31-32。

31. Margolin 1999a.

32. Courtois 1999: 4（死亡人數統計）。

第八章　在列寧之前

1. 分配不均：Morrisson and Snyder 2000: 69-70，頁六一—七〇說明了革命前整體的分配不均。也可參見Komlos, Hau and Bourguinat 2003: 177-78，其中列出了十八世紀的不同階級法國人的身高差異。稅制：Aftalion 1990: 12-15；Tuma

1965: 59-60。對於土地的取得：Hoffman 1996: 36-37；Sutherland 2003: 44-45。Aftalion 1990: 32-33（農民，惡化）；Marzagalli 2015: 9（租金與價格）。

2. Tuma 1965: 56-57, 60-62; Plack 2015: 347-52; Aftalion 1990: 32, 108. 引用：Plack 2015: 347，出自Markoff 1996a。也可參見Horn 2015: 609。

3. Tuma 1965: 62-63; Aftalion 1990: 99-100, 187; Plack 2015: 354-55.

4. Aftalion 1990: 100, 185-86; Morrisson and Snyder 2000: 71-72; Postel-Vinay 1989: 1042; Doyle 2009: 297.

5. Aftalion 1990: 130-31, 159-60.

6. Doyle 2009: 249-310，特別參見頁二八七—八九，二九一—九三。

7. 引自Doyle 2009: 297-98。

8. 帶來均等：特別參見Morrisson and Snyder 2000: 70-72與Aftalion 1990: 185-87。實際工資：Postel-Vinay 1989: 1025-26, 1030；Morrisson and Snyder 2000: 71。

9. Morrisson and Snyder 2000: 71; Aftalion 1990: 193; Doyle 2009: 294.

10. 表6出自於Morrisson and Snyder 2000: 74 table 8. 不過可參照同前注，頁七一：「沒有任何可行的指標可以大致估計出一七九〇和一八三〇年代之間所得是如何變化的。」

11. Morrisson and Snyder 2000: 69 table 6認為前百分之一的所得占比在革命前介於百分之四十七至百分之五十二之間。革命後的發展：Tuma 1965: 66; Doyle 2009: 295。關於私人財富的占比，可參照Piketty 2014: 341。

12. Kuhn 1978: 273-79（引自頁二七八）；Platt 2012: 18; Bernhardt 1992: 101; Spence 1996: 173（引用）。

13. 可參見Bernhardt 1992: 102，其中指出缺乏證據顯示甚至就只是在江南的紀錄中有提過。關係：Kuhn 1978: 279-80; 293-94；Bernhardt 1992: 103-5, 116。

14. 本節標題引用的句子來自Thomas Walsingham對於一三八一年的英國農民起義的描述，引用自Dobson 1983: 132。

15. Tuma 1965: 111; Powelson 1988: 218-29; Barraclough 1999: 10-11.

16. Tuma 1965: 121-23; Barraclough 1999: 12; Lipton 2009: 277.
17. 玻利維亞：Tuma 1965: 118, 120-23, 127-28; Barraclough 1999: 12, 14-16; Lipton 2009: 277。薩爾瓦多：Anderson 1971；也可參見本章後段。關於更一般性的土地改革，可參見本書第十二章，pp. 346-59。
18. Deng 1999: 363-76, 247 table 4.4, 251（引用）。雖然有留下紀錄的大部分叛亂都以失敗告終，不過至少有百分之四十八的新政權是藉著叛亂之力成立的（223-24 table 4.1）。大部分叛亂是由農村動亂開始的。
19. Mousnier 1970: 290.
20. 極端多納徒主義派別：Shaw 2011: 630-720（引用自Augustine on 695-96），以及頁八二八—三九有對於現代史料編纂概念的詳細分析。巴高達運動：例如Thompson 1952，但Drinkwater 1992有不同意見。
21. 關於中世紀的人民起義，可參見Fourquin 1978；Cohn 2006是關於中世紀晚期的社會起義，資料彙整於Cohn 2004；Mollat and Wolff 1973則主要是十四世紀的較後期；Neveux 1997是十四至十七世紀；也可參見Blickle 1988。關於現代早期，可參見Mousnier 1970，其所描述的對象為十七世紀的法國、俄羅斯和中國，以及可參見Bercé 1987，其對象為十六至十八世紀的農民戰爭。關於中世紀和現代早期的斯堪地那維亞國家，可參見Katajala 2004。次數：Blickle 1988: 8, 13（德國）。Cohn 2006包括超過一千件事件，其中有一百件記錄在Cohn 2004。佛萊明大區：TeBrake 1993；關於資料來源，也可參見Cohn 2004: 36-39。*Chronicon comitum Flandrensium*，引自Cohn 2004: 36-37。
22. TeBrake 1993: 113-19, 123, 132-33; *Chronicon comitum Flandrensium*，引自Cohn 2004: 37。
23. Cohn 2004: 143-200為關於叛亂，頁一五二則為關於被燒死的騎士。引自Jean de Venette的*Chronique*，於Cohn 2004: 171-72。
24. 一三八一年：Hilton 1973；Hilton and Aston eds. 1984；Dunn 2004。Dobson 1983收集了各種資料來源。引自*Chronicon Henrici Knighton*，於Dobson 1983: 136，*Anonimalle Chronicle*（於Dobson 1983: 165）有對泰勒做出詮釋。
25. 佛羅倫斯：Cohn 2006: 49-50，資料來源在Cohn 2004: 367-70。西班牙：Powelson 1988: 87。德國：Blickle 1988: 30；1983: 24-25。蓋斯邁爾：同前注，頁二二四—二二五，關於其他激進主張者，也可參照頁二二三—二二六。失敗：246；

1988: 31。

26. 關於保加利亞，可參見Fine 1987: 195-98（引用頁一九六）。哥薩克人：Mousnier 1970: 226。

27. 中世紀：Cohn 2006: 27-35, 47。黑死病：特別參見Mollat and Wolff 1973，以及Cohn 2006: 228-42。較後期的階段：Bercé 1987: 220。

28. Bercé 1987: 157, 179, 218（引用）。

29. Fuks 1984: 19, 21, 25-26.

30. Argos: Fuks 1984: 30，主要是根據Diodorus 15.57-58。

31. 塞薩洛尼基：Barker 2004: 16-21，特別參見頁一九。義大利：Cohn 2006: 53-75。本節的標題取自於Niccola della Turcia的*Cronache di Viterbo*，此為（義大利的）維泰博（Viterbo）於一二八二年發生的反叛標語，當時當地的貴族被趕出了城市，引自Cohn 2004: 48。起因：Cohn 2006: 74, 97。梳毛工：資料來源為Cohn 2004: 201-60。

32. 農民起義：匿名，大約是一三九七至一三九九年，引自Cohn 2004: 162。薩爾瓦多：Anderson 1971: 135-36, 92（引用）。引用：本書，p. 250。雅各賓派：Gross 1997。

33. 可參見Milanovic 2013: 14 fig. 6。

34. Ranis and Kosack 2004: 5; Farber 2011: 86; Henken, Celaya and Castellanos 2013: 214；但也可參照Bertelsmann Stiftung 2012: 6提出的警告，和Veltmeyer and Rushton 2012: 304列出了對於二〇〇〇年的古巴較低的估計值（〇・三八）。SWIID中的紀錄是一九六二年為〇・四四，一九七三年下降至〇・三五，一九七八年又下降至〇・三四。從這個觀點來看，共產主義對於西方國家的社會政策的影響（可參見本書第五章，pp. 172-73）是否是它對經濟均等最持久的貢獻，其實值得重新思考。

第九章　國家失能和體制崩壞

1. Rotberg 2003: 5-10由現代的觀點列出國家失能的特徵。關於前現代國家的本質和限制，可參見Scheidel 2013: 16-26。Tilly 1992: 96-99以模型明確的定義出基本的國家功能。
2. Tainter 1988: 4（引用）、19-20。本章也舉出了幾個歷史例子，可參見頁五一一八。
3. Renfrew 1979: 483.
4. 唐朝的土地計畫：Lewis 2009b: 48-50, 56, 67, 123-25；也可參照Lewis 2009a: 138-40，是關於較早期的均田計畫。引自：Lewis 2009b: 123。貴族：Tackett 2014: 236-38（引用頁二三八）。
5. 黃巢：Tackett 2014: 189-206。引用頁二〇一一二〇三。
6. Tackett 2014: 208-15（引用頁二〇九一一〇）。
7. 墓誌銘：Tackett 2014: 236; 225 fig. 5.3：墓誌銘的出現頻率於西元八〇〇至八八〇年間是每十年中有一百五十則至兩百則，在之後的四十年間則跌至每十年有九則。轉變：231-34。
8. 如果該社會中的菁英所得有極大部分是直接來自於操作政治權力帶來的收益，那麼——和只有對經濟活動造成影響的戰爭比起來——國家失能會對菁英造成更不成比例的影響。美國南北戰爭對南方各州的影響就是一個例子，說明後者的局面只會帶來有限的調節效果：可參見本書第六章，pp. 174-80。
9. Wickham 2005: 155-68進行了最好的分析：可參見本書第二章，pp. 78-79。Ammianus 27.11.1（引用）。擁有的財產：*Life of Melania* 11, 19, 20。
10. 崩壞：Wickham 2005: 203-209。引用：Gregory the Great, *Dialogues* 3.38。羅馬教皇的慈善行為：Brown 1984: 31-32；可參照Wickham 2005: 205。
11. Brown 1984: 32（暴力）；Wickham 2005: 255-57（引用頁二五五），535-50, 828。
12. Koepke and Baten 2005: 76-77; Giannecchini and Moggi-Cecchi 2008: 290; Barbiera and Dalla Zuanna 2009: 375. 關於對屍體身高所做的詮釋的各種挑戰，可參見Steckel 2009: 8。關於身高上的差異，可參見Boix and Rosenbluth 2014，並可

參照本書第一章，p. 59。

13. 房屋大小：Stephan 2013。可參照Abul-Magd 2002中關於阿瑪納（Amarna，古埃及的新王國時期）的房屋大小分配，以及Smith et al. 2014與Olson and Smith 2016中關於前哥倫布時期的中部美洲房屋大小和家具的差距。不列顛：Esmonde Cleary 1989；Wickham 2005: 306-33，特別參見頁三〇六—一四。

14. 由Stephan 2013: 86-87, 90複製而得。

15. 可參見Stephan 2013: 131（義大利）、176（北非）；不過要注意到北非在後羅馬時期的住宅建築物吉尼係數也低於羅馬時期（頁一八二）。我們必須注意到這個案例研究（相對於古希臘的發展）提供了一個甚具啟發性的對比，古希臘的經濟發展和房屋的日益增大與越演越烈的變動並非同時發生（這可以說是出自社會政治結構和規範的差異）；可參見本書第六章，p. 198。關於後羅馬時期的邁向均等，可參見本書第三章，p. 88；關於諾曼人的侵略，可參見本書第六章，pp. 200-1。

16. Cline 2014: 102-38提供了針對此時的解體最近期的調查證據。

17. Cline 2014: 139-70與Knapp and Manning 2015檢視了各種因素。特別參見Cline 2014: 2-3（引用），1-11, 154-60（破壞），140-42（地震），143-47（旱災），165, 173；與Morris 2010: 215-25（崩壞）。

18. 關於邁錫尼文化的早期階段，可參見Wright 2008，特別參見頁二三八—三九，二四三—四四，二四六。

19. Galaty and Parkinson 2007: 7-13; Cherry and Davis 2007: 122（引用）；Schepartz, Miller-Antonio and Murphy 2009: 161-63。在人口集中的皮洛斯地區，比較富裕的墓穴出土的骸骨甚至連牙齒的健康狀況都比較好：170（皮洛斯）。

20. Galaty and Parkinson 2007: 14-15; Deger-Jalkotzy 2008: 387-88, 390-92.

21. 邁錫尼文明的最後階段：Deger-Jalkotzy 2008: 394-97。暫時留存的菁英：Middleton 2010: 97, 101。關於後邁錫尼時代的狀況，可參見Morris 2000: 195-256；Galaty and Parkinson 2007: 15；Middleton 2010。

22. 菁英的命運：Galaty and Parkinson 2007: 15；Middleton 2010: 74。輸入：Murray 2013: 462-64。列夫坎迪：Morris 2000: 218-28。

23. Willey and Shimkin 1973: 459，並可參照頁四八四—八七：Culbert 1988: 73, 76：Coe 2005: 238-39。Coe 2005: 111-60有對於這段時期的整體調查。

24. 馬雅的崩壞可參見Culbert 1973, 1988：Tainter 1988: 152-78：Blanton et al. 1993: 187：Demarest, Rice and Rice 2004b：Coe 2005: 161-76：Demarest 2006: 145-66。差異：Demarest, Rice and Rice 2004a。原因：Willey and Shimkin 1973: 490-91：Culbert 1988: 75-76：Coe 2005: 162-63：Diamond 2005: 157-77：Kennett et al. 2012：也可參照Middleton 2010: 28。

25. Coe 2005: 162-63（引用頁一六二）：以及Tainter 1988: 167：「菁英階級……不復存在了。」

26. 契琴伊薩的衰落：Hoggarth et al. 2016。馬雅潘：Masson and Peraza Lope 2014。平民：Tainter 1988: 167：Blanton et al. 1993: 189。緩和：Tainter 1988: 175-76。日期：Sidrys and Berger 1979，Culbert 1988: 87-88提出批評：Tainter 1988: 167-68。喪葬和飲食：Wright 2006: 203-206。日曆日期：Kennett et al. 2012。

27. Millon 1988: 151-56. Cowgill 2015: 233-39對於中級菁英的角色推斷（他們可能接手了過去由當權者享有的資源，因而削弱了國家的勢力，頁二三六—三七）。在特奧蒂瓦坎衰落之後有地區性的中心興起，其中便可能有流亡而來的菁英。

28. Kolata 1993: 104, 117-18, 152-59, 165-69, 172-76, 200-5.

29. 分配不均：Janusek 2004: 225-26。關於解體，可參見Kolata 1993: 282-302：Janusek 2004: 249-73。特性：Kolata 1993: 269, 299：Janusek 2004: 251, 253-57。

30. Wright 2010，特別參見頁三〇八—三八，其中關於衰落和變化的說明：並可參見頁一一七，其中有說明城市房屋的大小差異。

31. Thucydides 1.10; Diamond 2005: 175（科爾特斯）：Coe 2003: 195-224（吳哥文明的崩壞）。

32. 如同Adams 1988: 30觀察古代美索不達米亞的政體後注意到（美索不達米亞是歷史上已知最古老的國家之一），「不論最初建立的方向是防衛性或是掠奪性，領土經過組織的國家——不只是城市或再大型的政體——永遠能夠克服它們的自然和社會環境的脆弱性。」埃及：Kemp 1983: 112。

33. 「帝國」：Scheidel 2013: 27，其中有對目前的定義做出摘要。詛咒和引用：*The Cursing of Agade*, Old Babylonian version 245-55（「蘇美文獻的電子全文」，http://etcsl.orinst.ox.ac.uk/section2/tr215.htm）。Kuhrt 1995: 44-55，特別參見頁五二、五五，其中對阿卡德的歷史和終結做了摘要。也可參見本書第一章，pp. 56-57。

34. Kuhrt 1995: 115.

35. 薩卡拉：Raven 1991: 13, 15-16, 23，目錄23-31中有Plates 13-36：現在也可參見Raven即將出版的作品。關於日期，可參見Raven 1991: 17-23; Raven et al. 1998。

36. 中埃及：Raven 1991: 23。塔尼斯：Raven et al. 1998: 12。

37. 底比斯：Cooney 2011，特別參見頁二〇，二八，三二，三七。

38. Nawar 2013: 11-12; *Human development report* 2014: 180-81（並可參照頁一六三，其中缺少整體的指數評分），http://www.theguardian.com/world/2010/may/08/ayaan-hirsi-ali-interview。

39. Clarke and Gosende 2003: 135-39; Leeson 2007: 692-94; Adam 2008: 62; Powell et al. 2008: 658-59; Kapteijns 2013: 77-79, 93. Hashim 1997: 75-122; Adam 2008: 7-79; Kapteijns 2013: 75-130提供了關於巴雷統治的一般性說明。

40. Nenova and Harford 2005; Leeson 2007: 695-701; Powell et al. 2008: 661-65. 可參照先前的Mubarak 1997，其中關於索馬利亞在解體之後的經濟復原。

41. 分配不均：Nenova and Harford 2005: 1，SWIID，Economist Intelligence Unit 2014。我的詮釋是根據（美國前）總統隆納・雷根（Ronald Reagan）於一九八一年一月二十日所做的第一次就職演說，他說：「政治不是我們的問題的解決方案，政府本身就是問題。」

42. 公共財：Blanton and Fargher 2008，其為一先驅性的全球跨文化調查。模型：Moselle and Polak 2001。

第十章　黑死病

1. 引自Malthus 1992: 23 (book I, chapter II)，本處用的是一八〇三年的版本。
2. 回應：Ester Boserup的著作最為經典（Boserup 1965; 1981）。特別參見Boserup 1965: 65-69；Grigg 1980: 144；Wood 1998: 108, 111。模型：Wood 1998，特別參見113 fig. 9，以及Lee 1986a: 101 fig. 1。馬爾薩斯主義的限制：例如Grigg 1980: 49-144；Clark 2007a: 19-111；Crafts and Mills 2009。輸入：可參見Lee 1986b，特別參見頁一〇〇，其中關於黑死病的外生性，以及黑死病復發於十七世紀的英格蘭。
3. 我主要的依據為Gottfried 1983，這是目前最有系統的研究，Dols 1977提供了基礎的描述，而Horrox 1994 and Byrne 2006為主要的資料來源。
4. Gottfried 1983: 36-37.
5. Byrne 2006: 79.
6. Gottfried 1983: 33-76.
7. Gottfried 1983: 45.
8. Horrox 1994: 33. 大量墓穴：the Black Death Network, http://bldeathnet.hypotheses.org。也可參照本書第十一章，p. 231。
9. Horrox 1994: 33.
10. Gottfried 1983: 77；也可參照頁五三（地中海沿岸地區為百分之三十五至四十）；於Pamuk 2007: 294引用的未出版著作：Dols 1977: 193-223。
11. 引自Dols 1977: 67。Gottfried 1983: 77-128有討論鼠疫帶來的各種結果。
12. 例如：Gottfried 1983: 16-32；Pamuk 2007: 293。可參見本書，pp. 331-332，有說明十四世紀早期的危機。
13. Horrox 1994: 57, 70.
14. Horrox 1994: 287-89.
15. Horrox 1994: 313, 79.

16. Gottfried 1983: 95.
17. 特別參見Allen 2001；Pamuk 2007；Allen et al. 2011。圖26是依照Pamuk 2007: 297 fig. 2繪成的。
18. 圖27是依照Pamuk 2007: 297 fig. 3繪成的。
19. 人口與所得：Pamuk 2007: 298-99。圖28是依照Clark 2007b: 130-34 table A2繪成的；也可參見104 fig. 2。
20. 快速上升：Dols 1977: 268-69，並可參照頁二五五—八〇，有鼠疫對於地區經濟整體來說造成的結果。歐洲：Pamuk 2007: 299-300，也可參見本書，圖17。引用自Dols 1977: 270。捐贈：269-70。飲食：Gottfried 1983: 138，截自Eliyahu Ashtor的著作。
21. 拜占庭帝國：Morrison and Cheynet 2002: 866-67（工資），847-50（奴隸）。伊斯坦堡：Özmucur and Pamuk 2002: 306。
22. Gottfried 1983: 129-134有做精簡的摘要。
23. Pamuk 2007: 294-95（奢侈品）；Dyer 1998（生活水準的變化）；Gottfried 1983: 94（啤酒與肉餅）；Turchin and Nefedov 2009: 40（諾福克）；Gottfried 1983: 95-96（法律）。
24. Gottfried 1983: 94, 97, 103. 佃農契約：Britnell 2004: 437-44。土地收入：Turchin and Nefedov 2009: 65。繼承的子嗣：Gottfried 1983: 96。菁英數量和財富：Turchin and Nefedov 2009: 56, 71-72, 78。
25. Alfani 2015. 圖28（來自於1084 fig. 7）是使用下列資料中的數據：http://didattica.unibocconi.it/mypage/dwload.php?nomefile=Database_Alfani_Piedmont20160113114128.xlsx。關於城市和村鎮的衰落，可參見1071 figs. 2a-b and 1072 fig. 3。
26. 富有家庭的比例下降：Alfani 2016: 14 fig. 2（精確而言是fig. 3）。關於這個計算結果，可參見本書第三章，p. 92。
27. 特別參見Alfani 2015: 1078, 1080，也可參見Alfani 2010，其中針對鼠疫對皮埃蒙特的伊夫雷亞（Ivrea）市造成的影響之個案研究，伊夫雷亞在鼠疫之後有窮人移居，因此立刻造成城市財富的分配不均提高。圖26至27顯示十七世紀的鼠疫對於城市的實際工資的影響並非始終一致。中世紀晚期和十七世紀鼠疫階段之間的差異，彰顯出有需要進行更系統性的比較研究。

28. Alfani and Ammannati 2014: 11-25，特別參見19 graphs 2a-b, 25 fig. 2。其中也有論證為什麼David Herlihy之前認為托斯卡尼的分配不均在黑死病之後有增加，是不正確的主張（頁二二一—二二三）。圖30至31是根據15 table 2和29 table 4繪成的。

29. 圖32是根據Ammannati 2015: 19 table 2（吉尼係數）、22 table 3（最富有的前五分之一）繪成的。倫巴底和威尼托：Alfani and di Tullio 2015。

30. Gottfried 1983: 136-39.

31. Gottfried 1983: 97-103; Bower 2001: 44. 也可參見Hilton and Aston eds. 1984，其中也有討論法國和佛羅倫斯的狀況。

32. Blum 1957: 819-35. 修正主義現在是以Cerman 2012集其大成。

33. Dols 1977: 275-76. 可參見本書的圖36。不過，Borsch認為某些城市的實際工資曾經於一三〇〇／一三五〇年和一四四〇／一四九〇年之間驟然下降，這個論點似乎無法得到支持：可參見Borsch 2005: 91-112，以及Scheidel 2012: 285 n. 94，更一般性的則是Pamuk and Shatzmiller 2014。

34. Dols 1977: 232；可參見頁一五四—六九，其中有討論農村的人口減少，並可參見頁二七六—七七，其中關於十四世紀晚期的暴動。結合：Borsch 2005: 25-34, 40-54。對比：Dols 1977: 271, 283。

第十一章　傳染病、饑荒與戰爭

1. 可參見Diamond 1997: 195-214，其中有討論哥倫布到達美洲之前的舊大陸和新大陸的疾病種類差異。Crosby 1972 and 2004是關於「哥倫布交換」的典型論述。關於很精簡的摘要，可參見Nunn and Qian 2010: 165-67。

2. 以下考察是根據Cook 1998。我為本節所下的標題是引用自馬雅的*Chilam Balam de Chuyamel*，出自Cook 1998: 216。引自頁二〇二、六七。

3. 關於這個爭論，可參見McCaa 2000；Newson 2006；Livi Bacci 2008（其中強調因果因子的多樣性）。Arroyo Abad,

Davies and van Zanden 2012: 158提出墨西哥的實際工資從十六世紀至十七世紀中期漲為四倍，從邏輯上來看，這應該是人口減少大約百分之九十的結果，這是一個很吸引人（如果還是有點不確定）的方式，可以支持我們做出死亡率非常高的推論；可參見本書。我是採用McCaa 2000: 258。

4. 威廉森：2009: 15；Arroyo Abad, Davies and van Zanden 2012。圖35是根據156 fig. 1，使用的資料是來自於http://gpih.ucdavis.edu/Datafilelist.htm#Latam。

5. Arroyo Abad, Davies and van Zanden 2012: 156-59.

6. Contra Williamson 2009: 14，西班牙征服者大幅提高了前哥倫布時期的分配不均，這並非是明顯「先驗」的，至少在高度剝削和有階級區分的阿茲特克和印加帝國的領土上並非如此。

7. 有相當多的相關文獻：最近最全面的調查是Stathakopoulos 2004: 110-54，同時配合Little 2007的案例研究。尤其是疫情的第一波，也可參見Horden 2005中可供參考的討論。本節標題中的引用是來自於Stathakopoulos 2004: 141所參考的古代資料，引用自Procopius, *Persian War* 2.23。

8. 症狀：Stathakopoulos 2004: 135-37；DNA：Wagner et al. 2014；與Michael McCormick的私人交流。從另一個遺址得到的確實證據目前正在出版中。

9. Stathakopoulos 2004: 139-41（人數）。McCormick 2015調查了這個時期的大量墓穴的考古學證據。以弗所的約翰：Patlagean 1977: 172。引用：*Novella* 122 (April 544 CE)。

10. 經濟學家：Findlay and Lundahl 2006: 173, 177。埃及的證據：圖36是根據Scheidel 2010: 448 and Pamuk and Shatzmiller 2014: 202 table 2繪成的。

11. Scheidel 2010: 448-49; Sarris 2007: 130-31，其中有針對Jairus Banaji於一九九二年未出版的牛津論文所做的報告。

12. 關於開羅的資料，可參見Pamuk and Shatzmiller 2014: 198-204，也可參見頁二〇五對於小麥工資的計算（它根據的是一年有兩百五十個工作天的假設）。巴格達：204 fig. 2。消費水準：206-208，特別參見頁二〇七圖3。

13. Pamuk and Shatzmiller 2014: 209 Table 3A（爆發），216-18（黃金時代）。

14. Bowman 1985; Bagnall 1992.

15. 關於這次事件，特別參見Duncan-Jones 1996；Lo Cascio 2012。本節標題引用的字句來自於Orosius, *History against the pagans* 7.15. Ammianus, *History* 23.6.24。天花：Sallares 1991: 465 n. 367；Zelener 2012: 171-76（模型）。

16. Duncan-Jones 1996: 120-21.

17. Scheidel 2012: 282-83，其更新了Scheidel 2002: 101。

18. 圖37取自於 Scheidel 2012: 284 fig. 1，大部分是根據Scheidel 2002: 101-107而來。

19. 這可能也有助於解釋為什麼在瘟疫前後，消費總數中顯現的整體購買力並沒有不同（其計算結果可見Scheidel 2010: 427-36）。不同的外在需求等級可能也說明了為什麼在安東尼大瘟疫之後（與查士丁尼大瘟疫相較），換算成小麥的工資並沒有上升——如同本書的圖36所示。除此之外，也可能只是因為安東尼大瘟疫的死亡人數比較少——因為病原體不同，尤其是持續期間也不同之故（幾十年相較於幾世紀）。

20. Sharp 1999: 185-89，以及Scheidel 2002: 110-11。

21. 情勢：Scheidel 2002: 110，及其參考資料。人口：Scheidel 2001: 212, 237-42, 247-48（埃及）；Frier 2001（帝國）。Borsch 2005: 18-19指出其與西歐的類似性。

22. Watkins and Menken 1985，特別參見頁六五〇—五二，六六五。關於印度，可參見本書第五章，p. 157。

23. 可參見本書第七章，pp. 219, 224-227。

24. Jordan 1996: 7-39（饑荒），43-60（價格與工資），61-86（地主），87-166（平民）。

25. 關於財富占比，可參見本書的圖13至16；關於福利指數，可參見本書的圖10至11。Clark 2007b: 132-33 table A2計算了農村的實際工資。如果以西元一三〇〇至一三〇九年的平均實際工資為標準（訂為一〇〇），一三一〇至一三一九年的平均值為八十八，一三二〇至一三二九年為九十九，一三三〇至一三三九年和一三四〇至一三四九年均為一百一十四，而一三五〇至一三五九年為一百六十七，一三六〇至一三六九年為一百六十四，一三七〇至一三七九年為一百八十七。一三四九（一百二十九）和一三五〇年（一百九十八）之間有一個明顯的斷裂。關於饑荒致死率的規模，可參見Jordan 1996: 145-48（一三一六年都市化的法蘭德斯之致死率或許為百分之五至十）。

26. 關於饑荒，可參見Ó Gráda 1994: 173-209，特別參見頁一七八—七九，二〇五。「並沒有任何幫助」：Nassau William Senior，其根據為Benjamin Jowett，引自Gallagher 1982: 85。Ó Gráda 1994: 224, 227（移民），207（資本存量）。

27. 關於實際工資和生活水準的提高，可參見Ó Gráda 1994: 232-33, 236-54；Geary and Stark 2004: 377 fig. 3, 378 table 4。較早期的趨勢：Mokyr and Ó Gráda 1988，特別參見頁二一一，二二五，二三〇—三一（分配不均的增加）；Ó Gráda 1994: 80-83（沒有跡象顯示實際工資有明顯下降）；Geary and Stark 2004: 378 table 4, 383（一些增加之後又再度停滯）。擁有土地：Turner 1996，特別參見69 table 3.2, 70, 72, 75, 79 table 3.3。

28. Harper 2015b是最全面的研究。Parkin 1992: 63-64（狄奧尼修斯）；Freu 2015: 170-71（工資）。

29. Jursa 2010: 811-16；也可參見Scheidel 2010: 440-41。關於這個時期，也可參見本書第一章，p. 48。

30. 本節是根據Roeck 1989的重要研究成果而來。本節標題所引用的字句（七九〇年）是出自於奧格斯堡的編年史家雅各布・瓦格納。

31. 關於財富稅的登記，可參見Roeck 1989: 46-62。圖38是根據Hartung 1898: 191-92 tables IV-V；也可參見van Zanden 1995: 647 fig. 1。

32. Roeck 1989: 400-401（百分之十），432（百分之一），407, 413-14（工人），512（沒有中產階級）。Roeck對於一六一八年的吉尼係數估計值比Hartung 1898提出的估計值（較低）更為精確。關於其他地方的實際工資下降，可參見本書的圖28至29。

33. Roeck 1989: 553-54（通貨膨脹），555-61（不動產），562-64（贏家）。

34. Roeck 1989: 630-33, 743-44, 916.

35. Roeck 1989: 575, 577（支付利息），680-767（瑞典占領），特別參見頁七二〇—二二、七三一—三二、七四二。

36. Siege: Roeck 1989: 15-21。同類相食：18 and 438 n. 467。

37. Roeck 1989: 765（駐防部隊與賠償金），773（新教徒），790（不動產），870, 875（使者派遣）。

38. Roeck 1989: 880-949（人口損失：881-82）。表 7 是根據 Roeck 1989: 398 table 28, 905 table 120 製成的。

39. 登記的特性是其中存在著變化，對財產的價值評估會顯得模糊，損失甚至會超過實際財產的價值：Roeck 1989: 907-908。占有比例：909 table 121（前百分之十），945（貴族）。

40. Roeck 1989: 957-60（圍城），307, 965（死亡），966（投資），973-74（一六四八）。

41. Roeck 1989: 975-81 有做出最後的摘要。持續：本書的圖 38。

第十二章　改革、經濟衰退與表現

1. 在讓所得和財富的分配趨向均等的過程中，觀念——或者更具體的說，就是均等主義的意識形態——扮演了什麼樣的角色？不消說，就像是被我們廣泛的定義成知識的其他元素一樣，意識形態——這也涵蓋了極大的範圍，從各種宗教信條、廢除黑奴主義和社會民主到極端民族主義、法西斯主義和科學社會主義——都與邁向均等的過程有著深切的關聯。意識形態一方面催化了暴力衝擊，另一方面也有助於維持結果上的均等（最近期的是發生在現代的福利國家），或是反過來受到這類衝擊的影響，或者，有時候也會因為衝擊而大力啟發（可參照本書第五章，pp. 165-73）。而且對於規範的想法會與發展的特定程度有著廣泛的相關：我們有很好的理由可以說明為什麼比起農耕社會，均等主義的信念在野外採集和現代的高所得社會中比較普遍（Morris 2015）。不過，本研究最主要的目的是要探討意識形態是不是一個自主而且和平、會帶來均等的手段：如果是在暴力衝擊的脈絡之外，它是否可以帶來實質的經濟均等。這並不是一般的情況：我之後會討論一個可能的例外——拉丁美洲最近的發展。第二個相關的問題——在上個世紀左右，如果沒有暴力的衝擊出現，意識形態是否有機會做這樣發展——我會在第十四章結尾時討論一個反事實的情節。

2. 法國與不列顛：Piketty 2014: 116-17 figs. 3.1-2。

3. Moyo and Chambati 2013a: 2; Moyo 2013: 33-34, 42, 43 table 2.2; Sadomba 2013: 79-80, 84-85, 88. 關於墨西哥，可參照本書第八章，pp. 241-42。

4. Powelson 1988: 176（改革）；關於這個脈絡，可參見Batten 1986；Farris 1993: 34-57；Kuehn 2014: 10-17。

5. Leonard 2011: 2（引用），32-33；Tuma 1965: 74-81, 84-91；Leonard 2011: 52-58。

6. Powelson 1988: 104-105, 109.

7. Powelson 1988: 129-31（保加利亞）；Barraclough 1999: 16-17（瓜地馬拉）。

8. You n.d.: 13, 15-16; Barraclough 1999: 34-35; You n.d.: 43 table 3; Lipton 2009: 286 table 7.2; You n.d.: 23；特別參見You 2015: 68-75。對於一九六〇年代的估計值，從〇．二至〇．五五不等，不過集中在〇．三多；〇．三四、〇．三八或是〇．三九。關於安全性問題的核心重要性和美國對於促成政策的影響，可參見You 2015: 85-86。

9. 南越：Powelson 1988: 303。台灣：Barraclough 1999: 35；You n.d.: 13-14, 16-17, 27；You 2015: 68-69, 75-78, 86-87；以及Albertus 2015: 292-97。陳誠（土地改革的推動者）明確的將土地改革定義為一種工具，其目的在於剝奪煽動共產主義的「宣傳武器」（引用自You 2015: 86）。

10. 羅馬尼亞：可參見Eidelberg 1974: 233 n.4中有提出此立場的參考資料，但是Eidelberg並非採取相同立場（頁二三四）。智利：Barraclough 1999: 20-28。也可參見Jarvis 1989，其中說明改革的重新分配效果如何在日後趨於解消，大部分是因為小農將土地出售。

11. 祕魯：Barraclough 1999: 29-30；Albertus 2015: 190-224，強調統治的軍人集團和擁有土地的菁英之間存在不和。但是因為祕魯的土地吉尼係數在一開始就非常高了（〇．九五左右），所以即使經過確實的重新分配，吉尼係數還是很高，為〇．八五左右；Lipton 2009: 280。其他國家：Lipton 2009: 275；Diskin 1989: 433；Haney and Haney 1989；Stringer 1989: 358, 380。薩爾瓦多：Strasma 1989，特別參見頁四〇八—九，四一四，四二六。

12. 引自一九五二年九月四日的《金字塔報》（*Al-Ahram*），轉引自Tuma 1965: 152。Albertus 2015: 282-87（埃及）；Lipton 2009: 294（伊拉克）。斯里蘭卡：Samaraweera 1982: 104-106。在那之後，村落的擴張和對侵占的規範便成了讓小農土地增加的主要機制：World Bank 2008: 5-11。

13. Lipton 2009: 285-86 table 7.2. 也可參照Thiesenheusen 1989a: 486-88。Albertus 2015: 137-40，對於拉丁美洲的估計值

有一個比較樂觀的數字，其中認為在一九三〇年和二〇〇八年之間，有超過一半的農田都因改革而轉移了（頁八一九），不過除了智利、墨西哥和祕魯之外，顯然還有些重新分配最成功的例子是發生在玻利維亞、古巴和尼加拉瓜（頁一四〇）。委內瑞拉：Barraclough 1999: 19-20。

14. Roselaar 2010，特別參見頁二二一—八九。

15. You 2015: 78-81（菲律賓）；Lipton 2009: 284-94（南亞）；Hooglund 1982: 72, 89-91（伊朗）。在土地改革中，讓土地的擁有反而變得更加分配不均，並不是很罕見的結果，可參見例如Assuncão 2006: 23-24有關巴西的狀況。

16. 西班牙：Santiago-Caballero 2011: 92-93。瓜達拉哈拉的改革對於分配不均的效果還是有限的：88-89。

17. Zébitch 1917: 19-21, 33; Kršljanin 2016，特別參見頁二—一二。關於其他一九〇〇年之後的案例，可參見Albertus 2015: 271-73 table 8.1。

18. Barraclough 1999: 17（波多黎各）；Tuma 1965: 103（愛爾蘭）。

19. 調查：Albertus 2015: 271-73 table 8.1（三十一次「主要」土地改革中的二十七次，「主要」土地改革的定義是在一段連續的時間中〔少則一年〕，有至少百分之十的可耕地易主，且其中至少有百分之一以上是因為徵收）。關於其他四國中的其中兩例——埃及和斯里蘭卡——可參見本書。Albertus的資料顯示在全部（五十四次）的土地改革中，有百分之六十三（三十四次）都與前述的因素有關。Albertus自己也強調獨裁政治經常使得擁有土地的菁英和政治菁英之間的聯合破裂，這件事的重要性在於會讓土地改革變得可能（特別參見2015: 26-59）。他的結論也完全符合我自己的觀點。

20. Lipton 2009: 130. 關於本書認為的理由，Lipton所舉的例子——南韓和台灣——並不能算是完全非暴力的改革。關於土地改革的一般性執行問題，可參見頁一二七，一三一—三二，一四五—四六。Tuma 1965: 179從對於土地改革的全球調查中得到了以下結論：「越是重要而普遍的危機，越會帶來專橫、激進、像是會成功的改革。」他也對兩種改革做出區別，一種是符合私人財產框架，範圍也比較有限（在這種改革之後，分配不均還是會維持，或甚至會加劇），另一種則是會透過集體化消滅私人的占有，因此的確會減少財產的集中（頁二二二—三〇）。

21. 關於中國，可參見本書第二章，pp. 63-64, 69，以及尤其是第六章，pp. 182-83。就我們所知，雅典的「梭倫（Solonic）改革」並沒有涉及土地的實際重新分配，債務減免的本質也還不太清楚。除此之外，它們也可能是受到外國政策的刺激：可參見本書第六章，p. 192。Link 1991: 56-57, 133, 139；Fuks 1984: 71, 19。

22. Hodkinson 2000: 399; Cartledge and Spawforth 1989: 42-43, 45-47, 54, 57-58, 70, 78. 希臘的資料也完全符合Albertus 2015的觀察，Albertus認為應該強調獨裁統治在執行土地改革時的重要性。

23. Hudson 1993: 8-9, 15-30, 46-47（美索不達米亞）；*Leviticus* 25，以及Hudson 1993: 32-40, 54-64。較為一般性的論述也可參見Hudson and Van De Mieroop 2002。Graeber 2011在他對於債務的全球性調查中並沒有確切的提出這個問題，這一點頗令人驚訝。

24. Draper 2010，特別參見頁九四—九五、一〇六—七、一六四、二〇一。

25. Schmidt-Nowara 2010; 2011: 90-155提供了近期整理的概述。

26. Álvarez-Nogal and Prados de la Escosura 2013: 9, 18-21. 也可參見本書第三章，p. 99，圖6。

27. Atkinson and Morelli 2011: 9-11, 35-42; Alvaredo and Gasparini 2015: 753. Atkinson and Morelli 2011: 42-48; Morelli and Atkinson 2015發現分配不均的增加與經濟危機的爆發並沒有顯著相關。

28. Bordo and Meissner 2011: 11-14, 18-19（週期化）；Saez and Zucman 2016: Online Appendix table B1（財富占比；可參照先前的Wolff 1996: 436 table 1，以及440 fig. 1）；WWID（所得占比）；Turchin 2016a: 78 fig. 4.1, 190。

29. 一九二二和一九三九年之間前百分之一的所得占比和整體的所得吉尼係數維持平穩：WWID；Smolensky and Plotnick 1993: 6 fig. 2。Wolff 1996: 436 table 1觀察到於一九二二和一九三九年之間，高所得群體的財富占比有部分回彈，然而Saez and Zucman 2016: Online Appendix table B1的紀錄則顯示為一直下降。

30. 關於經濟大衰退，可參見Piketty and Saez 2013；Meyer and Sullivan 2013（美國）；Jenkins, Brandolini, Micklewright and Nolan eds. 2013，特別參見80 fig. 2.19, 234-238（西歐國家更新至二〇〇九年）。也可參見Piketty 2014: 296。

31. 可參見本書第五章，pp. 167-69，和第六章，pp. 192-94。

32. Acemoglu, Naidu, Restrepo and Robinson 2015: 1902-9（文獻回顧），1913-7（資料），1918-27（對稅收的影響），1928-35（對分配不均的影響），1954（存在異質性的理由）。其觀察結果認為對於可支配所得的吉尼係數的影響很小——大約二到三個百分點（一九二八）。他們的成果引用了比較有限的早期研究，而且一樣無法找出民主和重新分配、以及福利政策之間的關係，例如Mulligan, Gil and Sala-i-Martin 2004，這代表他們背離了自己某些早期的論點（例如Acemoglu and Robinson 2000）。關於經濟成長與分配不均，可參見本書第十三章，pp. 368-74。

33. 黨派取向和中央主導的協商：Scheve and Stasavage 2009: 218, 229-30, 233-39。最高所得稅率：Scheve and Stasavage 2016: 63-72，特別參見figs. 3.5-7。

34. 工會的組織：可參見本書第五章，pp. 165-67。亞洲國家：WWID。

第十三章　經濟發展與教育

1. 義大利的吉尼係數：Rossi, Toniolo and Vecchi 2001: 916 table 6（從一八八一年開始下降）；Brandolini and Vecchi 2011: 39 fig. 8（一八七一和一九一一年之間保持穩定）。義大利的移民：Rossi, Toniolo and Vecchi 2001: 918-19, 922。移民之間的正向選擇（positive selection）：Grogger and Hanson 2011。墨西哥是部分例外：Campos-Vazquez and Sobarzo 2012: 3-7，以及尤其是McKenzie and Rapoport 2007對於結果的複雜性之說明。匯款會減少分配不均，但是影響的程度很小：例如可參見Acosta, Calderon, Fajnzylber and Lopez 2008關於拉丁美洲的說明。一八七〇和一九一四年之間的實際工資：Lindert and Williamson 2016: 180-81。Card 2009認為一九八〇和二〇〇〇年之間美國的工資出現分配不均擴大的情況，其中有百分之五要歸咎於移民。在整部歷史中，移民很少會剛好創造出算得上均等的移民社會：從古希臘的拓殖者到美國的拓荒者都可以看到這樣的例子。不過，如果我們把原住民和新移入者兩個族群的分配不均都有擴大也列入考慮，可能就會呈現相當不同的一幅圖畫了。

2. Alvaredo and Piketty 2014: 2, 6-7對於目前的產油國證據的不適當提出批評。我們必須注意到皮凱提的論點認為，在第二次世界大戰之後的幾十年間的大幅經濟成長，之所以和分配不均的下降有關，主要是因為一九一四至一九四五年之間的暴力衝擊，以及對於政策的影響造成了資本報酬率（在扣掉稅和戰時的損失之後）降到成長率之下：Piketty 2014: 356 fig. 10.10。

3. Kuznets 1955: 7-9, 12-18，引自頁一八—一九、二〇、二六。Piketty 2014: 11-15（引用：頁一三）。

4. 圖39是根據Alvaredo and Gasparini 2015: 718 fig. 9.4製成的，這是我取得的最近期與最全面的資料匯集。有兩位對這種做法提出評論的人恰當的指出：「對於不同所得水準的不同國家所做的觀察，會被用於模擬單一國家的所得發展」（Deininger and Squire 1998: 276）。

5. 資料品質：Bergh and Nilsson 2010: 492與n. 9。Palma 2011: 90 fig. 1（吉尼係數分配），92與fig. 3（頂端的百分之幾），93-109，特別參見95 fig. 5, 96, 99 fig. 7（分配不均／人均GDP的關聯）。拉丁美洲有力的拉抬效應已經由Deininger and Squire 1998: 27-28提出。關於拉丁美洲的「過度分配不均」，可參見例如Gasparini and Lustig 2011: 693-94：Gasparini, Cruces and Tornarolli 2011: 179-81。此外，Frazer 2006: 1467指出低度的分配不均在跨國家模型的倒U字型曲線中居於尾端，極可能是因為撒哈拉以南非洲的高度分配不均／低所得國家的資料相對稀少，結果使得其他地方的低度分配不均／低所得國家取得特殊的地位，不僅提供了比較多觀察結果，還拉低了人均GDP較低一端的分配不均程度。Alvaredo and Gasparini 2015: 720還注意到其他問題：美金一八〇〇這個拐點非常低，如果只考慮發展中國家的話，分配不均和人均GDP之間的關聯也少得多（因為較富有的國家會拉低曲線的右端）。在他們的範例中，幾乎有半數的國家「在分配不均的模式和發展及成長的不同衡量方式之間，無法找到任何有意義的關聯性」（頁七二三）。

6. Deininger and Squire 1998: 261, 274-82，特別參見頁二七九。

7. 在這裡，我與Milanovic 2016: 50-59, 70-91所謂的「顧志耐波動」或是「循環」的論點不同。關於受到一九一四至一九四五年之間的衝擊影響的國家，以及幾個國家（包括英國和美國）的長期證據，可參見本書第三章，pp. 103-11，和第五章，pp. 130-41。關於西班牙，可參見Prados de la Escosura 2008: 298 fig. 3, 300；參見「麥迪遜計畫」中的

ＧＤＰ數字。吉尼係數很明顯的與人均ＧＤＰ的軌跡相同（人均ＧＤＰ在內戰之後呈現下降）：300 fig. 5。關於內戰的影響，可參見本書第六章，pp. 204-6。參見Roine and Waldenström 2015: 508，其中的研究否定了早期對於瑞典於一八七〇年之後的顧志耐曲線的發現。他們也強調因為這主要是資本利得的現象，因此一九一四至一九四五年之間達到的大規模均等無法以顧志耐的條件來解釋（頁五五一）。Milanovic 2016: 88 table 2.2列出了從美金一千五百元至四千八百元（換算成一九九〇年國際元）的人均ＧＤＰ等級，那與全國分配不均的高峰（以吉尼係數表示）有關，但是他的調查還是因為幾個理由而顯得有問題。其中認為荷蘭的分配不均的高峰是一七三二年，義大利是一八六一年，英國則是一八六七年，這或許不是真正的，或是無法和後來的數值直接互相比較。以荷蘭為例，除非我們把一五六一、一七三二和一八〇八年的推測吉尼係數放在與一九一四年的數值（略低）相同的基礎上，否則無法推斷出一九一四年之前是呈現下降的，其後的下降趨勢就有更有力而且完整的紀錄了（81 fig. 2.15）。認為義大利分配不均的高點是於一八六一年，這是根據Brandolini and Vecchi 2011: 39 fig. 8而來的，一八六一和一九〇一年義大利的吉尼係數都是大約〇．五，而一八七一和一九二一年也同樣下降至較低值；一八六一至一九三一年之間，估計值一直在〇．四五和〇．五之間波動，因此無法找到一個有意義的轉折點。關於英國的分配不均，可參見本書第三章，pp. 104-5。一九三三年（日本則於一九三七年）美國的吉尼係數達到最高點，之後邁向均等與第二次世界大戰有因果關係，而不是經濟成長本身。因此只有西班牙還符合本文的說明。在拉丁美洲則沒有見到與ＧＤＰ相關的均等化：可參見本書，p. 383。

8. 農業比例：Angeles 2010: 473。雖然這並沒有推翻經濟成長本身和分配不均之間有系統性的關係，但是的確否決了這個模型原本的形式，因此也和其他反對意見的發現互相符合。Deininger and Squire 1998: 275-76已經發現跨產業的動態對於分配不均的影響不大，反之跨職業的影響則最大。比較：Frazer 2006，特別參見1465 fig. 5, 1466 fig. 6, 1477-78。繼續的努力：近期最值得注意的嘗試是Mollick 2012對於美國在一九一九至二〇〇二年之間的高所得占比的研究（可參見本書，p. 413）。Abdullah, Doucouliagos and Manning 2015指出東南亞日益增加的分配不均和人均ＧＤＰ之間有連結，而且認為必需的拐點還沒有達到——這表示目前沒有證據證明顧志耐提出的下降。就像是Angeles 2010也找不到分配不均和非農業的就業水準之間有被預期的關係。

9. 「賽跑」的概念是由Tinbergen 1974創造的。

10. 前現代的技術溢酬：van Zanden 2009，特別參見頁一二六—三一、一四一—四三。關於大約一五〇〇年之後分配不均日益增加，可參見本書第三章，pp. 91-101。

11. Goldin and Katz 2008: 57-88分析了美國從一八九〇年代之後的技術溢酬的長期發展。關於第一次下降，特別參見60 fig. 2.7（人力決策的貿易），63（移民），65（第一次世界大戰），67 fig. 2.8（白領／藍領的收入）。

12. Goldin and Margo 1992是對於與第二次世界大戰相關的「大壓縮」的基礎研究。教育的回報：Goldin and Katz 2008: 54 fig. 2.6, 84-85 table 2.7 and fig. 2.9；Kaboski 2005: fig. 1。《美國軍人權利法案》與復員：Goldin and Margo 1992: 31-32；Goldin and Katz 2008: 83。可參照Stanley 2003: 673，其中關於《美國軍人權利法案》的有限影響。

13. 可參見SWIID; WWID。印尼的發展更加複雜。關於西方國家，可參見本書第十五章，pp. 405-9，關於共產主義解體之後的分配不均，可參見本書第七章，pp. 222, 227，和第八章，p. 254。關於埃及，特別參見Verme et al. 2014: 2-3，並可參照Alvaredo and Piketty 2014。Seker and Jenkins 2015認為，土耳其在二〇〇三和二〇〇八年之間貧窮快速下降是因為大幅的經濟成長，而不是有什麼可以帶來均等的分配因素。

14. 近期的分配不均減少：Tsounta and Osueke 2014: 6, 8。二十八個國家：SWIID中的安哥拉、布吉納法索、蒲隆地、喀麥隆、中非共和國、葛摩、象牙海岸、衣索比亞、迦納、幾內亞、肯亞、馬達加斯加、馬利、莫三比克、納米比亞、尼日、奈及利亞、盧安達、塞內加爾、塞席爾、獅子山共和國、南非、史瓦帝尼、坦尚尼亞、烏干達、尚比亞、辛巴威。Alvaredo and Gasparini 2015: 735-36也提到品質不佳的資料。分配不均下降的十個國家：安哥拉、布吉納法索、蒲隆地、喀麥隆、象牙海岸、馬利、納米比亞、尼日、獅子山共和國和辛巴威。存疑的案例也包括在內——最明顯的是安哥拉也被當作下降的例子（但其實安哥拉社會的分配不均是惡名遠播的）。在辛巴威觀察到的巨幅下降可能與政治暴力有關（可參見本書第十二章，p. 347）。

15. 例外包括極為血腥的巴拉圭戰爭（Paraguayan War, 1864-1870），以及直至一九五九年的古巴革命。一九一〇年代的墨西哥革命、一九七八和一九七九年的尼加拉瓜革命的範圍和追求目標都小得多。即使是國家的部分解體（像是二〇一〇年的海地）也一樣很少見。諸國在實際上對兩次世界大戰的參與，相對而言頂多也只算是很少的。關於將拉丁美洲用於反事實思維的限制，可參見本書，pp. 386-87，與第十四章，p. 397。

16. Williamson 2009（現也於Williamson 2015: 13-23）對於長期的推測是最大膽的嘗試；也可參見Dobado González and García Montero 2010（十八世紀與十九世紀早期）；Arroyo Abad 2013（十九世紀）；Prados le la Escosura 2007（十九世紀中期之後的分配不均）；Frankema 2012（整個二十世紀的工資分配不均）；以及Rodríguez Weber 2015（十九世紀中期之後的智利）。全球化的第一個階段：Thorp 1998: 47-95；Bértola and Ocampo 2012: 81-137。分配不均擴大：Bértola, Castelnuovo, Rodríguez and Willebald 2009；Williamson 2015: 19-21。

17. 一九一四年之後：Thorp 1998: 97-125，特別參見頁九九—一〇七對於國際衝擊的描述；Bértola and Ocampo 2012: 138-47, 153-55。可參見Haber 2006: 562-69對於這個時期已經在進行的工業發展之描述。吉尼係數：Prados de la Escosura 2007: 297 table 12.1。

18. Thorp 1998: 127-99; Bértola and Ocampo 2012: 138-97，特別參見頁一九三—九七；Frankema 2012: 51, 53是關於薪資差異的減少。吉尼係數：Prados de la Escosura 2007: 297 table 12.1；不過關於智利的資料衝突，可與Rodríguez Weber 2015: 8 fig. 2互相比較。

19. 一九三八至一九七〇年：阿根廷、巴西、智利、哥倫比亞、墨西哥和烏拉圭，阿根廷的淨值有下降。一九五〇至一九七〇年：與上述同樣的國家，再加上哥斯大黎加、多明尼加、薩爾瓦多、瓜地馬拉、宏都拉斯、巴拿馬、祕魯和委內瑞拉，淨值下降的只有瓜地馬拉和委內瑞拉。可參見Prados de la Escosura 2007: 297 table 12.1。根據ＷＷＩＤ的資料顯示，吉尼係數的結果符合阿根廷的高所得占比的走向。關於裴隆的政策（例如價格控制、最低工資、補助、工會組成、勞工權利和補助金制度），可參見Alvaredo 2010a: 272-76, 284。關於智利，可參見前注。

20. Thorp 1998: 201-73; Haber 2006: 582-83; Bértola and Ocampo 2012: 199-257. 日益增加的分配不均：253（工資差異的擴大）。異質性：Gasparini, Cruces and Tornarolli 2011: 155-56，關於一九八〇年代，也可參見Psacharopoulos et al.

1995。吉尼係數：Prados de la Escosura 2007: 297 fig. 12.1（一九八〇／一九九〇年）；Gasparini, Cruces and Tornarolli 2011: 152 table 2（一九九〇／二〇〇〇年代）；Gasparini and Lustig 2011: 696 fig. 27.4（一九八〇／二〇〇八年）。

21. 圖40是出自於Prados de la Escosura 2007: 296-97 table 12.1。

22. 得自ＳＷＩＩＤ的資料。關於類似的統計數值，可參見Cornia 2014c: 5 fig. 1.1（從二〇〇二年的〇・五四一下降至二〇一〇年的〇・四八六）。Palma 2011: 91注意到一九八五和二〇〇五年之間，巴西的所得吉尼係數的全球排名從一九八五年的第四高（也就是第四糟），退後至二〇〇五年的第六高，也就是在相關方面有小幅改善。

23. ＧＤＰ：世界銀行，人均ＧＤＰ（目前以美金表示），http://data.worldbank.org/indicator/NY.GDP.PCAP.CD。測試：Tsounta and Osueke 2014: 18。

24. 教育和技術溢酬：例如Lustig, Lopez-Calva and Ortiz-Juarez 2012: 7-8（巴西），9-10（墨西哥）；Alvaredo and Gasparini 2015: 731（一般）。中美洲：Gindling and Trejos 2013: 12, 16。

25. 玻利維亞：Aristázabal-Ramírez, Canavire-Bacarezza and Jetter 2015: 17。關於技術溢酬下降（而不是補助）在玻利維亞邁向均等的過程中的重要性，可參見Hernani-Limarino and Eid 2013。缺少回報會讓我們懷疑增加教育是有好處的（Fortun Vargas 2012）。教育品質：Cornia 2014c: 19；Lustig, Lopez-Calva and Ortiz-Juarez 2014: 11-12，以及參考資料。

26. 商品：可參見Economic Commission for Latin America and the Caribbean (ECLAC) 2015，其中有針對近年來對外國需求大幅下降進行說明。阿根廷：Weisbrot, Ray, Montecino and Kozameh 2011；Lustig, Lopez-Calva and Ortiz-Juarez 2012: 3-6；Roxana 2014。其他復甦：Gasparini, Cruces and Tornarolli 2011: 167-70。吉尼係數的一個百分點：170。緩和：Alvaredo and Gasparini 2015: 749。ＧＤＰ成長的效果：Tsounta and Osueke 2014: 4, 17-18（可能是整體分配不均下降的八分之一）。ＧＤＰ成長率：見ＩＭＦ的資料，於https://www.imf.org/external/pubs/ft/reo/2013/whd/eng/pdf/wreo1013.pdf；http://www.imf.org/external/pubs/ft/survey/so/2015/CAR042915A.htm。Cornia 2014b: 44提出了幾種要進一步邁向均等的結構障礙。

27. 巴西：Gasparini and Lustig 2011: 705-6；Lustig, Lopez-Calva and Ortiz-Juarez 2012: 7-8。稅金：Goñi, López and Servén

2008，特別參見7 fig. 2, 10-14, 18-21；也可參照De Ferranti, Perry, Ferreira and Walton 2004: 11-12。小額補助和遞減的津貼：Bértola and Ocampo 2012: 254-55；Medeiros and Ferreira de Souza 2013。關於開發中國家的小額補助較為一般性的描述，可參見Alvaredo and Gasparini 2015: 750，其中也有用低度的稅收加以解釋；也可參見Besley and Persson 2014，其中關於低稅收等級的經濟和政治理由。

28. GDP的計算方式：麥迪遜計畫。

29. 世界歷史中的暴力衝擊和財務擴張：Yun-Casalilla and O'Brien 2012；Monson and Scheidel eds. 2015。次要的角色：本書，p. 378。特徵：De Ferranti, Perry, Ferreira and Walton 2004: 5-6對傳統看法做了簡單的摘要，傳統看法指例如由Arroyo Abad 2013；Williamson 2015提出的看法。Palma 2011: 109-20強調拉丁美洲的寡頭政治國家對於維持高所得占比的恢復力和成功。Williamson 2015: 23-25觀察到拉丁美洲在「重要的二十世紀均等主義調節」中的失敗。

30. 主要原因：Cornia 2014c: 14-15, 17-18；Lustig, Lopez-Calva and Ortiz-Juarez 2014: 6；Tsounta and Osueke 2014: 18-20。Thernborn 2013: 156關心的是這個過程的「長期政治延續性」。

31. 引用自http://www.azquotes.com/quote/917097。

第十四章　那麼如果？從歷史到反事實

1. 在本段和以下的四段中，我會重提一些已在緒論（本書pp. 5-9）中提及、並且在第一至第六部分發展的基本論點。

2. 關於早期的現代歐洲，可參見本書第三章，pp. 97-100。Milanovic 2016: 50也否定了在工業化之前，社會中的分配不均和經濟成長存有關聯。

3. 特別參見本書第三章，pp.164-73，與第十三章，pp. 382-83, 387。

4. 引用：Milanovic 2016: 98。一七九〇年Noah Webster提出羅馬的「嚴重財富分配不均」是造成共和國解體的主要原因（"Miscellaneous remarks on divisions of property..." http://press-pubs.uchicago.edu/founders/print_documents/v1ch15s44.

html）。

5. 對於長期循環理論，最清楚的說明可見於Turchin and Nefedov 2009: 6-21。也可參照頁二三一—二五，其中有說明一夫多妻社會中的循環更快速而且以菁英為中心，並可參見頁三〇三—一四對於現有案例的研究結果。Turchin 2016a將這個模型加以改變後套用到美國。Motesharrei, Rivas and Kalnay 2014提出一個比較抽象的模型，說明菁英的過度消費如何使得分配不均的社會崩解。

6. Turchin and Nefedov 2009: 28-29只簡單的承認有外因性因素。這可能是一個嚴重問題，尤其是中世紀晚期的英格蘭黑死病的案例很難說是內因性的：35-80。關於本節所提到的社會，可參見本書第三章，pp. 94-101。要注意到在Albertus 2015: 173-74進行的全面調查中，認為特定的土地分配不均程度和土地改革（或是造成土地改革的集體行動）之間並沒有關聯。

7. 在這裡，我跳過了關於一九一四年為什麼會爆發全球衝突的背後原因的爭論（這在最近的一個世紀中，討論得沸沸揚揚）。我們需要注意到的只是在最一般的意義上，世界大戰對於現代的發展而言是內因性的，因為如果不是有工業化，世界大戰應該是不會發生的，全面動員也是在當時的武器科技之下必然的結果：可參照Scheve and Stasavage 2016: 21-22。但是這件事本身並不會決定戰爭在實際上發生的可能性。Milanovic 2016: 94-97在分配不均和第一次世界大戰之間提出了比較特定的連結，將均等的結果看作與戰爭之前的經濟條件存在著「內因性」的關係（頁九四）。

8. 第一次世界大戰：WWID。第二次世界大戰：關於想像的旁觀者，可參見本書第五章，pp. 158-64。瑞士：Dell, Piketty and Saez 2007: 474；Roine and Waldenström 2015: 534-35, 545；以及本書第五章，pp. 158-59。關於阿根廷，可參見本書第五章，p. 156。

9. 關於全球化對於分配不均的效果，可參見本書第十五章，pp. 413-14。非洲的英國殖民地在獨立時都相當不均等——雖然分配不均在戰後已經有些許和緩了：可參見Atkinson 2014b。關於某些歐洲富有的菁英在殖民地的資產之重要性，可參見Piketty 2014: 116-17 figs. 3.1-2, 148。

第十五章　我們這個時代

1. 表8和圖42：WWID, SWIID。
2. 參見表8。關於補助如何預防可支配所得的分配不均日形擴大，可參見（例如）Adema, Fron and Ladaique 2014: 17-18 table 2；Morelli, Smeeding and Thompson 2015: 643-645；也可參照Wang, Caminada and Goudswaard 2012。工資差距：Kopczuk, Saez and Song 2010: 104 fig. I（工資的吉尼係數從一九七〇年的〇・三八增加至二〇〇四年的〇・四七）；也可參照Fisher, Johnson and Smeeding 2013關於美國在二〇〇六年之前的所得和消費分配不均的類似趨勢。等值的吉尼係數和S80/S20與P90/P10比例：Morelli, Smeeding and Thompson 2015: 635-40。挖空中產階級：Milanovic 2016: 194-200，特別參見196 fig. 4.8，其中關於加拿大、德國和瑞典的極小變化，西班牙的變化也不大，澳洲、荷蘭、美國和尤其是英國的減少則較為明顯。關於這些趨勢更進一步的摘要，可參見Brandolini and Smeeding 2009: 83, 88, 93-94；OECD 2011: 24 fig. 1, 39 fig. 12；Jaumotte and Osorio Buitron 2015: 10 fig. 1。Wehler 2013用一整本書說明德國的分配不均日益劇烈（到目前為止，在控制這個現象上德國是相對而言成功的國家）。
3. 在西班牙，前百分之一的所得占比於一九八八和一九九二年之間的平均值是百分之八・三，二〇〇八至二〇一二年之間則是百分之八・四；在紐西蘭，從一九八八至一九九二年是百分之七・三，從二〇〇八至二〇一二年則是百分之八・一；在法國，從一九八八至一九九二年是百分之八，從二〇〇八至二〇一二年則是百分之八・五。一九八〇和二〇一〇年之間，前百分之一的所得占比在加拿大上升了百分之五十一，在南非上升了百分之五十四，在愛爾蘭和南韓上升了百分之五十七，在瑞典是上升百分之六十八，在芬蘭是百分之七十四，挪威是百分之八十一，在台灣上升了百分之八十七，在澳洲是百分之九十二，英國是大約百分之百，美國則是百分之九十九到百分之一百一十三之間（ＷＷＩＤ）。
4. 在美國，若是將資本利得除外，一九二九年的值是百分之十八・四，二〇一二年則是百分之十八・九，如果將資本利得包括在內，則分別是百分之二十二・四和百分之二十二・八。最新的可得數值（二〇一四年）稍低，分別是百分之十七・九（排除資本利得）和百分之二十一・二（包括資本利得）（ＷＷＩＤ）。高所得的財富占比：Saez and Zucman 2016: Online Appendix table B1。最富有的前百分之一的財富占比（還）未回到一九二九年的標準，顯示菁英圈比當時有更多的階層區分。吉尼係數修正值：Morelli, Smeeding and Thompson 2015: 679，特別參見682 fig. 8.28。課稅與補助：Gordon 2016: 611 table 18-2。

5. 關於俄羅斯和中國，可參見本書第七章，pp. 222, 227。印度、巴基斯坦和印尼：SWIID, WWID。關於非洲和拉丁美洲，可參見本書第十三章，pp. 377-87。全球趨勢：Jaumotte, Lall and Papageorgiou 2013: 277 fig. 1, 279 fig. 3。

6. 俄羅斯和中國：Milanovic 2013: 14 fig. 6。整體區域的趨勢：Alvaredo and Gasparini 2015: 790；也可參見Ravaillon 2014: 852-53。

7. 最近的調查文獻包括Bourguignon 2015: 74-116，特別參見頁八五—一〇九；Keister 2014: 359-362；Roine and Waldenström 2015: 546-67；及最重要的Salverda and Checchi 2015: 1593-96, 1606-12。Gordon 2016: 608-24；Lindert and Williamson 2016: 227-41；和Milanovic 2016: 103-12為近期有提出摘要的文獻。

8. 所得差異：Autor 2014: 846；也可參見844 fig. 1，關於高中和大學畢業生於一九七九和二〇一二年之間的平均收入差異的增加（依二〇一二年定值美元表示，是從美金三萬零兩百九十八增加至五萬八千兩百四十九）。實際收入：同前注，頁八四九；女性之間的差異並沒有這麼極端。對擴大分配不均的影響：844，附參考資料，特別參見Lemieux 2006。原因：845-46, 849；關於科技變遷的重要性，也可參見（例如）Autor, Levy, and Murnane 2003；Acemoglu and Autor 2012。一九八〇年代之後，新制度（專利權為其代表）和美國的前百分之一的所得占比也是遵循類似的軌跡，這表示新制度帶來的成長提高了富人的所得：Aghion et al. 2016，特別參見3 figs. 1-2。兩級化：Goos and Manning 2007；Autor and Dorn 2013。開發中國家：Jaumotte, Lall and Papageorgiou 2013: 300 fig. 7。

9. 以教育作為一個解決方案：例如OECD 2011: 31；Autor 2014: 850。持平的額外津貼：Autor 2014: 847-48。歐洲：Crivellaro 2014，特別參見37 fig. 3, 39 fig. 5；也可參見Ohtake 2008: 93（日本）；Lindert 2015: 17（東亞）。各國的額外津貼：Hanushek, Schwerdt, Wiederhold and Woessman 2013。流動性：Corak 2013: 87 fig. 4, 89 fig. 5。

10. 現在可特別參見Mishel, Shierholz and Schmitt 2013。無法配合：Slonimczyk 2013。關於高所得，可參見本書，pp. 417-20。可參照Mollick 2012: 128，其中提到整體趨勢改為走向服務經濟，可能會使分配不均提高。

11. Freeman 2009, Bourguignon 2015: 74-116，和Kanbur 2015回顧了全球化和分配不均之間的關係。較早的變化：Roine and Waldenström 2015: 548。國家分組：Bergh and Nilsson 2010。菁英：495：Medeiros and Ferreira de Souza 2015: 884-85。全球勞動力：Freeman 2009: 577-79：Alvaredo and Gasparini 2015: 748。貿易與金融全球化：Jaumotte, Lall and Papageorgiou 2013: 274。貿易競爭：Machin 2008: 15-16：Kanbur 2015: 1853。政策：Bourguignon 2015: 115：Kanbur 2015: 1877。

12. 課稅：Hines and Summers 2009：Furceri and Karras 2011。福利：Bowles 2012a: 73-100（理論）：Hines 2006（實際）。

13. 至於美國的移民：Card 2009。歐洲：Docquier, Ozden and Peri 2014（ＯＥＣＤ國家）：Edo and Toubal 2015（法國）：也可參照D'Amuri and Peri 2014（西歐）。關於拉丁美洲，可參見本書第十三章，p. 368 n.1。選擇婚配：Schwartz 2010，其中列出了比較早的研究認為整體的增加有百分之十七至百分之五十一要歸因於這個因素。一九八〇年代：Larrimore 2014。

14. Salverda and Checchi 2015提供了關於這個主題最全面的調查。關於工會化和最低工資的重要性，可參見1653, 1657，也可參見（例如）Koeniger, Leonardi and Nunziata 2007：及參見Autor, Manning and Smith 2010：Crivellaro 2013: 12中關於最低工資的角色。Visser and Checchi 2009: 245-51認為工會協商的範圍和集中化（相較於工會密度本身）是影響不均等的重要因素。重新分配：Mahler 2010。工會和額外津貼：Crivellaro 2013: 3-4：Hanushek, Schwerdt, Wiederhold and Woessman 2013。國家之間的差異：Jaumotte and Osorio Buitron 2015: 26 fig. 7。美國的工會比例和工資差異：Western and Rosenfeld 2011。美國工會和最低工資：Jaumotte and Osorio Buitron 2015: 26，還有更一般性的Salverda and Checchi 2015: 1595-96。

15. 稅率與所得的分配不均：Alvaredo, Atkinson, Piketty and Saez 2013: 7-9，特別參見8 fig. 4，其中關於高所得的占比：Piketty 2014: 509（但可參照Mollick 2012: 140-41）。向下的趨勢：499 fig. 14.1, 503 fig. 14.2：Morelli, Smeeding and Thompson 2015: 661 fig. 8.21（ＯＥＣＤ國家）：Scheve and Stasavage 2016: 101 fig. 4.1（遺產稅）：Saez and Zucman 2016: Online Appendix, table B32（美國）：也可參見本書第五章，pp. 143-44。資本利得：Hungerford 2013: 19-20。美

國的所得和財富差距的資料來源：Kaymak and Poschke 2016: 1-25。重新分配：OECD 2011: 37。較高的累進會抵銷較低的所得稅，社會保障福利金並未變得比較累進，沒有工作的人所領到的救濟金也助長了市場所得的分配不均（頁三八）。

16. 我在這裡是根據下列著作所做的優異摘要：Bonica, McCarty, Poole and Rosenthal 2013，特別參見104-5, 106 fig. 1, 107, 108 fig. 2, 109 fig. 3, 110 fig. 4, 112 fig. 5, 118。也可參見Bartels 2008；Gilens 2012; Schlozman, Verba and Brady 2012；Page, Bartels and Seawright 2013。

17. 所得成長的分布：Bivens and Mishel 2013: 58；Salverda and Checchi 2015: 1575 fig. 18.11(b)。前百分之〇・〇一：WWID；包括資本的占比在內，其比例從一九九二和一九九四年的大約百分之二・四，上升至二〇一二和二〇一四年的大約百分之五・一；以六年為期的平均值呈現穩定的成長，從一九九二和一九九七年的百分之二・七，到一九九六年和二〇〇一的百分之三・九，二〇〇二和二〇〇七年的百分之四・六，以及二〇〇八和二〇一四年的百分之四・八；此外，最後兩個六年的增長幅度被低估了，因為它們被以二〇〇二和二〇〇九年為核心的衰退壓低了：以三年為期代表了二〇〇五和二〇〇七年、二〇一二和二〇一四年分別是百分之五・五和五・一。各國的差異：1581 fig. 18.16, 1584 fig. 18.17, 1592。前百分之一對比於前百分之二至十：Roine and Waldenström 2015: 496 fig. 7.3, 497-98；也可參見539 fig. 7.20，其中指出前百分之二至百分之五的財富占比於二十世紀的大部分時間中只有小幅下降。Morelli, Smeeding and Thompson 2015: 662-63強調高所得的上升是一個明確的趨勢，無法用比較好的守法納稅狀況來解釋。

18. Keister 2014與Keister and Lee 2014提供了近期對於「前百分之一」的調查。不同類型的解釋：Volscho and Kelly 2012；Keister 2014: 359-62；Roine and Waldenström 2015: 557-62。是否為市場力量：Blume and Durlauf 2015: 762-64。公司規模：Gabaix and Landier 2008；Gabaix, Landier and Sauvagnat 2014。也可參照Rubin and Segal 2015，其中關於高所得對於股票市場的表現的敏感度。超級明星／贏家通吃模式：Kaplan and Rauh 2010，特別參見頁一〇四六—四八；Kaplan and Rauh 2013；也可參照Medeiros and Ferreira de Souza 2015: 876-77；Roine and Waldenström 2015: 559-60。也可參見本書，412 n.8，其中關於創新導向的成長對於高所得的影響。

19. 引用：Medeiros and Ferreira de Souza 2015: 886。財政領域：Philippon and Reshef 2012。租金取得與ＣＥＯ報酬：Bivens and Mishel 2013，特別參見57, 61 table 2, 69 fig. 2。教育：Roine and Waldenström 2015: 547, 550, 557。社交技能與網絡：Medeiros and Ferreira de Souza 2015: 881-82。金融化與不均等：Lin and Tomaskovic-Devey 2013，並可參照Davis and Kim 2015，其中關於一般的過程。連鎖反應：Bivens and Mishel 2013: 66-67，並可參照Keister 2014: 360。最高稅率與所得占比：Atkinson and Leigh 2013；Piketty, Saez and Stantcheva 2013；Roine and Waldenström 2015: 565-66。大筆財富：Villette and Vuillermot 2009，是根據三十二件案例研究。中國ＣＥＯ：Conyon, He and Zhou 2015。

20. Piketty 2014: 171-222，特別參見171 fig. 5.3, 181, 195；Piketty and Zucman 2015: 1311 figs. 15.1-2, 1316 fig. 15.6, 1317 fig. 15.8。住房：Bonnet, Bono, Chapelle and Wasmer 2014；Rognlie 2015。國民所得中資本的占有比例：Piketty 2014: 222 fig. 6.5。最高所得部分：Morelli, Smeeding and Thompson 2015: 676-79，特別參見678 fig. 8.27。勞動所得對於許多國家的「前百分之一」而言都是重要的：Medeiros and Ferreira de Souza 2015: 872。

21. 國際變化：Roine and Waldenström 2015: 574-75 table 7.A2；Piketty and Zucman 2015: 1320-26。Saez and Zucman 2016使用大量的線上資料，做出了足以取代之前所有關於美國的財富分配研究的結論。關於財富占比，可參見同前注。線上附錄表B1：前百分之一的財富占比從一九七八年的百分之二十二增加至二〇一二年的百分之三十九．五，前百分之〇．一的占比從一九七六年的百分之六．九增加至二〇一二年的百分之二十．八，前百分之〇．〇一的占比則從一九七八年的百分之二．二增加至二〇一二年的百分之十一．二。一九二九年相對應的占比——一九二九年是美國財富分配不均之前的高點——是百分之五十．六、百分之二十四．八和百分之十．二。B21-B22：前百分之一在可課稅資本利得中的占比從一九七八年的百分之三十四增加至二〇一二年的百分之六十二．九（資本利得不包括在內），若是包括資本利得，則是從百分之三十六．一增加至百分之六十九．五。關於紅利和利息所得占比，可參見表B23a-b。

22. 財富吉尼係數：Keister 2014: 353 fig. 2, 354。關於計算財富占比的困難，最近的可參見Kopczuk 2015，特別參見50-51 figs. 1-2。聯盟：Alvaredo, Atkinson, Piketty and Saez 2013: 16-18。薪資所得（包括補助金）的占有比例於一九七九至一九九三年之間平均為百分之六十二，一九九四至二〇〇三年的平均為百分之六十一，二〇〇四至二〇一三年之間則為百分之五十六（ＷＷＩＤ）。Lin and Tomaskovic-Devey 2013認為勞工的所得占比降低，金融化為其中一個很大的原因。投資所得：Nau 2013，特別參見頁四五二—五四。資本利得與紅利：Hungerford 2013: 19。

23. 全球財富成長：Piketty 2014: 435 table 12.1。海外財富：Zucman 2013，與特別參見2015: 53 table 1。也可參照Medeiros and Ferreira de Souza 2015: 885-86。

24. Förster and Tóth 2015: 1804 fig. 19.3為造成分配不均的多項原因和對比效果提供了一個簡要的定性摘要。除了本處提到的之外，還有注意到選擇婚配、單親家庭、投票率、黨派和婦女就業等因素。Levy and Temin 2007針對第二次世界大戰之後的制度變化提供了一個綜合性的歷史描述（在第二次世界大戰時，先是出現了所得分配不均的狀況，接著又急速減少）。從歷史上來看，也需要考慮一九七〇年代的停滯性通貨膨脹（stagflation）的角色——停滯性通貨膨脹為造成分配不均的經濟自由化提供了強大的推動力。關於社會學的觀點，可參見Massey 2007。

第十六章　未來有什麼呢？

1. 可參見本書的第十五章，pp. 409-10（吉尼係數調整）、422（境外基金），緒論，p. 13（絕對的差距值）；Hardoon, Ayele and Fuentes-Nieva 2016: 10 fig. 2（巴西於一九八八和二〇一一年的前百分之十和底層的半數的絕對所得差距的增加）。關於全球的分配不均，可參見Milanovic 2016: 11 fig. 1.1, 25 fig. 1.2：全球前百分之一的實際所得升高了大約三分之二，與全球所得分配中第百分之四十和百分之七十之間的比例（百分之六十至百分之七十五）差不多；不過前百分之一的總收益為百分之十九，次高的百分之四為百分之二十五，中間的十分之三只有百分之十四。關於全球的前百分之一（相對於最後的百分之十）甚至更大規模的絕對收益，可參見Hardoon, Ayele and Fuentes-Nieva 2016: 10-11。實際上的分配不均：本書的附錄，pp. 452-55。

2. 吉尼係數：SWIID。在二〇一一年，葡萄牙的市場所得吉尼係數（〇・五〇二）甚至高過美國。市場吉尼係數較低的歐洲國家包括奧地利、比利時、荷蘭、挪威、西班牙和瑞士，不過比利時是唯一真正的異常：可參見本書第十五章，

p. 406 table 8。在後面的這組國家中，只有比利時和西班牙的市場和可支配所得的吉尼係數之間的差異比美國小。關於如何用重新分配的方式控制歐洲日趨嚴重的市場所得差距，可參見本書第十五章，pp. 406-7。社會支出：OECD 2014: 1 fig. 1（由大到小的排序，分別是法國、芬蘭、比利時、丹麥、義大利、奧地利、瑞典、西班牙、德國、葡萄牙和——略低於百分之二十五的——荷蘭）。中央政府在GDP中的占比：OECD, General government spending（指標），doi：10.1787/a31cbd4d-en。Bergh and Henrekson 2011調查了高所得國家中GDP的政府占比和經濟成長之間的相關性文獻。社會支出趨勢：OECD 2014: 2 fig. 2。關於主要的要素，可參見4 fig. 4。

3. European Commission 2007, 2013 and 2015是對於歐洲人口老化的規模和結果的關鍵報告。也可大致參照United Nations 2015所顯示的全球趨勢。出生率：European Commission 2007:12（現在大約為一．五，預計至二〇五〇年會成長至大約一．六）。平均年齡與工作年齡的人口：13。扶養比率：13（到二〇五〇年會增加至百分之五十三）：European Commission 2013（到二〇五〇年會增加至百分之五十一）與2015: 1（到二〇六〇年會增加至百分之五十．一）。八十歲以上：European Commission 2007: 13。可參照46 fig. 2.7., 49 fig. 2.9，以及Hossmann et al. 2008: 8中關於未來年齡金字塔的範圍。GDP中占比的增加：13，以及70 table 3.3（醫療保健），72 table 3.4（長期照護）；不過可對比European Commission 2015: 4，其中指出到了二〇六〇年，所需的支出在GDP中又會增加百分之一．八——雖然在不同國家之間存在極大差異（頁四—五）。經濟成長率：European Commission 2007: 62（二〇三一至二〇五〇年的EU-15為百分之一．三，EU-10為百分之〇．九），2013: 10（二〇三一至二〇五〇年為百分之一．二），2015: 3（二〇二〇至二〇六〇年為百分之一．四至一．五）。

4. 對分配不均的影響：Faik 2012，特別參見頁二〇至二三的預測（德國）：European Commission 2013: 10-11, 16。日本：Ohtake 2008: 91-93關於老化（再加上年輕人口中非正式勞工關係的增加）所帶來的分配不均後果。關於移民限制和國內的均等：Lindert 2015: 18。

5. 扶養比率：Lutz and Scherbov 2007: 11 fig. 5。Coleman 2006，特別參見頁四〇一，四一四——一六。就算是零移民的政策，二〇五〇年之前也不會讓外國出生人口的減少幅度超過三分之至一半（頁四一七）。兒童與年輕勞工：European

Commission 2015: 27。

6. 替代的規模：Coleman 2006: 419-21。教育、就業與整合：European Commission 2007: 15, 2013: 28。異質性：Alesina and Glaeser 2004: 133-81（引用頁一七五）。調查：Brady and Finnigan 2014: 19-23。

7. Waglé 2013為目前最詳細的分析，其中注意到異質性和福利之間的關係具有相當的複雜性（特別參見頁二六三—七五）。Ho 2013認為只要將其他身分一併列入考慮，就會發現民族多樣性本身並不會削弱重新分配。可參見Huber, Ogorzalek and Gore 2012，其中提出民主會在同種族國家和多種族國家對分配不均造成不同的效果，以及Lindqvist and Östling 2013所提出的模型，預測福利會因為民族的同質性而呈現最大化。相關性：Mau and Burkhardt 2009；Waglé 2013: 103-262。態度：Finseraas 2012；Duch and Rueda 2014；也可參見European Commission 2007: 15, 104。移民與宗教的異質性：Waglé 2013: 164, 166。Lindert and Williamson 2016: 246推斷未來的移民會因為有助於增加勞動力的提供，而使得歐洲的分配不均加劇。

8. Greenwood, Guner, Kocharkov and Santos 2014發現選擇婚配於一九六〇和一九七〇年代都有增加，但不是在那之後就一直如此，而Eika, Mogstad and Zafar 2014觀察到受過大學教育的人之間是減少的，而教育水準較低的人之間則有增加。關於代間流動，可參見本書緒論，p. 20，以及特別參見Chetty et al. 2014所提出的穩定比例。居住隔離：Reardon and Bischoff 2011a: 1093, 1140-141；2011b: 4-6。

9. Piketty 2014: 195-96; Piketty and Saez 2014: 840-42; Piketty and Zucman 2015: 1342-65，特別參見1348 fig. 15.24。若是要隨便舉出一個批評的例子，可參見Blume and Durlauf 2015: 755-60以及Acemoglu and Robinson 2015，後者提及Piketty 2015b: 76-77做出的回應，因為Piketty也注意到他的預測中具有不確定性（頁八二、八四）。也可參照Piketty 2015a中對於其他著作的回應。關於全球化的影響，可參見本書第十五章，pp. 413-14。帶來分配不均的低所得國家貿易競爭可能還會繼續：Lindert and Williamson 2016: 250；可參照Milanovic 2016: 115。全球的超級菁英：Rothkopf 2008；Freeland 2012。關於電腦化和勞動市場，現在可特別參見Autor 2015: 22-28，更一般性的則是Ford 2015。評估：Frey and Osborne 2013。相較於其他著作，Brynjolfsson and McAfee 2014強調電腦化很有可能會帶來變化。關於人工智能

（AI），近期最可參考的著作為Bostrom 2014。

10. Center for Genetics and Society 2015調查了基因科技最近的發展，尤其是以CRISPR/Cas9方式進行的基因編輯；特別參見頁二〇至二五的生殖系改變，以及頁二七至二八的倫理標準和分配不均。Liang et al. 2015針對人類胚胎的基因編輯在一所中國大學提出了報告，但大致上是不成功的。也可參見Church and Regis 2014關於合成生物學（synthetic biology）的潛力。Harari 2015針對政治限制的侷限提出了有力的論點。Bostrom 2003考量到基因變化的均等結果，而Harris 2010則對倫理標準和值得憧憬持樂觀態度。物種形成：Silver 1997。

11. 這是許多想法的匯集，出自OECD 2011: 40-41；Bowles 2012a: 72, 98-99, 157, 161；Noah 2012: 179-95；Bivens and Mishel 2013: 73-74；Corak 2013: 95-97；Stiglitz 2013: 336-63；Piketty 2014: 515-39, 542-44；Blume and Durlauf 2015: 766；Bourguignon 2015: 160-61, 167-75；Collins and Hoxie 2015: 9-15；Kanbur 2015: 1873-76；Ales, Kurnaz and Sleet 2015；Reich 2015: 183-217；Zucman 2015: 75-101。

12. 所得稅：Bourguignon 2015: 163；Piketty 2014: 512-13（引用頁五一三），吸收了Piketty, Saez and Stantcheva 2013的概念。全球勞動基準：Kanbur 2015: 1876。財富稅：Piketty 2014: 515, 530（引用：我的重點）。批評：Piachaud 2014: 703，其中關於全球財富的想法；也可參照Blume and Durlauf 2015: 765。其他人批評皮凱提專注於課稅：765-66；Auerbach and Hassett 2015: 39-40。Bowles 2012a: 156-57注意到必須要想出在政治上可行的政策計畫，這件事有其重要性。關於政治行動，Levy and Temin 2007: 41認為「只有將政府政策重新定位，才能夠回復戰後整體而言的大好情勢」，Atkinson 2015: 305則提醒我們「一直有要採取行動的趨勢，而這需要政治上的領導者」。這會要求實際執行；阿特金森提到在「第二次世界大戰時期和戰後的幾十年間」的改善（頁三〇八；參照頁五五至七七的歷史調查），這非常重要，但是無法為現在帶來什麼希望。Stiglitz 2013: 359-361並沒有提出實在的建議（雖然指望他的幾個提案會付諸實行）。Milanovic 2016: 112-17針對各種帶來均等的力量（政治改變、教育和全球化壓力的減輕）提出了健全的懷疑，並且把希望放在租金會隨著時間慢慢削減，未來出現的科技能夠幫助不夠熟練的勞工提高相對的生產力。他對於經濟上的均等短期內在美國的前景特別悲觀，美國的所有指數都指出分配不均在可見的未來還會持續升高（頁一八一一九〇，特別參見頁一九〇）。

13. Atkinson 2014a and 2015. 除了Atkinson 2015: 237-38之外，我的引用大部分來自於摘要的版本（2014a）。關於「是否可以做到？」的問題，可參見頁二四一—九九。吉尼係數減少：294，以及19 fig. 1.2, 22 fig. 1.3（也可參照頁二九九，其中提到很有可能減少了大約四個百分點）。英國的所得吉尼係數在第二次世界大戰期間下降了大約七個百分點：19 fig. 1.2。

14. Piketty 2013: 921（英譯版本在Piketty 2014: 561）（譯注：中譯版本可見托瑪・皮凱提著，詹文碩、陳以禮譯，《二十一世紀資本論》〔台北：衛城，二〇一四〕，頁五四七）。

15. 預測：Kott et al. 2015，特別參見頁一（引用）、七—一一、一六—一七、一九—二一。關於機器人在未來的使用，也可參見Singer 2009。關於近期經濟危機的影響，可參見本書第十二章，p. 364。

16. 可參見Zuckerman 1984: 2-5, 8-11, 236-37, 283-88，其中關於美國政府對核武戰爭後果的計畫。強制勞動：宣誓效忠美國的誓詞要求公民「遵守法律之要求，在民間領域中，為國家的重要工作出力」。可參見Bracken 2012關於核武衝突的新形式，以及Barrett, Baum and Hostetler 2013，其中關於意外的發生核武戰爭的可能性。National Military Strategy 2015: 4有估算美國和一個「地位比較低、但在發展中的」主要強權爆發戰爭的可能性，並預言其「後果將十分嚴重」。關於移位效果（displacement effect），可參見國際研究學者Artyom Lukin的貢獻，於http://www.huffingtonpost.com/artyom-lukin/world-war-iii_b_5646641.html。Allison 2014針對一九一四和二〇一四年的差異和相似性做了容易理解的調查。Morris 2014: 353-93考量了許多未來的結果。

17. 減少的暴力：Pinker 2011；Morris 2014，特別參見頁三三二—四〇。可參見Thayer 2009對於人口和戰爭的關係進行的調查，以及Sheen 2013，其中有討論東北亞未來的老化會帶來和平的效果。引用：Milanovic 2016: 102-3。

18. 委內瑞拉的「玻利瓦革命」是左派運動，紀錄中顯示它成功的帶來了所得的均等，並且繼續透過國會體制運作，但是這個運動面臨到國內越來越多的抵抗，也可能會因為對於經濟的管理不善而無法持續。

19. 指數：http://www.systemicpeace.org/inscr/SFImatrix2014c.pdf。關於內戰和分配不均，可參見本書第六章，pp. 202-7。

我在第九章討論了索馬利亞的國家失能，pp. 283-86。

20. 有許多大眾的科學書籍在描述新型傳染疾病的出現和對於未來的威脅：最近期的著作可參見Drexler 2009 and Quammen 2013。最詳盡的文獻堪稱是出自於史丹佛大學的病毒學家Nathan Wolfe，他強調我們的監控和回應能力都已經有所改善了：Wolfe 2011。規模：在所知的範圍內，比爾．蓋茲認為未來會有數千萬人死亡：https://www.ted.com/talks/bill_gates_the_next_disaster_we_re_not_ready?language=en。由西班牙型流行性感冒所做的推斷：Murray et al. 2006。生物恐怖主義：例如Stratfor 2013。關於可能被武器化的病原體，可參見Zubay et al. 2005。

附錄　分配不均的限制

1. Milanovic, Lindert and Williamson 2011: 256-59. 圖43是根據該書258 fig. 1。Modalsli 2015: 241-42對於低於生存所需之人的存在可能性比較樂觀。關於最大值的吉尼係數為近一（而非一）的想法，可參見本書的緒論，p. 12 n.9。
2. 麥迪遜計畫。關於古代的可能先驅者——古雅典——可參見本書第二章，pp. 84-85；不過要注意，就連十五世紀的佛羅倫斯的托斯卡尼，也只有達到大約一千美元。
3. Milanovic, Lindert and Williamson 2011: 259-63有提出基本的數據和限制。圖44是根據265 fig. 2。依靠社會表格算出了一些可能的所得分配；Milanovic, Lindert and Williamson計算出兩項：其中之一是在各個所得範圍內將分配不均最小化，另一個則是將分配不均最大化。在大部分情況中，這類標準之間的差別是很小的。
4. Milanovic, Lindert and Williamson 2011: 263 table 2. Modalsli 2015: 230-43認為若是對社會表格中群組內的分散做適當的計算，應該會導出該社會的整體所得吉尼係數其實比較高的結論；特別參見237 fig. 2中關於結果的廣泛分散。不過，其認為增加了大約十五個百分點，這會將吉尼係數提高到太接近、或甚至是超過ＩＰＦ，要避免這個問題，只能夠一直假設生存所需的下限較低，或是人均ＧＤＰ較高。最重要的是，他注意到這些調整只有在很少的情況下，才會改變這些社會的相關分配不均排序（頁二三八）。可參見Atkinson 2014b中關於去殖民化對所得分配不均的綜合影響

（從最高所得的占比來看）。

5. 圖45來自於Milanovic, Lindert and Williamson 2011: 268 fig. 4。

6. Adam Smith, *An Inquiry into the Nature and Causes of the Wealth of Nations* V.ii.k. 圖46是出自Milanovic 2013: 9 fig. 3。

7. Milanovic 2013: 12 table 1, 13 fig. 4（英國和美國）。關於一九一四年之前的高度分配不均，可參見本書第三章，pp. 104-5, 108-10。

8. 我沒有把石油國家包含在內，因為他們可能——而且事實上也是——同時有高度的所得分配不均和高額的人均ＧＤＰ。依靠其他形式的礦產的經濟體（像是波札那和納米比亞）也呈現高度的分配不均，不過無法擁有高水準的平均人均收入。關於美國和英國的資料：Milanovic 2013: 12 table 1。我並未完全使用他對於美國的市場所得分配不均的數據，因為在本文脈絡中並無相關。

9. 數據：SWIID；Maddison project；Milanovic 2013: 12 table 1，以及Atkinson 2015: 18 fig. 1.1。可參見Milanovic 2015關於〇．五五至〇．六的上限。一九二九年美國只能夠得到市場所得吉尼係數的資料，不過考量到當時只有低度的徵稅和補助，因此其數值應該不會比可支配所得的吉尼係數高出許多。關於分配不均對於成長的影響，可參見本書的緒論，p. 19。

10. 相關的數據可再次參見Milanovic 2013: 12 table 1。我這個簡單的模型忽略了其他也具有某些功能的因素——尤其是政治制度。

11. 有線上媒體報導（同時參考Scheidel and Friesen 2009對於古代羅馬的分配不均所做的研究）當代美國的所得分配不均比在羅馬帝國時期高，這個觀察是根據市場吉尼係數而來，但是沒有考量現代的後市場重新分配和各自的ＩＰＦ：http://persquaremile.com/2011/12/16/income-inequality-in-the-roman-empire/，部分報導出自http://www.huffingtonpost.com/2011/12/19/us-income-inequality-ancient-rome-levels_n_1158926.html。除非美國目前的吉尼係數低至〇．五，否則我們無法認為這個論點是正確的。

※編按：本書正文中，除註釋列於書末，其餘參考書目請掃描四維條碼，即可下載參考。

全球視野
平等的暴政
戰爭、革命，崩潰與瘟疫，暴力與不平等的人類大歷史

2023年1月初版　　定價：新臺幣680元
有著作權・翻印必究
Printed in Taiwan.

著者	Walter Scheidel
譯者	堯嘉寧
叢書編輯	連玉佳
校對	呂佳真
內文排版	林婕瀅
封面設計	Lucace workshop 盧卡斯工作室

出版者	聯經出版事業股份有限公司
地址	新北市汐止區大同路一段369號1樓
叢書編輯電話	(02)86925588轉5315
台北聯經書房	台北市新生南路三段94號
電話	(02)23620308
台中辦事處	(04)22312023
台中電子信箱	e-mail：linking2@ms42.hinet.net
郵政劃撥帳戶第	0100559-3號
郵撥電話	(02)23620308
印刷者	文聯彩色製版印刷有限公司
總經銷	聯合發行股份有限公司
發行所	新北市新店區寶橋路235巷6弄6號2樓
電話	(02)29178022

副總編輯	陳逸華
總編輯	涂豐恩
總經理	陳芝宇
社長	羅國俊
發行人	林載爵

行政院新聞局出版事業登記證局版臺業字第0130號

本書如有缺頁，破損，倒裝請寄回台北聯經書房更換。　ISBN 978-957-08-6662-9 (平裝)
聯經網址：www.linkingbooks.com.tw
電子信箱：linking@udngroup.com

國家圖書館出版品預行編目資料

平等的暴政：戰爭、革命，崩潰與瘟疫，暴力與不平等的人類大歷史/Walter Scheidel著．堯嘉寧譯．初版．新北市．聯經．2023年1月．640面．17×23公分（全球視野）
譯自：Copyright © 2018 by Princeton University Press. Original title: The Great Leveler: Violence and the History of Inequality from the Stone Ae to the Twenty-First Century
IBN 978-957-08-6662-9（平裝）

1.CST：平等 2.CST：暴力 3.CST：分配理論

571.92 111019390